W0184185

CHAMPAGNE ARDENNE

Direction	David Brabis
Rédaction en chef	Nadia Bosquès
Édition	Stéphanie Vinet
Rédaction	Séverine Cachat
Informations pratiques	Catherine Rossignol, Michel Chaput, Nicolas Borg, Isabelle Foucault
Documentation	Eugenia Gallese, Yvette Vargas, www.insee.fr *(chiffres de population)*
Cartographie	Alain Baldet, Michèle Cana, Véronique Aissani, Philippe Cochard, Denis Rasse, Jean-Daniel Spies, DzMap Algérie
Iconographie	Cécile Koroleff, Stéphane Sauvignier
Secrétariat de rédaction	Pascal Grougon, Jacqueline Pavageau, Danièle Jazeron, Anne Duquénoy
Correction	Valérie Lajoinie
Mise en pages	Didier Hée, Jean-Paul Josset, Frédéric Sardin, Renaud Leblanc, Cécile Lisiecki
Maquette intérieure	Agence Rampazzo
Création couverture	Laurent Muller
Marketing	Cécile Petiau, Ana Gonzalez
Ventes	Gilles Maucout (France), Charles Van de Perre (Belgique), Fernando Rubiato (Espagne), Philippe Orain (Italie), Jack Haugh (Canada), Stéphane Coiffet (Grand Export)
Relations publiques	Gonzague de Jarnac
Remerciements	Patrick Berger
Régie pub et partenariats	michelin-cartesetguides-btob@fr.michelin.com *Le contenu des pages de publicité insérées dans ce guide n'engage que la responsabilité des annonceurs.*

Pour nous contacter

Le Guide Vert Michelin
Michelin Cartes et Guides
46, avenue de Breteuil 75324 Paris Cedex 07
✆ 01 45 66 12 34 – Fax : 01 45 66 13 75
LeGuideVert@fr.michelin.com
www.ViaMichelin.fr

Parution 2007

Note au lecteur

L'équipe éditoriale a apporté le plus grand soin à la rédaction de ce guide et à sa vérification. Toutefois, les informations pratiques (prix, adresses, conditions de visite, numéros de téléphone, sites et adresses Internet...) doivent être considérées comme des indications du fait de l'évolution constante des données. Il n'est pas totalement exclu que certaines d'entre elles ne soient plus, à la date de parution du guide, tout à fait exactes ou exhaustives. Elles ne sauraient de ce fait engager notre responsabilité.

Le Guide Vert,

la culture en mouvement

Vous avez envie de bouger pendant vos vacances, le week-end ou simplement quelques heures pour changer d'air ? Le Guide Vert vous apporte des idées, des conseils et une connaissance récente, indispensable, de votre destination.

Tout d'abord, **sachez que tout change**. Toutes les informations pratiques du voyage évoluent rapidement : nouveaux hôtels et restaurants, nouveaux tarifs, nouveaux horaires d'ouverture... Le patrimoine aussi est en perpétuelle évolution, qu'il soit artistique, industriel ou artisanal... Des initiatives surgissent partout pour rénover, améliorer, surprendre, instruire, divertir. Même les lieux les plus connus innovent : nouveaux aménagements, nouvelles acquisitions ou animations, nouvelles découvertes enrichissent les circuits de visite.

Le Guide Vert **recense** et **présente ces changements** ; il réévalue en permanence le niveau d'intérêt de chaque curiosité afin de bien mesurer ce qui aujourd'hui vaut le voyage (distingué par ses fameuses 3 étoiles), mérite un détour (2 étoiles), est intéressant (1 étoile). Actualisation, sélection et appréciation sur le terrain sont les maîtres mots de la collection, afin que Le Guide Vert soit à chaque édition le reflet de la réalité touristique du moment.

Créé dès l'origine pour **faciliter et enrichir vos déplacements**, Le Guide Vert s'adresse encore aujourd'hui à tous ceux qui aiment connaître et comprendre ce qui fait l'identité d'une région. Simple, clair et facile à utiliser, il est aussi idéal pour voyager en famille. Le symbole signale tout ce qui est intéressant pour les enfants : zoos, parcs d'attractions, musées insolites, mais également animations pédagogiques pour découvrir les grands sites.

Ce guide vit pour vous et par vous. N'hésitez pas à nous faire part de vos remarques, suggestions ou découvertes ; elles viendront enrichir la prochaine édition de ce guide.

L'ÉQUIPE DU GUIDE VERT MICHELIN
LeGuideVert@fr.michelin.com

ORGANISER SON VOYAGE

OÙ ET QUAND PARTIR

S'Y RENDRE ET CHOISIR SES ADRESSES

À FAIRE ET À VOIR

COMPRENDRE LA RÉGION

NATURE

HISTOIRE

ART ET CULTURE

LA DESTINATION AUJOURD'HUI

VILLES ET SITES

À l'intérieur du premier rabat de couverture, la carte générale intitulée « **Les plus beaux sites** » donne :

- une **vision synthétique** de tous les lieux traités ;
- les **sites étoilés** visibles en un coup d'œil ;
- les **circuits de découverte**, dessinés en vert, aux environs des destinations principales.

Dans la partie « **Découvrir les sites** » :

- les **destinations principales** sont classées par ordre alphabétique ;
- les **destinations moins importantes** leur sont rattachées sous les rubriques « Aux alentours » ou « Circuits de découverte » ;
- les **informations pratiques** sont présentées dans un encadré vert dans chaque chapitre.

L'**index** permet de retrouver rapidement la description de chaque lieu.

DÉCOUVRIR LES SITES

Catamaran passant devant l'église de Champaubert sur le lac du Der.

P. Bourguignon/Office du tourisme du Lac du Der

ORGANISER SON VOYAGE

OÙ ET QUAND PARTIR

Mondialement réputée pour son vignoble produisant un vin d'exception, chargé d'un imaginaire de fête et de raffinement, la Champagne-Ardenne reste méconnue et relativement peu fréquentée en dehors de quelques pôles touristiques. Sa proximité avec Paris la rend pourtant facilement accessible, notamment avec l'arrivée du TGV Est-européen. Cette méconnaissance constitue précisément l'un des atouts d'une région qui échappe au tourisme de masse et à son cortège de désagréments.

S. Sauvignier/MICHELIN

Vignoble de la côte des Blancs.

De vastes espaces naturels vous attendent, des paysages vallonnés de l'Aube et de la Haute-Marne aux immenses plaines champenoises de la Marne, sans oublier le massif ardennais. Jalonnés de lacs et de cours d'eaux ou couverts d'épaisses forêts, ils abritent d'authentiques villages. Avec une offre variée d'activités de loisirs, en particulier « nature » et nautiques, la région constitue une destination privilégiée pour tous les amateurs de plein air, les sportifs et les familles.
Mais la Champagne-Ardenne attirera tout autant les férus d'histoire, d'art et de culture. Sa situation privilégiée au carrefour de l'Europe en a fait de tout temps un lieu propice aux échanges commerciaux et culturels, culminant avec les célèbres foires médiévales qui assurèrent sa prospérité et sa réputation des Flandres à l'Italie. Elle devint alors un important foyer intellectuel et artistique dont témoignent de nombreux chefs-d'œuvre, notamment dans le domaine de l'art religieux. La région abrite en effet de splendides villes d'art (Reims, Troyes, Langres, etc.), ainsi que plusieurs sites classés au Patrimoine mondial de l'Unesco. Terre stratégique et convoitée, elle s'est toujours retrouvée aux premières lignes des conflits qui ont agité le royaume de France et le continent européen, en particulier lors des deux guerres mondiales. L'Histoire n'est donc jamais loin en Champagne-Ardenne, constellée de vestiges et de lieux de mémoire.
La tradition artisanale et manufacturière y est encore très présente malgré le déclin des activités qui ont fait la richesse et la renommée de la région (fonte d'art, coutellerie…). Vous découvrirez un artisanat de qualité, témoignant de la transmission de savoir-faire uniques.
La région est aussi un haut lieu de la gastronomie, où curieux et gourmands apprécieront une cuisine et des produits du terroir à l'identité marquée.
Autre conséquence non négligeable de la relative confidentialité de la destination : le rapport qualité-prix y est globalement très satisfaisant. Les tarifs pratiqués sont largement raisonnables (avec bien sûr d'importantes variations selon les lieux) et vous serez souvent touchés par la gentillesse de l'accueil et la qualité du service, notamment dans les chambres d'hôte. En effet, la région se prête particulièrement au système de logement chez l'habitant. Si vous êtes véhiculé, n'hésitez pas à loger dans les petits villages, parfois très proches des villes. Les structures d'hébergement étant peu nombreuses dans certains secteurs, et l'activité se concentrant sur une courte période, il est néanmoins préférable de réserver à l'avance à la belle saison, en particulier le week-end.
En contrepartie, il vous faudra parfois jongler avec des horaires de visite restrictifs et accepter un relatif amateurisme : certaines zones s'ouvrant à peine au tourisme ne sont pas encore rôdées, et il n'est pas rare que des syndicats d'initiative soient tenus par des bénévoles.
Bref, lancez-vous à l'aventure car, quelles que soient vos envies, vous trouverez forcément de quoi les satisfaire dans une région attachante à bien des égards.

Nos conseils de lieux de séjour

Pour plus d'informations sur les types d'hébergement, les services de réservation, les adresses que nous avons retenues dans ce guide, reportez-vous au chapitre suivant « S'y rendre et choisir ses adresses ».

LA MARNE DU CHAMPAGNE

Destination traditionnelle de la région, le temps d'un week-end ou comme point de chute avant de découvrir les environs, **Reims** constitue une valeur sûre et offre un large choix d'hôtels. Dotée d'un très riche patrimoine, elle abrite avec **Épernay** les caves des plus prestigieuses maisons de champagne. Entre ces deux villes s'étend le **Parc naturel régional de la Montagne de Reims** qui, avec son vignoble et ses villages caractéristiques, constitue un agréable lieu de séjour. Choisissez l'hébergement en chambre d'hôte, nombreuses dans le Parc, pour goûter l'atmosphère particulière de ces villages vignerons, tels **Verzy**, **Ay** ou **Rilly-la-Montagne**. À l'ouest du Parc, la petite ville de **Dormans** a été classée « Station Verte de vacances ». À proximité, Château-Thierry dessine, avec **Châlons** à l'est et Reims au nord, le « triangle d'or » du champagne, traversé par les classiques routes du Champagne. Cependant, n'hésitez pas à explorer d'autres itinéraires moins connus comme la région de **Sézanne** au sud du département, qui se révèle aussi une bonne option de séjour.

AU CŒUR DE L'AUBE

La région de **Troyes** et de la **Forêt d'Orient** conjugue les principaux attraits de la destination : champagne et gastronomie, patrimoine et culture, nature et loisirs de plein air. Pour un week-end, choisissez entre un hôtel à Troyes, permettant de se consacrer à des plaisirs spécifiquement urbains, et un hébergement en chambre d'hôte ou un camping dans la zone du Parc pour savourer le calme de la campagne ou les joies des activités nautiques (Lusigny-sur-Barse, Mesnil-Saint-Père, Port-Dienville…). Mais que vous optiez pour l'un ou l'autre, le secteur présente l'avantage, au cours d'un séjour plus long, de pouvoir allier les deux car la Forêt d'Orient se trouve véritablement aux portes de la cité troyenne. Vers le sud et l'est du département, sur les routes du Champagne de la côte des Bar, vous rencontrerez de beaux villages de pierre qui constituent autant d'invitations à faire étape : **Chaource**, **Essoyes**, **Les Riceys**…

EN ARDENNE

« Capitale » de l'Ardenne, pays d'eau et de forêts, **Charleville-Mézières** offre aux amateurs d'art et d'histoire ses musées et ses rues anciennes où se mêlent pierre et brique, architectures militaire, religieuse, bourgeoise et populaire. Visitez-la le temps d'un week-end ou comme prélude avant d'explorer la région : Thiérache ardennaise, Sedan, vallées de la Meuse et de la Semoy… Vous trouverez des hôtels et un camping à Charleville-Mézières, des chambres d'hôte de charme dans les environs, notamment en Thiérache. Plusieurs villages de la superbe vallée de la Meuse constituent d'agréables alternatives de séjour, et peuvent servir de base pour randonner dans le coin : **Monthermé**, **Revin**, **Fumay**, **Haybes**, **Hierges, Givet**…

LE SUD HAUT-MARNAIS

Destination confidentielle en dépit de ses nombreux attraits, le sud de la Haute-Marne, aux confins de la Bourgogne, vous réserve de belles découvertes. La culture est au rendez-vous à Langres, Ville d'art et d'histoire abritée derrière ses enceintes, et à Auberive, dont l'ancienne abbaye a été en partie reconvertie en centre d'art. Ce pays vallonné et boisé, où plusieurs fleuves prennent leur source, accueille également quatre lacs situés à proximité de Langres.
Vous y trouverez des possibilités d'hébergement adaptées à vos envies : hôtels à **Langres**, auberges et chambres d'hôte dans les environs. Les ravissants bourgs et villages de pierre qui ponctuent cette région faiblement peuplée offrent en effet des lieux de séjour pleins de charme, comme par exemple **Auberive**, **Villiers-sur Suize** ou **Arc-en-Barrois**, classée « Station Verte de vacances ».

LE PAYS DU DER

Destination idéale pour les familles, le **lac du Der**, le plus grand lac artificiel de France, offre un cadre privilégié pour les loisirs (baignade, voile, pêche, VTT…). C'est également un site ornithologique où évoluent plus de 270 espèces d'oiseaux migrateurs.

Aux alentours, les églises à pans de bois, ainsi que les fontes d'art de Saint-Dizier et de la vallée de la Blaise, constituent un patrimoine unique à découvrir. Vous trouverez de nombreuses structures d'accueil tout autour du lac (campings, bungalows…), notamment à la station de **Giffaumont-Champaubert**, et des chambres d'hôte dans les villages des environs.

Nos propositions d'itinéraires

Si vous souhaitez visiter dans le détail un secteur limité mais marqué par une identité particulière, nous vous proposons ci-dessous **6 itinéraires** qui regroupent les principales curiosités de la région.

N'oubliez pas de consulter également la **carte des plus beaux sites** (dans le rabat de la couverture) qui vous invitera sans doute à faire tel ou tel crochet en fonction de vos goûts.

Pour vos étapes, consultez notre sélection d'adresses d'hébergement et de restauration dans l'**encadré pratique** des villes ou sites de la partie « Découvrir les sites ».

SOUVENIRS HISTORIQUES ENTRE FORÊTS D'ARGONNE ET CHAMPAGNE CRAYEUSE

Circuit de 3 jours au départ de Châlons-en-Champagne (195 km).

Aux confins de la Champagne et de la Lorraine, l'**Argonne**, qui conserve la mémoire de la fuite de Louis XVI, forme une entité particulière. La forêt n'a rien perdu de ses paysages oniriques où s'enchevêtrent crêtes, plateaux et défilés, mais les combats du 20e s. y ont laissé des cicatrices : cratères d'obus, vestiges de tranchées… Champ de bataille récurrent au cours de l'histoire, la Marne fut un haut lieu des combats de 1914-1918. Dans toute la région, cimetières et monuments rendent hommage aux soldats tombés au front.

1er jour – Découvrez **Châlons-en-Champagne**, préfecture de la Marne au riche patrimoine religieux : promenez-vous dans le centre ancien, avec ses maisons à pans de bois, sa cathédrale Saint-Étienne et son église Notre-Dame-en-Vaux classée par l'Unesco, puis reposez-vous dans l'agréable Jard. Après le déjeuner, en saison, faites une balade en bateau sur le Mau et le Nau. Prenez la route vers **L'Épine** (à 9 km au nord-est par la N 3), dont la basilique, également inscrite au Patrimoine mondial de l'humanité, est une réplique de la cathédrale de Reims. Continuez sur la N 3 jusqu'au **moulin de Valmy** (à 38 km), lieu d'une célèbre victoire des sans-culottes contre les Prussiens en 1792 ; puis jusqu'à **Sainte-Menehould** (à 10 km), aux portes de l'Argonne, où Louis XVI en fuite fut reconnu. Faites étape dans dans ce bourg réputé pour sa gastronomie et goûtez aux célèbres pieds de porc !

2e jour – Commencez par une balade sur la butte du château, au-dessus de la ville basse. Reprenez la route vers **Clermont-en-Argonne** (à 15 km par la N 3), d'où l'on domine la forêt, puis vers la **butte de Vauquois** (à 14 km au nord par la D 998), qui conserve la marque des combats de la Première Guerre mondiale. Poursuivez sur la D 998, puis la D 946 qui passe par **Varenne-en-Argonne**, où Louis XVI fut arrêté, et vous mène jusqu'à **Vouziers** (à 45 km) : cette ville de l'Argonne ardennaise est connue pour son église Saint-Maurille à triple portail sculpté. Les enfants s'en donneront à cœur joie au **parc Nocturnia** consacré à la faune nocturne. Vous pourrez faire étape dans les environs.

3e jour – Redescendez vers Châlons (à 64 km par la D 946 et la D 977) en vous arrêtant au vaste monument aux morts des armées de Champagne, dédié aux combattants de la Première Guerre mondiale, puis au nouveau **Centre d'interprétation 1914-1918** à Suippes. À La Cheppe, vous passerez à proximité du lieu-dit « camp d'Attila », où le roi des Huns se prépara à la sanglante bataille de 451. De retour à Châlons, visitez un musée, par exemple celui du **cloître de Notre-Dame-en-Vaux**, et profitez d'une belle soirée d'été en terrasse sur l'une des places du centre-ville.

ART ET ARTISANAT DU SUD CHAMPAGNE

Circuit de 4 jours au départ de Troyes (229 km).

La **côte des Bar** se compose de vignes, de forêts et de champs. Cet itinéraire, ponctué de beaux panoramas et de haltes chez les négociants de champagne, vous mènera sur les traces de Voltaire ou du général de Gaulle.

1er jour – Passez votre première journée à **Troyes** *(voir « Nos idées de week-ends » p. 16)*.

2e jour – À **Chaource** (30 km au sud par la N 71 et la D 444), faites le tour du joli petit centre et entrez dans l'église. Noubliez pas d'emporter un fromage ! Le village des **Riceys** (à 22 km plus au sud par la D 17), composé de trois bourgs, est la seule commune de France à posséder trois Appellations d'origine contrôlée : ne partez pas sans quelques bouteilles du fameux rosé au bouquet de noisettes, qu'appréciait déjà Louis XIV. Au cœur du Barséquanais, **Essoyes** (à 18 km au nord par la D 70) fut cher à Renoir : l'**Atelier** rassemble quelques souvenirs du peintre dans le village. L'**abbaye de Clairvaux** (à 25 km plus au nord-est par la D 70 et la D 12), une des quatre filles majeures de Cîteaux, fut un haut lieu de l'Occident médiéval. Transformée en maison d'arrêt, elle est néanmoins ouverte à la visite.

3e jour – **Colombey-les-Deux-Églises** (à 17 km au nord) entretient le souvenir du général de Gaulle : visitez **La Boisserie** où il séjourna longuement. Quant au **château de Cirey-sur-Blaise** (à 17 km au nord par la D 2), c'est Voltaire qui, malmené, vint y chercher réconfort auprès de la marquise du Châtelet. Rejoignez **Bar-sur-Aube**, aux portes du pays baralbin (à 20 km au sud-ouest) : promenez-vous dans le centre, avec ses maisons anciennes à pans de bois, son église Saint-Étienne et ses bords de l'Aube.

4e jour – Si vous êtes en famille, passez une journée dans le parc fleuri de **Nigloland**, 4e parc d'attractions de France. Ou bien faites un détour par **Bayel** (à 7 km au sud-est par la D 396) pour visiter ses cristalleries royales, avant de gagner **Bar-sur-Seine** (à 45 km au sud-ouest) qui conserve de vieilles demeures aux poutres sculptées. Troyes est à 28 km au nord-ouest par la N 71.

FORTIFICATIONS EN ARDENNE

Circuit de 5 jours au départ de Charleville-Mézières (290 km).

Terre de passage depuis les Romains, l'Ardenne a souffert des invasions et des guerres successives, comme en témoignent ses fortifications.

S. Sauvignier/MICHELIN

Forêt ardennaise.

La **Thiérache** possède un patrimoine unique d'églises fortifiées, qui servaient de refuge à la population. Dans ces contrées boisées, la Meuse a creusé une vallée encaissée aux reliefs grandioses.

1er jour – Le matin, explorez les rues de **Charleville-Mézières** *(voir « Nos idées de week-ends » p. 17)*. Ensuite, le **musée de l'Ardenne** constituera une bonne introduction à une découverte intime de la région. À l'occasion d'une pause, goûtez au carolo dans l'une des pâtisseries de la ville.

2e jour – Partez à l'assaut du château fort de **Sedan** (à 25 km au sud-est par l'A 203), le plus vaste d'Europe ! Promenez-vous dans la vieille ville, à l'architecture marquée par l'industrie drapière qui fit sa renommée. Après le déjeuner, découvrez au **fort de Villy-la-Ferté** (à 32 km au sud par la N 43) un épisode marquant de la Deuxième Guerre mondiale. Autre option avec les plus jeunes : le très ludique **Pavillon d'accueil du territoire du sanglier** à Mogues (à 30 km à l'est de Sedan par les N 43 et D 981). À **Mouzon**, située sur une île de la Meuse (19 km de La Ferté par les N 43 et D 19 ; 17 km de Mogues par les D 981 et D 19), terminez la journée par un tour des anciennes murailles et admirez l'église. Faites étape sur place ou aux alentours.

3e jour – Rejoignez le berceau de la métallurgie ardennaise, à **Vendresse** (à 44 km à l'ouest de Mouzon par les D 19, D 30 et D 12), pour assister à une coulée de fonte virtuelle dans l'ancien haut-fourneau. Selon l'heure, prenez un en-cas sur place ou dirigez-vous vers **Signy-l'Abbaye** (à 33 km au nord-ouest par la D 27), au cœur de la Thiérache ardennaise, où les bonnes tables ne manquent pas. Sur la route, admirez l'ancien relais de poste (17e s.) de Launois-sur-Vence, puis l'église fortifiée de Dommery.

De Signy-l'Abbaye, bourg typique de la Thiérache, remontez vers le nord en direction de Rocroi (31 km par la D 985) : à Rouvroy-sur-Audry, quittez l'axe principal pour voir l'église fortifiée de Servion. À **Rocroi**, petite ville à la Vauban perdue dans les rièzes (mare d'eau stagnante), un chemin fait le tour des fortifications en étoile. Un **musée** relate la bataille de 1643, remportée par le duc de Condé contre les Espagnols. Faites étape ici, ou à Revin (13 km au nord-est par la D 1).

4e jour – Commencez par une promenade dans le petit centre ancien de **Revin**, en bord de Meuse, au pied du mont Malgré-Tout. Puis empruntez la D 988 qui rejoint la N 51 pour s'engouffrer, le long de la vallée de la Meuse, dans la pointe de **Givet** (à 32 km), à la frontière de la Belgique. Prenez le temps de vous arrêter dans les beaux villages dominés par l'ardoise, qui fit la renommée de la vallée : **Fumay** et son musée de l'Ardoise, **Haybes**, **Hierges**. Passez l'après-midi à Givet : arpentez les ruelles anciennes et le pont sur la Meuse, puis visitez le **fort de Charlemont**, édifié par Charles Quint et renforcé par Vauban.

5e jour – Repartez par la N 51 jusqu'à **Vireux-Molhain** (à 10 km) : sur les hauteurs subsistent les restes de vastes fortifications romaines. Prenez la D 989 vers **Monthermé** (à 30 km au sud) : peu avant d'arriver, la **roche à Sept Heures** offre une vue plongeante sur la ville. À Château-Regnault (4 km au sud par la D 1), un court sentier mène au **monument des Quatre Fils Aymon**, qui rend hommage à la plus célèbre des légendes ardennaises : jolie vue sur la vallée. En amont, à Braux, le pont sur la Meuse offre une perspective sur le **rocher des Quatre Fils Aymon** qui l'inspira. Revenez ensuite à Charleville, à une dizaine de kilomètres au sud.

HAUT-MARNAIS

Circuit de 5 jours au départ de Langres (212 km).

1er jour – Consacrez votre première journée à la découverte de **Langres** *(voir « Nos idées de week-ends » p. 17)*.

2e jour – Rejoignez le **lac de la Liez** (à 5 km à l'est par la N 19), avec au programme, selon vos envies et la saison : baignade, activités nautiques, promenade sur la digue... Déjeunez au bord du lac, puis continuez vers **Fayl-Billot** (à 20 km plus au sud par la N 19), capitale de la vannerie. À **Coiffy-le-Haut** (19 km au nord par la D 14 et la D 26), dégustez le fameux « coteaux de Coiffy ». Vous pourrez faire étape sur place ou à Bourbonne-les-Bains (7 km).

3e jour – **Bourbonne-les-Bains** est réputée pour ses eaux thermales. Commencez par une promenade entre ville haute et quartier thermal. Pourquoi ne pas vous offrir un soin à l'établissement thermal ? Après déjeuner, prenez la D 139 au nord vers l'**abbaye de Morimond** (à 16 km), 4e fille majeure de Cîteaux. À **Nogent** (30 km à l'ouest), renommée pour sa tradition coutelière, découvrez une impressionnante collection d'objets tranchants. Certains couteliers des villages alentour ouvrent leur atelier, sur rendez-vous à l'office de tourisme, notamment à **Biesles** ou **Poulangy**, sur la route de Chaumont par la D 417 (à 23 km) ou la D 107 longeant la jolie vallée de la Traire. Faites étape vers Nogent ou Chaumont.

4e jour – Le matin, arpentez le centre ancien de **Chaumont**, avec ses fortifications offrant de beaux panoramas, sa basilique, ses ruelles bordées de maisons médiévales et de terrasses où vous ferez halte pour le déjeuner. Ensuite, visitez le musée d'Art et d'Histoire, celui de la Crèche, ou bien les **Silos** qui abritent une vaste collection d'affiches (Chaumont accueille en mai-juin un Festival international de l'affiche). Prenez la route vers **Châteauvillain** (21 km au sud-ouest par la D 65), ancienne ville fortifiée dont les enfants apprécieront le parc aux Daims. **Arc-en-Barrois** (16 km au sud-est par les D 6 et D 3) constitue un plaisant lieu d'étape.

5e jour – Promenez-vous dans Arc-en-Barrois, avant de reprendre la route vers **Bay-sur-Aube** (à 23 km au

S. Sauvignier/MICHELIN

Mesnil-Saint-Père (lac d'Orient).

sud par les D 159 et D 20) : grimpez en haut de la butte de l'église pour une vue imprenable sur la vallée. Dans le village voisin d'**Auberive** où vous trouverez de quoi vous restaurer, visitez l'ancienne **abbaye cistercienne** récemment restaurée, ainsi que le Centre d'art contemporain qui accueille une collection d'art expressionniste. De retour vers Langres (à 27 km au nord-est), faites une halte à la **source de l'Aube** (route forestière indiquée).

AU PAYS DES GRANDS LACS

Circuit de 5 jours au départ de Troyes (242 km).

Entre Troyes et Saint-Dizier s'étend une région encadrée par les lacs de la Forêt d'Orient, au sud, et l'immense lac du Der, au nord : leur riche milieu naturel est propice à l'observation des oiseaux migrateurs, à l'automne et au printemps, tandis que de vastes zones sont réservées aux loisirs nautiques. Au sud du Der, les églises, éclairées par des **vitraux de l'école de Troyes,** adoptent une architecture typique à pans de bois.

1er jour – Consacrez la journée à la découverte de **Troyes** *(voir « Nos idées de week-ends » p. 16).*

2e jour – La N 19 vous mène au bord du lac d'Orient : à **Mesnil-Saint-Père** (à 25 km à l'est), qui accueille une base nautique (voile, plongée...), profitez de la plage ou des possibilités de balades alentour, tentez votre chance dans la **réserve ornithologique**... Une alternative est de faire étape à **Port-Dienville** au bord du lac d'Amance, avec ses sports nautiques.

3e jour – À **Brienne-le-Château** (30 km au nord de Mesnil-Saint-Père par les N 19 et D 443), où Napoléon fit ses études, visitez le musée qui lui est consacré, puis faites un tour de ville, avant de déjeuner d'une choucroute au champagne. Prenez la route vers **Montier-en-Der** (à 22 km au nord-est par la D 400) qui accueille les haras nationaux, et passez le reste de la journée à la station de **Giffaumont-Champaubert** (8 km au nord par la D 12) au bord du lac du Der : plage, promenade jusqu'à la presqu'île de Champaubert...

4e jour – Rendez-vous à **Saint-Dizier** (à 24 km au nord par la D 55 et la D 384), pour y admirer les **fontes ornementales** de style Art nouveau qui jalonnent les rues. Après une promenade en ville, déjeunez sur la place Aristide-Briand, où de nombreuses terrasses se sont installées. Regagnez le lac : le **musée du Pays du Der** à Sainte-Marie du-Lac (à 20 km) recrée un vieux village de la Champagne humide : maison du forgeron, pigeonnier, four à pain... À proximité : les plages ombragées de Nuisement et de Larzicourt. Faites étape alentour, par exemple à Saint-Rémi-en-Bouzemont, ou regagnez Giffaumont-Champaubert (à 18 km de Sainte-Marie) en empruntant les routes-digues près desquelles des postes d'observation des oiseaux ont été aménagés (site de Chantecoq...).

5e jour – Redescendez vers la Forêt d'Orient, en sillonnant la campagne pour admirer les charmantes **églises à pans de bois** : Châtillon-sur-Broué, Outines, Bailly-le-Franc, Droyes, Puellemontier, **Lentilles**, puis Chavanges. Continuez vers le lac d'Orient, en passant par **Piney** (à 28 km via Rosnay-l'Hôpital) : la côte ouest du lac offre deux plages, à **Géraudot** et **Lusigny-sur-Barse** (7 et 16 km par la D 1/D 1^{G}) et des possibilités de balades en forêt.

PATRIMOINE ET VIGNOBLE CHAMPENOIS ENTRE PROVINS ET REIMS

Circuit de 6 jours au départ de Provins (318 km).

Entre l'Île-de-France et la Champagne, les **paysages de Brie** sont jalonnés de villes et de villages anciens. Au nord et à l'est commence le **vignoble de champagne**, qui s'étire jusqu'à Reims. Dans la vallée de la Marne, la Montagne de Reims ou la côte des Blancs, de nombreux viticulteurs ouvrent leurs caves et dévoilent la méthode d'élaboration du champagne. Vous pourrez goûter leur production et acheter quelques bouteilles.

1er jour – Passez la première journée à **Provins** *(voir « Nos idées de week-ends » p. 17)*, dominée par la silhouette de sa tour César.

2e jour – **Montmirail** (à 45 km au nord par les D 403, N 4 et D 375) fut le lieu d'une célèbre victoire de Napoléon contre les Prussiens et les Russes en 1814. Promenez-vous dans ses ruelles suivant le tracé des anciennes enceintes. Puis rejoignez **Château-Thierry** (à 25 km au nord-ouest par les D 933 et D 1), ancienne place forte des comtes de Champagne. Visitez la maison natale de **La Fontaine** et son petit musée consacré au célèbre fabuliste. Dans cette ville fréquentée, vous aurez le choix des restaurants. À 16 km à l'est par la N 3 puis la D 4, le **château de Condé-en-Brie** renferme des décors de Watteau, Servandoni et Oudry. **Dormans** (12 km par la D 20), étape traditionnelle des routes du Champagne, abrite un mémorial des batailles de la Marne. Dormez ici, ou bien dans les proches villages du **Parc naturel régional de la Montagne de Reims**.

3e jour – Le village fortifié de **Châtillon-sur-Marne** (à 12 km au nord-est de Dormans par la D 908 et la D 1), dominé par la statue du pape Urbain II, offre une superbe vue sur la vallée de la Marne. Traversez le Parc, dont les crus figurent parmi les meilleurs de la région, en remontant vers **Reims** (à 39 km par les D 24 et D 980). Arrêtez-vous à **Saint-Lié** pour admirer sa chapelle et le vaste panorama. Consacrez le reste de la journée à la découverte de **Reims** *(voir « Nos idées de week-ends » p. 16)*.

4e jour – Poursuivez la visite de la cité des sacres, avec ses **musées** et ses **caves de champagne**. Dormez ici ou regagnez la Montagne de Reims et ses chambres d'hôte.

5e jour – Pour aprofondir vos connaissances sur le champagne, grimpez dans le musée de la Vigne à **Verzenay**, au milieu de sa mer de vignes (à 17 km au sud-est de Reims par les N 44 et D 7). Promenez-vous sur les sentiers aménagés de la forêt voisine, entre les silhouettes étranges des **faux de Verzy**. À **Hautvillers** (à 29 km au sud-ouest de Verzenay par les D 34, D 9, D 1, D 386), fief de Dom Pérignon, baladez-vous le nez en l'air en admirant les pittoresques enseignes. Passez le reste de la journée à **Épernay** (à 7 km au sud), où des caves des grandes maisons de champagne s'ouvrent à la visite.

6e jour – Descendez la **côte des Blancs** jusqu'au **Mont-Aimé** (à 22 km), en quittant Épernay au sud par les D 40, D 10 et D 9. À l'entrée du bourg de **Cramant**, célèbre pour son cru, vous ne pourrez pas manquer le jéroboam ! **Oger**, qui figure parmi les « plus beaux villages de France », possède un insolite **musée des Traditions de l'amour et du champagne**. En vue du Mont-Aimé, à Bergère-lès-Vertus, prenez la D 39 qui vous mène à travers le **marais de Saint-Gond** jusqu'à **Sézanne** (à 30 km au sud). Promenez-vous dans cette ancienne cité médiévale, le long des ruelles étroites et des mails ombragés. Vous y trouverez plusieurs restaurants. À **Villenauxe-la-Grande** (à 22 km plus au sud par la D 951), admirez dans l'église les vitraux contemporains réalisés par l'artiste David Tremlett. À **Nogent-sur-Seine** (15 km par la D 951), arpentez les ruelles anciennes et les bords de Seine, pleins de charme. Le **château de La Motte-Tilly** (à 5 km au sud-ouest sur la D 951) abrite d'intéressants ensembles mobiliers et décoratifs. Enfin, rentrez à Provins !

Itinéraires à thème

Ces routes, dont certaines sont balisées par les comités départementaux du tourisme, permettent de se familiariser avec des lieux qui font la personnalité de la région.

ROUTES RÉGIONALES

Circuits Saint-Remi

Quelque 90 paroisses sont dédiées à l'« apôtre des Francs », qui baptisa Clovis à Reims en 498 : la basilique de Reims, l'abbatiale de Mouzon, mais aussi de modestes églises rurales comme celle de Cheveuges. Pour les découvrir, sept circuits sont proposés à partir des villes suivantes : Charleville-Mézières (85 et 170 km), Rethel (140 km), Vouziers (172 km), et Sedan (190 km) pour l'Ardenne ; Reims pour la Champagne (80 et 140 km).

Bon à savoir – Attention, la plupart de ces églises sont ouvertes seulement le week-end de 14h à 18h.

Renseignements – Route non balisée, contactez les offices de tourisme des villes de départ. Une carte est disponible sur le site Internet du diocèse de Reims-Ardennes : http://catholique-reims.cef.fr/itir01.htm

En Champagne

Route touristique du champagne

Elle s'étire sur 600 km, et se compose de 5 itinéraires balisés : massif de Saint-Thierry, Montagne de Reims, vallée de la Marne, côte des Blancs, côte des Bar. Plus de 70 viticulteurs accueillent les visiteurs toute l'année.

Renseignements – La brochure, *Routes du Champagne*, avec les cartes des itinéraires et les coordonnées des producteurs, est disponible sur demande au comité régional du tourisme de Champagne-Ardenne et téléchargeable sur son site Internet *(voir p. 20)*.

Églises à pans de bois et vitraux du 16e s.

Cette route serpente le cœur du bocage champenois, qui possède un patrimoine unique en France : neuf églises à pans de bois datant du 15e au 18e s. Certaines sont éclairées par des vitraux provenant d'ateliers troyens. La plupart sont illuminées tous les soirs de mi-juin à mi-septembre et les week-ends le reste de l'année ; quelques-unes sont équipées d'audioguides.
Renseignements – Route non balisée : documentation à l'office du tourisme du lac du Der ou de Montier-en-Der *(voir ces noms)*.

Circuit des Fontes d'art en Haute-Marne

Au sud de Saint-Dizier, ce circuit chemine entre sites métallurgiques, usines et œuvres d'art en fonte.
Renseignements – Route non balisée, itinéraire téléchargeable sur le site Internet du comité départemental du tourisme *(voir p. 20)* ou contactez l'Association pour la sauvegarde du patrimoine métallurgique haut-marnais - 3 r. Robert-Dehault - 52100 Saint-Dizier - ✆ 06 15 38 48 90.

Les Maîtres des forges

Ce itinéraire au départ de Joinville vous emmène entre la Haute-Marne et la Meuse, sur les traces des « empires industriels » qui ont marqué la région.
Renseignements – Route non balisée, contactez l'office du tourisme de Joinville *(voir ce nom)*.

Route du Patrimoine culturel québécois

Un itinéraire sur les traces des premiers Français qui émigrèrent au futur Québec : ainsi, Paul Chomedey de Maisonneuve, le fondateur de Montréal, ou Jeanne Mance, originaire de Langres, qui y érigea l'Hôtel-Dieu.
Renseignements – Route non balisée, contactez le comité Chomedey de Maisonneuve - ✆ 03 25 40 68 33 ou consultez le site Internet http://perso.orange.fr/alain.perron/routeshist.htm

Route Thibaud de Champagne

Cette route, tracée par la Caisse des monuments historiques, relie le château de Champs-sur-Marne, à Troyes, à ceux de Ferrières, La Motte-Tilly ou Vaux-le-Vicomte.
Renseignements – À l'office du tourisme de Troyes *(voir ce nom)*.

Sur les pas des armées de Champagne

L'ancien **front de Champagne** de la Première Guerre mondiale s'étire sur un territoire de 40 km compris entre les Monts de Moronvilliers et la Main de Massiges, où s'affrontèrent pendant 4 ans troupes allemandes, françaises et alliées. Cinq grandes batailles s'y livrèrent. Un itinéraire relie les monuments, musées, cimetières... liés au souvenir de la Grande Guerre.
Renseignements – Adressez-vous à l'office du tourisme de Châlons-en-Champagne *(voir ce nom)* ou consultez le site www.cc-regiondesuippes.fr

En Ardenne

Bon à savoir – Une brochure détaillée décrit les 6 itinéraires balisés ci-dessous : sur demande au comité départemental du tourisme *(voir p. 20)*.

Route Rimbaud-Verlaine

Les deux poètes, un temps liés par une relation orageuse, avaient leurs racines dans les Ardennes. Cet itinéraire (150 km) passe à Charleville où vécut le jeune Rimbaud, Rethel où Verlaine enseigna le français, et s'étire jusqu'à Juniville où ce dernier fréquenta l'auberge Au Lion d'Or.

Route des Légendes de Meuse et Semoy

Ce circuit (65 km) longe ou surplombe les méandres des deux rivières. Rochers et crêtes portent les noms de légendes fameuses : Roc-la-Tour, les Quatre Fils Aymon...

Route des Fortifications

De la vallée de la Meuse à celle de la Chiers, les Ardennes furent au cœur de tous les affrontements. Cette route (140 km) fait voyager à travers 2 000 ans d'histoire : du camp romain de Vireux jusqu'aux remparts de Sedan et au fort de Villy-la-Ferté, pris d'assaut en 1940 par les troupes allemandes.

Route des Forêts, Lacs et Abbayes

Ce parcours (260 km) chemine à travers forêts et vallons, sur des routes tranquilles où abondent les anciens couvents à l'architecture harmonieuse : chartreux au Mont-Dieu, cisterciens dans les futaies d'Élan, cordeliers à La Cassine...

Route des Églises fortifiées de la Thiérache

De la guerre de Cent Ans jusqu'aux luttes franco-espagnoles, la région souffrit des conflits et des invasions.

Ce circuit (150 km) traverse des villages où les manoirs, les églises et les fermes adoptent l'allure de forteresses.

Route du Porcien
À l'écart des foules, ce circuit (110 km) entre collines et plaines du Porcien traverse les paysages champêtres d'une région qui a conservé son habitat traditionnel.

Circuit historique de la Bataille de Stonne
Cette bataille se déroula du 15 au 18 mai 1940 et se prolongea dans les environs. Au départ de Stonne, l'itinéraire balisé (50 km) est jalonné de 15 totems accompagnés de panneaux informatifs.
Renseignements – La plaquette Entre *Chiers et Aisne*, éditée par l'association Ardennes 1940, présente le circuit, ainsi que les lieux de mémoire et musées militaires de la région. Elle est disponible dans les offices de tourisme.

Nos idées de week-ends

Bien desservie par les axes routiers et autoroutiers et le tout nouveau TGV Est-européen, la Champagne-Ardenne est une destination idéale de week-end, que vous soyez plutôt « ville » ou « campagne » *(voir aussi l'encadré sur les forfaits week-ends p. 24)*.

Reportez-vous à la rubrique « Transports » *(voir p. 22)* pour savoir comment venir et connaître les distances entre les principales villes.

CULTURE ET CHAMPAGNE À REIMS

À 146 km de Paris par l'autoroute A 4 – 300 km de Calais – 347 km de Strasbourg – 279 km de Dijon.

Reims possède un héritage architectural, historique, et artistique impressionnant ! Commencez par un tour du centre-ville et de ses « incontournables ». Dans la superbe **cathédrale**, sur laquelle veille l'*Ange au sourire*, 25 rois de France furent couronnés jusqu'à Charles X ; les premiers furent inhumés dans la **basilique Saint-Remi**. Le **palais du Tau**, qui accueillait la suite royale lors des sacres, abrite un précieux trésor. Pour la soirée, la **place Drouet-d'Erlon** et les rues adjacentes compte bon nombre de terrasses, bars et restaurants. Ne manquez pas de goûter le jambon de Reims et les fameux biscuits roses.

Le lendemain, admirez les toiles de Cranach au **musée des Beaux-Arts**, ou les gravures de Dürer dans l'**hôtel Le Vergeur**. Puis dans le quartier des **caves de champagne**, entrez dans la **chapelle Fujita**, avant de descendre dans les crayères des grandes maisons et déguster le vin « saute bouchon » chez Mumm, Ruinart, Pommery...

Bon à savoir – Des audioguides sont diponibles à l'office de tourisme. Pensez aussi à l'avantageux Pass'citadine *(voir l'encadré pratique de Reims)*.

S. Sauvignier/MICHELIN

Escalier en bois à Troyes.

TROYES, ART ET SHOPPING

À 160 km de Paris par l'autoroute A 5 – 430 km de Calais – 350 km de Strasbourg – 150 km de Dijon.

La **ville ancienne** est truffée de rues étroites où les maisons à pans de bois se dressent... parfois droites, mais pas forcément ! Déambulez dans le « bouchon de champagne », où la signalétique vous renseignera sur l'histoire et les principaux monuments. Admirez les vitraux et statues de l'école de Troyes dans les nombreux édifices religieux, dont l'imposante cathédrale Saint-Pierre-et-Saint-Paul. L'après-midi, saluez André Derain au **musée d'Art moderne**, où les toiles fauves explosent de couleurs. Le **musée de l'Outil et de la Pensée ouvrière** a trouvé naturellement sa place derrière la façade Renaissance de l'hôtel de Mauroy, dans cette ville de tradition manufacturière. En soirée, les amateurs dégusteront l'andouillette AAAAA *(voir p. 83)*, très réputée, dans les ruelles animées autour de la **place Alexandre-Israël,** où se succèdent restaurants et bars.

Le lendemain, dirigez-vous vers la zone des **magasins d'usine**. Qui l'ignore, vous êtes dans la capitale des emplettes et des bonnes affaires : plus de 150 enseignes y perpétuent la tradition des foires.

Bon à savoir – Un livret d'accompagnement à la visite est disponible à l'office de tourisme. Le Pass'Troyes inclut l'entrée dans tous les musées de la ville *(voir l'encadré pratique de Troyes).*

Pour prolonger votre week-end, allez vous reposer dans le tout proche Parc naturel régional de la **Forêt d'Orient** et ses lacs (15 km par la N 19). Vous pouvez même vous y rendre à vélo, en empruntant la voie verte qui relie Troyes à Port-Dienville ! Baladez-vous sous les chênes : la forêt compte 140 km de **sentiers balisés**.

PROVINS ET SES REMPARTS

À 93 km de Paris par l'autoroute A 4, puis la N 104, la N 4 et la D 231 – 359 km de Calais – 426 km de Strasbourg – 266 km de Dijon.

Administrativement rattachée à l'Île-de-France, Provins est historiquement champenoise. L'ensemble de la ville est inscrit au Patrimoine mondial de l'humanité par l'Unesco ! Promenez-vous longuement dans la **cité médiévale**, le long des remparts et sur la place du Châtel ; entrez dans la **tour César**, et dans le vaste réseau de **souterrains** à graffitis… À la belle saison, la ville haute est le théâtre de **spectacles historiques**, et accueille de nombreuses manifestations, notamment en soirée.

Le lendemain, visitez la **grange aux Dîmes**, qui évoque les fameuses foires de Champagne, ou le **musée de Provins et du Provinois**.

Bon à savoir – Le Pass'Provins inclut l'entrée dans la plupart des sites *(voir l'encadré pratique de Provins).*

CHARLEVILLE-MÉZIÈRES ET LES MÉANDRES DE LA MEUSE

À 234 km de Paris par l'A 4 jusqu'à Reims, puis l'A 34 – 266 km de Calais – 368 km de Dijon – 327 km de Troyes.

Ville dynamique en pleine mutation, Charleville-Mézières loge son **centre ancien** entre les boucles de la Meuse. À Charleville, la **place Ducale**, animée par le marché, ressemble à la place des Vosges parisienne : les deux architectes étaient frères ! Tout autour se déploient les rues commerçantes bordées de belles demeures ocre jaune. Rendez-vous, à heure fixe, devant l'**horloge du Grand Marionnettiste** pour un épisode de la légende ardennaise des Quatre Fils Aymon. À Mézières, les **remparts** entourent **Notre-Dame-d'Espérance**, éclairée par de superbes vitraux contemporains. L'après-midi, retrouvez « l'homme aux semelles de vent » au **musée Rimbaud** installé dans le Vieux Moulin. À l'heure de l'apéritif ou en soirée, appréciez une bière en terrasse ou dans l'ambiance chaleureuse d'un bar.

Bon à savoir – La ville propose un itinéraire autoguidé : un livret disponible à l'office de tourisme accompagne la signalétique *(voir l'encadré pratique de Charleville).*

Le lendemain, descendez la Meuse dans son défilé boisé vers **Monthermé** (à 15 km), dont les crêtes déchiquetées portent le nom de vieilles légendes et offrent de beaux panoramas. Poursuivez jusqu'à **Revin** (à 19 km de Monthermé) : après le déjeuner en bord de Meuse, faites quelques pas dans la vieille ville et prenez la route du **mont Malgré-Tout** pour une vue imprenable sur la vallée.

Si vous n'êtes pas véhiculés, vous pourrez embarquer à Charleville pour une promenade sur la Meuse en « Canobus », et emprunter le sentier qui longe le méandre encerclant le **Mont-Olympe** (4 km).

LANGRES ET SES LACS

À 297 km de Paris par l'autoroute A 31 – 508 km de Calais – 73 km de Dijon – 245 km de Strasbourg.

Les remparts de Langres enserrent une cité pleine de caractère : sa **cathédrale** de style roman-bourguignon domine un enchevêtrement de **ruelles médiévales** percées d'étroits passages. Le matin, arpentez les **fortifications** et la vieille ville, jalonnés de panneaux d'interprétation. Empruntez la rue commerçante **Denis-Diderot** (le célèbre philosphe vit le jour ici), et déjeunez en terrasse si le temps le permet, sans oublier de goûter au fameux fromage local, le « langres ». L'après-midi, visitez par exemple la **maison Renaissance** et la chapelle romane Saint-Didier, qui abrite un **musée d'Art et d'Histoire** où voisinent Corot, Courbet et Bouchardon… En soirée, profitez des illuminations nocturnes et des animations en saison.

Bon à savoir – Le Navi'Langres, qu'on peut louer à l'office du tourisme, fournit une information conséquente pour une visite en toute liberté *(voir l'encadré pratique de Langres).*

Le lendemain, goûtez la quiétude des **lacs du pays de Langres**, situés entre 5 et 12 km de la ville. Chacun possède son charme propre : sentiers, bases de loisirs… À moins d'aller contempler le patient travail des vanniers, à **Fayl-Billot** (à 20 km par la N 19), où l'**École nationale d'osiériculture**, sise dans un très bel édifice, maintient la tradition depuis 1905. À la **Maison du vannier**, admirez les créations des artisans, que vous pourrez acquérir dans leurs boutiques en ville.

Escapade à la frontière

La Belgique, toute proche, offre plusieurs possibilités d'excursions intéressantes. L'atmosphère, la gastronomie et la bonne humeur assurent le dépaysement, même à quelques kilomètres de la frontière des Ardennes françaises.

Dinant★★

À 43 km au nord de Givet par la N 51, puis la N 96.

Dinant occupe un site remarquable dans la vallée de la Meuse. Dominée par le clocher bulbeux de sa **collégiale Notre-Dame** et la masse de sa **citadelle**, qui se visitent, la ville étire sur 4 km ses maisons aux toits bleutés, entre le fleuve et le roc. Dinant a donné son nom à la dinanderie : l'art de fondre, de battre et de repousser le laiton ou cuivre jaune, qui fut pratiqué ici dès le 12e s. Découvrez aussi la **grotte la Merveilleuse**, remarquable par la profusion de ses concrétions. Et dégustez ses fameux « couques », des gâteaux au miel aux formes décoratives. Possibilité de promenades en bateau *(embarcadère face à l'hôtel de ville).*

Ph. Gajic/MICHELIN

Dinant dans la vallée de la Meuse.

Chimay★

À 29 km au nord-ouest de Rocroi par la N 5, puis la N 99.

À la lisière de la vaste forêt de Rance, cette petite ville est connue pour son **château**, que l'on aperçoit depuis le pont sur l'Eau Blanche, ainsi que pour sa bière. La « Trappiste de Chimay » est fabriquée à l'abbaye Notre-Dame-de-Scourmont, fondée en 1850 et située à 10 km au sud de la ville. Ses sobres bâtiments s'ordonnent autour d'une cour centrale où se dresse la façade dépouillée de l'église.

L'**étang de Virelles** (à 3 km au nord-est de la ville), qui abrite une réserve, est la plus vaste étendue d'eau naturelle de Belgique.

Bouillon★

14 km au nord-est de Sedan par la N 58.

Ancien duché, Bouillon est la petite capitale de la vallée de la Semois (Semoye en France). Ses vieux toits d'ardoise se pressent au bord de la rivière qui forme ici une large boucle. La ville est dominée par la masse de sa **forteresse**, le plus important vestige de l'architecture militaire médiévale en Belgique. Dressée sur une arête rocheuse, celle-ci offre de superbes vues sur la ville et la Semois. Le **Musée ducal** comporte une section d'histoire et de folklore régional, et une autre consacrée à **Godefroi de Bouillon**, vainqueur de la première croisade.

Abbaye d'Orval★★

À 38 km à l'est de Sedan par la N 43, puis la D 44.

Retirée au milieu des bois de la Gaume, cette abbaye, fondée en 1070 par des bénédictins venus de Calabre, au sud de l'Italie, devint dès le 12e s. l'un des plus célèbres et des plus riches **monastères cisterciens** d'Europe. Le nom de l'abbaye, Orval, signifie « val d'or ». Ses armoiries d'argent représentent un ruisseau d'azur d'où sort une bague ornée de trois diamants. Elles rappellent la légende de la comtesse Mathilde, duchesse de Lorraine et protectrice de l'abbaye, qui perdit dans une source son anneau nuptial. Celui-ci fut rendu par une truite miraculeuse... L'église Notre-Dame du 12e s. fut modifiée au 16e s. Dévastée à deux reprises, l'abbaye fut vendue en 1797. Le nouveau monastère, achevé en 1948, reproduit le plan traditionnel cistercien. Après un documentaire audiovisuel, on découvre les ruines du Moyen Âge et du 18e s., celles de l'église qui se dressent dans un cadre de verdure, le cloître, les caves et la pharmacie.

Les atouts de la région au fil des saisons

Certes, la Champagne-Ardenne ne jouit pas d'un climat méditerranéen... Mais le temps y est grosso modo comparable à celui qui règne sur la moitié nord de la France, plaident ses habitants lassés d'une réputation frileuse et grise parfois abusive. La région révèle sa personnalité au gré des variations du relief et du calendrier, qui mettent en valeur ses charmes saisonniers.

EN CHAMPAGNE

La région connaît un climat océanique de transition, qui s'altère au fur et à mesure que l'on progresse vers l'est, où l'influence continentale s'accentue. La continentalisation, qui se traduit notamment par des étés assez chauds et une amplitude thermique relativement importante, est davantage marquée en Haute-Marne, avec des hivers plus longs et froids et des étés occasionnellement orageux.

La belle saison permet de profiter pleinement des nombreux lacs et plans d'eau de la région. Les vastes forêts offrent quant à elles un refuge de fraîcheur. En outre, de nombreux sites ne sont ouverts à la visite qu'en saison, même s'il est souvent possible de s'arranger directement avec le propriétaire le reste de l'année.

L'automne, relativement doux, constitue cependant un moment privilégié pour parcourir cette région viticole : paysages et villages s'activent au moment des vendanges en septembre-octobre, tandis que les zones boisées revêtent leurs plus belles couleurs. La récolte des pommes, notamment dans l'Aube, donne elle aussi lieu à de sympathiques manifestations festives (pressage du cidre et dégustation...).C'est également, près des lacs qui constituent des lieux d'étape pour les oiseaux migrateurs, le moment d'observer une faune avicole caractéristique, également visible au printemps (*voir le calendrier des migrations dans Lac du Der*).

Bon à savoir – À Troyes, le début de l'année est une période propice aux bonnes affaires : outre des tarifs avantageux dans les structures touristiques, c'est le moment des soldes d'hiver dans les magasins d'usine.

Quel temps pour demain ?

Services téléphoniques de Météo France – Taper **3250** suivi de :

1 – toutes les prévisions météo départementales jusqu'à 7 jours (DOM-TOM compris) ;

2 – météo des villes ;

3 – météo plages et mer ;

4 – météo montagne.

Accès direct aux prévisions du département – ✆ **0 892 680 2** suivi du numéro du département *(0,34 €/mn)*.

Toutes ces informations sont également disponibles sur **3615 météo** et **www.meteo.fr**

EN ARDENNE

Le climat est frais, semi-continental et marqué par l'altitude. Pourtant, l'influence océanique se fait là aussi sentir en nuances nombreuses, que l'on retrouve dans le paysage comme dans les saisons. Les pluies abondantes font de l'Ardenne un véritable réservoir d'eau.

L'été reste assurément la saison la plus propice pour découvrir la région, profiter des diverses possibilités de loisirs (randonnées à pied ou à vélo, navigation sur la Meuse et la Semoy...), et apprécier la beauté quelque peu austère des profondes vallées.

Néanmoins le feuillage d'automne ajoute, hors des zones de résineux, une splendide parure, et novembre marque l'ouverture de la chasse. L'hiver est généralement enneigé et, lorsque la température descend assez bas, le paysage se recouvre de givre. Mais il peut aussi être plus doux, avec des couchers de soleil couleur de forge. La région offre un cadre de charme pour les fêtes de fin d'année, soutenues par des traditions vivaces *(voir p. 34)*.

S'Y RENDRE ET CHOISIR SES ADRESSES

Où s'informer avant de partir

ADRESSES UTILES

Pour préparer votre voyage dans le détail, vous pouvez demander de la documentation aux professionnels du tourisme de la région. Outre les adresses indiquées ci-dessous, sachez que les coordonnées des offices de tourisme ou des syndicats d'initiative des villes et sites décrits dans ce guide sont données systématiquement dans l'**encadré pratique** sous la rubrique « Adresse utile ».

Un numéro pour la France, le 32 65 – Un nouvel accès facile a été mis en place pour joindre tous les offices de tourisme et syndicats d'initiative en France. Il suffit de composer le 32 65 *(0,34 €/mn)* et prononcer distinctement le nom de la commune. Vous serez alors directement mis en relation avec l'organisme souhaité.

Comité régional du tourisme

Champagne-Ardenne – 15 av. du Mar.-Leclerc - BP 319 - 51013 Châlons-en-Champagne Cedex - ✆ 03 26 21 85 80 - www.tourisme-champagne-ardenne.com.

Diverses brochures sont disponibles sur demande ou téléchargeables sur Internet.

Comités départementaux du tourisme

Ardennes – 22 pl. Ducale - BP 419 - 08107 Charleville-Mézières Cedex - ✆ 03 24 56 06 08 - www.ardennes.com.

Aube – 34 quai Dampierre - 10000 Troyes - ✆ 03 25 42 50 00 - www.aube-champagne.com.

Haute-Marne – Cours Marcel-Baron - BP 2048 - 52902 Chaumont Cedex 9 - ✆ 03 25 30 39 00 - www.tourisme-hautemarne.com.

Marne – 13 bis r. Carnot - BP 74 - 51006 Châlons-en-Champagne Cedex - ✆ 03 26 68 37 52 - www.tourisme-en-champagne.com et www.marnotherapie.fr.

S. Sauvignier/MICHELIN

Enseigne d'Hautvillers.

TOURISME DES PERSONNES HANDICAPÉES

Un certain nombre de curiosités décrites dans ce guide sont accessibles aux personnes à **mobilité réduite**, elles sont signalées par le symbole ♿. Le degré d'accessibilité et les conditions d'accueil variant toutefois d'un site à l'autre, il est recommandé d'appeler avant tout déplacement.

Accessibilité des infrastructures touristiques

Lancé en 2001, le **label national Tourisme et Handicap** est délivré en fonction de l'accessibilité des équipements touristiques et de loisirs au regard des quatre grands handicaps (auditif, mental, moteur ou visuel). À ce jour, plus d'un millier de sites labellisés (hébergement, restauration, musées, équipements sportifs, salles de spectacles, etc.) ont été répertoriés en France. Vous pourrez en consulter la liste sur le site Internet de Maison de la France à l'adresse suivante : **www.franceguide.com**

Le magazine *Faire face* publie chaque année, à l'intention des personnes en situation de handicap moteur, un hors-série *Guide vacances*. Cette sélection de lieux et d'offres de loisirs est disponible sur demande *(5,30 €, frais de port non compris)* à l'**Association des Paralysés de France** (Direction de la communication - 17 bd Auguste-Blanqui - 75013 Paris - www.apf.asso.fr).

Pour de plus amples renseignements au sujet de l'accessibilité des musées aux personnes atteintes de handicaps moteurs ou sensoriels, consultez le site **http://museofile.culture.fr.**

Accessibilité des transports

Train – Disponible gratuitement dans les gares et boutiques SNCF ou sur le site **www.voyages-sncf.com**, le *Mémento du voyageur handicapé* donne de multiples informations. À retenir également, le numéro Vert **SNCF Accessibilité Service** : ✆ 0 800 154 753 *(gratuit)*.

Avion – Air France propose aux personnes handicapées le service d'assistance Saphir, avec un numéro spécial : ✆ 0 820 012 424. Pour plus de détails, consultez le site **www.airfrance.fr.**
Publié chaque année par Aéroguide Éditions (47 av. Léon-Gambetta - 92120 Montrouge - ✆ 01 46 55 93 43), l'*Aéroguide France : aéroports mode d'emploi (59 €, frais de port non compris)* donne quant à lui de précieux renseignements sur les services et assistances aux personnes handicapées dans les aéroports et aérodromes français.

Pour venir en France

Voici quelques informations pour les voyageurs étrangers en provenance de pays francophones comme la Suisse, la Belgique ou le Canada.
Pour en savoir plus, consultez le site Internet de la Maison de la France : **www.franceguide.com**

En cas de problème, voici les coordonnées des ambassades :

Ambassade de Suisse – 142 r. de Grenelle - 75007 Paris - ✆ 01 49 55 67 00 - www.eda.admin.ch/paris.

Ambassade du Canada – 35-37 av. Montaigne - 75008 Paris - ✆ 01 44 43 29 00 - www.amb-canada.fr.

Ambassade de Belgique – 9 r. de Tilsitt - 75017 Paris - ✆ 01 44 09 39 39 (en cas d'urgence seulement) - www.diplomatie.be/paris.

FORMALITÉS

Pièces d'identité

La carte nationale d'identité en cours de validité ou le passeport (même périmé depuis moins de 5 ans) sont valables pour les ressortissants des pays de l'Union européenne, d'Andorre, du Liechtenstein, de Monaco et de Suisse. Pour les Canadiens, il n'y a pas besoin de visa mais d'un passeport valide.

Santé

Les ressortissants de l'Union européenne bénéficient de la gratuité des soins avec la **carte européenne d'assurance maladie**. Comptez un délai d'au moins deux semaines avant le départ (fabrication et envoi par la poste) pour obtenir la carte auprès de votre caisse d'assurance maladie. Nominative et individuelle, elle remplace le formulaire E 111 ; chaque membre d'une même famille doit en posséder une, y compris les enfants de moins de 16 ans.

Véhicules

Pour le conducteur : permis de conduire à trois volets ou permis international. Outre les papiers du véhicule, il est nécessaire de posséder la carte verte d'assurance.

QUELQUES RAPPELS

Code de la route

Sachez que la **vitesse** est généralement limitée à 50 km/h dans les villes et agglomérations, à 90 km/h sur le réseau courant, à 110 km/h sur les voies rapides et à 130 km/h sur les autoroutes.
Le port de la **ceinture** de sécurité est obligatoire à l'avant comme à l'arrière.
Le taux d'**alcoolémie** maximum toléré est de 0,5 g/l.

Argent

La monnaie est l'**euro**. Les chèques de voyage, les principales **cartes de crédit** internationales sont acceptées dans presque tous les commerces, hôtels, restaurants et par les distributeurs de billets.

Téléphone

En France, tous les numéros sont à 10 chiffres.
Pour appeler la France depuis l'étranger, composez le **00 33** et les neuf chiffres de votre correspondant français (sans le zéro qui commence tous les numéros).
Pour téléphoner à l'étranger depuis la France, composez le **00** + l'indicatif du pays + le numéro de votre correspondant.

Numéros d'urgence – Le **112** (numéro européen), le **18** (pompiers) ou le **17** (police, gendarmerie), le **15** (urgences médicales).

Transports

PAR LA ROUTE

Les grands axes

La région Champagne-Ardenne est bien reliée aux réseaux routiers (N 4, N 19, N 51) et autoroutiers. L'**A 4** est l'autoroute de l'Est : de Paris à Strasbourg en passant par Reims, Châlons-en-Champagne et Sainte-Menehould. L'**A 26** est l'autoroute des Anglais : de Calais à Troyes en passant par Reims, Châlons-en-Champagne, puis Chaumont et Langres. L'**A 5** relie Paris à Troyes. L'**A 31** va de Beaune à Luxembourg et passe par Langres. L'**A 203** relie Charleville-Mézières à Sedan.
Une voie rapide (gratuite) relie Reims à Charleville-Mézières : elle sera prochainement prolongée par l'**A 34** vers Revin et Charleroi en Belgique.

Informations autoroutières – 3 r. Edmond-Valentin 75007 Paris - informations sur les conditions de circulation sur les autoroutes - ✆ 0 892 681 077 - www.autoroutes.fr.

Distances en km	Bordeaux	Lille	Lyon	Marseille	Paris	Strasbourg
Charleville	795	191	569	880	233	331
Langres	763	439	269	580	286	280
Reims	705	205	489	800	144	348
Saint-Dizier	762	313	371	682	218	253
Troyes	647	328	374	686	171	382

Les cartes Michelin

Comme tout automobiliste prévoyant, munissez-vous de cartes. Chaque ville ou site présenté dans ce guide est accompagné de ses références cartographiques sur la carte Local.

Les **cartes Local** ont été conçues pour ceux qui aiment prendre le temps de découvrir une zone géographique plus réduite (un ou deux départements) lors de leurs déplacements en voiture. Elles disposent d'un index complet des localités et proposent les plans des préfectures. Pour ce guide, consultez les cartes **306**, **307**, **313**, **312** et **314**.

Les **cartes Régional** couvrent le réseau routier secondaire et donnent de nombreuses indications touristiques. Elles sont pratiques lorsqu'on aborde un vaste territoire ou pour relier des villes distantes de plus de cent kilomètres. Elles disposent également d'un index complet des localités et proposent les plans des préfectures. Pour ce guide, utilisez la carte **515**.

Et n'oubliez pas, la **carte de France n° 721** vous offre la vue d'ensemble de la région Champagne-Ardenne au 1/1 000 000, avec ses grandes voies d'accès d'où que vous veniez.

Info route

CHANGEMENT DE NUMÉRATION

Sur de nombreux tronçons, les **routes nationales** passent sous la direction des départements. Leur numérotation est en cours de modification.
La mise en place sur le terrain a commencé en 2006 mais devrait se poursuivre sur plusieurs années. De plus, certaines routes n'ont pas encore définivement trouvé leur statut au moment où nous bouclons la rédaction de ce guide. Nous n'avons donc pas pu reporter systématiquement les changements de numéros sur l'ensemble de nos cartes et textes.

Bon à savoir – Dans la majorité des cas, on retrouve le numéro de la nationale dans les derniers chiffres du n° de la départementale qui la remplace. Exemples : N 16 devient D 1016 ou N 51 devient D 951.

Les informations sur Internet et Minitel

Le site **www.ViaMichelin.fr** offre une multitude de services et d'informations pratiques d'aide à la mobilité (calcul d'itinéraires, cartographie : des cartes de pays aux plans de villes, sélection des hôtels et restaurants du Guide Michelin France…) sur la France et d'autres pays d'Europe.
Les calculs d'itinéraires sont également accessibles sur **Minitel** (3615 ViaMichelin) et peuvent être envoyés par **fax** (3617 ou 3623 Michelin).

EN TRAIN

Grandes lignes

Juin 2007 marque la mise en circulation du **TGV Est-européen** tant attendu. La gare Champagne-Ardenne TGV, située à 5 km de Reims, permet de relier directement Paris-gare de l'Est, ainsi que les gares TGV d'Île-de-France (aéroport Charles-de-Gaulle, Marne-la-Vallée-Chessy, Massy) et plusieurs grandes villes françaises (Strasbourg, Lille, Nantes, Rennes, Bordeaux) ou européennes (Luxembourg, Francfort, Stuttgart, Zurich…).

Distances en km	Charleville	Langres	Reims	Saint-Dizier	Troyes
Charleville	–	272	85	162	203
Langres	272	–	237	108	122
Reims	85	237	–	108	123
Saint-Dizier	162	108	108	–	86
Troyes	203	122	123	86	–

Paris-Reims : 45mn (8 AR/j)
Paris-Châlons-en-Champagne : 1h05
Paris-Vitry-le-François : 1h20
Paris-Charleville-Mézières : 1h35
Paris-Sedan : 2h
Strasbourg-Reims : 1h50 (9 AR/j)
Lille-Reims : 1h25
Nantes-Reims : 3h15
Rennes-Reims : 3h25
Bordeaux-Reims : 4h30

Informations et réservations
Ligne directe : ☏ 3635 *(0,34 €/mn)*
3615 SNCF.
www.voyages-sncf.com.

Trains express régionaux

Ils relient l'ensemble des villes de la région, certaines liaisons étant assurées par autocar. Attention, il existe des horaires d'hiver et d'été.

Reims-Rethel-Charleville : 50mn.
Reims-Épernay-Châlons : 50mn.
Reims-Châlons-Troyes (autocar) : 2h10.
Troyes-Bar-sur-Aube-Chaumont : 1h45.
Épernay-Châlons-Vitry : 30mn.
Saint-Dizier-Vitry (autocar) : 50mn
Saint-Dizier-Joinville-Chaumont : 1h20.
Charleville-Revin-Givet : 1h15.
Charleville-Sedan : 20mn.

Informations et réservations
Ligne directe : ☏ 3635 *(0,34 €/mn)*
3615 TER.
www.ter-sncf.com/champagne_ardenne.

Les bons plans

Les tarifs de la SNCF varient selon les périodes : –50 % en période bleue, –25 % en période blanche, plein tarif en période rouge (calendriers dans les gares et boutiques SNCF).

Les cartes de réduction

Différentes réductions sont offertes grâce aux cartes suivantes, valables un an, en vente dans les gares et boutiques SNCF :
- **carte enfant+** pour les moins de 12 ans ;
- **carte 12-25** pour les 12-25 ans, qui peut être achetée la veille de ses 26 ans pour l'année suivante ;
- **carte senior** à partir de 60 ans.

Ces différentes cartes offrent une réduction de 50 % sur tous les trains dans la limite des places disponibles et sinon 25 %.

Les familles ayant au minimum 3 enfants mineurs peuvent bénéficier d'une **carte famille nombreuse** (16 € pour l'ensemble des cartes, valables 3 ans) permettant une réduction individuelle de 30 à 75 % selon le nombre d'enfants (la réduction est toujours calculée sur le prix plein tarif de 2e classe, même si la carte permet de voyager également en 1re). Elle ouvre droit à d'autres réductions hors SNCF *(voir p. 24)*.

La **carte Grand Voyageur**, valable 3 ans, permet de gagner des points et d'avoir des réductions exclusives. Elle donne aussi accès à certains services comme le transport des bagages.

La **carte Escapade** permet une réduction de 25 % sur tous les trains pour des allers-retours d'au moins 200 km, comprenant une nuit sur place du samedi au dimanche.

Les réductions sans carte

Sans disposer d'aucune carte, vous pouvez bénéficier de certains tarifs réduits.
Sur Internet, profitez des **billets Prem's** : très avantageux pourvu que vous réserviez suffisamment à l'avance, ils s'achètent uniquement en ligne mais ne sont ni échangeables ni remboursables.

Les **billets Découverte** offrent quant à eux des réductions de 25 % pour les moins de 25 ans, les plus de 60 ans, et sous certaines conditions entre 25 et 60 ans. Si vous effectuez un aller-retour d'au moins 200 km et si

Info pratique

BONS PLANS TER

Si vous prévoyez de souvent utiliser le réseau TER au cours de votre séjour en Champagne-Ardenne, il peut être intéressant de souscrire l'une des offres régionales :
- le Pass'Champagne-Ardenne Liberté (50 % de réduction le week-end et 25 % en semaine pour 29 €/an, pour le titulaire et jusqu'à 3 accompagnants) ;
- le Pass'Champagne-Ardenne Loisirs (50 % de réduction le week-end pour 5 €/an, pour le titulaire et jusqu'à 3 accompagnants).

votre séjour comprend une nuit du samedi au dimanche, vous pouvez profiter du tarif **Découverte Séjour**. Si vous êtes de 2 à 9 personnes à effectuer un aller-retour, que vous ayez ou non un lien de parenté, et si votre voyage comprend au moins une nuit entre l'aller et le retour, vous pouvez bénéficier du tarif **Découverte à deux**.

Budget

FORFAITS TOURISTIQUES INTÉRESSANTS

Bon à savoir – En **Ardenne**, avec une première entrée plein tarif, vous pouvez bénéficier gratuitement d'une carte donnant droit à des réductions dans les principaux musées et sites du département.

Une petite sélection

Noël en Ardenne – Pour profiter en famille des marchés de Noël et animations de saison *(voir p. 34)*, l'hôtel Val de Vence/Logis de France, situé face à l'ancien relais de poste de Launois *(voir Thiérache ardennaise)*, propose un forfait de 2 nuits avec petit-déjeuner et 2 dîners par personne, dont un gastronomique pour les adultes. *Renseignements : ✆ 03 24 35 02 93.*

Vallées de la Meuse et de la Semoy à pied – Pour randonner en toute tranquillité à travers les paysages ardennais, Monde Actuel Voyages offre, de mars à septembre, une formule incluant 4 nuits en hôtel avec petit-déjeuner, 4 dîners, le « carnet de route » pour 3 jours de marche ainsi que le transport des bagages.

Info pratique

L'offre de **séjours et week-ends thématiques** dans la région est variée.

Dans l'**Aube**, la brochure *Escapades* recense une vingtaine de forfaits week-ends : nature dans le Parc régional de la Forêt d'Orient, champagne de la côte des Bar, gastronomie en pays d'Othe… Sur demande au comité du tourisme de l'Aube ou téléchargeable sur le site Internet *(voir p. 20)*.

La **Haute-Marne** propose diverses formules pour découvrir la région : par exemple, semaine de découverte du patrimoine haut-marnais, source de la Meuse en roulotte… La brochure *Escapades en Haute-Marne* est diponible sur demande au comité du tourisme de Haute-Marne ou téléchargeable sur Internet *(voir p. 20)*.

Renseignements : Monde Actuel Voyages - ✆ 03 24 59 02 53.

Les Ardennes à vélo – Pour pédaler sans se soucier de l'organisation, Monde Actuel Voyages a mis en place, de mars à octobre, un circuit de 5 jours/6 nuits au départ de Signy-l'Abbaye, avec hébergement en demi-pension en ferme-auberge et Logis de France (chambre double), un « carnet de route » et le transport des bagages. *Renseignements : Monde Actuel Voyages - voir ci-dessus.*

Week-end autour de la truffe en Haute-Marne – Aux environs de Chaumont, vous partirez en compagnie d'un chien à la recherche de la précieuse truffe grise de Bourgogne *(voir l'encadré p. 83)*, et apprendrez à la préparer auprès d'un chef cuisinier. Le forfait comprend 2 nuits en demi-pension (chambre double) avec dîner gastronomique à l'hôtel Terminus Reine de Chaumont, la démonstration de cavage en forêt, le cours de cuisine et la visite audioguidée de la ville. *Renseignements auprès du Loisirs-Accueil Haute-Marne - voir p. 27.*

LES BONS PLANS

Sachez que vous pouvez obtenir des réductions grâce aux solutions suivantes :

Les chèques vacances

Ce sont des titres de paiement permettant d'optimiser le budget vacances/loisirs des salariés grâce à une participation de l'employeur. Les salariés du privé peuvent se les procurer auprès de leur employeur ou de leur comité d'entreprise ; les fonctionnaires auprès des organismes sociaux dont ils dépendent.
On peut les utiliser pour régler toutes les dépenses liées à l'hébergement, à la restauration, aux transports ainsi qu'aux loisirs. Il existe plus de 135 000 points d'accueil.

La carte famille nombreuse

On se la procure auprès de la SNCF *(voir p. 23)*. Elle ouvre droit, outre les billets de train à prix réduits, à des réductions très diverses auprès des musées nationaux, de certains sites privés, parcs d'attractions, loisirs et équipements sportifs, cinémas et même certaines boutiques. Mieux vaut l'avoir sur soi et demander systématiquement s'il existe un tarif préférentiel famille nombreuse.

« Bon week-end ville »

31 villes participent à l'opération « Bon week-end en ville » (2 nuits d'hôtel pour le prix d'une dans les principaux lieux d'hébergement de la ville ainsi que de nombreux avantages sur les différentes activités culturelles). Vous pourrez bénéficier de ces conditions pour découvrir la ville de **Troyes**, entre novembre et mars. Renseignements à l'office du tourisme de Troyes *(voir ce nom)* ou sur **www.bon-week-end-en-villes.com**

Bon à savoir – La période inclut les **soldes d'hiver** dans les magasins d'usine. Aux mêmes dates, les « week-ends malins à prix futés » comprennent 2 nuits en chambre double avec petit-déjeuner, 2 repas Terroir et Patrimoine et un Pass'Troyes. Renseignements à l'office du tourisme de Troyes.

NOS ADRESSES D'HÉBERGEMENT ET DE RESTAURATION

Au fil des pages, vous découvrirez nos **encadrés pratiques**, sur fond vert. Ils présentent une sélection d'établissements dans et à proximité des villes ou des sites touristiques remarquables auxquels ils sont rattachés. Pour repérer facilement ces adresses sur nos plans, nous leur avons attribué des pastilles numérotées.

Nos catégories de prix

Pour vous aider dans votre choix, nous vous communiquons une **fourchette de prix** : pour l'hébergement, les prix communiqués correspondent aux tarifs minimal et maximal d'une chambre double ; il en va de même pour la restauration et les prix des menus proposés sur place. Les mentions « *Astuce prix* » et « bc » signalent : pour la première, les formules repas à prix attractif, servies généralement au déjeuner par certains

S. Sauvignier/MICHELIN

Chambre d'hôte du château de Châtel.

établissements de standing, pour la seconde, les menus avec boisson comprise (verre de vin ou eau minérale au choix). Les prix que nous indiquons sont ceux pratiqués en **haute saison** ; hors saison, de nombreux établissements proposent des tarifs plus avantageux, renseignez-vous… Dans chaque encadré, les adresses sont classées en quatre catégories de prix pour répondre à toutes les attentes *(voir le tableau ci-dessous)*.

Premier prix – Choisissez vos adresses parmi celles de la catégorie ⊖ : vous trouverez là des hôtels, des chambres d'hôte simples et conviviales et des tables souvent gourmandes, toujours honnêtes.

Prix moyen – Votre budget est un peu plus large. Piochez vos étapes dans les adresses ⊖⊖. Dans cette catégorie, vous trouverez des maisons, souvent de charme, de meilleur confort et plus agréablement aménagées, animées par des passionnés, ravis de vous faire découvrir leur demeure et leur table. Là encore, chambres et tables d'hôte sont au rendez-vous, avec également des hôtels et des restaurants plus traditionnels, bien sûr.

Haut de gamme – Vous souhaitez vous faire plaisir, le temps d'un repas ou d'une nuit, vous aimez voyager dans des conditions très confortables ?

NOS CATÉGORIES DE PRIX

	Se restaurer (prix déjeuner)		**Se loger** (prix de la chambre double)	
	Province	Grandes villes Stations	Province	Grandes villes Stations
⊖	jusqu'à 14 €	jusqu'à 16 €	jusqu'à 45 €	jusqu'à 65 €
⊖⊖	plus de 14 € à 25 €	plus de 16 € à 30 €	plus de 45 € à 80 €	plus de 65 € à 100 €
⊖⊖⊖	plus de 25 € à 40 €	plus de 30 € à 50 €	plus de 80 € à 100 €	plus de 100 € à 160 €
⊖⊖⊖⊖	plus de 40 €	plus de 50 €	plus de 100 €	plus de 160 €

Les catégories et sont pour vous… La vie de château dans de luxueuses chambres d'hôte pas si chères que cela ou dans les palaces et les grands hôtels : à vous de choisir ! Vous pouvez aussi profiter des décors de rêve de lieux mythiques à moindres frais, le temps d'un brunch ou d'une tasse de thé… À moins que vous ne préfériez casser votre tirelire pour un repas gastronomique dans un restaurant renommé. Sans oublier que la traditionnelle formule « tenue correcte exigée » est toujours de mise dans ces élégantes maisons !

Se loger

De la frontière belge aux sources de la Seine et de la Marne, la région ne manque pas d'hôtels et de campings. Dans les petites localités ou les endroits reculés, vous trouverez des gîtes ruraux, des fermes auberges, des chambres d'hôte et des hôtels chaleureux tandis que les grandes villes comme Troyes et Reims possèdent des établissements beaucoup plus luxueux.

NOS CRITÈRES DE CHOIX

Les hôtels

Nous vous proposons, dans chaque encadré pratique, un choix très large en terme de confort. La location se fait à la nuit et le petit-déjeuner est facturé en supplément. Certains établissements assurent un service de restauration également accessible à la clientèle extérieure.
Pour un choix plus étoffé et actualisé, **Le Guide Michelin France** recommande des hôtels sur toute la France. Pour chaque établissement, le niveau de confort et de prix est indiqué, en plus de nombreux renseignements pratiques. Le symbole « **Bib Hôtel** » signale des hôtels pratiques et accueillants offrant une prestation de qualité à prix raisonnable à moins de 72 € en province (88 € grandes villes et stations balnéaires).

Les chambres d'hôte

Vous êtes reçu directement par les habitants qui vous ouvrent leur demeure. L'atmosphère est plus conviviale qu'à l'hôtel, et l'envie de communiquer doit être réciproque : misanthropes, s'abstenir ! Les prix, mentionnés à la nuit, incluent le petit-déjeuner. Certains propriétaires proposent aussi une table d'hôte, en général le soir, et toujours réservée aux résidents de la maison. Il est très vivement conseillé de réserver votre étape, en raison du grand succès de ce type d'hébergement.

Bon à savoir – Certains établissements ne peuvent pas recevoir vos compagnons à quatre pattes ou les accueillent moyennant un supplément, pensez à le demander lors de votre réservation.

Le camping

Le **Guide Camping Michelin France** propose tous les ans une sélection de terrains visités régulièrement par nos inspecteurs. Renseignements pratiques, niveau de confort, prix, agrément, location de bungalows, de mobile homes ou de chalets y sont mentionnés.

LES BONS PLANS

Services de réservation Loisirs-Accueil

Ils proposent des circuits et des forfaits originaux dans une gamme étendue : gîtes ruraux, gîtes d'enfants, chambres d'hôte, meublés, campings, hôtels de séjour.

Fédération nationale des services de réservation Loisirs-Accueil – 280 bd St-Germain - 75007 Paris - ✆ 01 44 11 10 44 - www.franceguide.com ou www.loisirsaccueilfrance.com. La Fédération propose un large choix d'hébergements, mais aussi de week-ends et séjours thématiques, et d'activités. Elle publie un annuaire comprenant les 54 centrales de réservation et une brochure détaillée pour chaque département.

Info pratique

Le **Guide national des fermes auberges**, édité par l'assemblée permanente des chambres d'agriculture (APCA - 9 av. George-V - 75008 Paris), est aussi en vente en librairie.

Pour tout savoir sur le réseau « Bienvenue à la Ferme » qui propose des fermes auberges mais aussi des campings à la ferme, des fermes de séjour, ainsi que des loisirs variés (chasse, équitation, découverte de la gastronomie des terroirs en ferme auberge, dégustation et vente de produits de la ferme), consultez le site **www.bienvenue-a-la-ferme.com.**

Vous pouvez directement vous adresser au service du département :

Haute-Marne – 40 bis av. Foch - 52000 Chaumont - ✆ 03 25 30 39 08.

Ardenne – 39/41, rue de la République - 08000 Charleville-Mézières - ✆ 03 24 56 00 63.

Hébergement rural

Maison des Gîtes de France et du Tourisme vert – 59 r. St-Lazare - 75439 Paris Cedex 09 - ✆ 01 49 70 75 75 - www.gites-de-france.com. Cet organisme donne les adresses des relais départementaux et publie des guides sur les différentes possibilités d'hébergement en milieu rural (gîtes, chambres et tables d'hôte, camping à la ferme).

Fédération des Stations vertes de Vacances et Villages de Neige – BP 71698 - 21016 Dijon Cedex - ✆ 03 80 54 10 50 - www.stationsvertes.com. Situées à la campagne et à la montagne, les 588 Stations Vertes sont des destinations de vacances familiales reconnues tant pour leur qualité de vie (produits du terroir, loisirs variés) que pour la qualité de leurs structures d'accueil et d'hébergement.

Bon à savoir – En Champagne-Ardenne, plusieurs communes sont labellisées : Monthermé et Signy-le-Petit dans les Ardennes ; Bar-sur-Seine, Les Riceys et Soulaines-Dhuys dans l'Aube ; Dormans, Givry-en-Argonne et Sainte-Menehould dans la Marne, Arc-en-Barrois et Bourbonne-les-Bains en Haute-Marne.

Hébergement pour randonneurs

Les randonneurs peuvent consulter le guide **Gîtes d'étapes, refuges**, de A. et S. Mouraret (Rando Éditions - BP 24 - 65421 Ibos - ✆ 05 62 90 09 90) ou le site **www.gites-refuges.com.** Cet ouvrage et ce site sont principalement destinés aux amateurs de randonnée, d'alpinisme, d'escalade, de ski, de cyclotourisme et de canoë-kayak.

Auberges de jeunesse

Fédération unie des Auberges de la Jeunesse – Centre national - 27 r. Pajol - 75018 Paris - ✆ 01 44 89 87 27 - www.fuaj.org. La carte d'adhésion est délivrée contre une cotisation annuelle de 10,70 € pour les moins de 26 ans, 15,30 € au-delà de cet âge, et 22,90 € pour les familles.

Bon à savoir – Vous trouverez une auberge de jeunesse affiliée dans les villes suivantes : **Châlons-en-Champagne**, **Chaumont**, **Reims**, **Troyes-Rosières**.

POUR DÉPANNER

Les chaînes hôtelières

L'hôtellerie dite « économique » peut éventuellement vous rendre service. Sachez que vous y trouverez un équipement complet (sanitaire privé et télévision), mais un confort très simple. Souvent à proximité de grands axes routiers, ces établissements n'assurent pas de restauration. Toutefois, leurs tarifs restent difficiles à concurrencer (moins de 50 € la chambre double). En dépannage, voici donc les centrales de réservation de quelques chaînes :

Akena – ✆ 01 69 84 85 17.
B&B – ✆ 0 892 782 929.
Etap Hôtel – ✆ 0 892 688 900.
Villages Hôtel – ✆ 03 80 60 92 70.

Enfin, les hôtels suivants, un peu plus chers (à partir de 68 € la chambre), offrent un meilleur confort et quelques services complémentaires :

Campanile – ✆ 01 64 62 46 46.
Kyriad – ✆ 0 825 003 003.
Ibis – ✆ 0 825 882 222.

Se restaurer

Un certain nombre de restaurateurs de Champagne-Ardenne adhèrent au réseau « **Tables régionales** ». Ils proposent des recettes ou des produits locaux et affichent un logo spécifique : une toque blanche sur fond rouge.

Demandez la liste aux comités régionaux ou départementaux du tourisme *(voir p. 20)*.

NOS CRITÈRES DE CHOIX

Pour répondre à toutes les envies, nous avons sélectionné des **restaurants** régionaux bien sûr, mais aussi classiques, exotiques ou à thème… et des lieux plus simples, où vous pourrez grignoter une salade composée, une tarte salée, une pâtisserie ou déguster des produits régionaux sur le pouce.

Pour un choix plus étoffé et actualisé, **Le Guide Michelin France** recommande des restaurants sur toute la France. Pour chaque établissement, le niveau de confort et de prix est indiqué, en plus de nombreux renseignements pratiques. Le symbole

L'innovation a de l'avenir
quand elle est toujours plus propre,
plus sûre et plus performante.

Le pneu vert MICHELIN Energy freine plus court et dure 25 % plus longtemps*.
Il permet aussi 2 à 3 % d'économie de carburant et une réduction d'émission de CO_2.

* en moyenne par rapport aux pneus concurrents de la même catégorie

MICHELIN
Une meilleure façon d'avancer

« **Bib Gourmand** » signale les tables qui proposent une cuisine soignée à moins de 28 € en province (36 € grandes villes et stations balnéaires). Quelques **fermes auberges** vous permettront de découvrir les saveurs de la France des terroirs. Vous y goûterez des produits authentiques provenant de l'exploitation agricole, préparés dans la tradition et généralement servis en menu unique. Le service et l'ambiance sont bon enfant. Réservation obligatoire !

LES GRANDS CHEFS DE CHAMPAGNE

Tinqueux

Les noms de **Lallement** et de L'Assiette Champenoise, synonymes de cuisine de qualité, sont connus dans la région rémoise depuis plus de trente ans. En effet, Jean-Pierre Lallement (le père) régalait déjà ses clients en son auberge de Châlons-sur-Vesle avant de venir s'installer en 1987 au château de la Muire, dans les faubourgs de Reims. Très tôt, Arnaud (le fils) s'est passionné pour la cuisine auprès du fourneau paternel avant d'aller faire ses classes chez les plus grands : Guérard, Vergé, Chapel... Ayant vite appris, il rentre dans le giron familial pour prendre définitivement les rênes des cuisines en 1996. Après la première étoile conquise par le papa, le fils fait merveille dans le style créatif et décroche la deuxième en 2005, faisant de cette confortable adresse une table phare de la Champagne. Désormais, Arnaud Lallement, jeune patron-chef perfectionniste, étonne ses clients en déclinant les produits sous différentes visions dans une même assiette.

L'Assiette Champenoise – ✆ 03 26 84 64 64.

Montchenot

C'est grâce à son père, passionné de cuisine et de bon vin, que **Dominique Giraudeau** a connu dès son enfance les joies de faire son marché. De cette époque est née sa vocation de cuisinier tandis qu'il garde toujours le souci de dénicher le meilleur produit. Après avoir œuvré dans des cuisines prestigieuses (il fut le second de Gaston et Gérard Boyer dans leur Chaumière à Reims, illuminée par trois étoiles, puis chef du Chardonnay, également étoilé), il a posé sa toque, en 1992, au pied de la Montagne de Reims. Sa cuisine, pleine de saveurs et de finesse, à mi-chemin entre classicisme et modernité, parfois imaginée « sous la pression », rallie tous les suffrages. Nombreux sont les Champenois qui pourront vous le confirmer.

Le *Grand Cerf – ✆ 03 26 97 60 07.*

Châlons-en-Champagne

Voici plus de trente ans que **Jacky Michel** demeure fidèle à l'hôtel d'Angleterre dont il fut le chef avant d'en devenir propriétaire en 1981 et d'y créer son restaurant. Sa cuisine est le reflet du respect de la tradition et du souci de la création. « Offrir le plus noble du terroir champenois », telle pourrait être sa devise. Au fil du temps, sa table est devenue une véritable institution fréquentée par une fidèle clientèle qui apprécie la finesse de la cuisine et le cadre élégant du restaurant. La cave est particulièrement riche en vins de Champagne.

Hôtel d'Angleterre et restaurant Jacky Michel – ✆ 03 26 68 21 51.

Colombey-les-Deux-Églises

Les **Natali** ou une histoire de famille liée à celle d'un village ! Colombey-les-Deux-Églises, paisible lieu de résidence du général de Gaulle, a connu un afflux de visiteurs à partir de 1971, suite au décès du grand homme d'État. Comme il fallait répondre à la demande croissante de restauration, Gérard Natali (le père) décide de créer son affaire dans l'ancienne fermette familiale. Amoureux de la nature, fin chasseur et ramasseur de champignons, il prépare des recettes créatives utilisant les produits du terroir, appréciées par des clients anonymes mais aussi par des chefs d'État et ministres du monde entier qui viennent rendre hommage au Général. En 2001, Jean-Baptiste (le fils) revient à L'Auberge de la Montagne après avoir côtoyé de grands chefs tels Daniel Boulud à New York et Christian Willer à Cannes. Il donne ainsi une nouvelle impulsion à la table déjà renommée et lui apporte une note encore plus inventive qui conquiert les palais les plus délicats. En 2005, la modeste auberge est transférée de l'autre côté du village dans une maison de maître offrant confort et raffinement.

Restaurant Natali et Hostellerie La Montagne – ✆ 03 25 01 51 69.

À FAIRE ET À VOIR

Les activités de loisir de A à Z

Les **comités départementaux** et **comités régionaux de tourisme** *(voir p. 20)* disposent d'une importante documentation et répondront à vos demandes d'informations quant aux activités proposées dans leur secteur. Pour trouver d'autres adresses de prestataires, reportez-vous aux rubriques « Visite » et « Sports & Loisirs » dans l'encadré pratique des villes ou sites.

Bon à savoir – Les **services Loisirs-Accueil** *(voir p. 27)* proposent des randonnées à pied, à cheval ou à vélo, ainsi que des stages de pêche, de golf, de chasse et de canoë.

ACTIVITÉS NAUTIQUES

La Champagne-Ardenne est très riche en lacs et plans d'eau : 10 000 ha entre Troyes et Saint-Dizier. La plupart des lacs sont des créations récentes dont la vocation première est celle de réservoir. Ils offrent de nombreux loisirs, comme le **lac du Der** *(voir ce nom)* : ports de plaisance, plages surveillées, voile, plongée, planche à voile, zone d'évolution pour les bateaux à moteur, le ski nautique et le jet-ski, pêche de jour ou de nuit, sentiers de randonnées… Des régates y sont organisées tout au long de l'été.

Dans le Parc naturel régional de la Forêt d'Orient, le **lac d'Orient** *(voir ce nom)* est dédié à la baignade, à la voile et à la plongée, le **lac du Temple** à la pêche et au canoë, le **lac Amance** aux activités motonautiques et à la vitesse.

Près de Langres *(voir ce nom)*, le **lac de la Liez** permet de s'adonner à la baignade, à la voile ou à la pêche, le **lac de la Vingeanne** possède une plage et une base de loisirs.

Dans les **Ardennes**, les lacs de Bairon *(voir Sedan)* et des Vieilles-Forges *(voir « Aux alentours » à Charleville-Mézières)*, le petit plan d'eau de Givet *(voir l'encadré pratique à ce nom)* et l'étang de la Motte *(voir l'encadré pratique de la Thiérache ardennaise)*, accueillent également une base de loisirs.

CANOË-KAYAK

La plupart des rivières se prêtent au canoë-kayak. Les plus « sportives » sont la Blaise, la Saulx, le Rognon et l'Aire, mais on peut aussi pratiquer le kayak sur la Meuse, la Marne, la Seine, l'Aube et l'Ource, ainsi que sur les lacs du Der (*voir ce nom*), du Temple (*voir Forêt d'Orient*) et de la Vingeanne (*voir Langres*).

Fédération française de canoë-kayak – 87 quai de la Marne - 94344 Joinville-le-Pont - ✆ 01 45 11 08 50 - www.ffcanoe.asso.fr. La Fédération édite un livre, *France canoë-kayak et sports d'eaux vives*, et avec le concours de l'IGN une carte, *Les Rivières de France*, avec tous les cours d'eau praticables.

PRINCIPAUX PLANS D'EAU	Ville proche	Superficie en ha	Base nautique	Baignade
Amance	Troyes	490	⛵	🏊
Bairon	Sedan	120	⛵	🏊
Charmes	Langres	197	⛵	🏊
Der-Chantecoq	Vitry-le-François	4 800	⛵	🏊
Liez	Langres	290	⛵	🏊
Mouche	Langres	94	-	-
Orient	Troyes	2 300	⛵	🏊
Temple	Troyes	1 830	-	-
Vieilles-Forges	Charleville	150	⛵	🏊
Vingeanne	Langres	199	⛵	🏊

Sur la Marne – Club de Saint-Remy-en-Bouzemont - ✆ 03 26 72 51 06 - www.au-brochet-du-lac.com. Descente de la rivière sur 2 jours, location de matériel.

Sur la Meuse – Caravel - ✆ 06 83 13 35 18 - www.caravel08.com. Location de canoë-kayaks, stages d'initiation. Pour les initiés, stages en eaux vives près du site des Dames de la Meuse.

Sur la Semoy – Location de canoë-kayaks à la base de loisirs d'Haulmé. *(voir l'encadré pratique des Méandres de la Meuse).*

CHAMPAGNE

Que préférez-vous ? Le « champagne de corps » ou le « champagne de l'âme » ? Pour mieux l'apprécier, il faut connaître les différents terroirs dont il est issu, et ne pas se contenter de le goûter avec les papilles… mais aussi avec le nez et les yeux ! Prenez le temps d'observer, à la surface, le fameux « collier de perles » formé par les bulles qui pétillent. Tout au long de l'année, des stages permettent de découvrir les textures, les teintes et les arômes du champagne.

Voir les chapitres « Nature » et « La destination aujourd'hui » dans la partie « Comprendre » pour des informations sur le vignoble et la fabrication.

Initiation à la dégustation

Voir les caves de champagne à Épernay et à Reims, ainsi que les encadrés pratiques de Bar-sur-Aube, Bar-sur-Seine, routes du Champagne, Les Riceys, pour notre sélection de producteurs qui proposent des dégustations.

Dans l'Aube

Le **comité départemental du tourisme de l'Aube** *(voir p. 20)* dispose d'une brochure répertoriant les producteurs qui proposent des découvertes œnologiques.

Info pratique

Vendangeurs d'un jour

Aux alentours du 15 septembre, chez certains viticulteurs de la **côte des Bar**, on peut participer à la cueillette manuelle du raisin. Après un bon déjeuner, l'après-midi est consacré à la visite de caves et à la dégustation. Chacun repart avec une bouteille en cadeau. *Renseignements au comité départemental du tourisme de l'Aube.*

Dans la Marne

La **chambre d'agriculture de la Marne** recense les vignerons qui assurent une demi-journée d'initiation, au cœur de leur exploitation *(sur réserv. 10 j. av. mini au service du tourisme - ✆ 03 26 64 96 87)*. Elle a aussi mis en place des « Flâneries champenoises », balades de 2h en compagnie d'un vigneron. Retrouvez la liste des participants sur le site **www.marne.chambri.fr.**

Institut international des vins de Champagne – Les stages associent la visite des vignobles, la dégustation de crus et la gastronomie locale. *Voir l'encadré pratique du Parc naturel régional de la Montagne de Reims.*

CHASSE

Si le **sanglier** est l'emblème de l'équipe de foot de Sedan, ce n'est pas un hasard !

Pavillon du territoire du sanglier à Mogues – Parcours-spectacle autour du sanglier et produits du terroir *(voir Mouzon).*

Les forêts profondes attirent le chasseur à l'affût du gros gibier : cerfs, daims, chevreuils et sangliers. Ici, près de 10 % des habitants s'adonnent à la chasse… La Champagne n'est pas en reste, notamment avec les vastes forêts haut-marnaises : Arc-en-Barrois est le plus grand domaine de chasse au gros gibier en France.

Union nationale des fédérations départementales des chasseurs – 13 r. du Gén.-Leclerc - 92136 Issy-les-Moulineaux Cedex - ✆ 01 41 09 65 10 - www.unfdc.com.

Séjours et stages

Maison forestière de Germaine – Hameau de Vauremont - 5 r. de la Croix-Verte - 51160 Germaine - ✆ 03 26 51 08 27. Il est possible de passer une journée dans le domaine de la maison forestière, trois formules sont proposées : chasse au mirador, chasse dans un parc de 400 ha ou chasse dans une forêt de 2 000 ha.

Institut cynégétique François-Sommer – Réserve de Belval - 08240 Bois-des-Dames - ✆ 03 24 30 01 86.
Créé en 1995 aux environs de Charleville-Mézières, ce centre pédagogique sur la chasse et la nature propose toute l'année des stages de formation de 4 à 7 jours, dans un vaste domaine peuplé par la faune sauvage d'Europe (sanglier, cerf, chevreuil…).

Le public peut aussi accéder à la réserve à travers le Faunoscope, qui présente les recherches du centre et propose des sorties d'observation des animaux *(merc. mat. et sam. mat. sur réserv.)*.

GOLF

La région compte **9 terrains** de golf. La brochure *Les Golfs de Champagne-Ardenne* est disponible sur demande au Comité régional du tourisme ou téléchargeable sur le site Internet *(voir p. 20)*.

Info pratique

WEEK-ENDS SUR LE GREEN

Près de Troyes, le **golf de la Forêt d'Orient** (18 trous, 70 ha) est situé dans le Parc naturel régional. L'hôtel 3 étoiles Holiday Inn Resort Troyes Forêt d'Orient possède une formule Club House comprenant 2 nuits en demi-pension (chambre double), la visite d'une cave de champagne, et 2 green fees par personne.
Renseignements : ✆ 03 25 43 80 80 - www.golf-foretdorient.com

Le **golf de Reims-Champagne**, de classe internationale, est situé dans l'ancien château des Dames de France. Champagne Connection propose 2 nuits en hôtel 3 étoiles avec petit-déjeuner, un dîner à la brasserie de l'hôtel et un autre dans un restaurant gastronomique, la visite d'une maison de champagne, le transfert AR hôtel/golf et 1 green fee par personne.
Renseignements : ✆ 03 26 87 89 19.

À **Arc-en-Barrois**, d'avril à octobre, profitez d'une offre incluant 2 nuits en pension complète à l'hôtel Le Parc *(voir l'encadré pratique de Chaumont)* et les parcours de golf (9 trous).
Renseignements : Loisirs-Accueil Haute-Marne - ✆ 03 25 30 39 08.

INDUSTRIES ET ARTISANS

En été, de nombreuses entreprises locales ouvrent leurs portes. Vous pouvez consulter la liste sur le site Internet de la Chambre régionale de commerce et d'industrie : **www.champagne-ardenne.cci.fr.**
Renseignez-vous également auprès des Comités départementaux du tourisme, qui fournissent une liste d'entreprises à visiter.
Dans les Ardennes, de grosses **usines** comme PSA Peugeot-Citroën et des **entreprises de service** comme Météo France ou La Poste accueillent gratuitement les visiteurs, ainsi que des PME qui maintiennent un **artisanat traditionnel** : la Pantoufle ardennaise et la manufacture du Tapis Point de Sedan *(voir ce nom)*, le Moulin à couleurs d'Écordal *(voir Rethel)*…
En Champagne, les vanniers de Fayl-Billot (*voir Langres*) et les couteliers du Nogentais (*voir Nogent*) ouvrent les portes de leurs ateliers.
Certains producteurs de champagne ouvrent également leurs caves à la visite *(voir la rubrique « Champagne »)*.

NAVIGATION

La Meuse sinue dans une belle vallée fluviale, mais ce n'est pas la seule. La région compte 600 km de rivières (la Seine, la Marne…) et de canaux navigables : branche nord du canal de l'Est, canal des Ardennes, canal de l'Aisne à la Marne, canal latéral à la Marne et canal de la Marne à la Saône. Des ports de plaisance et des relais plus modestes – et plus tranquilles – permettent de faire escale.

Adresses utiles

Canal de la Marne à la Saône – Délégation locale de Voies navigables de France (VNF) - 82 r. du Cdt.-Hugueny - BP 2087 - 52903 Chaumont Cedex 9 - ✆ 03 25 30 79 79.

Autres canaux –Service navigation du nord-est - Monsieur le directeur interrégional de VNF - 28 bd Albert-Ier - case officielle 80062 - 54036 Nancy Cedex - ✆ 03 83 95 30 01.

Location de bateaux habitables

La conduite de ces bateaux (de 2 à 12 personnes) ne nécessite pas de permis. Le loueur propose une initiation qui comprend le passage de la première écluse.

Ardennes Nautisme – 16 r. du Château - BP 10078 - 08203 Sedan Cedex - ✆ 03 24 27 05 15 - www.ardennes-nautisme.com. Bases de départ : Pont-à-Bar (écluse de Pont-à-Bar à Dom-le-Mesnil) et Anseremme (Belgique).

Locaboat Plaisance – Port au Bois - BP 150 - 89303 Joigny - ✆ 03 86 91 72 72 - www.locaboat.com. Location de pénichettes sans permis.

L'Ancre – Chez M. Lesserteur - Écluse 22 - 52000 Chaumont - ✆ 03 25 03 33 02. Location de pénichettes.

Croisières et promenades

Marne – À bord du *Champagne-Vallée* (bateau à roue à aubes), circuit parmi les vignobles avec commentaires sur les différents cépages, au départ de Cumières. *Voir le circuit « vallée de la Marne » dans les routes du Champagne.*

Meuse – Mini-croisières au départ de Monthermé. *Voir l'encadré pratique de Méandres de la Meuse.*

Lac du Der-Chantecoq – Sorties sur la vedette *L'Explorateur*, depuis la station nautique de Giffaumont. *Voir l'encadré pratique du lac du Der.*

Lac d'Orient – Au départ de Lusigny, promenade commentée sur le *Bateau-Ivre*, où l'on peut également prendre un repas. *Voir l'encadré pratique de la Forêt d'Orient.*

S. Sauvignier/MICHELIN

Passage d'écluse dans les Ardennes.

NOËL EN ARDENNE ET EN CHAMPAGNE

La période des **fêtes de fin d'année** peut constituer un moment privilégié pour découvrir la région, notamment en famille. Comme ailleurs dans le nord de l'Europe, la rudesse de l'hiver ardennais a inspiré à ses habitants un goût particulier pour les traditions de Noël. Alors que la nature se pare somptueusement de givre, les maisons rivalisent de décorations lumineuses. Comme dans l'Est et la Belgique voisine, on célèbre **saint Nicolas** le 6 décembre : c'est l'occasion d'offrir les friandises traditionnelles, parmi lesquelles les figurines en pain d'épice, les nobertines (pâtes de fruit à base de prunes sauvages) ou les sucres d'orge rouge en forme de saint Nicolas, de pipe ou de bourrique, que l'on trouve encore dans certaines pâtisseries et confiseries. Côté **gastronomie**, la dinde farcie de boudins blancs ou la dinde rouge des Ardennes occupent une place d'honneur dans les repas familiaux de Noël et les menus des restaurants ou des tables d'hôte. Les **marchés de producteurs** proposent à cette époque des « animations terroir » autour des spécialités de saison. Un grand **marché de Noël** se tient à Charleville-Mézières pendant tout le mois de décembre (artisanat, dégustation de vin chaud, patinoire en plein air sur la place Ducale), tandis que l'ancien relais de poste de Launois-sur-Vence *(voir Thiérache ardennaise)* accueille un salon de la Saint-Nicolas. À Sedan, des visites spéciales du château fort sont proposées au jeune public en compagnie de lutins…

Voir aussi le forfait-séjour familial « Noël en Ardenne » *(p. 24).*

La **Marne** développe une opération « Noëls de Champagne » donnant lieu à des animations particulières à Reims, Épernay et Châlons-en-Champagne *(renseignements dans les offices de tourisme de ces villes)*, ainsi que dans une trentaine de villages du vignoble qui ponctuent le chemin des Crèches *(carte sur le site www.reims-destination-noel.fr)*. À Sept-Saulx, vous pourrez même visiter la maison du Père Noël *(voir « Aux alentours » à Reims)* !

OBSERVER LES OISEAUX

Les plus beaux sites

Les lacs, nombreux en Champagne-Ardenne, sont des endroits privilégiés pour découvrir la nature et observer les oiseaux.

Lacs du Parc naturel régional de la Forêt d'Orient – Les parties nord-est du lac d'Orient et sud-ouest du lac du Temple sont occupées par la Réserve naturelle nationale de la Forêt d'Orient. Sur les lacs d'Orient et Amance, deux observatoires permettent de suivre l'évolution des poules d'eau, canards, grues cendrées…. Informations à la Maison du Parc *(voir le Parc naturel régional de la Forêt d'Orient)*, qui organise des sorties de découverte.

Lac du Der-Chantecoq – Des observatoires et un sentier de découverte ont été créés près des zones de quiétude de Chantecoq et Champaubert, ainsi que des étangs d'Outines et d'Arrigny. Informations au musée du Pays du Der *(voir Lac du Der)*, qui propose une journée de découverte tous les 1ers mercredis et dimanches du mois, ainsi qu'un programme de sorties à thème.

Lac de Bairon – Une partie du lac est constituée en réserve ornithologique, où l'on a recensé quelque 180 espèces différentes. Informations au Centre d'initiation à la nature de Boult-aux-Bois *(voir Vouziers).*

Informations

Domaine Saint-Victor – *Voir Bar-sur-Aube.* Le Centre permanent d'initiatives pour l'environnement du pays de Soulaines (CPIE) propose des animations de découverte de l'environnement naturel et humain.

Info Oiseaux – ✆ 03 26 72 51 39 - informations ornithologiques sur répondeur (24h/24).

Info pratique

Bon à savoir – Loisirs-Accueil Haute-Marne *(voir p. 27)* propose un forfait comprenant une nuit en demi-pension à l'hôtel Campanile, un panier de pique-nique, l'accompagnement par les animateurs de la LPO et le prêt du matériel optique.

Séjours ornithologiques

Ligue pour la Protection des Oiseaux (LPO) **Champagne-Ardenne** – 4 pl. du Mar.-Joffre - BP 27 - 51301 Vitry-le-François Cedex - ✆ 03 26 72 54 47 - www.champagne-ardenne.lpo.com.

La LPO vous emmène explorer les grands lacs de Champagne : week-ends ou journées de découverte au lac du Der, journée sur les lacs de la Forêt d'Orient, animations sur les digues du lac du Der et promenade originale en train touristique, le « Train aux oiseaux », avec observation ornithologique (en hiver).
Elle propose également dans toute la région de nombreuses sorties ouvertes à tous, d'une durée de 2 à 3h.
Pendant la période de migration des grues cendrées, des animateurs LPO vous accueillent les dimanches après-midi à l'observatoire de la Ferme aux grues, près de Saint-Remy-en-Bouzemont. Vêtements chauds et bottes sont souvent recommandés. Matériel optique et guides d'identification fournis.

Pour des informations sur la faune avicole, reportez-vous au chapitre « Nature » de la partie Comprendre la Région.

PÊCHE

Des milliers de kilomètres de rivières et de plans d'eau sont classés. Leurs eaux sont particulièrement riches en salmonidés. Partout, il convient d'observer la réglementation en vigueur, d'être affilié à une association de pêche et de pisciculture agréée, d'acquitter les tâches afférentes au mode de pêche et, éventuellement, d'acheter une carte journalière.

Union nationale pour la pêche en France – 17 r. Bergère - 75009 Paris - ✆ 01 48 24 96 00 - www.unpf.fr. Vous trouverez sur le site Internet toutes les informations par département.

En Champagne

Les gros spécimens des **lacs du pays de Langres** attirent des pêcheurs de l'Europe entière. Les amateurs de carnassiers affectionnent les lacs de la **Forêt d'Orient** (lac du Temple), du **Der** et de la région de **Langres** *(voir ces noms)*, où des zones y sont autorisées pour la pêche à la carpe de nuit. Dans l'**Aube**, la **Seine** et le **Rognon**, on traque la truite et l'ombre commun. L'**Ardre** et la **Blaise**, avec le lac-réservoir des Leschères, sont également fréquentés *(voir Wassy)*.
Le **canal de la Marne à la Saône** est apprécié pour le brochet, le sandre, la perche et le poisson blanc.

Bon à savoir – Pour des offres de week-ends et séjours de pêche tout compris, vous pouvez contacter la Maison du lac du Der *(voir ce nom)*.

En Ardenne

La truite n'est pas la seule prise des pêcheurs : dans les eaux de la **Marche** et du **Viroin**, l'ombre commun a élu domicile. La Meuse, l'Aisne, la Semoy et le Chiers sont appréciés pour les brochets, les sandres, les carpes et les gardons, tout comme les lacs et les canaux.

Voir notamment les lacs des Vieilles-Forges *(voir Charleville-Mézières)* et de Bairon *(voir Sedan)*.

RANDONNÉES ÉQUESTRES

Le tourisme équestre connaît un essor dans la région. De nombreux centres proposent des randonnées d'un ou plusieurs jours à travers les forêts, le long des lacs ou sur les hauteurs…

Délégation nationale du tourisme équestre – 9 bd Macdonald - 75019 Paris - ✆ 01 53 26 15 50 -

www.ffe.com. Elle édite une brochure annuelle, *Cheval nature, l'officiel du tourisme équestre*, répertoriant les possibilités en équitation de loisir et les hébergements accueillant cavaliers et chevaux.

Où pratiquer

En **Champagne**, le Comité du tourisme de la Haute-Marne propose des fiches de randonnée à télécharger sur son site *(voir p. 20)*.

Voir aussi le Parc naturel régional de la Forêt d'Orient et le lac du Der.

Les **Ardennes** comptent 330 km de sentiers de randonnée équestre avec un circuit sur les bords de la Meuse.
Topoguide sur demande au conseil général des Ardennes - hôtel du département - 08011 Charleville-Mézières Cedex.
L'office du tourisme du pays sedanais *(voir Sedan)* propose de sillonner la campagne avec un petit groupe de cavaliers, menés par un guide accompagnateur : découverte du terroir, logement en gîte équestre (possibilité de venir avec son cheval, ou de louer une monture).

Voir aussi l'encadré sur le cheval ardennais *(p. 57)*, le haras national à Montier-en-Der *(voir ce nom)*, et la Maison du cheval ardennais à Buzancy *(voir Vouziers)*.

RANDONNÉES PÉDESTRES

Les grands parcs régionaux de la Champagne, et les forêts vallonnées ou escarpées des Ardennes, offrent un cadre privilégié pour la pratique de la randonnée. Une importante documentation est disponible dans les offices de tourisme de la région.

Principaux GR

Plusieurs centaines de kilomètres de **sentiers de Grande Randonnée** ou GR, jalonnés de traits blancs et rouges horizontaux, sillonnent la Champagne-Ardenne.
Le **GR 2** (148 km) traverse le pays d'Othe, aux paysages vallonnés, puis longe la Seine.

Le **GR 7** (107 km) qui relie les Vosges aux Pyrénées, passe par le sud de la Haute-Marne : Bourbonne-les-Bains, Langres, forêt d'Auberive…

Le **GR 12** est un tronçon du GR 3 européen, qui va de la mer Noire à Saint-Jacques-de-Compostelle. Il coupe à travers les Ardennes vers la Belgique, en longeant les boucles de la Semoy.

Le **GR 14** suit la Montagne de Reims parmi les vignobles et la forêt, et continue dans la Champagne crayeuse jusqu'à Bar-le-Duc. Dans les Ardennes, il s'étire de Sedan à Grandpré en longeant l'ancienne chartreuse du Mont-Dieu.

Le **GR 24** (141 km) forme une boucle au départ de Bar-sur-Seine, en passant par le Parc naturel régional de la Forêt d'Orient, le Barsuraubois et le Barséquanais, à travers forêts, vignobles et cultures.
Plusieurs variantes permettent de connaître plus intimement la région : le GR 24 A (50 km), le GR 24 B (57 km), le GR 24 C (24 km) et le GR 24 D.

GR 703 : En Haute-Marne, c'est le **sentier historique de Jeanne d'Arc** qui comporte 15 circuits s'étendant sur 107 km depuis la Meuse, près de Cirfontaines, jusqu'à la limite de l'Aube, à Maranville. *Brochure détaillée éditée par le Comité départemental du tourisme.*

Le **GR 654** relie l'Europe du Nord à Saint-Jacques de Compostelle, et passe notamment par Rocroi, Signy-l'Abbaye et Reims.

Info pratique

LES TOPO-GUIDES

- Les Ardennes à pied (PR)
- L'Aube à pied (PR)
- La Marne à pied (PR)

Vous pouvez les commander en ligne sur le site Internet de la Fédération française de randonnée pédestre ou les acheter en librairie.

Informations

Fédération française de randonnée pédestre –14 r. Riquet - 75019 Paris - ✆ 01 44 89 93 93 - www.ffrandonnee.fr. La Fédération donne le tracé détaillé des GR, GRP et PR à travers ses collections de Topo-guides.

France Randonnée – 9 r. des Portes-Mordelaises - 35000 Rennes - ✆ 02 99 67 42 21 - www.france-randonnee.fr. Cet organisme propose des séjours et organise des randonnées à pied, à vélo, à cheval, avec ou sans accompagnateur. Vous trouverez dans la boutique des cartes et des guides de grandes randonnées et de petites randonnées en boucle.

Circuits locaux

En Champagne

Une carte au 1/60 000 répertoriant 38 circuits pédestres, VTT et équestres, 4 circuits cyclotouristiques ainsi que le tracé du GR 7 est en vente à l'office du tourisme de Langres.
Des circuits de randonnée en boucle sont téléchargeables sur le site Internet du comité du tourisme de Haute-Marne *(voir p. 20)*.

Une **voie verte** relie Troyes au Parc naturel de la Forêt d'Orient *(voir l'encadré pratique à ce nom)*.

En Ardenne

L'office du tourisme de **Rocroi** *(voir l'encadré pratique à ce nom)* propose un topoguide *Randonnées sur le plateau de Rocroi et en Thiérache ardennaise*, qui recense des circuits de randonnée (boucles de 3 à 20 km).

Un topoguide consacré au **pays des Trois Cantons** (330 km de sentiers) est en vente à l'office du tourisme des Trois Cantons *(voir Mouzon)*.

À **Monthermé** *(voir l'encadré pratique à ce nom)*, on peut emprunter les sentiers des Carriers et des Ardoisiers » (60 km de boucles).
Vous pourrez aussi vous procurer le topoguide des sentiers du Fer, du Schiste et de la forêt (75 km de boucles) pour suivre la vallée de la Semoy, depuis Les Hautes-Rivières jusqu'à Montcornet.

Réseau ELFE

L'Espace de Loisirs Forestier Européen est un réseau transfrontalier et ludique de randonnées dans les **Ardennes** belges et françaises. Les « portes d'entrée » sont situées à Haybes et Hargnies en France, Bourseigne-Neuve, Gedinne et Croix-Scaille en Belgique. Guidés par l'elfe Ardwen, les enfants et leurs parents se lanceront dans la forêt à la poursuite de sa flèche magique.
Renseignements à l'office du tourisme Ardenne Rives de Meuse (voir l'encadré pratique de Givet) ou sur www.reseau-elfe.com

Il existe 5 sentiers en boucle autour de **Sedan** *(renseignements à l'office de tourisme)*, dont « La randonnée des deux châteaux » (39 km) qui mène de Sedan à Bouillon, en Belgique.

Voir aussi les offres de séjour-randonnée dans les vallées de la Meuse et de la Semoy *(p. 24)*.

THERMALISME

Compagnie des thermes de Bourbonne-les-Bains – 52400 Bourbonne-les-Bains - 03 25 90 07 20 - www.bourbonne-thermes.fr

Union nationale des établissements thermaux – 1 r. Cels - 75014 Paris - 01 53 91 05 75 - www.france-thermale.org.

J.-P. Pesce/Attigny, ATVA

Monorail sur la ligne Mouzon-Stenay.

TRAINS TOURISTIQUES

Train touristique du sud des Ardennes – En saison, il longe en partie la vallée de l'Aisne, d'Attigny à Challerange (30,8 km) ou à Amagne-Lucquy (9,5 km). *Voir Attigny dans le « Circuit de découverte » de Sedan.*

Chemin de fer touristique de la Traconne – il circule en saison du plateau de Brie à la plaine de Champagne et traverse les coteaux plantés de vignes du Sézannais. *Voir l'encadré pratique de Sézanne.*

Autres petit trains

En pleine nature, vous aurez le choix entre le **train touristique de la Forêt d'Orient** qui sillonne le cœur du Parc naturel, et le **train du Der** qui emprunte la grande digue. *Voir les encadrés pratiques du Parc naturel régional de la Forêt d'Orient et du Lac de Der.*

Dans certaines **villes** de la région, des petits trains touristiques sur pneus circulent. *Voir les encadrés pratiques de Châlons-en-Champagne, Épernay, Langres et Provins.*

VÉLO OU VTT

En Champagne

Le département possède un important réseau de routes secondaires favorables à la pratique du vélo.
Les 100 circuits de randonnée pédestre de Haute-Marne *(voir ci-avant)* sont ouverts à la pratique du VTT.

Trois **voies vertes** sont entièrement dédiées aux circulations douces : le pays de Langres (12 km sur une ancienne voie ferrée), le canal entre Champagne et Bourgogne (90 km sur le chemin de halage) et le tour du lac du Der (38 km).
Dans l'Aube, une **vélovoie** de 42 km relie Troyes aux lacs de la Forêt d'Orient *(voir l'encadré pratique de la Forêt d'Orient).*

En Ardenne

Les 6 **routes touristiques**, balisées selon différents thèmes, sont tranquilles : route Rimbaud-Verlaine, route des Fortifications… *(voir p. 15).*
En outre, plus de 400 km de sentiers sont ouverts aux VTT.
Une **voie verte** longeant la Meuse a été ouverte au départ de Revin. Depuis Charleville-Mézières, l'aménagement des anciens **chemins de halage** permet de relier plusieurs circuits de VTT (*se renseigner à l'office de tourisme*).

Forfait-séjour de découverte des Ardennes à vélo *(voir p. 24).*

Informations

Fédération française de cyclisme – 5 r. de Rome - 93561 Rosny-sous-Bois Cedex - 01 49 35 69 24 - www.ffc.fr

La région compte **4 centres VTT** labelisés FFC :
Lac du Der – 249 km balisés (12 parcours) - informations à la Maison du Lac *(voir Lac du Der).*
Pays Sedanay – 200 km balisés (16 parcours) - informations à l'office de tourisme *(voir Sedan).*
Signy-l'Abbaye – 148 km balisés (11 parcours) - informations au 03 24 53 10 10.
Vallée de la Meuse et Semoy – 340 km (21 parcours) - informations dans les offices de tourisme ou sur www.tourisme-meuse-semoy.com

Fédération française de cyclotourisme – 12 r. Louis-Bertrand - 94207 Ivry-sur-Seine Cedex - 01 56 20 88 88 - www.ffct.org.

Ligue régionale de cyclotourisme – Christophe Bertin - 12 r. de la Lune - 10000 Troyes - 03 25 70 68 31.

Topoguides

Pour les **Ardennes,** des brochures sont disponibles sur les Crêtes préardennaises, la Thiérache, la vallée de la Meuse, le pays des Trois Cantons (Carignan, Mouzon, Raucourt), la Semoy et le pays sedanais.

En **Champagne**, vous trouverez notamment des topoguides et circuits cyclo sur le Parc naturel régional de la Montagne de Reims, l'Argonne, Épernay, Fismes, Dormans, le lac du Der, le pays de Langres et le Chaumontais, Wassy, Montier-en-Der et Saint-Dizier.

Points de location

Ardennes – Vieilles-Forges, Bairon, Haulmé, Givonne, Liart, Rethel, Revin, Signy-l'Abbaye, Signy-le-Petit, Hautes-Rivières, Givet, Haybes, Fumay, Charleville-Mézières, Monthermé.
Aube – Géraudot, Mesnil-Saint-Père, Dienville, Méry-sur-Seine, Troyes.
Marne – Verzy, Reims, Épernay, Hautvillers, Sézanne, Dormans, Montmirail, Giffaumont, Vitry-le-François, Saint-Remy-en-Bouzemont, Sainte-Marie-du-Lac.
Haute-Marne – Chaumont, Fayl-Billot, Langres, lac de la Liez, Bourbonne-les-Bains, Joinville, Montier-en-Der, Wassy.

S. Sauvignier/MICHELIN

VTT dans la forêt de Signy.

VISITES GUIDÉES

La plupart des villes proposent des visites guidées. Elles sont organisées toute l'année dans les grandes villes ou seulement en saison dans les plus petites. Dans tous les cas, informez-vous du programme à l'office de tourisme et pensez à vous inscrire si nécessaire. En général, les visites ne sont pas assurées en deçà de quatre personnes et pendant la période estivale, les listes sont rapidement complètes.
Reportez-vous aussi à l'encadré pratique des villes, dans la partie « Découvrir les sites », où nous mentionnons les visites guidées qui ont retenu notre attention.

Villes et Pays d'art et d'histoire

Sous ce label, décerné par le ministère de la Culture et de la Communication, sont regroupés quelque 130 villes et « pays » qui œuvrent activement à la mise en valeur et à l'animation de leur architecture et de leur patrimoine. En Champagne-Ardenne, 3 villes ont pour l'heure été labélisées : **Langres**, **Reims** et **Sedan**. Dans ce cadre sont proposées des visites générales ou insolites (1h30 ou plus), conduites par des guides-conférenciers et des animateurs du patrimoine agréés par le ministère. Informations auprès des offices de tourisme de ces villes et sur le site **www.vpah.culture.fr**

Voir également le chapitre suivant, « La destination en famille ».

Ministère de la Culture et de la Communication

Candidates au label, Châlons-en-Champagne, Provins et Troyes sont pour l'heure classées « **Villes d'art** » et proposent également des visites guidées (*voir les encadrés pratiques de ces villes*).

La destination en famille

LES LABELS

Villes et Pays d'art et d'histoire

Le réseau des Villes et Pays d'art et d'histoire (*voir la rubrique ci-dessus*) propose des visites et des ateliers du patrimoine aux enfants, les mercredis, samedis ou durant les vacances scolaires. Munis de livrets-jeux et d'outils pédagogiques adaptés à leur âge, ces derniers s'initient à l'histoire et à l'architecture et participent activement à la découverte de la ville. En atelier, ils s'expriment à partir de multiples supports (maquettes, gravures, vidéos) et au contact d'intervenants de tous horizons : architectes, tailleurs de pierre, conteurs, comédiens.

Bon à savoir – En juillet-août, dans le cadre de l'opération « L'Été des 6-12 ans », ces activités sont également proposées pendant la visite des adultes. Renseignements auprès des offices du tourisme de **Langres**, **Reims** et **Sedan**, et sur le site **www.vpah.culture.fr.**

La ville de **Troyes** propose également plusieurs visites à thème autoguidées spécialement dédiées aux familles (*voir l'encadré pratique de cette ville*).

Quelques idées

La Champagne-Ardenne offre de vastes espaces naturels aménagés pour répondre aux besoins spécifiques des familles, notamment autour des nombreux **lacs** qui possèdent presque tous des bases de loisirs proposant de multiples activités : lacs du Der, de la Forêt d'Orient et des environs de Langres en Champagne, lacs des Vieilles-Forges et de Bairon en Ardenne. Ces espaces permettent aussi l'observation de la faune sauvage, en particulier des oiseaux migrateurs : la plupart sont équipés d'observatoires et de centres d'interprétation.

La région compte par ailleurs plusieurs **parcs animaliers** de taille variable : parcs aux Daims de Châteauvillain et du domaine Saint-Victor à Soulaines-Dhuys, faune sauvage régionale dans les parcs de La Bannie ou de Saint-Laurent, espèces exotiques au parc du Moulin-Rouge…

Les châteaux, remparts et autres donjons invitent à jouer au chevalier et à la châtelaine, en organisant régulièrement des **animations pour le jeune public** : village castral de Château-Thierry, spectacles à Provins, visites à thème au château de Sedan. À **Rocroi**, où se déroula la fameuse bataille de 1643, l'atelier des soldats de plomb est ouvert de 7 à 77 ans : on assiste au coulage d'une figurine, on participe à son élaboration et on repart avec son chef-d'œuvre… après le goûter.

Pour les petits curieux, l'**Ardenne** dispose de nombreux musées et sites ludiques de quaiité, qui privilégient l'interactivité et permettent d'apprendre ou de découvrir la région en s'amusant : le domaine de Vendresse avec ses aquariums et son haut-fourneau mis en son

SITES OU ACTIVITÉS À FAIRE EN FAMILLE			
Chapitre du guide	**Nature**	**Musée**	**Loisirs**
Auberive	Réserve naturelle de Chalmessin		
Bar-sur-Aube	Domaine Saint-Victor		Parc d'attractions Nigloland
Bourbonne-les Bains	Parc animalier de la Bannie		
Routes du Champagne	Mont Aimé		
Chaource		Musée de la Voiture à pédales, musée des Poupées d'antan	
Charleville-Mézières	Parc animalier de Saint-Laurent, lac des Vieilles-Forges	Musée de la Forêt, Centre Oméga	Le Grand Marionnetiste, mont Olympe
Château-Thierry			Village castral, château de Condé
Chaumont	Musée de la Crèche, parc aux daims		
Lac du Der	Observatoires (sites de Chantecoq, de Champaubert…)	Musée du Pays du Der	Plages, station nautique de Giffaumont, Grange aux abeilles
Épernay			Ferme aux oiseaux exotiques
Forêt d'Orient	Sentiers des Salamandres, du Lapin blanc…	Musée des Automates, écomusée de la Forêt d'Orient	Maison du Parc, plages
Givet	Grottes de Nichet, sentier « Ardoises et Légendes »		Plan d'eau et base de loisirs
Joinville	Les Jardins de mon moulin		
Langres	Les 4 lacs, tufière de Rolampont		Visites jeune public de la ville, escargot de Cohons
Montagne de Reims	Mare pédagogique de la Maison du Parc, sentier des Faux de Verzy	Maison du bûcheron	
Montier-en-Der	Haras national		
Mouzon		Mus ée du Feutre	Pavillon d'accueil du territoire du sanglier
Nogent-sur-Seine	Jardin botanique, parc du Moulin-Rouge		
Provins			3 spectacles
Reims	Parc nature de Sept-Saulx	Musée de l'Automobile	Visites jeune public de la ville, planétarium
Rethel		Musée Guerre et Paix	
Sedan	Lac de Bairon	Domaine de Vendresse	Visites jeune public de la ville, château fort, train du sud des Ardennes
Sézanne	Sentier du Marais de Saint-Gond, forêt de la Traconne		
Thiérache ardennaise	Ferme pédagogique de Liart		Étang de la Motte
Troyes			Visites ludiques de la ville
Vignory		Zoo de bois	
Vouziers	Centre d'initiation à la nature de Boult-aux-Bois	Maison du cheval ardennais	Parc Nocturnia
Wassy	Lac des Leschères		Autorail touristique

et lumière, le Pavillon d'accueil du territoire du sanglier, le centre Oméga avec son planétarium et ses salles d'expérimentation pour apprentis-sorciers, le musée Guerre et Paix, le parc Nocturnia et ses jeux consacrés à la faune nocturne, le musée de la Forêt… Quant à la Maison de la Thiérache, elle accueille parents et enfants autour du four à pain : chacun pétrit la pâte et réalise sa miche.

Voir aussi « Noël en Ardenne et en Champagne » *(p. 34)*.

Que rapporter

Nous avons sélectionné pour vous une série de boutiques proposant des produits artisanaux et du terroir : retrouvez ces adresses dans la rubrique « Que rapporter » des **encadrés pratiques** de la partie Découvrir.

POUR LES PAPILLES

Charcuterie et fromages

Les amateurs reviendront chargés d'authentiques **andouillettes de Troyes**, de **boudin de Rethel**, de **jambon sec d'Ardenne** et de **jambon en croûte de Reims**. À Droyes *(voir Montier-en-Der)*, la Ferme du bocage vend des spécialités à base de canard : rillettes, magrets, foie gras.

À côté des célèbres fromages de Champagne, le **chaource** et le **langres**, pensez au **mussy** et au **soumaintrain**, et dans les Ardennes, au **maroilles** et au **rocroi**, fabriqué à base de lait écrémé.

Autres produits

Pour initier vos proches à la gastronomie régionale, vous trouverez des conserves artisanales, notamment du ragoût de pommes de terre au nom évocateur de « cacasse à cul nu ». À Olizy, près de Vouziers, le musée de l'Escargot présente un élevage de gallinacés et propose ses produits à la vente : **escargots** en bocaux et coquilles beurrées. En Haute-Marne, vous pouvez vous procurer sur le marché de Chaumont une **truffe** peu connue, la *Tuber uncinatum (voir p. 83)*.

Douceurs

À Reims, on « craque » pour les **biscuits roses** ou les **croquignoles**, en forme de doigts, les **massepains** et les **nonettes**, à base de miel.

Les célèbres « **caisses** » de Bar ou de Wassy sont des meringues aux amandes. À Châlons-en-Champagne, les bonbons « **Mau-Nau** » portent le nom de deux canaux de la ville. Quant aux « **bouchons de champagne** », ce sont des chocolats moulés contenant du marc de champagne, qui accompagnent agréablement le fameux vin.

Des Ardennes, on peut rapporter des « **rocaillons** » de Sedan, des « **ardoises** » de Fumay et des « **pierres bleues** » de Givet, qui sont autant de spécialités au chocolat.

Champagne et Ardenne produisent d'excellents **miels**. À Giffaumont-Champaubert *(voir lac du Der)* par exemple, la Grange aux Abeilles propose le **miel** des ouvrières dont on peut observer l'activité, dans des ruches en verre.

Champagne !

Pour en savoir plus sur le champagne, voir les chapitres « Nature » et « La destination aujourd'hui » dans la partie Comprendre la région ; les routes du Champagne dans la rubrique « Où et quand partir » de cette partie et dans la partie Découvrir les sites ; Reims, Épernay, Montagne de Reims, Bar-surAube et Bar-sur-Seine dans la partie Découvrir.

Champagne et vins

On trouve du champagne dans les grandes maisons de renommée internationale basées à **Reims** et à **Épernay**, aussi bien que chez les petits producteurs que vous rencontrerez sur les **routes du Champagne**.

Mais le plaisir ne se limite pas au champagne… Les coteaux champenois fournissent également

S. Sauvignier/MICHELIN

Vin rosé des Riceys.

des vins tranquilles, élaborés dans l'aire de production du champagne : le rosé des **Riceys**, ainsi que les vins de **Coiffy** *(voir Bourbonne-les-Bains)* et de **Montsaugeon** *(voir Langres)*, rouges ou blancs, produits dans la Haute-Marne.

Autres breuvages

En Champagne, pensez aussi au **cacibel** alliant cidre, cassis et miel, et au **rubis de cassis** ou de **groseilles**, un vin de fruit qui se boit frais, à l'apéritif et au dessert *(voir Chaumont)*. Sans oublier le **marc** de champagne, le **ratafia** et la **fine** de champagne… Du pays d'Othe, on reviendra volontiers avec quelques bouteilles de **cidre** *(voir Ervy-le-Châtel)*, boisson également remise à l'honneur en Ardenne, après avoir été abandonnée *(voir Thiérarche ardennaise)*.
On trouve dans le petit commerce des bières artisanales produites en Haute-Marne : la **Choue** *(voir Chaumont)*, en Argonne, comme la brasserie de **Valmy** *(voir Sainte-Menehould)* ou en Ardenne, comme la Petite Brasserie Ardennaise *(Charleville-Mézières)*.

Info pratique

100 % terroir

Des producteurs se sont regroupés pour faire connaître une grande variété de produits : vins et liqueurs, fromages, escargots, biscuits…

Association des produits du terroir aubois – *✆ 03 25 70 52 66.*

Association des produits du terroir 51 – *✆ 03 26 64 08 13.*

Richesses du terroir (Haute-Marne) – *✆ 03 25 02 06 45.*

Label « Ardennes de France » – *Voir p. 83 - ✆ 03 24 37 54 55.*

POUR LA MAISON

Arts de la table, linge de maison, décoration : le choix est vaste, notamment à **Troyes** qui regroupe plus de 150 magasins d'usine.

Arts de la table et décoration

De **Bayel**, on rapporte des verres ou des vases en cristal : le magasin est situé à côté de la cristallerie *(voir Bar-sur-Aube)*. Quant à la coutellerie, d'abord développée à Langres où le père de Diderot était coutelier, elle se maintient à **Nogent** depuis le 14e s.

S. Sauvignier/MICHELIN

Manufacture du point de Sedan.

C'est le moment de racheter couteaux et ciseaux ! **Villenauxe-la-Grande** est réputée pour ses céramiques et ses faïences.

Héritiers de la grande tradition troyenne, des **vitraillistes** proposent dans leurs ateliers divers objets : lampes, bijoux… Pensez aux vanneries en osier de **Fayl-Billot** : en vente à l'école d'osiériculture, chez les artisans du village ou à la coopérative de Bussières-lès-Belmont *(voir Langres)*. Dans les Ardennes, ce sont les tiges de saule que travaillent les artisans de **Buzancy** et de **Boult-aux-Bois**. Le **Centre européen des métiers d'art**, à Givet, expose 5 000 objets conçus par des artisans ardennais : bois, verre, métal, textile, poterie… À **Illy**, au nord de Sedan, un spécialiste des fleurs séchées propose des bouquets insolites. **Sedan** abrite l'une des dernières manufactures de tapis de France, créée en 1870. Sa spécialité est le tapis au point, noué à la main : cette technique garantit une solidité exceptionnelle et une infinie variété de motifs.

POUR LA FAMILLE

Envie de refaire votre garde-robe à prix doux ? Sous-vêtements, chaussettes et chaussures pour les enfants, lingerie, tailleurs et vêtements pour adultes…, le choix est vaste dans les deux centres de magasins d'usine et de négoce aux environs de **Troyes**.

Un cadeau pour les enfants ? À Rocroi, offrez-leur les **soldats de plomb** qui figurent les protagonistes de la bataille de Condé. À Charleville-Mézières, les **marionnettes** remportent du succès auprès des plus jeunes, qui seront enchantés de vous proposer, après entraînement, un petit spectacle de leur cru.

Événements

Voici une sélection des principales manifestations de la région.

Janvier

Villages viticoles autour d'Épernay – Fête de la Saint-Vincent, patron des vignerons (autour du 22).

Février

Charleville-Mézières – Festival Les Enfants du cinéma - ✆ 03 24 33 81 10 - www.lesenfantsducinema.free.fr.

Mars

Chaource – Journées Patrimoine et nature (1er ou 2e w.-end du mois) - ✆ 03 25 40 10 67.

Jeudi précédant Pâques

Les Riceys – Foire du Grand Jeudi : fête du vin - ✆ 03 25 29 15 38.

Mars-avril

Grand Jardin de Joinville – Grands moments musicaux - ✆ 03 25 94 17 54 - www.legrandjardin.com.

Avril

Rethel – Foire au boudin blanc (dernier dim. du mois) - ✆ 03 24 39 51 40.

Avril-juin

Provins – Spectacle « À l'assaut des remparts » - ✆ 01 64 60 26 26.

Avril-octobre

Provins – Spectacle « Les Aigles des Remparts » - ✆ 01 60 58 80 32.

Mai

Grand Jardin de Joinville – Fête des plantes et des jardins (déb. du mois) - ✆ 03 25 94 17 54 - www.legrandjardin.com.

Sedan – Festival médiéval (3e week-end) - ✆ 03 24 27 73 73 - www.medieval-sedan.com.

Mai-juin

Chaumont – Festival de l'Affiche et Rencontres internationales d'arts graphiques - ✆ 03 25 03 86 80.

Troyes – Foire de Champagne (fin mai-déb. juin) - ✆ 03 25 82 65 82 - www.foires-de-champagne.com.

Juin

Châlons-en-Champagne – « Furies » : festival de cirque et théâtre de rue (déb. du mois) - ✆ 03 26 65 90 06 - www.festival-furies.com.

Château-Thierry – Fête Jean de La Fontaine (w.-end autour de la Saint-Jean) - ✆ 03 23 83 10 14.

Launois-sur-Vence – Salon gastronomique : produits de terroir du nord-est - ✆ 03 24 35 06 36 - www.launoissurvence.com.

Provins – Les Médiévales (2e ou 3e w.-end du mois) - ✆ 01 64 60 26 26 - www.provins-medieval.com. Spectacle son et lumière.

Reims – Fêtes Johanniques et Sacres du Folklore - ✆ 03 26 82 45 00 - www.reims-tourisme.com.

Troyes – Splendeurs de Troyes : fête médiévale - ✆ 03 25 40 36 32.

S. Sauvignier/MICHELIN

Fête médiévale de Sedan.

Info pratique

PARCS ET JARDINS HAUT-MARNAIS

Chaque été, une vingtaine de lieux verdoyants s'ouvrent au public : orangerie du château de Dinteville, jardin de style Le Nôtre au manoir de Cohons, parc du château de Riceys-Bas… Tous sont recensés dans la brochure *Visitez un jardin en Haute-Marne*, disponible dans les offices de tourisme du département.

Juin-août

Grand Jardin de Joinville – Grands moments musicaux - ✆ 03 25 94 17 54 - www.legrandjardin.com.

Reims – Flâneries musicales d'été (fin juin-déb. août) - ✆ 03 26 77 45 00. www.reims-tourisme.com.

Troyes – Ville en musiques : concerts classiques, jazz, musiques actuelles… (vend. et sam. 21h) - ✆ 03 25 43 55 00 - www.maisonduboulanger.com.

Juin-septembre

Sedan – Festival des Cafés-Concerts : concerts dans les cafés du pays sedanais - ✆ 03 24 27 73 73.

Juin-octobre

Reims – Évocation Musique et Lumière à la basilique Saint-Remi (sam. 21h30) - ✆ 03 26 77 45 00.

Juillet

Ay-Champagne – Fête Henry IV (années paires) - ✆ 03 26 56 92 10 - www.ay-champagne.fr.

Charleville-Mézières – Festival Marionnettes en jardin : spectacles et animations - ✆ 03 24 52 97 65 - www.atelierdelamarionnette.com.

Langres – Biennale des Lumières avec la compagnie Humbert, théâtre en plein air - ✆ 03 25 87 13 04.

Cantons de Monthermé et Nouzouville – Festival des Trois Vallées : contes et légendes - ✆ 03 24 27 90 98.

Vallée de Meuse et Semoy – Fêtes de Meuse et Semoy (3e ou 4e w.-end) : spectacles nocturnes- ✆ 03 24 41 22 51 - www.tourisme-meuse-semoy.com.

Pays d'Othe – Festival en Othe et en Armance : concerts, expositions… - ✆ 03 25 42 70 63.

Revin – Fête de la Bière (1er sam. du mois) - ✆ 03 24 40 19 59 - www.ville-revin.fr.

Saint-Dizier – Musical Été, festival de musique classique, rock, raï… - ✆ 03 25 07 31 66.

Vendeuvre-sur-Barse – Vindovera : spectacle historique (2e quinz. du mois : les w.-ends) - ✆ 03 25 41 44 76.

Juillet-août

Vendresse – Son et lumière au château de la Cassine (sam. soir) - ✆ 03 24 35 44 84 - www.la-cassine.com

Châlons-en-Champagne – F'estival des musiques d'ici et d'ailleurs - ✆ 03 26 68 47 27 - www.musiques-ici-ailleurs.com.

Juillet-septembre

Troyes – Ville en Lumières : illumination des principaux monuments, visites nocturnes (vend.-dim.).

Août

Bogny-sur-Meuse – Festival Aymon Folk (déb. du mois) - ✆ 03 24 32 11 99.

Langres – Spectacle historique : Estival des hallebardiers (jeu.-sam. 21h) - ✆ 03 25 90 77 40 - www.hallebardiers.com.

Launois-sur-Vence – Grande foire des vacanciers en Ardenne : animations, brocante… - ✆ 03 24 35 06 36 - www.launoissurvence.com.

Louvergny – Rencontres musicales (1re quinz.) - ✆ 03 24 71 98 98.

Septembre

Bar-sur-Aube – Foire aux vins de Champagne (1er w.-end du mois) - ✆ 03 25 27 14 75.

Brienne-le-Château – Foire de la choucroute au Champagne (3e dim. du mois) - ✆ 03 25 93 82 41.

Pays d'Othe – Fête du cidre et de la pomme (2e dim. du mois) - ✆ 03 25 80 81 71.

Troyes – 48 heures d'automobiles anciennes (2e w.-end du mois, années paires) - ✆ 03 25 40 86 99.

Octobre

Bourbonne-les-Bains – Salon des saveurs haut-marnaises (déb. du mois) - ✆ 03 25 90 01 71.

Chaource – Journées « Patrimoine et nature » (2e w.-end du mois) - ✆ 03 25 40 10 67.

LE Guide Vert

Dans la même collection, découvrez aussi :

France

- Alpes du Nord
- Alpes du Sud
- Alsace Lorraine
- Aquitaine
- Auvergne
- Bourgogne
- Bretagne

- Champagne Ardenne
- Châteaux de la Loire
- Corse
- Côte d'Azur
- France
- Franche-Comté Jura
- Île-de-France
- Languedoc Roussillon
- Limousin Berry

- Lyon Drôme Ardèche
- Midi-Pyrénées
- Nord Pas-de-Calais Picardie
- Normandie Cotentin
- Normandie Vallée de la Seine
- Paris
- Pays Basque et Navarre
- Périgord Quercy
- Poitou Charentes Vendée
- Provence

Thématiques

- La France sauvage
- Les plus belles îles du littoral français
- Paris Enfants
- Promenades à Paris
- Week-ends aux environs de Paris
- Week-ends dans les vignobles
- Week-ends en Provence

Europe

- Allemagne
- Amsterdam
- Andalousie
- Autriche
- Barcelone et la Catalogne
- Belgique Luxembourg
- Berlin
- Bruxelles
- Budapest et la Hongrie
- Bulgarie
- Croatie
- Écosse
- Espagne
- Florence et la Toscane
- Grande Bretagne
- Grèce

- Hollande
- Irlande
- Italie
- Londres
- Moscou Saint-Pétersbourg
- Pologne
- Portugal

- Prague
- Rome
- Scandinavie
- Sicile
- Suisse
- Venise
- Vienne

Monde

- Canada
- Égypte
- Maroc
- New York

Photos : Corel/Goodshoot

Épernay – Grand cochelet des Vendanges - ✆ 03 26 53 23 00.

Launois-sur-Vence – Foire gastronomique « Boire et manger en Ardenne » - ✆ 03 24 35 06 36 - www.launoissurvence.com.

Novembre

Montier-en-Der – Festival international de la photo animalière et de nature (3e w.-end du mois) - ✆ 03 25 55 72 84 - www.festiphoto-montier.org.

Givet – Foire aux oignons (le 11).

Reims – Reims Jazz Festival - ✆ 03 26 47 00 10 - djaz51.com.

Décembre

Nombreux marchés de Noël *(voir p. 34)*.

Nos conseils de lecture

OUVRAGES GÉNÉRAUX ET TOURISME

Champagne-Ardenne, collectif, Bonneton, 2004. Histoire et art, ethnographie, langue et littérature, milieu naturel, économie, par des spécialistes reconnus.

Champagne Ardenne, D. Sadaune et S. Benaouda, Ouest-France, 2000. Présentation de la région : nature, histoire, art, savoir-faire, gastronomie…

Carnet de fleurs en Champagne-Ardenne, Hubert le Jardinier, éd. Coq à l'âne, 2006.

Noms de lieux en Champagne-Ardenne, M. Tamine, Bonneton, 2001.

Les Ardennes, J.-M. Bartelt et F. Lecomte, Siloe, 2005.

Reims, ville royale, P. Demouy, Tallandier, 1988. Histoire et tourisme.

Reims Champagne, collectif, Déclics, 2002. Beau-livre.

PATRIMOINE

Caves de champagne, M. Jolyot, éd. Atelier Michel Jolyot, 2006. Un voyage dans le labyrinthe des crayères.

Verre et cristal en Champagne-Ardenne, N. Fierobe, Castor & Pollux/ORCA, 2000.

Patrimoine industriel de l'Aube, G. Alves, CRDP Champagne-Ardenne, 2004.
Et, dans la collection des Itinéraires du patrimoine (DRAC de Champagne-Ardenne/éd. Guéniot).

Vitrail : peinture de lumière, DRAC de Champagne-Ardenne, éd. Lieux dits, 2006.

Châteaux et maisons fortes : de la haute vallée de la Marne aux marches de la Lorraine, J. Corvisier et C. Philippot, 2003.

Le patrimoine religieux de Sedan, A. Sartelet et J. Philippot, 2002.

Joinville, le château du Grand Jardin, H. Billat et J. Philippot, 2005.

L'Abbaye d'Auberive, G. Vilain et P. Delance, 2006.

HISTOIRE

Mémoires de guerre (3 vol.), Charles de Gaulle, Pocket, 1999.

La Bataille des Ardennes : déc. 1944-janv. 1945, M. Hérubel, Presses de la Cité, 2005.

L'Offensive de Champagne : 25 septembre 1915, B. Crochet, Ysec éd., 2002.

Une histoire du Champagne, M. Buvry, éd. A. Sutton, 2006.
Une somme théorique et pratique illustrée par 500 cartes postales anciennes.

Le Champagne, trois siècles d'histoire, G. Clause, É. Glatre et M. Blin, Stock, 1997.

LITTÉRATURE

Le Pays où l'on n'arrive jamais, A. Dhôtel, J'ai lu, 1955. *Voir p. 78.*

Un balcon en forêt, Julien Gracq, Corti, 1990. *Voir p. 78.*

Un Ardennais nommé Rimbaud, Y. Hureaux, La Nuée bleue, 2004.
Sur les pas du poète dans son Ardenne natale.

Le Pain de suie, Y. Hureaux, J.-C. Lattès, 1999. Roman de terroir, situé dans les Ardennes au début de la Grande Guerre.

Bille de chêne, Y. Hureaux, Lattès, 1996. Souvenirs d'une enfance ardennaise après guerre.

Passion Rimbaud, l'Album d'une vie, C. Jeancolas, Textuel, 1998. La vie et l'œuvre de Rimbaud à travers 700 documents, souvent inédits.

Rimbaud le fils, P. Michon, Gallimard, Folio, 1993. Une réflexion sur la genèse de l'écriture rimbaldienne.

Verlaine d'ardoise et de pluie, G. Goffette, Gallimard, 1998. Un portrait « de l'intérieur », entre biographie et roman.

Plutôt le dimanche, F. Bartelt, Labor, 2004. Chronique des jours pas si ordinaires dans les Ardennes.

Malaver à l'hôtel, J.-P. Maurel, Viviane Hamy, 1996. Deux détectives enquêtent à travers les ruelles de Troyes.

Contes et légendes de la Champagne et des Ardennes, R Maudhuy, France-Empire, 2003.

Pour d'autres références, notamment plus anciennes, reportez-vous à la rubrique « Litterature » dans la partie Comprendre la région.

GASTRONOMIE

Coutumes et recettes du temps des fêtes en Champagne-Ardenne, L. Bésème-Pia, Les éditions du Coq à l'âne, 2005.

La Cuisine au champagne : histoire et recettes d'hier à aujourd'hui, L. Bonal et F. Bésème-Pia, Les éditions du Coq à l'âne, 2001. Une cuisine apparue au 18e s. : 270 recettes familiales ou gastronomique.

La Cuisine rustique de la Champagne, L. Bésème-Pia, D. Fradet, 1996. 300 recettes collectées chez les restaurateurs de la région.

S. Sauvignier/MICHELIN

Journaux locaux.

La Champagne et ses vins, collectif, Féret, 2006. Le « Féret » des vins de Champagne.

Guide du champagne, É. Glatre, Hoëbeke, 2005. Présentation de 45 producteurs : historique et fiches de dégustation.

PRESSE QUOTIDIENNE

L'Union (Marne).

L'Ardennais (Charleville).

Le Journal de la Haute-Marne (Chaumont).

L'Est-éclair (Troyes).

Libération Champagne (Troyes).

Capsules de champagne.

S. Sauvignier/MICHELIN

DEUTZ
de VENOGE
EPERNAY FRANCE
CHAMPAGNE
CHAMPAGNE
MAURICE GRUMIER

NATURE

La Champagne crayeuse, terroir propice à l'épanouissement de vignobles célèbres, la Champagne humide, où l'élément aquatique est omniprésent et la vie de la nature intense, composent le paysage contrasté d'une région apprivoisée par l'homme mais largement préservée. Davantage secrète, l'Ardenne constitue le royaume de profondes forêts, percées par les méandres de la Meuse.

S. Sauvignier/MICHELIN

Paysage de la côte des blancs aux alentours de Cramant.

Terre de Champagne

La configuration de la région est comparable à une série de plats empilés, dont la taille et l'âge décroissent de pair à partir de la base vers le sommet. Au milieu de l'ère secondaire, le socle ancien s'effondre et la mer envahit le Bassin parisien qui devient un vaste golfe. À l'époque tertiaire, mer et lacs l'occupent à deux reprises : les sédiments s'accumulent sous forme d'auréoles concentriques, démarquant le centre du bassin par rapport aux massifs primaires. D'ouest en est, on rencontre successivement le plateau de Brie et du Tardenois, la Champagne crayeuse, la Champagne humide et ses rebords (l'Argonne), puis le Barrois et le plateau de Langres. Sous l'effet du plissement alpin, ces tables de roches sédimentaires ont pris une inclinaison montante vers l'est et le sud-est.

LE TRAVAIL DE L'ÉROSION : UN RELIEF DE CÔTES

De la Brie et du Tardenois jusqu'au plateau lorrain se déploie un type particulier de paysage, fait d'une succession de plateaux, de côtes et de dépressions.
Les côtes, appelées aussi **cuestas**, ont été progressivement dégagées par l'érosion. Elles dominent la plaine de 100 à 200 m et regardent vers l'est. Leur rebord irrégulier est festonné de ravins, de saillants (Montagne de Reims) et de percées en entonnoir (l'Aisne, la Marne, la Vesle, les deux Morins) dans lesquelles pénètre le vignoble. Il en existe cinq : la célèbre **« falaise de l'Île-de-France »**, ligne de côtes incurvée de la Seine à l'Oise, la **côte de Champagne**, la **côte des Bar**, la **côte de Meuse** et la **côte de Moselle** *(voir* Le Guide Vert Alsace Lorraine *pour ces deux dernières).*
Rebord d'érosion, la cuesta recule plus ou moins rapidement. Les buttes isolées, en avant des côtes, comme le **mont Aimé** (240 m) ou le **mont Saran**, témoignent de son ancien tracé. Ces dernières ont été épargnées par l'érosion en raison de la résistance offerte par leur chapeau calcaire. Les sols légers et fertiles des pentes, abritées des vents humides, concentrent le vignoble et les vergers. Les villes importantes, comme **Reims**, se situent sur les grandes voies de passage qui longent les côtes.

Le revers de la côte est une table de roche dure, dont la plus célèbre est la **Champagne crayeuse**. Avant les progrès de l'amendement, la région était si pauvre qu'elle avait été qualifiée de « pouilleuse » par les physiocrates du 18e s. Les *Lettres* de Victor Hugo se font

Les tufières

Caractéristiques des milieux calcaires, les tufières qui forment des sortes d'escaliers naturels sont de véritables « laboratoires » à ciel ouvert : sous l'action conjointe de divers facteurs (ruissellement des eaux, photosynthèse…), le calcaire contenu dans les eaux d'infiltration forme un précipité, qui constitue alors le « tuf ». Le dépôt du calcaire s'érige progressivement un « barrage », donnant naissance à cette disposition caractéristique de bassins en gradins.

La cascade d'Étufs (*voir Chaumont*) et la tufière de Rolampont (*voir Langres*) relèvent de ce phénomène naturel.

également l'écho de cette situation : « La Champagne pouilleuse, à laquelle juillet vient de couper ses cheveux d'or ; de grandes plaines jaunes et nues, immenses et molles vagues de terre au sommet desquelles frissonnent, comme une écume végétale, quelques broussailles misérables [...] »

Cette région dénudée, qui donna son nom à la **Champagne** (étymologiquement : « plaine calcaire »), forme un arc de cercle d'une largeur de 80 km. On peut la repérer sur la carte au relâchement du réseau routier et à l'espacement des villages. Les formes y sont molles, les versants adoucis, la cuesta parfois estompée. Le délitement de la craie sous l'action du froid crée des amas de débris appelés grèves ou **grouines**. Le plateau est aride malgré l'abondance des précipitations. L'eau, s'infiltrant à travers les fissures de la craie, ne reparaît que dans le fond des vallons, sous forme de sources appelées **sommes**, d'où le nom de nombreux villages : Somme-Vesle, Sommesous, Somme-Suippe. Quelques cours d'eau, l'Aisne, la Marne, l'Aube, la Seine, creusent de grandes **vallées alluviales** à fond plat, humides et verdoyantes, au centre desquelles se concentrent villes et villages.

Le **plateau de Brie et du Tardenois** est drainé par de rares rivières, la Marne et les deux Morins, ainsi que par un fleuve, la Seine. Autre plateau calcaire et marneux, le **Barrois** est sillonné par les vallées de la Saulx et de l'Ornain, le long desquelles se sont installées les principales localités : Bar-le-Duc et Ligny-en-Barrois. Il se prolonge au sud-ouest par la **côte des Bar** : Bar-sur-Aube, Bar-sur-Seine (*bar* en celtique signifie « sommet »), dont les versants sont recouverts par le vignoble champenois de l'Aube.

DES « PAYS » CARACTÉRISTIQUES

Le **pays d'Othe**, au sud de la Champagne crayeuse, atteint par endroits plus de 300 m d'altitude. Les cisterciens de l'abbaye de Pontigny ont joué un grand rôle dans sa colonisation et son défrichement. Les hauteurs, couronnées de forêts, s'élèvent au-dessus des vallons quadrillés par les champs. Les **thureaux** ou buttes de grès qui ondulent **la Puisaye** ont résisté à l'érosion.

Deux plateaux bornent finalement la Champagne humide. S'élevant à plus de 500 m, le **plateau de Langres** est une masse de calcaire très épaisse et couverte d'importants massifs forestiers. De nombreux cours d'eau, dont la Seine et la Meuse, y prennent leur source.

L'**Argonne**, inclinée vers l'ouest, fait figure de cuesta. Elle est constituée d'une roche spécifique : la **gaize**, sorte de grès verdâtre, dur et imperméable, dans lequel l'érosion a façonné crêtes et défilés étroits. Ces hauteurs humides (jusqu'à 360 m), aux sombres massifs de hêtres et de chênes, sont des terres d'élevage. L'activité se concentre dans la **vallée de l'Aisne** qui forme un couloir entre l'Argonne et la Champagne sèche, avec sa petite métropole : Sainte-Menehould.

S. Sauvignier/MICHELIN

Les cépages

Au nombre de trois seulement, ils sont bien adaptés au terroir et au climat champenois :

- le **pinot noir** aux grains noirs serrés et au jus blanc, donne du corps et de la puissance au vin (Montagne de Reims et côte des Bar).
- le **pinot meunier**, également noir à jus blanc, est recherché pour son fruité et se caractérise par sa souplesse (vallée de la Marne).
- le **chardonnay** à grappes blanches est réputé pour sa finesse et son arôme (côte des Blancs).

LE VIGNOBLE

Il couvre 31 000 ha situés en majeure partie dans le département de la Marne, mais aussi dans quelques cantons de l'Aube (6 000 ha) et de l'Aisne. Le **champagne** constitue l'essentiel de la production.

Le climat continental est rigoureux, et la vigne, s'épanouissant à mi-pente des versants calcaires qui la protègent des vents humides, ne doit sa maturité qu'au sous-sol crayeux de la côte de l'Île-de-France. La **craie** joue le rôle d'un régulateur hydrique (elle assure un excellent drainage ou permet à l'eau de remonter pour alimenter les racines en surface) et thermique (elle s'échauffe rapidement au printemps, emmagasine la chaleur pour la nuit et renvoie le rayonnement solaire vers les ceps). La composition minérale du sol confère finesse et arômes aux vins, les meilleurs terroirs étant les plus crayeux : la **Montagne de Reims**, pays

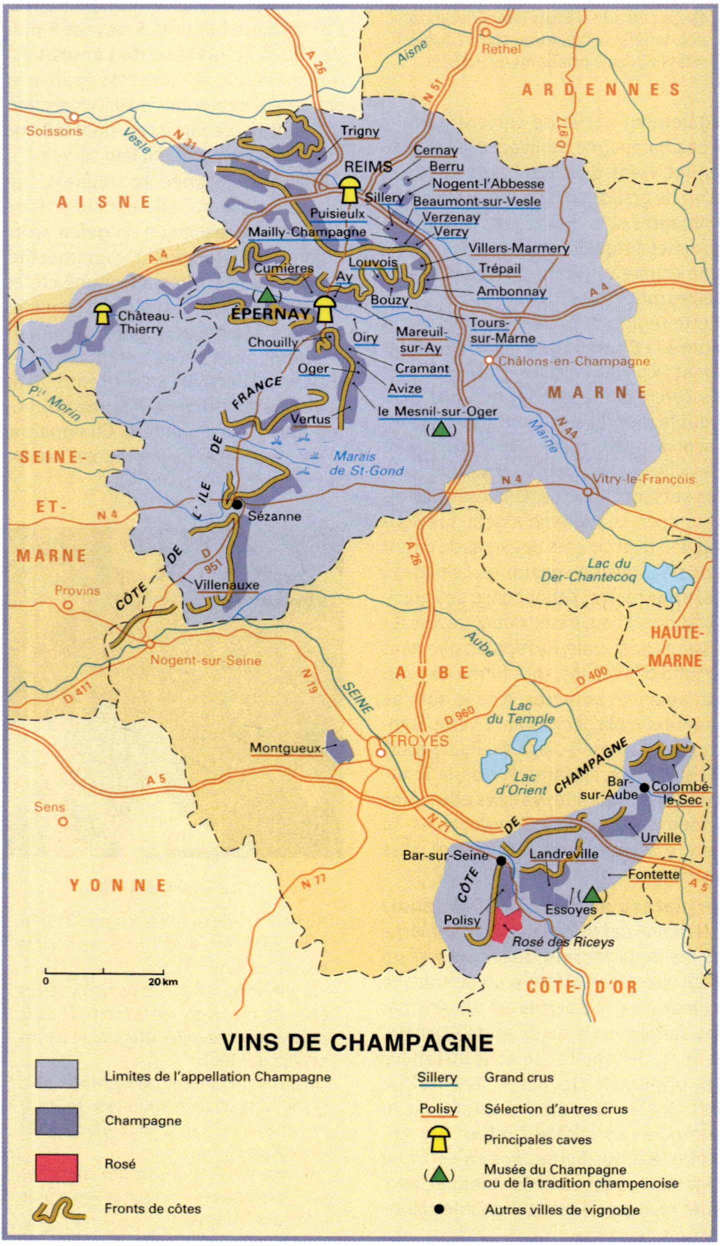

de coteaux sur la rive gauche de la Vesle, affluent de l'Aisne, la **vallée de la Marne** et la **côte des Blancs**, au sud d'Épernay jusqu'à Vertus. Les **« grands crus »** (communes où le raisin est acheté à son prix maximal) sont ainsi situés sur la côte des Blancs et la Montagne de Reims.

La région produit aussi, en quantités très limitées, des vins tranquilles bénéficiant de l'Appellation contrôlée « **coteaux champenois** ». Il s'agit de vins rouges (souvent désignés par le nom de leur commune d'origine : Bouzy, Ay, Cumières, Vertus...) ou encore blancs ou rosés. Le **champagne rosé** est le seul exemple de mélange d'un vin blanc tranquille avec un vin rouge, d'appellation « coteaux champenois ». Une appellation particulière est réservée au **rosé des Riceys**, élaboré exclusivement avec le pinot noir.
La Haute-Marne produit des vins de pays de coteaux : le **coiffy** et le **montsaugeonnais**, blancs ou rouges.

Lacs, étangs et rivières

Encerclant l'auréole de la Champagne crayeuse, l'étroite gouttière de la Champagne humide est un pays où l'eau s'insinue partout, striant le paysage de ruisseaux ou formant marécages et étangs comme au sud de l'Argonne. De grands lacs artificiels ont également été créés, ceux du Der et de la forêt d'Orient, où la faune et la végétation sont d'une richesse rare.

LA MAIN DE L'HOMME

Mis en eau en 1974, le **lac du Der**, à quelques kilomètres de Saint-Dizier et de Vitry-le-François, capte les eaux de la Marne, protégeant Paris des inondations, et les restitue du 1er juillet au 31 octobre. Il est donc à son plus haut niveau en juin, et au plus bas en novembre. Avec ses 4 800 ha et ses 77 km de rives, c'est le plus vaste lac artificiel d'Europe occidentale. Il accueille six plages et trois ports dont le plus grand port de plaisance en eau douce de France. Pays de bois et de prairies où paissent chevaux et bovins, le Der constitue une contrée originale, avec ses villages entourés de vergers, ses maisons et ses églises construites en bois, car la pierre y est rare. Ce fut longtemps le pays des bûcherons et des vanniers.

Le **lac d'Orient** (2 300 ha), dans le vaste Parc naturel régional de la forêt du même nom, qui s'étend aux portes de Troyes, a été mis en eau dès 1966. Il est prolongé au nord par le **lac du Temple** (1 830 ha) et le **lac Amance** (490 ha).

R. Corbel/MICHELIN

Grue cendrée.

Dans la région de Langres, la limite de partage des eaux entre les trois grands bassins rhodanien, parisien et rhénan répartit les sources de la **Saône**, de la **Marne** et de la **Meuse**, qui finiront respectivement leur parcours dans la Méditerranée, dans la Manche et en mer du nord. Quatre lacs réservoirs ont été créés à la charnière du 19e s. et du 20e s. pour alimenter le canal de la Marne à la Saône : le **lac de la Liez**, le **lac de la Mouche**, le **lac de Charmes** et le **lac de la Vingeanne** (*voir Langres*).

LE PETIT PEUPLE DES LACS

Sur le site du **lac du Der**, on a recensé 125 espèces nicheuses, soit 70 % de celles qui existent en Champagne-Ardenne. Des oiseaux typiques des milieux aquatiques s'y reproduisent, comme le **héron pourpré**, le **blongios nain**, le **canard chipeau**, la **sterne pierregarin** et le **milan noir**. Mais le plus beau spectacle est celui du passage des grands oiseaux migrateurs, dès la mi-août et jusqu'au printemps selon les espèces. Parmi les quelque 270 espèces observées, on compte 40 000 à 60 000 **grues cendrées**, qui trouvent ici nourriture et quiétude (*voir lac du Der*). Chaque jour aux premières lueurs de l'aube, ces grands échassiers (1,30 m de haut et 2,30 m d'envergure) « claironnent » et « trompettent » dans une clameur impressionnante, avant de s'envoler par milliers dans les champs qui regorgent de résidus de maïs. Dans l'après-midi, les oies se rassemblent à nouveau et rejoignent le lac jusqu'à la tombée de la nuit. D'autres oiseaux migrateurs font du site leur lieu d'hivernage, comme les **cygnes de Bewick**, les **grandes aigrettes** et les **aigles pygargues à queue blanche** (2,50 m d'envergure environ).

Parmi les milieux d'eau douce les plus intéressants, étangs et marais abritent une grande diversité de plantes qui s'étagent et se regroupent suivant le niveau d'eau. La salicaire aux fleurs roses ainsi que l'iris jaune émergent sur les rives. Au-delà des roseaux et de la lentille d'eau s'enracinent le potamot et le nénuphar blanc.

Des poissons carnassiers guettent leurs proies, comme les **perches** et les **brochets** au corps fusiforme : ils chassent essentiellement des poissons blancs, mais les plus voraces apprécient également les batraciens et les oiseaux. On y rencontre également la **tanche**, poisson de vase omnivore, et le **gardon** herbivore qui se nourrit de plancton.

DANS LES SOUS-BOIS

La **forêt d'Orient**, aux terrains humides parsemés d'étangs, est un vestige de l'immense forêt du Der qui couvrait jadis la région du pays d'Othe jusqu'aux coteaux de Saint-Dizier. Le chêne pédonculé y domine (Der vient du celtique *dervos* qui signifie « chêne »), mais on y trouve aussi le charme, le frêne commun et le merisier. C'est le refuge du **pinson**, du **geai des chênes**, grand amateur de glands, et du **pic épeiche** dont le chant est une véritable rafale sonore… Dans la partie nord-est du lac d'Orient, près de la réserve ornithologique, un parc de vision animalier permet d'observer sangliers, cerfs et chevreuils.

Dans la **forêt du Temple**, le sentier de découverte des Salamandres met parfois sur la piste de bestioles sauvages, et notamment de batraciens. Des sentiers de Petite ou de Grande Randonnée ainsi que des circuits balisés incitent à des promenades à pied et à bicyclette.

Terre d'Ardenne

Pays de forêts, l'Ardenne a pris le nom de la déesse celte Arduinna (« forêt profonde » en langue celtique), représentée chevauchant un sanglier. Aux confins du nord-est, depuis la « pointe de Givet », elle forme une sorte de triangle où de petites cités, à la fois austères et charmantes, ponctuent un paysage de collines boisées par d'épaisses frondaisons. Sa faible population contraste avec les fortes densités du grand ensemble belge et allemand, tout proche.

LES CAPRICES DE LA MEUSE

À la fin de l'ère primaire (de – 550 à – 220 millions d'années), le plissement hercynien fit surgir de hautes montagnes parmi lesquelles l'**Ardenne**, qui fut ensuite nivelée par l'érosion. Le massif qui atteint 502 m d'altitude à la **Croix de Scaille** sur la frontière franco-belge, se présente comme un plateau à peine ondulé de grès, de granit et de schistes, entaillé par la Meuse et la Semoy.

La **Meuse** déplie ses méandres étroits à travers des roches très dures, formant des isthmes au pied de pentes sombres. Le caractère sinueux de la vallée s'explique par un phénomène appelé « surimposition ». Le fleuve coulait, à l'origine, sur un sol nivelé par

R. Mattes/MICHELIN

Monthermé se blottit dans un méandre de la Meuse.

S. Sauvignier/MICHELIN

Le cheval ardennais

C'est l'une des races de chevaux lourds les plus anciennes de France. Elle occupe le 3e rang des races françaises de **chevaux de trait** derrière le breton et le comtois. Le cheval ardennais est surtout élevé dans le Nord-Est de la France, en Champagne, Ardenne, Lorraine et Alsace. Associé à la ferme, il est également utilisé pour les loisirs : centres équestres, promenades en roulotte ou en calèche et randonnées. Il reste aussi un producteur de viande. Des concours de cheval ardennais sont régulièrement organisés en Champagne-Ardenne, et remportent un vif succès *(voir Sedan)*.
À **Montier-en-Der** (*voir ce nom*), le haras national possède des étalons. Voir aussi la Maison du cheval ardennais à Buzancy *(voir Vouziers)*.

l'érosion, permettant la formation des méandres qui ont conservé leur tracé lorsque les terrains durs du sous-sol ont subi un relèvement. Plus au nord, dans la pointe de Givet, la Meuse emprunte des vallées élargies, dans un paysage davantage riant.

Les courbes douces de ce relief ancien sont tapissées par une épaisse **forêt** de feuillus (chênes, hêtres) et de conifères (épicéas, mélèzes). Elle recouvre 70 % de l'Ardenne française, mais la *Silva arduinna* dont parlait César a été réduite en taillis sous futaie par la pratique de l'**essartage**. Le musée de la Forêt, à Renwez, évoque de vieux métiers ardennais : bûcheron, charpentier, scieur de long, charbonnier, sabotier…

L'Ardenne est également une terre de **chasse** : la « tenderie aux grives » consiste à attirer les volatiles avec les fruits du sorbier des oiseleurs dans des pièges appelés « pliette » ou « ployette ». Le **sanglier**, difficile à observer, se fraye son chemin à travers les broussailles, essentiellement la nuit et en groupe. Un pavillon d'accueil est consacré à l'animal, emblème de Sedan, aux alentours de Mouzon (*voir ce nom*).

DES BALCONS EN FORÊT

Les points de vue sont nombreux sur la **vallée de la Meuse** et ses méandres : le mont Malgré-Tout à Revin, la roche à Sept Heures de Monthermé, évoquée par Julien Gracq dans *Un balcon en forêt*, la Platale au-dessus de Fumay, entourée de vastes forêts comme à Haybes, la roche aux Sept Villages ou encore les roches de Laifour. Sur les hauteurs règnent les **fagnes** (marais tourbeux).

Le **lac de retenue des Vieilles-Forges** (150 ha), alimenté par les sources du plateau, enchâsse ses plages de sable et ses eaux fraîches dans un cadre de forêts. Des croisières sont organisées sur la Meuse ainsi que des randonnées fluviales en barge flottante, entre Mouzon et Stenay. Fumay constitue une escale tranquille où les plaisanciers côtoient les bateliers en route vers les Pays-Bas. Paradis des pêcheurs de truites, la **Semoy** enlace de ses boucles des promontoires rocheux et boisés.

Une sensiblilité à l'environnement

Les forêts, qui représentent plus du quart de la surface du territoire champardennais, constituent le poumon vert de toute la zone. Le patrimoine naturel constitue en outre l'un des ressorts de son développement économique, car sa nature préservée est l'un des principaux atouts de la région qui mise notamment sur un tourisme « vert » et familial. Cette situation confère aux habitants et aux pouvoirs publics une sensibilité et une responsabilité en matière d'environnement.

UNE VOLONTÉ POLITIQUE

Les préoccupations environnementales émergent dès le début des années 1970, avec la conscience de la valeur et de la fragilité du patrimoine naturel de la région. La création de deux Parcs naturels régionaux, celui de la **Forêt d'Orient** en 1970 et celui de la **Montagne de Reims** en 1976, témoignent de la volonté de préserver sa biodiversité et l'équilibre de ses écosystèmes. En 1978, soit quatre ans après sa création, le **lac du Der**, pourtant artificiel, est à son tour classé réserve ornithologique car il est devenu une étape dans la migration des grues cendrées.

Plus récemment, la Région Champagne-Ardenne s'est engagée aux côtés de l'Agence de l'environnement et de la maîtrise de l'énergie (Ademe) pour diversifier les sources énergétiques et développer sur son territoire les **énergies renouvelables**. Leur utilisation, qui ne génère ni déchet ni émission polluante, permet de réduire les rejets de gaz à effet de serre, répondant ainsi aux objectifs du protocole de Kyoto.

Avec 91 sites sélectionnés, la région champardennaise constitue en outre une candidate d'envergure au dispositif **Natura 2000**. Les trois premiers contrats de la région ont été signés dans l'Aube : des étangs de Dosches et de la Loge-aux-Chèvres dans le Parc naturel régional de la Forêt d'Orient vont ainsi bénéficier d'un soutien qui, en échange de certaines conditions (règlementation de l'activité piscicole, interdiction d'utiliser des herbicides et des pesticides...), devrait permettre d'aider leur propriétaire à en conserver la richesse naturelle.

Natura 2000

Ce réseau écologique européen vise à promouvoir une gestion adaptée des espaces naturels en prenant en compte les exigences économiques, sociales et culturelles, ainsi que les particularités régionales et locales. Des aides financières sont ainsi accordées aux collectivités ou aux privés pour assurer le maintien ou le rétablissement dans un état favorable des habitats naturels dont ils ont la responsabilité.

PRÉVENIR LES RISQUES

La région doit également faire face à un certain nombre de problèmes spécifiques, liés directement ou indirectement à une situation géographique privilégiée à bien des égards et à une nature « généreuse » parfois envahissante.

Les bassins de la Marne et de la Meuse sont sujets aux crues, comme lors des **inondations** catastrophiques de la Meuse en 1993 et 1995 qui ont tristement marqué les mémoires locales. Depuis lors, la région s'inscrit dans une stratégie globale de prévention qui s'est notamment traduite par le déplacement de certaines usines et le développement d'un réseau d'étude et d'information des habitants, destinés à réduire les risques et les dommages causés par les crues.

Dans une région où les vastes forêts constituent le refuge de nombreux animaux, la multiplication des grands **axes routiers** peut représenter un réel danger, en particulier pour la petite faune : 15 espèces de batraciens y ont été recensées, parmi lesquelles la reinette verte, la salamandre et le triton crêté, espèces rares et protégées. Chaque année, au cours de la **migration des batraciens** depuis leur habitat forestier vers les étangs (lieux de reproduction), des milliers d'individus disparaissent, menaçant ainsi la survie de certaines espèces. Grâce à la mobilisation des associations pour sensibiliser le grand public et les décideurs au sort de la petite faune et à ses conséquences pour l'environnement, les Directions départementales de l'équipement et les collectivités territoriales intègrent désormais dans leurs projets de construction le rétablissement de la « transparence » des routes : il s'agit notamment de créer des passages pour la grande faune et des conduits souterrains pour la petite faune. Un dispositif élaboré de recensement et de « crapauducs » permet ainsi de sauver des milliers de batraciens chaque année, contribuant à préserver la biodiversité de la région.

Victime de son succès auprès de la faune avicole, la Champagne-Ardenne doit faire face aux nuisances provoquées par les **grues cendrées**, qui ont fait des grands lacs un lieu de villégiature privilégié. Comme souvent en effet, la préservation de certaines espèces entre en concurrence avec les intérêts économiques et privés. Lors de la halte bisannuelle des grands oiseaux, les champs à proximité des lacs deviennent de véritables garde-manger. Au printemps en particulier, les grues extirpent de la terre les jeunes semis pour en consommer la graine germée, causant des dégâts non négligeables aux cultures et entraînant un manque à gagner pour les exploitants. Afin de remédier à la situation, la Région a mis en place, en 2005, un dispositif de compensation des pertes pour les agriculteurs touchés par ce fléau. La mesure vise à réconcilier les défenseurs et amoureux de la nature avec les habitants concernés, pour que le spectacle unique de la migration se perpétue sans compromettre l'activité agricole et le développement économique de la zone.

HISTOIRE

Lieu de passage et d'enjeux majeurs au carrefour de l'Europe, la Champagne-Ardenne s'est trouvée au cœur d'événements marquants. Des pages décisives de l'histoire nationale et mondiale se sont écrites dans la région, qui en garde le souvenir glorieux ou meurtri. Siège du sacre des rois de France, terrain stratégique des deux guerres mondiales, elle porte la mémoire des fastes et des champs de bataille.

R. Meule/Collection Musée St-Rémi, Reims

« Baptême de Clovis » : détail de la 4e tapisserie de la tenture de la Vie de saint Remi, vers 1525 (musée Saint-Remi à Reims).

Une histoire mouvementée

LA PRÉHISTOIRE

10e millénaire av. J.-C. – Le peuplement de la Champagne et des Ardennes s'effectue le long des rivières et atteint ensuite les plateaux. L'économie villageoise des agriculteurs sédentaires se substitue à l'économie de subsistance des grands chasseurs.

Néolithique (4500-2000 av. J.-C.) – Les hommes défrichent la forêt, perfectionnent leur outillage et adoptent la céramique.

Âge du cuivre (2000-1800 av. J.-C.) – L'usage des tombes collectives se répand : les dolmens et les **hypogées** (grottes artificielles creusées dans la craie) révèlent de vastes chambres funéraires.

Âge du bronze (1800-750 av. J.-C.) – Au 13e s., une série d'invasions introduit l'incinération parmi les rites funéraires. Les cendres sont placées dans des urnes, elles-mêmes regroupées dans de vastes nécropoles, les **« champs d'urnes »**. Une riche aristocratie détient le monopole de la métallurgie, pratique le commerce et la guerre, tandis que la paysannerie conserve un mode de vie néolithique.

ROMAINS ET BARBARES

Avant la conquête romaine – Le territoire actuel de la Champagne est occupé par plusieurs peuples : les Lingons (Langres), les Rèmes (Reims), les Catalaunes (Châlons), et les Tricasses (Troyes). Les **oppida**, sites naturels fortifiés sur lesquels ils sont installés, jouent un rôle de capitale : Durocortorum (Reims), Andematunum (Langres).

58-51 av. J.-C. – Conquête romaine. Les **Rèmes** et les **Lingons**, peuples les plus puissants de la région, apportent un soutien indéfectible à **Jules César**. Cet appui leur vaut le titre d'« alliés du peuple romain » et leur épargne la sujétion à partir de 51.

Haut-Empire – Sous le règne d'**Auguste** (27 av. J.-C.-14 ap. J.-C.),la Champagne est intégrée à la province de **Belgique**. La plupart des villes actuelles, et **Reims** en particulier, deviennent d'importants nœuds routiers. Dans les campagnes se met en place un réseau de bourgades et de **villae**. L'agriculture atteint un haut niveau technique (avec l'utilisation d'une moissonneuse, le « vallus ») et l'artisanat évolue rapidement, de la céramique à la **verrerie** dont la région se fait une spécialité (Reims est la ville des oculistes). Le **thermalisme** connaît lui aussi un vif succès.

69-70 – Troubles à la mort de Néron : la Gaule se rallie à l'Empire et l'assemblée de Reims consacre la **Paix romaine**.

2de moitié du 3e s. – Des **missionnaires** évangélisent la région : saint Bénigne à Langres, saint Savinien à Troyes, saint Memmie à Châlons et saint Sixte à Reims.

4e-5e s. – La Champagne est confrontée aux vagues destructrices des **invasions germaniques**. En 366, le maître de cavalerie **Jovin** écrase les Alamans près de Châlons. Les évêques se font les défenseurs des cités, qui s'entourent d'enceintes fortifiées réduisant considérablement leur superficie.

451 – **Attila** est vaincu lors de la bataille des **champs Catalauniques** (*voir l'encadré ci-dessous et Châlons-en-Champagne*).

476 – Chute de l'Empire romain d'Occident.

Le roi des Huns

En 451, **Attila**, chef d'un puissant empire d'Europe centrale et orientale, franchit le Rhin et entre en Gaule. Après avoir brûlé Metz, le « fléau de Dieu » se dirige vers Reims, Troyes, Sens et Paris. À Orléans, l'armée des Huns bat en retraite devant celle du Romain **Ætius**, composée principalement de contingents germaniques dont les Francs. Attila doit encore livrer bataille en juin 451 sur les **champs Catalauniques**, dont la localisation exacte reste une énigme. On évoque le site de Moirey (qui viendrait de *campus Mauriacus*) à Dierrey-Saint-Julien, à l'ouest de Troyes. En fait, il semblerait que la bataille se soit déroulée en plusieurs endroits, dans un vaste périmètre entre Châlons et Troyes. Ætius est vainqueur, le roi wisigoth **Théodoric** est tué, Attila préfère la fuite : la Gaule est délivrée de la menace barbare.

MÉROVINGIENS ET CAROLINGIENS

498 ? – Le jour de Noël, **saint Remi** parvient à obtenir la conversion de **Clovis** à Reims. Son baptême rend le souverain acceptable pour l'aristocratie gallo-romaine. Les successeurs de l'évêque de Reims (mort vers 530) continuent de renforcer la fonction épiscopale (*voir Reims*).

511 – Mort de **Clovis**. La Champagne connaît une suite de partages. **Loup** (575-590) en est le premier duc ; le duché périclite ensuite pendant deux siècles.

774 – **Charles Martel** sécularise de nombreux biens d'Église, mais le métropolitain de Reims reçoit le titre d'archevêque.

Octobre 816 – Le **sacre de Louis Ier dit le Pieux**, fils de Charlemagne, couronné empereur à Reims par le pape Étienne IV, marque le point de départ d'une longue tradition de la monarchie française (*voir Reims*).

843 – Le **traité de Verdun** partage l'Empire carolingien entre les trois fils de Louis le Pieux. La Champagne, qui fait partie de la France occidentale, séparée de la Lotharingie par la vallée de la Meuse, est sous le règne de **Charles le Chauve**, correspondant à une période assez faste. Les villes tiennent une grande place dans les échanges interrégionaux. La vie intellectuelle et artistique atteint son apogée à Reims à cette époque. La vie rurale en revanche est moins bien connue en dépit des **polyptyques** (inventaires) laissés par quelques grandes abbayes.

Fin du 9e s. – Les raids normands ouvrent une période incertaine, d'où émerge la société féodale. L'autorité des derniers Carolingiens est combattue par la famille de Vermandois, dont le chef **Herbert II** (mort en 983), réussit à se tailler une principauté à partir de l'évêché de Reims.

MOYEN ÂGE

11e s. – À la suite de mariages, la **maison de Blois** règne sur la Champagne. Premiers feudataires du royaume, les comtes de Champagne, également appelés comtes de France, doivent cette position à leur richesse davantage qu'à leur puissance militaire.

25 juin 1115 – **Saint Bernard** fonde l'**abbaye de Clairvaux** (*voir ce nom*), l'une des quatre « abbayes-filles » de Cîteaux, établie en Bourgogne par le Champenois **Robert de Molesme** en 1098. À la même époque naissent les amours célèbres d'**Héloïse** et **Abélard** (*voir « Ancienne abbaye du Paraclet » à Nogent-sur-Seine*).

1118 – L'Aubois **Hugues de Payns** fonde à Jérusalem l'ordre des Templiers, qui comptera parmi ses rangs plusieurs figures champenoises. Il convainc le pape **Honorius II** de reconnaître le Temple, qui est porté sur les fonts baptismaux à la cathédrale St-Pierre-et-St-Paul de Troyes en 1129.

12e s. – Grâce à la politique économique des **comtes de Champagne** qui assurent la protection des marchands et leur accordent de multiples facilités, notamment juridiques, la région devient le centre des échanges commerciaux entre les Flandres et l'Italie. Avec **Thibaud II**, le développement des foires est renforcé par la frappe d'un monnayage de bon aloi.

1182 – L'archevêque de Reims **Guillaume aux Blanches Mains** dirige le gouvernement du royaume en l'absence du roi **Philippe Auguste** (1179-1223), son neveu, parti pour la croisade.

1210 – Début de la construction de la **cathédrale de Reims**.

1234 – Le comte **Thibaud IV de Champagne** devient roi de Navarre et abandonne ses possessions de la Loire et de la Beauce à Saint Louis. Ses talents de trouvère assurent sa célébrité : il a composé une soixantaine de chansons amoureuses dont certaines adressées, dit-on, à la reine Blanche de Castille. La cour de Champagne est alors une des plus brillantes du royaume.

1284 – Le comté de Champagne est uni au domaine royal suite au mariage de la comtesse de Champagne et de Navarre, Jeanne, avec **Philippe le Bel**.

1337 – Début de la **guerre de Cent Ans**. Après la mort des trois fils de Philippe le Bel, les **« rois maudits »**, les barons français préfèrent son neveu, Philippe VI de Valois, à son petit-fils, Édouard III d'Angleterre. Ce dernier conçoit le projet de se faire sacrer à Reims, mais la ville résiste et il doit lever le camp le 11 janvier 1360. Les campagnes subissent les ravages incessants de bandes de pillards jusqu'en 1366, date de l'intervention de **Du Guesclin**. Deux raids anglais, celui de Jean de Lancastre en 1373 et celui de Buckingham en 1380, sont particulièrement dévastateurs pour le « plat pays ».

Les foires

Six foires « internationales » d'une durée de 2 mois environ se déroulent notamment à Lagny, Provins, Troyes et Bar-sur-Aube. Elles suivent un calendrier et un rituel précis : l'entrée (8 jours), la vente (30 jours), puis les paiements (15 jours). On y échange soies et épices d'Orient, textiles et produits bruts d'Europe du Nord... Les marchands de toutes nationalités sont regroupés en cités ou ligues, sous la responsabilité d'un consul ou d'un capitaine. À l'initiative des changeurs italiens, les plus dynamiques, les opérations financières l'emportent progressivement sur le commerce lui-même : dans la seconde moitié du 13e s., les foires prennent l'aspect d'un grand marché des espèces et du change. La volonté royale de favoriser Paris, l'ouverture de la route atlantique et la guerre de Cent Ans leur portent un coup sévère au 14e s. En 1350, elles redeviennent de simples marchés régionaux.

Début du 15e s. – La rivalité entre **Armagnacs**, partisans de la famille d'Orléans, et **Bourguignons**, partisans du duc de Bourgogne et alliés des Anglais, rallume la guerre. La Champagne passe alors sous influence bourguignonne.

21 mai 1420 – Isabeau de Bavière, épouse du roi dément Charles VI, signe le **traité de Troyes** qui prive le dauphin de ses droits à la succession, et désigne son gendre, Henri V d'Angleterre, comme héritier du trône de France. Celui-ci entreprend la conquête du Nord de la France.

21 mai 1429 – La situation se renverse lorsque **Jeanne d'Arc** parvient à faire sacrer le dauphin à Reims. Charles VII acquiert une légitimité indiscutable et se rend maître de la Champagne.

DE LA RENAISSANCE À LA RÉVOLUTION

Fin 15e s. – Le règne de Louis XI amorce la reconstruction. L'**école troyenne** de sculpture et de peinture sur vitrail rayonne sur toute la région (*voir Troyes*).

1515-1559 – Les guerres contre la maison d'Autriche affectent durement la région, entraînant une succession de sièges (Mézières, Mouzon, Saint-Dizier...) et la destruction de **Vitry**

par les armées germaniques de **Charles Quint** (1544).

1542 – Création de la généralité de **Châlons**, où un représentant du roi affirme l'autorité monarchique.

Fin du 16e s. – Le **massacre de Wassy** (Haute-Marne) en 1562 marque le début des guerres de Religion (*voir Wassy*). Jusqu'à la Saint-Barthélemy (1572), les protestants semblent dominer la situation. Mais la Ligue dirigée par les Guises, très puissants dans la région, reprend le dessus. Les villes hésitantes se rallient à leur cause ; seules Langres et Châlons restent fidèles au roi. La prise de Paris et la conversion d'**Henri IV** dénouent la situation, mais c'est à Chartres et non à Reims (qui se soumet la dernière), que le souverain est couronné le 27 février 1594.

1614-1642 – Le **duc de Bouillon**, prince de Sedan, se rebelle contre le gouvernement de Marie de Médicis. Trois interventions royales sont nécessaires pour soumettre la Lorraine et ses confins (1614-1634). La monarchie en profite pour annexer le **Barrois**. Deux ans plus tard, la guerre contre l'Espagne déclenche une nouvelle série de malheurs. En 1642, la principauté de **Sedan** est cédée à Louis XIII et rattachée à la Champagne.

19 mars 1643 – La mort de Richelieu, puis celle de Louis XIII, incitent les Espagnols à reprendre l'offensive en Champagne. Mais les troupes royales commandées par le jeune **duc d'Enghien**, futur Grand Condé, leur infligent une sévère défaite à **Rocroi** (*voir ce nom*).

1648-1653 – La **Fronde** menée contre le roi par les Grands du royaume divise la France qui vit une période de troubles graves provoquant d'incessants passages de troupes.

La guerre de Trente Ans

Dans la première moitié du 17e s., la région est profondément marquée par une série de troubles qui touchent l'ensemble de l'Europe et seront plus tard identifiés comme la guerre de Trente Ans. La France se retrouve ainsi « encerclée » au nord par des territoires soumis aux Habsbourg, dont le véritable chef est le roi d'Espagne. Les divers conflits qui l'opposent à l'Espagne prendront fin avec la signature du **traité des Pyrénées** en 1659.

Les Espagnols campent non loin de Reims. La Champagne, exsangue, traverse les plus noirs moments de son histoire.

1654 – Le voyage du sacre de **Louis XIV** à Reims amorce une amélioration, laquelle ne sera vraiment effective qu'après la signature du traité des Pyrénées avec l'Espagne qui rend Rocroi à la France.

Fin du 17e s. – **Dom Pérignon**, moine de l'abbaye d'Hautvillers, améliore le procédé de fabrication du vin mousseux (*voir p. 85*). L'extension du vignoble est stimulée au 18e s. par la production des vins champagnisés qui s'exportent facilement.

DE LA RÉVOLUTION À NOS JOURS

1779-1784 – **Napoléon Bonaparte** étudie à l'école militaire de Brienne-le-Château.

1789-1791 – Le 18e s. est un siècle réparateur. L'agriculture se relève ; l'industrie textile reprend vigueur pendant la seconde moitié du siècle ; la métallurgie connaît un rapide essor dans l'Ardenne et le sud-est de la région (la généralité de Châlons arrive alors au 1er rang de la production métallurgique française). À côté des villes (Reims, Troyes, Sedan), une industrie rurale se développe dans les vallées. L'**industrialisation** accentue les inégalités sociales : l'opulence des nouvelles dynasties bourgeoises contraste avec l'existence précaire de milliers d'ouvriers à la merci de la moindre crise, comme celle de 1788 qui, à Troyes, met 6 000 d'entre eux au chômage. La **Révolution** reçoit donc, à ses débuts, un accueil favorable. Dans la nuit du 20 au 21 juin 1791, le roi **Louis XVI** décide de s'enfuir vers l'est et de revenir à Paris à la tête d'une armée. Reconnus à Sainte-Menehould, le roi et sa famille sont arrêtés à **Varennes-en-Argonne** (*voir L'Argonne*).

20 septembre 1792 – Les frontières sont menacées : les Prussiens, soutenus par les émigrés de l'« armée de Condé », occupent Verdun le 2 septembre, puis franchissent les défilés de l'Argonne qui leur ouvrent la route de Paris. **Danton** donne une extraordinaire impulsion à la défense nationale et lance sa célèbre formule : « Il nous faut de

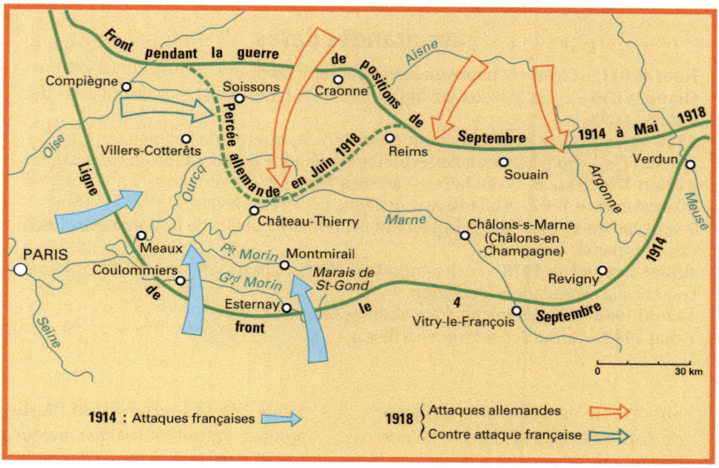

l'audace, encore de l'audace, toujours de l'audace, et la France est sauvée. » Elle l'est en effet, dans sa Champagne natale, à **Valmy** où Dumouriez arrête l'invasion prussienne (*voir Sainte-Menehould*).

1814 – **Campagne de France** de Napoléon, qui revient à Brienne-le-Château pour repousser l'invasion des alliés (Russes, Prussiens, Autrichiens). Son armée est composée en grande partie de très jeunes conscrits, les « **Marie-Louise** ». La région de Troyes est occupée deux ans et la Champagne, une fois de plus, souffre considérablement de la guerre. Les alliés auront l'occasion de revenir en 1815, au lendemain de Waterloo.

1856 – Napoléon III crée le **camp de Châlons**.

1870 – Guerre franco-prussienne. Prise dans une souricière à **Sedan**, l'armée française, malgré quelques exploits comme à **Bazeilles**, doit capituler le 2 septembre. 83 000 hommes sont faits prisonniers. Les Prussiens qui occupaient Châlons depuis le 26 août entrent à Reims le 4 septembre, jour de la chute de l'Empire. Des groupes de francs-tireurs poursuivront isolément la lutte, provoquant parfois d'horribles représailles de l'ennemi. Natif de l'Ardenne, le **général Chanzy** tente, à la tête de la IIe armée de la Loire rassemblée à la hâte par Gambetta, de renverser la situation au profit de la France.

28 janvier 1871 – L'armistice et la capitulation de Paris mettent fin au conflit. Le **traité de Francfort** (10 mai) rattache l'Alsace et une partie de la Lorraine à l'Empire allemand, ce qui rapproche la Champagne des frontières.

1914 – En août, les Allemands déclarent la guerre à la France et, après avoir envahi la Belgique, gagnent la bataille des frontières. **Von Kluck** fonce alors en direction de la Seine et, contrevenant aux ordres supérieurs, décide d'attaquer par l'est plutôt que par l'ouest. **Gallieni**, gouverneur militaire de la place de Paris, suggère à **Joffre**, qu'il seconde, d'attaquer von Kluck sur son flanc droit *(voir Bataille de l'Ourcq dans* Le Guide Vert Île-de-France*)*. Les Alliés remportent la première **bataille de la Marne**, du 6 au 9 septembre, avec l'aide de 600 taxis parisiens réquisitionnés pour conduire au front 4 000 hommes en renfort des troupes de la garnison de Paris : c'est le fameux épisode des **taxis de la Marne**. Une brèche s'ouvre dans les armées allemandes et l'armée anglaise s'y engouffre. Les Allemands, menacés d'être coupés, battent en retraite jusqu'à la vallée de l'Aisne où ils se retranchent.

19 septembre 1914 – L'incendie provoqué par le bombardement de la **cathédrale de Reims** marque le début du « martyre » de l'édifice qui le laissera largement endommagé.

Septembre 1914-mai 1918 – C'est la **guerre des tranchées**, épuisante et sanglante. Chacun des hauts commandements cherche la percée décisive et de nombreuses offensives sont montées de part et d'autre. En Champagne, la plus

Les grandes dates

Noël 498 (?) – Clovis est baptisé à Reims par saint Remi.
Octobre 816 – Louis le Pieux est couronné à Reims, qui devient la ville du sacre des rois de France.
1562 – Le massacre de Wassy marque le début des guerres de Religion.
Fin du 17e s. – Dom Pérignon perfectionne la méthode d'élaboration du champagne.
21 juin 1792 – Louis XVI en fuite est arrêté à Varennes-en-Argonne.
20 septembre 1792 – L'offensive prussienne est arrêtée à Valmy.
9 septembre 1914 – Les Alliés gagnent la première bataille de la Marne avec l'aide des taxis parisiens.
Juillet-novembre 1918 – Foch remporte la 2nde bataille de la Marne et l'offensive qui conduit à la capitulation allemande.
14 mai 1940 – Les Allemands franchisent la Meuse à Sedan.
7 mai 1945 –L'armistice est signée à Reims.

importante est l'offensive française de septembre 1915 dans la région de Souain.

Juillet-novembre 1918 – Les Allemands font une percée en juin 1918, mais **Foch** reprend l'initiative dans cette seconde bataille de la Marne. Pressés de toutes parts, les Allemands se replient. Le 26 septembre, Foch déclenche une offensive générale qui conduira à la défaite allemande et à l'**armistice de Rethondes** (11 novembre 1918).

Septembre 1939 – France et Angleterre déclarent la guerre à l'Allemagne.

1940 – Après la drôle de guerre qui avait duré tout l'hiver, les Allemands envahissent les Pays-Bas et la Belgique le 10 mai. La Wehrmacht fait porter ses efforts sur les **Ardennes**, région réputée impénétrable où l'effet de surprise joue à plein. Elle enfonce sans peine le front français et franchit la Meuse à Sedan, le 14 mai au soir. Dans la brèche ainsi formée et malgré la résistance, sur l'Aisne, de la 14e division d'infanterie aux ordres du général de Lattre de Tassigny, les Allemands avancent sans obstacle vers la mer, qu'ils atteindront huit jours plus tard. Le 15 mai, les **spahis** d'Afrique du Nord leur avaient opposé une résistance héroïque près de La Horgne (*voir Forêt d'Élan*).

1944 – Libération de la Champagne.

7 mai 1945 – L'Allemagne capitule et signe l'armistice à Reims.

1966 – Naissance de **Charleville-Mézières**, qui devient ainsi préfecture du département, par la fusion de 5 communes.

1966-1991 – La mise en eau des **lacs-réservoirs d'Orient** (1966), du **Der** (1974) et du **Temple** (1991), destinés à réguler les cours respectifs de la Seine, de la Marne et de l'Aube, ajoute un atout touristique majeur à une région située à l'écart des grands axes. Le **Parc naturel régional de la Forêt d'Orient** est créé en 1970.

1970 – Mort du **général de Gaulle**, dans sa retraite de **Colombey-les-Deux-Églises** (Haute-Marne). Il repose dans le cimetière près de l'église.

1976 – Création du **Parc naturel régional de la Montagne de Reims** (*voir ce nom*).

1982 – Inauguration à **Troyes** du **musée d'Art moderne** abritant la donation Lévy.

1995-1996 – Mise en service de la centrale nucléaire **Chooz B.** Le 1 500e anniversaire du baptême de Clovis est célébré à Reims, en présence du pape **Jean-Paul II**.

Fin 2003 – Ouverture de l'A 34 entre Charleville-Mézières et Reims. En projet, le prolongement jusqu'à la frontière belge inscrira la région sur le grand axe européen Rotterdam-Marseille.

Juin 2007 – Inauguration du TGV-Est européen, qui situe Reims à 40mn de Paris et offre des liaisons directes avec plusieurs régions sans passer par la capitale.

Le monachisme champenois

Avec la Bourgogne, la Champagne a été l'un des hauts lieux du monachisme médiéval. Les premières fondations monastiques remontent au 6e s., à l'initiative de saints évangélisateurs ou de princes. Mais l'élan principal vint de Luxeuil où saint Colomban, missionnaire irlandais, avait fondé un monastère doté d'une règle qui fut largement adoptée dans la France du nord.

LE RAYONNEMENT DE L'ÉCOLE DE REIMS

Plusieurs abbayes fleurissent à l'époque mérovingienne. Ces monastères et leurs **ateliers de copistes** jouent un rôle essentiel dans le renouveau artistique et culturel des temps carolingiens. Le **psautier dit d'Utrecht** est écrit et illustré entre 820 et 830 dans le scriptorium de l'**abbaye d'Hautvillers**, d'où sortent les plus remarquables productions de l'Empire. Les Rémois sont les auteurs d'un splendide recueil d'Évangiles conservé à la bibliothèque d'Épernay, d'où son nom d'**évangéliaire d'Épernay**. Le rayonnement d'Hautvillers perdure sous Charles le Chauve, et l'école de Reims continue à produire de prestigieux manuscrits et de splendides pièces d'orfèvrerie comme le **talisman de Charlemagne**, conservé au palais du Tau. L'influence de l'école de Reims se fait encore sentir aux 10e et 11e s. jusqu'en Angleterre, puis elle décline au profit des nouveaux foyers du Saint Empire romain germanique et de l'abbaye royale de Saint-Denis.

LE DÉVELOPPEMENT DU MONACHISME AU 11e s.

Après l'an 1000, une étonnante ferveur religieuse s'empare de l'Europe occidentale. En Champagne, les monastères développent leurs possessions. Ils sont presque tous adeptes de la règle bénédictine et certains dépendent de la grande fédération de **Cluny**, forte de plus de 1 000 maisons et de 10 000 moines. Mais l'opulence clunisienne conduit les abbayes de l'ordre à délaisser le travail manuel et intellectuel au profit d'une magnificence démesurée.

C'est un moine champenois, **Robert de Molesme**, qui jette les bases de la réforme en créant en 1075 à Molesme, près des Riceys, une abbaye qui devient un foyer de vie monastique. En 1098, il se met en quête d'un lieu d'isolement et de pauvreté. C'est la fondation du « nouveau monastère » de **Cîteaux**, en Bourgogne, qui va devenir en quelques décennies le chef d'ordre d'une congrégation de plus de 350 monastères, implantés dans toute l'Europe.

Ce succès est dû aux « abbayes filles » auxquelles **Étienne Harding**, le 3e successeur de Robert de Molesme, confie le développement des cisterciens. **Bernard de Fontaine**, jeune noble bourguignon, crée en 1115 le monastère de **Clairvaux** qui assurera le plus grand nombre de filiations et sera le centre du monde religieux occidental jusqu'à la mort de son créateur en 1153 (*voir Ancienne abbaye de Clairvaux*). La Champagne conserve des vestiges de la douzaine d'abbayes cisterciennes qui subsistèrent jusqu'à la Révolution, telles qu'Auberive, Igny, Signy, Trois-Fontaines, La Chalade et Morimond.

Différents statuts

Trois catégories de personnes vivent à l'abbaye : les **moines** se consacrent à la prière et effectuent un travail de copiste, les **convers** se chargent des travaux des champs, avec l'aide des **oblats**, laïcs qui participent à la prière et travaillent à vie pour le monastère en échange du gîte et de la nourriture.

LE MODÈLE CISTERCIEN

Saint Bernard définit de façon intransigeante la règle de saint Benoît, qu'il fait appliquer à la lettre. Il impose à ses moines de Clairvaux, et par extension à tous les moines de l'ordre cistercien, des conditions de vie rigoureuses.

L'emploi du temps d'une journée est réglé avec une précision méthodique dès le lever entre 1h et 2h du matin. Les offices divins occupent 6 à 7 heures quotidiennes, le reste du temps étant partagé entre le travail manuel, le travail intellectuel et les lectures pieuses. Chef de la communauté, l'abbé vit parmi ses moines dont il partage les repas. Il est assisté d'un prieur, qui le remplace en son absence.

La règle attache une grande importance au travail de la terre, si bien que **Clairvaux** ne tarde pas à devenir un centre agricole de premier plan, à la tête du mouvement de défrichement et de colonisation de la région. Le système d'exploitation repose sur les **granges**, fermes isolées qui comprennent, outre les bâtiments d'exploitation, un dortoir, un réfectoire, un chauffoir et une chapelle. Le vestige le plus remarquable est celui du cellier de Colombé-le-Sec. Aux activités agricoles s'ajoute bientôt l'exploitation de **mines** et de **forges** qui forment un bassin industriel au nord-ouest de Chaumont et font de l'abbaye le premier producteur de fer en Champagne au 18e s. Les forges de Clairvaux existent toujours à l'emplacement créé par les moines (à 2 km de l'abbaye), et constituent sans doute la plus ancienne usine française en activité ininterrompue depuis presque neuf siècles.

Les personnalités de la région

Zone d'échanges intenses, la région voit naître ou se former plusieurs personnalités d'envergure nationale ou internationale, qui s'illustreront dans des domaines divers : religion, science et technique, stratégie militaire…

Rachi (vers 1040-1105) – Célèbre commentateur de la Bible et du Talmud, Rachi naît dans une famille juive de Troyes. Après des études en Allemagne, il rentre dans sa ville natale où il se consacre à la recherche et à l'enseignement, attirant autour de lui de nombreux disciples. Son travail contribue au développement de la culture hébraïque qui est en plein essor à cette époque, et permet la multiplication des contacts avec les intellectuels chrétiens qui utiliseront notamment ses interprétations de la Bible.

Hugues de Payns (vers 1070-1136) – Né au château de Payns aux environs de Troyes, ce chevalier serait issu de la maison des comtes de Champagne. Il participe à la première croisade et, en 1118, offre au patriarche de Jérusalem d'assurer la sécurité des pèlerins avec huit autres chevaliers : c'est la naissance de l'ordre des moines-soldats, appelés Templiers (car installés à proximité d'un ancien temple de Salomon). En 1129, Hugues de Payns obtient l'approbation pontificale du Temple, il est porté sur les fonts baptismaux à la cathédrale St-Pierre-et-St-Paul de Troyes.

Urbain IV (vers 1200-1264) – Fils d'un savetier, Jacques Pantaléon voit le jour à Troyes. Élevé par le chapitre de la cathédrale de Troyes, il devient docteur en théologie et prêtre. Il est ensuite nommé évêque de Verdun puis patriarche de Jérusalem par Alexandre IV, avant d'être élu pape en 1261 sous le nom d'Urbain IV. L'année suivante, il fait construire une collégiale dédiée à saint Urbain sur le site de l'échoppe de son père à Troyes.

Chanzy (1823-1883) – Originaire de Nouart dans les Ardennes, Chanzy entre à Saint-Cyr en 1841 et exerce par la suite de nombreux commandements en Algérie. Élu député des Ardennes en 1871, il est nommé gouverneur général de l'Algérie par Mac-Mahon en 1873. Sénateur républicain inamovible en 1875, il est aussi président du conseil général des Ardennes. En 1879, il devient ambassadeur de France à Saint-Pétersbourg. Chanzy retourne à la vie militaire comme commandant du 6e corps à Châlons en 1881 et décède deux ans plus tard.

Louise Michel (1830-1905) – Celle qui sera surnommée « la Vierge rouge de la Commune » est née au château de Vroncourt-la-Côte (Haute-Marne). Au terme de ses études à Chaumont, elle crée une école libre à Audeloncourt, Clefmont puis Millières (Haute-Marne), où elle enseigne selon les principes républicains. Auteur d'importants écrits politiques mais aussi de nombreux poèmes et contes, elle est surtout une infatigable militante révolutionnaire et l'une des principales figures de la Commune de Paris (1871), où elle s'illustre par son courage et sa détermination. Elle sera détenue de 1871 à 1873 à l'abbaye d'Auberive (Haute-Marne), alors transformée en prison pour femmes afin de soulager Clairvaux.

Émile Coué (1857-1926) – L'inventeur de la célèbre « méthode Coué » (« Tous les matins, à tous les points de vue, je vais de mieux en mieux »), qu'il pratiqua dans sa clinique à Nancy, est natif de Troyes.

Autres personnalités

Pour en savoir plus, reportez-vous à la partie « Découvrir les sites ».

Politique
- Danton à Arcis-sur-Aube.
- Jeanne de Navarre à Bar-sur-Seine.
- Napoléon à Brienne-le-Château.
- Urbain II à Châtillon-sur-Marne (*voir Routes du Champagne*).
- Le général de Gaulle à Colombey-les-Deux-Églises.
- La famille Colbert et Jean-Baptiste de La Salle à Reims.
- Turenne à Sedan.

Art
- Rostislas-Loukine au musée Rostislas-Loukine d'Arsonval (*voir Bar-sur-Aube*).
- Renoir à Essoyes (*voir Bar-sur-Seine*).
- Edme Bouchardon à Chaumont.
- Alfred Boucher à Nogent-sur-Seine.
- Gabrielle Dorziat à Épernay.
- Léonard Foujita à Reims.
- Hector Guimard à Saint-Dizier.

Et aussi…
- Nicolas Appert à Châlons-en-Champagne.

ART ET CULTURE

La richesse de l'héritage culturel de la Champagne-Ardenne est immédiatement visible dans ses édifices, dont plusieurs ont été inscrits sur la liste du Patrimoine mondial. Durant les périodes de prospérité, son rayonnement artistique s'exerce bien au-delà de la région. L'école de Troyes assurera ainsi la renommée de la ville dans les domaines de la sculpture et du vitrail. Mais le savoir-faire du terroir est également à l'origine de constructions traditionnelles caractéristiques.

S. Sauvignier/MICHELIN

Vitrail de la cathédrale de Reims.

L'art

Malgré une histoire tumultueuse, cause d'innombrables destructions, la région champardennaise a conservé un patrimoine artistique considérable.

ART GALLO-ROMAIN

Du passé urbain antique ont subsisté quelques vestiges : à **Reims** restent un cryptoportique et surtout la porte Mars, arc de triomphe orné de scènes de la vie agricole célébrant la prospérité romaine, et **Langres** conserve une porte. Les fouilles archéologiques ont mis au jour une villa avec toutes ses structures, notamment des thermes, à **Andilly-en-Bassigny** (*voir Langres*) Par ailleurs, les musées de Troyes, de Reims, de Nogent-sur-Seine et de Langres présentent des collections très complètes de céramique, verrerie, statuaire, objets usuels, etc.

ART MÉROVINGIEN

Souvent méconnu, l'art mérovingien est relativement bien représenté en Champagne et dans les Ardennes par les éléments de **mobilier funéraire**, retrouvé dans une multitude de nécropoles locales telles que la tombe princière de Pouan, dont le contenu est conservé au musée archéologique de Troyes.

L'**orfèvrerie** arrive en tête des arts pratiqués à cette époque avec des bijoux tels que les fibules, des boucles de ceinture, des plaques de garniture de bouclier, des poignées d'épée, etc. L'armement montre également la grande maîtrise technique de la **métallurgie** mérovingienne. Les armes les plus répandues étaient alors l'épée longue à double tranchant, la francisque (hache de jet dissymétrique) et le scramasaxe, sorte de sabre droit à un seul tranchant.
À côté du travail des métaux, spécialité germanique, la **sculpture** tenait une place importante. Les principales réalisations concernaient, outre la décoration des églises, les sarcophages dont les plus caractéristiques offrent un décor en faible relief de motifs géométriques. Ceux d'Isle-Aumont montrent l'évolution de cet art funéraire du 5e au 8e s.

ART ROMAN

L'architecture romane n'a pas eu le temps de se développer en Champagne car elle y fut très vite relayée par l'art gothique. Les porches en appentis sont néanmoins courants dans la région, d'où leur surnom de « **porche champenois** ».

Les invasions normandes et hongroises laissent la place à une période de reconstruction. À l'est, l'Empire germanique des

Ottons exerce une forte influence sur les conceptions artistiques du temps. Les nombreux sanctuaires construits au 9e s. ont tous disparu, à l'exception du chœur de l'**abbaye d'Isle-Aumont**.

Les églises du début du 11e s. ont souvent l'allure de grandes basiliques charpentées à éclairage abondant. La décoration intérieure, très sobre, privilégie les formes géométriques. Trois édifices champenois se rattachent à ce style : Montier-en-Der (reconstruite en 1940), Vignory et Saint-Remi de Reims. **Saint-Étienne de Vignory** a conservé son aspect primitif qui en fait l'un des monuments les plus remarquables de la région. À **Saint-Remi de Reims**, malgré l'hétérogénéité de l'édifice, l'art roman fait une large place au décor sculpté.

Les découvertes de la salle capitulaire de l'abbaye Saint-Remi, du cloître de Notre-Dame-en-Vaux à Châlons-en-Champagne, et du portail de Saint-Ayoul à Provins laissent penser que les monastères romans possédaient alors d'importantes richesses.

ART GOTHIQUE (12e-16e s.)

Né en Île-de-France au 12e s., l'art gothique s'est aussitôt développé dans la riche Champagne voisine avec l'édification de l'abbatiale de **Mouzon**, de Notre-Dame-en-Vaux à **Châlons-en-Champagne**, de Saint-Quiriace à **Provins** et de l'abbatiale d'**Orbais**, où l'architecte Jean d'Orbais éleva un chœur remarquable qui lui servit de modèle pour la cathédrale de Reims. Les chœurs de Notre-Dame de **Montier-en-Der** et de Saint-Remi à **Reims** offrent une particularité originale : les ogives du déambulatoire ainsi que des chapelles rayonnantes reposent sur des colonnes placées à l'entrée de ces dernières.

Les 13e et 14e s. marquent l'âge d'or des grandes cathédrales comme Notre-Dame de Reims. Servis par une pierre calcaire au grain très fin et facile à tailler, les **ateliers de Reims**, surtout productifs au 13e s., créent plusieurs chefs-d'œuvre qui ornent les porches de la cathédrale, dont le fameux *Ange au sourire*. Saint-Amand-sur-Fion, les cathédrales de Châlons et surtout Saint-Urbain de Troyes montrent l'aboutissement des recherches de l'architecture gothique, dont la décadence s'amorce avec l'apparition du **style flamboyant** : la surabondance du décor sculpté tend alors à masquer les lignes essentielles des monuments. En Champagne, la **basilique Notre-Dame-de-l'Épine** en constitue le meilleur exemple.

Les églises de l'Aube

Avec 1 160 baies vitrées dont la plupart datent du 16e s., elles sont remarquables. L'école troyenne s'y est également épanouie avec de fameuses sculptures comme celles du maître de Chaource : on y retrouve l'héritage du « gothique détendu » et l'influence de la Renaissance italienne.

Le Comité départemental de l'Aube propose un *Guide des églises accueillantes*.

Le saviez-vous ?

Au cours des 14e et 15e s., marqués par la guerre de Cent Ans, se développe la mode des **gisants** (sculptures), représentant généralement un groupe entourant le corps du Christ, et des **sépulcres** (tombeaux).

ART RENAISSANCE (16e s.)

En Champagne, la Renaissance trouve peu de résonance dans l'architecture religieuse, à l'exception de la région de **Troyes** où l'on peut admirer des façades et des porches décorés de cartouches, de corniches et de frontons. Le portail de Saint-Maurille de **Vouzier** et l'extraordinaire façade de Rembercourt-aux-Pots sont les principaux témoignages architecturaux de cette époque.

La **sculpture** connaît un essor exceptionnel à Troyes dans la première moitié du 16e s., période de transition entre le gothique et la Renaissance. Le **maître de Chaource** notamment est l'auteur de la Sainte Marthe de l'église Sainte-Madeleine de Troyes, de la Pietà de Bayel et de la remarquable Mise au tombeau de Chaource. À la même époque, **Jean Gailde** réalise l'admirable jubé flamboyant de Sainte-Madeleine. L'influence italienne commence à faire son apparition avec la Vierge au raisin de Saint-Urbain de Troyes.

Parallèlement à l'essor de la sculpture se développe une « industrie » de la **peinture sur verre** grâce aux commandes des donateurs. L'utilisation de cartons reproduits à plusieurs exemplaires explique en partie la richesse en vitraux des petites églises de l'Aube. Dans le premier tiers du siècle, on assiste à une explosion de couleurs, particulièrement spectaculaire dans les fenêtres hautes de la cathédrale de Troyes.

À partir de 1540, le **maniérisme** s'impose. Le château de Joinville et les hôtels

ABC d'architecture

Les dessins présentés dans les planches qui suivent offrent un aperçu visuel de l'histoire de l'architecture dans la région et de ses particularités.

Les définitions des termes d'art permettent de se familiariser avec un vocabulaire spécifique et de profiter au mieux des visites des monuments religieux, militaires ou civils.

Architecture religieuse

Plan-type d'une église

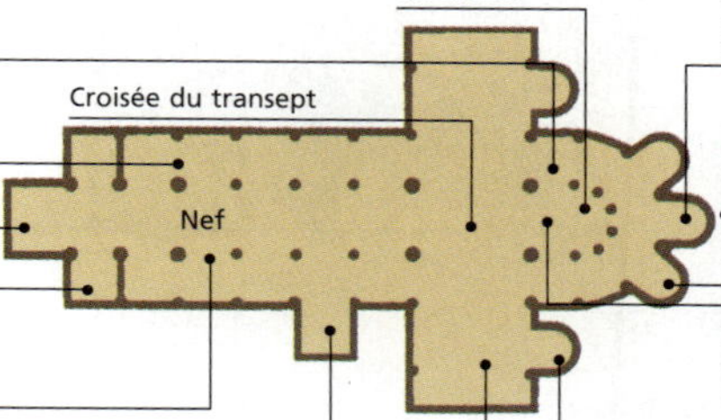

Coupe d'une église

MÉZIERES – Basilique Notre-Dame-de-l'Espérance (15e s.)

MOUZON – Intérieur de l'abbatiale (1195-vers 1240)

REIMS – Chevet de la cathédrale (1211-1260)

R. Corbel/MICHELIN

N.-D.-DE-L'ÉPINE – Façade de la basilique (1420-vers 1530)

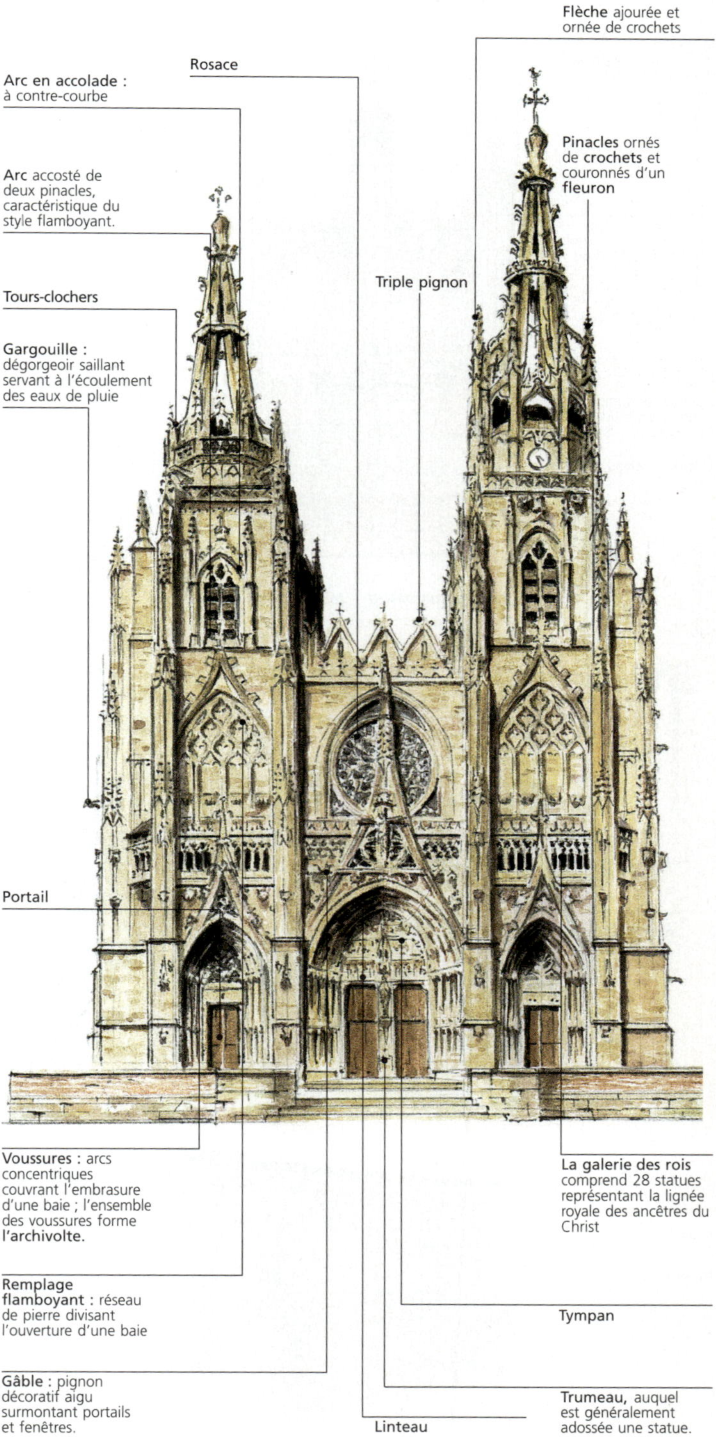

R. Corbel/MICHELIN

Mobilier d'église

REIMS – Orgue de la cathédrale (18e s.)

Le **buffet**, meuble qui renferme les tuyaux, devient monumental à l'époque baroque et s'orne de figures, de putti, de cariatides.

Grand buffet

Plate-face : rangée verticale de tuyaux qui peuvent être groupés en **tourelles** polygonales ou circulaires

Jeu : groupe de tuyaux

Montre : ensemble des grands tuyaux de façade

Massif : soubassement qui porte l'échaffaudage des tuyaux

Petit buffet ou positif, suspendu en encorbellement.

Tribune d'orgue

VILLEMAUR-SUR-VANNE – Jubé de l'église (16e s.)

Sablière

Couvrement en charpente

Crucifix

Saint Jean

Mater Dolorosa

Tribune ; elle accueillait les choristes.

Le **jubé** avait pour fonction de séparer le chœur (réservé aux clercs) de la nef centrale (où se tenaient les fidèles). La plupart des jubés ont disparu au 17e s. : ils cachaient l'autel.

HAUTVILLERS – Stalles de l'abbaye (18e s.)

Parcloses, jouées, miséricordes sont souvent sculptées de petites figures à la verve réaliste, les **drôleries**.

Parclose : cloison séparant deux stalles.

Dorsal

Miséricorde : petite console permettant de prendre appui, une fois le siège relevé (« per misericordiam » : par compassion).

Jouée : cloison fermant la rangée des stalles

R. Corbel/MICHELIN

Architecture civile

NOGENT-SUR-SEINE – Maison « à la Turque » (16e s.)

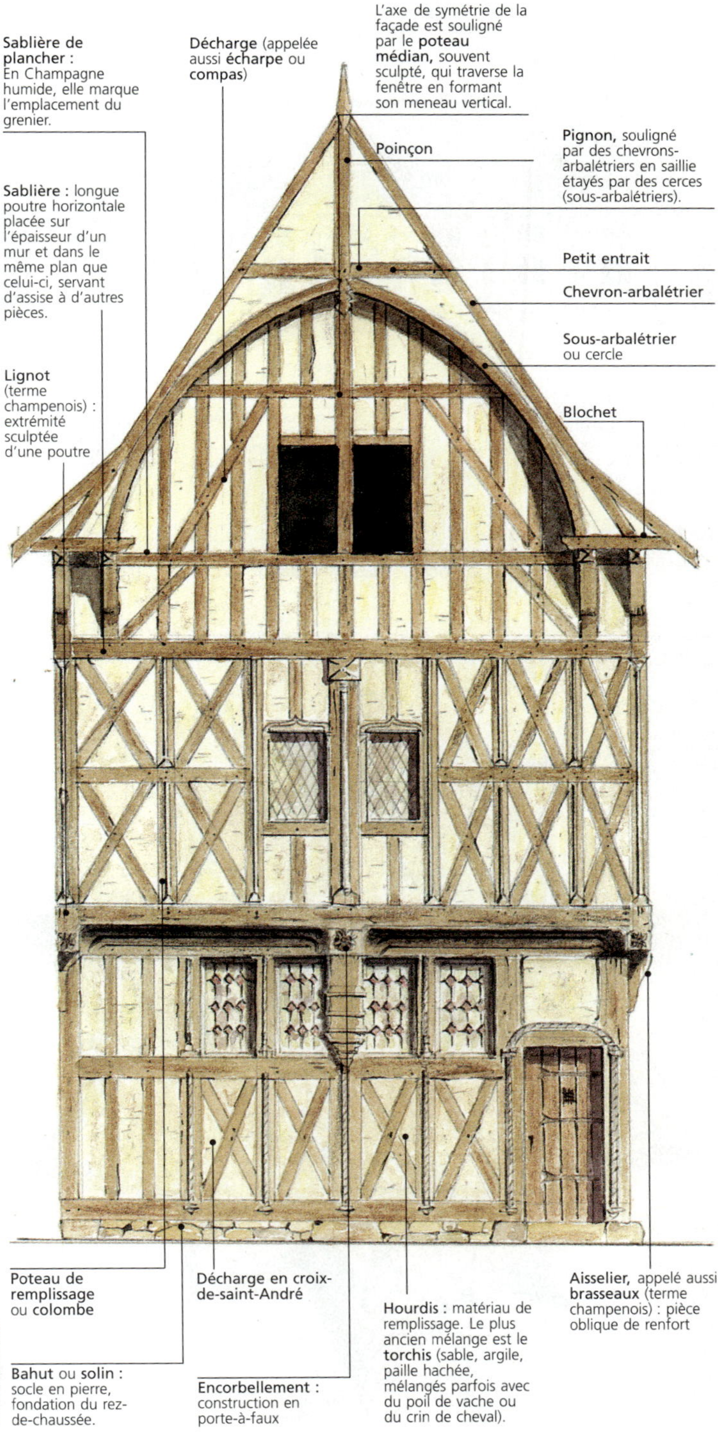

R. Corbel/MICHELIN

JOINVILLE – Château du Grand-Jardin (1533-1546)

Architecture militaire

ROCROI – Place forte (1675)

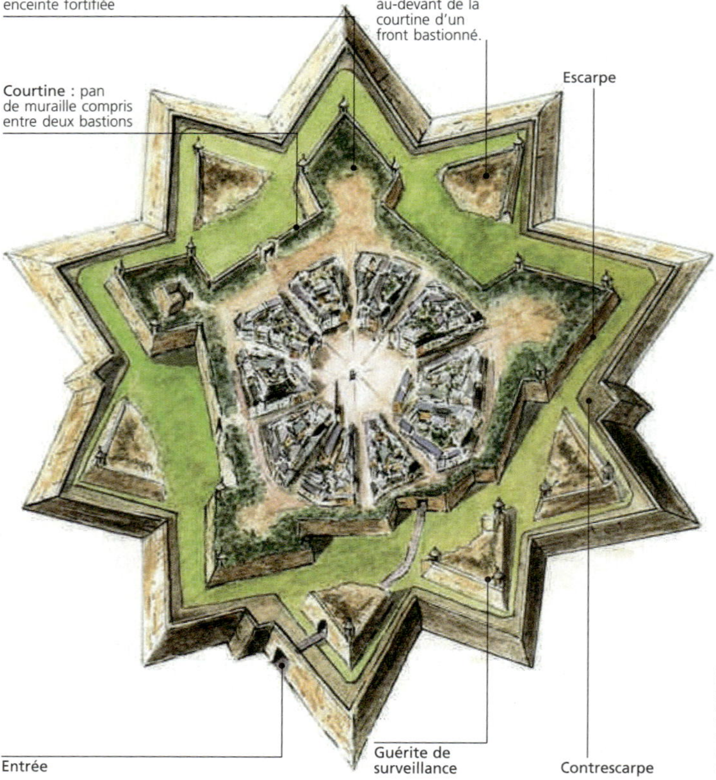

R. Corbel/MICHELIN

Info pratique

OÙ VOIR DES VITRAUX ?

À **Troyes** qui compte la plus grande surface de vitraux d'Europe ; mais aussi à Reims, Châlons-en-Champagne, Mézières, Bar-sur-Seine, Villenauxe-la-Grande (vitraux contemporains)... et sur la route des Églises à pans de bois *(voir Montier-en-Der).*

Renaissance à Troyes et à Reims manifestent le retour aux formes antiques. Les églises sont envahies par les statues de **Dominique Florentin**, élève du Primatice, qui s'installe à Troyes et forme à son tour quelques disciples dont **François Gentil**.

Les **maîtres verriers** utilisent de plus en plus la **grisaille** sur verre blanc rehaussée de jaune d'argent et de sanguine. Le décor architectural est inspiré par l'école de Fontainebleau ; cependant les peintres troyens conservent la représentation traditionnelle en registres.

Au 17e s., prolongeant ainsi une grande tradition, **Linard Gontier** revient à la polychromie avec une nouvelle technique d'émaux sur verrières à fond blanc qui donne des coloris éclatants. Il est le maître de la composition monumentale avec des œuvres comme le Pressoir mystique de la cathédrale de Troyes, et fut aussi un exceptionnel miniaturiste et portraitiste grâce à son habileté à utiliser la sanguine et la grisaille.

ART CLASSIQUE (17e-18e s.)

L'architecture classique a produit à **Charleville** un chef-d'œuvre du style Henri IV-Louis XIII avec la **place Ducale** qui présente de nombreuses analogies avec la place des Vosges à Paris.

Le 18e s. embellit les villes, parfois au prix de la destruction d'édifices anciens. La **place Royale à Reims** constitue un exemple typique de ces grandes places à la française s'ordonnant autour de la statue du monarque. L'hôtel de ville et l'ancien hôtel de l'Intendance à **Châlons-en-Champagne** témoignent du rayonnement de Paris.

ARCHITECTURE MILITAIRE

Zone frontière, la région des Ardennes a conservé quelques fortifications dont l'impressionnant **château de Sedan**, le plus grand d'Europe, qui fut construit du 15e s. au 18e s.

La plupart des **églises fortifiées** de la Thiérache se situent dans l'Aisne. Elles ont été transformées à la fin du 16e s. et au 17e s. pour servir de lieu de refuge dans une région bouleversée par des guerres incessantes, à la frontière entre la France, les Pays-Bas espagnols et l'Empire germanique.

Sur la frontière du Nord et des Ardennes, **Vauban** (1633-1707) avait établi deux lignes de places fortes relativement rapprochées les unes des autres (le « pré carré »). Son système se caractérise par des bastions complétés par des demi-lunes, le tout environné de profonds fossés. L'un des plus beaux exemples est la place forte de **Rocroi**.

Décidée par le ministre de la Guerre aul Painlevé et son successeur André Maginot, à partir de 1925, la **ligne Maginot** comprend un ensemble d'ouvrages en béton placés au sommet ou à flanc de coteaux, sur toute la frontière nord-est. Le **fort de Villy-la-Ferté** en constitue un exemple intéressant. Malheureusement, cette formidable ligne défensive fut privée de ses troupes d'intervalle au moment crucial, ce qui rendit vaine sa résistance de mai-juin 1940.

ART MODERNE (20e s.)

Au début du siècle, c'est dans les fonderies de Saint-Dizier qu'**Hector Guimard** créé les œuvres Art Nouveau que l'on peut contempler dans les rues de la ville, de Paris et de grandes métropoles

S. Sauvignier/MICHELIN

À Charleville-Mézières, l'**horloge du Grand Marionnettiste**, automate de 10 m de haut de Jacques Monestier, met en scène, chaque heure, un épisode de la légende des Quatre Fils Aymon *(voir Méandres de la Meuse)*, et rappelle que la ville est la capitale de la **marionnette**.

du monde entier : grilles et balcons, bouches de métro, fontaines, lampadaires… (*voir Saint-Dizier et Vallée de la Blaise*).

Nombre de vitraux endommagés pendant les guerres ont été remplacés par des créations contemporaines : à Reims, ceux de la chapelle absidiale de la cathédrale, dessinés par Marc Chagall, ont été réalisés par la dynastie des **maîtres verriers Simon** comme ceux de l'église Saint-Jacques, œuvres de Vieria da Silva et Sima. À Mézières, les vitraux d'inspiration cubiste de la basilique ont été dessinés par René Dürrbach (proche de Picasso). En 2006, des vitraux non figuratifs dus à David Tremlett ont été posés dans l'église de Villenauxe-la-Grande.

Maisons rurales traditionnelles

Les campagnes champardennaises ont conservé intact leur habitat, qui contribue beaucoup au charme de la région. Architecture et matériaux évoluent au fil des paysages et leur confèrent leur personnalité. Corps de fermes isolés ou maisons alignées en gros bourgs abritent un mobilier massif et, dans les zones viticoles, le matériel lié au travail de la vigne et du vin.

L'HABITAT

Dans la **Champagne sèche**, les habitations regroupées autour des sources forment de gros villages éloignés les uns des autres. On pénètre dans les fermes par une porte cochère cintrée, surmontée d'un petit bâtiment faisant souvent office de pigeonnier. Autour de la cour rectangulaire se répartissent les granges, côté champ, et le logis, côté rue, dont le rez-de-chaussée est habité et le premier étage sert de grenier. Les maisons ont un toit élevé et sont construites en craie sur une assise de pierre, de brique ou de moellons. À l'est et au sud de la région, les pans de bois font leur apparition. Aux abords des vignes, on rencontre encore quelques cadoles, abris de pierre sèche érigés par les vignerons (*voir Les Riceys*)

Dans le bocage de la **Champagne humide**, des fermes et des hameaux isolés occupent l'espace entre les villages. Les constructions adoptent une architecture à pans de bois, entre lesquels sont intercalés du torchis, des carreaux de terre ou des briques de différentes couleurs, comme dans la région de Troyes. Les toits à faible pente forment un auvent, et les combles aux très belles charpentes compensent l'absence de cave. Les **églises à pans de bois** utilisent les mêmes matériaux robustes que les maisons. Elles sont surmontées de flèches et couvertes d'ardoises ou d'écailles de bois.

Dans les villages tout en longueur de l'**Argonne**, les maisons présentent un curieux mélange de matériaux. La façade est souvent de briques rouges et noires au niveau du rez-de-chaussée, tandis que l'étage (grenier) est en torchis, protégé des intempéries par des lattes en chêne. Les toits de tuiles, presque plats, font saillie tout autour de la maison et en particulier en façade.

Autour de Bar-sur-Aube et de Bar-sur-Seine, sur le **plateau de Langres** et dans la vallée de la Blaise, les villages apparaissent tout blancs sous de hauts toits de tuiles (autrefois, les maisons étaient recouvertes de chaume ou de pierre de lave). Le moellon calcaire constitue le matériau de prédilection, les pierres de

M. Roche/Musée de Châlons-en-Champagne

Reconstitution d'un intérieur champenois.

taille n'étant utilisées que pour les encadrements de portes et de fenêtres.

Dans l'**Ardenne**, l'ardoise et le schiste triomphent partout : ardoise mauve de Fumay, ardoise bleue de Rimogne, pierre bleue de Givet. Les maisons construites dans ces matériaux durs sont de couleur sombre et leur toit, presque plat, était à l'origine couvert d'ardoises grossières et lourdes, les « faisaus ».

LE MOBILIER

Malgré la proximité de Paris, de la Lorraine et de la Bourgogne, le **meuble champenois** garde une personnalité propre. Il est solide, travaillé dans d'épais panneaux de chêne. La sculpture, sobre, est égayée par une ornementation simple, souvent florale. Les meubles plus raffinés (armoires, gaines d'horloge…) sont fabriqués en noyer, plus fin pour les sculptures.
L'**armoire** comprend deux portes et parfois un large tiroir à la base. Dans la région de Charleville, on rencontre des armoires à trois portes et à pieds cambrés ; l'armoire auboise est ornée d'une croix de Malte sur les panneaux. Le **buffet vaisselier** est le meuble le plus typique des intérieurs paysans. Il est fabriqué avec du bois fruitier en Champagne, du chêne dans l'Argonne et l'Ardenne. Le **lit** en chêne ou en orme, souvent peint en gris clair, peut être encastré dans une alcôve, complété par un vaisselier et placé à côté de la cheminée en pierre blanche. Les **horloges**, très hautes (2 m et plus), sont en cerisier ou en chêne clair ; quelques-unes ont la forme d'une hotte s'évasant vers le haut. L'horloge champenoise s'assortit au reste du mobilier et provient souvent du même artisan. Les **tables** sont en chêne, rectangulaires et à plateau épais, tandis que la table de vigneron, ronde et à bascule, se range contre le mur. La **pompe** en cuivre rouge, alimentant un évier de pierre, est également très caractéristique. Les **pétrins** ou maies faisaient très souvent partie du mobilier traditionnel, notamment dans les Ardennes.

La littérature

La terre de Champagne-Ardenne a inspiré les hommes et les femmes de lettres, champardennais d'origine ou d'adoption. À l'époque médiévale, l'essor des foires s'accompagne d'une grande effervescence intellectuelle. Plusieurs figures majeures des Lumières sont associées à la région, intimement liée également au souvenir mythique de Verlaine et de Rimbaud.

Littérature orale

La nature profonde et les mystérieuses forêts, refuge des marginaux et des créatures étranges, ont inspiré de nombreuses **légendes locales**, dans lesquelles on retrouve également l'influence celtique : les Quatre Fils Aymon, les Dames de la Meuse et Roger la Honte en sont quelques-unes.
Pour plus d'informations, reportez-vous aux Méandres de la Meuse dans la partie « Découvrir la région » et « Route des Légendes de Meuse et Semoy » dans la partie « Organiser son voyage ».

LES PRÉCURSEURS

Au 12e s., la Champagne compte les principaux écrivains de la langue française naissante. On attribue à **Bertrand de Bar-sur-Aube** l'épisode le plus connu de la geste de Guillaume d'Orange, *Aimeri de Narbonne*, qui sera repris par Victor Hugo dans la *Légende des siècles*.
C'est également l'époque des amours d'**Héloïse et Abélard** qui deviendront célèbres grâce à la *Correspondance* qui en est restée (*voir Abbaye du Paraclet à Nogent-sur-Seine*). Reçu à la Cour de Champagne par la comtesse Marie, **Chrétien de Troyes** (v. 1135-v. 1183) associe l'idéal de l'amour courtois et la tradition celtique dans ses romans de chevalerie. Initiateur de la littérature courtoise en France, il est l'auteur des célèbres *Lancelot ou le Chevalier à la charette* et *Perceval ou le Conte du Graal*.
Avec les croisades paraissent les chroniques relatant ces épopées. La première, *Histoire de la conquête de Constantinople*, est écrite par **Geoffroy de Villehardouin** (1150-1213), originaire de la région de Troyes et maréchal de Champagne, qui s'illustra dans la quatrième croisade. Le **sire de Joinville** (1224-1317), sénéchal de Champagne, fait le récit de son expédition aux côtés de Saint Louis dans son *Histoire de Saint Louis*.

LES POURFENDEURS

Au 17e s., **Paul de Gondi** (1613-1679), né à Montmirail (Marne) et cardinal de Retz, joue un rôle important dans la Fronde comme chef de l'opposition. Rival de La Rochefoucauld, dont il partage l'utilisation des maximes comme forme d'expression, il brosse dans ses *Mémoires* le tableau de la vie politique française de son époque.

Né à Château-Thierry, **Jean de La Fontaine** (1621-1695) évoquera les paysages de Champagne dans plusieurs de ses fables (*voir Château-Thierry*).

Portrait de Jean de La Fontaine, et illustrations de fables : Le Loup devenu berger, Le Corbeau et le Renard.

Musée Jean de la Fontaine, Château-Thierry

Au siècle des Lumières, Langres voit naître **Diderot** (1713-1784), tandis que **Voltaire** (1694-1778) viendra longuement séjourner au château de Cirey-sur-Blaise (*voir Langres et Vallée de la Blaise*).

LES « PAYSAGISTES »

Le grand historien de souche ardennaise, **Jules Michelet** (1798-1874), effectue de nombreux séjours à Renwez près de Rocroi, qu'il décrit dans ses ouvrages autobiographiques, *Ma jeunesse* et *Mon journal*.

Gustave Flaubert (1821-1880) fait de Nogent-sur-Seine *(voir ce nom)* le décor de son *Éducation sentimentale*.

Dans son *Essai sur les fables de La Fontaine*, l'ardennais **Hippolyte Taine** (1828-1893), qui cherche à expliquer la biographie des hommes et leur œuvre par l'influence du milieu naturel, analyse le caractère champenois de l'auteur.

La figure de **Paul Verlaine** (1844-1896) est associée à Rethel par les années qu'il y passa, notamment en compagnie d'**Arthur Rimbaud** (1854-1891), l'enfant de Charleville (*voir Rethel, Charleville et Roche à Sedan*).

Gaston Bachelard (1884-1962) fait souvent référence à sa ville natale de Bar-sur-Aube qui inspire sa réflexion et notamment son œuvre sur la poétique des quatre éléments *(des sculptures lui sont consacrées dans la région : voir Bar-sur-Aube)* : « Si je veux étudier la vie des images de l'eau, il me faut donc rendre leur rôle dominant à la rivière et aux sources de mon pays. » (*L'Eau et les rêves*). En 1961, il reçoit le Prix national des lettres pour *La Flamme d'une chandelle*.

L'académicien **Marcel Arland** (1899-1986) raconte son enfance haut-marnaise dans *Terre natale (voir Nogent)*. En hommage, le groupement des trois communes de Varennes-sur-Amance, Chézeaux et Champigny-sous-Varennes sera baptisé Terre-Natale. Il obtient le prix Goncourt 1929 avec *L'Ordre*, récit largement autobiographique.

Connu comme « le promeneux des Ardennes », **André Dhôtel** (1900-1991) est originaire d'Attigny près de Rethel. Il est auteur d'une quarantaine de romans, dont la plupart se déroulent dans ce pays centré autour de son village natal, que Maurice Nadeau désignera comme le « Dhôtelland ». Les localités de la région, qu'il aime à parcourir à pied, apparaissent fréquemment dans son œuvre sous des noms d'emprunt : Aigly ou Flagny pour Attigny, Bermont ou Verziers pour Vouziers, Rieux pour Mont-de-Jeux où il possède une maison... Professeur, André Dhôtel voit plusieurs fois ses manuscrits refusés par des éditeurs parisiens, avant d'atteindre la notoriété avec *Le Pays où l'on n'arrive jamais,* qui a pour cadre la vallée de la Meuse et obtint le prix Femina en 1955.

Dans *Un balcon en forêt* (1958), **Julien Gracq** (né en 1910) s'inspire de ses souvenirs de soldat dans les Ardennes pendant la Deuxième Guerre mondiale. Ce récit, évoquant la naissance de l'amour lors de la « drôle de guerre », sera adapté au cinéma en 1979.

LA DESTINATION AUJOURD'HUI

La situation privilégiée de la Champagne-Ardenne a permis à ses habitants, âpres au travail, de développer au fil des siècles une activité intense, modelant une identité forte. Face aux mutations qui ont affecté ses secteurs traditionnels, la région a préservé sa spécificité, en adaptant aux nouvelles conditions certains savoir-faire très anciens. Le terroir y a un sens et, au-delà de l'emblématique champagne, la gastronomie témoigne d'un certain art de vivre...

Les activités traditionnelles

EN CHAMPAGNE

Si les grandes villes comme Reims, Troyes, Châlons-en-Champagne ou Langres ont diversifié leurs industries, les secteurs traditionnels de la métallurgie et du textile conservent une place prédominante. L'essor de ces activités remonte au Moyen Âge.

Les bas de Troyes

Outre ses foires, la Champagne brille par son **industrie textile** dès le 13e s. : toiles de Reims, draps de Châlons et de Provins. Troyes est plutôt spécialisé dans le travail du **cuir**. L'essor du 16e s. permet à la ville de développer ses activités textiles, comme la draperie et le velours. Les premiers fabricants de bonnets et de bas tricotés à la main entrent en scène en 1505. Après une baisse de la production due aux guerres de la fin du règne de Louis XIV, la **bonneterie** transforme le paysage économique de Troyes.

En 1745, des métiers à fabriquer des bas sont installés à l'hôpital de la Trinité afin d'utiliser la main-d'œuvre des indigents. Les **bas de Troyes** remportent un vif succès : le nombre des métiers explose, et l'activité se développe bien au-delà de la ville. À la fin du 18e s., Troyes centralise la vente de l'industrie bonnetière de la région. Cependant, dans les années qui précèdent la Révolution, la production recule à nouveau, et les salaires des ouvriers diminuent de moitié.

Le secteur repart de plus belle pendant la première moitié du 19e s., marqué par des améliorations techniques, et notamment l'introduction de métiers mécaniques qui permettent de fabriquer en série des bonnets de coton, des gilets et des pantalons. La bonneterie concerne alors l'ensemble du département de l'Aube et représente le tiers de la production française.

Le petit village de **Fontaine-les-Grès**, au nord de Troyes, avec ses rangées d'habitations, son église, la maison du patron et l'internat destiné à éduquer les ouvrières, est aménagé par la **famille Doré** (marque DD), et de nombreux ateliers sont implantés dans les villages des alentours. Dans l'industrie bonnetière troyenne, 70 % des effectifs sont encore féminins.

À l'heure actuelle, le secteur compte 150 entreprises qui emploient environ 10 000 personnes dans l'Aube. Il regroupe de nombreuses marques nationales : Absorba, Petit Bateau, Lacoste (la fameuse chemise est née dans les ateliers de Troyes et de Saint-Dizier), sans oublier Dior, Doré-Doré et Benetton. Presque un million d'acheteurs, originaires pour une bonne moitié des départements limitrophes et de la partie nord-est de l'Hexagone, viennent chaque année dans les magasins d'usine profiter des rabais de 30 à 50 % consentis sur les collections précédentes ou les fins de série des articles de sport et de prêt-à-porter.

Pour d'autres informations sur la bonneterie, reportez-vous au chapitre sur Troyes, et en particulier à l'hôtel de Mauroy, ancien hôpital de la Trinité devenu musée de l'Outil et de la Pensée ouvrière ; l'hôtel de Vauluisant qui abrite un musée retraçant l'histoire de cette activité ; la rubrique « Que rapporter » dans l'encadré pratique pour les magasins d'usine.

De l'eau, du bois, du fer

C'est dans la région que sont apparus les plus anciens **sites de forge** du pays, d'abord développés par les monastères qui favorisent l'apparition d'une industrie métallurgique utilisant la force hydraulique. Le premier voit le jour au 12e s. à **Wassy** dans la vallée de la Blaise, sous l'impulsion des moines de Clairvaux.

Les mines et les forges se multiplient dans les forêts d'Othe, du Der et de Chaume au cours des 13e et 14e s. La production connaît son apogée au 19e s., avant de subir la concurrence de la Lorraine voisine. Une partie des usines se spécialise dans la **fonderie d'art**, qui assure la renommée de la région dans le monde entier. Au début du 20e s., **Hector Guimard** crée les fontes ornementales de style Art nouveau à Saint-Dizier.

Aujourd'hui, la plupart des usines ont fermé. Certaines ont cependant réussi à maintenir une activité, d'autres ont opéré une reconversion.

La région offre de nombreuses possibilités de visites sur ce thème. Voir le circuit des Fontes d'art en Haute-Marne *(p. 17)* et dans la partie Découvrir les sites : vallée de la Blaise, circuit des fontes ornementales à Saint-Dizier, Osne-le-Val dans le Vallage *(voir Joinville)*, sentier du Fer à Bérulle *(voir Pays d'Othe)*.

La **coutellerie** se développe à **Langres** au 14e s. Au 17e s., de grandes maisons y voient le jour, puis la tendance est au morcellement et à la dispersion des entreprises : la coutellerie de Langres essaime le long de la Marne, du Rognon et de la Meuse.

Le bassin de **Nogent**, où s'installent de nombreux artisans, prend le pas sur Langres. Vers 1880, la forge et l'estampage, la coutellerie fine et demi-fine, la ciselure haut de gamme, l'instrumentation médico-chirurgicale et l'outillage à la main font vivre 6 000 personnes ; c'est l'apogée de l'activité pour la région. Malgré l'apparition de l'électricité et des forges industrielles, le travail reste familial et n'occupe pas plus d'une à trois personnes à la fois. Paris constitue le premier débouché, tandis qu'à l'exportation, c'est l'Amérique du Sud.

Aujourd'hui comme hier, l'activité est très diversifiée et emploie 2 000 personnes. Elle a évolué vers des fabrications haut de gamme : plusieurs entreprises locales travaillent directement avec des chirurgiens de renom pour créer des instruments à leur main. Quelques petits ateliers subsistent dans les vallées coutelières des alentours de Nogent *(voir ce nom)*, où le **musée de la Coutellerie** accueille une importante collection d'objets.

Autres activités

D'autres centres de tourisme technique peuvent se visiter dans la région : dans le pays baralbin, la **cristallerie de Bayel** a été fondée au 17e s. par un maître verrier vénitien (*voir Bar-sur-Aube*).

Dans le sud haut-marnais, la **vannerie** fut introduite en 1670 par frère Jean-Jacques, que l'on disait bâtard d'Henri IV. L'activité se développa rapidement parmi la population, et connut un essor considérable au 18e s. Plusieurs dizaines d'artisans perpétuent la tradition à **Fayl-Billot** (*voir Langres*).

EN ARDENNE

Terre sans agriculture, l'Ardenne française a réussi à conserver sa population. Dans la vallée de la Meuse, l'**activité industrielle**, très ancienne, contraste avec le paysage forestier. Le « paysan de la forêt » s'est longtemps spécialisé dans l'ardoiserie, le textile, la métallurgie. Nulle part, plus que dans le travail de la forge familiale, ne se retrouvait l'âme de la petite entreprise ardennaise ou « boutique ».

Le temps des « escailleux »

L'**ardoise**, tirée d'une roche schisteuse, est exploitée dans la région depuis l'époque romaine. L'extraction, développée par les monastères de Signy et de Bonnefontaine, connut jusqu'au 20e s. une faible évolution des techniques. Les mineurs du schiste étaient appelés « escailleurs » ou « scailleteux » – le mot

S. Sauvignier/MICHELIN

Fonderie Akers à Sedan : poche de coulée de 22 t de fonte liquide.

scaille signifiant « ardoise ». Ils descendaient dans la mine au moyen d'échelles, en freinant des mains et des pieds, parfois jusqu'à une profondeur de 840 m.
À **Fumay**, ancienne capitale de l'ardoise, les carreaux s'alignaient en murets le long des quais de la Meuse dans l'attente des bateaux. Un intendant du Hainaut, visitant ce site à la fin du 18e s., décrivit un « pays privé de culture, où la condition de ces infortunés est très inférieure à celle des ramassis de mauvais sujets qu'on envoye aux galères ».
Les ardoises de **Rimogne** étaient exportées jusqu'en Australie, en Europe centrale et en Scandinavie. Celles de **Givet**, bleutées, furent utilisées pour recouvrir certains quais, ponts et monuments de Paris et des villes d'Europe du Nord.
Les entreprises, de taille souvent modeste, connurent leur apogée sous le Second Empire. L'électricité améliora les conditions de travail par l'utilisation de pompes, mais le manque d'entretien durant la Première Guerre mondiale causa des dommages considérables. La concurrence d'autres sites de production et d'autres matériaux de couverture, comme la tuile d'argile, a eu raison des dernières ardoisières : elles ont fermé leurs portes en 1971, après huit siècles d'exploitation. Aujourd'hui, Fumay s'est reconverti dans la fabrication de câbles téléphoniques.

Pour approfondir le sujet, voir le circuit de la Meuse des ardoisiers à Givet comprenant le musée de l'Ardoise à Fumay, ainsi que la Maison de l'ardoise à Rimogne dans les alentours de Charleville-Mézières.

Le textile et la métallurgie

L'essor de l'**industrie drapière** de Sedan remonte aux guerres de Religion. La ville est protestante : les draps noirs de la « Petite Genève » surpassent en réputation ceux de Hollande et d'Espagne. Le point de dentelle, appelé « point de Sedan », est importé par les calvinistes. En 1685, la révocation de l'édit de Nantes affecte durement cette activité, et la croissance ne reprend que dans la seconde moitié du 18e s. grâce à la mécanisation du travail de la laine. La réussite du **baron Ternaux** (1763-1833) amorce la concentration industrielle. Les fabriques accaparent la force de travail des campagnes environnantes. L'activité est intense sous la Restauration et la monarchie de Juillet, puis vient la machine à vapeur… Mais les guerres entraînent l'exode des industries textiles de Sedan, notamment vers Castres. La **Manufacture royale de draps du Dijonval**, fondée

S. Sauvignier/MICHELIN

Métier à tisser et navette.

en 1646, a poursuivi son activité jusqu'en 1958. La **manufacture du point de Sedan**, fondée à la fin du 19e s., confectionne toujours des tapis de laine sur canevas de lin (*voir Sedan*).

L'industrie de la **clouterie** fut introduite par les Liégeois dès le 13e s. Pratiquée durant l'hiver, la clouterie manuelle permit de sortir de la pauvreté, mais fut condamnée par la clouterie mécanisée d'Angleterre dans les années 1820. Elle fut remplacée par la **boulonnerie** dans la région de Bogny-sur-Meuse, la **ferronnerie** à Nouzon (devenue Nouzonville) et la **fonderie** à Revin (*voir le musée de la Métallurgie à Levrézy, p. 202*).
L'atelier du cloutier où le chien, dans sa roue, actionnait le soufflet, coexistait jadis avec la grande entreprise métallurgique. Ces industries ont connu leur apogée à la veille de la Grande Guerre, grâce au développement du chemin de fer, ce qui a permis d'éviter l'exode rural. Elles ont souffert de la crise depuis 1970, mais le travail des métaux reste le premier secteur industriel de la région : la fonderie Citroën à Ayvelles, près de Charleville-Mézières, est la plus moderne de France. Certaines PME, hautement spécialisées, ont gardé l'âme de la « boutique » et s'intègrent, avec d'autres secteurs, au réseau des équipementiers automobiles (dans toute la Champagne-Ardenne, les industries liées à l'automobile emploient environ 20 000 personnes).

Autres activités

À côté des secteurs dominants, cette forte tradition industrielle s'est donc développée dans des domaines divers. Revin constitue le fief de la célèbre marque d'**appareils électroménagers** Arthur-Martin (Electrolux), qui a très fortement marqué les lieux de ses… 120 ans de présence. Charleville-Mézières, Sedan et Givet, ainsi que plusieurs localités de Haute-Marne, se sont réorientées dans la **plasturgie**.

Le tourisme

En dehors des grands pôles touristiques, dont certains jouissent d'une renommée internationale (Reims, Troyes, routes du Champagne, grands lacs…), le tourisme reste souvent ailleurs une activité balbutiante.

UNE RÉGION PRÉSERVÉE

Le tourisme apporte des ressources nouvelles à la Champagne-Ardenne : il fait partie des pôles du schéma régional pour le développement économique. Le relatif isolement dont la région a souffert, conséquence du déclin de ses activités traditionnelles, pourrait alors devenir une chance : elle possède un environnement naturel et des villages, préservés. Le bruissement de la Semoy, une plage de lac, la cueillette des myrtilles dans un sous-bois, la parure des bruyères et des genêts, les sentiers escarpés sillonnant la forêt ou la ligne des crêtes font oublier la vie citadine. En contrepartie, il faudra parfois savoir faire preuve de patience et accepter que tout ne soit pas organisé en fonction des touristes…

UNE HALTE PROLONGÉE

Au carrefour de l'Europe du Nord-Ouest, la Champagne-Ardenne se situe sur l'un des principaux axes du tourisme, qui attire irrésistiblement les pays du Nord (Danemark, Pays-Bas, Belgique…) vers le soleil méditerranéen. Plusieurs villes de Champagne constituent des étapes traditionnelles, à mi-parcours sur la route du Sud. Séduits pas la richesse du patrimoine naturel et culturel qu'ils y découvrent, nos voisins du Nord y reviennent volontiers en vacances… Certains en tombent même amoureux et y achètent de vieilles maisons qu'ils retapent.

UNE DESTINATION D'AVENIR

À côté de ses caves et d'un tourisme culturel qui concerne davantage ses centres urbains, la Champagne-Ardenne reste une destination privilégiée du **tourisme vert et famillal**, ainsi que d'un tourisme de mémoire, avec ses nombreux vestiges des deux guerres mondiales. La région mise sur le développement du tourisme d'itinéraires, à travers la valorisation des circulations douces (voies vertes, tourisme fluvial…), et des circuits thématiques, notamment orientés vers le tourisme technique : fonte d'art, coutellerie…

S. Sauvignier/MICHELIN

Assiette de charcuterie ardennaise.

La gastronomie

À côté du célèbre vin pétillant, charcuteries et fromages font également la réputation de la Champagne. En Ardenne, la cuisine est forte en goût, du sanglier mariné au fameux maroilles. Quant aux amateurs de douceurs, bonne nouvelle : elles abondent !

LE GOÛT DU TERROIR

En Ardenne

Ici, la cuisine reste simple, robuste et plutôt hivernale. La salade de pissenlits est accompagnée de petits « **crétons** » chauds, c'est-à-dire de morceaux de lard (en Champagne, on parle de « **fritons** »). L'omelette au lard, au jambon ou aux morilles est un plat courant. La **cacasse** est le ragoût traditionnel, à base de pommes de terres et de lard. La **bayenne** (lits de pommes de terre intercalés de couches d'oignons et d'ail) accompagne le ragoût de sanglier ou de biche.
Le **jambon cru** des Ardennes est traditionnellement fumé avec des branches vertes de genêt ou de genévrier, puis au feu de bois ordinaire pendant plus d'un mois. Le **boudin blanc** de Rethel (*voir ce nom*) peut être dégusté à l'apéritif, coupé en tranches, ou en plat. Du côté d'Haybes, on avoue une faiblesse pour le boudin à l'oignon. La **dinde rouge** fit son apparition dans les Ardennes lors de la domination espagnole dans les Flandres, à la fin du 16e s. Cette race, qui avait quasiment disparu, revit aujourd'hui grâce à certains éleveurs *(voir l'encadré pratique de la Thiérache)*. La mise en élevage ayant lieu une seule fois par an, c'est une

volaille de fêtes dont on déguste la chair moelleuse en fin d'année.
L'automne est la saison du **gibier** : noisette de marcassin, selle de chevreuil ou gigue sauce chasseur, civet de lièvre à l'ardennaise, « roussettes » – des grives rôties dans une feuille de sauge ou préparées en terrine avec du genièvre. On ne se prive pas de chasser le sanglier dans un département où l'on compte presque un chasseur pour dix habitants !

En Champagne

La **joute** ou potée des vendangeurs se compose de jambon fumé, de lard et de saucisses, entourant un gros chou. Le département de l'Aube assure d'ailleurs un quart de la production française de **chou à choucroute**. Ici, on aime la cuisiner au champagne (*voir Brienne-le Château*). Du côté de Troyes, la fameuse **andouillette** était déjà attestée dans des documents de l'année 878 ! Elle est composée de chaudins (gros intestin) et d'estomacs de porc coupés en lamelle comportant la dénomination des AAAAA : Association amicale des amateurs d'andouillette authentique (*voir l'encadré pratique de Troyes*). Le **jambon de Reims** en croûte, d'une grande finesse, est fait à partir d'épaule de porc désossée : saumuré puis cuit dans un bouillon spécial, il est ensuite assaisonné au champagne et chapeluré. Dans l'Argonne, on prépare un certain nombre de plats dits « à la Sainte-Menehould », parmi lesquels les célèbres **pieds de cochon panés**, mais aussi le cou de mouton, la queue de bœuf et de veau… (*voir Sainte-Menehould*). On peut agrémenter les plats d'une pointe de **moutarde de Reims**, élaborée à partir du marc de champagne.

Label qualité

Quatre produits portent le label départemental « **Ardennes de France** », qui garantit la qualité supérieure et l'origine ardennaise des produits : le jambon sec d'Ardenne, la noix de jambon, la viande de porc et le boudin blanc de Rethel. Le premier a gagné ses lettres de noblesse grâce aux efforts de la **Confrérie du jambon sec d'Ardenne**, apparue il y a 20 ans. Celle-ci a été suivie par d'autres confréries : celles de la cacasse à cul nu, de la salade au lard…

Sur la carte des poissons, les **truites** de la Semoy, farcies ou mariées au jambon, et les fritures de fretin de Meuse sont en bonne place, avec les **brochets** de rivière et d'étang (ceux du Der sont réputés) et

Ode à la truffe

Depuis une vingtaine d'années, la Haute-Marne relance la production d'une truffe peu connue, la *Tuber uncinatum* dite truffe grise, utilisée au 19e s. dans les restaurants de Paris (elle fournissait alors une douzaine de tonnes par an !). Les plantations regroupent entre 400 et 600 arbres truffiers à l'hectare, et produisent environ 200 kg de truffes. Récoltée du 15 septembre au 31 décembre, elle est vendue sur le marché de **Chaumont**, où quelques trufficulteurs sont regroupés dans la Confrérie du joyau des bois.
Pour un week-end de découverte autour de la truffe, voir p. 24.

les filets de sandre braisés, ou accommodés au champagne.

FROMAGE…

La région produit surtout des fromages à base de lait de vache, à pâte molle et croûte lavée ou fleurie.

Au sud de Troyes, on s'est spécialisé dans l'élaboration de fromages crémeux et peu fermentés. Le plus fameux est le **chaource**, produit depuis le 12e s. Onctueux, il peut être dégusté « frais », dès le cinquième jour après sa fabrication, ou « fait », vers le vingtième jour, couvert d'une fine moisissure blanche (*voir Chaource*). L'Aube produit d'autres fromages, parmi lesquels ceux de Mussy, de Saint-Julien et de Champ-sur-Barse.

Originaire de Haute-Marne, le **langres** se caractérise par sa forme concave et sa couleur orange. Il peut être affiné au marc de champagne. Le département est aussi devenu le 3e producteur d'**emmenthal** du pays, suite à l'installation de fromagers suisses au siècle dernier.
Pour les Ardennes, citons le **maroilles** de Thiérache, fromage plein de caractère qui se déguste au moment des vendanges, et le **rocroi**, à 0 % de matière grasse.

… OU DESSERT ?

Les pâtisseries ancestrales sont les **frivoles** ou **fiverolles**, beignets dégustés au moment du carnaval. La recette du **pain d'épices** remonte dans la région au 13e s. Le **gâteau mollet**, brioche légère qui contenait jadis un petit anneau d'argent, pouvait être au menu des fiançailles ou du repas de noces. Les crêpes rustiques, **vautes** et **tantimolles**, se dégustent en entrée ou au dessert. Les **galettes au sucre ardennaises** sont servies tièdes avec le café. Le **gomichon de Rethel** est une poire entourée de pâte et cuite au four, et la **rabote** sa variante à base de pomme. Citons également la **dariole**, tartelette garnie d'un flan, et la tarte aux myrtilles. Le **carolo** de Charleville-Mézières est un biscuit meringué avec une crème au beurre. Les **biscuits roses de Reims**, aromatisés à la vanille, peuvent être broyés en « terrine » sur un lit de crème anglaise. Leur belle couleur, obtenue à partir d'un colorant naturel à base de cochenille, était à l'origine destinée à masquer les petits points noirs laissés par la vanille…

DANS LES VERRES

Si le **rosé des Riceys** (*voir ce nom*) est parvenu à imposer sa renommée à côté du champagne-star, d'autres boissons alcooliques méritent l'attention.

La traditionnelle **Choue** haut-marnaise, blonde, brune ou blanche, est une **bière artisanale** de double fermentation, élevée sur lie de levures (*voir l'encadré pratique de Chaumont*). La Marne produit quant à elle la **Valmy** (*voir Sainte-Menehould*). Dans les Ardennes, la tradition brassicole remonte au 14ᵉ s. Si la Grande Brasserie Ardennaise de Sedan a fermé ses portes en 1971, la Petite Brasserie Ardennaise a relancé la production artisanale de l'Armoise, la Stout et l'Arduinna.

Dans le **pays d'Othe** *(voir ce nom)*, les pommiers, devenus rares, servent à fabriquer un **cidre** sec et pétillant. Chaque petite exploitation possède un vieux pressoir, prêt à fonctionner à l'automne. Le cidre est consommé jeune (il se nomme alors « subille ») ou au printemps suivant, après avoir fermenté dans de gros tonneaux ouverts : on y adjoint du sucre candi et quelques grains d'orge.

Pour l'apéritif, le **cacibel** est un mélange de cidre, de cassis et de miel. Le **ratafia**, autrefois consommé lors de la ratification d'un accord, est fait à base de moût de raisin et de marc de champagne.

Le champagne, toute une histoire

Les vins de Champagne sont connus depuis des siècles : les Gaulois cultivaient déjà la vigne lors de la conquête romaine. La tradition fut maintenue par les premiers évêques de Reims et les moines installés sur les coteaux. Mais il y a loin de ces « vins tranquilles » à la science du champagne, née à la fin du 17ᵉ s. Aujourd'hui, la vente annuelle correspond à 3 milliards de flûtes !

VIN DES PAPES ET DES ROIS

La notoriété des vins de Champagne grandit à partir du 10ᵉ s. Ce sont des vins rouges et blancs, comme ceux d'Ay, « clerets et fauvelets, subtils, délicats et d'un goût fort agréable au palais… ». **Saint Bernard**, à Clairvaux, introduit l'arbanne, cépage qui est à l'origine des crus de la côte des Bar. Le pape **Urbain II**, Champenois d'origine, puis à la Renaissance, **Léon X**, qui possède son vendangeoir personnel en terroir d'Ay, les préconisent. Les vins de Champagne profitent aussi de l'affluence suscitée par les sacres royaux. **Henri IV** se déclare « sire d'Ay et de Gonesse, c'est-à-dire des meilleures vignes et des plus fertiles guérets… ».

Il s'agit alors de vins tranquilles qui ont une tendance à pétiller, d'où leur nom de « vins du diable » ou « saute-bouchon ». Exilé en Angleterre, le **marquis de Saint-Évremond** les met à la mode. Les termes « champaign » (1663) et « sparkling champagne » apparaissent outre-Manche… bien avant d'être employés en France, de

Neuf modèles de bouteille de champagne, du quart au Balthazar.

Les bouteilles

Quart : 18,7 cl
Demie : 37,5 cl
Bouteille : 75 cl
Magnum : 2 bouteilles
Jéroboam : 4 bouteilles
Réhoboam : 6 bouteilles
Mathusalem : 8 bouteilles
Salmanazar : 12 bouteilles
Balthazar : 16 bouteilles
Nabuchodonosor : 20 bouteilles
Il existe aussi le **Salomon** (24 bouteilles) et le **Primat** (36 bouteilles), qui ne sont cependant pas homologués.

même que la bouteille « à gros corps et long col » et un bouchonnage de liège capable de résister à la pression. Pour rendre le vin pétillant, on y ajoute alors des ingrédients et des épices.

UNE INVENTION RÉVOLUTIONNAIRE

La démarche de **dom Pérignon** *(voir Sainte-Menehould et Hautvillers dans Montagne de Reims)* est bien différente. Observant les conditions de la seconde fermentation au printemps qui suit les vendanges, avec la remontée de la température, il obtient l'effervescence. En bon gestionnaire des biens de l'abbaye d'Hautvillers, ce moine bénédictin pratique l'assemblage des crus pour assurer la qualité constante du vin. Avec lui naît la science du champagne. Mais ce procédé reste une fantaisie coûteuse car les bouteilles explosent : les ouvriers portent un masque grillagé jusqu'à la fin du 19e s.
On boit du champagne aux petits soupers du Régent, aux parties fines de Casanova ou sous les tentes des maréchaux de Saxe et de Richelieu. La marquise de Pompadour le souligne : « C'est le seul vin qui laisse la femme belle après boire. » Quant à Voltaire, il déclare dans *Le Mondain* (1736) : « De ce vin si fin l'écume pétillante / De nos Français est l'image brillante. »
Les grandes maisons naissent à Reims et à Épernay : **Ruinart** en 1729, Fourneaux qui deviendra **Taittinger** en 1734, **Moët** en 1743, **Clicquot** en 1772. La Révolution passe, le champagne reste… Sous l'Empire, les ventes grossissent régulièrement : **Florent-Louis Heidsieck**, originaire de Westphalie, et la **Veuve Clicquot**, prospectent en Allemagne. Moët exporte en Angleterre grâce à la contrebande. Malgré son goût pour le chambertin, Napoléon est un client fidèle des négociants champenois. En 1815, Talleyrand utilise le « vin civilisateur » pour obtenir de meilleures conditions de paix, lors du congrès de Vienne.

UN SUCCÈS MANIFESTE

Les réquisitions et les pillages de 1814-1815 ont pour les négociants de vins une vertu publicitaire. De nouvelles maisons sont fondées, souvent par des Rhénans, intrépides représentants de commerce. Les rois, les princes et toute l'aristocratie européenne en font un vin de fête. Le « champ' » des demi-mondaines est un élément de la vie du Boulevard du Second Empire. Cependant, le champagne est alors un vin doux que l'on boit au dessert. Ce sont les Anglo-Saxons qui aiment le champagne brut. Aux Expositions universelles de 1889 et 1900, le foudre géant d'**Eugène Mercier** est le clou d'une campagne de publicité savamment orchestrée.
Le **phylloxéra** attaque la production dès 1888. Les débats autour de la délimitation du vignoble entraînent des émeutes en 1911, mais ils participent aussi à l'émergence de la notion d'Appellation d'origine contrôlée *(voir l'encadré dans Bar-sur-Seine)*. Les guerres ne ruinent pas l'expansion du champagne : 1914, 1915 et 1917 figurent même parmi les plus fameux millésimes du siècle…

UNE ÉLABORATION MINUTIEUSE

Le champagne est un vin blanc… issu pour les deux tiers de raisins noirs. De nombreuses opérations sont nécessaires à sa naissance qui se déroule en trois temps. Mais le prestige d'un grand champagne dépend bien sûr de la qualité du vin de base.

Le vin tranquille

Les trois quarts de la vendange sont composés de raisins noirs issus de deux cépages : le **pinot noir** et le **pinot meunier**. On utilise aussi un cépage blanc : le **chardonnay** *(voir l'encadré p. 53)*. En octobre, les vendangeurs font la récolte, manuelle car les raisins seront pressurés entiers – ce qui exclut les machines à vendanger. Les grappes sont déposées dans des caisses en plastique ajourées pour faciliter l'évacuation du jus. Elles sont transportées le plus rapidement possible jusqu'au vendangeoir, souvent installé à proximité du vignoble.
La **méthode champenoise** est appelée, partout ailleurs, méthode traditionnelle. Les grappes sont pressées sans avoir été foulées, ce qui permet

Mousseux n'est pas champagne

Il ne faut pas confondre champagne et **crémant**, vin mousseux élaboré selon la méthode traditionnelle, mais dont la pression est plus faible et la durée d'élevage moins longue.
Il en existe cinq en France : les crémants de Loire, d'Alsace, de Bordeaux, de Limoux, de Bourgogne, auxquels on ajoute celui du Luxembourg. D'autres vins mousseux sont obtenus par la **méthode rurale** (première fermentation en bouteille), très ancienne, comme le gaillac ou la clairette de Die.

d'obtenir un moût (jus de raisin) blanc même avec du raisin noir. L'unité de capacité du pressoir est le « **marc** » qui correspond à 4 000 kg de vendange. Le pressurage dure trois heures. Les premiers 2 050 l constituent la « **cuvée** », auxquels s'ajoutent les 410 l de la « **taille** ». Seuls ces 2 460 l sont utilisés pour l'élaboration des vins d'appellation « champagne ».
Après **débourbage** par gravitation naturelle, une opération systématique destinée à éclaircir les jus, ceux-ci sont mis en cuves – les foudres sont encore utilisés par des maisons comme Krug ou Bollinger. Ils subissent la première fermentation, qui dure environ 6 jours. La **chaptalisation** (ajout de sucre) entraîne une augmentation du degré alcoolique de 2,5°. Les particules en suspension sont éliminées. Le vin est passé à froid pour éviter que les bouteilles ne deviennent « gerbeuses » en exaltant la mousse à leur ouverture.

Les chiffres du champagne

- Un **cep** entier permet de fabriquer à peine plus d'une bouteille.
- **200 km** de caves et crayères abritent plus de **1 milliard** de bouteilles.
- **300 millions** de bouteilles sont vendues par an, dont 130 millions à l'export.
- **15 000** familles de vignerons exploitent 90 % de l'aire d'AOC Champagne, les 10 % restants l'étant par **une centaine** de maisons de champagne.
- 2/3 du chiffre d'affaire sont réalisés par les grandes maisons.
- **30 000** personnes travaillent dans ce secteur.

L'assemblage

Cette opération correspond à la composition de la cuvée. À l'exception des blancs de blancs millésimés, tous les champagnes sont le résultat d'**assemblages** réalisés sur les vins secs et tranquilles des trois cépages, de provenances et souvent d'âges différents. Des œnologues ou le caviste de la maison dirigent les assemblages. Chaque maison possède sa cuvée propre, dont la qualité est constante. Les vins de la **Montagne de Reims** et de la **côte des Bar**, où domine le pinot noir, sont charpentés et corsés. Ceux de la **vallée de la Marne**, issus en majorité du pinot meunier aux grains plus foncés et serrés, sont ronds et fruités *(voir l'encadré p. 53)*. Les vins frais et élégants de la **côte des Blancs** proviennent du cépage chardonnay à grappes blanches. La proportion de raisins noirs et blancs peut varier (en général autour de 2/3 et 1/3). Lors des années exceptionnelles, le champagne est millésimé. Dans ce cas, sa saveur porte les caractéristiques de l'année.

La champagnisation

Cette ultime étape permet la **prise de mousse**. La seconde fermentation est réalisée en bouteille par adjonction d'une **liqueur de tirage** composée de sucre, sous la forme d'un sirop, et de levures sélectionnées. Les bouteilles sont très épaisses pour résister à la forte pression (5,5 bars) due au dégagement de gaz carbonique qui, au moment du débouchage, produira la mousse. Serties d'une capsule en plastique, elles sont disposées sur des lattes, dans des caves où règne une température constante (10° à 12 °C), pour une durée de 15 mois minimum.
Durant ce temps, un dépôt s'est formé, qu'il faut éliminer en le dirigeant vers le goulot. Les bouteilles sont alors placées sur des pupitres perforés, la pointe inclinée vers le bas. Chaque jour, un **remueur** leur imprime une rotation d'un quart de tour et les redresse légèrement : il peut manipuler jusqu'à 40 000 bouteilles par jour. Après 4 à 6 semaines, la bouteille est verticale et le dépôt complètement rassemblé sur le bouchon. Cependant, sauf pour quelques cuvées de prestige, ce remuage est aujourd'hui effectué par des **gyropalettes** qui remuent 504 bouteilles à la fois en huit à douze jours.
Le col de la bouteille est ensuite plongé dans un bain de saumure entre –20 et –22 °C. Le dépôt, prisonnier d'un glaçon,

Info pratique

EN SAVOIR PLUS SUR LE CHAMPAGNE

Pour d'autres informations sur le vignoble, reportez-vous au chapitre « Nature » dans cette partie. Pour les caves et la dégustation, voir Reims et Épernay, Montagne de Reims et Routes du Champagne dans la partie Découvrir les sites.

Plusieurs musées retracent le procédé de fabrication du champagne : outre ceux des caves ouvertes à la visite, voir notamment ceux d'Essoye *(Bar-sur-Seine)*, du phare de Verzenay (*Montagne de Reims*), de Saint-Remi-en-Bouzemont *(Lac du Der)*, Mesnil-sur-Oger et Fossoy *(Routes du Champagne)*.

La route touristique du Champagne *(voir p. 14)* propose des itinéraires thématiques d'un ou plusieurs jours.

est expulsé : c'est le **dégorgement**, effectué par des machines. La quantité de vin manquant est remplacée par du vin de même nature, additionné d'une **liqueur d'expédition** comportant quelques produits « maison », et du sucre en quantité variable suivant que l'on veut obtenir du champagne doux, demi-sec, sec ou brut.
Après bouchage à l'aide d'un bouchon de liège très épais, la bouteille est muselée, et habillée pour l'expédition. Le vin a en moyenne trois à quatre ans d'âge.

RECONNAÎTRE UN CHAMPAGNE

Il y a champagne et champagne ! Le **blanc de blancs** est fait uniquement avec des raisins blancs du cépage chardonnay. Le **blanc de noirs**, moins connu, provient exclusivement du pinot noir et du pinot meunier. Les **vins millésimés**, mélange de crus différents mais de même année, doivent vieillir trois ans. Enfin, certaines maisons de champagne proposent des cuvées de prestige lors de grandes circonstances…
Une charte de qualité très stricte, adoptée en 1992, permet au champagne de se distinguer des autres vins mousseux. Le champagne ne se fabrique… qu'en Champagne. L'appellation est protégée par toute une série d'accords bilatéraux.
L'étalement de la seconde fermentation favorise la dissolution du gaz carbonique et garantit la finesse des **bulles**. Durant l'élevage, les bouteilles sont conservées verticalement, pointe en bas, à moins d'être empilées goulot contre goulot (mise sur pointe ou en masse). Cette disposition favorise le vieillissement. Le dépôt est composé de levures mortes libérant des substances aromatiques qui affinent le bouquet du vin. La qualité des bulles du champagne dépend de trois facteurs : la finesse de la bulle, la persistance du dégagement et la présence du cordon autour du verre, marque d'un dégagement régulier.

SUR L'ÉTIQUETTE

La bouteille de forme champenoise garantit l'authenticité du produit ainsi que l'étiquette, qui comporte le pays (« France »), l'appellation (« champagne »), le type du vin (« rosé »), la contenance de la bouteille, la marque, le nom et l'adresse du producteur. Le **numéro d'immatriculation** du Comité interprofessionnel du vin de Champagne est précédé d'**initiales** qui renseignent sur la catégorie du producteur, la teneur en sucre résiduel (brut, sec, demi-sec, doux) et le titre alcoométrique du vin en pourcentage de volume. Elle peut préciser le **millésime** (vins de la même année) et le nom de la **commune** (raisins d'une même commune). Lorsque le complément de volume appartient à la même cuvée et qu'il n'y a pas d'apport de sucre, on parle d'**extra-brut** ou de **brut de brut**.
Le champagne doit être servi frais (8-10 °C), et versé dans des flûtes qui mettront en valeur son bouquet (les coupes favorisent la perte des bulles et des arômes). « Sabler », à l'origine, signifiait boire cul sec et s'appliquait à tous les vins. Le champagne brut peut être servi tout au long d'un repas. Beaucoup d'amateurs, cependant, le préfèrent en apéritif ou entre les repas. Les champagnes secs ou demi-secs sont réservés au dessert, de préférence avec des pâtisseries « sèches » : génoise, biscuit, et le champagne rosé pour les charlottes aux fruits rouges.

Givet se mire dans la Meuse.

R. Mattes/MICHELIN

DÉCOUVRIR LES SITES

Arcis-sur-Aube

2 841 ARCISIENS
CARTE GÉNÉRALE B3 – CARTE MICHELIN LOCAL 313 E2 – AUBE (10)

Son nom dérive du latin *arx* qui signifie « forteresse », mais il ne reste aujourd'hui que la tour d'enceinte de l'ancien château fort. Le château qui fut reconstruit à sa place au 17e s. abrite la mairie. Arcis vit naître et grandir Danton. L'homme politique venait y respirer la sérénité lorsque la Révolution devenait étouffante. Autre célébrité de passage : Napoléon, qui essuya ici une sévère défaite lors de sa campagne de France.

- **Se repérer** – Dans la plaine de la Champagne crayeuse, Arcis est sur la route des grands lacs champenois. L'A 26 passe à proximité immédiate de la ville, qui est traversée par la N 77 entre Troyes et Châlons.
- **Organiser son temps** – La ville peut faire l'objet d'une halte « historique ».
- **Pour poursuivre la visite** – Voir aussi Brienne-le-Château, lac du Der, Parc naturel régional de la Forêt d'Orient, Montier-en-Der, Troyes.

Comprendre

Une défaite de Napoléon – Après la terrible retraite de Russie et l'invasion du territoire français par les nations alliées, en janvier 1814, l'Empereur tente de sauver la situation. Dans ses *Mémoires*, le **général comte de Ségur** relate la **bataille d'Arcis**, qui eut lieu le 20 mars 1814 :
« Il était dix heures. Ney, Oudinot et Sébastiani, avec toute l'infanterie et la cavalerie, s'ébranlèrent. En peu d'instants, le rideau ennemi, qui couvrait les pentes, fut déchiré ; mais, parvenus sur la crête, un spectacle imposant les consterna. C'était toute l'armée alliée, avec ses réserves et ses souverains, plus de 100 000 hommes. […] C'était, de l'est à l'ouest, sur un vaste demi-cercle, une multitude de masses noires et mouvantes, d'où jaillissait, aux rayons du jour, le reflet des armes. D'instant en instant, ces têtes de colonnes profondes, marchant à grands espaces, et se rapprochant de plus en plus entre elles et de notre position, resserraient l'enceinte. Et néanmoins Napoléon, s'opiniâtrant encore, niait l'évidence. Il leur répondait que c'était une vision ; que ce qu'ils apercevaient à droite ne pouvait être que la cavalerie de Grouchy. Ce mouvement, s'écria-t-il, serait trop leste ; c'était une manœuvre trop hardie pour des Autrichiens ! « Je les connais ; ils ne se lèvent pas si vite, et si matin ! " C'était pourtant bien l'aile gauche de Schwarzenberg ", constate Ségur. »

Le 31 mars, les alliés pénètrent dans la capitale. Deux jours plus tard, c'est la déchéance de l'Empereur devant le Sénat. Napoléon abdiquera le 6 avril 1814.

Le champ de bataille se trouve au sud d'Arcis, sur la N 77 en direction de Troyes.

Se promener

Place de la République

Là se dresse la **statue de Danton**, œuvre de Longepied (1888). Il pose dans l'attitude qu'il eut lors de la séance du 2 septembre 1792, le bras droit tendu vers la frontière de l'Est. En le regardant, on se rappelle ses paroles restées célèbres : « De l'audace, encore de l'audace, toujours de l'audace… »

L'éloquence au service de la Révolution

Georges Jacques Danton naît à Arcis-sur-Aube le 28 octobre 1759. Orphelin d'un père qui était procureur, il fait ses études à Troyes, puis à Arcis, et s'installe à Paris pour étudier le droit. Lorsque la Révolution éclate, il est avocat. Servi par son éloquence, Danton se fait remarquer au Club des cordeliers.
Suite à la chute de la royauté, le 10 août 1792, il dirige le Gouvernement et participe à la création du Tribunal révolutionnaire et du Comité de salut public. Après avoir tenté de s'entendre avec les girondins, Danton travaille à leur chute. Mais Robespierre guette son vieil adversaire qui fait désormais partie des indulgents (ceux qui veulent en finir avec la Terreur et signer la paix avec l'ennemi). Sur un rapport de Saint-Just, Danton est arrêté, ainsi que ses amis : Fabre d'Églantine, Camille Desmoulins et Hérault de Séchelles. Traduits devant le Tribunal révolutionnaire, ils se défendent si bien que la Convention vote un nouveau décret : celui-ci place hors des débats tout prévenu qui insulterait la justice. Après une parodie de procès, ils montent sur l'échafaud le 6 avril 1794.

Église

Détruite en grande partie en juin 1940, elle a conservé son élégant portail de style gothique flamboyant (1503). L'intérieur est éclairé par une double rangée de baies.

Arcis-sur-Aube pratique

Voir aussi l'encadré pratique de Troyes.

Adresse utile

Mairie – *10700 Arcis-sur-Aube - 03 25 37 80 36 - www.arcis-sur-aube.*

Aux alentours

Lhuître

13 km au nord-est par la D 441, puis la D 9 à gauche.

Ce bourg, dont le nom d'origine celtique signifie « village au bord de l'eau », se trouve dans la vallée de la Lhuitrelle.

L'**église Sainte-Tanche** est née d'un pèlerinage à cette sainte, jeune vierge et martyre qui, après sa décapitation, aurait porté sa tête dans ses mains jusqu'au lieu de sa sépulture. L'église, d'imposantes dimensions (50 m de long), présente une nef très élevée, qui marque l'apogée du style **gothique flamboyant**. À l'intérieur, on découvre d'intéressantes statues du 16e s. dont celle de sainte Tanche, au revers de la façade. Dans le transept, un retable en pierre (16e s.) représente le Portement de Croix, la Crucifixion et la Résurrection. De curieuses représentations de sibylles, guerriers, prophètes, chimères et animaux ornent les chapiteaux.

Ph. Gajic/MICHELIN

Le château de Dampierre.

Dampierre

21 km au nord-est par la D 441, puis la D 99 à gauche.

Dès le Moyen Âge, les seigneurs de Dampierre furent de puissants vassaux des comtes de Champagne.

Château – De la forteresse médiévale dotée d'un donjon puissant ne subsiste qu'un châtelet, au-delà d'une superbe grille en fer forgé du 18e s. Il est flanqué de quatre tourelles poivrières datant du 15e s. Le château (17e s.) est d'une ordonnance parfaitement classique. Le tsar Alexandre Ier y séjourna le 23 février 1814.

Église – Ce sanctuaire du 16e s. a conservé un élégant chœur du début du 13e s. et un portail de style gothique flamboyant. Il abrite le tombeau de **Pierre de Lannoy**, baron de Dampierre mort en 1523.

L'Argonne★

CARTE GÉNÉRALE C2 – CARTE MICHELIN LOCAL 307 B/C 3/4 – MEUSE (55)

Les belles forêts, les paysages vallonnés, les villages préservés de l'Argonne en font une contrée agréable à parcourir. Et pourtant le passé a marqué la région de son empreinte douloureuse : difficile ici d'oublier le cauchemar de la Première Guerre mondiale.

- **Se repérer** – Ce massif, dont la plus grande largeur entre Clermont et Sainte-Menehould ne dépasse pas 12 km, atteint 308 m d'altitude au sud de Clermont. Il représentait jadis un sérieux obstacle à la circulation.
- **À ne pas manquer** – Les sites impressionnants de la Première Guerre mondiale et le musée d'Argonne à Varennes-en-Argonne, pour comprendre l'arrestation de Louis XVI.
- **Organiser son temps** – Comptez une journée pour parcourir l'Argonne si vous programmez quelques visites, en prévoyant de déjeuner à Varennes ou à Beaulieu, mais le pique-nique peut également être une bonne solution.
- **Avec les enfants** – Pour les plus grands, les mémoriaux et lieux de combats de 1914-1918 illustrent leurs cours d'histoire.
- **Pour poursuivre la visite** – Voir aussi Sainte-Menehould, Vouziers.

Le saviez-vous ?

Les vallons de l'Argonne constituent les voies de passage qui ont servi de couloirs d'invasion aux Prussiens en 1792 : défilés des Islettes, de Lachalade, de Grandpré… Dumouriez prit au piège les troupes de Brunswick à la sortie de ces défilés, qu'il baptisa les « Thermopyles de France ». La manœuvre le conduit à la victoire de Valmy, le 20 septembre 1792 (*voir Sainte-Menehould*).

Durant la guerre de 1914-1918, le front s'installa pendant quatre ans sur la ligne Four-de-Paris, Haute-Chevauchée, Vauquois, Avocourt, coupant l'Argonne en deux. Le souvenir demeure donc, celui des milliers de soldats tombés sur le champ de bataille lors des différents affrontements.

Circuit de découverte

77 km au départ de Clermont-en-Argonne – une demi-journée.

Clermont-en-Argonne

Sur le flanc d'une colline boisée dont le sommet (308 m) est l'un des points culminants de l'Argonne, Clermont affiche un certain cachet au-dessus de la vallée de l'Aire. Ancienne capitale du comté du Clermontois, la ville était dominée par un château fort entouré de remparts. Elle fit successivement partie de l'Empire germanique, de l'évêché de Verdun, du comté de Bar, du duché de Lorraine, avant de passer à la France en 1632. Louis XIV l'attribua au Grand Condé. Le château fut rasé après la Fronde.

Du 16e s., l'**église Saint-Didier** possède deux portails Renaissance. Les voûtes du transept et du chœur, de style gothique flamboyant, sont particulièrement ouvragées. Remarquez également les vitraux modernes et un « miroir de la Mort », bas-relief du 15e s. Belle Mise au tombeau du 16e s., composée de six statues dont le groupe des trois Marie, en pierre polychrome. *☏ 03 29 87 41 20 - visite sur demande préalable ou s'adresser au presbytère, n° 20 en face de l'église.*

Prendre le chemin à droite de l'église et suivre une allée conduisant à l'extrémité du **promontoire** : vue sur la forêt d'Argonne et la vallée de l'Aire (table d'orientation).

Quitter Clermont-en-Argonne par la D 998, en direction de Neuvilly-en-Argonne. À Neuvilly, prendre la D 946. Sur la droite, à Boureuilles, la D 212 conduit à Vauquois. À l'entrée de Vauquois, prendre à gauche le chemin goudronné d'accès à la butte. Laisser la voiture et gravir le sentier qui conduit au sommet.

Butte de Vauquois

☏ 03 29 80 42 22 - visite de surface libre et gratuite - visite guidée des installations souterraines (2h) - juin-sept. et 1er dim. du mois de mars à mai et d'oct.-nov. : 14h30-17h30 - 3,50 € (-12 ans gratuit).

Les belligérants de la **Première Guerre mondiale** se disputèrent cette butte. Un monument témoin marque l'emplacement de l'ancien village détruit. Un petit chemin suit la ligne de crêtes d'où l'on aperçoit la forêt de Hesse, la butte de Montfaucon et la vallée de l'Aire, et domine plusieurs cratères de mine profonds de 30 m. Le terrain alentour est bouleversé : on peut encore y voir les restes de barbelés et de chevaux de frise.

Rejoindre la D 38 qui mène à Varennes-en-Argonne.

Varennes-en-Argonne

Louis XVI et sa famille furent arrêtés ici alors qu'ils tentaient de rejoindre les régiments qui leur étaient restés fidèles. Ils y vécurent le début d'une longue série d'humiliations. Cet événement historique rendit célèbre cette petite ville qui vit tranquillement sur les bords de l'Aire.

Musée d'Argonne – *✆ 03 29 80 71 01 - juil.-août : 15h-18h, w.-end 10h30-12h, 14h30-18h ; de mi-avr. à fin juin et sept. : w.-end 15h-18h - 4 € (enf. 2 €).* Dans un bâtiment moderne, le musée comprend, sur deux niveaux, une exposition sur Louis XVI présentant des documents relatifs au roi et à son arrestation, une galerie consacrée aux arts et traditions de l'Argonne (céramique sigillée de l'Argonne, faïences des Islettes et de Waly), une salle regroupant des souvenirs des guerres de 1914-1918 et de 1939-1945 (combats souterrains de l'Argonne et intervention américaine).

Depuis le musée jusqu'à l'église, un **itinéraire** jalonné de 7 panneaux évoque l'arrestation de la famille royale, dans la nuit du 21 au 22 juin 1791.

Mémorial de Pennsylvanie – Grandiose monument aux morts américains commémorant les combats de 1918. Jolie vue sur l'Aire et sa campagne, au nord.

Poursuivre par la D 38, puis tourner à gauche dans la route de la Haute-Chevauchée.

Haute-Chevauchée

De violents combats se déroulèrent dans ce haut lieu de la guerre de 1914-1918. Aujourd'hui, la route qui mène au **Kaisertunnel** et au cimetière militaire de la Forestière offre une agréable promenade en forêt. Dans les sous-bois, de part et d'autre

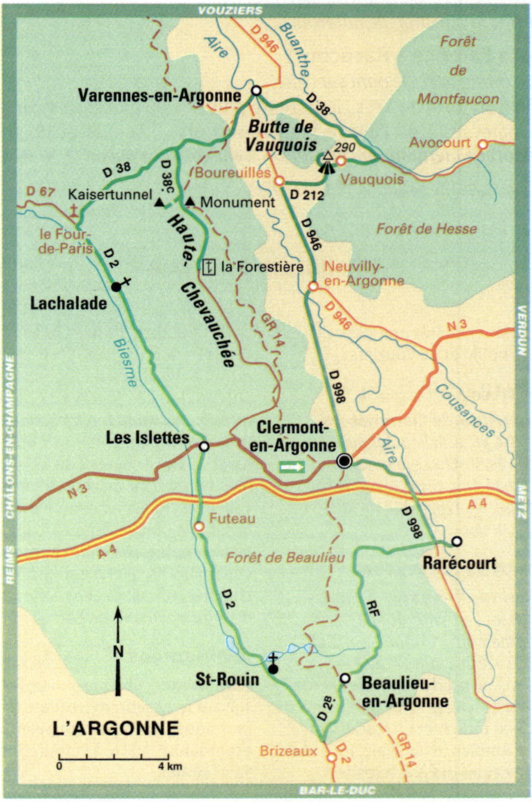

de la route, des tranchées et des boyaux sont encore visibles. *☏ 03 29 88 42 22 - visite guidée (1h) mai-sept. : dim. et j. fériés 14h-17h30 ; mars-avr. et oct.-nov. : 1er dim. du mois 14h30-17h - 3,50 € (-12 ans gratuit).*

Revenir à la D 38, poursuivre jusqu'au Four-de-Paris, puis prendre la D 2 vers Lachalade.

Lachalade

Le village est dominé par l'imposante silhouette d'une ancienne abbaye cistercienne. L'**église** du 14e s. ne comporte plus que deux travées, d'où ses curieuses proportions : les trois premières ont été détruites lors d'un incendie au début du 17e s. Sur la façade ouest, la rose flamboyante provient de l'abbaye Saint-Vanne de Verdun.

Continuer vers Les Islettes.

Les Islettes

Ce bourg autrefois très actif était connu pour ses tuileries, ses verreries et surtout ses faïenceries.

La D 2 traverse Futeau et entre dans la forêt de Beaulieu.

Ermitage de Saint-Rouin

Saint Roding (ou Rouin) était un moine irlandais du 7e s. Retiré en Argonne, il fonda un monastère auquel succéda l'abbaye de Beaulieu. Dans ce beau site forestier a été aménagée une « cathédrale de verdure ». Un bâtiment solitaire, l'Abri des pèlerins, accueille le visiteur, puis, sous la voûte des arbres apparaît une **chapelle** moderne en béton conçue par le R. P. Rayssiguier, disciple dominicain de Le Corbusier. Les **vitraux** multicolores ont été créés par une jeune artiste japonaise.

Poursuivre sur la D 2, puis tourner à gauche vers Beaulieu-en-Argonne.

Beaulieu-en-Argonne

Ancien siège d'une importante abbaye bénédictine, ce village très fleuri s'allonge sur une butte d'où vous aurez de belles vues sur le massif forestier. De l'ancienne abbaye subsistent quelques murs et surtout un **pressoir★** du 13e s. en chêne (la vis est en charme). Les moines pouvaient y presser 3 000 kg de raisin, donnant 1 600 l de jus.

De Beaulieu-en-Argonne, prendre la route forestière qui longe le bâtiment du pressoir (sur la gauche), poursuivre jusqu'au carrefour des Trois-Pins ; continuer tout droit, puis prendre à droite la direction de Rarécourt.

Musée de la Faïence à Rarécourt

Sur la route à droite après le pont sur l'Aire.

Dans une maison forte du 17e s., il présente plus de 800 pièces de faïences et terres cuites régionales (Islettes, Lavoye, Waly, Rarécourt…) des 18e et 19e s. *☏ 03 83 56 95 40 - ♿ - de fin juin à fin août : 10h30-12h, 14h-18h30 - 4 € (enf. 3,20 €).*

Rejoindre Clermont-en-Argonne par la D 998.

L'Argonne pratique

Voir aussi les encadrés pratiques de Sainte-Menehould et de Vouziers.

Adresse utile

Office du tourisme de Clermont-en-Argonne – *5-6 pl. de la République - 55120 - ☏ 03 29 88 42 22 - juil.-août : 9h-12h30, 13h30-18h ; reste de l'année : tlj sf lun. et dim. 9h-12h30, 13h30-18h - fermé 25 déc.-1er janv.*

Se loger et se restaurer

Hostellerie de l'Abbaye – *7 Grande-Rue - 55250 Beaulieu-en-Argonne - ☏ 03 29 70 72 81 - fermé 2 nov.-14 mars - 8 ch. 47 € - 5 € - restaurant 12,50/29 €.* Cette maison, qui borde la principale rue du bourg, abrite le café local, quelques chambres bien tenues et un restaurant tout simple. Ambiance familiale, jolie vue sur l'Argonne et les massifs forestiers.

Chambre d'hôte Château de Châtel – *08250 Chatel-Chéhéry - 9 km au NO de Varennes-en-Argonne par D 946 puis D 42 - ☏ 03 24 30 78 54 - http://perso.wanadoo.fr/chateaudechatel/ - réserv. obligatoire - 3 ch. 60/80 € - repas 22 €.* Ce château du 18e s., entouré d'un parc à flanc de coteau surplombant la vallée de l'Aire, ne manque pas de charme. Ensemble rénové, rehaussé de quelques vieux meubles, de cheminées anciennes et d'un bel escalier d'époque. Piscine chauffée, terrain de jeux, vélos à disposition, étang de pêche…

Événement

Pèlerinage – Chaque année, le dimanche suivant le 17 septembre (date de la fête liturgique), un important pèlerinage est organisé, à 15h, à l'ermitage de Saint-Rouin.

Ancienne abbaye d'Auberive★

205 AUBERIVAINS
CARTE GÉNÉRALE C4 – CARTE MICHELIN LOCAL 313 I4 – HAUTE-MARNE (52)

Dans la haute vallée de l'Aube, aux confins de la Bourgogne, cette abbaye cistercienne, fille de Clairvaux, s'élève dans un charmant village cerné par la forêt. Ce vaste ensemble architectural au destin mouvementé est aujourd'hui en grande partie consacré à l'art contemporain.

Se repérer – Auberive se situe à 28 km au sud-ouest de Langres, près de la Côte-d'Or. Le village est traversé par l'Aube qui prend sa source à proximité.

Organiser son temps – Deux à trois heures sont nécessaires pour visiter l'abbaye et le Centre d'art contemporain. On peut aisément passer une journée dans le coin en profitant des possibilités de balades dans les environs.

Avec les enfants – Plusieurs sites naturels à proximité offrent des espaces adaptés à la famille : source de l'Aube, réserve naturelle de Chalmessin.

Pour poursuivre la visite – Voir aussi Chaumont, ancienne abbaye de Clairvaux, Langres, Nogent.

A. de Valroger/MICHELIN

Entrée de l'abbaye d'Auberive.

Comprendre

Fille de Clairvaux – Fondée en 1135 par des moines de Clairvaux, l'abbaye d'Auberive est issue du grand mouvement monacal du 12e s (*voir ancienne abbaye de Clairvaux et p. 65*). Son architecture et son implantation sur un site isolé répondent à l'exigence cistercienne de sobriété. L'ensemble respecte le plan bernardin : une aile est réservée aux moines de chœur, une aile ouest abritant les bâtiments des convers, une aile nord dévolue aux communs, et une église à chevet plat. Les moines canalisent les eaux de l'Aube, installent un moulin et développent la pisciculture, assurant leur autonomie. L'abbaye, qui atteint son apogée au 13e s., sera pillée à plusieurs reprises, notamment lors de la guerre de Cent Ans, puis des guerres de Religion.

Une histoire mouvementée – À la Révolution, l'abbaye est vendue comme bien national à Caroillon de Vandeul, gendre de Diderot, qui y installe une filature de coton, puis sa résidence. Au 19e s., l'Histoire la rapproche à nouveau de Clairvaux, qui accueille un centre pénitentaire. Pour le désengorger, Auberive est à son tour transformée par l'État en prison de femmes : **Louise Michel** (*voir p. 66*) y séjourne entre 1871 et 1873. Puis l'abbaye accueille successivement un centre de redressement, une colonie agricole et une colonie de vacances de l'entreprise Solvay, qui fonctionnera jusqu'en 2002.

Éprouvée par cette longue histoire, l'abbaye a été récemment restaurée par ses nouveaux propriétaires : la famille Volot, industriels et mécènes, y a créé un **Centre d'art contemporain**, inauguré en 2006.

Visiter

☎ 03 25 84 72 06 - www.abbaye-auberive.com - juin-sept. : merc.-dim. 10h30-12h30, 14h-18h30 - visites guidées de l'abbaye (1h), juin-sept. : w.-end 15h30 et 17h, mai et oct. : dim. 15h ou sur RV (4 pers. mini.) ; reste de l'année sur RV - 6 € (-12 ans gratuit., tarif réduit 3,50 €) - Centre d'art contemporain 10 €.

Abbaye

Implantée sur un domaine de 6,5 ha, l'abbaye a été en grande partie remaniée aux 18e s. Le **cloître**, qui conserve 3 ailes, date de cette époque et était fermé par l'ancienne abbatiale. De cette église, il ne subsiste que le chœur (1182), aujourd'hui orné d'un Christ et de **vitraux contemporains**. En parcourant le cloître, remarquez la porte romane dite de la salle du chapitre (13e s.), ouvrant sur le réfectoire à voûte en « parapluie ».
L'aile ouest, celle des hôtes, présente une longue et monumentale façade classique qui fait face à la remarquable **grille d'honneur** (18e s.) de cette entrée ; elle provient de l'abbaye de Beaulieu, et serait l'œuvre de Jean Lamour, auteur des grilles de la place Stanislas (Nancy). Dans l'aile est, on visite les cellules d'isolement, donnant sur la cour des prisonnières.

Centre d'art contemporain

Installé dans l'aile ouest, il se consacre essentiellement à l'**art expressionniste**. Au rez-de-chaussée, des expositions temporaires réunissent artistes célèbres et méconnus. À l'étage, l'exposition permanente présente une partie de l'importante collection privée (peintures, sculptures et dessins) rassemblée par les propriétaires. Chaque pièce est consacrée à l'univers d'un artiste : **Rustin**, **Lindström**, **Aïni**...

Des **rencontres musicales** d'instruments à cordes, accueillant des solistes renommés, se déroulent chaque année début juillet. D'autres concerts et manifestations sont organisés ponctuellement.

Devant l'abbaye, l'agréable **promenade** « entre deux eaux », ombragée par des tilleuls, court entre l'Aube et le canal.

Aux alentours

Bay-sur-Aube

À 4,5 km au nord par la D 20.
Couronnant la butte de Taloison, avec une vue plongeante sur les rues escarpées du village, l'**église** (12e-13e s.) romane abrite un beau **retable de Saint-Hippolyte** (18e s.), œuvre du sculpteur langrois Antoine Besançon. Dans les chapelles latérales, remarquez les dalles funéraires (15e-16es.). Il pourrait s'agir d'une réplique de l'ancienne abbatiale d'Auberive. À la Saint-Hippolyte (30 janvier), le soleil se lève dans l'axe du chevet, éclairant le chœur : chants médiévaux et distribution de café célèbrent l'événement. *En cas de fermeture, clés auprès de M. Royer, à côté de l'église, ou de M. Cudel, rue du Lièvre.*

Source de l'Aube

7 km. La rivière, qui prend sa source au **mont Armet** (375 m) dans la forêt d'Auberive, jaillit dans un cadre bucolique. Aire de pique-nique.

19 km. Carte du pays de Langres en vente à l'office du tourisme de Langres, ou fiche randonnée téléchargeable sur leur site Internet). Le circuit forestier de la Source de l'Aube est balisé, au départ de l'aire de pique-nique de Grande-Croix près d'**Aujeurres**. Possibilité de faire le circuit à cheval ou à VTT *(3h).*

Réserve naturelle de Chalmessin

12 km. Au milieu des bois, la réserve abrite un **marais tufeux** particulièrement apprécié des libellules, dont on a recensé 16 espèces.

Un **sentier de découverte** jalonné de panneaux d'interprétation (*1,5 km*) et 2 circuits balisés (*tour du marais : 2,5 km, tour de la réserve : 3 km*) permettent de découvrir ce milieu.

Bar-sur-Aube

6 261 BARALBINS OU BARSURAUBOIS
CARTE GÉNÉRALE C3 – CARTE MICHELIN LOCAL 313 I4 – AUBE (10)

Le négoce, toujours le négoce ! Sous les comtes de Champagne, au bas Moyen Âge, Bar-sur-Aube était célèbre pour ses foires qui entraient dans le cycle annuel des six grandes foires de Champagne, réputées dans toute l'Europe. Bar-sur-Aube, dont le vignoble s'étale sur les coteaux avoisinants, est également un point de départ de la côte des Bar, route touristique du Champagne.

Se repérer – La ville est située sur la rive droite de l'Aube, au pied de la montagne Sainte-Germaine. Entre Troyes (60 km) et Chaumont (42 km), elle est traversée par la N 19 et ceinturée de boulevards à l'emplacement des remparts disparus.

Se garer – Parking à côté de l'église Saint-Pierre.

À ne pas manquer – Un tour de la ville et de son église Saint-Pierre ; les ateliers de la cristallerie de Bayel ; un passage par une cave sur la route du Champagne.

Organiser son temps – Comptez une bonne heure pour explorer le centre-ville, un peu plus si vous venez un samedi, jour du marché, et une demi-journée au moins pour le circuit si vous prévoyez de faire les visites (attention aux horaires). La Foire aux bulles, début septembre, perpétue la tradition des grandes foires médiévales : c'est le moment de déguster le champagne de Bar-sur-Aube.

Avec les enfants – Le parc d'attractions de Nigloland à Dolancourt ; le domaine Saint-Victor et son parc à daims à Soulaines-Dhuys.

Pour poursuivre la visite – Voir aussi Bar-sur-Seine, Vallée de la Blaise, Brienne-le-Château, routes du Champagne, Chaumont, ancienne abbaye de Clairvaux, Colombey-les-Deux-Églises, Parc naturel régional de la Forêt d'Orient, Troyes.

Se promener

Le centre-ville a conservé certains vestiges de son « âge d'or » médiéval, ainsi que quelques belles maisons des 16e et 18e s.

Partir de la place de l'Hôtel-de-Ville.

Hôtel de ville

Il occupe une partie de l'ancien couvent des Ursulines, construit en 1634 pour l'éducation des jeunes filles.

> **Le saviez-vous ?**
>
> Le philosophe **Gaston Bachelard** (1884-1962) est né à Bar-sur-Aube *(voir aussi p. 78)*. Des sculptures monumentales ont pour thèmes trois des quatre éléments qui ont inspiré ses essais : la terre à Mailly-Champagne, l'eau à Lusigny-sur-Barse, et l'air à Langres (tour Saint-Ferjeux). La sculpture évoquant le feu n'a pas été réalisée.

Rue d'Aube

Aux **nos 16** et **18**, où se trouve l'actuel hôtel de la Poste, admirez une demeure du 18e s. ornée de beaux balcons en fer forgé : Jeanne de Valois de Saint-Rémy y connut le **comte de La Motte**, son futur mari.
À voir aussi : au **no 15**, une maison du 18e s. ; au **no 32**, un garde-corps de balcon de la fin du 18e s. ; au **no 33**, un hôtel de la fin du 16e s. La maison Renaissance au **no 44** possède une porte en plein cintre, dont les pilastres supportent un fronton triangulaire à denticules.

Au bout, prendre à droite et longer l'Aube.

La **promenade des Chevillottes** mène à une ancienne motte féodale qui surplombe un plan d'eau.

Repartir en sens inverse et reprendre la rue d'Aube puis, tourner dans la première à droite pour arriver dans la rue Jeanne-de-Navarre.

Église Saint-Maclou

Ne se visite pas. L'abside (11e s.) correspond à l'ancienne chapelle du château des comtes de Bar, détruit à la fin du 16e s. sur ordre d'Henri IV. L'actuel clocher (12e s.) en constituait l'ancien donjon : on voit encore l'emplacement de la herse. La façade classique (18e s.) est inspirée de la porte du grand cloître de Clairvaux *(voir ce nom)*.
Contournez l'église par la droite : au niveau du chevet, un oculus permettait de voir le saint sacrement, notamment la nuit.

Poursuivre par la rue Mailly.

Le QG de Joffre

C'est dans l'école Arthur-Bureau, située dans la rue qui porte son nom, que le maréchal Joffre établit ses quartiers généraux lors de la **bataille de la Marne** (1914). Il résida alors au château de Jarre, que l'on voit en quittant la ville en direction de Troyes.

On passe devant le portail ouvragé de la sous-préfecture, un ancien **grenier à sel**.

Poursuivre par la rue Armand, puis la rue Nationale, principale rue commerçante.

Au **n° 14**, remarquez la **chapelle Saint-Jean** (11e et 12e s.) aujourd'hui désaffectée. Elle appartenait à la commanderie de l'ordre de Saint-Jean.

Prendre la rue Saint-Jean puis, à gauche, la rue du Général-Vouillemont.

Cellier aux Moines

✆ 03 25 27 08 01 - 9h-14h30, sur RV 14h30-20h - gratuit.

L'ancienne maison de ville des moines de Clairvaux, à la façade austère percée de deux baies romanes géminées, abrite un beau cellier voûté d'ogives (12e s.) aujourd'hui aménagé en restaurant. C'est ici que se réunirent les vignerons, lors de la **révolte de 1911** qui permit à la région de la côte des Bar de conserver son appellation champagne *(voir Bar-sur-Seine)*.

Au bout de la rue du Général-Vouillemont, vue sur le chevet de l'église Saint-Pierre, dont le toit d'une seule volée recouvre les chapelles absidiales.

Église Saint-Pierre★

Cette église (12e s.) fut construite en plusieurs étapes, à l'emplacement d'un sanctuaire dont on aurait conservé le sol : il faut descendre huit marches pour accéder à la nef. Le maître-autel provient de l'abbaye de Clairvaux, et l'orgue de celle de Remiremont (Vosges). Une cinquantaine de pierres tombales (13e-18e s.) marquent l'emplacement des sépultures de seigneurs locaux et de riches commerçants. La statue de la *Vierge au bouquet* en pierre polychrome (fin du 15e s.) est caractéristique de l'**école troyenne**. Nichée dans le mur près de la 1re chapelle : la mesure qui servait de référence pour la vente des grains lors des foires. Le long de la façade et sur le bas-côté droit de la nef, l'église présente une curieuse galerie couverte d'une charpente : le **halloy**, qui servit sans doute aux marchands au temps des grandes foires.

Ph. Gajic/MICHELIN

Le halloy et l'église Saint-Pierre.

Médiathèque

13 r. Saint-Pierre. Elle est installée dans l'**hôtel de Brienne** (début 17e s.). Contournez la bibliothèque pour admirer la façade Renaissance avec ses fenêtres à meneaux.

Prendre à gauche la rue Thiers qui a conservé des maisons à pans de bois : très vieille poutre sculptée au **n° 8**.

Traverser à nouveau la rue Nationale et prendre les rues de la Paume et du Poids pour regagner l'Hôtel de Ville.

Aux alentours

Chapelle Sainte-Germaine

4 km au sud-ouest de la ville par la D 4. À 3 km, prendre à gauche, dans un virage, un chemin en forte montée et s'y garer.

1h15 AR. Un chemin piétonnier aboutit à la chapelle de pèlerinage élevée pour Germaine, vierge martyrisée à cet emplacement par les Vandales en 407 et patronne tutélaire de Bar-sur-Aube. Après la chapelle, en contournant la maison, on parvient à une table d'orientation : **vue** sur Bar-sur-Aube, la vallée, Colombey-les-Deux-Églises et sa croix de Lorraine, les forêts des Dhuits et de Clairvaux.

Musée Rostislas-Loukine à Arsonval

6 km au nord-ouest par la N 19.

℘ 03 25 27 92 54 - visite (45mn) sur RV auprès de la mairie - gratuit.

Dans l'ancienne école communale, ce musée est consacré à l'artiste : d'origine russe (1904-1988) et naturalisé belge, il vécut quelques années en Champagne. On y découvre une cinquantaine de toiles, au style aérien et coloré, dont un portrait du philosophe Gaston Bachelard. Le bâtiment accueille aussi des expositions temporaires sur l'histoire et la peinture régionales.

Nigloland★

À Dolancourt, 9 km au nord-ouest par la N 19.

℘ 03 25 27 94 52 - www.nigloland.fr - de déb. avr. à déb. nov. 10h-18h (juil.-août 19h) - 17 € (-12 ans 15,50 €, -1 m gratuit) - sous réserve de modifications.

Traversé par la rivière du Landion, le 4e parc d'attractions de France a pour mascotte un hérisson baptisé Niglo. Le petit train emmène petits et grands en balade à travers les 3 villages (canadien, rock'n roll, merveilleux), tandis que les amateurs de sensations fortes s'en donneront à cœur joie en embarquant dans la Navette de l'Espace, le Train de la Mine ou le Grizzli. Le Bat Coaster, avec ses voitures suspendues, se lance à près de 100 km/h sur des pentes impressionnantes. Ne manquez pas le Niglo-show qui met en scène des automates électroniques, dans le village canadien.

Soulaines-Dhuys

18 km au nord par la D 384.

Bon à savoir – Pour vous guider lors de votre promenade, demandez le dépliant au point accueil touristique *(℘ 03 25 92 28 33).*

À pied, vous n'avez qu'à suivre les traits blancs et jaunes pour découvrir ce charmant village, traversé dans toute sa longueur par la Laine. Surnommé la « Venise verte de l'Aube », avec ses ponts de pierre enjambant la rivière, il abrite une église du 16e s. et de jolies maisons à pans de bois (dont une du 13e s.). La chapelle Saint-Jean, avec son avancée à pans de bois, est le vestige d'une ancienne léproserie. À voir aussi : les jardins potagers et la résurgence de la Dhuys, près du moulin banal.

Domaine Saint-Victor

21 km. Sortir de Soulaines par la D 960 en direction de Brienne-le-Château.

℘ 03 25 92 28 33 - 15 juil.-15 août : lun.-vend. 9h-17h, w.-end 10-18h ; reste de l'année : tlj sf w.-end 9h-17h - gratuit.

Ancienne propriété bourgeoise, le domaine Saint-Victor conserve d'étonnants vestiges : poulailler style Marie-Antoinette, ossature des anciennes serres tropicales... Ouvert au public depuis 2005, il abrite un Centre permanent d'initiatives pour l'environnement, un arboretum et un **parc à Daims** où un observatoire permet de guetter les animaux en toute discrétion.

Agence nationale pour la gestion des déchets radioactifs (Andra)

25 km au nord par la D 384 jusqu'à Soulaines, puis la D 24 en direction d'Épothémont. La route traverse la forêt de Soulaines : 1 km après La Ville-aux-Bois, tourner à gauche.

℘ 0 800 31 41 51 - visite guidée (2h) sur demande préalable 15 j. av. auprès du service communication des centres de stockage de l'Aube : tlj sf w.-end et j. fériés 8h30-12h, 13h30-17h - se munir d'une pièce d'identité en cours de validité - fermé 25 déc.-1er janv. - gratuit.

En fonction depuis janvier 1992, le centre de l'Aube est conçu pour recevoir l'ensemble des déchets faiblement et moyennement radioactifs à vie courte, produits en France. Dans le bâtiment d'accueil : expositions, maquettes animées, bornes interactives...

Circuit de découverte

LE PAYS BARALBIN

55 km – environ 2h. Quitter Bar-sur-Aube par la N 19 à l'est, puis la D 396 à droite, à la sortie de la ville.

Cet itinéraire suit une des **routes touristiques du champagne** : on traverse des paysages variés où les coteaux couverts de vignes alternent avec bois et vallées.

Bayel

Créée en 1666 par le maître verrier vénitien **Jean-Baptiste Mazzolay** qui obtint une lettre patente de Louis XIV, la cristallerie de Bayel est réputée pour sa production.

Écomusée du Cristal – *Centre Mazzolay -2 r. Belle-Verrière - ✆ 03 25 92 42 68 - avr.-sept. : lun.-sam. 9h15-13h, 14h15-18h, dim. et j. fériés 14h15-18h - fermé dim. le reste de l'année, 1er Mai, 1er nov., 25 déc.-1er janv. - 3,80 € (enf. 2,30 €) ; 7,60 € (enf. 3,80 €) billet combiné écomusée et cristallerie.* Le centre est aménagé dans trois petites maisons ouvrières *(entrée par l'office de tourisme)*. Il permet de découvrir, grâce à des maquettes, le verre et ses différents composants, l'histoire du cristal depuis l'Antiquité, son processus de fabrication ainsi que les différentes techniques d'ornementation (guillochage, gravure…). Film *(15mn)*, collection de pièces de cristal réalisées par les Meilleurs Ouvriers de France.

Ateliers de la Cristallerie Royale de Champagne★ – *✆ 03 25 92 42 68 - www.bayel-cristal-com - ♿ - visite guidée (1h30) tlj sf w.-end 9h30 et 11h - fermé août, j. fériés, 25 déc.-1er janv. - 5,30 € (enf. 2,30 €) ; 7,60 € (3,80 €) billet combiné cristallerie et écomusée.* Les bâtiments semblent un peu grands pour la cinquantaine de salariés qui perpétuent cette longue tradition. Mais l'adresse et les savoir-faire sont toujours là, et ne manquent pas d'impressionner.

Après 12h de cuisson à 1 500 °C dans le grand four, le mélange de sable, de chaux, de soude et de plomb est prêt, chaque matin, pour la production journalière : verres, vases, carafes, etc. Organisées autour du four, les équipes prélèvent la précieuse matière qui est rapidement moulée, soufflée, travaillée avec dextérité selon des gestes ancestraux. Elles doivent alors passer par un tunnel de cuissson avant de suivre différentes opération de contrôle, de finition, de décoration. *Voir aussi « Que rapporter » dans l'encadré pratique.*

Cristalleries royales de Champagne

Aiguières de la Cristallerie Royale à Bayel.

Église – *Été : 8h-20h ; hiver : 9h-18h.* Cette modeste église (12e s.) renferme une **Pietà★** en pierre polychrome de l'**école troyenne** (16e s.). La simplicité de l'attitude, le réalisme des traits, la perfection du modelé et l'harmonie des plis du vêtement dénotent l'intervention du **maître de Chaource** (*voir Chaource*).

Rejoindre la D 396 en direction de Clairvaux. Au bout de 1,5 km, tourner à droite vers Baroville, puis vers Arconville par la D 70.

La route traverse la **forêt de Clairvaux** et les vignobles du champagne. Entre Baroville et Arconville, la **vue** s'étend à l'est jusqu'au plateau de Langres. Vers le nord, on distingue la croix de Lorraine qui domine le site de Colombey-les-Deux-Églises.

Prendre la D 101 vers Clairvaux.

Clairvaux *(voir ce nom)*

Prendre la D 12, puis à gauche la route forestière du Val-Saint-Bernard (2 km).

Fontaine Saint-Bernard

Une halte a été aménagée dans un site ravissant, malheureusement ravagé par la tempête de décembre 1999. Longtemps, on a cru que ce lieu était l'emplacement d'origine de l'abbaye de Clairvaux, en 1115.

Traverser la D 396 et rejoindre Colombey-les-Deux-Églises par Outre-Aube, Longchamp-sur-Aujon, puis la D 15 et la D 23.

Forêt des Dhuits

Cette forêt, où se promenait souvent le général de Gaulle, possède de belles futaies de hêtres et de chênes. Il n'est pas rare d'y voir des cerfs et des sangliers.

Colombey-les-Deux-Églises *(voir ce nom)*

Quitter Colombey-les-Deux-Églises par la N 19 vers Bar-sur-Aube et, 2 km plus loin, prendre à droite la D 235.

Entre Rouvres-les-Vignes et Colombé-le-Sec s'étend le vignoble champenois de l'Aube.

Colombé-le-Sec

Ce village fleuri possède des fontaines et un curieux lavoir octogonal qui daterait du 12e s. L'église, très remaniée au 16e s., conserve un linteau roman décoré d'une croix grecque, entourée d'un agneau pascal et d'un loup.
Pourquoi ne pas terminer votre parcours sur une dégustation (modérée !) de champagne chez l'un des producteurs du village *(voir l'encadré pratique)* ?

Revenir à Bar-sur-Aube par la D 13.

Bar-sur-Aube pratique

Adresse utile

Office du tourisme de Bar-sur-Aube – *Pl. de l'Hôtel-de-Ville - 10200 - ✆ 03 25 27 24 25 - www.barsuraube.net - de mi-juin à mi-sept. : mar.-vend. 9h-12h, 14h-19h, lun. et sam. 9h-12h, 14h-18h, dim. et j. fériés 10h-12h30 ; de mi-sept. à mi-juin : tlj sf dim. 9h-12h, 14h-18h.*

Se loger

⊖⊖ Le St-Nicolas – *2 r. du Gén.-de-Gaulle - ✆ 03 25 27 08 65 - www.lesaintnicolas.com - P - 27 ch. 62/88 € - ☕ 8 €.* Trois jolies maisons (le bâtiment principal datant du 18e s. et deux annexes tournées vers la piscine) composent cet établissement du centre-ville. Les chambres, toutes rénovées, sont équipées de meubles fonctionnels en bois peint. Charmant espace petit-déjeuner. Sauna à disposition.

⊖⊖ Hôtel Le Tryon – *8 r. du Château - 10200 Lévigny - ✆ 03 25 92 78 95 - ⊄ - 4 ch. 46 € ☕ - repas 20 €.* Agriculteurs à la retraite, les propriétaires de cette ancienne ferme bien restaurée ont aménagé 4 chambres, confortables et bien équipées, dans une aile indépendante de l'habitation principale. Table d'hôte familiale, aux légumes du jardin et fruits du verger, servie dans la salle à manger commune ou en terrasse.

⊖⊖⊖ Moulin du Landion – *R. St-Léger - 10200 Dolancourt - 9 km au NO de Bar-sur-Aube par N 19 dir. Troyes - ✆ 03 25 27 92 17 - www.moulindulandion.com - fermé 15 nov.-15 fév. - P - 16 ch. 72/84 € - ☕ 9 € - restaurant 22/49 €.* Dans cet ancien moulin à colombage, tout est calme et douceur. Les chambres s'ouvrent sur un parc paysagé. Les baies vitrées de la salle à manger à deux niveaux surplombent la grande roue à aubes et le cours d'eau. Belle piscine d'été.

Se restaurer

⊖⊖ La Toque Baralbine – *18 r. Nationale - ✆ 03 25 27 20 34 - fermé 5-25 janv., dim. soir et lun. - 18/55 €.* Restaurant installé sur la principale avenue commerçante du centre-ville. Vous y dégusterez une cuisine au goût du jour mettant en valeur les produits du terroir. Salle à manger au cadre soigné et plaisante terrasse fleurie.

⊖⊖ La Taverne-Hôtel des Pirates – *Nigloland - 10200 Dolancourt - 9 km au NO de Bar-sur-Aube par N 19- ✆ 03 25 27 57 57 - www.hoteldespirates.fr - fermé 6 nov.-31 mars - formule dîner 32 € bc.* Bordant l'entrée du parc d'attractions Nigloland, cet établissement trouve sa place en lisière de forêt. Des boiseries acajou habillent tous les espaces, du vaste hall de réception et son bar en forme de bateau aux 30 chambres, toutes familiales. Salle de spectacles et coin jeux pour les enfants. Restaurant de type buffet.

Que rapporter

Boutique de l'écomusée du Cristal – *10310 Bayel - ✆ 03 25 92 37 60 - tlj sf dim. 9h-12h30, 14h-17h30.* Des pièces de cristal sont en vente au magasin d'usine.

CHAMPAGNE

Champagne Bernard-Breuzon – *R. St-Antoine - 10200 Colombé-le-Sec - ✆ 03 25 27 02 06 - breuzon@wanadoo.fr - 9h-12h, 14h-18h, w.-end sur RV.* Quatre générations d'agriculteurs veillent sur ce vignoble de 13 ha. Une visite commentée vous présentera les différents stades d'élaboration du champagne. Dégustation de différentes cuvées.

Champagne Drappier – *R. des Vignes - 10200 Urville - ✆ 03 25 27 40 15 - www.champagne-drappier.com - 8h-12h, 14h-18h sur RV - fermé j. fériés.* Affaire familiale depuis 1808, cette exploitation est la seule au monde à effectuer la prise de mousse dans les grands flacons d'origine. Autre singularité : l'ajout au champagne d'une liqueur vieillie en fûts de chêne. Les cuvées mûrissent dans des caves du 12e s. construites par les moines de Clairvaux.

Champagne Dumont – *R. de Champagne - 10200 Champignol-lez-Mondeville - ✆ 03 25 27 45 95 - www.champagnedumont.fr - 9h-18h ; w.-end et j. fériés sur RV.* Cette famille de propriétaires-récoltants cultive la vigne depuis plus de deux siècles. Très attachée aux méthodes traditionnelles, elle a su introduire récemment ce qu'il fallait de technologies nouvelles pour maintenir son rang dans la profession. Visite des chais (pressoir, cuveries…) et dégustation de champagne.

Château de Bligny – *10200 Bligny - ✆ 03 25 27 40 11 - www.champagnemartel.com - tlj sf dim. 10h-19h.* Au cœur d'un magnifique parc paysager, ce château du 18e s. abrite un riche patrimoine historique et vinicole. Après avoir admiré l'importante collection de flûtes en cristal, visité les caves voûtées et l'écomusée, on dégustera les 3 champagnes de production maison, réalisés dans le plus pur respect de la tradition.

Champagne Charles Clément – *R. St-Antoine - 10200 Colombé-le-Sec - ✆ 03 25 92 50 70 - www.champagne-charles-clement.fr - de mi-juin à fin août : 8h-12h, 13h30-17h30 ; dim. 10h-12h, 14h-18h30 ; reste de l'année : 8h-12h, 13h30-17h30 (vend. 16h30). Visite des caves : 10h ; dernière visite l'apr.-midi : 15h30 - fermé 14 Juil.* Dans cette coopérative, l'ancien côtoie le moderne, avec des pressoirs à la fois pneumatiques et traditionnels. Vous pourrez y faire provision de champagnes rosés et de vins tranquilles AOC coteaux champenois. Gage de qualité : de nombreuses cuvées ont été primées.

Événement

Foire aux vins de Champagne – *✆ 03 25 27 14 75.* 1er week-end de septembre.

Bar-sur-Seine

3 510 BARSÉQUANAIS
CARTE GÉNÉRALE B4 – CARTE MICHELIN LOCAL 313 G5 – AUBE (10)

Adossée à une ligne de coteaux, où s'étendent les vignobles de la côte des Bar, la ville étire sur les rives du fleuve ses maisons à colombages. Si vous examinez attentivement une coupe de champagne, vous verrez se glisser entre les bulles des paysages champêtres et colorés… et tout l'univers du peintre Renoir, qui venait ici à la campagne, dans le village d'Essoyes.

Se repérer – La ville, à 32 km au sud-est de Troyes par la N 71, et à 41 km au sud-ouest de Bar-sur-Aube par la D 4, se situe à la confluence de 4 vallées (Seine, Arce, Ource, Laignes), au départ d'une des routes touristiques du Champagne.

Se garer – Laissez votre voiture sur le parking Allée-Porte de Troyes, établi sur les anciens fossés des fortifications, non loin de l'église.

À ne pas manquer – Un tour du centre-ville ; une dégustation de champagne chez un producteur des environs ; le village d'Essoyes, sur les traces de Renoir.

Organiser son temps – Le vendredi matin, vous profiterez du marché, créé par Thibaud IV en 1229 ! Prévoyez une bonne demi-journée pour le circuit avec les visites (attention aux horaires d'ouverture), davantage bien sûr pour explorer les chemins de randonnée. La période des vendanges, en septembre-octobre, est particulièrement intéressante.

Pour poursuivre la visite – Voir aussi Bar-Sur-Aube, Chaource, Ervy-le-Châtel, ancienne abbaye de Clairvaux, Parc naturel régional de la Forêt d'Orient, Les Riceys, Troyes.

Se promener

Dans la Grande-Rue, des **maisons anciennes** à pans de bois (16e et 17e s.) rappellent la prospérité d'antan, malgré les multiples pillages que la ville a soufferts au cours de son histoire : elle sera notamment assiégée sept fois pendant les guerres de la Ligue (1576-1593).

Église Saint-Étienne

✆ 03 25 29 94 43 - possibilité de visite guidée sur demande préalable à l'office de tourisme.

Bâtie de 1505 à 1616, cette vaste église associe une structure gothique flamboyant à des éléments classique et Renaissance. À l'**intérieur★**, ses vitraux et verrières en grisaille sont caractéristiques de l'**école troyenne** du 16e s.

Le saviez-vous ?

Jeanne de Navarre naît en janvier 1273 à Bar-sur-Seine. Fille d'Henri III, dernier comte de Champagne, elle épouse Philippe IV le Bel. Ce mariage, dont naîtront trois rois de France (Louis X le Hutin, Philippe IV le Bon, Charles X le Bel), permet le rattachement du comté à la couronne de France en 1285.

Dans le croisillon sud, quatre bas-reliefs illustrant la vie de saint Étienne sont attribués à Dominique Florentin : ils proviennent du jubé de Saint-Étienne de Troyes détruit après la Révolution. Dans le croisillon nord, les panneaux d'albâtre évoquant la vie de la Vierge et les statues de sainte Anne et saint Joseph sont l'œuvre de l'artiste troyen François Gentil.

Traverser la place et prendre à gauche la cour de la Mironne, puis un petit passage couvert.

Rue de la République

À gauche du passage, belle maison de pierre. En face, la plus grande maison de Bar a été le casino de la ville : elle aurait été édifiée à l'emplacement de l'ancienne demeure des comtes de Champagne. Sur la droite, le passage de la Poste présente des maisons à colombages aux poutres sculptées. Au n° 17, la **maison Renaissance** comporte, à l'angle, une petite niche qui abrite saint Roch et son chien. Sur la façade, un cartouche de 1580 mentionne : « Mieux vaut un peu avec justice que gros revenu sans équité », inscription devenue la devise de la ville.

Ph.Gajic/MICHELIN

Détail de la maison Renaissance.

Tourner à droite dans l'avenue Paul-Portier.

À l'angle de ces deux rues s'élève la **maison de l'Apothicaire** (15e s.), l'une des plus vieilles de Bar-sur-Seine. Au passage, on découvre à droite, au bout de la rue Lagesse, la **maison du Charron**, pseudonyme dû à la charpente qui donne l'effet d'une roue.
Prenez la rue des Fossés, créée sur l'emplacement d'anciens fossés, puis tournez à droite dans la **rue de la Résistance**. Remarquez au **n° 118** les pilastres d'ordre corinthien de la chapelle de la Passion, fondée au 12e s.
Au **n° 135** de la **Grande-Rue**, derrière le portail, un escalier de pierre (173 marches) à flanc de coteau mène à l'ancien château des comtes de Bar. Démantelé à la fin du 16e s., à la demande des habitants ruinés par les guerres incessantes, il n'en subsiste que la **tour du Lion** ou tour de l'Horloge, reconstruite en 1948. En chemin, vous apprécierez le panorama sur les toits de la ville dominée par la masse de l'église, la forêt et le vignoble.

La révolte de 1911

Détruit par le phylloxéra après 1890, le vignoble fut progressivement reconstitué, mais les viticulteurs de l'Aube durent lutter contre ceux de la Marne pour retrouver l'appellation « **champagne** ». Cette lutte culmina en 1911 avec la révolte des vignerons, menée par Gaston Checq. Le 3 mai, le gouvernement envoya plus de 3 000 hommes à Bar-sur-Seine pour la contrer. Les Aubois obtinrent enfin satisfaction par la loi du 22 juillet 1927, au prix d'une concession : remplacer le gamay par des cépages (pinot, chardonnay…) admis pour l'élaboration du champagne.

Aux alentours

Commanderie d'Avalleur

4 km au sud-ouest par la D 443. ✆ 03 25 29 94 43 - de mi-juin à mi-sept. : sam. 14h -17h ; reste de l'année sur demande préalable - 2 €.
Cette chapelle fut fondée par l'**ordre des Templiers**, créé après la première croisade. Après leur chute, elle passa en 1312 aux Hospitaliers de l'ordre de Malte.
Son architecture sobre correspond à l'esprit templier. Le chevet plat est percé de trois fenêtres. Les voûtes ogivales reposent sur des chapiteaux en culs-de-lampe, décorés de motifs végétaux. Des travaux ont révélé des bandeaux d'ornement polychromes du 13e s. Sous la charpente de châtaignier, de la même époque, des concerts sont programmés en été.

Château de Chacenay★

16 km à l'est par la D 4 jusqu'à Bertignolles puis la D 39.

✆ 03 25 38 79 46 - www.chateaudechacenay.com - visite guidée (45mn) juil.-août : tlj sf mar. 14h-18h30 - 8 € (enf. 6 €).

Pendant plusieurs siècles, ce château fut dans les mains de la famille de Chacenay, l'une des plus anciennes de Champagne, dont l'un des membres, Thomas, fut abbé de Clairvaux. Sa dernière représentante, Alix de Chacenay, qui participa aux croisades déguisée en homme, s'éteint en 1270.

En 1472, lors de la réunification du duché de Bourgogne au royaume de France, le château est assiégé par Louis XI et fortement endommagé. Ce n'est qu'au 19e s. qu'il sera restauré et décoré par la prestigieuse équipe de **Viollet-le-Duc**.

Les propriétaires actuels, la famille Pervanas, ont ouvert le domaine au public en 2002 et y ont installé leur **collection de manuscrits**, principalement de chefs d'État et de scientifiques.

Par un pont-levis, flanqué des deux « tours Sainte-Parise », vous accéderez à la cour d'honneur et au **parc** : d'une superficie de 50 ha, il abrite une chapelle du 12e s.

Intérieur – L'entrée, aux couleurs surprenantes, ouvre à gauche sur un petit salon Renaissance aux murs recouverts de cuir de Cordoue repoussé. Remarquez dans la pièce suivante un très bel escalier à vis, et dans la salle de billard, la **collection d'armes** du général de Lignières, ami de Napoléon III.

Mélusine à Chacenay

En l'absence de son époux Erard II, baron de Chacenay, parti en Terre sainte, **Mélusine de Broyes** fit aménager des bains dans le château. Furieux des libertés prises par son épouse, Erard II, à son retour, la chassa. Depuis la fin du 12e s., Mélusine hante les lieux. Plusieurs références à ce personnage apparaissent dans les décors du château.

Rumilly-lès-Vaudes

13 km au nord-ouest par la N 71, puis la D 85 après Fouchères.

Église Saint-Martin – *✆ 03 25 40 92 14 - visite guidée sur RV 7h-19h.* Ce bel édifice du 16e s. possède un grand portail richement sculpté. On remarque un magnifique **retable★** de pierre peinte (1533) et quelques vitraux de la fin du 16e s., dont certains du maître troyen **Linard Gontier**.

Ph. Gajic/MICHELIN

Retable de l'église de Rumilly-lès-Vaudes.

Manoir des Tourelles – *✆ 03 25 40 92 14 - visite guidée sur RV avec M. Daunay.* Conforté par quatre tourelles d'angle, ce manoir du 16e s. était la demeure d'un riche marchand de Troyes, Pierre Pyon. Une galerie de bois court au 1er étage, soutenue par des colonnes torses couronnées de chapiteaux. À l'intérieur, certaines poutres sont ornées de dauphins et d'armoiries. Les manteaux de quatre cheminées furent agrémentés de médaillons, quand les abbés de Molesme prirent possession du manoir.

Circuit de découverte

LE BARSÉQUANAIS

56 km – environ 2h.

Dès le Bas-Empire, la vigne fut cultivée sur les coteaux aubois : le vignoble barséquanais représente la plus grosse partie du vignoble de la **côte des Bar** (7 000 ha). Ce circuit emprunte une des **routes touristiques du champagne**.

Quitter Bar-sur-Seine par la N 71 et prendre à gauche la D 67 vers Celles-sur-Ource.

Celles-sur-Ource

Dans ce village, vous pourrez faire une halte chez un producteur pour vous ravitailler en champagne !

6 ou 11 km. Itinéraires balisés, dépliant disponible à l'office du tourisme de Bar-sur-Seine. Au départ de l'ancien lavoir, le **chemin du Vigneron** permet de découvrir le paysage typique du vignoble champenois de la côte des Bar.

Landreville

Ce charmant bourg, avec son dédale de ruelles, abrite un patrimoine intéressant : le château, l'église, qui abrite un retable de Bouchardon, la chapelle et le calvaire qui furent bâtis du 12e au 16e s.

Continuer sur la D 67 jusqu'à Essoyes.

Essoyes

Auguste Renoir (1841-1919) avait acheté une maison en 1895 dans le village natal de sa femme, Aline Charigot. Pendant vingt-cinq ans, il vint y passer chaque été en famille. Nombre de ses tableaux évoquent ce coin de campagne.

3, 7, 12 et 14 km. Circuits balisés, départ pl. d'Essoyes. Renseignements à l'office du tourisme de Bar-sur-Seine. Dans les environs d'Essoyes, les **chemins de Renoir** permettent de mettre ses pas dans ceux du peintre : des plaques de lave émaillée reproduisant certains de ses tableaux ont été placés près des lieux qui les ont inspirés.

Atelier – *7 r. Extra - 03 25 38 56 28 - mai-sept. : tlj sf lun. 10h30-12h30, 14h-18h30 ; de fin mars à fin avril et de déb. oct. à mi-nov. : 14h-18h30 - fermé de mi-nov. à mi-mars - 2 € (-12 ans gratuit).* Photos, documents et objets personnels du peintre y sont rassemblés. À l'étage, une exposition permanente met en perspective Renoir et sa famille ainsi que le village d'Essoyes.
Chaque année, l'atelier accueille également l'œuvre d'un artiste choisi par l'association Renoir. Créée en 1986 à l'initiative de Claude Renoir et de sa femme, elle a pour but de favoriser le travail de jeunes artistes en leur accordant une bourse.

Cimetière – Comme le rappellent des bustes en bronze de Guino, c'est ici que reposent Auguste Renoir, sa femme ainsi que leurs trois fils, Pierre le comédien, Jean le cinéaste et Claude le céramiste.

Maison de la Vigne – *Fermé en 2007.* Les anciennes écuries du château abritaient sous une belle verrière un musée expliquant l'élaboration du **champagne** depuis le cep jusqu'à la mise en bouteilles.
Bon à savoir – Dans le cadre d'un projet « Renoir et Champagne », le lieu sera réaménagé, tout comme l'atelier Renoir. En outre, le café Saint-Rémy sera transformé en « café-galerie » et un « jardin-promenade Renoir » sera créé.

Prendre la D 79 vers le sud, puis aussitôt à droite la D 117 à travers la forêt, et enfin la D 17 à droite.

Mussy-sur-Seine

Ancienne résidence d'été des évêques de Langres, cette localité a conservé des maisons anciennes des 15e et 16e s., dont un ancien grenier à sel. L'ancienne villégiature des évêques abrite aujourd'hui la mairie.

Église Saint-Pierre-ès-Liens – *03 25 38 42 08 - possibilité de visite guidée sur demande à l'office de tourisme.* Édifiée à la fin du 13e s., elle frappe par ses vastes dimensions. Son abside présente de grandes analogies avec Saint-Urbain de Troyes. Dans la chapelle des fonts baptismaux, le *Saint-Jean-Baptiste*, haut de 2 m, est l'une des sculptures réalisées au 14e s. par des « imagiers » dont l'atelier eut un rayonnement sur tout le territoire de l'Aube et en Bourgogne. À voir aussi : le tombeau du 14e s. avec les gisants des fondateurs de l'église, Guillaume de Mussy, panetier de Philippe le Bel, et son épouse.

Musée de la Résistance – *R. Boursault - ✆ 03 25 38 42 08 - www.barsequanais.com - visite guidée du maquis et visite du musée sur RV à l'office de tourisme - 2 € (enf. 1 €).* Durant la dernière guerre, les forêts de Mussy-sur-Seine ont abrité un important maquis, qui comptait 1 200 hommes à la fin du mois de juillet 1944. Dans une pièce sont réunis quelques souvenirs évoquant la Résistance.

Poursuivre au sud-ouest par la D 17.

Après avoir traversé la forêt, la route arrive en vue des coteaux couverts de vignobles des Riceys. Au cours de la descente vers Les Riceys, on distingue bien les trois villages, dominés chacun par une église Renaissance.

Les Riceys *(voir ce nom)*

Aux Riceys, prenez au nord la D 452 jusqu'à Polisy, puis la D 207 qui passe par **Polisot**, village entouré de vignes et de bois.

Bar-sur-Seine pratique

Voir aussi l'encadré pratique des Riceys.

Adresse utile

Office du tourisme de Bar-sur-Seine – *33 r. Gambetta - 10110 - ✆ 03 25 29 94 43 - www.ot-barsurseine.fr - lun. 14h-18h, mar.-jeu. 9h-12h, 14h-18h, vend.-sam. 9h-13h, 13h30-18h, dim. 10h-12h - fermé dim. de mi-sept. à fin juin, 1er et 8 Mai, 1er et 11 Nov., 25 déc.*

Visite

Bar sur-Seine – *Sur demande - 2 €/4 € (visite complète).* Visite guidée de la ville et/ou de l'église (1h/2h).

Se loger

⊖⊖ **Le Val Moret** – *10110 Magnant - 9 km au NE de Bar-sur-Seine près échangeur autoroute - ✆ 03 25 29 85 12 - www.le-val-moret.com - P - 42 ch. 45/76 € - 7 € - restaurant 16/50 €.* Cette grande bâtisse moderne et fleurie opte pour le style motel. Les chambres, simples et fonctionnelles, sont toutes en rez-de-chaussée. Bonne insonorisation et rapport qualité-prix attractif. Cuisine traditionnelle sans prétention.

Se restaurer

⊖ **Le Commerce** – *30 pl. de la République - ✆ 03 25 29 86 36 - hotelducommerce.bar-sur-seine@wanadoo.fr - fermé vac. de fév., 21-28 août, 25-31 déc., vend. soir en juil.-août et dim. - 12/37 €.* La petite capitale auboise du champagne abrite cet établissement tout simple, parfaitement entretenu par un couple de propriétaires passionné. Attablé dans sa salle à manger agrémentée de poutres apparentes et d'une cheminée, vous partirez à la découverte de recettes traditionnelles au caractère bien trempé.

⊖⊖ **Auberge de la Seine** – *1 fg de Bourgogne – 10 km au N de Bar-sur-Seine par N 71 - 10260 Fouchères - ✆ 03 25 40 71 11 - contact@aubergedelaseine.com - fermé 21-28 août, 19 févr.-11 mars, dim. soir et merc. - 19/65 €.* Relais de poste (18e s.) prolongé par une belle terrasse surplombant la Seine. Cuisine traditionnelle servie sous les poutres de la salle à manger actuelle, sobre et cosy.

Que rapporter

Marché – Un marché se tient le vendredi matin sur la place du Marché, perpétuant la tradition depuis 1229.

CHAMPAGNE

Champagne René Jolly – *10 r. de la Gare - A 5 sortie n° 22 dir. Magnant - 10110 Landreville - ✆ 03 25 38 50 91 - contact@jollychamp.com - tlj sf dim. 10h-16h - fermé j. fériés.* Après la visite des caves du 18e s. (beau centre de pressurage), petit détour indispensable par le musée : les méthodes d'élaboration du champagne n'auront alors plus de secrets pour vous.

Champagne Richardot – *38 r. René-Quinton - 10110 Loches-sur-Ource - ✆ 03 25 29 71 20 - champagne.richardot@wanadoo.fr - 9h-11h30, 14h-18h, w.-end et j. fériés sur RV uniquement - fermé 1er janv. et 25 déc.* Les belles caves voûtées de la maison Richardot sont agrémentées d'une collection de vieux outils de vigneron. La vue magnifique sur le vignoble compose le petit « plus » de l'agréable salle de dégustation.

Champagne Moutard Père et Fils – *R. des Ponts - 6 km au S de Bar-sur-Seine par N 71 - 10110 Buxeuil - ✆ 03 25 38 50 73 - www.champagne-moutard.fr - tlj sf dim et j. fériés 9h-12h, 14h-18h30.* Tous les amateurs de champagne connaissent le pinot noir, le chardonnay ou le pinot meunier, mais depuis quelques années la famille Moutard a décidé de faire revivre un vieux cépage que l'on croyait disparu : l'arbane. Depuis 1992, François Moutard en a fait une cuvée spéciale (cuvée Vieilles Vignes) qui passe pour l'une des plus belles curiosités de Champagne.

Vallée de la **Blaise**

CARTE GÉNÉRALE C3 – CARTE MICHELIN LOCAL 313 J/K 2/4 – HAUTE-MARNE (52)

Sans le savoir, vous vous êtes sûrement déjà assis sur un banc, extasié devant une fontaine ou une statue de fonte en provenance de cette vallée, à l'ouest de la Haute-Marne. L'art de la fonte, c'est toute la vie de ces petites localités… Suivez la rivière, qui abonde en truites (les pêcheurs se limiteront à six prises par jour !) : elle vous conduit à travers prairies et vallons boisés sur les traces de Voltaire.

Se repérer – La Blaise s'étire de Gillancourt, un petit village au nord-ouest de Chaumont, jusqu'à la Marne qu'elle rejoint près de Saint-Dizier. Les villages se nichent à flanc de coteau ou au bord de la rivière, avec leurs belles maisons en pierre blanche.

À ne pas manquer – Le château de Cirey-sur-Blaise ; le haut-fourneau de Dommartin-le-Franc pour comprendre l'histoire de la fonte et de la vallée.

Organiser son temps – Programmez une bonne demi-journée si vous souhaitez apprécier pleinement le circuit. Attention : certains sites ne sont ouverts qu'en saison (de mi-juillet à fin août) et uniquement l'après-midi. Une coulée a lieu fin septembre à Dommartin-le-Franc.

Avec les enfants – Les vitrines du lavoir et de la caserne de Louvemont.

Pour poursuivre la visite – Voir aussi Bar-sur-Aube, Chaumont, Colombey-les-Deux-Églises, lac du Der, Montier-en-Der, Vignory ; Saint-Dizier et Joinville, notamment pour approfondir le thème des anciennes forges.

Comprendre

Le temps des hauts-fourneaux – La vallée de la Blaise est l'une des plus anciennes régions métallurgiques de France. Dès 1157, des moines de Clairvaux fondent la première forge industrielle à Wassy. Hauts-fourneaux et ateliers actionnés par des roues à aubes s'installent peu à peu le long de la rivière, utilisant le bois des forêts environnantes pour le combustible, l'eau de la rivière pour la force motrice et le minerai de fer présent dans le sous-sol. En 1850, le bassin métallurgique produit 2 000 t de fer par an.

À la fin du 19e s., la Lorraine devient prépondérante, et la région se tourne alors vers une industrie plus décorative. Les éléments en fonte de la statue de la Liberté, par exemple, furent moulés à Dommartin-le-Franc, tandis que les décors du pont Alexandre-III à Paris, la statue de Champlain à Québec ou encore la fontaine Bartholdi à Washington furent fondus à Sommevoire.

Dur comme fer !

De cette région proviennent les **fontaines Wallace** qui ornent les petites places de Paris, mais aussi les lampadaires des Champs-Élysées et les entrées des bouches du métro parisien : en 1900, **Hector Guimard** crée dans les fonderies de Saint-Dizier les pièces Art nouveau qui parent bon nombre d'immeubles de cette ville et de la capitale.
Voir également Saint-Dizier et, si le sujet vous intéresse, suivez le circuit des Fontes d'Art en Haute-Marne ou celui des Maîtres des forges *(voir p. 15)*.

Circuit de découverte

AU DÉPART DE SAINT-DIZIER

95 km jusqu'à Chaumont (57 km jusqu'à Cirey-sur-Blaise) – environ 3h. Quitter Saint-Dizier au sud par la D 384 (direction Troyes), puis suivre la D 2. Prendre à droite la D 192.

Louvemont

Pans de bois, pierres et briques se mêlent dans ce village où 2 vitrines ont été aménagées dans l'ancien **lavoir** (scènes de lavandières au travail) et la **caserne** (exposition de matériel ancien des sapeurs-pompiers).

Repartir par la D 185.

Wassy *(voir ce nom)*

À Brousseval, prendre à droite.

Montreuil-sur-Blaise

Dans ce village, la première forge fut autorisée par ordonnance royale en 1621. La production des « poêles phares » y a notamment été lancée en 1892. Le haut-fourneau, en service jusqu'en 1880, a été démoli en 1925. De ce passé subsiste une belle **roue à aubes** de 1890. À côté, des panneaux d'interprétation racontent l'histoire de la fonderie.

Traverser le pont devant la roue à aubes puis, au bout de l'allée, tourner à droite dans la D 2 en direction de Doulevant-le-Château. Avant d'entrer dans Dommartin-le-Franc, suivre à droite le panneau « Fonderies d'art ».

Info pratique

Adresses utiles

Voir les offices du tourisme de Saint-Dizier et de Wassy.

Se restaurer

Mathieu – *27 r. du Mar.-de-Lattre-de-Tassigny - 52110 Dommartin-le-Franc - 03 25 55 44 23 - fermé sam. - 11/15 €.* La vie de ce tout petit village de la vallée de la Blaise serait bien calme sans la présence de ce restaurant qui fait aussi bar et tabac. Salle à manger décorée de trophées de chasse ramenés par le patron. Cuisine traditionnelle.

Dommartin-le-Franc

L'activité métallurgique du village s'exerça de 1459 à 1992. Magasin d'exposition de la **fonderie d'art** sur le site de l'ancienne usine, qui n'est pas accessible au public mais que vous pouvez apercevoir depuis l'entrée. Une coulée y est organisée chaque année fin septembre (*se renseigner auprès de l'office du tourisme de Saint-Dizier ou de Joinville : voir ces noms*).

Un peu plus loin, le site du **haut-fourneau** de 1834 accueille un centre d'interprétation de la métallurgie : diaporamas, maquettes, outils et objets d'art. *06 15 38 48 90 - www.fontesdart.org - de mi-juil. à fin août : tlj sf lun. 14h30-18h ; sept. : w.-end 14h30-18h - 3,50 € (enf. 2,50 €).*

De l'église, point de vue sur le village et ses environs.

Prendre la D 60 en direction de Doulevant-le-Château puis, à Courcelles, suivre la D 13.

Sommevoire

À l'ouest de la vallée de la Blaise, niché dans un vallon où la Voire prend sa source, ce village connut son essor métallurgique au 19e s. En 1847, **Antoine Durenne** racheta une fonderie et orienta sa production vers la fonte d'art (luminaires, fontaines, vases, statues religieuses). Dans le village, la présence de plusieurs statues rappelle cette vocation, qui se maintient grâce à une entreprise, la GHM, tournée essentiellement vers la production de mobilier urbain qui continue de s'exporter en France et dans le monde. Remarquez au passage l'**église Notre-Dame** (12e-18e s.) et son porche roman dont les 17 colonnes sont toutes taillées différemment.

Étrange équidé

Un énorme cheval de plâtre trône au fond du bâtiment. Il a servi au fondeur **Durenne** pour fabriquer une fontaine de 18 m de haut, brute de fonderie, qui fut présentée à l'Exposition de Londres en 1862.

Le Paradis – *03 25 94 22 05 - - de mi-juil. à mi-sept. : tlj sf lun. 14h30-18h ; reste de l'année : sur demande 10 j. av. - 3 €.* L'association des Compagnons de Saint-Pierre (du nom de l'église de Sommevoire) a constitué un fonds de quelque 1 500 **modèles de plâtres** qui étaient utilisés dans l'activité industrielle de la fonte, au siècle dernier. On y découvre des animaux fantastiques, des motifs décoratifs évoquant les œuvres d'artistes éminents tels que Bartholdi, Carrier-Belleuse et Klagmann, et de nombreux sujets religieux qui ont valu son nom au lieu.

Église Saint-Pierre – *- de mi-juil. à mi-sept. : tlj sf lun. 14h30-18h ; reste de l'année : sur demande 10 j. av.* Désaffectée, elle sert de lieu d'exposition pour trois associations, notamment celle des Compagnons de Saint-Pierre, qui présentent ici des **fontes** réalisées à Sommevoire. Les vitraux contemporains sont l'œuvre de l'artiste Jacqueline Nicolle.

Repartir vers le sud en direction de Doulevant-le-Château (D 229).

La route traverse le bois de la Pissotte et, à **Villiers-aux-Chênes**, passe devant un joli lavoir surmonté d'une maison à pans de bois.

Doulevant-le-Château

Entouré de belles forêts, Doulevant est connu pour ses ateliers de ferronnerie et de fonte. Les hauts-fourneaux, situés au lieu-dit La Forge, ont été détruits au début du 20e s. mais l'usine Eurofence (reconvertie dans la production de grillages) perpétue l'activité industrielle du village. L'**église** des 13e-16e s. présente un portail Renaissance et des vitraux du 16e s.

Poursuivre sur la D 2 vers le sud en direction de Cirey-sur-Blaise, avec de jolis coups d'œil sur la rivière.

Cirey-sur-Blaise

Ce bourg occupe un site plaisant au creux de la vallée.

Voltaire trouva refuge à Cirey après la polémique suscitée par la publication des *Lettres anglaises*. En effet, de 1734 à 1749, il fit de longs séjours à « Cirey la félicité », dans le château de son amie la marquise du Châtelet qu'il avait baptisée la « divine Émilie ». Il y pratiquait des expériences de physique avec cette femme passionnée par les sciences, et il composa ici plusieurs de ses œuvres, dont les tragédies d'*Alzire* et de *Mahomet*. C'est à Cirey qu'il apprit aussi sa cruelle disgrâce : Émilie le trompait avec le poète Saint-Lambert.

Le château – *℘ 03 25 55 43 04 - visite guidée (1h) juil.-août : 14h30-18h30 ; mai-juin et sept. : dim. et j. fériés 14h30-18h30 - 7 € (enf. 4 €).* Il présente un pavillon Louis XIII, seule partie réalisée d'un ambitieux projet, et l'aile du 18e s. construite par Mme du Châtelet et Voltaire. On y pénètre par une **porte sculptée** que Voltaire dessina lui-même : de style rocaille, elle est dédiée aux Arts et aux Sciences. À l'intérieur, on visite la bibliothèque, la chapelle, la cuisine du 17e s. et des pièces de réception décorées de tapisseries. Sous les combles se trouve le petit théâtre d'une simplicité touchante où Voltaire répétait ses pièces.

Ph. Gajic/MICHELIN

Le château de Cirey-sur-Blaise.

Vous pouvez alors faire le chemin inverse jusqu'à Saint-Dizier, ou continuer à remonter la vallée et poursuivre sur **Chaumont** : la route longeant la Blaise traverse les petits villages de pierre blanche qui ponctuent le cours de la rivière.

Dans ce cas, poursuivre la D 2 puis, à 7 km, bifurquer à gauche dans la D 133 en direction de Lamothe-en-Blaisy. À Juzennecourt prendre la N 19 qui mène à Chaumont.

Bourbonne-les-Bains

2 495 BOURBONNAIS
CARTE GÉNÉRALE C4 – CARTE MICHELIN LOCAL 314 C5 – HAUTE-MARNE (52)

La station qui domine la vallée de l'Apance était déjà connue des Romains et fut très prisée entre le 16e et le 18e s. Ses eaux chaudes radioactives et légèrement chlorurées inspirèrent Louis XV qui créa ici un hôpital militaire thermal, toujours debout, pour ses soldats atteints d'arquebusade. Bourbonne est la station de « l'eau qui guérit les os ».

Se repérer – Boubonne est à 39 km au nord-est de Langres. L'église se trouve au sommet d'une butte, l'établissement thermal au bas, et la Grande-Rue commerçante à mi-pente.

À ne pas manquer – Le musée du Thermalisme.

Avec les enfants – Le parc animalier de la Bannie.

Pour poursuivre la visite – Voir Langres, Nogent, Chaumont.

Le saviez-vous ?

Bourbonne dérive étymologiquement de **Borvo**, dieu gaulois. Les Gallo-Romains s'adressaient au dieu bouillonnant des eaux thermales, connu non seulement à Bourbonne mais aussi à Bourbon-Lancy ou Bourbon-l'Archambault, en espérant qu'il les guérisse.

L'établissement thermal a reçu de nombreuses personnalités : Auguste Renoir, Paul Guth, Raimu, Claude Autant-Lara, ainsi que Michel Platini qui se libéra de ses béquilles à la fin de la cure.

Séjourner

Quartier thermal

03 25 90 07 20 - www.valvital.fr - mars-nov.
Trois sources chaudes (66 °C) coulent en permanence : la source Saint-Antoine ou puisard romain (thermes actuels), la source Matrelle (petit temple sur la place des Thermes) et la source Patrice dans l'ancien hôpital militaire.
Grâce à leur composition minérale proche du sérum humain, les eaux de Bourbonne favorisent la fixation du calcium sur les os et permettent ainsi le traitement des rhumatismes, la consolidation des fractures (en particulier pour les sportifs de haut niveau) et la prévention de l'ostéoporose. Les eaux contiennent également quelques gaz rares indiqués pour soigner les pathologies liées à l'ORL. L'établissement thermal, restructuré et agrandi en 1997, propose des bains avec hydromassage, des applications de boue chaude, un hammam avec cabines individuelles, une piscine, des douches au jet. Outre les cures, on y propose également des séjours de remise en forme.

Ancien hôpital militaire thermal
Le premier hôpital militaire thermal, construit en France dès 1732, abrite aujourd'hui le centre Borvo, un hôtel et un centre d'animations (conférences, spectacles, activités diverses…) surnommé le « clocheton ».

Parcs – Les parcs **des Thermes**, **des Sources** et **d'Orfeuil** forment l'écrin indispensable au repos et à la détente.

La ville haute

Elle occupe le sommet de la colline. De l'ancien château féodal du début du 16e s. subsiste la porterie qui marque l'entrée du **parc du Château**.

Musée du Thermalisme – *03 25 90 69 47 - www.bourbonne.com - ♿ - mar. et jeu.-vend. 15h-18h, merc. 13h-18h, sam. 10h30-16h (dernière entrée 30mn av. fermeture) - fermé j. fériés - gratuit.* Installé dans les anciens communs, il présente des vestiges gallo-romains et des peintures du 19e s. de René Xavier Prinet (1861-1946), Georges Freset (1894-1975) et Horace Vernet *(Prise de Constantine).* En été, des expositions temporaires y sont organisées.

Château – Cette belle demeure construite à l'emplacement de l'ancien château fort a été léguée à la ville par un curiste reconnaissant, Chevandier de Valdrôme. La mairie s'y est installée depuis 1912. Vue agréable sur la ville basse et la vallée de l'Apance.

Église Notre-Dame-de-l'Assomption – Du début du 13e s., elle marque la transition entre le roman et le gothique. À l'intérieur, Vierge en marbre (14e s.).

Arboretum de Montmorency – Conçu à l'anglaise, il compte 250 essences différentes dont 90 sortes de résineux et 95 espèces de feuillus.

Parc animalier de la Bannie

2,5 km au sud par la D 139.

Rte de Coiffy - ☏ 03 25 90 14 80 - visite guidée sur demande 1 mois av. auprès de M. Legros d'avr. à mi-sept. : merc.-sam. 14h-18h, dim. 11h-18h30 ; de fin oct. à fin janv. : jeu.-vend. 14h-16h, merc. et sam. 14h-17h ; fév. : merc.-sam. 14h-17h ; mars : merc.-sam. 14h-17h, dim. 11h30-18h30 - fermé 1er Mai et lors du brame du cerf de mi-sept. à mi-oct. - gratuit.

Dans un parc de plus de 100 ha évoluent cerfs, daims, biches, sangliers, lapins ou chèvres, au sein de vastes enclos. Au cours de votre promenade, vous apercevrez aussi des paons, des canards et des pigeons en volières.

Aux alentours

Villars-Saint-Marcellin

5 km au sud-est par la D 417.

Construit sur les coteaux de l'Apance, le village est dominé par l'**église** du 12e s., restaurée au 19e s. Dans la crypte mérovingienne, le sarcophage de pierre du 8e s. est dit de saint Marcellin.

Coiffy-le-Haut

7,5 km au sud-ouest par la D 26.

Ce bourg est connu pour son **vignoble** qui produit un vin léger, de qualité, sous le nom de « vins de pays des coteaux de Coiffy ». À la fin du siècle dernier, le vignoble fut victime du phylloxéra et du développement ferroviaire qui facilita l'arrivée des vins du midi de la France. Sous l'impulsion d'un groupe d'agriculteurs, 8 ha ont été replantés en 1983 avec des cépages nobles : le pinot noir et le gamay pour le vin rouge et le chardonnay, l'auxerrois et le pinot gris pour le vin blanc.

Du village, où subsistent quelques murailles de l'ancienne forteresse du 13e s., beaux points de vue sur le vignoble et les vallées encaissées.

Coiffy-le-Bas

Le village, séparé de Coiffy-le-Haut par quelques rangées de vignes, a conservé de vieilles maisons dont la mairie, avec sa porte du 16e s. et son échauguette.

Abbaye de Morimond

16 km au nord-ouest.

Cette abbaye cistercienne fondée en 1115 dans un vallon sauvage est la 4e fille majeure de Cîteaux. Favorisée par sa position géographique aux confins de la Champagne et de la Lorraine, elle fut la « tête de pont » du développement de l'ordre cistercien vers les pays germaniques (213 abbayes dépendaient de Morimond au 13e s.).

Aujourd'hui subsistent quelques vestiges de la porterie et la chapelle Sainte-Ursule, ancienne chapelle des Étrangers, remaniée au 17e s. et récemment restaurée. Allez jusqu'à l'étang : le site est chargé de mystère.

Bourbonne-les-Bains pratique

Adresse utile

Office du tourisme de Bourbonne-les-Bains – *Pl. des Bains - 52400 - ☏ 03 25 90 01 71 - www.bourbonne.com/otsi - mars-oct. : 9h-12h, 14h-18h (w.-end 10h-12h, 15h-17h/17h30 juin et sept./18h juil.-août) ; nov.-fév. : tlj sf w.-end 9h-12h, 14h-17h.*

Se loger

Chambre d'hôte Ferme Adrien – *Rte du Val-de-la-Maljoie - 52400 Coiffy-le-Haut - 10 km au SO de Bourbonne-les-Bains par D 26 - ☏ 03 25 90 06 76 - ⊭ - 5 ch. 40 € - repas 15 €.* Quel bonheur de se retrouver dans cette ferme de 1845 entourée de vallons, de prés et de forêts ! Sa cheminée monumentale dans la salle à manger, ses meubles anciens, mais aussi son petit musée paysan vous charmeront.

Hôtel des Sources – *Pl. des Bains - ☏ 03 25 87 86 00 - hotel-dessources.com - fermé déc.-mars - 23 ch. 50/55 € - 6 € - restaurant 12/26 €.* Dans cet hôtel proche des thermes, tout est fait pour votre bien-être. Couleurs douces dans les chambres et dans la salle à manger ouvrant sur un patio bien aménagé. Petits plats gourmets pour égayer le quotidien des curistes.

Hôtel Orfeuil – *29 r. Orfeuil - ☏ 03 25 90 05 71 - hotel-orfeuil@wanadoo.fr - 23 mars-25 nov. - P - 45 ch. 52/54 € - 6 € - restaurant 12/22 €.* Dans la maison principale, salon bourgeois et chambres de bon confort régulièrement rénovées. À l'annexe, hébergement assez sobre, récent et spacieux. Mobilier « sixties » et plantes vertes dans une salle à manger lumineuse et miniterrasse bien fleurie en été.

En soirée

Casino de Bourbonne-les-Bains – *1 pl. des Bains - ☏ 03 25 90 90 90.* Lieu incontournable de la station, avec ses machines à sous, sa roulette anglaise, ses tables de boule ou de black-jack, le casino programme par ailleurs un riche éventail d'animations tout au long de l'année : dîner spectacle ou musical, thé dansant, restauration à thème.

Que rapporter

SCEA Les Côteaux de Coiffy – *R. Bourgeois - 52400 Coiffy-le-Haut - ☏ 03 25 84 80 12 - 14h30-18h30.* Caveau de dégustation de vins de pays blancs, rouges, rosés et méthode traditionnelle, issus des 15 ha de vignoble plantés autour de Coiffy-le-Haut.

Sports & Loisirs

Circuits de randonnée – Circuit du Rateau (6 km) dép. devant la piscine ; circuit de la Réserve (6,5 km) dép. parking du parc animalier ; circuit Poirier Thienno (4 km) dép. route de Senaide ; circuit des Épinaies (11 km), circuit les Coteaux viticoles de Coiffy (28 km) et circuit La Bannie (5 km) dép. de l'office de tourisme.

Parcours de santé – À **Serqueux** (4 km de Bourbonne), un sentier très vallonné serpente à travers la forêt de feuillus et de sapins. Aire de pique-nique et point de vue sur la vallée de l'Apance.

Brienne-le-Château

3 336 BRIENNOIS
CARTE GÉNÉRALE B3 – CARTE MICHELIN LOCAL 313 H3 – AUBE (10)

Napoléon Bonaparte s'éduqua au métier de soldat dans la prestigieuse école militaire de Brienne, de 1779 à 1784. Ses petits camarades se moquant de son physique ingrat et de son français approximatif, il s'y forgea la force de caractère qui lui servit bien au-delà de sa légitime défense du moment. On imagine que lorsqu'il revint dans cette ville quelque trente ans plus tard, certains de ces écoliers durent raser les murs…

- **Se repérer** – Légèrement en retrait de l'Aube (à 24 km au nord de Bar-sur-Aube), la localité est incluse dans le Parc naturel régional de la Forêt d'Orient.
- **Se garer** - Parking gratuit à côté de l'office de tourisme.
- **À ne pas manquer** – Le musée Napoléon, pour mieux comprendre le destin de Bonaparte.
- **Organiser son temps** – Prévoyez quelques heures pour visiter les lieux.
- **Avec les enfants** – L'arboretum situé sur les hauteurs offre un espace agréable pour toute la famille. Le lac Amance est tout proche *(voir Forêt d'Orient)*.
- **Pour poursuivre la visite** – Voir aussi Bar-sur-Aube, Parc naturel régional de la Forêt d'Orient, Montier-en-Der.

Le saviez-vous ?

Dans le Briennois, la culture du **chou** s'est développée avec l'installation des Alsaciens il y a un siècle. Depuis, la choucroute… au champagne est devenue une spécialité locale. La Fête de la choucroute a lieu chaque année, le 3e week-end de septembre.

Comprendre

Napoléon à Brienne – Le jeune Corse avait 9 ans lorsqu'il entra à l'école, tenue par des religieux minimes. Son père lui avait obtenu une bourse après avoir justifié de la noblesse de la famille Bonaparte. De petite taille, le teint pâle et parlant médiocrement le français, Napoléon se sentait peu à l'aise au milieu de ses camarades qui l'avaient surnommé « la paille au nez » en raison de son prénom bizarre qu'il prononçait Napoillonné, à l'italienne. Cependant, son air sombre, son attitude fière et son caractère susceptible en imposaient déjà.

Le bulletin scolaire du futur empereur – L'adolescent excellait dans les exercices militaires et en mathématiques. Malgré sa faiblesse en français et en latin, il fut mis sur la liste des élèves capables d'entrer à l'École militaire de Paris, avec cette appréciation : « Monsieur de Buonaparte (Napoléon), né le 15 août 1769. Taille de 4 pieds, 10 pouces, 10 lignes. Bonne constitution ; excellente santé ; caractère soumis. Honnête et reconnaissant, sa conduite est très régulière. Il s'est toujours distingué par son application aux mathématiques ; il sait passablement l'histoire et la géographie ; il est faible dans les exercices d'agrément. Ce sera un excellent marin. » Le 22 octobre 1784, une lettre signée du roi le reconnut cadet gentilhomme.

La campagne de France – Elle ramena une dernière fois Napoléon à Brienne, à la fin de janvier 1814. Avec une armée composée essentiellement de conscrits sachant à peine tenir un fusil, l'Empereur y attaqua les Prussiens et les Russes qu'il refoula sur Bar-sur-Aube.

Se promener

Hôtel de ville

L'Empereur légua à la ville de son adolescence une somme de 1 200 000 francs, dont une partie servit à construire l'hôtel de ville. Inauguré en 1859, il porte au fronton une effigie de Napoléon dans un médaillon surmonté d'un aigle.
La statue de Bonaparte, devant l'hôtel de ville, témoigne du costume des élèves de l'époque : habit bleu avec parements, veste et culotte rouge.

Église Saint-Pierre-et-Saint-Paul

Fortement endommagé par l'incendie qui, en 1940, détruisit une grande partie de la ville, l'édifice a été restauré à l'identique. Construite en pierre de Champagne, cette église, où le futur Napoléon fit sa première communion, comporte une nef du 14e s. et un chœur à déambulatoire du 16e s., éclairés par des vitraux Renaissance à l'iconographie originale (celui de gauche retrace l'Histoire de Noé, celui de droite, la Légende des saints Crépin et Crépinien). À voir aussi : le bénitier du 16e s. en forme de cloche, les fonts baptismaux et les grilles de chœur du 18e s.

Halles

Sous la belle charpente du 16e s., qui supporte un grand toit à pans couvert de tuiles, se tient toujours le marché du jeudi matin.

Château★

Ne se visite pas. Bâti de 1770 à 1778, cet imposant château couronne de sa masse blanche la colline qui domine Brienne. Surnommé le « Versailles de l'Aube » en raison de l'aménagement du parc et de l'intérieur, il est aujourd'hui occupé par le Centre psychothérapique départemental. Passant devant l'hospice du 18e s., une allée monte à la grille d'honneur : **vue** sur le château, de sobre architecture Louis XVI.

L'arboretum

Depuis la halle, prendre la rue du Pont puis à gauche la rue des Fours-du-Château.
Accès libre. Aire de pique-nique aménagée. Il est situé sur la côte des vignes qui domine la ville : vous cheminerez parmi les nombreuses essences, parmi lesquelles un araucaria du Chili, appelé aussi « désespoir du singe », et un séquoia géant.

La promenade briennoise

7 km. Itinéraire balisé, dépliant disponible à l'office du tourisme de Brienne.
Au départ de l'office de tourisme, ce circuit, qui relie les principaux sites d'intérêt de la ville, vous mènera jusqu'à l'arboretum, poursuivant ensuite à travers les vignes jusqu'à **Brienne-la-Vieille** et son écomusée (*voir Parc naturel régional de la Forêt d'Orient*).

S. Sauvignier/MICHELIN

Le moulin de Brienne-la-Vieille.

Visiter

Musée Napoléon

34 r. de l'École-Militaire - ✆ 03 25 92 82 41 - ♿ - possibilité de visite guidée (1h30-2h) - avr.-oct. : 10h-12h30, 14h-18h (dernière entrée 30mn av. fermeture) ; reste de l'année : tlj sf w.-end 10h-12h30, 14h-17h, w.-end 14h-17h - fermé 25 déc.-1er janv. et 1er Mai - 4,40 € (enf. 2,80 €).

Dans l'**ancienne école militaire** fondée en 1776 pour les enfants de la noblesse désargentée se destinant aux métiers des armes, ce musée présente quelques souvenirs de la vie de l'Empereur et de la campagne de France, ainsi que l'organisation de l'enseignement dans cet établissement. La visite comprend la projection d'un film documentaire sur le musée et ses collections.

Dans l'ancienne **chapelle des Carmélites** est exposé le **trésor des églises** des communes du parc de la Forêt d'Orient et de sa région : sculpture, peinture, orfèvrerie religieuse dont une cinquantaine de vases sacrés.

Aux alentours

Rosnay-l'Hôpital

9 km au nord par la D 396.

Sur les bords de la Voire, une « motte », jadis fortifiée, porte l'**église Notre-Dame** des 12e et 16e s. Remarquez la dalle funéraire (16e s.) située dans le bas-côté gauche.

En longeant l'édifice par la gauche, on parvient à l'escalier qui descend dans une vaste **crypte** du 12e s., rebâtie au 16e s. tout comme l'église haute. *Juil.-août : dim. 15h-18h ; en sem. et reste de l'année. : clé disponible en échange d'une pièce d'identité auprès de la personne notée sous le halloy.*

Brienne-le-Château pratique

Voir aussi l'encadré pratique du Parc régional de la Forêt d'Orient.

Adresse utile

Office du tourisme de Brienne-le-Château – *34 r. de l'École-Militaire - 10500 - ✆ 03 25 92 82 41 - www.ville-brienne-le-chateau.fr - avr.-oct. : 10h-12h30, 14h-18h ; nov.-mars : j. fériés et tlj sf lun. 10h-12h30, 14h-17h - w.-end : 14h-17h - fermé 1er Mai, le lun. de nov. à mars et vac. scol. de Noël.*

Visites

Visites guidées du musée et de la ville – *Renseignements à l'office de tourisme - mar. et merc. sans RV - musée (1h30) : 10h et 16h - 4,40 € ; ville (1h30) : 14h - 3,50 € ; jeu. et vend. sur RV.*

Se loger

⊖⊖ Auberge de la Plaine – *D 396 - 10500 La Rothière - ✆ 03 25 92 21 79 - www.auberge-plaine.com - fermé 1-8 janv. et 23-30 déc. - P - 15 ch. 43 € - ☕ 7 € - restaurant 12,50/32 €.* Chaleureuse petite auberge de bord de route, à l'orée du Parc régional de la Forêt d'Orient. Chambres d'esprit campagnard. Salle à manger meublée simplement et décorée d'objets paysans. La cuisine honore le terroir.

⊖⊖ Domaine des Lacs – *Au bourg - 10500 Lesmont - ✆ 03 25 92 00 70 - mail@domainedeslacs.com - ⊭ - 5 ch. et 1 gîte 60 € ☕ - repas 20 €.* Autrefois relais de chasse, puis ferme familiale tombée en ruine, ce groupe de bâtiments retrouve une seconde jeunesse depuis sa restauration. La salle à manger et son coin salon en mezzanine occupent les anciennes écuries. 3 chambres doubles à l'étage et une au rez-de-chaussée. Vaste espace verdoyant.

Se restaurer

⊖⊖ La Croix Blanche – *7 av. Pasteur - ✆ 03 25 92 80 27 - fermé lun.-mar. - 14,50/28,60 €.* Derrière une façade en pierre recouverte de vigne vierge, ce restaurant mise sur une décoration rustique. La carte, traditionnelle, compte quelques recettes régionales, dont la choucroute champenoise ou le mille-feuille d'andouillette au chaource. Mise en place correcte.

Que rapporter

Le Petit Marché Nature de la forêt d'Orient – *Renseignements auprès de l'Association des amis du Parc - La Capitainerie - 10140 Mesnil-St-Père - ✆ 03 25 41 07 83.* Sur les marchés de la région, la trentaine d'éleveurs, de producteurs et d'artisans de l'association du Petit Marché Nature de la forêt d'Orient vendent leurs produits « nature » cultivés, élevés ou fabriqués sur le territoire du Parc. Sachez encore que certains des artisans (apiculteur, potier…) organisent des visites de leur atelier.

Châlons-en-Champagne★★

45 400 CHÂLONNAIS
CARTE GÉNÉRALE B2 – CARTE MICHELIN LOCAL 306 I9 – MARNE (51)

Le chef-lieu de la Marne possède le charme discret d'une ville de province. Dans une région riche en lieux de mémoire liés aux guerres, la cité a conservé quelques belles maisons à pans de bois, de vieux ponts enjambant deux canaux, et d'immenses jardins où il fait bon flâner.

Se repérer – Châlons est à 33 km au sud-est de Reims par la N 44. En pleine Champagne crayeuse, la ville est sillonnée par le Mau et le Nau, formés par de petits bras de la Marne.

Se garer – Parking souterrain du GHV (Grand Hôtel de Ville).

À ne pas manquer – Le patrimoine religieux : cathédrale Saint-Étienne, basilique Notre-Dame-de-l'Épine, Notre-Dame-en-Vaux ; la découverte de la ville au fil de ses canaux.

Organiser son temps – Une demi-journée permet de se faire une bonne idée de la ville.

Avec les enfants – Avec ses nombreux aménagements, le Jard constitue un espace privilégié pour la famille.

Pour poursuivre la visite – Voir aussi Épernay, Montagne de Reims, Reims, routes du Champagne, Sainte-Menehould, Vitry-le-François.

Le saviez-vous ?

La peuplade gauloise des *Catalauni* a donné son nom à la ville. Longtemps appelée Châlons-sur-Marne, elle a retrouvé en 1998 le nom qu'elle portait jusqu'au 18e s.

Ici naquit **Nicolas Appert** (1749-1841) à qui l'on doit le procédé de conservation des produits alimentaires. Au-delà de la porte Sainte-Croix, après l'hôtel de région, une colonne en bronze (7,20 m de haut) a été sculptée à sa mémoire par Ipoustéguy.

Comprendre

Les champs Catalauniques – Au milieu du 5e s., Attila en pleine retraite livre une dernière et terrible bataille en 451 sur le territoire des *Catalauni*, active cité gallo-romaine évangélisée au 4e s. par saint Memmie (*voir l'encadré p. 60*). La géographie précise des lieux reste à déterminer, cependant, à 15 km au nord-est de Châlons, sur le territoire de La Cheppe, se trouve un lieu-dit appelé le « **camp d'Attila** ». Une tradition l'identifie comme le camp de base des Huns avant la bataille. C'est un vaste lieu fortifié celte couvrant 21 ha.

La « principale ville de Champagne » – Au Moyen Âge, la ville est érigée en comté administré par ses évêques. Grands vassaux de la Couronne, ils assistent le roi dans les cérémonies du sacre. La généralité de Châlons, instituée en 1542, est issue du démembrement de la grande généralité d'outre-Seine. Toutefois, sa suprématie remonte aux guerres de Religion. Alors que les autres villes se rangent du côté de la Ligue, elle reste fidèle au roi. En récompense, **Henri III** la considère en mars 1589 comme « la principale ville de Champagne ».
À partir de 1637, l'intendant de Champagne réside à Châlons, puis l'Assemblée provinciale s'y réunit en 1787. Le découpage départemental, en 1789, confirme la ville dans ses fonctions de chef-lieu de la Marne.

Grandes manœuvres – Par décret du 15 novembre 1856, signé par Napoléon III, un camp d'entraînement militaire de 10 000 ha, le plus vaste de France, est créé à proximité de Châlons, sur le territoire de Mourmelon. L'Empereur s'y installe pour observer les manœuvres en grandeur réelle et assister aux essais d'armes nouvelles, comme le fusil Chassepot. Aujourd'hui Mourmelon accueille toujours une base militaire.

Se promener

QUARTIER DE LA PRÉFECTURE

Partir de la place Foch, dominée par l'hôtel de ville et l'église Saint-Alpin.

Hôtel de ville A1

Construit par Nicolas Durand de 1772 à 1776, il comporte un hall d'entrée orné de 28 colonnes, et un grand salon ou salle des Mariages rythmé de pilastres de style Louis XVI. Une plaque rappelle que le soldat inconnu américain y fut choisi en 1921.

Prendre la rue d'Orfeuil qui porte le nom du dernier intendant de Champagne.

Ancienne Bibliothèque A1

Cette belle demeure du 17e s. fut l'hôtel particulier des Dubois de Crancé, gouverneurs de la ville. Elle a été surélevée d'un étage au 19e s.

Avancez-vous dans le **passage Henri-Vendel**. Au fond de la cour, on distingue l'ancien portail de l'église Saint-Loup ; dans le passage, de nombreuses plaques de fonte ou taques.

Maisons itinérantes

La maison à pans de bois qui abrite aujourd'hui l'office de tourisme sur le quai des Arts se situait autrefois... rue de la Petite-Juiverie. Une autre maison à colombages avait inauguré le mouvement, démontée en 1971 rue Clémangis pour être reconstruite rue Nicolas Durand... 9 ans plus tard, d'où son nom de **maison Clémangis**.

Revenez à la rue d'Orfeuil et poursuivez par la rue de Chastillon.

À l'angle de la rue Croix-des-Teinturiers et de la rue de Chastillon se dresse une jolie maison de style Art nouveau, construite en 1907.

Rue de Chastillon A2

Jusqu'au 19e s., elle portait le nom de rue de la Bassinerie, où travaillaient les artisans. Aux numéros pairs résidaient des gens aisés et aux numéros impairs les manuels. Au **n° 2**, l'hôtel particulier de 1738 abrite la chambre de commerce et d'industrie et possède un beau portail de la fin du 16e s. Au **n° 10**, la chambre régionale de commerce est installée dans un immeuble en pierre et brique. Aux **nos 14** et **16**, remarquez les maisons à pans de bois.

Prendre à gauche la rue de Jessaint qui traverse le Mau.

Couvent Sainte-Marie B2

Ne se visite pas. On découvre d'abord la façade arrière de l'ancien couvent du 17e s. de la congrégation Notre-Dame : donnant sur le Mau, elle est décorée de moellons de craie et de briques rouges. La façade sur cour est rythmée de pilastres cannelés.

Traverser la rue Carnot et prendre la rue de Vinetz. Par un passage en pente, on accède à la place du Forum de l'Europe, représentée en mosaïque bleue.

Place du Forum-de-l'Europe B2

Elle est entourée par des bâtiments modernes (Archives départementales) et anciens, comme le **prieuré de Vinetz** (prononcer « Vinai ») : ce dernier est en craie côté rue, et à pans de bois sur la cour. Occupé au 17e s. par des moines de l'ordre des Récollets, il fut cédé à des bénédictines ; c'est aujourd'hui le siège de l'hôtel du département. La façade de la chapelle a été construite en arc de triomphe *(ne se visite pas)*.

Revenir à la rue Carnot.

Préfecture B2

Elle occupe l'ancien hôtel des Intendants de Champagne, bâti de 1759 à 1766 sous la direction de J.-G. Legendre et N. Durand. L'édifice, réalisé sous le règne de Louis XV, évoque déjà le style Louis XVI par son architecture sobre et son décor de guirlandes.

Tout un cirque

Situé derrière la préfecture, le Centre national des arts du cirque, créé en 1985, a pour vocation de former des artistes polyvalents. Il s'est installé dans un cirque construit en 1887 sur le modèle du Cirque d'hiver à Paris.

Porte Sainte-Croix B2

Rouillé d'Orfeuil, intendant de 1764 à 1789, fit édifier cette porte triomphale par Nicolas Durand en 1770. Elle fut dédiée à Marie-Antoinette, à son arrivée en France pour y épouser le futur Louis XVI. Appelée alors porte Dauphine, elle est restée inachevée, sans sculpture sur l'une des faces.

LE JARD A2

Ancienne prairie et possession de l'évêque, le Jard se prêtait aux rassemblements de foules. Saint Bernard, venu en février 1147, y a peut-être prêché, et plus probablement le pape Eugène III, venu consacrer la cathédrale en octobre de la même année. La promenade (18e s.) est traversée par l'avenue du Maréchal-Leclerc.

Petit Jard – Remanié en 2001, ce jardin paysager de style Napoléon III comporte une horloge florale et un **arboretum**. Il est aménagé à l'emplacement des anciens

SE LOGER

Chambre d'Hôte La Grosse Haie .... ①
Hôtel Le Pot d'Étain .... ④
Hôtel Pasteur .... ⑦

SE RESTAURER

À l'auberge des Moissons .... ①
Au Carillon Gourmand .... ④
Le Chaudron Savoyard .... ⑦
Le Petit Pasteur .... ⑩

remparts et s'étend le long du Nau, coupé par la « porte d'eau » du **château du Marché**, ouvrage fortifié dont subsiste une tourelle du 16e s.

Grand Jard – Cette vaste esplanade, aménagée au 18e s., est agrémentée de bassins et d'allées plantées de marronniers, ainsi que d'un beau **kiosque à musique** du 19e s. Le jardin est fermé au nord par les bâtiments de l'École normale. De la passerelle qui le relie au Jardin anglais, par-dessus le canal latéral à la Marne, vue sur la cathédrale et la préfecture.

Jardin anglais – Dessiné en 1818 et restructuré avec bonheur en 2004, il est bordé par le canal et la Marne et comporte des plans d'eau.

Le sentier des **berges de la Marne** permet une agréable promenade au départ du Jard anglais.

Visiter

Cathédrale Saint-Étienne★★ A2

De mi-juin à mi-sept. : tlj sf lun. 10h-12h, 14h-18h (dim. 14h30-18h).

Elle était complétée, avant la Révolution, par un cloître s'étendant à l'emplacement du square actuel. Deux fastueux mariages princiers s'y déroulèrent au 17e s. : celui de Philippe d'Orléans, frère de Louis XIV, avec la princesse Palatine, et celui du Grand Dauphin avec Marie-Christine de Bavière.

Extérieur – La face nord est d'un style gothique très pur. La nef est rythmée par de hauts contreforts supportant des arcs-boutants à double volée, et par d'immenses verrières aux fines lancettes. Le bras du transept, percé d'une rose au dessin harmonieux, est flanqué d'une tour dont la base romane est un vestige de la cathédrale précédente, incendiée en 1230. À l'ouest : grand portail massif du 17e s.

Intérieur – La nef, inondée de lumière, donne une sensation de légèreté avec son triforium élancé et surmonté de vastes baies. Les deux travées les plus proches de la façade ont été élevées en 1628, dans un style gothique strict.

Vitrail de la cathédrale Saint-Étienne illustrant la Fuite en Égypte.

Ph. Gajic/MICHELIN

De beaux **vitraux★** témoignent de l'évolution de cet art du 12e au 16e s.
1re travée à gauche : vitrail des Mégissiers, corporation des pelletiers (13e s.).
Croisillon gauche : vitraux illustrant deux prophètes et les deux donateurs et, plus loin, saint Étienne et Pierre de Hans (13e s.).
7e travée à droite : vie et baptême du Christ (16e s.).
6e travée à droite : saints et saintes avec la Vierge et l'Enfant (15e s.).
Dans la chapelle du déambulatoire, à l'extrême droite : une peinture sur bois, œuvre d'un primitif français du 15e s., montre la consécration de la cathédrale par le pape **Eugène III**. Dans la chapelle suivante, on peut admirer un Christ aux liens du 16e s. et un Christ au tombeau, bas-relief du 17e s.

Quelques **œuvres d'art** sont réparties dans le transept et le chœur : un majestueux maître-autel à baldaquin du 17e s., attribué à **Jules Hardouin-Mansart,** et autour du chœur, de superbes dalles funéraires gothiques.

Trésor – Trois précieux vitraux du 12e s. sont restaurés dans la salle basse de la tour, parmi lesquels une Crucifixion entourée de scènes bibliques et la *Découverte des reliques de saint Étienne*, rehaussée d'un bleu lumineux. À voir aussi : une cuve baptismale (12e s.) sculptée d'une Résurrection des morts ; un fragment de la natte de jonc de saint Bernard ; la mître et le brodequin épiscopal (12e s.) de saint Malachie, ami de saint Bernard.

Église Notre-Dame-en-Vaux★ A1

Pl. Monseigneur-Tissier - de mi-mai à mi-sept. : 10h-12h, 14h-18h, dim. 14h30-18h ; reste de l'année : tlj sf dim. 10h-12h, 14h-18h.
Cette ancienne collégiale classée au Patrimoine mondial a été édifiée vers 1150 dans le style roman, mais les voûtes, le chœur et le chevet ont été construits dans le style gothique primitif à la fin du 12e s. et au début du 13e s.

Extérieur – L'austère façade romane, avec ses deux tours surmontées de flèches couvertes de plomb, se reflète dans les eaux du Mau. Le chevet à déambulatoire et les chapelles rayonnantes sont mis en valeur par 2 tours romanes *(se placer de l'autre côté de la place Mgr-Tissier pour admirer l'élévation de l'ensemble)*. Le porche sud (15e s.) précède un portail roman : ses statues-colonnes ont été mutilées à la Révolution mais les chapiteaux ont été épargnés. Le carillon comprend 56 cloches. Au nord de l'église, un jardin *(non accessible)* marque l'emplacement de l'ancien cloître.

Intérieur★★ – *Pénétrer dans l'église par la porte sud : accueil Notre-Dame.* Le chœur témoigne du style champenois. Dans le transept nord, fragments de la dalle funéraire de Jean Talon (1626-1694), intendant de la Nouvelle-France. La nef, où l'on remarque la différence de style entre les piliers à chapiteaux romans, soutenant de vastes tribunes, et les voûtes d'ogives gothiques, est éclairée par une harmonieuse série de **vitraux★** champenois. Les plus beaux (16e s.) ornent le bas-côté gauche.
Remonter en partant du portail ouest.
2e travée : la *Légende de saint Jacques*, du verrier picard **Mathieu Bléville**, raconte la bataille de 1212 qui opposa les chrétiens aux Maures.
3e travée : *Dormition* et *Couronnement de la Vierge*.
4e et 5e travées : *Légendes de sainte Anne et Marie* ; *Enfance du Christ*.

6e travée : la *Compassion de la Vierge* est illustrée par une Descente de Croix, une Pietà et Marie-Madeleine (1526).

Contourner l'église par l'un des côtés pour gagner la rue Nicolas-Durand, où se trouve l'entrée du musée du Cloître de N.-D.-en-Vaux.

En face de l'entrée, la **maison Clémangis** (fin 15e s.) sert de salle d'expositions.

Musée du Cloître de Notre-Dame-en-Vaux★ A1

R. Nicolas-Durand - ✆ 03 26 64 03 87 - avr.-sept. : tlj sf mar. 10h-12h, 14h-18h ; oct.-mars : tlj sf mar. 10h-12h, 14h-17h, w.-end 10h-12h, 14h-18h - fermé 1er janv., 1er Mai, 1er et 11 Nov., 25 déc. - 5 € (enf. gratuit).

Il abrite de remarquables sculptures provenant d'un cloître roman, dont les premières fouilles importantes remontent à 1960. Des débris sculptés découverts à Châlons suscitèrent les premières recherches, effectuées à l'appui de documents d'archives : un plan daté de 1752 montre le tracé d'un cloître, juste à côté de N.-D.-en-Vaux. Bâti au 12e s., il avait été démoli en 1759 par les chanoines eux-mêmes, pour construire leurs maisons canoniales. Les fouilles et les maisons avoisinantes ont permis de recréer en partie ce merveilleux cloître.

Une grande salle présente, parmi les pièces de valeur, des colonnes sculptées ou baguées et une série de **55 statues-colonnes**★★ : les plus belles représentent des prophètes, de grandes figures bibliques ou des saints (Moïse, Daniel, saint Paul au visage d'une intense spiritualité), des personnages de l'Ancien Testament et du Moyen Âge (rois de Juda, chevaliers).

Remarquez un groupe de chapiteaux relatant des épisodes de la vie du Christ et de la légende des saints. Sur les quatre faces de l'un des chapiteaux se suivent la *Présentation au Temple*, la *Fuite en Égypte*, le *Baptême du Christ* et la *Résurrection de Lazare*. Sur un autre, se déroule le festin des *Noces de Cana*.

H. Champollion/MICHELIN

Statues-colonnes, musée du Cloître de Notre-Dame-en-Vaux.

Musée des Beaux-Arts et d'Archéologie A1

Pl. A.-Godart - ✆ 03 26 69 38 53 - tlj sf mar. 14h-18h, dim. 14h30-18h30 - fermé j. fériés - 2,50 € (enf. gratuit).

En entrant, remarquez la reconstitution d'un intérieur champenois (milieu 19e s.).

Rez-de-chaussée – Collection de divinités hindoues (16e-17e s.) ; gisant de Blanche de Navarre, comtesse de Champagne, par maître **Fromond** (1252) ; tête de Christ (15e s.) du jubé de Notre-Dame-en-Vaux ; trois retables en bois polychrome (celui de la Passion, sculpté vers 1500, provient du Mesnil-lès-Hurlus) ; tête de saint Jean Baptiste, en marbre blanc, sculptée par **Rodin**.

1er étage – Dans la salle d'archéologie : fouilles régionales du paléolithique au 17e s., notamment de l'époque gauloise (tombes à char). Dans la galerie de peintures du 14e au 20e s. : *Paysage d'hiver* par **Joos de Momper** (16e s.), *Portrait de Cazotte* par **Perronneau** (18e s.), *Autoportrait* de **Nonotte** (18e s.), *Parc du château de Saint-Cloud* par **Daubigny**, toiles du Châlonnais **Antral** (20e s.). Dans la salle d'ornithologie, près de 3 000 oiseaux, vivant presque tous en Europe. Dans la dernière salle, mobilier (16e-20e s.) et tapisseries (15e-17e s.).

Église Saint-Alpin A1

De mi-mai à mi-sept. : mar.-sam. 10h-12h, 14h-18h.
Entourée de maisons au nord et à l'est, cette église, construite du 12e au 16e s., mélange les styles gothique, flamboyant et Renaissance.
Les chapelles du bas-côté droit sont éclairées par des **verrières Renaissance★**, magnifiques compositions en grisaille formant des perspectives. On remarque ainsi, dans la 1re chapelle : *Saint Alpin, évêque de Châlons, devant Attila* ; dans la 3e chapelle : *L'Empereur Auguste devant la sibylle de Tibur* ; dans la 6e chapelle : *Saint Jean Baptiste* ; dans le transept sud : *Multiplication des pains* et *Miracle de Cana*. Les précieux vitraux (15e s.) du déambulatoire ont été restaurés.
Parmi les œuvres d'art, remarquez le *Christ de pitié*, de l'école française du 16e s. Dans le bas-côté gauche, l'une des dalles funéraires gravées (13e s.) représente Jehan de Dommartin et sa femme. Dans la nef, voyez le buffet d'orgue de 1762.

Musée Jules-Garinet B1-2

13 r. Pasteur - ☏ 03 26 69 38 53 - 14h-18h - fermé j. fériés - 1,70 € (enf. gratuit).
Dans cet ancien hôtel du Vidame, en partie gothique, on découvre l'appartement d'un collectionneur du 19e s. : peintures du 14e au 19e s. dont la *Flagellation* attribuée à **Preti** et, dans le salon rouge, une toile de **Cabanel** *(Ruth flânant dans les champs de Booz)*. Au 2e étage a été rassemblée une collection d'une centaine de maquettes, qui représentent essentiellement des églises et des cathédrales de France.

Église Saint-Jean

Accès par la rue Jean-Jacques-Rousseau. Si fermée : clés au presbytère.
Par un parvis surélevé, on accède à la partie occidentale reconstruite au 14e s. Au bas-côté sud a été accolée au 15e s. la petite **chapelle des Arbalétriers**. La nef romane, couverte d'un berceau lambrissé, s'ouvre sur un chœur surélevé à chevet plat. Vitraux du 19e s.

Musée Schiller-et-Goethe B1

68 r. Léon-Bourgeois - ☏ 03 26 69 38 53 - juil.-août : tlj sf mar. 14h-18h, dim. 14h30-18h30 ; reste de l'année : sam. 14h-18h, dim. 14h30-18h - 1,70 € (-18 ans gratuit).
Ses collections proviennent, pour l'essentiel, d'un don fait à la France en 1952 par la baronne von Gleichen-Russwurm, veuve de l'arrière-petit-fils du poète allemand **Friedrich von Schiller**, Alexander von Gleichen-Russwurm. Elles comprennent des porcelaines de Meissen et de Wedgwood, du mobilier ainsi que des vêtements ayant appartenu à l'écrivain. Quelques pièces concernent **Goethe**, ami de Schiller. Dans la dernière salle, statue en bronze d'Ernest Dagonet, *La Marseillaise*.

Ancien siège de la Gestapo A/B2

7 cours d'Ormesson - visite sur demande auprès de M. Songy : ☏ 03 26 68 18 89 ou de M. Chabaud : ☏ 03 26 68 31 17.
Dans ce bâtiment qui fut réquisitionné par les autorités allemandes, des documents d'époque, photos et biographies de résistants fusillés ou morts en déportation, dont certains séjournèrent en ces lieux de triste mémoire, apportent un témoignage édifiant et poignant sur les heures sombres de l'Occupation et le courage des hommes et des femmes qui la refusèrent.

Sur la route de **L'Épine** (*voir « Aux alentours »*), au pied de la **butte des Fusillés**, on peut encore voir les poteaux où furent exécutés 47 résistants.

Aux alentours

Basilique Notre-Dame-de-l'Épine★★

8 km à l'est par la N 3.
Voir l'ABC d'architecture p. 71. S'élevant sur une légère éminence, la basilique, classée au Patrimoine mondial, s'aperçoit de loin. Réalisée sur le modèle de la cathédrale de Reims, elle est le siège de grands pèlerinages : au Moyen Âge, des bergers découvrirent une statue de la Vierge dans un buisson d'épines enflammé. Des pèlerins illustres sont venus vénérer l'image miraculeuse : Charles VII, Louis XI et le roi René d'Anjou. Ce dernier fit exécuter par Nicolas Froment le triptyque du Buisson ardent (15e s.), aujourd'hui exposé à la cathédrale d'Aix-en-Provence. Un pèlerinage y a toujours lieu le dimanche suivant le 8 Mai, et le 15 août.

H. Champollion/MICHELIN

Basilique Notre-Dame-de-l'Épine.

Extérieur – La basilique (début 15e s.) a été progressivement agrandie. Elle présente une façade de style gothique flamboyant : Claudel évoquait ce « brasier ardent, buisson de roses épanouies ».
Trois **portails** sont surmontés de gâbles aigus dont le plus haut porte un crucifix. En se plaçant près des portails, on découvre une perspective ascendante sur l'étagement fantastique des pinacles, des clochetons et des **gargouilles★** très réalistes qui étonnèrent Hugo et Huysmans. Symbolisant les vices et les esprits mauvais, chassés du sanctuaire par la présence divine, elles furent restaurées au 19e s. où l'on élimina celles qui furent jugées trop obscènes.
La **galerie des Rois** comprend 28 statues représentant la lignée royale des ancêtres du Christ.
Le portail du croisillon sud est orné de draperies sculptées analogues à celles du portail principal de la cathédrale de Reims ; de part et d'autre sont fixés des anneaux utilisés autrefois pour attacher les chevaux. Une inscription gothique s'adresse aux voyageurs : « Bonnes gens qui ici passez, priez Dieu [pour les trépassés]. » Son linteau porte diverses scènes sculptées relatant la vie de saint Jean Baptiste.
La flèche de droite, haute de 55 m, présente une couronne mariale à fleurs de lys ; celle de gauche, arasée en 1798 pour permettre l'installation d'un télégraphe Chappe, a été rétablie en 1868.

Intérieur – D'un style très pur, il exprime la perfection de l'architecture gothique. Le chœur est clos par un élégant **jubé** (fin du 15e s.) dont l'arcade droite abrite la statue vénérée de Notre-Dame (14e s.) et par une clôture de pierre – gothique à droite, Renaissance à gauche. Sur le jubé, une poutre (16e s.) porte le Christ en croix entre la Vierge et saint Jean.
En contournant le chœur par la gauche, on observe dans le déambulatoire un **tabernacle-reliquaire** de structure gothique mais de décor Renaissance. Il est complété par un minuscule oratoire où les fidèles pouvaient toucher les reliques, dont un fragment de la Vraie Croix. Les chapelles rayonnantes sont du début du 16e s. L'une d'elle abrite une belle Mise au tombeau (16e s.) de l'école champenoise.

Centre d'interprétation Marne 1914-1918 à Suippes

23 km au nord par la D 977.
9 r. Saint-Cloud - ✆ 03 26 68 24 09 - mai-sept. et nov. : 10h-13h, 14h-19h ; déc.-avr. : 14h-18h - 6 € (6-15 ans 3 €) - fermé du 24 déc. au 2 janv.
Installé dans la Maison des associations, ce tout nouvel espace est dédié à la compréhension du front de Champagne lors de la Grande Guerre : photos et documents écrits, salle de projection…

Le centre sert de référence à un circuit automobile **« Sur les pas des armées de Champagne »**, qui relie les principaux lieux de mémoire liés à la Première Guerre mondiale dans les environs *(voir p. 15)*.

Monument aux morts des armées de Champagne

30 km au nord par la D 977.
Ce monument est situé au point culminant du plateau (alt. 92 m), lieu principal de la **bataille de Champagne** : il commémore les combats d'octobre 1914 et de septembre 1915. L'œuvre montre notamment le **général Gouraud**, commandant de la IVe armée, inhumé dans la crypte, et le lieutenant **Quentin Roosevelt**, fils du président Theodore Roosevelt, qui fut tué en 1918 dans le Tardenois.

Châlons-en-Champagne pratique

Adresse utile

Office du tourisme de Châlons-en-Champagne – *3 quai des Arts - 51000 - ✆ 03 26 65 17 89 - de mi-mai à mi-sept. : 9h-12h30, 13h30-18h30, dim. 12h-17h30 ; de mi-sept. à mi-mai : 9h30-12h, 14h-18h.* Documents disponibles pour des parcours libres sur les thèmes : Châlons, de bois et de craie ; Châlons la religieuse ; Châlons et ses promenades ; Châlons la bourgeoise.

Visites guidées

Bon à savoir – L'office de tourisme met en place des **visites guidées à thème** *(juil.-août)*, dont le programme change chaque année.

À pied – *Juil.-août : lun.-sam. 14h ; reste de l'année : 1 sam. et 1 jeu. par mois 14h30 - 4,50 € - se renseigner à l'office de tourisme.* Châlons-en-Champagne, qui porte le label **Ville d'art**, propose des visites-conférences (2h) et des visites-découvertes (45mn) animées par des guides-conférenciers agréés par le ministère de la Culture et de la Communication.

Petit train touristique – *Juil.-août - se renseigner à l'office de tourisme.* Visites commentées (30mn).

Au fil de l'eau – *Quai des Arts - Juin-sept. : 14h30-18h30, nocturne certains jours. renseignements et réservations auprès de l'office de tourisme.* Des promenades en barque sur le Mau et le Nau permettent de découvrir sous un angle insolite de nombreux sites et monuments châlonnais.

Se loger

Hôtel Pasteur – *46 r. Pasteur - ✆ 03 26 68 10 00 - www.hotel-pasteur.fr - fermé 28 déc.-7 janv. - P - réserv. conseillée - 28 ch. 38/60 € - 5,50 €.* Il règne une atmosphère bourgeoise un brin désuète dans cet établissement situé tout près du centre-ville. Un bel escalier du 17e s. dessert les chambres, hautes sous plafond, spacieuses et confortables ; celles du rez-de-chaussée ont été rénovées. Agréable cour intérieure arborée.

Chambre d'hôte La Grosse Haie – *Chemin de St-Pierre - 51510 Matougues - 12 km à l'O de Châlons par D 3 dir. Épernay - ✆ 03 26 70 97 12 - songy.chambre@wanadoo.fr - - 3 ch. 45 € - repas 18/27 €.* Oubliez la route qui borde cette maison bâtie au sein d'une exploitation agricole : les espaces extérieurs (verger, potager et jardin botanique), les activités pour les enfants, les chambres colorées et les produits fermiers vous assurent un séjour attrayant.

Hôtel Le Pot d'Étain – *18 pl. de la République - ✆ 03 26 68 09 09 - www.hotel-lepotdetain.com - 31 ch. 67/84 € - 10 €.* L'hôtel borde une place animée située au cœur de la ville. Les chambres bénéficient d'une isolation phonique efficace, d'un sobre décor et d'une literie de bonne qualité. Le patron, ancien boulanger, met un point d'honneur à proposer un petit-déjeuner soigné.

Se restaurer

Le Chaudron Savoyard – *9 r. des Poissonniers - ✆ 03 26 68 00 32 - www.surf-en-ville.com/le-chaudron-savoyard - fermé 2-15 juil. - formule déj. 10,50 € - 9,50/21 €.* Ne vous fiez pas à la façade de style champenois, ici la cuisine est vouée à la région savoyarde. Pour déguster ces préparations, choisissez la salle du bas aux poutres apparentes ou celle de l'étage à l'atmosphère plus montagnarde ; toutes deux sont climatisées.

Le Petit Pasteur – *42 r. Pasteur - ✆ 03 26 68 24 78 - fermé 31 juil.-21 août, 24 déc.-2 janv., dim. soir, sam. midi et lun. - 18/45 €.* Aimable restaurant abritant une salle au cadre actuel complétée, à la belle saison, d'une terrasse joliment fleurie. Recettes traditionnelles.

À l'Auberge des Moissons – *8 rte Nationale - 51510 Matougues - 12 km à l'O de Châlons par rte d'Épernay (D 3) - ✆ 03 26 70 99 17 - www.des-moissons.com - réserv. obligatoire - 25/49 € - 26 ch. 85/90 € - 8,50 €.* Ici la cuisine est élaborée à partir des produits du marché fermier. L'auberge offre aussi 26 chambres, assorties d'un espace bien-être et d'une vaste pièce à vivre abritant salon, cheminée et bar. Enfin, en partenariat avec des acteurs du tourisme régional, elle organise des visites-découvertes (le champagne, la recherche de truffes…).

Au Carillon Gourmand – *15 bis pl. Mgr-Tissier - ✆ 03 26 64 45 07 - fermé 23 avr.-19 mai, 29 juil.-21 août, 25 fév.-5 mars, dim. soir, merc. soir et lun. - 29 €.* À deux pas de la collégiale Notre-Dame-en-Vaux, restaurant abritant une chaleureuse salle à manger prolongée d'une véranda ouverte sur la rue. Plats traditionnels assortis de suggestions du jour mitonnées en fonction des arrivages du marché.

Faire une pause

Christophe Letrou – *27 pl. de la République - ✆ 03 26 21 46 63 - tlj sf lun. 8h-19h30, dim. 8h-13h, 15h-19h.* Salon de thé, pâtisserie, glacier-chocolatier, restauration rapide le midi… L'adresse idéale pour un en-cas ! Terrasse d'été.

Que rapporter

Marché – Mercredi, vendredi, samedi et dimanche matin, marché couvert sous la grande halle métallique (fin 19e s.) qui a fait l'objet d'une rénovation.

Routes du Champagne★★★

CARTE GÉNÉRALE AB2/BC4 – CARTES MICHELIN N^OS 56 PLIS 14 À 17 OU 237 PLIS 21 À 23 – AISNE (02), AUBE (10) ET MARNE (51)

Depuis Reims, Épernay, Château-Thierry ou Bar-sur-Seine, le « vin du diable » mène novices et initiés de vastes caves en musées intimes, de maisons de champagne en coteaux tapissés de vignobles : pinot noir, pinot meunier, chardonnay. On découvre les secrets de l'assemblage et on sacrifie sans se faire prier au rite de la dégustation !

Se repérer – La **route touristique du Champagne** *(voir p. 14)* se décline en plusieurs circuits, répartis entre l'ouest de la Marne (côte des Blancs, vallée de la Marne) et le sud-est de l'Aube (côte des Bar).

À ne pas manquer – Les caves des prestigieuses maisons de champagne de Reims ou d'Épernay, et les circuits de la Montagne de Reims ou de la côte des Blancs, au départ de ces deux villes.

Organiser son temps – La visite d'une grande cave dure environ 45mn. La durée des circuits varie entre quelques heures et une journée entière (attention aux conditions de visite). Les paysages s'animent au moment des vendanges, en septembre-octobre.

Avec les enfants – Le mont Aimé dont le sommet est aménagé en vaste aire de pique-nique.

Pour poursuivre la visite – Voir aussi Châlons-en-Champagne, Château-Thierry, Dormans, Épernay, Fisme, Montagne de Reims, Montmirail, Orbais-l'Abbaye, Reims, Sézanne et, pour la côte des Bar : Bar-sur-Aube, Bar-sur-Seine, Chaource, Parc naturel régional de la Forêt d'Orient, Les Riceys.

Découvrir

CAVES DE REIMS★★ *(voir Reims)*

CAVES D'ÉPERNAY★★ *(voir Épernay)*

Circuits de découverte

MONTAGNE DE REIMS★★ 1 *(voir ce nom)*

Circuit de 100 km – une journée. Depuis Reims par la N 51 au sud jusqu'à Monchenot, puis la D 26 vers Villers-Allerand (26 km).

CÔTE DES BLANCS★★ 2

Circuit de 28 km d'Épernay au mont Aimé – environ 2h. Depuis Épernay au sud-ouest par la D 951.

S. Sauvignier/MICHELIN

Le vignoble de la côte des Blancs au petit matin.

Le saviez-vous ?

Le mot champagne désigne aussi bien la région que le célèbre breuvage, qui ne peut être produit qu'ici. Son élaboration complexe, par assemblage et double fermentation, fut perfectionnée par un moine bénédictin, **dom Pérignon** (*voir Hautvillers dans Montagne de Reims*).

Pour des informations sur le vignoble, les cépages, l'histoire et le procédé de fabrication du champagne, reportez-vous aux chapitres « Nature » et « La destination aujourd'hui » dans la partie Comprendre la région.

D'Épernay à Vertus, la **côte des Blancs**, orientée nord-sud, s'appuie aux rebords du plateau de Brie. Comme la Montagne de Reims, c'est un élément de la « côte de l'Île-de-France », chère aux géographes. À l'exception d'une couronne boisée, ses versants, orientés à l'est, sont entièrement couverts de vignes. La côte des Blancs est ainsi nommée parce qu'elle est presque exclusivement plantée de **chardonnay**, vignobles à raisin blanc. Ses crus, d'une finesse élégante, sont utilisés dans l'élaboration des cuvées de prestige et la réalisation du blanc de blancs. La plupart des grandes marques de champagne y possèdent des vignes et des vendangeoirs. Certains vignobles sont même pourvus d'un système de chauffage destiné à les préserver des gelées.

En avant de cette falaise calcaire se détachent des buttes témoins comme le mont Saran (alt. 239 m) et le mont Aimé (alt. 240 m). À flanc de coteau s'égrènent les villages aux rues tortueuses, le long desquelles s'ouvrent les hauts portails des maisons vigneronnes. Cet itinéraire, en balcon ou à mi-côte, offre de jolies vues sur le vignoble et l'immensité de la plaine de Châlons.

Château de Pierry

03 26 54 02 87 - www.chateau-de-pierry.fr - tlj sf dim. et j. fériés 9h-11h, 14h-16h30 - possibilité de visite guidée - 7 € (enf. 3,50 €).

Édifiée en 1750 par Mgr de Choiseul-Beaupré, cette ancienne demeure de campagne, aux pieds de coteaux renommés, abrite aujourd'hui la mairie de Pierry. Jacques Cazotte, l'auteur du *Diable amoureux*, guillotiné en 1792, y vécut.

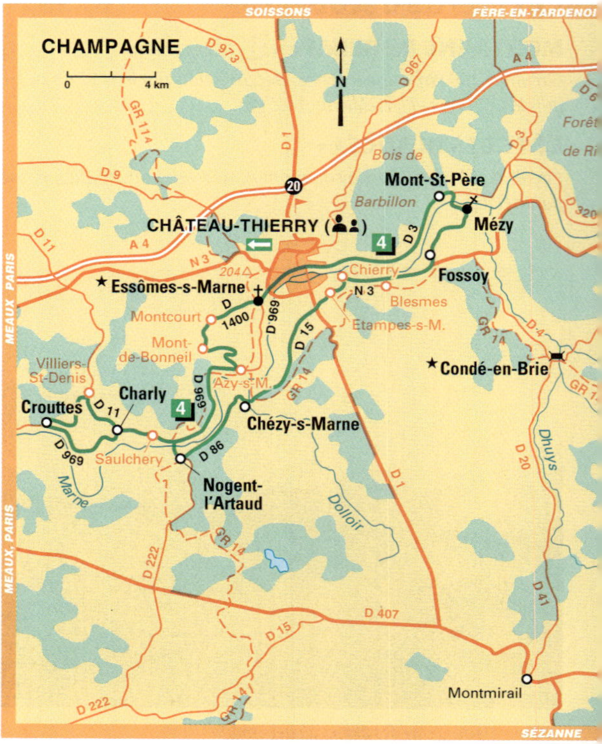

On découvre le jardin anglais, les salons de réception, les appartements privatifs et les dépendances viticoles qui abritent un pressoir et des celliers créés vers 1750, ainsi qu'un petit musée du Machinisme de 1850 à 1950. La « flûte de l'amitié » est offerte à l'issue de la visite.

Dans Pierry, prendre à gauche la D 10.

Vues à gauche sur Épernay et la vallée de la Marne.

Cuis

L'**église Saint-Nicaise**, d'architecture romane, est édifiée sur une terrasse au-dessus du village. *✆ 03 26 59 78 60 - visite guidée sur demande à la mairie.*

Depuis la D 10, perspectives sur la Montagne de Reims.

Continuer sur cette route.

Cramant★

Cramant occupe un site agréable sur une avancée de la côte. L'entrée du bourg est signalée par une bouteille géante (un jéroboam) de plus de 8,60 m de haut et 7,95 m de circonférence à la base, réalisée pour une fête du champagne en 1974. Le célèbre cru, produit par le cépage blanc chardonnay, a acquis une renommée universelle.

Avize

Connu pour son cru, Avize forme dans son lycée viticole les futurs vignerons champenois. L'église est du 12e s., mais le chœur et le transept sont du 15e s. Au-dessus de la localité, à l'ouest, la promenade offre une vue étendue.

Poursuivre sur la D 10.

Oger

Titulaire d'un « premier cru de la côte des Blancs », Oger est l'un des « plus beaux villages de France ». Son église des 12e-13e s. comporte une haute tour carrée et un chevet plat percé d'un triplet.

Musées des Traditions de l'amour et du champagne★ – *✆ 03 26 57 50 89 - www.mariage-et-champagne.com - avr.-nov. : 9h30-11h, 14h-18h ; reste de l'année : sur demande - possibilité de visite guidée (1h30) - 6 € (-12 ans gratuit).* Les coutumes du mariage de 1880 à 1920 sont évoquées par des objets curieux ou insolites, dont une

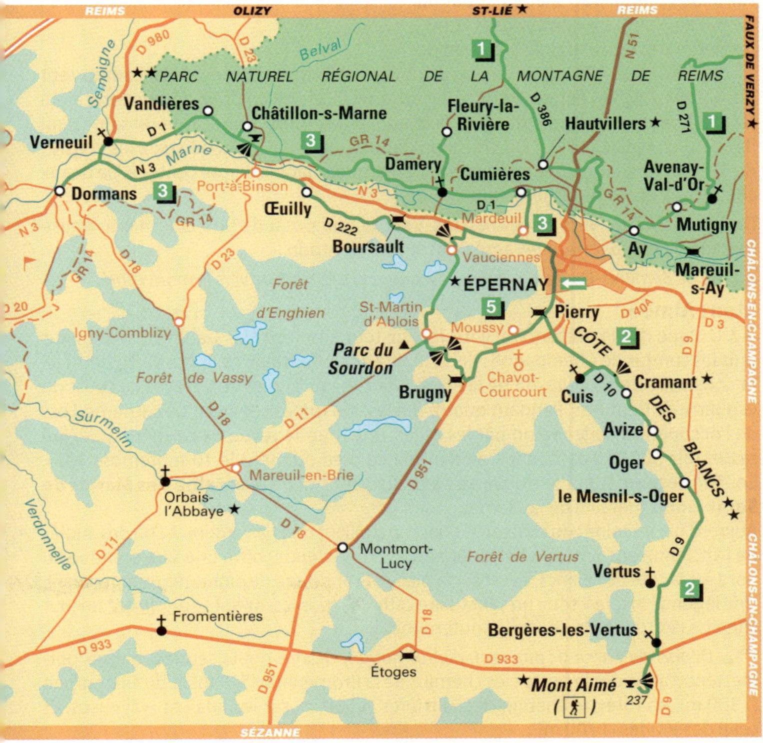

collection de **globes de mariées**. Les bouquets ou couronnes, fabriqués à la main par des boutonneuses, étaient d'une grande diversité ornementale : fleurs en papier, carton, peau, métal doré, coquillage. Le champagne n'est pas oublié : présentation d'une collection de vieilles étiquettes montrant l'évolution de l'appellation champagne et visite des caves du 18e s avec sa galerie aux outils d'antan. Dégustation en fin de visite.

Lire un bouquet de mariée

Feuille de chêne : longévité du couple.
Feuille de lierre : attachement l'un pour l'autre.
Oranger : pureté.
Raisin : prospérité et abondance.
Feuille de tilleul : fidélité.
Colombe : paix du foyer.
Cerise : pour vaincre la guigne.

Le Mesnil-sur-Oger

Ce village vigneron très étendu est bâti sur un plan irrégulier. On y trouve une petite grotte dédiée à la Sainte Vierge *(ne se visite pas)*. Un paisible enclos ombragé entoure l'église romane dont le clocher se trouve sur la croisée du transept ; on y entre par un portail Renaissance à colonnes cannelées. La **maison Launois**, fondée en 1872, a créé un attrayant musée.

Musée de la Vigne et du Vin★ – *À partir de 10h, w.-end 10h30 sur RV - fermé 1er janv., Pâques-25 déc. - 7 €.* De nombreux objets, outils et machines illustrent la culture de la vigne et le travail des vignerons d'autrefois. Belle collection de pressoirs des 17e, 18e et 19e s. Dans différents caveaux sont évoqués les métiers annexes : fabrication de bouchons, verrerie, tonnellerie… Collection de pieds de vigne façonnés par la main de l'homme. La visite se termine par une dégustation. Découverte du vignoble en petit train.

Par une petite route serpentant au flanc du coteau vineux, gagner Vertus.

Vertus

Au pied de la fameuse côte des Blancs, Vertus est vouée à la vigne (450 ha de vignobles). Elle offre l'image d'une petite ville aux rues irrégulières entrecoupées de placettes et dotées de nombreuses fontaines d'eau vive.

L'**église Saint-Martin** fut construite sur pilotis à la fin du 11e et au début du 12e s. Elle a subi de nombreuses transformations et fut restaurée à la suite de l'incendie de juin 1940. À l'intérieur, le transept et le chœur à chevet plat comportent des voûtes d'ogives datant du 15e s. Sur un autel du croisillon droit, admirez une Pietà (16e s.) finement sculptée et, dans la chapelle des fonts, une statue de saint Jean Baptiste en pierre (16e s.). Du croisillon gauche, un escalier mène aux trois cryptes du 11e s. formant un ensemble curieux : remarquez, dans la crypte centrale, de beaux chapiteaux ornés de larges feuilles.

Rimes

Bergères-lès-Vertus inspira un malicieux quatrain :
« Le pays des bergères
Où elles ne sont guère,
Le pays des vertus
Où elles n'en ont plus. »

Dans la descente vers **Bergères-lès-Vertus**, qui possède une charmante église romane de campagne, vues agréables sur les alentours.

Au sud de Bergères-lès-Vertus, prendre à droite la petite route vers le mont Aimé.

Mont Aimé★

Occupé dès la préhistoire, il fut fortifié tour à tour par les Gaulois, les Romains puis les comtes de Champagne : en 1210, **Blanche de Navarre**, mère de Thibault IV, fit construire un château, dit de la Reine Blanche, qui subira trois sièges au cours de la guerre de Cent Ans. Pendant quatre siècles, ses ruines servirent de carrières. Lors de l'occupation de la région par les Alliés, une grande revue de l'armée russe, qui rassembla 500 000 personnes, se déroula au pied du mont le 10 septembre 1815. En 1914, le mont Aimé se trouva au cœur du dispositif de la **bataille des Marais de Saint-Gond** (bataille de la Marne).

Aujourd'hui les ruines du château féodal s'éparpillent dans la verdure. À l'un des angles de l'ancienne enceinte, un belvédère *(table d'orientation)* offre une **vue** étendue au nord sur la côte des Blancs, à l'est sur la plaine. Grande aire de pique-nique aménagée. Une légende locale y situe un sanctuaire cathare : tous les enfants du coin ont un jour cherché l'entrée de la citadelle souterraine…

Départ du parking : panneau d'information. Quatre petits sentiers balisés permettent d'arpenter la butte : les chemins de la Promenade (520 m) et du Télégraphe (1 300 m), en forêt, le chemin des Carrières (1 500 m) sur les falaises crayeuses, et celui des Vignes (1 700 m).

VALLÉE DE LA MARNE★

Deux circuits, au départ d'Épernay et de Château-Thierry.

Dans cette vallée bordée de vignes et couronnée de forêts, des villages s'étagent le long des deux rives de la Marne. Roi de ce vignoble : le **pinot meunier**. Très bien adapté aux terres de la vallée de la Marne, il couvre presque la moitié du vignoble champenois. La couleur blanchâtre de la face intérieure de ses feuilles évoque la blancheur de la farine et lui a donné son nom. C'est un cépage qui apporte du fruité, de la vivacité et du caractère à la production de champagne.

Au départ d'Épernay 3

63 km – environ 4h. Accès depuis Épernay : à l'ouest par la N 3, tourner à droite vers Mardeuil, puis traverser la Marne pour longer la rive droite et gagner Cumières.

Cumières

Situé en bas d'un cirque de vignes, couronné au nord par la pointe de la forêt de Reims, ce bourg longe la Marne. Avec son abreuvoir et ses quais où se balancent les barques des pêcheurs, il est le point de départ de **croisières** au fil de l'eau. Le bateau *Champagne Vallée* vous mène en promenade (1h30) au pied des vignes, avec passage d'écluses. *Réserv. à Croisi-Champagne - BP 22 - 51480 Cumières - embarcadère : quai de Marne - bureau : 12 r. de la Coopérative - ✆ 03 26 54 49 51 - www.champagneetcroisiere.com - croisières-promenades (1h30) sur la Marne.*

Poursuivre sur la D 1 vers l'ouest.

Damery

Au pied du coteau, sur les bords de la Marne (à ses quais abordait jadis le coche d'eau), Damery constitue un agréable but de promenade. Ici naquit **Adrienne Lecouvreur** (1692-1730), tragédienne aux nombreuses passions dont celle qu'elle éprouva pour le prince Maurice de Saxe.

Dominant le village, l'**église** (12e-13e s.) était celle d'un prieuré de l'abbaye bénédictine Saint-Médard de Soissons. Elle abrite une Vierge à l'Enfant de **Watteau** (18e s.). Sa nef romane est éclairée par des baies lancéolées. Les chapiteaux sculptés des piliers soutenant le clocher sont ornés d'un intéressant bestiaire dans un décor de feuillages. Le buffet d'orgue et les grilles du chœur sont du 18e s.

Tourner à droite vers Fleury-la-Rivère.

Fleury-la-Rivière

Sur les murs de la coopérative vinicole, une immense **fresque** (500 m^2) réalisée par l'artiste mosellan Greg Gawra, illustre en plusieurs tableaux l'histoire de la Champagne, le travail dans les vignes et les caves, de l'époque du phylloxéra jusqu'à nos jours. *✆ 03 26 58 42 53 - ♿ - visite guidée (45mn) sur demande : tlj sf lun. matin et merc. 8h30-12h30, 14h-17h15, sam. 9h-12h30, 14h-18h, dim. et j. fériés sur demande - fermé 1er janv., 1er Mai et 25 déc. - 4 €.*

La D 324 sillonne les villages entre vignes et champs.

À Cuchery, prendre à gauche vers Châtillon-sur-Marne.

Ph. Gajic/MICHELIN

Fresque illustrant le travail dans les vignes à Fleury-la-Rivière.

Châtillon-sur-Marne

Au débouché du vallon de Cuchery, à 148 m d'altitude, cette petite cité fortifiée couronne une colline couverte de vignes, en vue de la Marne. Au Moyen Âge, elle servait les intérêts de puissants seigneurs, dont le connétable de France **Gaucher de Châtillon** (1250-1328) qui soutint Philippe le Bel dans la lutte contre les Templiers et la papauté.

Se garer et prendre la rue de l'Église puis, à droite, la rue Berthe-Simonet.

Haute de 33 m sur son socle, la **statue du pape Urbain II** a été érigée en 1887 sur la motte féodale qui portait le donjon du château. Taillée dans le granit breton, elle est constituée de 80 blocs amenés par des chars à bœufs de Port-à-Binson, à 3 km au sud : un hommage à Urbain II, enfant du pays qui fut l'initiateur de la première croisade. Un **escalier** intérieur permet d'accéder au bras de la statue. *✆ 03 26 58 32 86 - www.otchatillon51.com - mai-sept. : 10h-12h30, 14h30-18h ; mars-avr. : lun.-vend. 11h-17h, w.-end 10h-12h30, 14h30-18h - 1 € (enf. 0,50 €) - fermé oct.-fév.*

Le pape des croisades

Né vers 1040 dans le village de Lagery, **Eudes de Châtillon** est un disciple de saint Bruno, fondateur des Chartreux. Chanoine, puis archidiacre à Reims, il entre ensuite chez les bénédictins de Cluny. À la demande de Grégoire VII, il quitte le monastère pour devenir son conseiller, et deviendra lui-même plus tard premier pontife sous le nom d'**Urbain II**. Il parcourt la chrétienté, en proie aux guerres et à la corruption, et joue de son influence dans la trêve de Dieu, qui interdit aux seigneurs de se battre plus de trois jours par semaine. Le pape Urbain II tient plusieurs conciles dont celui de Clermont, en 1095, où il prêche la première croisade. Il meurt le 29 juillet 1099, l'année même de la prise de Jérusalem.

Aux abords, une table d'orientation précise le point de **vue★** sur les 22 villages de la vallée de la Marne et ses vignobles.

Prendre à l'ouest la D 1 en direction de Vandières.

Vandières

Son nom viendrait de *Vinum Dare* (« donner du vin ») ou de *Vendemiare* (« vendanger »). En haut du village, le château (18e s.) s'élève au milieu d'un parc. L'église du 11e s. est ornée d'un beau porche. Vues sur la vallée et les collines qui la bordent au sud.

Continuer sur la D 1.

Verneuil

Agréablement située au bord de la Semoigne, au nord de la Marne, la petite **église** des 12e et 13e s. a été restaurée.

Après Vincelles, on atteint Dormans.

Dormans *(voir ce nom)*

Suivre la N 3 jusqu'à Port-à-Binson.

On aperçoit Châtillon dominé par la statue d'Urbain II.

Prendre la N 3 vers Œuilly.

Œuilly

Cet ancien bourg fortifié, à flanc de coteau, possède un **écomusée** en 3 sections. La **Maison champenoise** (1642) fait revivre le quotidien d'une famille de vignerons à la fin du 19e s. Le **musée de la Goutte**, dédié au fameux alcool tiré des marcs de raisin, abrite l'ancien alambic du village (1850) ainsi qu'une exposition consacrée aux émeutes de 1911 en Champagne *(voir p. 103)* et aux techniques de la tonnellerie. L'**école communale 1900** a gardé ses pupitres, son poêle, son tableau noir et même un bonnet d'âne. *✆ 03 26 57 10 30 - visite guidée (1h15) avr.-oct. : 10h-12h, 14h-18h ; nov.-mars : 14h-17h - fermé mar., 1er Mai, 24 déc.-1er janv. - 6,50 € (enf. 4 €).*

Prendre la D 222 en direction de Boursault.

Château de Boursault

Bâti en 1848 par l'architecte Arveuf pour la célèbre **veuve Clicquot**, ce vaste château est inspiré du style Renaissance, avec ses tours en poivrières, ses clochetons, ses hautes cheminées et ses 365 ouvertures. Il fut le cadre de fastueuses réceptions organisées par Mme Clicquot, puis par son arrière-petite-fille, la duchesse d'Uzès.

Poursuivre jusqu'à Vauciennes et prendre la D 22, puis la N 3 vers Épernay.

De belles **vues★** s'offrent sur la vallée de la Marne, Damery et la Montagne de Reims.

Au départ de Château-Thierry 4

60 km – environ 4h. Accès depuis Château-Thierry : à l'ouest par l'avenue J.-Lefebvre, puis prendre la D 969.

Le vignoble de l'Aisne, accompagnant le sillon de la Marne depuis Crouttes à Trélou, près de Dormans, appartient à la Champagne viticole délimitée.

Grande Guerre

En 1914 et en 1918, le sort de la France et des Alliés s'est joué sur les rives de la Marne où se déroulèrent deux batailles décisives. Les combats de 1914 furent livrés dans le Multien. En 1918, Château-Thierry marqua l'extrême avance allemande et c'est dans les secteurs de Villers-Cotterêts et de Reims que les Alliés remportèrent la victoire.

Essômes-sur-Marne

L'**église abbatiale Saint-Ferréol★** fut fondée en 1090 par Hugues de Pierrefonds, évêque de Soissons, pour les chanoines de l'ordre augustin. Elle doit son nom à l'heureuse issue d'un siège de trois semaines que les moines remportèrent sur les Anglais le 18 septembre 1370, jour de la Saint-Ferréol. L'**intérieur★** est caractéristique du style gothique lancéolé : le triforium, avec ses étroites arcatures géminées, contribue pour beaucoup à l'élégance de l'ensemble. Les 38 stalles du chœur sont de style Renaissance. Au transept sud se trouve une chapelle du 16e s. fermée par une clôture à colonnades. *✆ 03 23 83 08 31 - lun.-merc. 9h-12h, 14h-18h, jeu. 9h-12h, vend. 9h-12h, 14h-17h, sam. 9h-12h (sf juil.-août).*

D'Essômes, gagner Montcourt, puis tourner à gauche dans la D 1400.

La route traverse le vignoble. Après le hameau de Mont-de-Bonneil sur la route d'Azy, **panorama** sur la boucle de Chézy et les lointains de la Brie, en partie boisés.

À Azy, reprendre la D 969. Après la longue agglomération de Saulchery, on atteint Charly.

Charly-sur-Marne

C'est la plus importante commune viticole de l'Aisne en superficie. Au centre trône la statue d'**Émile Morlot**, député et maire qui fut à l'origine du classement du vignoble axonais en appellation champagne.

Prendre la D 11 vers Villiers-Saint-Denis, puis la D 842 vers Crouttes.

La route offre une **vue** étendue, au sud, sur la boucle de la Marne.

Crouttes-sur-Marne

Ce joli village vigneron en pierre doit son nom aux caves forées dans le rocher (du latin *cryptæ*). Sur la place de la mairie, laissez votre voiture et grimpez jusqu'au site escarpé de l'église Saint-Quiriace, qui possède un clocher roman avec un toit en bâtière.

De Crouttes, revenir à Charly par la D 969, puis traverser la Marne. Sur l'autre rive, suivre la D 86 vers Nogent-l'Artaud.

Nogent-l'Artaud

Ce fut le siège d'une ancienne abbaye des Clarisses, fondée à la fin du 13e s. par Blanche d'Artois, reine de Navarre : quelques vestiges subsistent dans le quartier du Couvent, près de l'école.

Entre Nogent-l'Artaud et Chézy, emprunter la D 86.

Agréable parcours dégagé au-dessus de la Marne, face aux pentes du vignoble.

Chézy-sur-Marne

La tour du clocher Renaissance de l'église (14e-16e s.) porte les monogrammes d'Henri II et de Catherine de Médicis, ainsi que le croissant de lune de Diane de Poitiers. Sur la place de ce village de caractère, maison du 15e s. avec galerie et colombages.

Un chemin a été aménagé sur les rives du Dolloir, affluent de la Marne, enjambé par de vieux ponts de pierre.

Prendre la D 15. La route passe sous la D 1 pour gagner Étampes-sur-Marne, puis Chierry où l'on rejoint la N 3.

De Chierry à Blesmes, **panorama** sur la vallée de la Marne.

1,5 km après Blesmes, prendre la petite route à gauche.

Fossoy

La maison Déhu, où l'on est vignerons depuis sept générations, est un point d'accueil sur la route touristique du Champagne. Elle a créé un petit **musée de la Vigne et du Vin (Le Varocien)** dans une ancienne écurie. Après une explication sur les trois cépages, on découvre les outils et machines utilisés autrefois par les vignerons, dont un réfractomètre de 1863 servant à mesurer le degré d'alcool. *☏ 03 23 71 90 47 (M. Déhu) - visite guidée (20mn) sur demande préalable - fermé dim. et j. fériés - 4 €.*

Poursuivre la petite route jusqu'à Mézy.

Église de Mézy

Cet édifice de style gothique (13e s.) est étayé d'arcs-boutants, et surprend par l'homogénéité de son style. À l'intérieur, aux lignes pures, un triforium presque complet, rythmé à cinq arcatures, dissimule une galerie circulaire.

Traverser la Marne et tourner à gauche dans la D 3 pour longer la rive droite.

Mont-Saint-Père

Dans ce village est né l'artiste **Léon Lhermitte** (1844-1925) qui a laissé quelque 1 000 tableaux inspirés de la vie rurale et des paysages de sa région natale. C'est dans la ferme fortifiée du Ru Chailly à Fossoy, sur la rive sud de la Marne, qu'il a peint *La Paye des moissonneurs (musée d'Orsay, Paris).*

La D 3 longe le bois de Barbillon avant de regagner Château-Thierry.

CÔTEAUX SUD D'ÉPERNAY 5

Circuit de 28 km – environ 1h. Depuis Épernay par la D 951. Voir Épernay.

CÔTE DES BAR

Plus au sud, dans le département de l'Aube, la route touristique du champagne sillonne la côte des Bar, au départ de Bar-sur-Seine. Nos circuits de découverte « Pays baralbin » et « Barséquanais » empruntent cet itinéraire : voir Bar-sur-Aube et Bar-sur-Seine.

Routes du Champagne pratique

Voir aussi les encadrés pratiques d'Épernay, de Château-Thierry, de la Montagne de Reims, de Bar-sur-Seine, de Bar-sur-Aube et de Dormans.

Se loger

Chambre d'hôte « Terroirs de Champagne » – *R. de la Coopérative - 51480 Œuilly - 13 km à l'O d'Épernay par N 3 (rte de Dormans) - ☏ 03 26 58 30 60 - www.tarlant.com - fermé oct.-mars - 4 ch. 55 €* ☕. En étant logé chez un vigneron, vous aurez l'opportunité de déguster son champagne et de visiter sa cave. Le pavillon est simple mais les chambres, vastes et de plain-pied, jouissent d'un calme bienfaiteur et de la vue sur le vignoble. Accueil courtois et ambiance familiale.

Chambre d'hôte Les Botterets – *5-7 r. du Fort - 51190 Oger - 13 km au S d'Épernay par D 10 - ☏ 03 26 57 94 78 - ⊠ - 6 ch. 47/50 €* ☕. La maison d'habitation et l'ancien vendangeoir de cette propriété abritent des chambres d'hôte rénovées. Certains regrettent que l'aménagement intérieur manque un peu de cachet, mais l'authenticité de l'accueil et l'atmosphère typique d'un village viticole leur font néanmoins apprécier l'adresse.

Hôtel Les Grains d'Argent – *1 allée du Petit-Bois - 51530 Dizy - ☏ 03 26 55 76 28 - www.lesgrainsdargent.com - P - 21 ch. 80/92 € - ☕ 11 €.* Les chambres de cet hôtel neuf construit au pied des vignes présentent une décoration éclectique (bois peint ou cérusé, mobilier ethnique). Bar à champagne. Salle à manger claire et spacieuse où l'on déguste des plats au goût du jour inspirés des saisons.

Se restaurer

Au Bateau Lavoir – *3 r. Port-au-Bois - 51480 Damery - 8 km à l'O d'Épernay par N 3 puis D 22 - ☏ 03 26 58 40 88 - www.au-bateau-lavoir.com - fermé 1 sem. en fév., 2 sem. en août et lun. - 12/56 €.* Cette jolie maisonnette à la façade fleurie jouit d'une belle situation sur les bords de la Marne, au cœur du village natal de l'illustre comédienne Adrienne Lecouvreur. La plaisante salle à manger moderne aux grandes baies vitrées sert de cadre à la dégustation de recettes traditionnelles.

Auberge de la Chaussée – *La Chaussée de Damery - 51480 Vauciennes - 6 km à l'O d'Épernay par N 3 - ☏ 03 26 58 40 66 - fermé 1 sem. en fév., dim. soir et vend. - 11,50/45 € - 9 ch. 28/50 € - ☕ 7 €.* Les amateurs de tête de veau et autres petits plats traditionnels trouveront leur bonheur dans cette auberge très facile d'accès de par sa situation en bordure de la RN 3. Cadre sans façon agrémenté d'un sol en damier noir et blanc. Chambres simples et nettes.

Le Caveau – *R. de la Coopérative - 51480 Cumières - 5 km au NO d'Épernay par D 301 - ☏ 03 26 54 83 23 - www.*

lecaveau-cumieres.com - fermé dim. soir, lun. soir, mar. soir et merc. - 16/55 €. Il vous faudra franchir une première petite salle décorée sur le thème de la vigne, puis un long couloir avant de découvrir ce superbe restaurant aménagé sous les voûtes d'un caveau taillé dans la craie. Tables dressées avec soin. Spécialités champenoises.

Le Mesnil – *2 r. Pasteur - 51190 Le Mesnil-sur-Oger - ✆ 03 26 57 95 57 - mesnil@chez.com - fermé 16 août-7 sept., 22 janv.-8 fév., lun. soir, mar. soir et merc. - 22/66 €.* Vous ne pouvez traverser ce ravissant bourg viticole sans goûter à l'hospitalité du couple Jaillant. Claude et Yvette (Monsieur est derrière les fourneaux et Madame s'occupe de la salle) vous proposent avec le sourire une cuisine classique raffinée et une judicieuse sélection de dives bouteilles.

S. Sauvignier/MICHELIN

Dégustation de champagne.

Que rapporter

CHAMPAGNE

Outre les grandes caves citées à Reims et à Épernay, voici quelques adresses parmi tant d'autres, sélectionnées pour leur installation :

Champagne Milan – *6 r. d'Avize - 15 km au S d'Épernay - 51190 Oger - ✆ 03 26 57 50 09 - www.champagne-milan.com - mai-sept. : 10h-18h30 ; oct.-avr. : 10h-12h, 14h-17h, w.-end et j. fériés sur RV.* Maison familiale fondée en 1864, la société Milan travaille ses champagnes 100 % chardonnay classés grand cru dans la plus pure tradition. Toute l'année, visite guidée des caves, celliers et pressoirs traditionnels, suivie de dégustations commentées ou de repas alliant gastronomie et champagne. À disposition des visiteurs, 4 chambres chez le vigneron.

Corbon – *541 av. Jean-Jaurès - 10 km au S d'Épernay par D 10 - 51190 Avize - ✆ 03 26 57 55 43 - www.champagne-corbon.com - uniquement sur réserv - fermé 25 déc.-5 janv.* La famille Corbon se transmet de père en fils (et fille) la gestion de cette maison qui élabore depuis 1971 son propre champagne et se spécialise dans les vieux millésimes, en priorité ceux de chardonnay d'Avize. Des initiations à la dégustation sont proposées aux personnes intéressées.

Déhu Père & Fils – *3 r. St-Georges - 9 km au SE de Château-Thierry par N 3 - 02650 Fossoy - ✆ 03 23 71 90 47 - www.champagne-dehu.com - tlj sf w.-end sur RV - fermé j. fériés - musée 4 €.* Les Déhu sont vignerons de père en fils depuis sept générations. Après la visite de leur musée Le Varocien, qui présente une collection d'outils anciens destinés au travail de la vigne et à l'élaboration du vin, vous serez initié à « l'art et la manière de déguster le champagne ».

Launois Père & Fils – *2 av. Eugène-Guillaume - 11 km au S d'Épernay par D 40 et D 10 - 51190 Le Mesnil-sur-Oger - ✆ 03 26 57 50 15 - www.champagne-launois.fr - maison de champagne : 8h-12h, 14h-18h, w.-end 10h-13h, 15h-17h ; musée : sur réserv. 10h-15h, w.-end 10h30 sur RV - fermé 1er janv., Pâques et 25 déc.* Cette maison de « récoltant-manipulant » fondée en 1872 a créé son propre musée de la vigne et du vin. Sa visite s'accompagne d'une dégustation de crus de la marque. Des repas gastronomiques et des « journées » (notamment pendant les vendanges) sont égalements organisés (réservation indispensable).

Breton Fils – *12 r. Courte-Pilate - 15 km au S d'Épernay par N 951 et D 943 - 51270 Congy - ✆ 03 26 59 31 03 - contact@champagne-breton-fils.fr - 9h-12h, 14h-17h30 - fermé 3e dim. de mai, 1er janv. et 25 déc.* Cette maison qui exploite 17 ha de vignes commercialise son champagne sous la marque Breton Fils depuis plus d'un demi-siècle. Johann, l'actuel dépositaire du savoir-faire familial, fait visiter avec enthousiasme ses caves taillées dans la craie où vieillissent sur lie près de 450 000 bouteilles.

F.P. Arnoult Coopérative vinicole – *Rte de Damery - 10 km au NO d'Épernay par N 3 et D 22 - 51480 Fleury-la-Rivière - ✆ 03 26 58 42 53 - champagne.fp.arnoult@wanadoo.fr - tlj sf lun. mat. et merc. 8h-12h30, 14h-17h15, sam. 9h-12h30, 14h-18h, dim. sur RV - fermé 1er janv., 1er Mai et 25 déc.* Les fresques qui ornaient jusqu'ici les façades de cette cave coopérative sont progressivement transférées à l'intérieur où elles seront mieux protégées des intempéries. Dégustation et vente des produits maison dans une salle offrant un magnifique panorama sur le vignoble de la vallée de la Marne.

Événement

Prix de vertu – Depuis le 19e s. à **Fleury** se perpétue chaque année, le mardi après le 2e dimanche d'août, la cérémonie du couronnement de la rosière, jeune fille choisie pour sa probité et son implication dans la vie associative.

Chaource★

1 092 CHAOURÇOIS
CARTE GÉNÉRALE B4 – CARTE MICHELIN LOCAL 313 E5 – AUBE (10)

« Chaource » est littéralement l'association de deux animaux : le chat et l'ours, blason de la ville. Ce village produit son célèbre fromage, le chaource, depuis le Moyen Âge. Impossible de passer ici sans succomber au plaisir de goûter sa pâte généreuse. Il suffit de fermer les yeux devant ses 50 % de matière grasse... Pour vous dédouaner de ce petit péché, faites une promenade dans les rues bordées de maisons anciennes, parfois médiévales.

Se repérer – À 29 km au sud de Troyes, Chaource se trouve à l'intersection de la D 443 et de la D 444, aux sources de l'Armance.

À ne pas manquer – L'église Saint-Jean-Baptiste et, bien sûr, une dégustation du célèbre fromage !

Organiser son temps – Comptez une petite journée pour profiter du village et du circuit proposé. Les 2e week-ends de mars et d'octobre, assistez à la fabrication à l'ancienne du chaource (*voir l'encadré pratique*).

Avec les enfants – Le musée de la Voiture à pédales à Chaource et celui des Poupées d'antan à Maisons-lès-Chaource feront rêver petits et grands.

Pour poursuivre la visite – Voir aussi Bar-sur-Seine, Ervy-le-Châtel, Parc naturel régional de la Forêt d'Orient, pays d'Othe, Les Riceys, Troyes.

S. Sauvignier/MICHELIN

Sépulcre polychrome de l'église Saint-Jean-Baptiste.

Se promener

À proximité de l'église et des **halles** de type Baltard (1890), quelques **maisons du 15e s.** s'accolent les unes aux autres, typiques du style champenois : partie basse en pierre, torchis à l'étage. Dans la partie supérieure, l'avancée est soutenue par d'imposants piliers de bois, souvent sculptés. En dessous, la partie en recul ménage un « allour » ou passage couvert.

Église Saint-Jean-Baptiste★

Cette église possède un chœur du 13e s. et une nef du 16e s. La chapelle semi-souterraine, à gauche du chœur, abrite une **Mise au tombeau★★** : ce sépulcre polychrome est un chef-d'œuvre de la sculpture champenoise. Rarement tendresse et chagrin ont été traduits avec une telle émotion. Les visages poignants des saintes femmes et de la Vierge apparaissent sous les capulets au délicat plissé. Elles portent le costume des servantes du 16e s. Son auteur anonyme est désigné sous le nom de **maître de Chaource**. Il est également appelé « maître aux visages tristes » ou « maître de la sainte Marthe », car il est l'auteur de la statue de sainte Marthe, à l'église Sainte-Madeleine de Troyes.

Une **crèche★** en bois doré du 16e s. *(3e chapelle sur la gauche)* témoigne du talent varié des sculpteurs de l'école troyenne. Présentée dans une armoire à volets (16e s.) formant un polyptyque, elle comprend vingt-deux statuettes aux vêtements chatoyants, représentant l'Adoration des Mages et des Bergers.

Visiter

Musée du Fromage

Pl. de l'Église - ✆ 03 25 40 10 67 - ♿ - tlj sf mar. sur RV - possibilité de visite guidée (1h) - 4,50 € (enf. 2 €).

Une maison de brique et de pierre accueille une collection d'objets liés à la fabrication des fromages : chaudrons de cuivre, peignes à cailler, brassoirs à emmental... jusqu'à la petite cabane itinérante du berger des Hautes-Pyrénées, qui suivait jadis les troupeaux, tirée par des ânes ou des mulets. Le chaource, l'un des 36 fromages AOC français, est mis à l'honneur dans un petit film, où d'autres fromages locaux sont également évoqués comme le mussy, l'ervy et le soumaintrain.

S. Sauvignier/MICHELIN

Tout un fromage !

De forme ronde, mais plus haut que large, le chaource a obtenu l'Appellation d'origine contrôlée (AOC) en 1970. Fabriqué avec du lait de vache, c'est un fromage à pâte molle, légèrement salée, et à la croûte fleurie.
Il se consomme plutôt d'octobre à mai, accompagné d'un rosé des Riceys. Il peut être servi en entrée ou pour accompagner une fondue de champignons, selon une recette locale.

Musée de la Voiture à pédales

✆ 06 10 04 69 66 - www.voitures-a-pedales.net - visite guidée (45mn) - juin à août : tlj sf merc. 10h-12h, 14h-18h ; mars à mai et sept.-oct. : tlj sf merc. 14h-18h ; possibilité de visite sur RV - 4,50 € (enf. 2 €).

Ce lieu étonnant présente une collection unique de 200 modèles de la fin du 19e s. à aujourd'hui (« ancêtre » Renault de 1903, Bugatti « touriste » de 1928...), patiemment rassemblés et restaurés par un couple de passionnés qui sauront vont faire partager leur enthousiame même si vous n'êtes pas spécialiste !

Circuit de découverte

LE CHAOURÇOIS

Circuit de 28 km - environ 1h.

Ce petit circuit à travers champs et villages de pierre calcaire permet de découvrir la campagne chaourçoise, aux confins de la Champagne et de la Bourgogne.

Prendre la direction de Troyes (D 444), puis la D 17.

Praslin

Ce minuscule village possède un porche du 16e s. aux armes de l'illustre maison champenoise des Choiseul-Praslin et du Plessis, ainsi qu'une **église** (16e-18e s.) abritant un ensemble de statues du 16e s. Comme souvent dans la région, les vitraux d'époque ont été détruits par les bombardements de 1940 et remplacés par du verre blanc *(église ouverte en saison ou clé auprès de Mme Gauchot : ✆ 03 25 40 00 59).*

Pargues

Dans ce joli bourg traversé par la Marve, l'**église** (12e-17e s.), coiffée de coupoles, présente une architecture rare en forme de croix grecque *(ouverte en saison ou clé en mairie et auprès de Mme Lefebvre, 1 rte de Chaource).*

Une **éolienne** en pierre et brique, inaugurée en 1902, pompait l'eau à 18 m de profondeur et alimentait le lavoir ainsi que les maisons du village jusqu'en 1967.

L'entreprise **Bio-Plantes** propose la visite guidée, en petit train, de son domaine de 2,5 ha où poussent maintes plantes aromatiques médicinales : 28 variétés de roses, mais aussi lavande et lavandin, sariette, sauge, thym... On découvre également les secrets de l'extraction des huiles essentielles. *✆ 03 25 40 12 53 - visite guidée (1h) sur demande mai-sept. - boutique, aire de pique-nique.*

Depuis l'éolienne, prendre la direction Maisons-lès-Chaource.

Maisons-lès-Chaource

L'église (16e-19e s.), dont le chevet baigne dans une mare, comporte quelques statues des 15e au 17e s. (*ouverte en saison ou clé chez Mme Lafille à gauche de l'église*).

Musée des Poupées d'antan et de la Tonnellerie – *03 25 70 07 46 - visite guidée (1h30) 10h-12h, 14h-18h ; déc.-fév. : sur RV - fermé mar. sf juil.-août - 5 € (enf. 2 €).* Vous verrez avec émerveillement des poupées de cire, porcelaine ou caoutchouc, des années 1850 à 1950 (« Pauline », Bécassine, Jumeau, Petitcollin...), mises en scène dans des décors reconstitués. Remarquez le petit autel de messe complet, appelé « jeu de messe » : ce jouet était réservé à l'aîné de la famille quand on le destinait à devenir curé. Un atelier de tonnellerie a été reconstitué, et présente les réalisations de deux tonneliers « meilleurs ouvriers de France », le père en 1936 et le fils en 1952.
La visite se termine par une **dégustation de chaource** accompagné d'une flûte de cacibel, un apéritif à base de cidre, cassis et miel. Le bonheur !

En direction de Chesley, la route perce les immenses champs de céréales.

Chesley

L'église Saint-Didier (12e s.) dont la cloche se trouve dans un petit édicule à côté, présente dans le crépi de la face sud des inscriptions en lettres gothiques du 16e s.

Prendre la D 27 en direction de Cussangy.

Cussangy

En 1956, le conseil municipal renonça à changer le patronyme de ses habitants, les Cussangeois, « sous le futile prétexte de plaisanteries peu fines ». À la fin du 19e s., le lieu comptait 35 « gués » (trous d'eau) dont subsiste notamment une mare triangulaire.
Les **vitraux** (16e s.) de l'église Saint-Léger ont été récemment restaurés *(clé auprès de M. Carré dans l'ancien presbytère face au porche).*
Une **champignonnière** est installée dans le village *(voir l'encadré pratique).*

Chaource pratique

Adresse utile

Office du tourisme de Chaource – *Pl. de l'Échiquier - 10210 - 03 25 40 97 22 - juil.-août : lun.-vend. 9h-12h30, 13h30-17h30, sam. 10h-12h, 14h-16h, dim. 10h-13h ; reste de l'année : se renseigner.*

Se loger

Hôtel Le Porche – *1 r. d'Apigny - 10210 Praslin - 5 km au SE de Chaource par D 17 et D 212 - 03 25 40 16 28 - praslin@free.fr - - 3 ch. 45/53 € - repas 17 €.* Passé le porche de cette ferme typique du chaourçois, on débouche sur une vaste cour entourée de bâtiments sur trois côtés. L'une de ces dépendances abrite les 3 belles chambres, décorées avec goût et simplicité.

Hôtel Aux Maisons – *10210 Maisons-lès-Chaource - 03 25 70 07 19 - www.logis-aux-maisons.com - - 23 ch. 58/63 € - 8 € - restaurant 28/68 €.* Des douches « balnéo » agrémentent les plus confortables chambres de cet hôtel incluant une ferme champenoise restaurée. Adresse bien insonorisée et réservée aux non-fumeurs. Terrasse d'été dressée au bord de la piscine.

Se restaurer

Les Fontaines – *1 r. des Fontaines - 03 25 40 00 85 - www.restaurant-lesfontaines.com - fermé dim. soir, lun. soir et mar. - - 11/45 €.* Situé au cœur du village, ce restaurant offre au chaource une place de choix dans sa cuisine. La partie brasserie propose par ailleurs pizzas et formules typiques, sans renier les spécialités de la région, dont la fameuse andouillette de Troyes grillée.

Que rapporter

Marché – Le marché se tient chaque lundi, sous les halles de type Baltard (1890).

Fromagerie artisanale – *Rte de Maisons-lès-Chaource - 03 25 73 24 35 - www.fromageriedemussy.com - 10h-18h, dim. 10h-12h.* Au cours d'une visite, cette fromagerie vous dévoile tous les secrets de fabrication de ses différents fromages. Ici, on produit le célèbre **chaource**, mais aussi les délices de Mussy, les lys de Champagne, les soumaintrains. Petite boutique attenante.

Poulain – *2 rte des Granges - 10210 Cussangy - 03 25 40 18 71 - www.la-champignonniere.com - 8h-12h30, 14h-18h, dim. sur RV.* On y produit des champignons de Paris, mais aussi du lentin de chêne et plusieurs variétés de pleurotes.

Cidre – *Éts Bellot - 5 r. du Croc-du-Gré - 03 25 40 11 01.*

Événement

Journées « Patrimoine et nature » – *03 25 40 10 67.* Les 2e week-ends de mars et d'octobre sont consacrés au **chaource** : fabrication de fromage et de beurre à l'ancienne.

Charleville-Mézières★

53 000 CAROLOMACÉRIENS
CARTE GÉNÉRALE B1 – CARTE MICHELIN LOCAL 306 K4 – SCHÉMA P. 202 – ARDENNES (08)

Les villes de Charleville et Mézières sont réunies depuis 1966, mais le trait d'union ne les a pas empêchées de conserver leur personnalité. Charleville déploie ses rues commerçantes autour de l'harmonieuse place Ducale, tandis qu'en bordure de ses quais flotte, comme un bateau ivre, le souvenir de Rimbaud. Son aînée Mézières dresse fièrement ses remparts médiévaux au cœur d'un large méandre de la Meuse.

S. Sauvignier/MICHELIN

La galerie d'arcades de la place Ducale.

Se repérer – Au sud de la forêt des Ardennes et à 17 km au nord-ouest de Sedan par l'A 203, Charleville (au nord) et Mézières (au sud) sont toutes deux visitées par les boucles de la Meuse.

Se garer - Vous pouvez laisser votre voiture sur la place Ducale.

À ne pas manquer – La place Ducale ; une promenade sur les traces d'Arthur Rimbaud ; les vitraux de la basilique Notre-Dame-d'Espérance, resplendissants sous le soleil de midi.

Organiser son temps – La ville est assez étendue : il vous faudra une bonne journée au moins pour arpenter ses rues et ses principaux musées. Ses alentours offrant de nombreuses possibilités vous occuperont facilement quelques jours.

Avec les enfants – L'horloge du Grand Marionnettiste qui s'anime à chaque heure et le samedi à 21h15 ; le mont Olympe et, aux alentours, le lac des Vieilles Forges, qui proposent des activités pour tous ; le parc animalier de Saint-Laurent ; le musée de la Forêt à Renwez ; le centre Oméga à Rumigny.

Pour poursuivre la visite – Voir aussi forêt d'Élan, Méandres de la Meuse, Monthermé, Mouzon, Rethel, Revin, Rocroi, Sedan, Thiérache ardennaise, Vouziers.

Comprendre

Les origines – À l'époque gallo-romaine, la ville de Castrice s'étend sur le site actuel de Montcy-Saint-Pierre. La cité est détruite au 5e s. lors des invasions barbares – de nombreux vestiges sont aujourd'hui exposés au musée de l'Ardenne, à Charleville. Le bourg d'Arches n'apparaît qu'au 9e s. Charles le Chauve y possède un palais où il reçoit en 859 son neveu Lothaire, roi de Lorraine. Tandis qu'Arches prend de l'importance, Mézières, fondée aux alentours de l'an 1000, n'est qu'un village. Au 13e s., les deux villes appartiennent aux comtes de Rethel et de Nevers.

Une grande famille – Issu d'une famille princière italienne, Louis de Gonzague acquiert, par son mariage avec Henriette de Clèves en 1565, le duché de Nevers et de Rethel. Á la mort de Louis de Gonzague (1595), le duché de Rethel passe à son fils **Charles de Gonzague** (1580-1637), qui crée le siège de sa principauté à l'emplacement de la ville d'Arches en 1606, et lui donne son nom. Ce dernier stimule l'économie locale : il obtient d'Henri IV et de Louis XIII divers privilèges dont celui de franche gabelle – ainsi le duché de Rethel n'était pas soumis à l'impôt sur le sel. Charleville, à laquelle Louis XIII accorde une franchise de commerce avec la France, se construit peu à peu sous la direction de l'architecte Clément Métezeau. En 1627, Charles est appelé à défendre ses terres et ne verra jamais sa ville achevée.

Le festival de marionnettes

Charleville-Mézières ne possède pas de héros populaire comme Guignol à Lyon ou Lafleur à Amiens. Mais une troupe d'amateurs, les Petits Comédiens de Chiffons, y a été créée en 1941. Pour son 20e anniversaire, la troupe invita d'autres marionnettistes français et étrangers. Ainsi est né le **Festival mondial de la marionnette**, lancé par Jacques Félix : il a lieu tous les trois ans, dure 10 jours et se déroule à la fin du mois de septembre. Plus de 500 représentations sont proposées aux quatre coins de la ville, dans des salles « in » et « off ». L'Institut international de la marionnette, fondé en 1981, organise des stages de technique sur la confection des marionnettes *(voir l'encadré pratique)*. Et c'est à Charleville-Mézières que l'École nationale supérieure des arts de la marionnette a ouvert ses portes, en 1987.

Se promener

À CHARLEVILLE

Place Ducale★★ B1

Cette place, l'une des plus belles de France dans le style Louis XIII, fut conçue par le jeune architecte des Bâtiments du duc, **Clément Métezeau** (1581-1652), alors âgé de 25 ans. Son tracé présente de nombreuses analogies avec la place des Vosges à Paris, réalisée à la même époque et attribuée à Louis Métezeau, frère de Clément.

La place mesure 126 m sur 90. L'hôtel de ville fut édifié en 1843 à l'emplacement du palais ducal que Charles de Gonzague ne put construire, faute d'argent. Au centre, une **fontaine** a été élevée comme à l'origine. Une galerie d'**arcades** en anse de panier fait le tour de la place dont les 24 **pavillons**, en brique rose et pierre ocre de Dom, sont coiffés de hauts combles d'ardoise mauve de Fumay. Plusieurs d'entre eux ont été restaurés. Aux quatre coins s'élevaient des dômes.

Traversant la cour du musée, un passage public relie la place Ducale à la place Winston-Churchill *(ouvert aux heures du musée de l'Ardenne, voir « Visiter »)*.

L'**horloge du Grand Marionnettiste** a été réalisé par **Jacques Monestier** (auteur du *Défenseur du Temps,* dans le quartier de l'Horloge à Paris) à la demande de l'Institut international de la marionnette. Un mouvement permanent anime la tête de l'automate. À chaque heure, de 10h à 21h, un des douze épisodes de la légende ardennaise des quatre fils Aymon *(voir p. 201)* est conté. Tous les samedis à 21h15, la représentation a lieu dans son intégralité.

Rue de la Paix B1

Dans cette artère commerçante, chaque immeuble abrite deux logements sous un grand toit couvert d'ardoises. Des commerces sont installés au rez-de-chaussée, de chaque côté de la porte commune, selon le plan voulu par Charles de Gonzague. On peut voir d'autres maisons de ce type **rue du Moulin**.

Vieux moulin B1

Plus bas, en bordure de la Meuse, l'ancien moulin ducal ressemble à une porte monumentale en pavillon, avec sa majestueuse façade à l'italienne, de style Louis XIII. Destiné à fermer la perspective de l'axe principal de la cité, il a été conçu dans un souci de symétrie avec la porte de France au sud. Il abrite aujourd'hui le **musée Rimbaud** *(voir « Visiter »)*.

Au pied du musée s'étend l'agréable île du Vieux Moulin, d'où une passerelle surplombant la Meuse mène au **mont Olympe**. Dans l'Antiquité, un camp fortifié y défendait Montcy-Saint-Pierre ; puis Charles de Gonzague fit élever une citadelle, détruite par Louis XIV. Le lieu est aujourd'hui dévolu aux activités sportives et de loisir : port de plaisance, camping, parc boisé, plaine de jeux, centre aquatique et base nautique *(voir l'encadré pratique)*.

Un **sentier** de 4 km longe la boucle de la Meuse, presque fermée, qui encercle le mont Olympe. Au bout, sous le pont de Montcy-Notre-Dame, démarre le

chemin de halage récemment rénové qui ralie Charleville à Nouzonville : il offre 6 km de piste goudronnée en bord de Meuse, que l'on peut emprunter à pied, à vélo ou à cheval.

À MÉZIÈRES

Basilique Notre-Dame-d'Espérance B3

Visite guidée sur demande à l'office de tourisme.

Voir l'ABC d'architecture p. 69. Le mariage du roi de France **Charles IX** avec Élisabeth d'Autriche fut célébré en 1571 dans cette église gothique (début 15e s. - début 17e s.). Édifiée à l'emplacement d'une ancienne chapelle castrale, elle fut successivement

SE LOGER

Camping départemental Lac des Vieilles-Forges 1

Hôtel de Paris 2

Hôtel Le Fleuritel 4

Hôtel Le Pélican 7

SE RESTAURER

Amorini 1

La Côte à l'Os 4

Le Val Fleuri 7

bombardée en 1815, 1870, 1914, 1940 et 1944. Eu égard à ce douloureux passé, elle fut élevée au rang de basilique (1946) par Pie XII, et entièrement reconstruite après 1950. À l'intérieur, remarquez l'ampleur du plan – nef centrale et double collatéraux – ainsi que les voûtes aux clés pendantes. De très beaux **vitraux★★** d'inspiration cubiste (1 000 m^2) éclairent l'édifice. Ils furent réalisés entre 1955 et 1979 par le maître verrier Seurre, sur des cartons du peintre et sculpteur **René Dürrbach** (1910-1999). Considéré comme un disciple de Picasso, ce dernier s'est inspiré d'un texte de Henri Giriat sur le thème de la Vierge : les vitraux du transept mettent en opposition Vierge noire et Vierge d'espérance. Sur un autel à gauche du chœur, Notre-Dame-d'Espérance, une Vierge noire très vénérée, a donné son vocable à la basilique au 19e s.

Sans peur et sans reproche

En 1521, Mézières est assiégée par l'armée germanique de Charles Quint. Envoyé par François Ier, le **chevalier Bayard** parvient à délivrer la ville en utilisant la ruse. La statue du héros emblématique, œuvre du sculpteur ardennais A. Croisy inaugurée en 1893, fut enlevée par les Allemands en 1914-1918. Retrouvée à Düsseldorf, elle fut à nouveau emmenée en 1940 et fondue. Elle a été remplacée en 2005.

Remparts

Des remparts du Moyen Âge subsistent le cœur historique : la tour du Roy, la tour Milart (14e s.) et celle de l'École, la porte Neuve et la porte de Bourgogne. Une promenade récemment aménagée permet d'arpenter les fortifications. Illuminations nocturnes.

Ancienne École royale du génie

Dans ces bâtiments (17e-18e s.) qui abritent aujourd'hui la préfecture, le mathématicien Gaspard Monge enseigna et Carnot fut élève.

Visiter

Bon à savoir – La visite d'un musée donne gratuitement accès aux autres.

Musée de l'Ardenne★ B1

31 pl. Ducale - ☏ 03 24 32 44 60 - ♿ - tlj sf lun. 10h-12h, 14h-18h - fermé 1er janv., 1er Mai et 25 déc. - 4 € (-18 ans gratuit), gratuit 1er dim. du mois.

Ce musée (3 000 m^2) est installé entre cour et jardin, dans un beau bâtiment (17e au 19e s.) où la pierre locale se marie avec l'acier, le verre et le bois. Il est entrecoupé de passages couverts et de passerelles.

La section d'**archéologie**, la plus importante, évoque les origines du peuplement du massif de l'Ardenne : témoignages de l'âge du fer, de l'époque romaine (stèles, moulin à grains du 2e s., céramiques) et de l'époque mérovingienne (bijoux et armes issus des tombes de chefs de Mézières).

Au 1er étage est présentée la production de la Manufacture royale d'**armes** qui fonctionna de 1688 à 1836. Les fusils et pistolets de la manufacture ont équipé les armées royales et les Insurgés des colonies anglaises d'Amérique au 18e s. Autres débouchés : les armées de la Révolution, l'Empire, la Restauration… Vous verrez également des documents sur la fondation de Charleville (plan-relief de Charleville en 1637 et de Mézières en 1614) ainsi que 3 000 **monnaies et médailles**. La **pharmacie** (1756) comporte 120 pots en faïence de Nevers au décor bleu, provenant de l'ancien hôtel-Dieu ; elle était encore en service il y a 25 ans.

Au passage, à travers une vitre, remarquez le mécanisme du *Grand Marionnettiste*.

Le dernier étage est consacré aux **arts et traditions populaires**, avec la reconstitution d'un intérieur ardennais. Les Ardennes étant la patrie des cloutiers, ce musée possède la plus belle collection de clous en France.

Les **beaux-arts** sont représentés par le sculpteur Croisy *(Les Quatre Saisons)* et les peintres régionaux Couvelet, Damas et Gondrexon (19e s.). Expositions temporaires d'art contemporain.

Musée Rimbaud B1

Quai Rimbaud - ☏ 03 24 32 44 65 - ♿ - voir conditions de visite du musée de l'Ardenne.

Ce musée a été aménagé à l'intérieur du **Vieux Moulin**. Du poète, qui s'attachait peu aux choses et ne vécut pas longtemps, on retrouve ici quelques objets personnels comme sa malle de bourlingueur en Abyssinie, des lettres dont celle qu'il écrivit à son professeur Izambard, et divers documents : dessins ou caricatures de Rimbaud et ses proches, reproductions photographiques, fac-similés, manuscrit autographe du fameux sonnet de *Voyelles*… Expositions temporaires.

L'homme aux semelles de vent

Arthur Rimbaud (1854-1891) est né à Charleville, d'un père capitaine d'infanterie toujours absent et d'une mère autoritaire qui fera de son fils un révolté. Au collège, il accomplit de brillantes études. De 1869 à 1875, il habite au n° 7 du quai, aujourd'hui rebaptisé de son nom. Il écrit *Le Bateau ivre*, face au port, non loin du vieux moulin. C'est l'époque des fugues à Charleroi et à Paris, où il rencontre Verlaine qu'il accompagnera en Belgique et à Londres. Il se rend aussi souvent à Roche, petit village ardennais dont sa famille maternelle est originaire (*voir Sedan*) : il y écrit *Une saison en enfer* (1873). Rompant avec la littérature, Rimbaud commence un exil qui le mène jusqu'en Orient, sur les bords de la mer Rouge et en Indonésie. Malade, il est rapatrié et meurt à l'hôpital de Marseille à l'âge de 37 ans.

S. Sauvignier/MICHELIN

Arthur Rimbaud fumant la pipe, dessin de Paul Verlaine.

Bon à savoir – Chaque année vers la fin du mois d'octobre ont lieu les Journées Rimbaud dans divers lieux de la ville. *Renseignements à l'office de tourisme ou sur www.rimbaud-arthur.com*

De l'autre côté de la rue, au 7 quai Rimbaud, l'ancienne maison familiale des Rimbaud (1869-1875) accueille la **Maison des ailleurs** ; suivant l'errance du visiteur dans les salles vides, des installations visuelles et sonores déroutantes invitent à un voyage imaginaire dans le monde du poète. *Visite combinée avec le musée Rimbaud.*

Aux alentours

Mohon

En face de Mézières, sur la rive sud de la Meuse.

Cette agglomération industrielle, aux quartiers anciens caractéristiques, est la patrie de Mgr Loutil, alias **Pierre l'Ermite**, poète et écrivain (1863-1959).

Témoin de l'art Renaissance ardennais, l'**église**, édifiée au 16e s. pour abriter les reliques de saint Lié, accueillait de nombreux pèlerins. Sa façade (début du 17e s.) présente des décors en trompe l'œil (cadrans solaire et lunaire). Elle possède des vitraux contemporains, réalisés par Gérard Lardeur. *03 24 57 13 15 - tlj sf lun. 8h30-12h - en cas de fermeture, s'adresser au presbytère ou à M. Hubert, 12 pl. Saint-Lié.*

Warcq

3 km à l'ouest par l'avenue de Saint-Julien et la D 16.

L'**église** fortifiée présente un clocher carré formant donjon, et un intérieur de type « halle ». La statue de saint Hubert est du 18e s. *(pilier à gauche de l'autel). 03 24 59 48 20 - visite guidée sur demande mar.-sam. 14h30-17h.*

Musée du vieux Warcq – *44 r. des Ferronniers - 03 24 59 48 20 - visite guidée sur RV (1h30) - 1 €.* Ce modeste musée évoque la vie du village : outils de ferronnerie, statues (18e s.) et objets de culte provenant de l'église, ainsi que des souvenirs des deux guerres mondiales. Expositions temporaires.

S. Sauvignier/MICHELIN

Dinde rouge des Ardennes.

Parc animalier de Saint-Laurent

Route de Saint-Laurent. 6 km à l'est par la D 979 - 03 24 57 39 84 - www.mairie-charlevillemezieres.fr - 13h-18h, w.-end 13h30-19h - fermé jeu.- gratuit.

Trois circuits fléchés permettent une agréable promenade dans ce **parc animalier** de 38 ha où vit en semi-liberté une faune essentiellement locale, représentative de la forêt des Ardennes (sangliers, cerfs, chevreuils…) mais aussi des daims et des mouflons. Plusieurs volières ont également été aménagées.

Château de Montcornet-en-Ardenne

15 km au nord-ouest par la N 43, puis la D 222.

✆ 03 24 54 80 98 - juil.-août : tlj sf lun. 14h-18h ; de mi-avr. à fin juin et sept.-oct. : w.-end 14h-18h - 4 € (enf. 2 €).

Une forteresse médiévale, accrochée à un éperon rocheux, fut agrandie au 15ᵉ s. par Antoine de Croy, chambellan du duc de Bourgogne, et démantelée en 1760. Depuis 1961, le château fait l'objet d'une remise en valeur. Une barbacane et un pont-levis, avec leurs larges meurtrières à canons, donnent accès à l'intérieur de l'enceinte. On découvre la grande salle et son puits de 14 m, le donjon et les salles souterraines : ces dernières abritent des objets de la vie quotidienne découverts lors des travaux de déblaiement.

Maison de l'Ardoise à Rimogne

16 km au nord-ouest par la N 43.

96 r. Jean-Jaurès - ✆ 03 24 35 13 14 - avr.-sept. : tlj sf lun. 10h-12h, 13h-18h ; oct.-mars : tlj sf dim. et lun. 10h-12h, 13h-18h - fermé 24 déc.-1er janv., 1er Mai et 11 Nov. - 4 € (6-12 ans 2,50 €).

Pendant huit siècles, l'ardoise fut exploitée dans les Ardennes *(voir p. 80)*, notamment à Rimogne où l'extraction de fond a cessé depuis les années 1970.

Aménagé dans l'ancienne centrale électrique des Ardoisières (1905), ce musée évoque le dangereux travail des « scailleteux » au moyen d'écrans vidéo, de diapositives… On découvre une maquette des sites ardoisiers, des éléments de machinerie (compresseurs, treuil de 1904) et divers outils : pics, pinces, scies… On peut également voir l'important **puits** de la Grand'Fosse, foré en 1826 : surplombé par un chevalement en chêne, il atteint 185 m de profondeur.

Renwez

18 km au nord-ouest par la N 43 et la D 988.

Renwez (prononcer « Renvé ») est un gros bourg ardennais où l'historien **Michelet** séjourna maintes fois.

De style gothique flamboyant, l'**église** est intéressante par ses baies à remplages dessinant des « soufflets et mouchettes » (quatre-feuilles très étirés et découpure en forme d'ellipse). La rose du portail sud comporte de curieux arcs-boutants intérieurs et des voûtes compartimentées.

Musée de la Forêt – *2 km au nord de Renwez entre la D 40 et la D 140. ✆ 03 24 54 82 66 - ♿ - juin-sept. : 9h-19h ; oct.-déc. : 9h-12h, 14h-18h ; janv.-mars : lun.-sam. 9h-12h, 14h-17h, dim. 14h17h/18h ; avr.-mai : 9h-12h, 14h-18h - fermé 25 déc. et 1er janv. - 8 € (enf. 4 €).* Dans un immense chalet sur pilotis (1 250 m²), une exposition permanente multimédia (vidéos, maquettes interactives…) présente la forêt d'aujourd'hui : essartage, enrésinement, faune et flore, écologie… Expositions temporaires dans le hall.

Un parcours de 1 km, tracé dans 11 ha de forêt, reconstitue les travaux et techniques d'antan à l'aide de 120 personnages en bois : bûcherons (autrefois appelés « boquillons »), scieurs de long, charbonniers… Des outils de bûcheron sont exposés dans un chalet. À voir aussi : un lavoir ancien, ainsi qu'un parc ornithologique abritant des canards et des oies. En été sont proposées des animations qui font revivre les vieux métiers du bois, avec un concours de bûcheronnage.

Lac des Vieilles-Forges

27 km au nord-ouest par la N 43, la D 988, puis la D 40 à Renwez.

Évoquant certains paysages canadiens, ce lac de barrage s'inscrit dans un cadre tranquille de collines boisées (chênes, sapins, bouleaux). Les loisirs sont nombreux : base nautique *(voir l'encadré pratique)*, baignade, pêche, sentiers pédestres, équestres et VTT. Camping et aires de pique-nique.

Il est possible de faire le **tour du lac** à pied *(4h)* ou à VTT *(1 à 2h)* : 13 km dont la moitié sur route et l'autre sur un sentier forestier. Parmi les itinéraires balisés, au départ du hameau des Vieilles-Forges : les Mazures *(2h)*, le bois de Revin *(2h)* et la Faux *(18 km - chemin goudronné jusqu'au lac de Neuves-Forges - également à VTT).*

Au départ de la base de loisirs, le circuit de la **route Martin**, du nom de l'industriel **Arthur Martin** installé à Revin *(19,5 km, répertorié dans le topoguide des Ardennes)* rallie les bassins des Marquisades, du Whitaker, des Neuves et Vieilles-Forges *(voir Revin)*. *Renseignements et topoguide en vente au musée de la Forêt à Renwez ou au camping.*

Centre Oméga à Rumigny

40 km par la N 43 puis la D 877. Voir la Thiérache ardennaise.

Circuits de découverte

LES MÉANDRES DE LA MEUSE

Voir le circuit 1 à ce nom. 57 km au départ de Charleville – environ 4h.

LA THIÉRACHE ARDENNAISE

Voir ce nom. 116 km au départ de Signy-l'Abbaye, à 31 km au sud-ouest de Charleville-Mézières par la D 3 puis la D 27 – Une journée.

VALLÉE DE LA SEMOYE

Voir le circuit 3 à Monthermé. 27 km de Monthermé à Linchamps – 1h30.

Charleville-Mézières pratique

Adresse utile

Office du tourisme de Charleville-Mézières – *4 pl. Ducale - 08102 - ✆ 03 24 55 69 90 - juil.-août : 9h30-12h, 13h30-19h (jeu. 10h) ; janv.-juin et sept.-déc. : 9h30-12h, 13h30-18h (jeu. 10h) - fermé dim. d'oct. à mai.*

Visites

Bon à savoir – Un **itinéraire autoguidé**, jalonné de panneaux d'interprétation, permet une découverte exhaustive de la ville. *Brochure à l'office de tourisme.*

Le **circuit rimbaldien** offre un parcours libre sur les traces du poète. *Plaquette à l'office de tourisme ou au musée Rimbaud.*

Visites thématiques – L'office de tourisme propose toute l'année 3 visites : « Cœur de ville » *(1h - sam. 11h - 3 €)*, « Sur les pas de Rimbaud » *(1h - merc. 11h - 3 €)*, « La balade des remparts » *(3h - merc. 14h - 5 €)*. En saison, d'autres visites à thème sont organisées, ainsi que des balades en roulotte *(sam. : centre-ville (20mn) - dès 10h- 3 € ; bords de Meuse (2h) - 14h, 16h30 - 8 €)*.

Se loger

Camping départemental Lac des Vieilles-Forges – *08500 Les Mazures - ✆ 03 24 40 17 31 - réserv. conseillée - 300 empl. 12 €.* Séparé du lac par une route et un petit bouquet d'arbres, ce camping dispose d'emplacements délimités et bien entretenus. On appréciera la location à la nuitée, possible aussi pour les gîtes de 6 personnes. À noter, pour les plus jeunes, la présence d'une base de loisirs et d'animation en bordure du lac.

Hôtel Le Pélican – *42 av. du Mar.-Leclerc - ✆ 03 24 56 42 73 - P - 20 ch. 45/50 € - ☕ 7 €.* Maison en brique rouge rénovée à l'extérieur comme à l'intérieur. Les chambres sont quelquefois personnalisées, et un double vitrage atténue bien la rumeur de l'avenue. Agréable espace petit-déjeuner.

Hôtel de Paris – *24 av. Georges-Corneau - ✆ 03 24 33 34 38 - www.hoteldeparis08.fr - fermé 9-22 août et 20 déc.-6 janv. - P - 27 ch. 50/75 € - ☕ 7 €.* Cet hôtel, à la façade classique du début du 20e s., est situé près de la gare, en bordure d'une avenue passante. Bien insonorisées, les chambres sont claires et simples. Accueil sympathique et attentionné.

Hôtel Le Fleuritel – *1 r. Delautre - ✆ 03 24 37 41 11 - www.hotel-fleuritel.com - P - 35 ch. 52 € - ☕ 7 € - restaurant 8,90/15,90 €.* Installé dans une construction contemporaine lui conférant un air d'hôtel de chaîne, cet établissement compte 35 chambres tout confort, desservies par un balcon d'accès. Le restaurant, ouvert du lundi au vendredi, propose des formules petit-déjeuner en buffet, soirée étape et menu à l'ardoise. Correct et économique.

Se restaurer

La Côte à l'Os – *11 cours Aristide-Briand - ✆ 03 24 59 20 16 - fermé dim. soir - 15/32 €.* Vous serez bien accueilli dans ce restaurant du centre-ville situé sur une grande allée plantée de marronniers et disposant d'une agréable terrasse d'été. Cuisine traditionnelle, menus du terroir. À l'étage, la Taverne, de style winstub.

Le Val Fleuri – *25 quai Arthur-Rimbaud - à 200 m du musée Rimbaud - ✆ 03 24 59 94 11 - fermé sam. midi et dim. soir - 15/28 €.* Installée au premier étage d'une maison bordant la Meuse, cette adresse aux tons pastel est tenue par un couple sympathique. Parmi les spécialités ardennaises, ne manquez pas l'assiette de t'chu nous (boudin blanc d'Haybes).

Amorini – *46 pl. Ducale - ✆ 03 24 37 48 80 - fermé 1er-22 août, dim. et lun. - 20/26 €.* Cette trattoria carolomacérienne offre un cadre typiquement italien avec ses fresques figurant des angelots. Mets et vins transalpins servis en salle ou en vente à l'épicerie.

Faire une pause

Sutter Côté Salon – *39 r. République - ✆ 03 24 58 33 62 - lun. 14h-19h, mar.-merc. 9h-19h, jeu. 14h-19h, vend.-sam. 9h-19h - fermé 2 sem. en été et j. fériés.* L'une des savoureuses spécialités de ce salon de thé avec mezzanine est le macaron au beurre salé. À midi, petite restauration rapide. Dans l'assiette, salades composées et snacks « cent pour cent maison ».

En soirée

Le Mawhot – *Quai Charcot - ✆ 03 24 33 54 35 - été : 16h-1h ; hiver : tlj sf lun.-mar. - fermé oct.* Ce bar-péniche amarré sur les quais de la Meuse emprunte son nom à un reptile évoqué dans certaines légendes locales. Le maître des lieux a d'ailleurs un vrai talent de conteur et la décoration fait la part belle à l'imaginaire.

La Petite Brasserie Ardennaise – *25 quai Arthur-Rimbaud - ✆ 03 24 37 53 53 - tlj sf dim. 17h-1h - fermé 1er janv. et 1er Mai.* De bonnes **bières** attendent ici le buveur patenté. Située à quelques kilomètres de là, la brasserie de la maison élabore quelque sept variétés originales telle que l'Oubliette (dont on se souvient pourtant longtemps !), à déguster blonde, ambrée ou stout.

Institut international de la marionnette – *7 pl. Winston-Churchill - ✆ 03 24 33 72 50 - www.marionnette.com - tlj sf w.-end 9h-13h, 14h-18h - fermé j. fériés - 10 €.* Dans son théâtre, l'Institut propose une programmation de qualité, capable de séduire petits et grands : théâtre de marionnettes, rencontres artistiques, chantiers spectacles permettant de découvrir de jeunes artistes parmi les élèves de l'École supérieure des arts de la marionnette.

Que rapporter

Pâtisserie du Mont Olympe – *7 r. du Moulin - ✆ 03 24 33 25 11 - tlj sf lun. 8h-12h30, 14h-19h - fermé vac. de fév. et 1er mai.* Les savoureuses spécialités de cet établissement sont sans conteste le carolo, un biscuit meringué à la crème au beurre, et le Rimbaud, bonbon de chocolat noir, praliné et nougatine.

S. Sauvignier/MICHELIN

Douceurs de Charleville.

Sports & Loisirs

Centre Aquatique – *Plaine du Mont-Olympe - ✆ 03 24 54 88 50 - juil.-août : tlj sf dim. 9h30-13h, 15h-19h30 ; vac. scol. d'été 9h30-13h, 15h-19h30 ; vac. scol. hors sais. : lun., merc., vend. 18h-19h30.* S'intégrant dans une architecture en forme de poisson, cet établissement mise à la fois sur les aspects sportif et ludique avec ses bassins traditionnels, ses toboggans, ses effets de rivière à contre-courant et ses jets d'eau. Détente dans l'espace fitness avec hammam, sauna, Spa et solarium.

Club nautique – *08150 Renwez - ✆ 03 24 40 17 20.* En été, la base des **Vieilles-Forges** propose des stages : voile, planche à voile, ski nautique, etc.

Événements

Fête des champignons et fête des pommes à Renwez – *✆ 03 24 54 82 66.* En octobre, Fête des champignons au musée de la Forêt et Fête des pommes au village.

Voir aussi l'encadré sur le Festival mondial de la marionnette *(p. 136).*

Château-Thierry

14 967 CASTELTHÉODORICIENS
CARTE GÉNÉRALE A2 – CARTE MICHELIN LOCAL 306 C8 – AISNE (02)

C'est au pied des remparts, dans une petite rue pavée montant vers les ruines de l'ancien château, que Jean de La Fontaine vit le jour en 1621. Maître des Eaux et Forêts, il passa ici une grande partie de sa vie, proche de la nature environnante. Caractérisée par le vignoble champenois de la vallée de la Marne, celle-ci conserve également le souvenir des lieux historiques de la Première Guerre mondiale.

- **Se repérer** – La ville est située sur l'A 4 entre Paris et Reims. Champenoise par ses origines et son vignoble, elle est bâtie sur les deux rives de la Marne, au flanc d'une butte isolée que couronne l'ancienne place forte des comtes de Champagne.
- **Se garer** – Parking devant la mairie, au pied du chemin de ronde, ou près de la porte Saint-Pierre (pour accéder au château en voiture).
- **À ne pas manquer** – Que vous soyez cigale ou fourmi, ne passez pas à Château-Thierry sans gravir les marches de la maison natale de La Fontaine !
- **Organiser son temps** – Comptez une demi-journée pour une visite de la ville et de ses environs, une journée si vous empruntez ensuite la route du Champagne.
- **Avec les enfants** – Le tour du château et du village castral avec ses animations régulières ; le château de Condé avec ses parcours ludiques dans le parc.
- **Pour poursuivre la visite** – Voir aussi Dormans, Épernay, Montagne de Reims, Montmirail, Orbais-l'Abbaye, Reims, Routes du Champagne.

Se promener

LE TOUR DU CHÂTEAU

Partir de la place de l'Hôtel-de-Ville. La rue du Château monte à la porte Saint-Pierre.

Le plateau, qui commandait la vallée de la Marne, abrita successivement un oppidum gaulois, une place forte mérovingienne, une forteresse féodale, puis une résidence seigneuriale au 13e s. En 1060, Hugues Lambert, dit **Thierry**, fit aplanir le sommet de la butte pour y élever une enceinte fortifiée, et un château fut bâti du 11e au 17e s. En raison de son mauvais entretien et de l'arasement des principaux bâtiments, seule la base des murs subsiste aujourd'hui.

Porte Saint-Pierre

C'est la dernière des quatre portes de la ville. Jeanne d'Arc et Charles VII y passèrent en 1429, de retour du sacre royal à Reims, après avoir chassé les Bourguignons de la ville. De l'extérieur, on découvre la façade principale flanquée de deux tours rondes.

Château

On y entre par la **porte Saint-Jean** (13e s.) dont on remarque l'appareil à bossages. Sa galerie s'ouvre par six créneaux sur l'espace intérieur à ciel ouvert. Le château est

CHÂTEAU-THIERRY

SE LOGER

Chambre d'hôte La Grange du Moulin.. ①

Chambre d'hôte M. et Mme Leclère...... ④

SE RESTAURER

Auberge Jean de La Fontaine........ ①

L'Estoril....................... ③

devenu une promenade (2,5 ha) avec de belles **vues** sur la ville, la vallée de la Marne et le monument de la Cote 204.
Sur la **tour de Bouillon**, un plan gravé sur pierre montre l'ancien château avec son mur d'enceinte, ses tours et son donjon. De là, on descend par un escalier au chemin de ronde intérieur.

Domus castri – Sur la haute cour, la reconstitution d'un habitat castral de l'an mil présente la vie quotidienne et le travail des habitants aux 10e et 11e s. (forge, brasserie, jardin médiéval…). L'association Virges Armes y présente des activités artisanales : démonstrations de poterie, de tissage de la laine… Journées à thème et ateliers pédagogiques. *03 23 83 00 07/03 46 - www.virgesarmes.com - juil.-août : mar.-vend. : 10h30-12h30, 14h-18h30, w.-end jusqu'à 19h30 ; juin et sept. : merc.-vend. 15h-18h30 - 3,50 € (enf. 2 €, -6 ans gratuit).*

Le site de l'ancien château intéresse les archéologues. Le chantier-école de l'université Paris I-Sorbonne y est installé. En été, on peut visiter le **terrain de fouilles**. *03 23 83 00 07/03 46 - visite guidée (1h30) : merc.-dim. 9h-12h, 14h-17h - 1,70 €.*

Revenir par la Grande-Rue.

Visiter

Maison natale de La Fontaine

03 23 69 05 60 - avr.-sept. : tlj sf mar. 9h-12h, 14h-18h ; oct.-mars : tlj sf mar. 10h-12h, 14h-18h - fermé 1er janv., 1er Mai, 1er nov. et 25 déc. - 3,30 € (enf. 1,70 €), merc. gratuit.

En partie remanié, cet ancien hôtel particulier (1559) fut la propriété des La Fontaine jusqu'en 1676 et abrite aujourd'hui le **musée La Fontaine**. Dans ses petits salons meublés selon le goût du temps, il présente divers documents et objets en rapport avec l'écrivain : acte de baptême, lettre portant sa signature… et quelques portraits ou bustes. Vous pourrez contempler de magnifiques éditions des *Fables* et des *Contes*, des volumes illustrés par Oudry (1755) et Gustave Doré (1868). À voir aussi : un échantillonnage d'objets les plus divers, décorés de scènes des *Fables*.

Caves de champagne Pannier

23 r. Roger-Catillon, à l'ouest de la ville - 03 23 69 51 33 - www.champagnepannier.com - - visite guidée (1h) sur demande, tlj sf dim. et j. fériés 9h-12h30, 14h-18h30 - 5 €.

Un montage audiovisuel et une visite des caves installées dans des carrières de pierre du 13e s. permettent de comprendre les étapes de l'élaboration du champagne.

Cimetière franco-britannique

En haut de la rue des Fusillés, ce lieu de mémoire est lié à la Première Guerre mondiale : la région de Château-Thierry fut alors le théâtre de combats déterminants.

Aux alentours

Condé-en-Brie

16 km à l'est par la N 3 et la D 4.

Au confluent des vallées du Surmelin et de la Dhuys, Condé fut rebaptisé Vallon Libre à la Révolution. Sa halle en charpente (15e s.) repose sur des colonnes doriques et accueille toujours le marché campagnard chaque 1er dimanche du mois d'avril à octobre.

De **Montigny-lès-Condé** (*à 1,6 km au sud*), on bénéficie d'un panorama sur les champs vallonnés et le vignoble.

Château★ – *03 23 82 42 25 - www.chateaudeconde.com - de mi-avr. à mi-oct. : tlj sf lun. 14h30-18h (dernière entrée 1h av. fermeture) - 8 € (enf. 4 €).*

Après une vidéo retraçant l'histoire du château et de ses illustres occupants, la visite des lieux est orientée par une documentation individuelle.

L'élégante silhouette du château ne laisse pas deviner la richesse de son **décor intérieur**. Cette ancienne propriété des terribles sieurs de Coucy devint rapidement une demeure princière. Elle fut rebâtie au 16e s. par Louis de Bourbon-Vendôme, cardinal archevêque de Sens, auquel succéda son neveu, Louis de Bourbon, premier prince de Condé. En 1719, elle est achetée par le marquis Jean-François Leriget de La Faye, administrateur de la Compagnie des Indes. Ce grand mécène fit décorer l'intérieur du château par de célèbres artistes : **Jean-Baptiste Oudry**, auteur des

Pièce du château de Condé-en-Brie décorée par Servandoni.

Chasses, **Servandoni**, architecte et grand spécialiste du trompe-l'œil, ou encore **Watteau** et ses élèves à qui l'on doit sans doute de nombreux décors peints.
Après l'escalier d'honneur et le spectaculaire trompe-l'œil sur toile du grand salon central, œuvres de Servandoni, succèdent, dans l'aile Watteau, de petites pièces agréablement décorées par le maître ou ses élèves. La pièce la plus exceptionnelle reste le **grand salon★** décoré d'admirables natures mortes, exécutées par Oudry. Mais ce n'est pas la seule richesse du salon : patientez, observez… une surprise vous attend !

Dans le **parc** du château, 2 parcours ludiques (*15 et 40mn*) ont été imaginés pour les jeunes visiteurs.

Sur les traces de la bataille de la Marne

Monument de la Cote 204

5 km au sud-ouest. Quitter Château-Thierry par la N 3 : au croisement marquant le sommet de la montée, tourner à gauche dans l'avenue menant au mémorial américain d'Aisne-Marne situé à la Cote 204.
Confrontées à la forte position allemande en juin 1918, la 39e division française et la 2e division américaine mirent plus de cinq semaines à en déloger l'ennemi. Ils y réussirent le 9 juillet 1918.
Un monument américain composé d'une double colonnade s'élève à cet endroit *(schéma des opérations sur la face côté vallée)*. De là, belle **vue** sur Château-Thierry, son château, et la vallée de la Marne.

Bois-Belleau

11 km à l'ouest, par la D 9.
Au sud du village, le bois fut occupé par les Allemands le 2 juin 1918 et reconquis le 25 juin par la brigade américaine Harbord. Le 18 juillet, il servit de plate-forme de départ aux troupes américaines qui participèrent à la bataille de France. En souvenir des combats, le nom de Bois-Belleau fut donné à un porte-avions que les Américains cédèrent à la France en 1953.
Dans le grand **cimetière américain** reposent 2 280 soldats dont 250 inconnus. Une chapelle commémorative en forme de tour romane découronnée a été bâtie dès 1918 : on y retrouve les noms des disparus. Le **cimetière allemand** se trouve à 500 m au-delà du cimetière américain.

Revenir au carrefour du cimetière américain et tourner à droite dans la petite route signalée « Belleau Wood », puis 400 m plus loin encore à droite.

On atteint, dans ce bois si disputé, le monument des Marines autour duquel des canons et obusiers ont été disposés en guise de **mémorial**.

Circuit de découverte

VALLÉE DE LA MARNE★

60 km – environ 4h. Voir le circuit 3 des Routes du Champagne.

Château-Thierry pratique

Adresse utile

Office du tourisme de Château-Thierry – *11 r. Vallée - 02400 - ✆ 03 23 83 10 14 - www.otsichateau-thierry.com - 20 mai-30 sept. : 9h-12h30, 13h30-18h30, dim. 10h-13h ; le reste de l'année : tlj sf dim. 9h-12h30, 13h30-18h30 - fermé j. fériés.*

Visite

Parcours lafontainien – *Plaquette à l'office de tourisme - gratuit.* Visite libre de la ville orientée vers les lieux liés au plus célèbre des castelthéodoriciens.

Se loger

Chambre d'hôte M. et Mme Leclère – *1 r. de Launay - 02330 Connigis - 12 km à l'E de Château-Thierry par N 3 et D 4 - ✆ 03 23 71 90 51 - fermé 24 déc.-1er janv. - réserv. obligatoire le soir - 5 ch. 46/55 € - repas 16 €.* L'ancien château de Connigis, datant du 16e s., s'élève au cœur d'un vaste parc entouré de vignes. Ses propriétaires élaborent leur propre champagne et en proposent la dégustation à l'apéritif. Les espaces intérieurs ont conservé leur atmosphère campagnarde. À table, produits maison et vin à discrétion.

Chambre d'hôte La Grange du Moulin – *15 r. du Moulin - 02810 Bussiares - 13 km à l'O de Château-Thierry par N 3 et D 9 - ✆ 03 23 70 92 60 - lagrangedumoulin@hotmail.fr - fermé 15 déc.-15 janv. - 4 ch. 47 € - repas 16 €.* Cette maison de caractère tapissée de lierre abrite des chambres de bon confort, parfaitement rénovées, et une plaisante salle à manger agrémentée de poutres apparentes et de meubles anciens. Le jardinet est très apprécié à la belle saison.

Se restaurer

Auberge Jean de La Fontaine – *10 r. des Filoirs - ✆ 03 23 83 63 89 - fermé 2 sem. en déc. - 15/25 €.* Les nombreuses peintures sur bois de la petite salle à manger illustrent les plus belles œuvres de Jean de La Fontaine. Que vous soyez rat de ville, rat des champs, loup, agneau, cigale ou fourmi, vous apprécierez pareillement la cuisine traditionnelle du chef. Ces leçons gustatives valent bien un fromage, sans doute…

L'Estoril – *1 pl. des Granges - ✆ 03 23 83 64 16 - fermé 24-30 déc., dim. soir et lun. - 20/25 €.* Couleurs ensoleillées, murs peints à l'éponge, azulejos… Ce petit restaurant bordant une placette adresse un bien joli clin d'œil décoratif et culinaire au Portugal. Dans ce cadre lumineux, poissons et crustacés côtoient spécialités lusitaniennes et plats traditionnels, pour le plus grand bonheur des papilles délicates.

Que rapporter

Champagne Pannier – *23 r. Roger-Catillon - ✆ 03 23 69 51 30 - www.champagnepannier.com.* En 1999, soit exactement 100 ans après la création de la maison Pannier, une équipe d'archéologues découvre dans ses caves une fresque du 14e s. représentant un archer. Coïncidence ou signe du destin, la marque en fait son emblème et adopte sa devise « tendre à la perfection ». Visite et dégustation commentée.

Chaumont★

25 996 CHAUMONTAIS
CARTE GÉNÉRALE C4 – CARTE MICHELIN LOCAL 313 K5 – HAUTE-MARNE (52)

Le site de Chaumont pourrait se prêter au tournage d'un film d'époque. À l'affiche, un plateau escarpé qui émerge des forêts, un viaduc très graphique, de beaux vestiges de fortifications... Sellez votre cheval et courez ventre à terre visiter cette ville au caractère médiéval.

- **Se repérer** – À 35 km au nord de Langres par la N 19, Chaumont se situe sur un éperon abrupt dominant les vallées de la Suize et de la Marne.
- **Se garer** – Laissez votre voiture sur le parking de la gare.
- **À ne pas manquer** – Le centre ancien et la basilique; quelques pas sur le viaduc pour admirer le paysage d'en haut...

Le Grand Pardon

Célébré depuis plus de cinq siècles, le Grand Pardon de peine et de coulpe a été instauré par **Jean de Montmirel** (1409-1479), ami du pape Sixte IV, pour conjurer la peste, la famine et les guerres. Cette fête a lieu chaque fois que la Saint-Jean-Baptiste coïncide avec un dimanche (la prochaine aura lieu le 24 juin en 2007).

- **Organiser son temps** – Le circuit peut largement occuper une journée si vous décidez de faire les visites (certaines sur réservation, d'autres l'après-midi uniquement, préparez votre programme avant).
- **Avec les enfants** – À Chaumont, le musée de la Crèche; aux alentours, le parc aux daims à Châteauvillain.
- **Pour poursuivre la visiste** – Voir aussi l'ancienne abbaye Auberive, Bar-sur-Aube, Vallée de la Blaise, ancienne abbaye de Clairvaux, Colombey-les-Deux-Églises, Langres, Nogent, Vignory.

Se promener

VIEILLE VILLE

Partir du square Philippe-Lebon.

Au centre du square se trouve la statue de **Philippe Lebon** (1767-1804), inventeur du gaz d'éclairage. Un peu plus loin, **vue** d'ensemble sur les toits de la ville, le donjon, les remparts, les deux tours de la basilique Saint-Jean, le clocher de la chapelle des Jésuites et le petit dôme de l'hôtel de ville.

Descendre à droite la rue de la Tour-Chartron, construite sur les vestiges des remparts.

Au bas, remarquez la **tour d'Arse** (13e s.) de forme hexagonale.

Remonter la rue Monseigneur-Desprez jusqu'à la place Saint-Jean.

A. de Valroger/MICHELIN

Donjon et remparts de la vieille ville de Chaumont.

Sur la droite, une **maison à tourelle** en encorbellement surmonte une petite porte basse et cintrée ; en face, remarquez le portail d'un hôtel particulier de 1723.

Suivez la rue du Palais qui aboutit à la place du même nom, et montez l'escalier qui mène à l'**esplanade du donjon** : vue sur la vallée de la Suize. En bas s'étend l'ancien faubourg des **tanneries**. La maison Trefousse, spécialisée dans la ganterie, fit la renommée de la ville jusqu'au début du siècle.

Donjon

✆ 03 25 03 80 80 - visite guidée (30mn) sur demande à l'office de tourisme.

Seul vestige de l'ancien château des comtes de Champagne, ce donjon presque carré (11e-12e s.) fut utilisé comme prison au 19e s. Ses murs ont près de 3 m d'épaisseur à la base. Aujourd'hui, il accueille des expositions temporaires. Point de vue sur la **vallée de la Suize**.

Prendre à gauche la rue Hautefeuille.

Les **rues Guyard** (bel hôtel Renaissance) et **Gouthière** conservent des maisons à tourelles en encorbellement à section circulaire, qui abritent des escaliers à vis et quelques tours à plan carré.

Poursuivre dans la rue Hautefeuille, et prendre la rue Decrès.

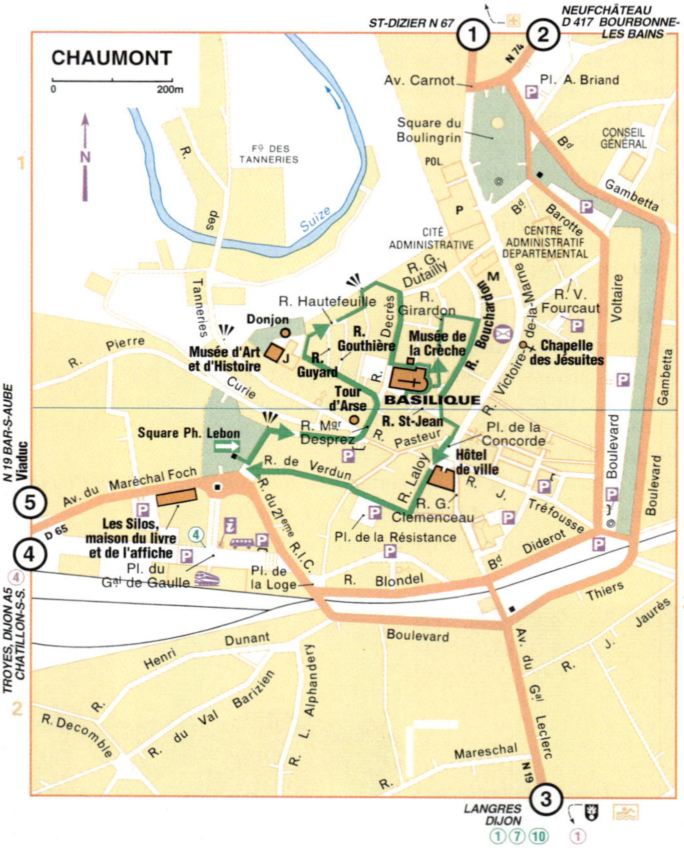

SE LOGER

Auberge de la Fontaine............ ①

Grand Hôtel Terminus-Reine.... ④

Hôtel L'Étoile d'Or..................... ⑦

Hôtel le Grand Val..................... ⑩

SE RESTAURER

Au Rendez-vous des Amis........ ①

Le Parc....................................... ④

Remarquez au passage la belle **échauguette** et, au **nº 17**, un portail d'époque Louis XIV.

Basilique Saint-Jean-Baptiste★

Remaniée du 12e au 16e s., cette église fut érigée en collégiale en 1478, puis en basilique en 1948. Sur le flanc sud s'ouvre le **portail Saint-Jean**, protégé par un porche de pierre. Au trumeau, belle Vierge à l'Enfant. Au tympan, un bas-relief entouré d'une archivolte ornée d'anges représente la vie de saint Jean Baptiste : *Visite de Zacharie au Temple*, *Naissance de saint Jean Baptiste*, *Baptême* et *Décollation*.
Contournez la basilique par la gauche pour voir les arcs-boutants et les gargouilles. À l'intérieur, le chœur et le transept, décorés à l'époque Renaissance, sont les parties les plus intéressantes : galerie à loggias et belles clés pendantes aux voûtes. Au bas de la nef à gauche, dans la chapelle du Saint-Sépulcre, on admire une **Mise au tombeau**★★ (1471) d'un puissant réalisme. Le groupe de onze personnages grandeur nature, en pierre polychrome, représente l'Onction : les deux porteurs du corps du Christ tiennent les pots d'aromates et les spatules. La puissance d'expression des visages, les attitudes des personnages et le sens des volumes sont remarquables.
La basilique abrite aussi des sculptures de l'atelier de J.-B. **Bouchardon** (chaire, banc d'œuvre), et un Arbre de Jessé du 16e s.

Rue Saint-Jean

Au **nº 22** se trouve la tourelle la plus haute de la ville. De magnifiques lucarnes (début 17e s.) sont ornées de cariatides. D'autres (18e s.) sont agrémentées de volutes.

Tourner à gauche dans la rue Girardon.

Sur une petite place se trouvent deux hôtels fermés par un magnifique portail : à gauche l'**hôtel de Grand**, de style Louis XIII, est surmonté d'un fronton semi-circulaire ; à droite, l'**hôtel de Beine**, de style Louis XIV, est coiffé d'un fronton brisé orné d'un mascaron.

Prendre la rue Damrémont, puis la rue Bouchardon.

Rue Bouchardon

À voir au **nº 6** : un sobre hôtel Louis XVI et, plus loin sur la gauche, l'échauguette coiffée d'un dôme en écailles de pierre, soutenue par un cul-de-lampe dans une petite tourelle de section carrée.

Par la rue Saint-Jean, on arrive place de la Concorde, fermée par l'hôtel de ville.

Le saviez-vous ?

Le sculpteur classique **Edme Bouchardon** (1698-1762) naquit au nº 27 de la rue qui porte son nom. Artiste de cour, réputé pour ses œuvres réalistes, ce fut un opposant au style rocaille.

Hôtel de ville

Il fut construit au 18e s. par l'architecte **François-Nicolas Lancret**, neveu du peintre Nicolas Lancret.

Retour par la rue Laloy, la rue Toupot-de-Beveaux à droite et la rue de Verdun.

Visiter

Musée d'Art et d'Histoire

Pl. du Palais - ✆ 03 25 03 01 99 - de déb. juil. à mi-sept. : tlj sf mar. 14h30-18h30 ; de mi-sept. à fin juin : tlj sf mar. 14h-18h - fermé 1er janv., 1er Mai et 25 déc. - 1,50 €, gratuit 1er dim. du mois, billet combiné avec le musée de la Crèche.
Le musée est installé dans les salles basses du château des comtes de Champagne. La **collection archéologique** comporte notamment une cuirasse en bronze du 8e s. av. J.-C., un autel et une mosaïque gallo-romaine.
Parmi les **peintures** du 16e au 20e s., des œuvres de Paul de Vos, Sébastien Stoskopff, Nicolas Poussin et François Alexandre Pernot. Parmi les **sculptures**, le gisant de Jean l'Aveugle de Châteauvillain, l'ancien retable de la basilique Saint-Jean (école troyenne du 16e s.) et surtout, des fragments du mausolée d'Antoinette de Bourbon et Claude de Lorraine, exécuté par Dominique Florentin. Une salle est consacrée à la famille Bouchardon.

Musée de la Crèche

Esplanade de la Basilique - ✆ 03 25 03 01 99 - de déb. juil. à mi-sept. : tlj sf mar. 14h30-18h30 ; de mi-sept. à fin juin : tlj sf mar. 14h-18h - possibilité de visite guidée sur demande - 1,50 €, billet combiné avec le musée d'Art et d'Histoire.
Il expose des **crèches**★ du 17e au 20e s., en cire, bois, verre filé ou terre cuite, dont une magnifique collection de crèches napolitaines du 18e s.

Les Silos, maison du Livre et de l'Affiche

✆ 03 25 03 86 86 - ♿ - juil.-août : mar.-vend. 14h-18h30, sam. 9h-13h ; sept.-juin : 14h-19h, merc. et sam. 10h-18h - fermé dim.-lun. - gratuit.

Sur le site d'une ancienne coopérative agricole, des silos à grains ont été transformés en centre culturel dédié à l'affiche et au livre. Celui-ci recèle plus de **10 000 affiches** provenant du legs Dutailly dont des œuvres de Jules Chéret (1836-1932), de Théophile Alexandre Steinlen (1859-1923), l'un des plus intéressants témoins du tournant du 20e s., et de Henri de Toulouse-Lautrec (1864-1901). Tout au long de l'année, des expositions se tiennent sur l'affiche, la photographie, l'illustration…

Chapelle des Jésuites

✆ 03 25 03 80 80 - pendant les expositions tlj sf mar. 15h30-19h - tarif non communiqué.

Construite de 1629 à 1632 par des architectes de la Compagnie de Jésus, la chapelle de l'ancien collège des Jésuites est communément appelée chapelle du Lycée. Sa façade a été maladroitement restaurée au 19e s. Derrière le maître-autel en bois sculpté et doré, un retable représente l'Assomption de la Vierge par J.-B. **Bouchardon**. En sortant de la chapelle, à gauche, la fontaine ornée d'un buste est du même sculpteur.

Aux alentours

Viaduc★

1 km à l'ouest par la D 65.

Sur la route, on aperçoit ce magnifique ouvrage d'art (1857) qui enjambe la vallée de la Suize. Long de 654 m, haut de 52 m, il comporte 50 arches de trois étages et permet aux voies ferrées de pénétrer au centre de la ville.

On peut se promener au 1er étage du viaduc, d'où l'on a un beau panorama sur la vallée de la Suize. Le 2e étage est réservé aux travaux, tandis qu'au 3e passe la ligne de chemin de fer.

Circuit de découverte

ENTRE CHAUMONTAIS ET BARROIS

118 km – compter une demi-journée. Sortir de Chaumont au sud par la D 143.

Au sud de Chaumont, le plateau prolonge la « montagne » bourguignonne et contraste avec les vallées encaissées des affluents de la Seine et de la Saône qui le découpent. La marque du calcaire apparaît partout : grottes, dolines et sources vauclusiennes liées à l'existence d'un sous-sol argileux. Le pays est couvert de massifs forestiers : forêt d'Auberive et forêt d'Arc-en-Barrois, qui constitue la première réserve de gibier de France.

Villiers-sur-Suize

Dans ce beau petit village haut-marnais déambule librement un troupeau d'**oies** devenu la mascotte des lieux : en obligeant les voitures à adapter leur vitesse, elles jouent le rôle de pittoresques ralentisseurs ! Le village possède un lavoir et une église du 17e s. Des animations sont régulièrement organisées *(renseignements à l'auberge de la Fontaine, voir l'encadré pratique)*.

Prendre la D 154 jusqu'à Leffonds et, en arrivant dans le village, tourner à droite vers Mormant.

Abbaye de Mormant

Accès libre – panneaux d'interprétation.

Sur la via romana menant de Langres à Reims, Mormant accueillit une fondation hospitalière destinée à recevoir les pèlerins et les nécessiteux : la première mention de la Maison-Dieu, fondée à une date inconnue, apparaît au début du 12e s. De l'ensemble, autrefois entouré d'une enceinte fortifiée, subsistent un hôpital-hospice et une grange dîmière sur 2 niveaux avec, au rez-de-chaussée, une belle salle voutée. Les bâtiments furent notamment occupés par les Templiers avant d'être cédés à l'ordre de Malte.

Revenir sur la D. 154 et continuer jusqu'à Bugnières, puis Giey-sur-Aujon.

En chemin, vous aurez, si vous le souhaitez, l'occasion de goûter, avec modération bien sûr, à deux spécialités locales : le **rubis de groseilles** et la **Choue** *(voir « Que rapporter » dans l'encadré pratique)*.

À Giey-sur-Aujon, prendre la D 199 jusqu'à Rouvres-sur-Aube : en arrivant dans le village, tourner à droite dans la D 20.

Cascade d'Étufs

Laisser la voiture sur le parking : le sentier (propriété privée, accès réglementé) qui mène à la cascade (10mn) se trouve de l'autre côté de la route. Cette **cascade pétrifiante** est l'une des plus célèbres de la Haute-Marne *(voir l'encadré p. 53)*. Les eaux tombent en cascatelles dans des vasques superposées. Malheureusement, depuis plusieurs années, la cascade manque cruellement d'eau.

Poursuivre sur la D 20 jusqu'à Aubepierre-sur-Aube et bifurquer à droite (D 159) en direction d'Arc-en-Barrois.

A. de Valroger/MICHELIN

Cascade d'Étufs.

Arc-en-Barrois

Nichée au fond d'une vallée, sur les bords de l'Aujon, cette petite ville est classée « Station Verte de vacances » : entourée de forêts, c'est un agréable lieu de séjour.

Derrière l'hôtel de ville, admirez une belle **façade Renaissance**.

L'**église Saint-Martin** a été désorientée au 19e s. pour cause d'urbanisme. Il faut la contourner pour découvrir le portail du 15e s. où, sous un arc trilobé, le tympan porte un *Christ en croix entre l'Église et la Synagogue*. Dans la chapelle à droite de l'entrée, remarquez un sépulcre, grandeur nature, avec des personnages polychromes (17e s.). Le Chemin de croix qui entoure l'église est en fonte, matériau inhabituel pour ce genre d'œuvre, généralement en bois ou en pierre.

Le **château**, construit en 1845 par la princesse d'Orléans pour son père le roi Louis-Philippe, servit de pavillon de chasse. Pendant la Première Guerre mondiale, il fut mis à la disposition des blessés du front de Verdun et de l'Argonne. Il est aujourd'hui transformé en hôtel-restaurant *(voir l'encadré pratique)*.

À proximité, une immense **glacière** en forme d'œuf fut construite en 1873 pour stocker la glace tirée en hiver de l'étang du château.

À l'écart du village, une **machine à vapeur** sur 3 étages servait à actionner une scierie. Toujours en état de marche, elle a fonctionné de 1896 à 1963. *La glacière et la machine à vapeur sont accessibles uniquement sur rendez-vous auprès du syndicat d'initiative d'Arc-en-Barrois (voir l'encadré pratique), qui propose également d'autres visites : souterrains de Beauvoisin, colombier médiéval de Marac, abbaye de Longuay.*

Quitter Arc-en-Barrois par la D 10 jusqu'à Richebourg, puis prendre la D 107 en direction de Châteauvillain : on traverse l'immense forêt de Châteauvillain et d'Arc.

Châteauvillain

Cet ancien duché-pairie a appartenu au 18e s. au duc de Bourbon-Penthièvre, puis à la famille d'Orléans. La ville était entourée de murs flanqués de **60 tours** percées de 3 portes dont on distingue des vestiges du 14e au 16e s. : tour Saint-Marc, tour des Malades. On peut suivre les contours du château (12e s.) qui formaient un quadrilatère. Ne subsiste aujourd'hui que la **tour de l'Auditoire**, qui abrite le syndicat d'initiative et des expositions temporaires *(de mi-juil. à mi-sept.)*, et un **colombier** du 17e s.

L'**église Notre-Dame-de-l'Assomption**, reconstruite à partir de 1770 grâce aux libéralités du duc de Penthièvre, possède une façade attribuée à Soufflot. De l'église primitive, il ne reste que le clocher avec sa flèche en pierre.

Face à l'église, l'**hôtel de ville** a été édifié en 1784 sur les plans de Lancret, architecte de l'hôtel de ville de Chaumont et du château de la Motte-Tilly près de Nogent-sur-Seine.

Rue du Duc-de-Vitry, l'ancienne **prévôté** s'ouvre par une porte à arc brisé. Elle a conservé ses bandeaux de pierre et ses gargouilles.

À la sortie de Châteauvillain en direction de Bar-sur-Aube, la **chapelle de La Trinité** (début 17e s.), édifiée en mémoire des victimes de la lèpre qui sévissait à l'époque, renferme des fresques anciennes. *Clé en mairie ou s'adresser à la première maison à droite de la chapelle.*

Parc aux Daims – Constitué en 1655 par l'un des seigneurs de Châteauvillain pour s'adonner à la chasse *(voir la rubrique « Événements » dans l'encadré pratique)*, le parc, où une centaine d'animaux évoluent en liberté, abrite également de nombreuses essences ainsi que des plantes rares et médicinales. Des carrières étaient extraites les pierres servant à la construction des enceintes et au pavage des rues. Le pavillon d'entrée est une ancienne porte du 17e s., réplique de la porte Madame du 14e s.

Prendre la D 65 (direction Chaumont) et tourner à gauche dans la D 106 pour rejoindre Orges.

Moulin de la Fleuristerie à Orges

✆ 03 25 01 14 72 - juil.-août : 14h30, 15h30 et 16h30 ; mai-juin : dim. 14h30, 15h30 et 16h30 - 6 €.

Orges abrite le dernier centre de production d'articles pour la **création florale** : les fleurs (en papier, soie, dragées, sucre…) sont utilisées pour la haute couture, la confiserie, la décoration intérieure, les accessoires de mariée… On découvre les procédés de fabrication et les installations d'origine car depuis 1903, les machines utilisées sont toujours les mêmes : ainsi, cette turbine qui fonctionne encore en 110 volts.

Rejoindre Chaumont par la D 105 puis la D 65.

Chaumont pratique

Adresses utiles

Office du tourisme de Chaumont – *Pl. du Gén.-de-Gaulle - 52000 - ✆ 03 25 03 80 80 - de déb. juin à mi-sept. : 9h30-12h30, 14h30-18h, dim 10h-12h, 14h-17h ; de mi-sept. à fin mai : tlj sf dim. 9h30-12h30, 14h30-18h - fermé j. fériés.*

Syndicat d'initiative d'Arc-en-Barrois – *Hôtel de ville - Pl. Moreau - 52210 - ✆ 03 25 02 52 17 - de Pâques à la Toussaint : lun. 13h30-17h30, mar.-vend. 10h-12h30, 13h-17h30, sam. 15h-18h ; reste de l'année : lun.-vend. 10h-12h30, 13h-17h30.*

Visite

Visite guidée de la ville – L'office de tourisme propose un système de visite audioguidée à travers la ville.

Se loger

⊖⊖ **Hôtel L'Étoile d'Or** – *2 km de Chaumont sur rte de Langres - ✆ 03 25 03 02 23 - www.logis-de-france.fr - P - 11 ch. 42/60 € - ☕ 6 € - rest. 17/32 €.* Les nuisances de la N 19 proche de l'hôtel sont tempérées par un double vitrage efficace. Chambres d'assez bon confort, parfois lambrissées ou mansardées. Pierres apparentes, cheminée et chaises Louis XVI font le cachet du restaurant. Plats traditionnels.

⊖⊖ **Grand Hôtel Terminus-Reine** – *Pl. Charles-de-Gaulle - ✆ 03 25 03 66 66 - www.relais-sud-champagne.com - 61 ch. 60/115 € - ☕ 8,50 € - rest. 24/75 €.* La plupart des chambres de cet hôtel situé en face de la gare bénéficient d'une rénovation réussie. Pour vous restaurer, vous aurez le choix entre le restaurant traditionnel et, au sous-sol, une formule plus simple, ouverte très tard, proposant grillades et pizzas.

⊖⊖ **Auberge de la Fontaine** – *Pl. de la Fontaine - 52210 Villiers-sur-Suize - 21 km de Chaumont par N 19 et D 154 - ✆ 03 25 31 22 22 - www.aubergedelafontaine.fr - fermé 2-15 mars et 15-30 sept. - 7 ch. 48/54 € - ☕ 7 € - rest. 17/32 €.* Cette auberge abrite le bar du village et un restaurant au plaisant cadre rustique où l'on propose une cuisine du terroir. À 50 m, une aile récente héberge les chambres et l'épicerie locale. Jardin. Possibilité de promenades en calèche.

⊖⊖ **Hôtel le Grand Val** – *Rte de Langres - 52000 Chamarandes - ✆ 03 25 03 90 35 - legrandval@wanadoo.fr - fermé dim. soir de nov. à Pâques - P - 53 ch. 54/62 € - ☕ 7,50 € - rest. 14/32 €.* Imposant hôtel des années 1960 en léger retrait de la nationale. Les chambres, fonctionnelles et progressivement refaites, sont plus grandes côté façade principale. Restaurant où règne une ambiance sixties.

Se restaurer

⊖⊖ **Le Parc** – *1 pl. Moreau - 52210 Arc-en-Barrois - 16 km au S de Chaumont par la D 65 puis la D 10 - ✆ 03 25 02 53 07 - www.relais-sud-champagne.com - fermé mars, dim. soir, lun. du 1er avr. au 15 juin, mar. midi du 15 juin au 15 sept., mar. et merc. du 16 sept. au 28 fév. - 17/40 €.* Cet ancien relais de poste dont l'origine remonterait au 17e s. abrite aujourd'hui une salle à manger aux couleurs ensoleillées, complétée en été par une terrasse fleurie. On y sert une cuisine classique. Chambres fonctionnelles et calmes. *Voir aussi p. 33.*

⊖⊖ **Au Rendez-vous des Amis** – *Pl. des Tilleuls - 52000 Chamarandes - 3,5 km de Chaumont - ✆ 03 25 32 20 20 - www.au-rendezvous-des-amis.com - fermé 1er-12 mai, 1er-20 août et 20 déc.-3 janv. - 20/48 €.* Riante auberge proposant une cuisine traditionnelle bien tournée dans un cadre rustique rajeuni ou, en été, sur une terrasse tournée vers l'église. Chambres plaisantes.

Que rapporter

Marché – Mercredi et samedi dans les halles de type Baltard.

Brasserie de Vauclair – *52210 Giey-sur-Aujon - ✆ 03 25 01 00 40 - www.la-choue.com - 8h-12h, 13h-17h, sam. 18h-20h, dim. 17h-20h.* Cet ancien prieuré abrite une brasserie artisanale créée en 2000, mais qui n'a pas attendu longtemps avant de faire parler d'elle. La spécialité maison, la **bière La Choue**, fait l'unanimité depuis plusieurs années, qu'elle soit blonde, blanche, rousse ou brune.

Jean-Michel Rousselle – *15 r. du Fays - 52210 Bugnières - ✆ 03 25 31 00 95 - 8h-20h sur RV - fermé fin déc.* Le **rubis de groseilles** est une boisson fermentée fabriquée artisanalement. Il se boit frais en apéritif ou à la fin d'un repas. Depuis peu est venu s'ajouter le rubis de cassis, fruité et parfumé.

Événements

Festival international de l'affiche et des arts graphiques – *✆ 03 25 03 86 80 - wwww.ville-chaumont.fr/festival-affiches.* Chaque année, en mai-juin, il attire à **Chaumont** la fine fleur du graphisme. Des Silos à la chapelle des Jésuites, toute la ville se passionne pour l'image dessinée, ludique ou engagée.

Salon Plaisirs de la chasse et de la nature – *✆ 03 25 03 01 03 - www.salon-chasse-nature.com.* Il se tient le dernier week-end d'août dans le parc aux Daims à **Châteauvillain** : stands de matériel de chasse, coutellerie, art animalier, démonstration de chiens d'arrêt et de chiens truffiers (des postes de ball-trap sont installés) spectacle de fin de chasse à courre, feu d'artifice, messe de Saint-Hubert.

Ancienne abbaye de Clairvaux

CARTE GÉNÉRALE C4 – CARTE MICHELIN LOCAL 313 I5 – AUBE (10)

Vous voici dans un des hauts lieux de la spiritualité médiévale, dans ce val d'Absinthe que Bernard de Fontaine élut pour implanter une des quatre « filles majeures » de l'ordre cistercien. Bien que les aléas de l'histoire aient quelque peu altéré l'abbaye, devenue l'une des maisons centrales les mieux gardées de France, il émane toujours de cet endroit un souffle particulier.

- **Se repérer** – L'abbaye se trouve à 14 km au sud de Bar-sur-Aube par la D 396. Le hameau de Clairvaux fait partie de la commune de **Ville-sous-la-Ferté**.
- **Organiser son temps** – Prévoyez environ 2h pour l'ensemble des lieux (attention aux horaires des visites et se présenter 15mn avant). On peut accéder séparément à l'hostellerie des Dames.
- **Avec les enfants** – Le parc Nigloland près de Bar-sur-Aube et la forêt d'Orient ne sont pas loin (*voir ces noms*).
- **Pour poursuivre le voyage** – Voir aussi l'ancienne abbaye d'Auberive, Bar-sur-Aube, Bar-sur-Seine, Chaumont, Colombey-les-deux-Églises, Forêt d'Orient, Vignory.

Comprendre

Le fondateur – Noble bourguignon, **Bernard de Fontaine** entre à 21 ans à l'abbaye de Cîteaux. En 1115, il n'a que 25 ans quand Étienne Harding l'envoie fonder l'abbaye de Clairvaux. Profondément mystique, organisateur efficace, il incarne la réforme cistercienne qui se veut fidèle aux principes de saint Benoît (prière et travail), alors que les bénédictins de Cluny acceptent selon lui des accommodements avec la règle *(voir p. 65)*. Épris de réforme, Bernard intervient dans tous les domaines : élections épiscopales, conciles, schisme pontifical, deuxième croisade qu'il prêche en 1146 à Vézelay. Son autorité morale l'impose à Rome où il « fait » les papes : Innocent II (1130-1143), puis Eugène III, un ancien moine de Clairvaux élu en 1145.
Atteint par l'échec de la croisade (1148) et la montée des hérésies qu'il combat en vain, Bernard meurt en 1153. Il sera canonisé en 1174. Sa foi intense et son dépouillement en font l'une des plus fortes personnalités du Moyen Âge.

Le rayonnement de Clairvaux – Bernard choisit la clairière d'Absinthe, au cœur des collines boisées des premiers contreforts du plateau de Langres, pour fonder la nouvelle abbaye. L'eau et le bois, matières premières et sources d'énergie, peuvent assurer une autarcie totale à la communauté. Les débuts sont difficiles : dénué de tout, le jeune abbé connaît la rigueur du climat, la maladie… Pourtant, en quelques années, les moines de Clairvaux créent des fours à chaux, des forges, des pressoirs, des celliers et des moulins. Ils font venir de Hongrie les pieds de vigne qui produiront, quelques siècles plus tard, le champagne de la côte des Bar. Le renom de Clairvaux suscite de nombreuses vocations.

L'architecture cistercienne – En accord avec les principes de pureté et de dépouillement de l'ordre, elle se caractérise par sa sobriété et son austérité. L'abbatiale de Clairvaux, construite de 1115 à 1145, est agrandie de 1154 à 1174. Longue d'une centaine de mètres, la nef à collatéraux en forme de croix latine se termine alors par un chevet plat, percé de trois fenêtres hautes et flanqué de quatre chapelles ouvrant sur un vaste transept. Son plan, modèle du « plan bernardin », sera reproduit dans toutes les abbayes-filles, notamment à Fontenay ou Auberive.

Un peu de fantaisie

Comme le montre la Bible dite « de saint Bernard », une certaine richesse décorative n'est pas exclue : l'utilisation de couleurs chatoyantes et la représentation de scènes pittoresques atténuent l'austérité des lieux.

Les enluminures de Clairvaux – L'atelier abbatial réalise une abondante production de quelque 1 400 manuscrits. Là encore, la rigueur de l'esprit cistercien s'impose : saint Bernard se défie des couleurs vives et des dessins trop imaginatifs. Aussi, les formes géométriques et les palmettes aux coloris ternes (tons de bleu ou de vert, rouge pâle, ocre, etc.) ont-elles tendance à dominer.
Les manuscrits de Clairvaux participent au renouveau artistique de la Champagne du 12e s., rappelant les heures brillantes de l'école de Reims. Ils sont copiés par des moines venus de toute l'Europe.
À la fin du 12e s., l'abbaye possède environ 340 volumes de grand format. On estime qu'il a fallu 300 moutons pour réaliser la seule Grande Bible !

Les manuscrits de Clairvaux, parmi lesquels la fameuse « Bible de saint Bernard » et la Grande Bible en six volumes, sont aujourd'hui conservés en quasi-totalité à la médiathèque de Troyes *(voir ce nom)*.

Après la Révolution – Clairvaux est rachetée par l'État en 1808 et, sous Napoléon, des travaux sont effectués pour transformer l'abbaye en maison de détention (la plus grande de France). Les convers sont remplacés par des détenus politiques ou de droit commun. L'abbatiale est presque totalement démolie en 1812, puis disparaît en 1819. Seuls subsistent aujourd'hui le splendide bâtiment des frères convers, avec son cellier et son dortoir.

L'abbaye aujourd'hui – Elle appartient toujours au ministère de la Justice, qui a cependant libéré les bâtiments historiques, désormais en cours de restauration sous le contrôle du ministère de la Culture. Certains abritent les services administratifs du nouveau centre pénitentiaire construit en 1971 dans l'ancien verger, à l'écart des principaux vestiges de l'abbaye.

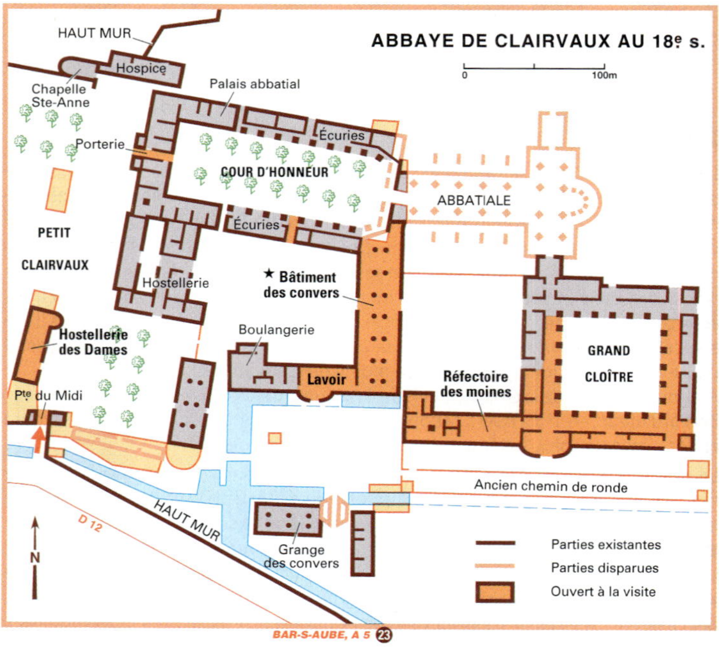

BAR-S-AUBE, A 5 23

Visiter

✆ 03 25 27 52 55 - visite guidée (1h30) juil.-sept. : merc.-vend. 14h, 15h30 et 17h, sam. 14h, 15h, 16h et 17h, dim. 15h ; de mi-mars à mi-avr. : merc.-vend. et dim. 15h, sam. 14h et 15h30, dim. 15h ; de mi-avr. à fin juin : merc.-vend. 14h et 15h30, sam. 14h, 15h30 et 17h, dim. 15h ; de déb. oct. à mi-nov. : merc.-sam. 14h et 15h30, sam. 14h et 15h30, dim. 15h ; reste de l'année : dim. 14h30 (sur confirmation préalable) - fermé lun.-mar., 1er janv. et 25 déc. - 6,50 € (-18 ans 3,20 €). Pièce d'identité obligatoire.

Long de 2,7 km, le haut mur de Clairvaux, qui s'élève à l'emplacement de l'enceinte fortifiée bâtie par les moines au 14e s., clôt un espace de près de 30 ha. On pénètre dans le domaine de l'abbaye par la porte du Midi. À gauche, en entrant, se trouve l'ancienne Hostellerie des Dames et, au-delà, les maisons et jardins potagers du Petit Clairvaux. De l'autre côté, on découvre les stricts bâtiments monastiques du Haut Clairvaux.

Photographie Éditions Gaud

Voûtes en pierre blanche de l'ancien dortoir dans le bâtiment des convers.

Hostellerie des Dames

✆ 03 25 27 52 55 - juil.-sept. : merc. et dim. 10h30-12h, reste de la sem. 14h-18h30 ; de mi-mars à juin et d'oct. à mi-nov. : merc. et dim. 10h30-12h (et sam. de mi-avr. à fin juin), reste de la sem. 14h-17h30 - 2 € (-12 ans gratuit).

Elle fut bâtie vers 1500 pour accueillir les épouses des nobles, à l'époque monastique où les femmes ne pouvaient franchir la clôture du domaine. Au cours du temps, le bâtiment a changé plusieurs fois de fonction : lieu de vente du vin monastique, taverne, école… Il a été restauré par l'association Renaissance de Clairvaux.

Une exposition retrace l'histoire de l'abbaye et la vie de saint Bernard.

Petit Clairvaux

Dans cet espace aujourd'hui réservé aux logements du personnel du centre pénitentiaire, saint Bernard créa en 1115 le *monasterium vetus* (Clairvaux I). La source qui irriguait cette abbaye primitive existe toujours, parmi les arbres. Quelques pans de murs témoignent que le premier monastère ne fut pas construit en bois, comme le veut la légende. Contre le mur d'enceinte nord, la chapelle Sainte-Anne (18e s.), jadis réservée aux « étrangers », se détache devant la forêt qui entoure l'abbaye.

Haut Clairvaux

Pour répondre à la croissance de l'abbaye, le prieur Geoffroy de la Roche-Vaneau entreprit à partir de 1135, avec l'appui de Thibaud II, comte de Champagne, et malgré les réticences de saint Bernard, la construction d'un nouveau monastère à 300 m du précédent (Clairvaux II).

La porterie de Clairvaux est aujourd'hui celle du centre pénitentiaire. Elle ouvre sur une **cour d'honneur** qui conduisait à l'abbatiale et à une cité médiévale de 50 bâtiments, dont les façades ont été reconstruites au 18e s. Les écuries furent anoblies pour les besoins de l'activité économique des moines.

Bâtiment des convers★

Ce bâtiment (1135-1708) – le seul qui subsiste de Clairvaux II – est composé d'un cellier semi-enterré et d'un **dortoir** en étage, divisés chacun en trois nefs de douze travées. L'architecture correspond aux principes bernardins. L'étage voûté d'arêtes

est d'une grande pureté avec sa pierre blanche ; le couvrement du **cellier** est constitué d'une voûte sur croisée d'ogives reposant sur des piliers octogonaux. Sur de nombreuses arcatures, on peut voir les marques de tâcherons (compagnons tailleurs de pierre).
Après le rachat de Clairvaux par l'État au 19e s., le bâtiment des convers fut transformé en atelier. Dans la cour d'honneur, les hôtels de l'abbé et du prieur servaient de logement aux directeurs.

Des prisonniers célèbres

Parmi ses détenus, Clairvaux vit passer Claude Gueux, qui inspira Victor Hugo, Blanqui (1872), puis les communards, Philippe d'Orléans (1890) et le prince Protopkine (procès des anarchistes de Lyon – 1883), des mutins de Verdun en 1917, de nombreux résistants entre 1940 et 1944, plusieurs ministres de Vichy et Charles Maurras après la Libération, les généraux du putsch d'Alger et des indépendantistes pendant la guerre d'Algérie.

Grand cloître

Au cours de la visite, on passe par un beau **lavoir** – aujourd'hui transformé en restaurant d'entreprise de la prison. On franchit également plusieurs bras d'une dérivation de l'Aube, qui constituent le système hydraulique de l'abbaye. Derrière les murs d'enceinte de la partie désaffectée de la prison, le **palais monastique** dresse son imposante façade classique (130 m de large), dont le fronton s'orne des armes de France.
Dès 1740, l'abbé Pierre Mayeur entreprit des transformations majeures : l'essentiel du Clairvaux médiéval fut démoli, à l'exception de l'abbatiale et du bâtiment des convers. La nouvelle abbaye fut édifiée autour du grand cloître classique de Clairvaux III (1708-1792), constituant un ample quadrilatère de 50 m de côté.
Après le rachat de Clairvaux par l'État, le grand cloître fut scindé en dortoirs que l'on peut visiter à l'entresol. À l'étage subsistent des « cages à poules » qui, après la « réforme cellulaire » de 1875, permirent aux détenus d'échapper à la promiscuité des dortoirs.
L'aile du grand cloître renferme l'**ancien réfectoire des moines**, empreint d'une certaine monumentalité : 35 m de long, 13 m de large et 12 m de hauteur sous plafond. Il est ceinturé des vestiges d'un lambris à cadre décoré de médaillons *(exposés au 1er étage de l'hostellerie des Dames)*. Cette pièce fut utilisée comme chapelle jusqu'en 1971 : au 19e s., on y faisait tenir jusqu'à 1 500 détenus debout !

Aux alentours

Ville-sous-la-Ferté

4 km au sud par la D 396.
Son **église** du 18e s. rassemble différents mobiliers recueillis lors de la Révolution à l'abbaye de Clairvaux, ainsi que le suaire de saint Bernard (12e s.). Une exposition permanente présente ses reliques.

Grange de Cornay

À 13 km au nord-est sur la D 47 par Lignol-le-Château. Mai-sept. : sam. 15h ; reste de l'année : sur RV - s'adresser au préalable à M. Mucyn - ✆ 03 25 27 12 02 - 3 € (enf. gratuit).
La petite route des Moines, entre Rouvres-les-Vignes et Saulcy, mène à un corps de ferme qui dépendait au 12e s. de l'abbaye de Clairvaux. Reconstruite en 1577, elle conserve des vestiges de fortifications, comme en témoigne la tour défensive du 12e s. Son immense grange céréalière à cinq nefs (50 m sur 30) comporte une magnifique **poutraison** en chêne, remarquable exemple de charpente due aux cisterciens – dont certains bois sont sans doute millénaires.

Info pratique

Se loger

Chambre d'hôte Les Trémières – *2 Grande-Rue-Outre-Aube - 10310 Lonchamp-sur-Aujon - 2 km au SE de Clairvaux par D 396 et D 12 - ✆ 03 25 27 80 17 - gilberte.bresson@wanadoo.fr - fermé 31 oct.-1er avr. - ⊭ - 3 ch. 35/42 €* ☕. Principaux atouts de cette plaisante demeure bourgeoise blanche : son calme, la sobriété de ses chambres très bien tenues, son charmant salon au coin du feu, son parc clos fleuri équipé de transats et son environnement campagnard.

Colombey-les-Deux-Églises

650 COLOMBEYENS
CARTE GÉNÉRALE C3 – CARTE MICHELIN LOCAL 313 J4/5 – HAUTE-MARNE (52)

Ce village typique de haute Champagne, avec ses pierres blanches apparentes, est situé à l'orée de la forêt des Dhuits. Il doit sa notoriété à Charles de Gaulle qui venait ici dans sa propriété de La Boisserie. Le Général est enterré dans le petit cimetière du village.

- **Se repérer** – Colombey se situe sur la N 19 entre Bar-sur-Aube (à 16 km) et Chaumont (à 27 km). Le village fut de tout temps une étape sur la route de Paris à Bâle.
- **À ne pas manquer** – La Boisserie.
- **Organiser son temps** – Comptez une bonne heure pour la visite couplée de La Boisserie et du mémorial, suivie d'un tour du village.
- **Pour poursuivre la visite** – Voir aussi Bar-sur-Aube, Vallée de la Blaise, Chaumont, Forêt d'Orient, Vignory.

Le saviez-vous ?

Colombey vient du latin *colombarium*, « colombier ». La mention des deux églises permet d'éviter la confusion avec les autres Colombey de la région. Autrefois, le village comportait en effet deux églises, celle de la paroisse et la chapelle du prieuré dont il ne reste que des vestiges.

Comprendre

Le général de Gaulle se retira à La Boisserie après avoir quitté les affaires de l'État, en 1946 et en 1969. Afin de sceller la réconciliation franco-allemande, il invita le chancelier allemand Adenauer dans sa propriété, durant sa visite en France, en septembre 1958. Adenauer fut le seul homme politique à partager ainsi l'intimité familiale du Général. Celui-ci mourut à La Boisserie le 9 novembre 1970.

Dans ses *Mémoires*, **Charles de Gaulle** évoque les paysages champenois des environs de Colombey : « Cette partie de la Champagne est tout imprégnée de calmes, vastes, frustes et tristes horizons ; bois, prés, cultures et friches mélancoliques ; relief d'anciennes montagnes très usées et résignées : villages tranquilles et peu fortunés dont rien, depuis des millénaires, n'a changé l'âme, ni la place. Ainsi du mien. Situé haut sur le plateau, marqué d'une colline boisée, il passa des siècles au centre des terres que cultivent ses habitants… »

Visiter

La Boisserie

✆ 03 25 01 52 52 - www.charles-de-gaulle.org - de mi-avr. à mi-oct. : 10h-12h30, 14h-18h15, dim. 10h-18h15 ; reste de l'année : tlj sf mar. 10h-12h30, 14h-17h15 - possibilité de visite guidée (45mn) - fermé déc. - 4 € (-12 ans gratuit), 7 € billet combiné avec le mémorial.

Le général de Gaulle devint propriétaire de La Boisserie en 1934. Pendant la guerre, la demeure fut très endommagée par l'occupant : une partie du toit brûla et un mur s'effondra. Il fallut attendre le 30 mai 1946 pour que le Général et sa famille reviennent s'y installer, après avoir fait exécuter des travaux : l'ajout d'une tour d'angle et d'un porche. Depuis, La Boisserie n'a pas changé… Elle perpétue la présence de son hôte illustre qui s'y délassait et y mûrissait ses grandes décisions.

Le public est admis dans un salon du rez-de-chaussée : souvenirs, livres, portraits de famille et photographies de personnalités. On entre aussi dans la bibliothèque sur laquelle donne le bureau hexagonal, et dans la salle à manger.

Méditation au couchant

« Le silence emplit ma maison. De la pièce d'angle, où je passe la plupart des heures du jour, je découvre les lointains dans la direction du couchant. Au long de quinze kilomètres, aucune construction n'apparaît. Par-dessus la plaine et les bois, ma vue suit les longues pentes descendant vers la vallée de l'Aube, puis les hauteurs du versant opposé. D'un point élevé du jardin, j'embrasse les fonds sauvages où la forêt enveloppe le site, comme la mer bat le promontoire. Je vois la nuit couvrir le paysage. Ensuite, regardant les étoiles, je me pénètre de l'insignifiance des choses. »
Charles de Gaulle, *Mémoires de guerre*.

La croix de Lorraine marque la mémoire.

Mémorial

✆ 03 25 01 50 50 - de mi-avr. à mi-oct. : 10h-12h30, 14h-18h15, dim. 10h-18h15 ; de mi-oct. à mi-avr. : tlj sf mar. 10h-12h30, 14h-17h15 - fermé déc.-janv. - 4 € (-12 ans gratuit) ; 7 € billet combiné mémorial et La boisserie.

Inauguré le 18 juin 1972, il dresse sa croix de Lorraine sur la « Montagne » dominant le village et les forêts des alentours, dont la forêt de Clairvaux.

Aux alentours

Argentolles

À 4 km au nord-ouest par la D 104.

Ce village fait partie de la route touristique du Champagne *(voir p. 14)*. On peut y visiter un petit **musée sur la vigne et le vin**, aménagé par la confrérie « la Saint-Vincent de Rizaucourt et Argentolles » *(voir l'encadré pratique)*.

Colombey-les-Deux-Églises pratique

Voir aussi les encadrés pratiques de Bar-sur-Aube et Chaumont.

Visite

Bon à savoir – Dans le village, 8 bornes historiques rappellent des citations du général de Gaulle.

Se loger

Hôtel Les Dhuits – *RN 19 - ✆ 03 25 01 50 10 - relais.sud.terminus@wanadoo.fr - fermé 20 déc.-7 janv. - P - 40 ch. 59/65 € - 7,80 € - rest. 15,50/23,50 €.* En retrait de la route principale, ce bâtiment de construction actuelle ouvre sur un vaste hall, flanqué de part et d'autre de la salle à manger et d'un bar assez chic. On compte 30 chambres au rez-de-chaussée, bien équipées, avec Wi-Fi et minibar. Plus simples, celles de l'étage demeurent très confortables.

Se restaurer

Restaurant Natali et Hostellerie Montagne – *17 r. Argentolles - ✆ 03 25 01 51 69 - www.hostellerielamontagne.com - fermé 17 janv.-2 fév., 8-16 mars, 13-21 sept., 20-29 déc., lun. et mar. - 28/53 €.* Belle auberge tranquille où l'on propose une savoureuse cuisine inventive dans un décor de pierres et de poutres apparentes. Après avoir choisi une chambre s'ouvrant sur la campagne champenoise, vous aurez peut-être envie de vous plonger dans les mémoires du Général… *Voir aussi p. 30.*

Que rapporter

Confrérie la St-Vincent de Rizaucourt et Argentolles – *Cellier St-Vincent - musée de la Vigne et du Vin - r. de la Mairie - 52330 Argentolles - ✆ 03 25 02 58 05 - avr.-nov. : w.-end et j. fériés 11h-12h, 14h-18h (20h en été) ; téléphoner 48h av.* Rien d'étonnant à ce qu'une confrérie œnophile se réclame de saint Vincent : c'est le patron des vignerons, dont la fête se célèbre fin janvier, période où la vigne nécessite le moins de travail. Le cellier, qui accueille un petit musée viticole, commercialise la production locale de champagne.

Lac du Der★★

CARTE GÉNÉRALE C3 – CARTE MICHELIN LOCAL 306 K/L11 – MARNE (51) ET HAUTE-MARNE (52)

Encadré de forêts et de villages en pans de bois, ce lac artificiel est le plus vaste d'Europe : 4800 ha, soit 1,5 fois le lac d'Annecy. Au long de l'année, il se vide puis se remplit à nouveau. Peu importe ! Il y a toujours assez d'eau pour faire du bateau, s'adonner à la pêche ou se baigner sur l'une des plages aménagées. Le lac offre aussi le grand spectacle de la nature avec l'entrée en scène, de l'automne au printemps, de milliers d'oiseaux migrateurs.

Se repérer – À cheval sur les départements de la Marne et de la Haute-Marne, le lac du Der se situe à la périphérie de Saint-Dizier et à une vingtaine de kilomètres au nord du lac d'Orient.
Les **plages** sont situées à la station nautique de Giffaumont-Champaubert, sur les presqu'îles de Champaubert et de Larzicourt, le site de Nuisement, la cornée du Der et aux sources du Lac à Éclaron.

À ne pas manquer – Le musée du Pays du Der, pour comprendre la région et les enjeux liés à la création du lac ; le passage des grands oiseaux migrateurs qui a lieu entre août et mai selon les espèces.

Organiser son temps – Le circuit peut occuper une journée, si vous profitez par exemple des possibilités de baignade ou, à Châtillon-sur-Broué, décidez de poursuivre sur la route des Églises à pans de bois (*voir Montier-en-Der*).

Avec les enfants – La station nautique de Giffaumont-Champaubert et les plages équipées d'aires de jeux ; le musée du Pays du Der à Sainte-Marie-du-Lac ; la Grange aux abeilles à Giffaumont ; les postes d'observation des oiseaux.

Pour poursuivre la visite – Voir aussi vallée de la Blaise, Parc naturel régional de la Forêt d'Orient, Montier-en-Der, Saint-Dizier, Vitry-le-François, Wassy.

Le lac en chiffres

Superficie : 48 km^2.
Berges : 77 km dont 22 km de digues de clôture.
Profondeur maximale : 24 m.
Vidange complète : tous les 10 ans, la dernière ayant eu lieu en 2003.

Comprendre

Une étendue artificielle – Créé pour réguler le cours de la **Marne**, le lac, grâce à son canal d'amenée et à son canal de restitution, prélève jusqu'aux deux tiers du débit de la rivière en période de crue, et approvisionne la région parisienne en période de

Observation des oiseaux

Plus de **270 espèces** ont été observées, parmi lesquelles la grue cendrée, le pygargue à queue blanche, le héron, le cygne de Bewick, etc. Ils font du lac le troisième lieu de stationnement en France.
Situés aux abords des zones de quiétude réservés aux oiseaux, à l'ouest du lac (zones de Chantecoq, de Champaubert, étangs d'Outines et d'Arrigny), des observatoires et un sentier de découverte ont été aménagés pour s'initier, apprendre à mieux connaître et respecter cet environnement naturel.

S. Sauvignier/MICHELIN
Observatoire de Champaubert.

Calendrier
Se renseigner à la Maison du lac, à Giffaumont-Champaubert.
D'octobre à avril : grues cendrées, oies cendrées, canards siffleurs, sarcelles d'hiver, pygargues à queue blanche, etc.
Avril-mai et de mi-août à fin octobre : balbuzards, limicoles (barges, chevaliers) guifettes, sternes, etc.
Mars à août : nidification du grèbe huppé, héron cendré, canard colvert, chipeau.

vaches maigres. Il se remplit donc lentement l'hiver et se vide en automne. Mais ses sols argileux, étanches, lui permettent de ne pas se vider d'un seul coup.
Le lac est entouré par la **forêt du Der** (*dervos* en langue celtique signifie « chêne »), qui appartenait jadis aux comtes de Champagne et au duc d'Orléans. Lorsque le lac a été mis en eau en 1974, une partie de la forêt a été engloutie, ainsi que trois villages que leurs habitants furent contraints d'abandonner : Chantecoq, Champaubert-aux-Bois et Nuisement. Seules les églises des deux derniers villages ont été sauvées des eaux.

La migration des grues cendrées – Chaque année, à l'automne, les grues cendrées quittent leur lieu de rassemblement, en Scandinavie, pour se rendre vers des zones plus clémentes, en Espagne ou en Afrique. Elles survolent la Champagne en vagues successives, habituellement la nuit, en émettant un cri : « grouu ». Le passage de ces lignes mouvantes et bruyantes est spectaculaire... Une partie des grues s'installe dans la région du Der tout au long de l'hiver, appréciant les prairies à proximité des plans d'eau. La remontée vers le nord se fait au printemps. La grue se nourrit de graines, d'herbes et de jeunes pousses, mais aussi d'insectes, de mollusques et de vers (*voir aussi « Le petit peuple des lacs » et « Une sensibilité particulière à l'environnement » dans la partie Comprendre la région*).

Circuit de découverte

TOUR DU LAC

66 km – environ 2h. Partir de la station nautique de Giffaumont-Champaubert où se trouve la Maison du lac (office du tourisme du Lac du Der).

Le circuit peut également se faire à vélo ou à VTT, sur la piste cyclable qui fait le tour du lac.

Station nautique de Giffaumont-Champaubert

Elle comporte des jeux d'enfants, une **plage**, des pistes de roller et de VTT, et propose de nombreuses **activités nautiques** (*voir l'encadré pratique*).
Le **port** de plaisance, protégé des vents par une île, peut accueillir jusqu'à 500 bateaux (voiliers, bateaux à moteur). On y délivre des autorisations de **pêche** *(à la journée, au mois ou à l'année).*

Une **digue** mène à la presqu'île de Champaubert *(voir ci-après).*

Prendre la D 55 en direction de Braucourt.

Château d'eau panoramique – *☏ 03 26 72 62 80 - visite libre - gratuit.* Il s'élève à 20 m de haut, offrant une vue sur le lac et l'arrière-pays : table d'orientation, télescope et audioguide.

À **Braucourt**, en suivant la direction de la presqu'île de Champaubert, on passe devant l'église romane (12e-13e s.) et sa galerie en bois.

Presqu'île de Champaubert

Seule sur un promontoire face à son village englouti, l'**église** de Champaubert constitue l'un des symboles du lac. À chaque vidange, les substructions de l'ancienne commune apparaissent.

Une **plage** et un **observatoire ornithologique** ont été aménagés.

Repartir en direction d'Éclaron par la D 384 : la route traverse la forêt du Der avant d'enjamber l'extrémité du lac.

Éclaron

Le bourg présente quelques grosses demeures bourgeoises du 19e s. et, dans le quartier de la gare, de nombreux logements sociaux en brique rouge (18e s.) qui témoignent de son ancienne activité industrielle.
L'**église** (16e s.), de style gothique flamboyant, possède un bénitier et une chaire du 17e s.

Prendre la D 24 en direction de Sainte-Livière, qui traverse le canal d'amenée. Après le village, prenez à gauche la D 560.

Si vous souhaitez faire une pause, suivez la direction de la plage de la **Cornée-de-Der**, une presqu'île couverte de forêts *(aires de jeu et de pique-nique)*. Autrement, poursuivez directement sur la D 560 jusqu'à Sainte-Marie-du-Lac.

Musée du Pays du Der★ à Sainte-Marie-du-Lac

☏ 03 26 41 01 02 - www.museedupaysduder.com - ♿ - juil.-août : 10h-19h ; mai-juin et sept.-oct. : 10h-18h ; reste de l'année : 10h-17h - fermé de fin déc. à fin janv. - tarif non communiqué.

Certains bâtiments de l'ancien village de Nuisement-aux-Bois, disparu sous les eaux, ont été remontés poutre par poutre dans ce **village musée**. Regroupés autour de l'ancienne église de Nuisement, toujours consacrée, leur vocation est de faire découvrir le patrimoine de la Champagne humide. Dans la grange Lardin, un film présente le pays du Der. La grange des Machelignots regroupe les **arts et traditions** champenois : costumes, maquettes de maisons à pans de bois, reconstitutions d'ateliers artisanaux. La mairie-école abrite la **Maison de la nature** : aquarium, fourmilière, terrarium. On peut découvrir les produits régionaux dans la **maison du Forgeron**, où une buvette a été aménagée. À voir aussi : un pigeonnier et un four à pain, un lavoir avec une mare pédagogique, un jardin de 100 plantes médicinales et un potager.

Du musée, continuer à descendre, puis prendre à gauche la D 57 en direction d'Arrigny.

R. Mattes/MICHELIN

Le musée du Pays du Der.

Arrigny

L'église, qui conserve des éléments de l'ancien édifice du 12e s., a été entièrement reconstruite en pans de bois au 17e s.

Prendre la direction de Saint-Rémi-en-Bouzemont (D 57).

Musée Champenois de la vigne et du vin à Saint-Remy-en-Bouzemont

℘ 03 26 74 18 49 - visite guidée (1h) juin-août : 10h30-19h ; le reste de l'année : w.-end et j. fériés 10h30-18h ou sur RV - 5 € (enf. 2 €).

Le musée est installé dans le **château de la Motte** (18e s.), où l'on pénètre par une roseraie. Les propriétaires, producteurs à Épernay (champagne L'épicier-Vercruysse), ont rassemblé une importante collection d'instruments permettant de retracer le **travail de la vigne** sur un siècle (1800-1900), de la plantation au pressurage. Dans les caves du château est reconstitué le **travail du vin**, de la mise en tonneaux à l'habillage. La visite se termine par un film et une dégustation de champagne.

Retourner à Arrigny et prendre la D 13 en direction de Giffaumont.

La **presqu'île de Larzicourt** offre la possibilité de se baigner ou de faire quelques pas sur la digue qui s'avance dans le lac *(aires de jeux et de pique-nique)*.

Peu après la presqu'île, la D 13 traverse le **canal de restitution** de la Marne.

Prenez à droite les deux **routes sur digues** successives : elles permettent de longer la rive avec de belles perspectives sur le lac et, à la saison, d'observer les grues cendrées.

Au bout de la seconde digue, continuez tout droit vers le **site de Chantecoq** : la station de l'ONCFS propose une exposition permanente sur la réserve nationale d'avifaune du lac du Der. *℘ 03 26 73 82 68 - juil.-août : lun.-vend. 13h-18h ; oct.-nov. et fév.-mars (migration des grues) : w.-end 9h-18h.*

Un **poste d'observation** ornithologique avec des panneaux d'interprétation a été aménagé sur le lac.

Poursuivre sur la D 13.

Vous pouvez alors prendre à droite la direction de **Châtillon-sur-Broué** et récupérer le circuit des **Églises à pans de bois** (*voir Montier-en-Der*).

Grange aux abeilles à Giffaumont

℘ 03 26 72 61 97 - www.la-grange-aux-abeilles.com - juil.-août : tlj sf mar. 14h-19h, w.-end 10h-12h, 14h-19h ; avr.-juin et sept. : merc.-dim. : 14h-19h ; fév.-mars et oct.-nov. : w.-end 14h-18h - fermé de fin nov. à mi-fév. - gratuit.

Une exposition et un montage audiovisuel font découvrir le travail de ces insectes et des apiculteurs. Au 1er étage, des ruches en verre permettent d'observer sans danger le travail des abeilles. Minigolf et aire de jeux.

Lac du Der pratique

Voir aussi les encadrés pratiques de Montier-en-Der, Saint-Dizier.

Adresse utile

Office du tourisme du lac du Der – *Maison du lac - 51290 - ℘ 03 26 72 62 80 – www.lacduder.com - juil.-août : 8h30-12h, 14h-18h30 ; fév.-juin et de déb. sept. à mi-déc. : w.-end : 14h-17h30 ; de mi-déc. à fin janv. : lun.-vend. 8h30-12h, 14h-18h.*

Découverte du lac

Train touristique – *Se renseigner au ℘ 06 07 96 57 15 ou à l'office de tourisme - visite guidée (1h) de mi-fév. à déb. déc. : consulter l'affichage pour les horaires - 6 € (enf. 3,50 €). Dép. du port de Giffaumont.*

Vedette L'Explorateur – *℘ 03 26 73 33 28 - juil.-août : 11h-12h, 14h-16h (dép. ttes les h) ; avr.-juin et 1re quinz. de sept. : 14h-18h (dép. ttes les h) - 6,50 € (enf. 4 €). Cette vedette de promenade part de la station de Giffaumont.*

Séjours ornithologiques – *Voir p. 36.*

Se loger et se restaurer

⊖ **Chambre d'hôte Au Brochet du Lac** – *15 Grande-Rue - 51290 St-Remy-en-Bouzemont - 6 km à l'O d'Arrigny par D 57 et D 58 - ℘ 03 26 72 51 06 - www.au-brochet-du-lac.com - fermé 24 déc.-3 janv. - 5 ch. 45 € - repas 19 €.* Cette ravissante maison à pans de bois abrite des chambres au mobilier campagnard et une grande salle commune avec cheminée et tomettes. C'est le lieu de séjour dont vous aviez rêvé pour explorer les environs du lac. Location de VTT et de canoës sur place.

⊖⊖ **Marina Holyder** – *51290 Giffaumont-Champaubert - ℘ 03 26 72 99 90 - www.marina-holyder.com -*

50 maisonnettes 300/612 € /sem. 2 à 6 pers. - restauration. Bordant le lac de Der sur la presqu'île de Rougemer, ce camping dispose d'un espace locatif important avec des maisonnettes de grand confort, entièrement équipées. Sur le site, un bar-restaurant et une salle avec piste de danse où l'on organise des soirées à thèmes en saison. Piscine couverte avec salle de fitness.

Camping La Presqu'île de Champaubert – *52290 Braucourt - 03 25 04 13 20 - ilechampaubert@free.fr - 16 chalets 300/700 €/sem. 4 à 6 pers.* Outre la partie dédiée au camping traditionnel, comptant 15 emplacements parfaitement entretenus, et la partie locative avec ses cottages disponibles à la nuitée, cette structure comprend un secteur résidentiel situé en bordure du lac. Plage avec baignade surveillée et base nautique à proximité. Jeux pour enfants.

Le Cheval Blanc – *21 r. du Lac - 51290 Giffaumont-Champaubert - 03 26 72 62 65 - www.lechevalblanc.net - fermé 2-24 janv., 6-23 sept., mar. midi, dim. soir et lun. - P - 14 ch. 65/80 € - 8 € - restaurant 23/48 €.* Les nuits sont calmes dans les chambres simples et fraîches de cet hôtel situé au cœur de la station nautique. Au restaurant, menus variés et attractifs, servis en terrasse dès que le temps le permet.

Sports & Loisirs

ACTIVITÉS NAUTIQUES

On compte deux ports de plaisance, à **Nemours** et **Nuisement**, une station nautique à **Giffaumont**, six plages surveillées *(juil.-août)*, une zone d'évolution de 650 ha pour les bateaux à moteur, le ski nautique et le jet-spirit, des possibilités de pêche à partir des berges ou en barque, des parcours de pêche de nuit.

Cercle nautique des Amis du Der – *03 26 72 60 74 - http//asso.ffv.fr/cnader - tlj sf dim. 8h30-18h - fermé 31 oct.-1er mars.* Stages dériveur, planche à voile, Optimist, catamaran, cours particuliers en habitable, voile scolaire, le tout sous le label École française de voile.

Ski et Motonautisme Club du Der – *03 26 74 61 71 - fermé 15 oct.-28 fév.* Le club propose 240 places pour bateaux à moteur, une rampe de mise à l'eau, un parking pour les remorques et un club-house. Une partie des pontons est équipée en eau et électricité.

Yachting Club du Der – *03 25 04 13 57.* Outre une zone réservée à la voile légère, 218 habitables sur ponton avec eau et électricité, rampe de mise à l'eau, portique pour habitable sont mis à disposition. Club-house gardé.

Club nautique de Giffaumont – *03 26 72 81 23.*

Cercle de voile du bocage champenois – *03 26 72 64 03.*

Cercle d'aviron – *03 25 55 33 73.*

PROMENADES

Bon à savoir – Un topoguide *Balades au pays du lac du Der* est en vente à l'office de tourisme (6 €).

À pied – 225 km de sentiers balisés sous forme de boucles de 5 à 20 km.

À vélo – Tour du lac : 38 km de piste cyclable et 12 km de piste jusqu'à Saint-Dizier.

À cheval ou à poney – Circuit aménagé en sous-bois.

En calèche – Balade au pas du trait ardennais.

AUTRE ACTIVITÉ

Der Aventure – *Rte de la presqu'île de Champaubert - 52290 Braucourt - 03 25 04 95 21 - www.deraventure.com - juil.-août : 9h30-18h30 ; avr.-juin et sept. : w.-end et j. fériés.* Venez relever le défi sur ce site boisé de 2 ha. Les 6 parcours, de difficulté croissante, offrent de l'émotion à toute la famille, avec des passages atteignant 15 m de hauteur. Ponts de singes, lianes ou tyroliennes, et pour ceux qui souhaitent garder les pieds sur terre, un labyrinthe végétal habité par des dinosaures.

Dormans

3 126 DORMANISTES
CARTE GÉNÉRALE B2 – CARTE MICHELIN LOCAL 306 D 8 – MARNE (51)

Dans cette Station Verte de vacances, on goûte la quiétude des bords de Marne. Le château Louis XIII ouvre les portes de son parc, entre deux visites aux producteurs de champagne des environs !

- **Se repérer** – Entre Château-Thierry et Épernay, la ville est traversée par la N 3 de Paris à Reims. Dominée au nord par le mémorial des batailles de la Marne, elle est une étape traditionnelle sur la route du Champagne.
- **À ne pas manquer** – Le mémorial, pour comprendre le rôle de la région lors de la Grande Guerre.
- **Organiser son temps** – Comptez une heure environ pour un tour des lieux, qui peut se prolonger alentour par une dégustation de champagne.
- **Pour poursuivre la visite** – Voir aussi Château-Thierry, Épernay, Fismes, Montagne de Reims, Montmirail, Orbais-l'Abbaye, Reims.

Visiter

Château et mémorial

Entrée par l'av. des Victoires - ✆ 03 26 58 22 31 - de déb. avr. à mi-nov. : 14h30-18h30, dim. 10h-12h, 14h30-18h30 - possibilité de visite guidée sur demande - gratuit.

À l'intérieur d'un parc ombragé d'arbres majestueux, dont un séquoïa près du pont chinois, le **château** sert de cadre à des réceptions et à des expositions temporaires. L'office de tourisme y est également installé.

V. Billon/OT Dormans

Mémorial des Batailles de la Marne.

Au fond du parc, le **mémorial des Batailles de la Marne** a été élevé à un emplacement désigné par le maréchal Foch. Le sanctuaire comprend deux étages. L'escalier dans l'axe de la chapelle mène à la première terrasse où se trouve la crypte : on y découvre le résumé des opérations de 1918 et une table d'orientation. Sur le parvis, à droite, remarquez un cadran solaire en marbre, et à gauche, une table d'orientation décrivant le déroulement de la 2e bataille de la Marne. Par un escalier à gauche, on atteint une cour précédée d'une lanterne des morts. Elle est entourée d'une galerie, au fond et à gauche. L'ossuaire abrite les dépouilles de 1 500 soldats inconnus. À droite, la chapelle supérieure adopte le même plan que la crypte, mais elle est plus haute et très claire.

Du mémorial, il est possible de gagner le moulin en traversant le parc où un **verger conservatoire** a été reconstitué : il recèle quelque 80 variétés de fruits.

Moulin d'En Haut

✆ 03 26 58 85 46 - juin-août : 11h-18h, sam. 14h30-18h, dim. et j. fériés 15h-18h ; mai et de mi-sept. à fin oct. : 14h30-18h, dim. et j. fériés 15h-18h - fermé lun., nov.-avr. et 1re quinz. de sept. - 4 € (-15 ans gratuit).

Ancien moulin banal du château, il abrite une grande roue à augets. La **remise aux outils champenois** regroupe plus de 3 000 outils qui témoignent de l'activité rurale jusqu'à une époque récente : travaux de la vigne, mais aussi des champs et des bois. On peut suivre le cheminement de la bouteille de champagne de sa sortie de cave jusqu'à l'expédition.

Église

✆ 03 25 31 57 83 - juil.-août : 9h-19h ; reste de l'année sur demande.

Une tour carrée à quatre pignons, percés de trois baies accouplées, s'élève sur la croisée du transept dont le bras nord est flanqué d'une tourelle à clocheton octogonal. La partie la plus intéressante de l'église est le chœur à chevet plat du 13e s., éclairé par un grand fenestrage de style rayonnant.

Dormans pratique

Adresse utile

Office du tourisme des Coteaux de la Marne – *R. du Pont - 51700 Dormans - ✆ 03 26 53 35 86 - juil.-août : 10h-18h ; avr.-juin : 10h-12h, 14h-18h ; oct.-mars : tlj sf dim. 10h-12h, 14h-17h - fermé 24 déc.-2 janv.*

Se loger

Chambre d'hôte La Boursaultière – *44 r. de la Duchesse-d'Uzès - 16 km à l'E de Dormans par N 3 - 51480 Boursault - ✆ 03 26 58 47 76 - fermé fév. - - 2 ch. 58 €* . Accueil exemplaire dans cette jolie maison en pierres de pays disposant de ravissantes chambres tendues de tissus imprimés à motifs médiévaux ou Renaissance. Les salles de bains, haut de gamme, sont égayées de beaux carreaux en faïence venant d'Italie. De superbes plantes grasses s'épanouissent dans la cour pavée.

Se restaurer

La Table Sourdet – *6 r. du Dr-Moret - ✆ 03 26 58 20 57 - fermé 1er-15 juil. et vend. - 16/60 €.* On est cuisinier de père en fils depuis six générations à la Table Sourdet. Le restaurant gastronomique propose, dans une salle à manger bourgeoise, d'attrayantes recettes traditionnelles. La Petite Table, installée dans une véranda, sert à l'heure du déjeuner des menus simples à prix doux.

Que rapporter

Veuve Olivier & Fils – *10 rte de Dormans - 2,5 km à l'O de Dormans par D 6 - 02850 Trélou-sur-Marne - ✆ 03 23 70 24 01 - www.champagne-veuve-olivier.com - tlj sf dim. 9h-12h, 14h-17h, sam. 9h-12h, apr.-midi sur demande préalable - fermé août et j. fériés.* Cette propriété admirablement située offre un très vaste panorama sur la vallée de la Marne. Une vidéo et une visite commentée des installations, où subsiste un pressoir traditionnel, vous expliqueront tout des procédés de fabrication du champagne. Dégustation et vente sur place.

Forêt d'Élan ★

CARTE GÉNÉRALE BC1 – CARTE MICHELIN LOCAL 306 K5 – ARDENNES (08)

Cette belle forêt entoure un vallon qui se resserre entre des pentes accentuées et couvertes de prés. Cachée dans cette futaie de chênes et de hêtres, l'ancienne abbaye cistercienne d'Élan constitue un agréable but de promenade.

- **Se repérer** – Très accidentée, la forêt d'Élan (872 ha) s'étend à l'ouest de Sedan et au sud-est de Charleville-Mézières.
- **À ne pas manquer** – Une balade en forêt à partir de l'ancienne abbaye.
- **Organiser son temps** – Le tour des vestiges de l'abbaye est rapide ; prévoyez une demi-journée pour une randonnée dans la forêt.
- **Avec les enfants** – Les bois et les environs d'Élan sont des espaces idéaux de pique-nique et de jeux.
- **Pour poursuivre le voyage** – Voir aussi Charleville-Mézières, méandres de la Meuse, Mouzon, Sedan, Thiérache ardennaise, Vouziers.

Se promener

Ancienne abbaye d'Élan

En 1148, le comte de Rethel, qui cherchait à expier ses crimes, demanda à ce qu'une abbaye soit fondée sur ses terres.

Au Moyen Âge, l'abbaye possédait un « moulin à écorces de chênes » pour la fabrique du tan et une foulerie pour le drap, située à Flize. Elle tomba en commende en 1545 et, le nombre de moines ne cessant de diminuer, les abbés se désintéressèrent de leurs biens. On n'y comptait plus que quatre moines à la Révolution, où le mobilier de l'abbaye fut dispersé, et ses murs démantelés pour en vendre les moellons.

Il en subsiste néanmois plusieurs édifices, dont certains sont accessibles.

Manse abbatiale

✆ 03 24 37 25 85 - juil.-août : 10h-12h, 14h-18h30 ; reste de l'année : mar.-dim. 10h-12h, 14h-17h30 - gratuit.

Construit à la fin du 17e s. pour héberger les voyageurs et les familles des salariés de l'abbaye, l'édifice récemment restauré abrite l'office de tourisme et un restaurant. Il accueille également une exposition sur l'histoire d'Élan et les abbayes cisterciennes de France, ainsi que des expositions temporaires.

Église abbatiale

10h-17h30.

Construite au 12e s., elle fut transformée en église paroissiale au 19e s. après d'importants travaux. Il ne reste aujourd'hui que les premières travées de la nef. La façade classique date de 1720.

Manoir abbatial

Aujourd'hui transformé en exploitation agricole, ce bâtiment fut construit au 16e s. et flanqué de quatre tours. Face au manoir, dans les écuries actuelles, étaient logés les moines convers.

Chapelle Saint-Roger

À 1 km par un chemin carrossable.

Bâti au 18e s. au fond du vallon, ce sanctuaire minuscule marque le lieu où saint Roger venait méditer et où il mourut, le 4 janvier 1175. À ses pieds les sources du ruisseau, qui alimentait jadis le vivier abbatial, furent aménagées par les moines en bassins d'agrément aux formes symboliques.

Le saviez-vous ?

Saint Roger, moine originaire des côtes anglaises, fut le premier abbé d'Élan : c'est lui qui donna le nom d'Esland (terre de l'Est) à la nouvelle abbaye. On attribue à saint Roger de nombreux miracles. Il rendit l'eau du ruisseau d'Élan si glaciale qu'elle guérissait les fièvres d'amour !

Randonnées

Panneau d'information face à l'office de tourisme et carte IGN en vente sur place.

Deux **circuits pédestres** balisés traversent la forêt d'Élan au départ de l'ancienne abbaye : celui des Hauts-Bois (*13 km, 3h*) et celui des Hautes-Vignes (*12 km, 3h*). Un sentier équestre passe également à proximité.

Aux alentours

La Horgne

12 km au sud-est d'Élan par la D 33 : poursuivre au-delà de Villers-le-Tilleul et des Poursaudes, puis tourner à droite sur la D 28.

Ce village entretient le souvenir de la « charge héroïque » que menèrent le 15 mai 1940 700 spahis algériens et marocains entre Poix-Terron et le val de La Horgne (ce corps de cipayes français avait été créé en 1834 lors de la conquête de l'Afrique du Nord). Cinq heures durant, les spahis résistèrent, à cheval, sabre au clair, face aux Allemands. Le combat permit momentanément de freiner la progression ennemie, au prix d'un terrible carnage : 600 morts chez les spahis.

Musée des Spahis – *Pl. des Spahis - ✆ 03 24 35 64 44 - juil.-août : 14h-19h ; de mi-mai à fin juin et de déb. sept. à mi-mai : lun.-vend. 14h-19h - fermé de mi-sept. à mi-mai - 2,30 €*

S. Sauvignier / MICHELIN

Site de la chapelle Saint-Roger.

(-12 ans gratuit). Des toiles et dessins, tenues de combat et d'apparat, armes, objets personnels... évoquent la bataille et le rôle des Spahis dans l'histoire militaire de la France.

Dans le village, le **Mémorial national des spahis** est dédié à la mémoire de tous ces soldats tombés au champ d'honneur depuis 1830.

Un sentier pédestre mène à une **table d'orientation** qui, plantée sur la colline des Spahis face au village, explique les positions et le déroulement des combats.

Info pratique

Voir aussi l'encadré pratique de Sedan.

Adresse utile

Office du tourisme du Pays des Sources Au val de Bar – *08160 Élan - 03 24 37 25 85 - juil.-août : 10h-12h, 14h-18h30 ; reste de l'année : mar.-dim. 10h-12h, 14h-17h30.*

Omont

8 km au sud par la D 33.

Presque abandonné, Omont couronne une crête à 230 m d'altitude. Il reste un chef-lieu de canton, en témoignage du rôle de forteresse et de prévôté qu'il joua sous l'Ancien Régime (d'où le dicton : « Vin de Mouzon, pain de Sagogne, justice d'Omont »). Au point le plus élevé se trouve l'église du 17e s. On reconnaît les **vestiges du château**, tenu par les ligueurs lorsqu'il fut assiégé en 1591 par Henri IV.

Épernay★

25 844 SPARNACIENS
CARTE GÉNÉRALE B2 – CARTE MICHELIN LOCAL 306 E8 – MARNE (51)

Ne cherchez plus, vous y êtes : Moët & Chandon, Mercier... Ces grands noms du champagne sont à Épernay, au cœur du vignoble. Leurs caves sont ouvertes à la visite : cent kilomètres de galeries creusées dans le sous-sol de craie abritent des millions de bouteilles !

- **Se repérer** – Épernay, principal centre viticole de Champagne avec Reims (à 23 km au nord par la N 51), est au cœur des trois grandes zones de vignoble : la Montagne de Reims, la côte des Blancs et la vallée de la Marne.
- **Se garer** - Parking sur l'esplanade Charles-de-Gaulle, à proximité de l'office de tourisme.
- **À ne pas manquer** – Passage obligé par une cave et... dégustation !
- **Organiser son temps** – La visite d'une cave dure environ 45mn ; comptez autant pour un tour de ville.
- **Avec les enfants** – La Ferme aux oiseaux exotiques à Athis convient parfaitement aux familles ; le parc du Sourdon permettra de se dégourdir les jambes.
- **Pour poursuivre la visite** – Voir aussi Châlons-en-Champagne, Routes du Champagne, Dormans, Montagne de Reims, Orbais-l'Abbaye, Reims.

Le saviez-vous ?

Avant l'époque gallo-romaine, ce site n'était qu'un vaste marécage, empli de ronces aux pointes acérées, d'où son nom : *Sparnacum* (le radical celte *spar* signifiant « épine »). Les Romains réalisèrent d'importants travaux de drainage, ce qui permit la fondation d'une ville, au 5e s.

Découvrir

LES CAVES DE CHAMPAGNE★★

De prestigieuses maisons – dont certaines remontent au 18e s. – s'alignent sur l'avenue de Champagne. Elles sont situées au-dessus de la falaise de craie, trouée de dizaines de kilomètres de galeries à température constante (9-12 °C).

Moët & Chandon

20, av. de Champagne - 03 26 51 20 20 - www.moet.com - visite guidée (1h) 9h30-11h30, 14h-16h30 (de mi-nov. à mars : fermé w.-end et j. fériés) - 8 € (-18 ans 4,70 €).

Première maison de champagne, Moët & Chandon est liée à l'histoire de l'abbaye d'Hautvillers dont elle est propriétaire, et à dom Pérignon qu'elle a honoré en donnant

son nom à sa cuvée spéciale. Claude Moët, le fondateur, se lança dans la production du champagne en 1743. Son petit-fils, Jean Rémy, proche de Napoléon Ier, reçut la visite de l'Empereur à plusieurs reprises (l'établissement conserve l'un de ses chapeaux). Le gendre de Jean Rémy, Pierre Gabriel Chandon, ajouta son nom à la raison sociale de la maison. En 1962, cette entreprise familiale s'est constituée en société anonyme (groupe Louis Vuitton-Moët-Hennessy).
Les caves de Moët & Chandon (28 km) contiennent l'équivalent de 90 millions de bouteilles. La visite, très complète, permet de suivre les étapes de l'élaboration du champagne, dont le remuage et le dégorgement.

Mercier

73 av. de Champagne, parking et accueil face à l'établissement - ✆ 03 26 51 22 22 - www.champagnemercier.fr - visite guidée (45mn) 9h30-11h30, 14h-16h30 (de mi-nov. à mi-mars : fermé mar.-merc.) - fermé période Noël et 1er janv. - 7 € (enf. 3,50 €).

En 1858, Eugène Mercier regroupa plusieurs maisons de champagne pour créer la maison Mercier, et fit creuser 18 km de galeries. En 1889, à l'occasion de l'Exposition universelle, il demanda au sculpteur châlonnais **Navlet** de décorer un foudre géant d'une capacité de 215 000 bouteilles, et le plaça sur un chariot tiré par 24 bœufs et 18 chevaux de renfort dans les côtes. Ce « convoi exceptionnel » couvrit Épernay-Paris en 20 jours. Des ponts furent renforcés pour son passage et des murs abattus.
Cent ans plus tard, ce **foudre de 34 tonnes** est installé au centre de l'espace d'accueil. Deuxième productrice de champagne après Moët et Chandon, la maison Mercier fait aujourd'hui partie du groupe Louis Vuitton-Moët-Hennessy.
Après une descente spectaculaire en ascenseur panoramique, la visite des caves Mercier s'effectue en petit train automatisé, dans les galeries de craie décorées de sculptures réalisées par Navlet.

De Castellane

57 r. de Verdun - ✆ 03 26 51 19 11 - www.castellane.com - visite guidée (45mn) avr.-déc. : 10h-12h, 14h-18h (dernière entrée 45mn av. fermeture) - fermé janv.-mars - 7 € (enf. 4 €).

À la visite guidée des caves, longues de 10 km, s'ajoute la visite libre de la tour et du musée. La **tour**, bâtie en 1900 par Marius Toudoire, architecte de la gare de Lyon à Paris, est aménagée en lieu d'exposition. Du haut de ses 60 m s'ouvre une vue étendue sur Épernay et le vignoble de la vallée de la Marne. On y découvre un historique de la famille Mérand et de la famille De Castellane – qui compte parmi ses membres le célèbre collectionneur Boni De Castellane, mari de la milliardaire américaine Anna Gould – ainsi que des collections d'affiches et de bouteilles.
Le **musée des Anciens Métiers du champagne** évoque les différentes étapes de l'élaboration du champagne : remuage, dégorgement, habillage... Des scènes reconstituées illustrent la tonnellerie, le travail de la vigne, la vendange et le pressurage. Différentes sections présentent la faune régionale, l'artisanat (vannerie, verrerie...), des affiches ayant trait au champagne et une riche collection de 3 000 étiquettes.

H. Champollion/MICHELIN

La cave De Castellane.

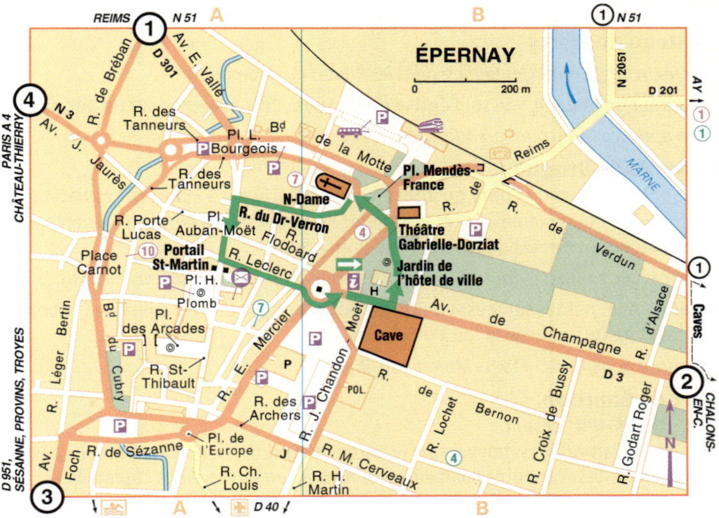

SE LOGER

- Chambre d'hôte Manoir de Montflambert ..... ①
- Hôtel Clos Raymi ..... ④
- Hôtel Les Berceaux ..... ⑦

SE RESTAURER

- Auberge Saint-Vincent ..... ①
- La Cave à Champagne ..... ④
- La Table Kobus ..... ⑦
- Les Cépages ..... ⑩

Se promener

Très endommagée en 1914-1918, la ville a été à nouveau bombardée en 1940. Elle conserve néanmoins de beaux hôtels particuliers du 19e s.

Depuis l'office de tourisme, traversez le **jardin de l'hôtel de ville**, ancienne propriété de la famille Moët, dessiné au 19e s. par les frères **Bühler** à qui l'on doit aussi le parc de la Tête d'Or à Lyon.
Sur la **place Mendès-France**, vous pouvez admirer d'un côté le **théâtre Gabrielle-Dorziat**, dont la machinerie n'a pas changé depuis son inauguration (1902), et de l'autre, l'**église Notre-Dame**, en partie inspirée par celle d'Orbais *(voir ce nom)*.
Empruntez la **rue du Dr-Verron** à gauche de l'église : au **n° 7**, remarquez les vestiges du **portail** d'une maison Renaissance qui fut celle de la régente **Louise de Savoie**.

Prendre à gauche au bout de la rue.

Le **portail Saint-Martin** (16e s.), décoré de guirlandes de pierre, provient de l'ancienne église Notre-Dame.

Prendre la rue du Général-Leclerc à gauche du portail et rejoindre l'av. de Champagne.

Aux alentours

La Ferme aux oiseaux exotiques à Athis

13 km à l'est par la D 3 - 36 rte Nationale - ☎ 03 26 53 79 70 ou 06 73 35 83 77 - mai-oct. : tlj sf lun. 14h-19h - 5 € (5-10 ans 2,50 €).

Dans un ancien corps de ferme restauré (17e s.), une quinzaine de volières ont été aménagées, où évoluent plus de 300 espèces originaires d'Asie, d'Afrique, d'Australie… De petits salons installés dans la cour permettent d'admirer les oiseaux aux couleurs chatoyantes. Un parc floral (3 000 m^2) complète la visite.

Circuit de découverte

LES COTEAUX SUD D'ÉPERNAY★ 5

28 km – environ 1h – schéma p. 125.

Ils forment le rebord de la « falaise de l'Île-de-France ».

Quitter Épernay par la D 51.

La route remonte le **vallon de Cubry** dont les versants sont revêtus de vignes.

Château de Pierry

Voir le circuit 2 (Côte des Blancs) dans les Routes du Champagne.

À hauteur de Moussy, vue sur l'**église de Chavot** (13e s.) perchée sur un piton.

1 km après Vaudancourt, prendre à droite la D 951.

Château de Brugny

Il regarde le vallon de Cubry qui fuit, en contrebas, jusqu'à Épernay. Les bâtiments du 16e s. ont été remaniés au 18e s. Admirez la silhouette du donjon carré en pierre, que cantonnent des échauguettes rondes en brique.

Au carrefour, tourner à droite dans la D 36 en direction de Saint-Martin-d'Ablois.

Vues★ sur les pentes sinueuses du cirque du Sourdon ; à droite l'église de Chavot, au centre Moussy, à gauche la forêt d'Épernay.

Prendre à gauche la D 11 vers Mareuil-en-Brie.

Parc du Sourdon

Avr.-oct. : 9h-19h - gratuit.

Planté d'arbres, il est traversé par le torrent du Sourdon qui forme de petits bassins riches en truites : sa source jaillit entre les rochers en formant des cascatelles.

Redescendre jusqu'à la D 22 et prendre à gauche. La route traverse la forêt d'Épernay (domaine privé). Après Vauciennes, prendre à droite la N 3 pour rejoindre Épernay.

Épernay pratique

Voir aussi l'encadré pratique des routes du Champagne.

Adresses utiles

Office du tourisme d'Épernay – *7 av. Champagne - 51200 - ✆ 03 26 53 33 00 - www.ot-epernay.fr - se renseigner pour les horaires.*

Promenades en petit train « Bacchus » – *✆ 03 26 59 58 70 - mai-oct. : tlj sf lun. (1h) - différents horaires.*

Se loger

Hôtel Les Berceaux – *13 r. des Berceaux - ✆ 03 26 55 28 84 - www.lesberceaux.com - 28 ch. 77/86 € - 11 € - rest. 30/64 €.* Accueil chaleureux et service de qualité dans cette maison centenaire avenante et fleurie. Optez pour l'une des chambres joliment rénovées. Élégant restaurant où l'on propose de goûteuses recettes classiques escortées de crus AOC champagne ou coteaux champenois. Vins au verre et carte plus simple au Wine Bar.

Chambre d'hôte Manoir de Montflambert – *51160 Mutigny - 7 km au NE d'Épernay par D 201 - ✆ 03 26 52 33 21 - manoir-de-montflambert@wanadoo.fr - 6 ch. 95/105 €.* Ce manoir du 17e s, ancien relais de chasse des ducs de Gontant Biron, offre une vue panoramique sur la Marne et le vignoble. Les lambris, l'imposant escalier menant aux chambres, la tranquillité et la petite histoire du lieu, qui aurait abrité les amours d'Henri IV et de la comtesse de Montflambert, justifient le prix de la nuitée. Dégustation et vente du vin de la propriété.

Hôtel Clos Raymi – *3 r. Joseph-de-Venoge - ✆ 03 26 51 00 58 - closraymi@wanadoo.fr - fermé dim. du 15 déc. au 15 fév. - P - 7 ch. 132/152 € - 14 €.* La jolie maison de maître en briques rouges fut celle de la famille Chandon. Chambres personnalisées raffinées. Agréable salle des petits-déjeuners ouverte sur le jardin.

Se restaurer

La Cave à Champagne – *16 r. Gambetta - ✆ 03 26 55 50 70 - www.la-cave-a-champagne.com - fermé mar. en juil.-août et merc. - 16/38 €.* Dans ce quartier riche en restaurants, La Cave à Champagne abat un atout maître pour distancer ses concurrents : une carte de vins régionaux… à prix raisonnables ! C'est le moment ou jamais d'effectuer un repas complet au champagne, dans sa petite salle à manger décorée d'une collection de bouteilles du précieux nectar.

La Table Kobus – *3 r. du Dr-Rousseau - ✆ 03 26 51 53 53 - www.latablekobus.fr - fermé 1er-9 janv., 19-29 avr., 1er-19 août, 24-31 déc., dim. soir, jeu. soir et lun. - 25/42 €.* Dans ce bistrot de style 1900, vous pourrez sabler le champagne en amenant vos propres bouteilles et ce, sans payer de droit de bouchon ! Alors, faites comme tous les Sparnaciens, venez savourer dans sa salle à manger une appétissante cuisine bistrotière concoctée par un chef soucieux de parfaire ses accords culinaires.

Les Cépages – *16 r. de la Fauvette - ✆ 03 26 55 16 93 - fermé 26 fév.-11 mars, 12-30 juil., 25-30 déc., merc. soir, dim. soir* *et jeu. - 18/69 €.* L'enseigne de ce restaurant, autrefois institut œnologique, n'est pas trompeuse : la carte des vins offre un bon choix de champagnes. La cuisine s'avère, quant à elle, bien tournée et plutôt dans l'air du temps. Pour le plaisir des yeux, expositions de peintures d'artistes régionaux.

⊜⊜⊜ **Auberge Saint-Vincent** – *1 r. St-Vincent - 51150 Ambonnay - 20 km à l'E d'Épernay par D 201, D 1 et D 37 - ✆ 03 26 57 01 98 - www.auberge-st-vincent.com - fermé vac. de fév., 18 août-1er sept., dim. soir et lun. - 18/72 €.* Pimpante auberge champenoise sise au cœur d'un village entouré de vignes et de forêts. La ravissante façade fleurie abrite une lumineuse salle à manger agrémentée d'une cheminée et de vieux ustensiles de cuisine. Les bons petits plats traditionnels du chef sont préparés avec des produits du terroir. Chambres rénovées.

Que rapporter

Beaumont des Crayères – *64 r. de la Liberté - 51530 Mardeuil - ✆ 03 26 55 29 40 - www.champagne-beaumont.com - tlj sf dim. 9h-12h, 13h30-17h (sam. 10h-12h, 14h-17h sur RV) - fermé 2 sem. en août, 1er janv. et 25 déc.* La maison Beaumont, qui élabore des vins de haute expression, s'est vu décerner en 2004 un grand prix d'excellence par l'Union des œnologues. Son Musée champenois expose notamment la plus grosse bouteille de champagne au monde. Dégustation, vente et visite guidée des caves.

Dallet – *26 r. du Gén.-Leclerc - ✆ 03 26 55 31 08 - www.chocolat-vincentdallet.com - tlj sf lun. 7h15-19h45 - fermé 2 sem. en fév. et 2 sem. en juil.* La pâtisserie-chocolaterie Dallet (4 tablettes au guide des Croqueurs de chocolat !) est la maison d'un puriste et d'un amoureux du goût.

S. Sauvignier/MICHELIN

Moulage des bouchons de champagne.

Chocolaterie Thibaut – *ZA de Pierry - pôle d'activités St-Julien - 2 km au S d'Épernay par D 11 - 51530 Pierry - ✆ 03 26 51 58 04 - tlj sf dim. et lun. mat. 9h-12h, 14h-19h ; visite 9h-11h30, 14h-18h30. Arrêt des visites 2 sem. avant Noël et 2 sem. av. Pâques - fermé dernière sem. de janv. et j. fériés.* Cet artisan chocolatier élabore devant vous ses spécialités : un chocolat en forme de bouchon de champagne fourré aux alcools régionaux (ratafia, fine de la Marne, marc de champagne), praliné lait et praliné noir. Dégustation et vente des produits dans la boutique attenante.

Événements

Fête de la Saint-Vincent – Le patron des vignerons est à l'honneur le 22 janvier.

Habits de lumière – Les 2e et 3e week-ends de décembre, Épernay s'anime : feux d'artifice, spectacles de rue, animation autour de la gastronomie, de l'art de vivre et du champagne, bien sûr.

Ervy-le-Châtel

1 214 ERVITAINS
CARTE GÉNÉRALE B4 – CARTE MICHELIN LOCAL 313 I5/6 – AUBE (10)

Un certain charme se dégage de cette petite ville à peuplement en rond, ancienne place forte des comtes de Champagne, située aux confins de la Bourgogne et de la Champagne. Perchée au-dessus de la vallée de l'Armance, elle conserve de vieilles demeures et quelques curiosités architecturales.

Se repérer – Sur une colline dominant la rive droite de l'Armance, Ervy-le-Châtel (alt. 161 m) se trouve à 35 km de Troyes et 40 km d'Auxerre.

Organiser son temps – Une demi-journée vous permettra de découvrir la ville et le val d'Armance. Le dernier dimanche de septembre, la pressée à l'ancienne à Eaux-Puiseaux reproduit la technique médiévale de fabrication du cidre.

Avec les enfants – Le parc de Coursan-en-Othe offre un espace de détente pour toute la famille.

Pour poursuivre la visite – Voir aussi Bar-sur-Seine, Chaource, Parc naturel régional de la Forêt d'Orient, pays d'Othe, Troyes.

Le saviez-vous ?

Ervy, petite ville qui appartenait aux comtes de Champagne, est une ancienne châtellenie dont le nom évoque l'importance de sa fonction défensive au Moyen Âge.

C'est à l'ingénieur **Eugène Belgrand**, né à Ervy, que l'on doit la première amenée d'eau potable sur Paris, alimentée par la source de la Vanne, et la construction des réservoirs de Montsouris.

Se promener

Porte Saint-Nicolas

Une agréable promenade ombragée a été aménagée à l'emplacement des anciens remparts dont subsiste cet élément fortifié (remanié au 18e s.), flanqué de deux tours rondes (15e s.).

Halle

Cette curieuse halle circulaire (19e s.) en brique, torchis et châtaigner comporte une galerie à colombages et trois toits à pans de bois : elle est inspirée de la halle aux blés de Paris. Elle accueille aujourd'hui l'office de tourisme ainsi que des expositions temporaires.

Église Saint-Pierre

Bâtie aux 15e et 16e s., elle est éclairée par des vitraux Renaissance. L'un d'eux décrit les *Triomphes* de Pétrarque, poème allégorique du 14e s. Ce sujet est exceptionnel dans un vitrail d'église. On y découvre de nombreuses statues de l'école champenoise, des peintures en grisaille *(collatéral droit)* représentant saint Pierre, saint Paul et l'Enfant Jésus, ainsi que des orgues du 18e s.

Circuit de découverte

LE VAL D'ARMANCE

27 km – environ 1h. Quitter Ervy-le-Châtel au nord par la D 374.

Dans cette vallée préservée, à l'écart des grands axes routiers, la brique qui domine le paysage vallonné du proche pays d'Othe cède la place à la pierre calcaire, la rapprochant ainsi de son autre voisin immédiat, le Chaourçois.

Auxon

À la lisière de la forêt d'Othe, Auxon possède une **église** du 16e s. à trois nefs. Remarquez le portail latéral dans le style de la Renaissance italienne, finement sculpté. À l'intérieur, statues des 14e et 16e s. (entre autres, un Saint Hubert près de son cheval) et verrières des 15e et 16e s. *03 25 42 11 61 (mairie) - visite sur demande préalable : tlj sf dim. 9h-12h, 14h-16h.*

Et pourquoi ne pas faire une pause en bordure de la route principale qui traverse le village sur l'agréable espace ombragé agrémenté d'un lavoir *(aire de pique-nique)* ?

Poursuivre sur la D 374, qui traverse la N 77 en direction d'Eaux-Puiseaux.

Eaux-Puiseaux

Des ânes peuplent les prairies de ce village de pierre et de brique situé sur les contreforts du pays d'Othe.

Son **musée du Cidre** abrite une collection de pressoirs du 17e s. à nos jours, dont un pressoir à roue de perroquet de 1680, du matériel de tonnellerie, des alambics et des outils anciens qui retracent l'histoire de l'activité cidricole dans la région. La visite est suivie d'une dégustation. *La Ferme d'Hotte - voir aussi l'encadré pratique - ☎ 03 25 42 15 13 - de déb. avr. à mi-nov. : 14h-19h - possibilité de visite guidée (1h) sur demande - 4 € (enf. 2,50 €).*

Redescendre sur la N 77 en direction de Villeneuve-au-Chemin.

Villeneuve-au-Chemin

Sur les hauteurs de ce village tout en longueur s'élève la **chapelle Saint-Joseph**, surmontée d'une Vierge en fonte haute de 7 m. De là s'offre un beau point de vue sur la campagne environnante.

Sortir par la D 22.

Coursan-en Othe

Le **parc** de l'ancien château, dont subsistent les douves et une tour du 15e s., abrite un tulipier de Virginie, haut de 30 m et vieux de 300 ans.

Poursuivre sur la D 22.

Montfey

Par manque de moyens financiers pour ériger un clocher, la **cloche** (1600) de ce joli hameau de l'Aube rurale fut « provisoirement » placée à l'intérieur du cimetière, où l'on peut encore l'admirer.

Rejoindre Ervy-le-Châtel par la D 22.

Ervy-le-Châtel pratique

Adresse utile

Office du tourisme du Val d'Armance – *Bd des Grands-Fossés - 10130 Ervy-le-Châtel - ☎ 03 25 70 04 45 -mar.-sam. : 9h-12h, 14h-18h (juil.-août dim. : 9h-12h, lun. 14h-18h).* Il propose des visites guidées de la ville.

Se loger et se restaurer

La Ferme du Clocher-Hôtel L'Étape du P'tit Sim – *5 Grande-Rue - 10130 Eaux-Puiseaux - ☎ 03 25 42 02 21 - www.letapeduptisim.com - fermé janv., 25 août-2 sept., merc. soir, dim. soir et lun. - formule déj. 12 € - 16/32 € - 19 ch. 49 € - 7 €.* Belle ferme ancienne mariant la pierre calcaire et la brique. Cuisine du terroir servie dans une salle rustique dotée d'une mezzanine ou en terrasse, face au verger. Hôtel situé en face du restaurant, abritant des chambres actuelles. Petit-déjeuner sous forme de buffet. Parking privé.

Que rapporter

Marché – Vendredi matin.

La Ferme d'Hotte – *22 r. Largentier - 10130 Eaux-Puiseaux - ☎ 03 25 42 15 13 - www.lafermedhotte.com - 1er avr.-15 nov. : 14h-19h.* Cette exploitation familiale produit du **cidre**, bien sûr, du jus de pomme, du ratafia de cidre, de l'eau de vie, de la liqueur, du vinaigre et de l'huile de colza. Dégustation. Goûter à la ferme.

La Fontaine de Bernn – *2 r. de la Fontaine - 10130 Bernon - ☎ 03 28 70 08 34 - www.fontaine-escargots.fr.* Depuis 1992, cette entreprise familiale d'héliciculture pratique l'élevage en plein air, le ramassage et la préparation de ces petites bêtes à cornes et à coquille. En spécialité maison, le boudin d'escargot à rissoler, mais aussi « l'escargolade » (une recette qui ressemble à la tapenade). Hébergement et table d'hôte.

Fismes

5 313 FISMOIS
CARTE GÉNÉRALE B2 – CARTE MICHELIN LOCAL 306 E7 – MARNE (51)

Imaginez un instant que l'on vous attende à Reims pour être sacré roi de France. Alors, comme vos illustres prédécesseurs, vous feriez étape à Fismes. La ville a conservé une partie de ses remparts, mais ses fossés ont été comblés au 18e s. pour devenir d'agréables promenades.

Se repérer – Au confluent de la Vesle et de l'Ardre, Fismes est sur la N 31 entre Soissons et Reims (à 23 km), Château-Thierry (41 km au sud-ouest par la D 967) et Épernay (42 km au sud-est par la D 386).

À ne pas manquer – Les églises romanes réjouiront les amateurs.

Organiser son temps – Comptez une demi-journée pour une promenade dans Fismes suivie du circuit.

Pour poursuivre le voyage – Voir aussi Château-Thierry, Dormans, Épernay, Montagne de Reims, Reims.

Visiter

Musée

03 26 48 81 28 - tlj sf dim. et lun. 9h-12h, 14h-17h (sam. 16h) - fermé j. fériés - gratuit.

Une salle, au 1er étage de l'office de tourisme, retrace l'histoire de Fismes : fossiles et dents de requins retrouvés dans la région, cartes postales anciennes, porcelaine fabriquée par la famille Vernon de 1853 à 1860.

Église Sainte-Macre

Elle fut édifiée au 11e s. à l'emplacement d'un oratoire construit vers l'an 800 pour recevoir le corps de la sainte. Il n'en subsiste que la tour massive et l'abside à chevet rectangulaire.

Le saviez-vous ?

Le dessinateur de BD **Albert Uderzo** est né à Fismes en 1927. Il lança le journal *Pilote* et créa *Astérix*, en collaboration avec René Goscinny. Il est revenu dans son village natal, notamment pour inaugurer un menhir dans l'allée Goscinny-et-Uderzo.

Converti par l'abbé Mugnier, l'écrivain **Joris-Karl Huysmans** (1848-1907) fit retraite durant l'été 1892 à l'abbaye Notre-Dame-d'Igny, qu'il évoqua dans son roman *En route* sous le nom de Notre-Dame-de-l'Atre.

Circuit de découverte

ÉGLISES ROMANES DE LA VALLÉE DE L'ARDRE

52 km – 2 à 3h.

Bon à savoir – Le Parc régional de la Montagne de Reims *(voir à ce nom l'encadré pratique)* propose des visites guidées et des conférences autour des 33 églises romanes de la région. Une brochure permettant leur visite autoguidée est également disponible.

Trapues mais harmonieuses, ces églises romanes présentent une architecture assez proche : de plan basilical, elles ne comportent pas de transept mais un chevet plat, et sont généralement dotées d'une tour porche.

Quitter Fismes au sud par la D 386 vers Épernay.

À partir de Courville, on longe le cours de l'Ardre, apprécié des pêcheurs.
Sur le rebord du plateau sont extraits des moellons de pierre calcaire, qui furent utilisés pour la construction des monuments religieux de Reims.

Crugny

Traversé par l'Ardre, c'est le village le plus important de la vallée. Modifiée à plusieurs reprises, la nef de l'**église Saint-Pierre** date du 11e s., tandis que le transept et le chœur à chevet plat remontent à l'époque gothique. À l'intérieur, Christ en bois polychrome et bénitier du 12e s. *03 26 97 47 49 - prendre les clefs chez M. Pichon, 10 r. Clemenceau.*

L'église de Courville.

Savigny-sur-Ardre

C'est ici que Charles de Gaulle, qui n'était alors que colonel, lança le 28 mai 1940 le premier appel radiophonique à la résistance.

De l'**église** romane subsiste la tour qui se dressait primitivement au-dessus de la croisée du transept. Les vantaux du portail (16e s.) proviendraient de l'abbaye de Montazin.

Après Faverolles et Tramery, la route passe sous l'A 4.

Poilly

Le nom du village viendrait de *Poleum*, qui désignait le peuplier chez les Gaulois. Dédiée à saint Remy, l'**église** date des 11e-12e s. et le chœur du 13e s. À la croisée du transept, les arcs romans en plein cintre reposent sur des colonnes dont les chapiteaux sculptés rappellent ceux de Courville (*voir ci-dessous*).

Tourner à droite dans la D 980 vers Verneuil.

En traversant **Chambrecy**, remarquez la masse trapue de l'église, avec sa grosse tour carrée.

Ville-en-Tardenois

Dans ce village fortement endommagé pendant la Première Guerre mondiale, l'**église** du 12e s. fut restaurée après 1918 : la croisée du transept, voutée en berceau, est surmontée d'une belle tour carrée à toit en bâtière.

Romigny

Sa petite **église**, dont la nef fut remaniée au 15e s., a conservé un portail roman, cantonné de deux colonnes avec des chapiteaux à feuilles lisses. Il est surmonté d'une archivolte en plein cintre.

Prendre à droite la D 23 vers Lhéry.

Lhéry

Cette ancienne seigneurie appartenait jadis à la famille de l'évêque Cauchon, accusateur de Jeanne d'Arc.

L'**église** date de la fin du 12e s. et marque la transition de l'art roman à l'art gothique, avec ses arcades brisées soutenues par des piliers cruciformes.

Lagery

C'est ici qu'est né vers 1040 le pape Urbain II *(voir p. 128)*. Sur la place, la belle halle du 18e s. est complétée par un lavoir. L'église, comme celle de Lhéry, date du début de l'art gothique. Le portail est cantonné de fines colonnettes baguées dont les chapiteaux sont sculptés de feuilles d'acanthe.

À côté de l'église, les bâtiments du **manoir** forment un grand quadrilatère dont le colombier occupe un angle.

Suivre la D 27 vers Coulonges-Cohan.

Abbaye Notre-Dame-d'Igny

Dans un vallon du Tardenois se cache ce monastère cistercien, fondé en 1128 par saint Bernard. Les bâtiments furent reconstruits au 18e s., puis une seconde fois après la guerre de 1914-1918, dans le style gothique. Aujourd'hui, ils sont occupés par des religieuses trappistes.

Revenir sur la D 27 ; au carrefour, prendre la D 25 à gauche.

Arcis-le-Ponsart

Le village occupe un joli site au-dessus d'un vallon. L'**église** est incluse dans une enceinte que prolongent les fortifications d'un château du 17e s., dont il ne reste qu'une tourelle à poivrière.

Prendre la D 25 au nord d'Arcis.

Courville

L'importance de l'**église Saint-Julien**, édifice roman dominant le village, fut liée à la présence d'un l'archevêché. Admirez la nef romane à arcades en « double rouleau » reposant sur des chapiteaux aux sculptures en méplat.

Prendre à gauche la D 386.

Saint-Gilles

De l'ancien prieuré situé sur une hauteur ne subsiste que l'**église Saint-Pierre**, édifice roman surmonté d'un clocher octogonal à pans irréguliers. Le chœur de l'église est de style gothique.

La D 386 ramène à Fismes.

Fismes pratique

Voir aussi les encadrés pratiques de Reims et du Parc naturel régional de la Montagne de Reims.

Adresse utile

Office du tourisme de Fismes – *28 r. René-Letilly - 51170 - 03 26 48 81 28 - mar.-vend. 9h-12h, 14h-17h (sam. 16h).*

Se loger et se restaurer

La Boule d'Or – *11 r. Hildevert-Lefèvre - 03 26 48 11 24 - www.boule-or.com - fermé 20 janv.-11 fév., dim. soir, mar. midi et lun. - P - 8 ch. 53/78 € - 8 € - restaurant 18/39 €.* La petite maison au bord de la route s'habille de blanc et de rouge. La décoration des chambres fonctionnelles, refaites à neuf, joue aussi la couleur. À table, dans la petite salle toute simple, le chef propose une cuisine bien traditionnelle.

Parc naturel régional de la Forêt d'Orient★★

CARTE GÉNÉRALE B3/4 – CARTE MICHELIN LOCAL 313 F/H 3/4 – AUBE (10)

À la limite de la Champagne crayeuse et de la Champagne humide, ce Parc naturel régional de 70 000 ha préserve l'équilibre de la forêt d'Orient et de ses trois lacs : de vastes plans d'eau artificiels où l'on vient piquer une tête, taquiner le poisson, ou faire de la plongée. Il abrite également de jolis villages aubois avec leurs maisons à pans de bois.

Se repérer – Reliquat de la forêt du Der qui couvrait la région du pays d'Othe aux coteaux de Saint-Dizier, la forêt d'Orient occupe plus de 10 000 ha de terrains humides, parsemés d'étangs. Le parc est situé aux portes de Troyes, à 15 km par la N 19.

À ne pas manquer – Une promenade à pied, à vélo ou à cheval sur l'un des nombreux itinéraires aménagés à travers cet environnement d'eau et de forêts.

Organiser son temps – L'observation des oiseaux est la plus intéressante lors des migrations, de la fin de l'été au début du printemps. Prévoyez une bonne journée pour le circuit et prendre le temps de faire quelques pas en forêt, une halte à la plage, ou de découvrir les sites (attention aux horaires).

Avec les enfants – Le musée des Automates à Lusigny-sur-Barse qui ravira petits et grands ; la Maison du Parc et ses expositions instructives ; l'Écomusée de la Forêt d'Orient à Brienne-la-Vieille ; le sentier des Salamandres, et celui du Lapin blanc au Mesnil-Saint-Père ; les plages proposant de nombreuses activités de loisirs pour toute la famille.

Pour poursuivre la visite – Voir aussi Arcis-sur-Aube, Bar-sur-Aube, Bar-sur-Seine, Brienne-le-Château, lac du Der, Montier-en-Der, Troyes.

Le saviez-vous ?

Son nom perpétue le souvenir des anciens propriétaires de la forêt : les **chevaliers d'Orient**, hospitaliers et templiers. Cet ordre fut fondé en 1113 par le chevalier **Hugues de Payns** qui portait le nom d'un village situé au nord-ouest de Troyes.

Ph. Gajic/MICHELIN

Les rives du lac d'Orient au Mesnil-Saint-Père.

Comprendre

Un espace naturel protégé – Les plans d'eau de la forêt d'Orient, où domine le **chêne** mais qui abrite aussi des charmes et quelques essences replantées après les destructions de la dernière guerre (pin sylvestre, épicéa…), ont été créés pour régulariser les cours de l'**Aube** et de la **Seine**, comme le lac du Der avec la Marne un peu plus au nord. Avec la mise en eau des lacs, le Parc est devenu une halte des oiseaux migrateurs : parmi les **260 espèces** répertoriées, on peut y observer des

oiseaux rares comme le pyrargue à queue blanche, la cigogne noire ou les oies grises. Certains y élisent domicile pendant tout l'hiver.
Créé en 1970, le Parc naturel régional s'étend sur 70 000 ha et regroupe 50 communes. Il a pour mission de contribuer à préserver l'équilibre naturel, de sauvegarder le patrimoine culturel et architectural, et d'assurer le développement économique et social.

Parc naturel régional de la Forêt d'Orient

Découvrir

LES TROIS LACS

Ils totalisent une centaine de kilomètres de rivages. Un parcours de 48 km dans la forêt du Temple et sur le **vélovoie** *(voir l'encadré pratique)*, qui emprunte notamment la digue du lac Amance, permet de découvrir les 3 lacs ainsi que le patrimoine de leurs villages à pans de bois. Un topoguide est en vente à la Maison du parc.

Lac d'Orient

Mis en eau en 1966, il forme un superbe plan d'eau de 2 300 ha qui permet de pratiquer la **voile** (dériveurs, catamarans) et la **plongée**. Mesnil-Saint-Père constitue la **base nautique** la plus importante du lac d'Orient, avec un **port** de 250 anneaux *(capitainerie du port de Mesnil, voir l'encadré pratique)*.

Trois **plages** de sable *(surveillées en juil.-août)* pour la **baignade** sont situées à Mesnil-Saint-Père, Géraudot et Lusigny-sur-Barse.

Une route touristique en fait le tour, offrant de belles vues, notamment entre Mesnil-Saint-Père et la Maison du Parc.

Lac du Temple

Mis en eau en 1990, il couvre une superficie de 1 830 ha. C'est le rendez-vous des amateurs de **pêche** et de **canoë**.

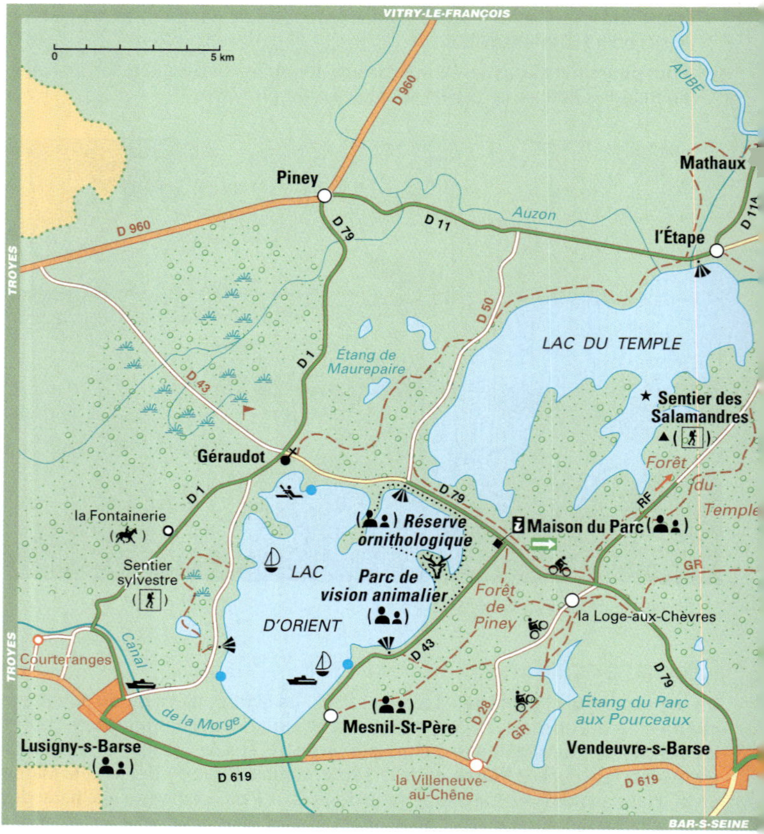

Lac Amance

Ses 490 ha sont réservés au **motonautisme** : ski nautique, jet-ski, bateaux à moteur… *(Capitainerie du Port-Dienville, voir l'encadré pratique).*

Mais vous pourrez aussi vous prélasser dans l'**anse Arcot** qui abrite une **plage** *(surveillée en juil.-août).*

Ces deux derniers lacs, reliés par un canal de jonction de 1 500 m, sont constitués par les cuvettes naturelles de deux affluents de l'Aube : l'Amance et l'Auzon (avec le ru du Temple). Un **observatoire ornithologique** a été aménagé à l'entrée du canal.

Circuit de découverte

LE TOUR DES LACS

82 km – une demi-journée. Partir de la Maison du Parc située entre le lac d'Orient et le lac du Temple, sur la D 79.

Maison du Parc

10220 Piney - ✆ 03 25 43 38 88 - www.pnr-foret-orient.fr - juil.-août : 10h-18h ; avr.-juin et sept.-oct. : 10h-12h, 14h-18h, w.-end et j. fériés 10h-13h, 14h-18h ; nov.-mars : 13h-17h - fermé vac. de Noël - gratuit.

Cette ancienne maison troyenne du 16e s. a été déplacée et remontée dans la forêt de Piney, près des lacs. Lieu d'accueil pour les visiteurs et les randonneurs, elle propose une **exposition** permanente sur l'histoire du parc (formation des lacs), sa faune et sa flore, et des expositions temporaires sur le patrimoine naturel et culturel de la région. Borne multimédia pour découvrir les oiseaux du parc. Un espace est réservé aux enfants : film, jeux…

Prendre la D 79 en direction de Vendeuvre-sur-Barse pendant 4 km, puis tourner à gauche dans la route forestière du Temple jusqu'au parking.

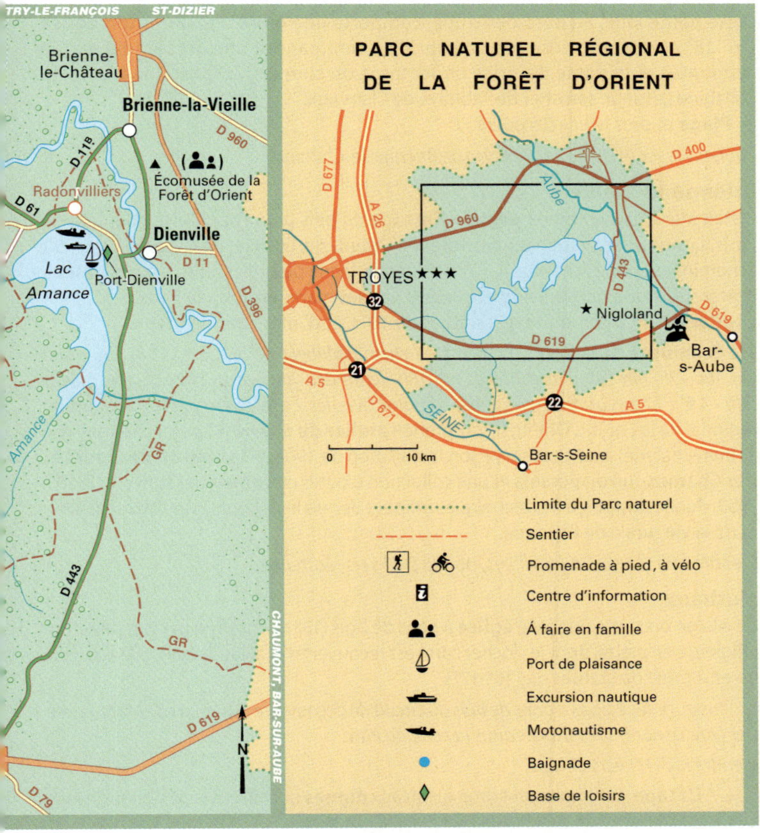

Sentier des Salamandres★

2,5 km - 2h. Un guide illustré et un dépliant sont en vente à la Maison du parc.

Au départ de la route forestière du Temple, ce sentier de découverte est jalonné de panneaux d'interprétation sur la forêt, sa gestion et ses hôtes sauvages.

Faire demi-tour pour reprendre la D 79 en direction de Vendeuvre-sur-Barse.

Vendeuvre-sur-Barse

Église Saint-Pierre-et-Saint-Paul – *Visite sur demande - clés disponibles à la mairie.* Cet édifice du 16e s. présente, au-dessus du portail nord, une intéressante sculpture Renaissance et une chaire provenant de l'abbaye de Clairvaux. À l'extérieur à droite, on découvre une Pietà du 16e s.

La Sainterie de Vendeuvre

La porte d'entrée, ornée d'un décor néogothique, ainsi que les bâtiments, témoignent de l'importance de cette **manufacture d'art religieux**, qui fonctionna de 1842 à 1961. Ses statues ornaient nombre d'églises de France et de pays étrangers où se trouvaient des missionnaires, notamment dans les anciennes colonies. Mais les colonies ayant disparu, et l'art de la statuaire ayant évolué, l'entreprise ne survécut pas aux évolutions de la seconde moitié du 20e s. Le Paradis, qui avait été construit pour exposer les modèles, a été démoli en 1979. On projette de le reconstituer au château...

Château de Bellevue – *Ne se visite pas.* Il fut construit aux 16e et 17e s. au-dessus des vestiges d'une ancienne forteresse (1107). Ce vaste édifice domine un agréable parc qui sert de cadre chaque été (en juillet) à un grand spectacle son et lumière. *✆ 03 25 41 44 76 - www.vindovera.net.*

Sortir de Vendeuvre par la N 19 puis la D 443 en direction du lac Amance.

Dienville

Cette petite ville, au bord de l'Aube, comporte une **halle** en pierre. Son **église** (16e-18e s.) se caractérise par une abside à cinq pans et une grosse tour carrée surmontée d'un dôme. La grille en fer forgé du chœur (1768) est une œuvre de Matthieu Lesueur, serrurier de l'abbaye de Clairvaux.

Plage et port (*voir « Découvrir »*).

Poursuivre sur la D 443 en direction de Brienne-le-Château.

Brienne-la-Vieille

C'était autrefois le premier **port de flottage** du bois pour l'approvisionnement de Paris. Les grumes provenant des forêts d'Orient, du Temple, de Clairvaux, étaient acheminées sur des chariots. Là, réunies en radeaux ou brêles, elles étaient mises à flotter sur l'Aube puis la Seine et guidées par des mariniers jusqu'à Paris.

L'**église** du 12e s. comporte des statues du 15e s. et d'intéressants vitraux.

Écomusée de la Forêt d'Orient – *1 chemin Milbert - ✆ 03 25 92 95 84 - ♿ - tlj sf lun. 10h-12h, 14h-18h, dim. et j. fériés 14h-18h - fermé déc.-janv. - possibilité de visite guidée (2h) - 4 € (-12 ans gratuit) ; 6 € billet combiné avec les 2 sites.* Géré par le Parc naturel régional de la Forêt d'Orient, il comprend l'**atelier du charron** (forge, charronnage et maréchalerie) ayant conservé son installation de 1903, et la **maison des Jours et des Champs** : un diaporama et une collection d'outils et de matériel agricole (1850 à 1950) donne un aperçu des techniques utilisées depuis les labours jusqu'aux semailles, et de la vie rurale de l'époque.

Prendre la D 11 vers Radonvilliers, puis la D 61 vers Mathaux.

Mathaux

Ce village présente une jolie **église** à pans de bois (18e s.), inspirée par l'architecture religieuse en pierre, dont le clocher carré est recouvert d'écailles de bois. Elle accueille un ensemble de statues des 16e-17e s.

Plusieurs des églises à pans de bois du circuit de découverte au départ de Montier-en-Der (voir ce nom) sont situées dans la zone du Parc.

Prendre la D 11A vers L'Étape.

À **L'Étape**, continuez tout droit jusqu'aux **digues** qui offrent la posibilité de faire quelques pas avec de vastes vues sur le lac d'Amance.

Récupérez la D 11 en direction de Piney : vous enjambez le **canal de restitution** des eaux du lac du Temple.

Piney

La belle **halle** en bois du 16e s. est remarquable par son volume et la qualité des matériaux utilisés. L'**église** (16e-19e s.) conserve des vitraux du 16e s. sur le thème de la Création, et abrite l'immense tableau des vœux de la duchesse et du duc de Piney-Luxembourg.

Sortir de Piney par la D 79, puis emprunter la D 1 vers Géraudot.

Géraudot

Précédée d'un porche en bois, l'**église** possède une nef du 12e s. et un chœur du 16e s. Au maître-autel, un beau retable Renaissance en pierre polychrome représente la Crucifixion et la Résurrection. Remarquez les vitraux du 16e s. *Pour retirer la clef, voir les indications sur le panneau situé à la porte de l'église.*

Poursuivre sur la D 1, puis bifurquer vers Lusigny-sur-Barse (D 1G).

Accès à la **plage** un peu avant d'arriver au village de Lusigny.

9 km - 2h30. Topoguide en vente à la Maison du Parc. **Sentier sylvestre** au départ de la plage de Lusigny. L'itinéraire balisé permet de découvir les essences caractéristiques du massif de Larivour-Piney.

Lusigny-sur-Barse

À l'entrée du village, une **sculpture** (1986) enjambe le canal de la Morge. Cette arche d'acier galvanisé et de chêne (25 m de diamètre) laisse pendre une aiguille en acier inoxydable au-dessus d'un trou d'eau. Par cette œuvre, Klaus Rinke, professeur de sculpture constructive à la Kunstakademie de Düsseldorf, a voulu célébrer le thème de l'eau évoqué par **Bachelard** dans *L'Eau et les Rêves*.

Musée des Automates – *03 25 41 55 51 - visite guidée (1h30) avr.-oct. : w.-end et j. fériés 15h-19h - 7 € (enf. 5,50 €).* Michel Marcu est le créateur de cette cinquantaine d'automates qui s'animent en quelques tours de clé. Admirez Mozart au clavecin, le danseur du Moulin-Rouge, le singe en haut-de-forme fumant sa cigarette ou encore le vigneron qui se sert à boire…

Emprunter la N 19 vers Bar-sur-Aube, puis tourner à droite vers Mesnil-Saint-Père.

Mesnil-Saint-Père

Grâce à un sol particulièrement argileux, le village fut célèbre dans la région dès le 12e s. pour la fabrication des **tuiles émaillées**, des briques et des carrelages.

Plage et port (*voir « Découvrir »*).

3 km - 1h30. Dépliant disponible à la Maison du Parc. Le **sentier du Lapin blanc**, itinéraire ludique de découverte du village, de sa faune et de sa flore, a été spécialement conçu pour les petites jambes.

Emprunter la D 43 en direction de la Maison du Parc.

Parc de vision animalier

03 25 43 38 88 - juil.-août : tlj sf jeu. et vend. de 17h à la tombée de la nuit ; avr.-juin et sept. : w.-end et j. fériés de 17h à la tombée de la nuit ; oct.-mars : dim. et j. fériés (1er et 3e dim. du mois) de 14h à la tombée de la nuit - possibilité de visite guidée (2h) - gratuit.

Sur une presqu'île (89 ha) du lac d'Orient, ce parc permet de découvrir les mammifères peuplant la forêt d'Orient. Des sangliers, des cerfs et des chevreuils y vivent en semi-liberté. Les premiers sont omnivores et restent actifs le jour comme la nuit, ce qui rend leur approche aisée à condition de maintenir un silence absolu. Les cerfs et les chevreuils ont un régime herbivore et des mœurs nocturnes. Au crépuscule, les biches se regroupent volontiers à proximité de l'observatoire.

Passer devant la Maison du Parc et prendre à gauche la D 79 en direction de Géraudot.

Réserve ornithologique

Aménagée dans la partie nord-est du lac d'Orient, cette zone où nichent les oiseaux d'eau est protégée. L'**observatoire** permet de suivre les évolutions des oiseaux qui font halte sur le lac lors des migrations, en octobre-novembre et en février-mars : poules d'eau, canards, mouettes rieuses, grues cendrées, hérons cendrés, oies sauvages.

Parc naturel régional de la Forêt d'Orient pratique

Adresse utile

Office de tourisme des Lacs et de la Forêt d'Orient – *Voir la Maison du Parc dans le « Circuit de découverte ».*

Visites

Bon à savoir – Le circuit des 40 chefs-d'œuvre du Parc permet de découvrir les principaux points d'intérêt du territoire - un guide et un dépliant sont disponibles à la Maison du Parc.

La **Maison du Parc** propose des sorties de découverte de la nature au fil des saisons : initiation à la botanique, aux chants d'oiseaux, connaissance des champignons ou des oiseaux migrateurs…

Séjours ornithologiques – *Voir p. 36.*

Train touristique de la forêt d'Orient – *03 25 41 20 72 - dép. de Port-Mesnil (1h15) de mi-mars à fin oct. : 10h-19h - 8 € (-10 ans 4 €).*

Vedette – *03 25 41 20 72 - www.la-mangeoire.fr - de mi-avr. à mi-sept. : 9h-19h - 8 € (enf. 4 €).* Promenade commentée (1h). Possibilité de déjeuner-croisière et dîner-croisière *(sur réserv.).*

Se loger

Chambre d'hôte Mme Jeanne - Les Colombages Champenois – *33 r. du Haut - 10270 Laubressel - 7 km au NO de Lusigny-sur-Barse par N 19 et D 186 - 03 25 80 27 37 - aux.colombages.champenois@wanadoo.fr - - 6 ch. 42 €* . Deux ravissantes maisons champenoises à colombages abritent de confortables chambres aux charpentes apparentes. Il fait bon s'attabler devant la cheminée en hiver, ou en terrasse, l'été, face aux prés pour déguster les produits de la ferme. Gîte à proximité.

Chambre d'hôte La Bergeotte – *6 r. de Dienville - 10220 Brevonnes - 03 25 46 31 44 - - 3 ch. 39 € - repas 16,50 €.* Un accueil d'une grande gentillesse vous attend dans cette plaisante fermette entièrement reconstruite en 1940. Ses chambres, sobrement aménagées, sont très bien tenues. Petite cuisine à disposition. L'été, vous profiterez du vaste et paisible jardin.

Se restaurer

Le Vieux Logis – *1 r. de Piney - 10220 Brevonnes - 03 25 46 30 17 - www.auvieuxlogis.com - fermé 6-31 mars, 3-9 déc. lun. sf le soir en sais. et dim. soir - 17/41 €.* L'atmosphère familiale qui règne ici est jalousement préservée : meubles rustiques, cuivres et vieux bibelots possèdent le charme désuet des logis de nos grands-mères. Sur les fourneaux, on mitonne une cuisine classique.

Auberge du Lac Au Vieux Pressoir – *5 r. du 28-août-1944 - 10140 Mesnil-St-Père - 03 25 41 27 16 - fermé 7-23 nov., dim. soir d'oct. à mars et lun. midi - 25 € déj. - 50/75 €.* Charmante maison à colombages située à l'entrée d'un village voisin de la forêt d'Orient. La cuisine régionale est servie dans une salle à manger agrémentée de poutres apparentes ou sur la belle terrasse fleurie. Plaisant bar-patio aménagé sous une verrière. Chambres confortables.

Sports & Loisirs

Randonnées pédestres – *Se renseigner à l'office du tourisme des Lacs et de la Forêt d'Orient. Topo-guides en vente.* Deux sentiers de Grande Randonnée de Pays (GRP) et plusieurs sentiers de Petite Randonnée (PR) sillonnent la forêt. Au total, elle compte 140 km de sentiers balisés.

À vélo – Depuis juillet 2003, une voie verte réservée aux piétons, cyclistes et rollers, relie Troyes à Port-Dienville sur 42 km. Document sur demande au Comité du tourisme de l'Aube ou téléchargeable sur leur site *(voir p. 20).*

Un circuit vélo de 4 ou 12 km sillonne la forêt du Temple. Renseignements à la Maison du Parc.

Randonnées équestres – *Se renseigner à l'office du tourisme des Lacs et de la Forêt d'Orient.* Deux circuits balisés : forêt d'Orient (15 km), forêt de Larivour (23 km).

Pêche – Les lacs sont peuplés de gardons, tanches, brèmes, perches, brochets… La pêche en bateau et à pied, de nuit ou de jour, est autorisée et réglementée sur les trois lacs à l'exception principalement de l'anse sud du lac du Temple et de l'anse nord-est du lac d'Orient, occupé par la Réserve naturelle nationale de la Forêt d'Orient.

En bateau – *03 25 92 27 69 ou CSB Marine - 03 25 92 94 17 - juil.-août : 9h30-18h30 ; avr.-juin et sept. : 10h-12h, 14h-17h, w.-end et j. fériés : 9h30-12h30, 13h30-18h - fermé jeu.).* Au départ de Port-Dienville, des promenades en bateau avec ou sans permis sont possibles sur le lac Amance.

Capitainerie de Port-Dienville – *03 25 92 27 69 - www.pnr-foret-orient.fr - juil.-août : 9h30-18h30 ; avr.-juin et sept. : tlj sf jeu. 10h-12h, 14h-17h, w.-end et j. fériés 9h30-12h30, 13h30-18h ; oct. et l'av. dernier w.-end de mars. : tlj sf merc. et jeu. 10h-12h, 14h-17h.*

Capitainerie du port de Mesnil-Saint-Père – *03 25 41 28 30 - www.pnr-foret-orient.fr - juil.-août : 9h-13h, 14h-18h30 (9h-18h30 le w.-end) ; mars-juin et sept.-oct. : 9h-13h, 14h-17h (9h-13h, 14h-18h w.end) ; nov.-fév. : tlj sf w.-end 9h-12h, 14h-17h.*

Givet

7 372 GIVETOIS
CARTE GÉNÉRALE C1 – CARTE MICHELIN LOCAL 306 K/L2 – ARDENNES (08)

On n'est déjà plus vraiment en France dans cette ville encastrée en Belgique... Prenez le temps de vous perdre dans ses ruelles tortueuses où se mêlent la brique et l'ardoise. Flânez sur les quais, le long de la halte fluviale, et sur le pont enjambant lestement la Meuse : la vue s'étend sur le labyrinthe formé par la vieille ville et sur le fort de Charlemont, renforcé par Vauban.

Se repérer – Aux portes de la Belgique, Givet se situe à 32 km au nord de Revin. Sur la rive droite, Givet-Notre-Dame ou Petit-Givet fut le quartier des manufactures aujourd'hui disparues. Sur la rive gauche s'étend Givet-Saint-Hilaire ou Grand-Givet, avec son église bâtie par Vauban. Ce quartier se prolonge jusqu'à la place Méhul, la gare et la frontière belge à travers le quartier de Bon-Secours.

Se garer – Parking gratuit sur les quais.

À ne pas manquer – Le fort de Charlemont ; la vallée de la Meuse avec ses paysages caractéristiques et ses villages dominés par le schiste.

Organiser son temps – Prévoyez quelques heures pour visiter la ville et ses fortifications, et une demi-journée pour profiter pleinement du circuit.

Avec les enfants – Les grottes de Nichet raviront les explorateurs en herbe. La balade « ardoise et légendes » à Haybes est adaptée aux enfants.

Pour poursuivre la visite – Voir aussi méandres de la Meuse, Monthermé, Revin, Rocroi, Thiérache ardennaise.

R. Mattes/MICHELIN

Givet dominé par le fort de Charlemont.

Comprendre

La veine bleue – Flamandes, petites ou grandes démêlées, rectangulaires, coquettes : tels étaient les noms désignant les différents modèles d'ardoises. Celles des Ardennes (côté belge et français) étaient appréciées pour leur imperméabilité, leur finesse et la diversité de leurs coloris : vertes ou bleues à **Fumay**, roses à **Haybes**, argentées à **Rimogne**... **Givet** est réputée pour la teinte bleutée de son calcaire, extrait de la carrière des Trois-Fontaines, une barre de 400 m où s'accroche le fort de Charlemont. Il fut utilisé pour les fonts baptismaux d'époque romane que l'on voit dans de nombreuses églises de la région. Des maisons, notamment à Givet, sont construites en pierre bleue... de même que certains quais et ponts de Paris.
L'**ardoise**, vendue dès le Moyen Âge par les bateliers de la Meuse jusqu'en Europe du Nord, fut la reine des chantiers parisiens au 19e s. : celle des Ardennes y concurrençait celle de l'Anjou pour la couverture des grands monuments. La crise de 1929 amorça un lent déclin, lié au coût de la mécanisation et à la concurrence étrangère. Depuis 1971, les galeries ont fermé.

Le saviez-vous ?

Auteur du célèbre *Chant du départ*, créé sous la Révolution, le musicien **Étienne-Nicolas Méhul** (1763-1817) naquit à Givet, au n° 11 de la rue qui porte son nom.

Se promener

La cité fut fortifiée par Charles Quint en 1555, puis ses défenses renforcées par Vauban en 1680. Elle comptait alors six portes, équipées de pont-levis. Seules subsistent la porte Charbonnière, celle de Rancennes et la **porte de France** qui marque l'entrée de Givet au Sud.
De nombreuses **maisons anciennes** ont été restaurées, notamment rue du Puits, rue d'Anjou et rue d'Orléans (17e-19e s.).

Tour Victoire

Ne se visite pas. Devant la place Victoire, l'ancien donjon du château des comtes de La Marck (14e-15e s.) borde la Meuse. Son nom est lié à la conquête de Namur par Louis XIV. Il servit de péage aux barques qui descendaient la rivière, puis de prison.

La tour Grégoire

Cette ancienne tour de guet (11e s.), à laquelle on accède par un court sentier escarpé, offre une large vue sur Givet, Fromelennes et le fort de Charlemont.

Fort du Mont d'Haurs

Ne se visite pas. Campé sur la rive droite, ce camp retranché s'intégrait à un projet conçu en 1697 par **Vauban** à la demande de Louis XIV, pour protéger le pont de Givet et la forteresse de Charlemont sur la rive opposée. Il en reste d'importants vestiges (forts de Rome et de Condé, porte de Rancennes).

Visiter

Centre européen des métiers d'art

10 quai des Fours - ✆ 03 24 42 73 36 - www.cema-givet.com - 10h-12h, 14h30-18h, dim. et lun. 14h30-18h - possibilité de visite guidée (45mn) - fermé fév., 25 déc.-1er janv. - gratuit.
Logé dans un ancien octroi du 17e s., ce centre expose et vend différentes productions des Ardennes : art, artisanat, gastronomie… Selon le programme, on peut y voir les artisans au travail.

Fort de Charlemont★

Accès par une route à gauche, montant à travers bois avant la 1re entrée du camp militaire. ✆ 03 24 42 03 54 - visite guidée (1h) juil.-août : lun.-vend. 14h15, 14h50, 15h25, 15h55, 16h30, 17h, sam. 9h15, 9h50, 10h25, 11h, dim. 10h15, 10h50 - 3 € (enf. 1,50 €).

Bon à savoir – Une journée annuelle portes ouvertes (*gratuite*) permet d'accéder exceptionnellement à l'ensemble du site (*renseignements sur place ou à l'office du tourisme*).
Son histoire est liée aux guerres franco-espagnoles. En 1554, Henri II enlève Mariembourg. Devant cette menace, l'année suivante, Charles Quint fait construire une citadelle sur un éperon calcaire et lui donne son nom : Charlemont. En 1678, la forteresse devient française. Lorsqu'en 1680 Louis XIV se rend à Givet, il décide de renforcer l'ensemble et fait appel à **Vauban**. L'idée de ce dernier est d'établir deux fronts terminés par des bastions, renforcés en avant par des demi-lunes et prolongés par des ailes fortifiées, de manière à fermer le plateau dans sa totalité. Le projet ne sera pas mené à son terme.
Depuis 1962, le fort est réutilisé par l'armée qui en a fait un centre d'entraînement commando. Plusieurs constructions du camp retranché gardent un caractère imposant, bien qu'elles soient en ruine.

Pointe est – Elle comporte une grande galerie dont les murs atteignent 5 m d'épaisseur, une casemate d'artillerie dont les quatre cheminées d'aération témoignent d'un système de ventilation évolué, une vaste poudrière avec sa voûte de brique en arc brisé et deux bastions du 16e s.

Aux alentours

Grottes de Nichet

À Fromelennes, 4 km à l'est par la D 46. ✆ 03 24 42 00 14 - visite guidée (1h) juin-août : 10h-11h30, 13h30-18h ; avr.-mai et sept. : 14h-17h30 (dernière descente 1h av. fermeture) - fermé oct.-mars - 5 € (6-9 ans 1,50 €).
Ces grottes qui se sont formées dans le calcaire, sur le territoire de **Fromelennes**, comportent trois niveaux. Deux sont accessibles à la visite : une douzaine de salles,

Chooz A et B

Deux centrales sont implantées sur le territoire de la commune de Chooz.
Chooz A – Dénommée « centrale nucléaire des Ardennes », elle a stoppé sa production d'électricité en 1991 après 24 ans de service.
Chooz B – Elle est constituée de deux unités de production de 1 450 MW chacune. Sa construction, initiée en 1982, s'est achevée en 1996 avec le premier couplage au réseau électrique de l'unité n° 1. Le couplage de l'unité n° 2 et la mise en service industrielle de la centrale ont eu lieu en 1997. À terme, Chooz B fournira 20 milliards de kWh par an, soit, avec la centrale de Nogent-sur-Seine, près de 10 % de la consommation française d'électricité.

riches en concrétions, forment un parcours dont le dénivelé est de 35 m : salles du Clair de lune, des Nutons, du Théâtre…

Circuit de découverte

LA MEUSE DES ARDOISIERS

23 km de Givet à Revin – environ 1h. Quitter Givet par la N 51.

La route court le long de la Meuse, se glissant dans une vallée très étroite. Le schiste ardoisier, spécialité des Ardennes, y fut tiré du fond durant huit siècles.
Peu après la sortie de Givet, vous passez au pied de ses impressionnantes **carrières** d'ardoise. Puis on aperçoit sur la gauche les immenses cheminées de la **centrale nucléaire de Chooz**.

Hierges★

Dans un site vallonné, ce petit village, l'un des plus charmants des Ardennes, conserve quelques maisons du 17e s. et un ancien moulin du 13e s. Sur la place, la **Croix du Duel** *(voir ci-dessous)* témoigne d'un rixe qui tourna mal en 1579.
Hierges se blottit sous les ruines du **château**, d'abord édifié au 9e s. puis rebâti au 16e s. *(illumination nocturne)*. Ce fut le siège d'une baronnie dépendant à la fois du prince évêque de Liège et du duc de Bouillon. Son aspect de forteresse est tempéré par l'influence de la Renaissance mosane : voir la décoration en briques des tours.
Accès par un sentier depuis la place de la fontaine. Visite : jeudi soir sur réserv. au ✆ 03 24 41 10 51. Possibilité de poursuivre par un repas champêtre à l'auberge du village.

Vireux-Molhain

Sur la rive opposée, on aperçoit le château de Vireux-Wallerand (18e s.) se reflétant dans les eaux de la Meuse.
De la montagne des Vignes, en direction du camp romain : **point de vue** sur les deux Vireux.

Camp romain – *Accès libre - visite guidée sur demande au ✆ 03 24 40 06 59.* Sur le Mont-Vireux, des fouilles ont mis au jour les **vestiges d'un camp romain** (3e-7e s.) de 5 ha, destiné à défendre contre les invasions germaniques ce coin de Gaule et ses activités économiques (trafic marchand, métallurgie du fer…). Un sentier aboutit au site de l'oppidum : fortification défendue sur quatre côtés, tombes, etc.

À pied ou à VTT, le **circuit de la Croix du Duel** (12 km) vous mènera sur les hauteurs de Hierges, avec de belles perspectives sur le château et le village (*balisage VTT, départ à proximité de l'office du tourisme de Vireux : renseignements sur place*).

Ancienne collégiale Saint-Hermel – *✆ 03 24 40 06 59 - 10h-12h, 14h-18h.* Bâtie sur une crypte carolingienne (9e ou 10e s.) où s'élèvent deux colonnes en pierre de Givet, elle aurait été fondée par Pépin le Bref et fut reconstruite au 18e s. Son décor de stucs à l'italienne et son mobilier présentent un intérêt certain. Remarquez une Mise au tombeau parmi d'autres statues en bois polychrome du 16e s., le retable de l'Assomption du 17e s. au maître-autel, et des dalles funéraires du 13e au 18e s. dont celle d'Allard de Chimay qui sauva la vie de Philippe Auguste à Bouvines.

Montigny-sur-Meuse

D'apparence modeste, l'**église** de ce village (1765) est classée, avec son décor de stuc où foisonnent les motifs décoratifs. À voir aussi : le vestige d'un oratoire de style gothique tardif.

Haybes

Depuis le pont, on découvre une vue sur ce bourg, surnommé Haybes la Martyre car elle fut largement détruite pendant la Deuxième Guerre mondiale, ou Haybes-la-Rose

Qui a peur du Mahwot ?

Cet énorme lézard hante les eaux sombres de la Meuse, menaçant les enfants désobéissants… Les rares apparitions de la mystérieuse créature sont toujours de mauvais présage.

car ses toits furent reconstruits avec des ardoises provenant de la veine de Belle-Rose.

Haybes est le point de départ de plusieurs randonnées.
La boucle du **roc de Fépin** *(10 km - départ du chemin de halage à la sortie de Haybes, en direction du château de Moraypré)* mène à un site surplombant la vallée, avec vue sur Fépin, Revin, Fumay, Haybes, Montigny-sur-Meuse, Vireux.

Souvenirs des « escayeux » – La rue de l'Espérance marquait l'entrée de la principale ardoisière où 400 ouvriers travaillaient vers 1900 : on voit encore l'ancienne « maison de maître » des directeurs, la salle des fêtes occupée aujourd'hui par un garage, face à un bâtiment de brique qui abritait jadis la salle des machines.

Par la route vers Monthermé, on accède au **point de vue de la Platale** *(aire de pique-nique)* qui offre une fenêtre sur Fumay.

5,5 km balisés au départ de la Platale - 1h30. Le **circuit « ardoise et légendes »**, dans la vallée de Mohron, vous conduit sur la piste des anciens ardoisiers et du patrimoine local grâce à des panneaux d'interprétation.

Fumay

Ancienne capitale de l'ardoise, la vieille ville, où la veine schisteuse affleure en maints endroits, occupe un site original, à cheval sur le pédoncule d'un méandre de la Meuse. Au pied des ruelles et des escaliers enchevêtrés, les quais de la **halte fluviale** accueillent d'agréables terrasses.
Rue des Rochettes, sur la droite vers l'église, subsiste l'entrée d'une ancienne ardoisière : des marches mènent à une grille qui laisse apercevoir la galerie.
Fumay conserve de nombreuses maisons du 18e s. aux toitures bleutées et quelques **« verdaux »**, monticules de déchets issus du façonnage de l'ardoise. Partout, ce matériau marque l'architecture : façades protégées par des bardages, marches d'escaliers, perrons de portes, rebords de fenêtres… La **chapelle Sainte-Barbe** *(dans la rue du même nom)* est dédiée à la patronne des ardoisiers, que certains fêtent encore le 4 décembre. Un bas-relief à la mémoire des mineurs *(av. Jean-Jaurès)* a été sculpté en 1985 par Georges-Armand Favaudon.

Musée de l'Ardoise – *R. Martin-Coupaye - ☎ 03 24 41 10 25 - www.fumay.fr - juin-août : 10h-12h, 15h-19h ; de mi-avr. à fin mai et sept. : 15h-18h - fermé lun. matin et lun. en sept. - 2,50 € (enf. 1,50 €).* Aménagé dans l'ancien couvent des Carmélites, il évoque, à l'aide d'une projection audiovisuelle et de documents, le dur labeur des scailleteux (du mot *scaille* qui signifie « ardoise »). Travaillant dans le bruit et la poussière, à la lueur de lampes à carbure, ils portaient couramment 120 kg de schiste à dos d'homme. Au sous-sol, des « chambres d'exploitation » sont reconstituées : wagonnet, tenailles, scies…

Poursuivre vers le sud sur la D 988 pour rejoindre Revin.

Ph. Gajic/MICHELIN

Le musée de l'Ardoise à Fumay.

Givet pratique

Adresses utiles

Office du tourisme Ardenne rives de Meuse – *Pl. du Château - 08320 Vireux-Wallerand - ✆ 03 24 42 92 42 - http://ot.ardennerivesdemeuse.com - lun.-vend. : 10h-12h, 13h-18h.*

Antenne à Givet – *Pl. de la Tour - ✆ 03 24 42 92 42 - www.ot.ardennerivesdemeuse.com - avr.-sept. : 10h-12h, 13h-18h.*

Se loger

Hôtel Le Roosevelt – *14 quai des Remparts - ✆ 03 24 42 14 14 - fermé 15-31 déc. - 8 ch. 52/60 € - ☕ 7 €.* Sur un quai mosan, maison ardennaise en pierre proposant de petites chambres rajeunies. L'espace petit-déjeuner tient aussi lieu de taverne-tea-room. Adresse non-fumeurs.

Val St-Hilaire – *7 quai des Fours - ✆ 03 24 42 38 50 - www.hotel-val-saint-hilaire.com - fermé 20 déc.-15 janv. - P - 20 ch. 58 € - ☕ 9 €.* Réservez dans cette grande bâtisse longeant les quais de la Meuse : les chambres y sont confortables, meublées dans un style actuel et mansardées au 2e étage. Agréable terrasse d'été aménagée dans la cour intérieure.

Se restaurer

Auberge de la Tour – *6 quai des Fours - ✆ 03 24 40 41 71 - www.auberge-de-la-tour.net - fermé 15 déc.-15 janv. - 16 € déj. - 26/39 €.* Ambiance ardennaise et prestation culinaire d'orientation classique-traditionnelle dans une salle à manger rustique.

Ermitage Moulin Labotte – *52 r. Edmond-Dromart - 08170 Haybes - ✆ 03 24 41 13 44 - www.moulin-labotte.com - fermé dim. soir et lun. - formule déj. 12 € - 25/60 € - 10 ch. 40/50 € - ☕ 7 €.* Au bord d'une petite rivière, entouré de forêts, il fait bon s'attabler dans la salle à manger de cet ancien moulin du 18e s., entièrement rénové, pour déguster une cuisine du terroir. 10 chambres sont également disponibles.

Sports & Loisirs

Base nautique de Givet – *✆ 03 24 42 38 26 - juil.-août.* Baignade surveillée, beach-volley, petite restauration.

Base nautique d'Haybes – *✆ 03 24 40 44 45 - www.aventure-evasion.com - juil.-août.* Location de canoë, kayak, pédalo, VTT.

Joinville

4 380 JOINVILLOIS
CARTE GÉNÉRALE C3 – CARTE MICHELIN LOCAL 313 K3 – HAUTE-MARNE (52)

Au bord de la Marne, Joinville possède des quais mais pas de guinguettes où l'on danse au son de l'accordéon. Ici, on préfère la Renaissance, époque où fut créé le Grand Jardin avec ses carrés de fleurs, ses plantes médicinales et ses arbres fruitiers. Entourée de forêts, la ville est dominée par une colline où se languissent les ruines d'une forteresse, berceau des ducs de Guise.

- **Se repérer** – À 30 km au sud de Saint-Dizier et à 45 km de Chaumont par la N 67 qui fait une boucle pour contourner la ville.
- **Se garer** – Parking gratuit face à l'office de tourisme.
- **À ne pas manquer** – Le château du Grand Jardin.
- **Organiser son temps** – Prévoyez une demi-journée pour la découverte de la ville et la journée entière en y incluant ses environs (certains sites du circuit ne sont ouverts qu'en saison ou quelques jours dans la semaine).
- **Avec les enfants** – Les Jardins de mon moulin à Thonnance-lès-Joinville.
- **Pour poursuivre la visite** – Voir aussi vallée de la Blaise, Chaumont, lac du Der, Montier-en-Der, Saint-Dizier, Vignory.

Le saviez-vous ?

Le plus célèbre des sires de Joinville est sans conteste **Jean de Joinville** (1224-1317) qui fut sénéchal de Champagne. Un bronze de 3 m de haut le représentant a été sculpté en 1861 par **Lescornel**, originaire de Langres. On peut le voir rue Aristide-Briand, debout avec un livre et une plume à la main. Les trois bas-reliefs évoquent son départ pour la croisade, Saint Louis rendant la justice sous le chêne de Vincennes et la bataille de la Mansourah en Égypte.

Visiter

Château du Grand Jardin★

☏ 03 25 94 17 54 - www.legrandjardin.com - ♿ - juin-août : 11h-19h ; sept.-déc. et fév.-mai : tlj sf mar. 14h-18h - fermé du 25 déc. à fin janv. - 4 € (-18 ans gratuit).
Voir l'ABC d'architecture p. 74. Premier duc de Guise, **Claude de Lorraine** fit construire cette demeure d'agrément de 1533 à 1646 avec Antoinette de Bourbon. Le corps de logis est entouré par des douves sur trois côtés. Au temps des guerres de Religion, en 1583, un traité d'alliance y fut signé par Philippe II d'Espagne et les chefs de la Ligue. Des travaux de restauration ont rendu à cette demeure la magnificence de la Renaissance. Les façades présentent une riche décoration sculptée, attribuée aux artistes Dominique le Florentin et Ligier Richier.

Intérieur – La salle d'honneur comporte cinq travées monumentales dont les trumeaux sont creusés de grandes niches décoratives. La chapelle Saint-Claude (16e s.) possède un plafond à caissons en pierre, orné de motifs floraux.

Jardin – Sa restauration s'est appuyée sur des illustrations et des textes de la Renaissance, notamment ceux de Rémi Belleau, ami de Ronsard. Le jardin est découpé en terrasses et en différents carrés : fleurs, plantes médicinales, plantes aromatiques. On y découvre des lavandes et des santolines, de petits buis taillés et 365 arbres fruitiers, soit plus de 70 variétés.

Ph. Gajic/MICHELIN

Le château du Grand Jardin.

Auditoire

☏ 03 25 94 17 90 - juil.-août : sam. et j. fériés ; de mi-mai à fin juin et de déb. sept. à fin oct. : dim. 15h-18h - se renseigner auprès de l'office de tourisme - 4 € (-16 ans gratuit).
Ce tribunal seigneurial, édifié en 1561 par François de Guise et Antoinette de Bourbon, servit également de prison. On visite la chambre des « pailleux » destinée aux prisonniers sans ressources (les cachots se trouvent au fond) puis la pistole pour les détenus aisés, la chambre des femmes et la chambre du geôlier. Au 2e étage sont reconstitués le tribunal du bailliage, la figure de Jean de Joinville à cheval et en tenue de combat, la chambre funèbre de Claude de Lorraine et l'historial des princes. Par un escalier à vis, on accède aux greniers qui conservaient le grain de la redevance seigneuriale (champart). Des personnages en costumes évoquent les riches heures de la cité. Sur la maquette de Joinville en 1650, on distingue le château féodal, la ville close entourée de remparts, les faubourgs et le château du Grand Jardin.

Église Notre-Dame

Cette église à l'architecture hétéroclite a été bâtie à la fin du 12e s. et au début du 13e s. Incendiée, elle fut restaurée au 16e s., puis reconstruite en partie au 19e s. dans le style d'origine. Remarquez les modillons sculptés à la base du toit et le portail du 13e s. qu'abrite le clocher-porche du 19e s. Sur le flanc droit s'ouvre un portail Renaissance, orné de colonnes et de chapiteaux corinthiens.
L'église a conservé sa nef (sauf les voûtes reconstruites au 16e s.) et ses collatéraux du 13e s. Elle abrite une Mise au tombeau (16e s.) offerte par Antoinette de Bourbon : un

sépulcre d'une très belle composition, bien que marqué par un certain maniérisme. Un haut-relief en albâtre représente la Déploration. Une châsse contient une relique dite de la ceinture de saint Joseph, rapportée de Terre sainte en 1254 par Jean de Joinville.

Chapelle Sainte-Anne

Sur demande à l'office de tourisme - tlj sf dim. - 2,50 € (-16 ans gratuit).

Au milieu du cimetière s'élève cette chapelle (1504) qu'éclairent de belles verrières où dominent les rouges et les bleus. Exécutées par des maîtres de l'**école troyenne** à ses débuts, elles retracent des scènes de la vie de la Vierge, de sainte Anne et de saint Laurent. À l'intérieur, vous verrez un Christ aux liens en bois, statue polychrome du 15e s.

Ancienne pharmacie de l'hôpital

Sur demande à l'office de tourisme - tlj sf dim. - 1,50 €.

L'hôpital Sainte-Croix fut fondé en 1567 par Antoinette de Bourbon et son fils Charles, cardinal de Lorraine. Récemment restaurée et ouverte au public, l'ancienne pharmacie présente plus de 230 **pots d'apothicaire**, notamment en faïence, utilisés dans l'établissement aux 18e et 19e s. Les « sœurs apothicaires » assuraient les préparations, parmi lesquelles la terrible « huile de petits chiens ».

Circuit de découverte

LE VALLAGE

Le pays qui s'étend autour de Joinville fut nommé ainsi en raison de ses nombreux vallons qui, à proximité de la Lorraine, accueillirent des **sites de forge**. Le circuit vous mènera à travers des villages marqués par leur ancienne activité industrielle, mais qui s'inscrivent dans un environnement naturel totalement préservé.

64 km - Environ 2h. Quitter Joinville au nord par la D 197. À Vecqueville, prendre à droite la D 8 puis, à la sortie de Curel, la D 179 en direction d'Osne-le-Val : le site de l'ancienne usine se trouve sur votre droite avant la ville.

Osne-le-Val

Au 19e s., c'était le berceau de la fonte d'art en France. Son église abrite une chaire… en fonte ! Un bâtiment de l'**usine du Val d'Osne**, qui a fermé ses portes en 1986 après plus d'un siècle d'activité, accueille une exposition sur les fontes d'art (gravures, photos…). *✆ 03 25 94 81 02 - ♿ - visite guidée (1h30-2h) de fin juil. à mi-sept. : dim. 15h-18h30 - fermé 15 août - 3 € (-16 ans gratuit).* Spectacle son et lumière, démonstration de moulage et coulée de bronze *(de fin juil. à mi-sept. : dim. 15h. Également en nocturne certains sam. - possibilité de repas sur place).*

Quitter Osne-le-Val en direction de Thonnance-lès-Joinville : en arrivant dans la ville, prendre à gauche la D 60.

Les Jardins de mon moulin à Thonnance-lès-Joinville

✆ 06 79 50 74 92 - visite libre - 20 mai-24 sept. : jeu.-dim. 10h-12h, 14h-18h30. 4 € (enf. 3,50 €).

Les sens sont en éveil dans ce très beau jardin créé aux abords d'un ancien moulin à eau : vous pourrez notamment y admirer, au fil des saisons, 3 000 plantes vivaces, une roseraie de 600 rosiers, un jardin aquatique, un jardin blanc, un jardin médiéval…

Les curieux pourront se rendre à la ferme d'élevage d'écrevisses du Moulin aux Écrevisses, unique en Europe *(voir « Se loger » dans l'encadré pratique).*

4 km après Thonnance-lès-Joinville, prendre à droite la petite route en sous-bois.

Lacets de Mélaire

On découvre, à travers les lacets aux pentes abruptes de la « Petite Suisse », une belle **vue** sur la forêt environnante et la vallée de Poissons. Au sommet, une grande aire de pique-nique boisée a été aménagée.

Poissons

À l'entrée du village, vous passez devant la **Fontaine ronde** où Jeanne d'Arc aurait fait boire son cheval. Poissons a conservé de vieilles **maisons de vigneron**, basses et mitoyennes. Le **château** (17e-18e S.), au fronton à l'emblème du Roi-Soleil, abrita les familles des maîtres de forge. L'**église Saint-Aignan** (16e s.) est précédée d'un porche monumental aux voussures finement sculptées, formant avec le portail un bel ensemble Renaissance.

Depuis les rives du Rongeant, vous aurez de jolis points de vue sur la vallée du même nom.

Dans le village, prendre la D 16 (direction Doulaincourt), puis la C 4 vers Saint-Urbain : la route zigzague à travers bois et champs.

Saint-Urbain

Le village accueillit une abbaye bénédictine fondée vers 860, dont la **porterie** est encore visible.

Prendre la D 181 en direction de Donjeux : en arrivant dans le village, tourner à droite puis à gauche (D 13) vers Rouvroy-sur-Marne. Vue sur le canal de la Marne. Poursuivre la D 13 jusqu'à Flammerécourt puis prendre la D 117 vers Blécourt.

Blécourt

Ce village possède une **église** gothique d'inspiration clunisienne, construite aux 12e et 13e s. et dont les proportions sont admirables. À l'intérieur, la *Vierge à l'Enfant*, sculptée dans le bois au 13e s. par un artiste de l'école champenoise, a fait l'objet d'un pèlerinage dès l'époque de Dagobert. Jeanne d'Arc s'y serait recueillie. Un pèlerinage y a toujours lieu en septembre. *✆ 03 25 94 14 44 - 10h-18h - pour la visite, contacter M. Bertrand - 4 r. Notre-Dame.*

À voir également : un **lavoir** semi-elliptique.

Poursuivre la D 117 vers le nord pour revenir à Joinville.

Joinville pratique

Adresse utile

Office du tourisme de Joinville – *Pl. Saunoise - 52300 - ✆ 03 25 94 17 90 - tlj sf dim. et lun. 9h-12h, 14h-18h.*
Il propose des visites guidées de la ville.

Se loger

⊖ Chambre d'hôte Le Moulin aux Écrevisses – *Rte de Nancy - 52300 Thonnance-lès-Joinville - 5 km à l'E de Joinville par D 60 - ✆ 03 25 94 13 76 - http://ecrevisses.fr - ⊭ - 3 ch. 50 € - repas 20/28 €.* Cet ancien moulin situé en lisière de forêt, au bord d'une petite rivière, incite à la détente et aux loisirs : jardin, étang de pêche et nombreux sentiers balisés. Les chambres manquent un peu de caractère, mais leur confort est très apprécié. Les propriétaires s'occupent également d'un élevage pilote d'écrevisses à pattes rouges (unique en Europe) : visite et dégustation indispensables !

⊖ Camping La Forge de Ste-Marie – *52230 Thonnance-les-Moulins - 13 km à l'E de Joinville par D 427 - ✆ 03 25 94 42 00 - la.forge.de.sainte.marie@wanadoo.fr - 1er Mai-10 sept. - réserv. conseillée - 133 empl. 28 € - restauration.* Entre campagne, forêt et étang, les bâtiments de cette ancienne forge du 18e s. ont été rénovés en gîtes. La forge elle-même abrite une piscine couverte et chauffée avec terrasse. Emplacements ombragés. Tennis couvert, golf, pêche, canotage, Jacuzzi, cabaret et club enfants.

⊖⊖⊖ Le Soleil d'Or – *9 r. des Capucins - ✆ 03 25 94 15 66 - www.hotellesoleildor.com - fermé 1er-15 fév. - 22 ch. 95/130 € - ☐ 9,50 € - restaurant 20/40 €.* Laissez-vous séduire par le charme de cette maison de la fin du 17e s. où le décor d'époque tout en pierre et poutres se marie aux matériaux actuels et à la transparence du verre. Chambres confortables. Carte classique et élaborée.

Se restaurer

⊖⊖ La Poste – *Pl. de la Grève - ✆ 03 25 94 12 63 - fermé 10-27 janv. et dim. soir - 23/32 €.* Cette maison familiale, dans le centre de la ville, vous propose une cuisine traditionnelle pour faire une halte en toute simplicité.

Événements

Tout au long de l'année, le **château du Grand Jardin** accueille des expositions, des manifestations culturelles et des concerts.
La **Fête des plantes** se déroule début mai dans les jardins et le château.

Langres★★

9 586 LANGROIS
CARTE GÉNÉRALE C4 – CARTE MICHELIN LOCAL 313 L6 – HAUTE-MARNE (52)

À l'école primaire, on a tous appris le nom de Langres, lié à un plateau où naissent la Seine et la Marne. Perchée au sommet d'un éperon rocheux, cette belle ville où naquit Diderot déploie ses rues sinueuses et ses passages bordés d'édifices de pierre calcaire, à l'intérieur de ses trois kilomètres et demi de remparts jalonnés de tours et de portes.

R. Mattes/MICHELIN

Langres se dresse dans un cadre champêtre.

Se repérer – À 35 km au sud de Chaumont par la N 19, aux portes de la Bourgogne, Langres est l'étape touristique sur l'axe nord-sud européen (A 5, A 31). Le plateau correspond à la ligne de partage des eaux entre les bassins parisien, rhénan et rhodanien. L'Aube et la Meuse, y prennent leur source.

Se garer – Laissez votre voiture sur la place Bel-Air, près de la porte des Moulins et de l'office de tourisme.

À ne pas manquer – Le centre-ville avec sa promenade des remparts et sa cathédrale Saint-Mammès.

Organiser son temps – Comptez une bonne demi-journée pour explorer la ville et autant pour le circuit, davantage dans les deux cas si vous visitez les sites (certains sont ouverts le week-end ou l'après-midi uniquement). La découverte de la région vous occupera aisément quelques jours.

Avec les enfants – Les visites de la ville pour le jeune public *(voir l'encadré pratique)* ; les 4 lacs, notamment ceux de la Liez et de la Vingeanne (plages aménagées et bases de loisir) ; la tufière de Rolampont ; l'escargot de Cohons.

Pour poursuivre la visite – Voir aussi ancienne abbaye d'Auberive, Bourbonne-les-Bains, Chaumont, Nogent.

Comprendre

La cité gallo-romaine – Déjà mentionnée au temps de la Gaule indépendante, Langres devint l'alliée de César. Au 1er s. ap. J.-C., à la mort de Néron, le chef lingon **Sabinus** tenta de s'emparer du pouvoir suprême. Il échoua et trouva refuge en un lieu que la légende situe dans une grotte, près de la source de la Marne *(voir p. 198)*.

La grotte de Sabinus

Tacite raconte dans ses histoires comment, en 70 apr. J.-C., le Gaulois Sabinus rejeta l'alliance avec Rome et tenta d'entraîner ses concitoyens. Défait, il aurait fait croire à son trépas, vivant pendant 9 ans caché dans cette grotte avec sa femme Éponine. Découvert, le couple fut conduit à Rome et exécuté.

Saint Didier – Menacée par les invasions, Langres construit sa première enceinte. La christianisation du pays intervint au 3e s. et un évêché fut fondé au siècle suivant. Les évêques de Langres qui dirigeaient le comté avaient le droit de battre monnaie, un attribut de souveraineté que leur avait concédé Charles le Chauve. À partir du 12e s., l'évêché fut l'une des pairies ecclésiastiques du royaume. Au sacre des rois de France, l'évêque, duc et pair, portait le sceptre.

La légende de saint Didier

Saint Didier, évêque de Langres, aurait été martyrisé pour avoir défendu la cité. Ayant eu la tête tranchée, il serait remonté à cheval, portant celle-ci dans ses mains. Une chapelle dédiée à son nom fut par la suite bâtie à l'endoit où il serait mort : elle fait aujourd'hui partie du musée d'Art et d'Histoire.

Une place forte royale – La ville devint royale lors du rattachement de la Champagne au royaume, en 1284. Aux confins de la Bourgogne, de la Lorraine et de la Franche-Comté, ce fut au 14e s. une forteresse puissante qui joua un rôle stratégique jusqu'au 17e s. Elle retrouva sa vocation défensive dans la seconde moitié du 19e s. avec la restauration de l'enceinte, ainsi que la construction d'une citadelle et de huit forts détachés pour contrôler les trouées de Belfort et de Charmes.

Se promener

De nombreux **panneaux d'interprétation** viendront enrichir votre parcours dans les rues et les ruelles. N'hésitez pas à emprunter les passages, également appelés porches, qui permettaient de passer d'une cour à l'autre.
En saison, il est agréable de se promener le soir dans la ville, dont les remparts et les principaux édifices ont été récemment **mis en lumière**.

SUR LES REMPARTS★★

4 km – environ 1h30. Partir de la place des États-Unis au sud. Les remparts conservent douze tours et sept portes qui témoignent de l'évolution des fortifications depuis la guerre de Cent Ans jusqu'au 19e s. Le chemin de ronde constitue une agréable promenade : jolie **vue** à l'est sur la vallée de la Marne, le lac de la Liez et les Vosges ; au nord sur la colline des Fourches avec sa chapelle ; à l'ouest sur les coteaux de la vallée de la Bonnelle et plus loin, sur le plateau de Langres et ses coteaux boisés.

Porte des Moulins

Cette porte (1647) a gardé son caractère militaire de l'époque Louis XIII. Elle est coiffée d'un dôme couvert de bardeaux de châtaignier. Son décor présente une allégorie des victoires françaises à la fin de la guerre de Trente Ans : ennemis enchaînés, heaumes, trophées.

Tour Saint-Ferjeux

Cette tour construite vers 1469-1472 était adaptée à l'artillerie et sa terrasse pouvait recevoir des pièces de gros calibre. Les deux salles voûtées, dont les murs ont 6 m d'épaisseur, abritaient huit casemates. De la plate-forme, on découvre un panorama étendu sur la campagne et de belles vues sur les remparts. Une sculpture en acier poli du Néerlandais Eugène Van Lamsweerde, *L'Air*, rend hommage à **Gaston Bachelard**. Elle fait référence à l'un des écrits du philosophe, *L'Air et les songes* *(voir p. 78)*.

Tour Virot

Semi-circulaire, elle protégeait le faubourg de Sous-Murs où se regroupaient les tanneurs, au pied de la cité. Elle possédait une enceinte particulière dont on distingue encore, en contrebas, la tour de Sous-Murs (1502).

Porte Henri-IV

Cette porte (1604) permettait l'accès au quartier de Sous-Murs. Elle a gardé les traces de son dispositif défensif : fossé, pont-levis…

Table d'orientation

En contrebas, on distingue le faubourg de Sous-Murs, entouré de sa propre enceinte et, de chaque côté, l'enfilade sur les remparts. Au loin s'étendent le lac de la Liez et les Vosges.

Tour Saint-Jean

Bâtie sur un éperon, cette ancienne tour d'artillerie fut aménagée en pigeonnier militaire en 1883.

Tour du Petit-Sault

Cette tour d'artillerie (vers 1517-1521) de forme allongée et aux murs épais possède deux salles voûtées reliées par un escalier, suivant la pente du terrain.

Porte gallo-romaine

Ancrée dans la muraille, bâtie au 1er s. apr. J.-C., elle servit de tour au Moyen Âge.

Porte Neuve ou porte des Terreaux

La plus récente des portes (1855) est couronnée de mâchicoulis néogothiques. On discerne des vestiges du pont-levis.

Tours de Navarre et d'Orval

✆ 03 25 87 67 67 - www.tourisme-langres.com - juil.-août : 10h-12h30, 16h30-20h ; mai-juin et sept. : w.-end et j. fériés 16h30-20h - tarif non communiqué.

Cet ensemble défensif fut inauguré par François Ier en 1521 pour protéger l'accès sud de la ville : ses murs atteignent jusqu'à 7 m d'épaisseur. La tour de Navarre, dont l'ancienne terrasse d'artillerie fut couverte en 1825 d'une charpente en châtaignier, est la plus puissante. Elle est doublée par la tour d'Orval dont la rampe hélicoïdale permettait d'acheminer les pièces d'artillerie au sommet de la tour de Navarre.

LA VILLE ANCIENNE

Bon à savoir – Un **ascenseur incliné** relie le parking Sous-Bie, situé à l'extérieur des remparts, au centre-ville : vue sur Langres, le lac de la Liez et les Vosges.

SE LOGER	SE RESTAURER
Chambre d'hôte Japiot....... ①	Auberge des Trois Provinces........................ ①
Chambre d'hôte L'Orangerie.................... ④	Auberge des Voiliers.......... ④
Hôtel du Lion d'Or............. ⑦	Aux Délices - Pâtisserie Henry.............. ⑦
Hôtel le Cheval Blanc........ ⑩	

Dans l'enchevêtrement des rues héritées du Moyen Âge, on découvre des maisons anciennes : quelques-unes sont d'époque Renaissance, mais la plupart ont été construites entre les 16e et 18e s. Parmi les éléments décoratifs, les niches (15e-19e s.) témoignent d'un fort sentiment religieux.

Rue Diderot

C'est la principale artère de la ville, bordée de commerces. La rue passe devant le théâtre installé depuis 1838 dans l'ancienne chapelle des Oratoriens (1676).

Denis Diderot

Fils d'un maître coutelier, Denis Diderot (1713-1784) fait de brillantes études au collège des Jésuites. On le destine à une carrière religieuse, mais il choisit de continuer ses études à Paris. Il ne reviendra qu'à cinq reprises dans sa ville natale, qu'il décrit dans ses *Lettres* à Sophie Volland ou dans le *Voyage à Langres*. Intéressé par les domaines les plus divers, il écrit de nombreux ouvrages : des essais, comme sa *Lettre sur les aveugles à l'usage de ceux qui voient* qui lui vaut d'être emprisonné à Vincennes, des romans *(La Religieuse)*, des satires *(Jacques le Fataliste)*, des dialogues philosophiques *(Le Neveu de Rameau)* et des critiques d'art *(Salons)*.
Mais le nom de Diderot reste lié à l'*Encyclopédie*, œuvre monumentale dont il entreprend la rédaction avec d'Alembert, en 1747. Diderot y consacre vingt-cinq ans de sa vie : achevée en 1772, l'*Encyclopédie* comporte 35 volumes dont 11 de planches explicatives qui accordent une large place aux techniques et aux arts appliqués.

Collège

Ce vaste bâtiment du 18e s. est l'ancien collège des Jésuites. La façade de la chapelle, d'influence baroque, est surmontée de pots à feu.

Place Diderot

Au cœur de la cité, elle est dominée par une statue du philosophe réalisée par le sculpteur Bartholdi. Une plaque est apposée sur sa maison natale, située à l'entrée de la rue de la Boucherie.

En descendant la rue du Grand-Cloître, vue sur le lac de la Liez. À l'entrée de la rue Lhuillier, maison à pans de bois du 15e s. Avant de tourner à droite sur la place Jean-Duvet, remarquez, à l'angle de la **rue du Petit-Cloître**, une maison décorée d'une échauguette couverte de bardeaux (15e-16e s.).

Longer le flanc sud de la cathédrale.

Cloître de la cathédrale

☏ 03 25 87 63 00 - mar., jeu. et vend. 13h30-18h, merc. et sam. 8h45-11h45, 13h30-18h et sur demande.
Bâti au début du 13e s., il ne conserve que deux galeries vitrées qui abritent la bibliothèque municipale. À l'intérieur, les voûtes sur croisées d'ogives sont supportées par de fines colonnettes, décorées de chapiteaux à crochets ou à feuillages.

Traverser la place Jeanne-Mance.

Dans le square se dresse la statue de **Jeanne Mance** (1606-1673) due au sculpteur Jean Cardot. Cette infirmière se rendit en 1641 au Canada pour s'y consacrer à sa vocation missionnaire et y fonda, avec Maisonneuve, l'hôtel-Dieu de Montréal.

Maison Renaissance

☏ 03 25 87 67 67 - juil.-août : 14h30-18h - 2 €.
Cette demeure du milieu du 16e s. se compose de deux bâtiments. Côté jardin, sa façade est agrémentée de colonnettes ioniques et corinthiennes, et de frises ornées de bucranes, de draperies et de fruits. Délimitée par une balustrade ajourée, la cour enserrant le puits a été surbaissée, afin de donner du jour aux cuisines situées en sous-sol. Visite de l'intérieur et des caves médiévales.
Empruntez le couloir latéral : l'escalier à vis aboutit rue Cardinal-Morlot. À droite, jetez un coup d'œil sur une **maison Renaissance** d'un niveau supérieur, qui comporte des colonnettes doubles.

Poursuivre par la rue Lambert-Payen et la rue Gambetta qui mènent à la charmante place Jenson.

Église Saint-Martin

Edifiée au 13e s., elle fut remaniée suite à un incendie au 18e s., et surmontée d'un campanile de 52 m.

Visiter

Cathédrale Saint-Mammès★

Longue de 94 m et haute de 23 m, elle fut édifiée entre 1150 et 1196. La partie haute a été récemment restaurée. L'important diocèse de Langres s'étendait alors du Dijonnais jusqu'au Bassigny. La façade d'origine (12e-13e s.) a été détruite par le feu et remplacée au 18e s. par une façade de style classique à trois étages, d'ordonnance régulière.

Intérieur – De proportions majestueuses, il est de style roman bourguignon. La nef voûtée d'ogives compte 6 travées et illustre la transition avec le gothique. La 1re chapelle du bas-côté gauche *(2e travée)* comporte un plafond à caissons et abrite une Vierge à l'Enfant en albâtre, avec, à son côté, l'évêque donateur, œuvre de 1341 due à **Évrard d'Orléans**. La 3e travée est ornée de bas-reliefs figurant la Passion, encastrés dans un fragment du jubé construit vers 1550 par le cardinal de Givry. Deux des tapisseries dont le prélat fit don à la cathédrale sont exposées dans le transept : elles figurent la légende de saint Mammès.

Saint Mammès

Originaire de Cappadoce (3e s.), ce saint prêchait l'Évangile aux animaux sauvages. Quand les gardes romains envoyés par l'empereur Aurélien vinrent le chercher pour le martyriser, les bêtes féroces le protégèrent. Il fut finalement étripé. De ce fait, il est souvent représenté se tenant les entrailles. La cathédrale de Langres reçut de Constantinople un lot de ses reliques, dont le chef du saint.

Le chœur et l'abside, élevés entre 1141 et 1153, sont les plus belles parties de l'édifice. Les chapiteaux du triforium de l'abside sont décorés d'animaux, d'êtres fantastiques et de motifs floraux. Dans le déambulatoire, un bas-relief représente la translation des reliques de saint Mammès, procession solennelle autour des murs de la ville.

Salle du trésor – *✆ 03 25 87 67 67 - www.tourisme-langres.com - mai-sept. : se renseigner pour les horaires - tarif non communiqué (-16 ans gratuit).* Elle conserve de nombreux objets d'art : un reliquaire de Clairvaux qui contiendrait un fragment de la Vraie Croix, un buste reliquaire de saint Mammès en vermeil ainsi qu'une statue d'ivoire du 15e s. représentant le saint se tenant les entrailles, et une plaque d'évangéliaire en émail champlevé sur cuivre doré (13e s.). La boîte aux saintes huiles en argent de 1615 est le seul vestige de la chapelle épiscopale, détruite à la Révolution.

Tour Sud – *✆ 03 25 87 67 67 - www.tourisme-langres.com - juil.-août : 16h-20h ; mai-juin et sept. : w.-end et j. fériés 16h30-20h - fermé pendant les offices religieux - tarif non communiqué (-16 ans gratuit).* Du haut de la tour (45 m), **vue** sur la ville et les environs.

Musée d'Art et d'Histoire

Pl. du Centenaire - ✆ 03 25 87 08 05 - ♿ - avr.-oct. : 10h-12h, 14h-18h ; janv.-mars : 10h-12h, 14h-17h - possibilité de visite guidée (1h30-2h) - fermé mardi, 1er janv., 1er Mai, 1er nov. et 25 déc. - gratuit. Récemment réhabilité, le musée s'étend sur 2 000 m². La chapelle romane Saint-Didier abrita dès 1 842 les collections de Langres dont une partie est aujourd'hui exposée dans un bâtiment de verre et de béton.

La section **préhistoire** et **protohistoire** rassemble les découvertes faites dans la région (têtes celtiques de Perrogney). La **section gallo-romaine★** comporte des fragments lapidaires provenant de grands ensembles architecturaux. Le *Togatus* (ou *Consul*) est une statue acéphale en marbre, découverte à Langres au 17e s. De nombreuses stèles et sculptures votives témoignent de l'importance de cette civilisation.

Des collections de **peintures** et de **sculptures** (17e au 19e s.) rendent hommage à des artistes régionaux : J. Tassel, E. Bouchardon, G. Courbet, C. Corot.

Aux alentours

Villa gallo-romaine à Andilly-en-Bassigny

À 20 km au nord-est de Langres par la D 74 et la D 35.

De mi-juil. à mi sept. : 10h-12h30, 14h-18h ; visites guidées : w.-end et j. fériés - gratuit.

Proche de la **via romana** reliant Langres à Strasbourg, cette villa rurale apparentée aux grandes exploitations établies dans le cadre d'un régime seigneurial fut construite entre le milieu du 1er s. et le 4e s. Elle présente des aménagements caractéristiques : thermes privés, portique et amorce de la cour à péristyle. Des archéologues poursuivent le travail de fouilles sur le site, qui est néanmoins accessible au public.

LE PAYS DES 4 LACS

Autour de Langres, quatre **réservoirs** ont été créés à la fin du 19e s. et au début du 20e s. pour alimenter le canal de la Marne à la Saône. Au cours de l'été, la surface de ces plans d'eau peut diminuer. Les berges des « queues » de réservoirs se transforment alors en vasières et roselières, qui abritent une faune et une flore typiques des lacs : de ce fait, ils sont classés en zone naturelle d'intérêt écologique.

Situés dans un site boisé et verdoyant, ces lacs sont d'agréables lieux de détente et de promenade où l'on peut pratiquer des **activités nautiques**.

Lac de la Liez

5 km à l'est par la N 19. C'est le plus grand des lacs (290 ha) : on peut s'y **baigner** *(plage surveillée en saison)*, pratiquer la voile *(base nautique)*, louer canoë, pédalo ou bateau électrique et pêcher.

16 km. Un sentier fait le **tour du lac** et sa digue en terre (460 m de long et 16 m de haut) peut être parcourue à pied, avec une vue sur Langres.

Ph. Gajic/MICHELIN

Le lac de la Liez, vu de Langres.

Lac de la Mouche

6 km à l'ouest par la D 135, puis la D 286.

Le plus petit des lacs (94 ha) est dominé par Saint-Ciergues au Nord et Perrancey-les-Vieux-Moulins au Sud. Ces localités sont reliées par une route qui emprunte une **digue** de 23 m de haut et 410 m de long.

7 km. Vous pourrez en faire le tour à pied, à vélo ou à cheval.

Lac de Charmes

8 km au nord-est par la D 74.

Une digue en terre de 362 m de long et 17 m de haut retient ce lac tout en longueur (197 ha) réputé pour son cadre naturel préservé, où viennent se poser des oiseaux migrateurs. On peut s'y baigner *(plage surveillée en saison)* et pêcher.

Lac de la Vingeanne

12 km au sud par la N 74.

Le lac est renommé pour son avifaune : sa **digue**, la plus longue des quatre lacs (1 254 m), est particulièrement prisée des ornithologues. On y trouve également une **plage** *(surveillée en saison)* et une base de loisirs.

Un chemin de 8 km permet de faire le tour de ce plan d'eau de 199 ha.

Gorges de la Vingeanne

Depuis le lac de la Vingeanne, continuer par la D 141C vers Bayssey puis Aprey (8 km) et laisser la voiture au parking.

Depuis le village d'**Aprey**, un sentier botanique mène aux sources de la Vingeanne qui creuse un lit profond en terrain calcaire, dans un site verdoyant aux allures de gorges. Ce vallon sauvage était la promenade du seigneur d'Aprey et de son épouse Jeanne, qui mourut précocement. Le jeune homme aimait revenir en ces lieux où il se rappelait : « Là, vint Jeanne. » Enfin, c'est ce qui se dit !

À LA DÉCOUVERTE DE LA VANNERIE

Fayl-Billot

À 30 km au sud-est de Langres par la N 19.

À la limite des plateaux de Langres et de la Haute-Saône, ce gros bourg agricole est réputé pour son artisanat en osier qui lui vaut d'être connu comme la « capitale de la vannerie ». En effet, ce saule de petite taille pousse dans les bassins humides d'une région où la tradition de la vannerie remonte au 17e s. Voici un siècle, Fayl-Billot comptait encore 800 vanniers, 130 artisans du rotin et plus d'un millier d'artisans de l'osier. Aujourd'hui, on y trouve toujours 50 ha d'oseraies et une cinquantaine d'artisans.

S. Sauvignier/MICHELIN

Paysage d'oseraies.

Espace Saint-Antoine – *Juil.-août : lun.-vend. 8h-12h, 13h-17h, w.-end 10h-12h et 14h-18h ; mai-juin et sept.-oct. : lun.-vend. 8h-12h, 13h-17h, w.-end 14h-18h ; - reste de l'année : lun.-vend. 8h-12h, 13h-17h - 2,50 € (entrée commune avec l'École nationale d'osiériculture et de vannerie).* Il abrite l'**office de tourisme** et la **Maison de la vannerie**, qui expose des travaux de qualité réalisés par des artisans regroupés en association : mobilier en rotin, objets de décoration en vannerie…

Le premier étage accueille une **présentation multimédia** sur les métiers d'osiériculteur et de vannier, sur l'histoire de la filière en Haute-Marne et sur ses nouveaux débouchés. Au deuxième étage, exposition sur le travail du bois.

École nationale d'osiériculture et de vannerie – *Ruelle aux Loups - mars-déc. : lun.-vend. 10h-12h, 14h-18h, w.-end. 14h-18h.* Cette école, qui maintient les traditions artisanales depuis 1905, expose les créations des élèves, des meubles jusqu'aux petits objets. La visite inclut un **jardin à la française** consacré à l'osier et une exposition sur la culture et le travail de l'osier, ainsi qu'une collection de vanneries anciennnes.

Vannerie authentique – *10 pl. de la Barre - 9h30-12h, 14h-17h.* Les artisans du GIE des vanniers du sud Haut-Marnais travaillent à tour de rôle dans cette boutique où leurs productions sont en vente.

À voir également, l'ancienne **église** de Fayl-Billot (13e-16e s.), éclairée par des vitraux de style gothique flamboyant (*renseignements à l'office de tourisme*).

Bussières-lès-Belmont

À 6,5 km au sud de Fayl-Billot par la D 7.

La **Vannerie bussiéroise** regroupe une trentaine d'osiériculteurs qui présentent ici leur production : une vidéo permet de découvrir la culture de l'osier et les étapes de fabrication d'un article. *☎ 03 25 88 62 75 - www.vanneriebussieroise.fr - ♿ - tlj sf dim. 9h-12h, 14h-18h, sam. 14h-18h - démonstration de vannerie en juil.-août - fermé j. fériés - gratuit.*

AU NORD-OUEST DE LANGRES

Tufière de Rolampont

À 11 km au nord de Langres. Prendre la N 19. 1 km après Rolampont, tourner à gauche dans la D 254 et suivre le fléchage.

30mn AR. La **cascade de la Tufière**, ou tufière de Rolampont, est ainsi dénommée parce que les eaux de source, chargées de calcaire, y déposent des concrétions de tuf dues à la présence d'algues microscopiques et de mousses *(voir p. 53)*. Dans ce site forestier, les eaux se diffusent en petites chutes et en gouttelettes sur un monumental étagement naturel, d'une étonnante fantaisie. Un sentier aménagé permet d'en faire le tour.

Un **circuit de randonnée** balisé de 11 km permet de relier la tufière de Rolampont et le mausolée gallo-romain de Faverolles *(renseignements à l'office du tourisme de Langres).*

Mausolée gallo-romain de Faverolles

À 19 km au nord-ouest de langres. Suivre la N 19 et à Rolampont, prendre la D 155 à gauche, puis la D 256.

Les vestiges de ce mausolée ont été découverts en 1980 dans la forêt, à 3,5 km du village. Édifié en l'an 20 av. J.-C., il mesurait plus de 20 m de haut et présentait 3 étages d'ordre corinthien. Par sa forme et sa fonction de cénotaphe, on peut le comparer au mausolée du plateau des Antiques, à Saint-Rémy-de-Provence. *Possibilité de visiter le site en cours de fouilles : renseignements auprès de l'atelier archéologique ci-dessous.*

Atelier archéologique – *03 25 87 67 67 - ♿ - juil.-août : tlj sf lun. et mar. 16h30-20h ; mai-juin et sept. : w.-end et j. fériés 16h30-20h - 3 € (-10 ans gratuit).* Dans ce lieu ont été regroupés les fragments du mausolée : hauts-reliefs sculptés où l'on discerne un rapace et des lions rampants, masques funéraires de Bacchus et Silène…

Circuit de découverte

LE PAYS DE LANGRES

89 km – une demi-journée. Sortir de Langres au sud-est par la N 74 (direction Dijon). Au rond-point, suivre la direction de la source de la Marne (D 122 puis D 290).

Source de la Marne

4 km - 45mn AR. Attention, la descente, assez raide au début, peut être glissante.
Un **sentier de découverte** mène jusqu'à la source : la Marne émerge d'une sorte de caveau, clos par une porte en fer. À proximité, on discerne la **grotte de Sabinus**. Aire de pique-nique.

Poursuivre dans la même direction jusqu'à Balesmes-sur-Marne et prendre la D 17 en direction de Chalindrey puis à droite la D 51 vers Noidant.

Fort du Cognelot

03 25 87 67 67 - ♿ - visite guidée (1h30) juil.-août : w.-end 15h et 17h - mai-juin et sept. : dim. 15h - 3,50 € (-12 ans gratuit).
Il fait partie d'une série de huit forts type **Séré de Rivières**, construits près de Langres après la guerre de 1870 pour protéger la frontière est. Réalisé entre 1874 et 1877, il devait contrôler le nœud ferroviaire de Culmont-Chalindrey. Se déployant autour de deux cours intérieures, le réduit comprenait des casemates pour 600 hommes, des magasins à munitions et des abris pour stocker les vivres, le matériel et l'artillerie.

Bon à savoir – Le site sert de cadre à plusieurs manifestations annuelles : Fête de la bière en mars, Fête médiévale fin juin…

Redescendre, avec une jolie vue sur Langres, pour récupérer la D 51 jusqu'à Chalindrey puis prendre la D 17 vers Le Pailly.

Château du Pailly

03 25 87 67 67 - mai-sept. : sur demande à l'office du tourisme de Langres - possibilité de visite audioguidée - entrée payante, tarif non communiqué (-16 ans gratuit).
Cet édifice Renaissance fut bâti autour d'un château féodal par Gaspard de Saulx-Tavannes, compagnon d'armes de François Ier et futur maréchal de France. Il conserve son donjon (15e s.) dont la « salle dorée » est superbe, avec son plafond à la française et ses cheminées. Arrêtez-vous devant la façade à balcon qui donne sur la cour d'honneur. À gauche, admirez l'escalier à vis avec sa tourelle ajourée.
Le jardin à la française et le parc se visitent également.

Continuer la D 141 (direction Noidant-Chatenoy), puis prendre à droite vers Cohons.

L'escargot de Cohons

Légèrement à l'écart de ce beau village tout en pierre, l'escargot se trouve au milieu des bois : élévations en pierre sèche et en forme de spirale, les escargots étaient destinés à orner les parcs et les jardins du 19e s. On peut grimper au sommet où se trouve une **terrasse**. Une quinzaine d'exemplaires de ce type sont recensés en Haute-Marne.

Prendre la D 141 jusqu'à Longeau, puis la N 74 en direction de Dijon. On traverse le réservoir de la Vingeanne. À Vaux-sur-Aubigny, tourner à droite vers Rivière-les-Fosses.

Maison du houblon à Rivière-les-Fosses

03 25 90 19 33 - visite guidée (1h) - juill.-août : jeu.-dim. 14h-19h ; juin et sept. : w.-end 14h-19h - 3 € (-12 ans gratuit) - fermé reste de l'année.
Installée dans une **ancienne huilerie**, l'exposition retrace l'aventure du houblon dans ce village, où il arriva par la Bourgogne voisine. Grâce au témoignage des anciens planteurs, recueilli par une « guide de terroir » passionnée, vous découvrirez aussi toute l'activité liée à cette plante caractéristique, de sa culture à sa commercialisation.

Prendre la D 140A en direction d'Esnoms, puis la D 140 vers Chalancey.

Un vrai château d'eau !

Langres se trouve à la **limite de partage des eaux** entre la Méditerranée vers laquelle se dirige la Saône, la Manche où aboutit la Marne et la mer du Nord où se jette la Meuse. La ville se situe près des **sources** de la Marne, de la Seine, de la Meuse et de l'Aube, et de quatre **lacs** artificiels qui alimentent le **canal** de la Marne à la Saône. Ouvert en 1907, ce canal permettait d'acheminer les produits du bassin sidérurgique de l'Est de la France, en liaison avec les zones de la Sarre. C'est aujourd'hui un canal de transit qui contribue à la traversée de la France, de Dunkerque à Marseille. Le franchissement de la ligne de partage des eaux a nécessité la création du tunnel de Balesmes, long de 4,8 km. Du fait de son étroitesse, le passage des péniches s'y fait par alternance.

Chalancey

Sur un promontoire du plateau de Langres, dominant la vallée de la Venelle, le site joua le rôle de sentinelle face au tout proche duché de Bourgogne. Seigneurie dès le 12e s., Chalancey possède une **église** des 12e-13e s et un **château** féodal du 15e s. Une partie de ses possessions et rentes furent données à l'abbaye d'Auberive.

Prendre la D 20 vers Vaillant, puis la D 141D vers Aujeurres.

Aujeurres

Sur la place de l'église se dresse la curieuse **fontaine de la Peute-Bête** (18e s.). Dans le lavoir, un texte de l'écrivain Jean Robinet raconte la légende du monstre qui terrorisa la région avant d'être terrassé par saint Georges et pétrifié pour l'éternité : le tuyau d'écoulement de l'eau est, dit-on, le reste de la lance fichée dans sa gueule béante.

Circuit forestier de la **source de l'Aube** *(voir « Aux alentours » de l'ancienne abbaye d'Auberive).*

Suivre la D 141J (direction Longeau) jusqu'à Baissey.

Moulin de Baissey

03 25 87 67 67 - août : tlj sf mar. 15h-19h ; mai-juil. et sept. : w.-end et j. fériés 14h30-18h - possibilité de visite guidée (1h) - 2,30 € (-10 ans gratuit).

Depuis 1980, une association restaure ce **moulin à farine**, ancienne propriété des évêques de Langres dont les origines remontent au Moyen Âge. Son bief, creusé à flanc de coteau, conduit les eaux de la Vingeanne sur 1,2 km. Cet ouvrage, considérable à l'époque médiévale, assure au moulin une hauteur de chute d'eau de 7 m.

Remanié au 19e s., il conserve des mécanismes en bois et fonte de cette époque ainsi qu'une petite usine électrique de 1914. Au cours de la visite, la roue à aubes, les meules et autres engrenages se remettent en mouvement.

Prendre la D 141, puis la N 74, en direction de Langres.

À **Saints-Geosmes**, la route passe à côté de l'**église** du 13e s. dédiée à trois frères martyrisés en ce lieu. Elle est bâtie sur une crypte du 10e s.

Continuer jusqu'à Langres.

Langres pratique

Adresse utile

Office du tourisme du Pays de Langres et des 4 Lacs – *Pl. Bel-Air - BP 16 - 52200 Langres - 03 25 87 67 67 - www.tourisme-langres.com - mai-sept. : lun.-sam. 9h-12h, 13h30-18h30, dim. et j. fériés 10h-12h, 14h-18h ; avr. et oct. : tlj sf dim. 9h-12h, 13h30-18h ; nov.-mars : tlj sf dim. 9h-12h, 13h30-17h30.*

Visites

Bon à savoir – L'office de tourisme propose diverses formules de visite, ainsi qu'un service de location de vélo.

Par ailleurs, le **service patrimoine** de la ville de Langres assure des visites thématiques *(03 25 87 60 62).*

Visites guidées – *Juil.-août : 15h, merc. 21h (réserv. conseillée) ; mai-juin et sept. : dim. et j. fériés 15h - 5,30 € (enf. 4 €).*

Langres porte le label **Ville d'art et d'histoire**. L'office de tourisme et le service patrimoine de la ville de Langres proposent des visites-découvertes (2h) assurées par des guides-conférenciers agréés par le ministère de la Culture et de la Communication. Des visites spéciales et des ateliers sont proposés aux enfants : merc., sam. et vac. scol.

Visites audioguidées – Au moyen du Guide-Man *(audioguide - 3 €, entrée monuments incluse)* ou du **Navi'Langres** *(audioguide multimédia avec GPS - 5 € entrée monuments incluse).*

Petit train touristique – *Dép. office de tourisme - juil.-août : 10h30, 11h30, 14h, 15h, 16h, 17h, 18h ; mai-juin et sept. : merc., w.-end et j. fériés 14h30, 15h30, 16h30 - 5,50 € (4-12 ans 3,60 €).* Circuit commenté (1h).

Se loger

Chambre d'hôte Japiot – *52250 Flagey - 15 km au S de Langres par D 428 et D 6 - ✆ 03 25 84 45 23 - www.fermedusoleil delangres.com - - 4 ch. 42/50 € - repas 16 €.* Hospitalité et spontanéité sont la devise de cette maison. Chambres meublées dans un esprit moderne. La salle à manger recèle deux lits clos vieux de 245 ans ! Recettes réalisées avec les produits de la ferme, que l'on vous proposera de visiter.

Hôtel du Lion d'Or – *Rte de Vesoul - ✆ 03 25 87 03 30 - www.relais-du-sud-champagne.com - fermé 18-31 déc. et dim. de nov. à avr. - P - 14 ch. 58/65 € - 7,80 € - rest. 14/40 €.* Ce petit établissement jouxtant un lac-réservoir (plage, pêche, voile) a bénéficié d'une cure de jouvence : chambres actuelles et bar-salon « africain ». Salle à manger colorée et terrasse dressée au bord du jardin.

Hôtel Le Cheval Blanc – *4 r. de l'Estre - ✆ 03 25 87 07 00 - www.hotel-langres.com - fermé 10-30 nov. - 22 ch. 63/85 € - 9 € - rest. 25/70 €.* Quelques chambres voûtées dans cette ancienne église-abbaye, transformée en hôtel en 1793. Derrière la maison, face aux fortifications de la ville, les vestiges des anciens bâtiments agrémentent une jolie terrasse d'été. Carte traditionnelle et tables bien présentées.

Chambre d'hôte L'Orangerie – *Pl. Adrien-Guillaume (ex-pl. de l'Église) - 52190 Prangey - 16 km au S de Langres par N 74 et D 26 - ✆ 03 25 87 54 85 - - 3 ch. 60/65 €.* Dans un environnement campagnard, entre le château et l'église du village, se dresse cette demeure de charme garnie de lierre. Il règne une atmosphère romantique dans ses confortables chambres de jeune fille…

Se restaurer

Aux Délices - Pâtisserie Henry – *6 r. Diderot - ✆ 03 25 87 02 48 - fermé dernière sem. de janv. et de sept. - 6/12 €.* Belle maison de 1580 située dans le vieux Langres. Quiches, pâtés en croûte et pâtisseries pour une petite pause gourmande.

Auberge des Voiliers – *Au lac de la Liez - 4 km à l'E de Langres par N 19 et D 284 - ✆ 03 25 87 05 74 - www.hotel-voiliers.com - fermé 1er déc.-2 mars et lun. - 20/40 €.* En bordure du lac de la Liez, voici une auberge pour les week-ends et les petites vacances. Les chambres sont simples et la cuisine variée et appétissante.

Auberge des Trois Provinces – *14 r. de Verdun - 52190 Vaux-sous-Aubigny - 25 km au S de Langres par N 74 - ✆ 03 25 88 31 98 - fermé 10 janv.-6 fév., dim. soir et lun. - 18/28 €.* Côté décor, cette petite auberge a résolument choisi d'être moderne, seuls ses murs de pierre lui donnent encore un air de campagne. Côté cuisine, c'est copieux et les gourmands sont satisfaits.

Que rapporter

Caves de la Vingeanne – *78 r. Diderot - ✆ 03 25 87 18 83 - tlj sf lun. 9h15-12h, 14h15-19h - fermé j. fériés.* Vente de vin de pays : le montsaugeonnais.

Le Muid montsaugeonnais – *23 av. de Bourgogne - 52190 Vaux-sous-Aubigny - ✆ 03 25 90 04 65 - www.muid-online.com - merc. 9h-12h, vend. 14h-18h, sam. 9h30-12h ; 15 juil.-15 août : tlj sf sam. apr.-midi et dim.* Cette maison promeut le vignoble régional et offre une place de choix aux productions des communes alentour. Le caveau de dégustation regorge de bonnes bouteilles, à noter aussi la présence des saveurs du terroir dans la boutique.

Le Four à pain du Chanteau – *16 r. de la Fontenelle - 52200 Peigney - ✆ 03 25 87 63 94 - tte l'année sur réserv.* Le temps d'une journée, apprenez la fabrication du pain au levain et sa cuisson dans un authentique four à bois. Découvrez un savoir-faire ancestral dans cette ancienne maison paysanne, typique de la Haute-Marne. Dégustation de viennoiseries sortant du four et de produits du terroir.

Fromagerie Schertenleib – *R. de la Laiterie - 52140 Saulxures - ✆ 03 25 90 33 20.* Le fromage de Langres, qui bénéficie d'une AOC, est un fromage à pâte molle et à croûte lavée. Il est fabriqué toute l'année avec le lait de vaches provenant des pâturages du Bassigny et du plateau de Langres.

Sports & Loisirs

Randonnée – 38 circuits de randonnée et 5 sentiers de découverte dans les environs sont téléchargeables sur le site de l'office de tourisme, où vous trouverez également le programme des **sorties nature**.

Lac de la Liez – *✆ 03 25 87 09 03.* Location de bateaux électriques et de pédalos.

Au Fil du Canal – *R. du Port - 52200 Champigny-lès-Langres - ✆ 03 25 88 11 44 - www.locationbateaux.com.* Depuis la base de Champigny-lès-Langres, embarquez pour une mini-croisière sur le canal de la Marne à la Saône (224 km). Location de bateaux sans permis.

Cyclo-Rail des 3 Vallées – *52700 Andelot-Blancheville - ✆ 03 25 32 23 18 - mai-juin et sept. : w.-end et j. fériés 14h-18h ; juil.-août : lun. 14h-20h, mar.-jeu. et w.-end 10h-20h, vend. 14h-22h30.* De la gare de Chantraines, il suffit d'un coup de pédale pour partir à la découverte de l'arboretum de la vallée du Rognon, grâce au vélo-rail. Deux circuits sont proposés, de faible intensité physique, pour que cette sortie insolite reste avant tout un vrai plaisir pour toute la famille, chacun à son rythme.

Événements

Fête du pétard – 1er week-end de juin : spectacles de rue commémorant la nuit de 1591 où les Lorrains Ligueurs tentèrent de s'emparer de Langres en installant un pétard contre la porte de l'hôtel de ville.

Estival des Hallebardiers – *✆ 03 25 90 77 40 - août : jeu.-sam. : 21h dans la cour du collège Diderot.* Découverte originale et décalée du patrimoine langrois à travers des visites-spectacles où la ville est théâtre et le public acteur.

Méandres de la Meuse★★

CARTE GÉNÉRALE B1 – CARTE MICHELIN LOCAL 306 K3/4 – ARDENNES (08)

Le vert sombre d'épaisses forêts de résineux où se tapit le gros gibier, la roche schisteuse qui donne à l'eau sa couleur d'encre et aux villages leurs toits d'ardoise, confèrent au paysage une austère beauté. La Meuse, qui entaille profondément le massif de l'Ardenne, n'a pas seulement engendré une vallée sinueuse, mais aussi des légendes qui s'accrochent au relief, comme l'histoire des Quatre Fils Aymon ou celle des Dames de Meuse...

- **Se repérer** – Le fleuve coulait, à l'origine, sur un sol nivelé par l'érosion. Les méandres ont conservé leur tracé lorsque les terrains durs du sous-sol ont subi un lent relèvement, contrecoup du plissement des Alpes.
- **À ne pas manquer** – La vallée de la Semoy; les impressionnants points de vue sur les méandres de la Meuse aux alentours de Revin et de Monthermé.
- **Organiser son temps** – Prévoir entre 2 et 4h en fonction des circuits et de votre rythme. Le site est évidemment plus agréable à parcourir à la belle saison.
- **Pour poursuivre la visite** – Voir aussi Charleville-Mézières, Givet, Monthermé, Revin, Rocroi, Sedan, Thiérache ardennaise.

Comprendre

La traversée des Ardennes – La **Meuse** prend sa source à Pouilly-en-Bassigny, au pied du plateau de Langres (Haute-Marne), à 409 m d'altitude. Longue de 950 km, elle traverse la Belgique puis les Pays-Bas, où elle se mêle aux eaux du Rhin pour former un large delta se jetant dans la mer du Nord. En aval de Charleville, ce fleuve de faible débit, malgré l'apport de la Chiers près de Sedan, semble vouloir emprunter le sillon naturel est-ouest qui relie Charleville à Hirson et à la haute vallée de l'Oise. Mais la Meuse se ravise, et poursuit son cours sud-nord à travers les terrains primaires du massif de l'Ardenne, haut plateau de grès, de quartzites et de schistes, redressés et plissés, dont l'altitude varie entre 200 et 500 m.
Dès le Moyen Âge, la vallée de la Meuse accueille forges et fourneaux, initiant une longue tradition industrielle de la métallurgie. Doublée par la voie ferrée Charleville-Givet, la Meuse est reliée à l'Aisne par le **canal des Ardennes**. La navigation n'y est pas très active, car l'équipement du fleuve ne permet que le passage des péniches de moins de 300 t. En aval de Givet, son cours a été aménagé pour des embarcations qui peuvent atteindre jusqu'à 1 350 t. Mais la Meuse attire surtout les bateaux de plaisance qui sillonnent ses eaux calmes dans un long défilé romantique.

Une légende carolingienne

La forêt d'Ardenne est le refuge d'animaux sauvages, de génies païens ou d'êtres imaginaires comme les « nutons », petits hommes sages et habiles. Parmi de nombreuses légendes de chevalerie, la plus célèbre est la **geste de Renaud de Montauban**, ou **légende des Quatre Fils du duc Aymon**. Simple et brève à l'origine, elle est devenue au 13e s. un poème destiné à la lecture, et a été mise en prose au 15e s.
Renaud, Allart, Richard et Guichard étaient quatre chevaliers à la cour de Charlemagne. À la suite d'une querelle, Renaud blessa mortellement le neveu de l'empereur. Ensemble, les quatre frères prirent la fuite sur leur cheval-fée Bayart. Ils se réfugièrent en Ardenne et bâtirent un château avec l'aide de leur cousin, l'enchanteur Maugis. Construit sur un roc dominant la Meuse, ce repaire prit le nom de **Château-Regnault**.

Circuits de découverte

SUR LES TRACES DES QUATRE FILS AYMON 1

57 km – environ 3h. Quitter Charleville par la D 1 qui rejoint rapidement la Meuse.

Nouzonville

Ce centre métallurgique et mécanique s'étend sur la rive droite de la Meuse, au débouché du **vallon de la Goutelle**. Les usines traditionnelles s'échelonnent le long de la rivière : forges, fonderies... Elles sont l'héritage d'une tradition d'industrie de la clouterie, importée au 15e s. par les Liégeois fuyant Charles le Téméraire.

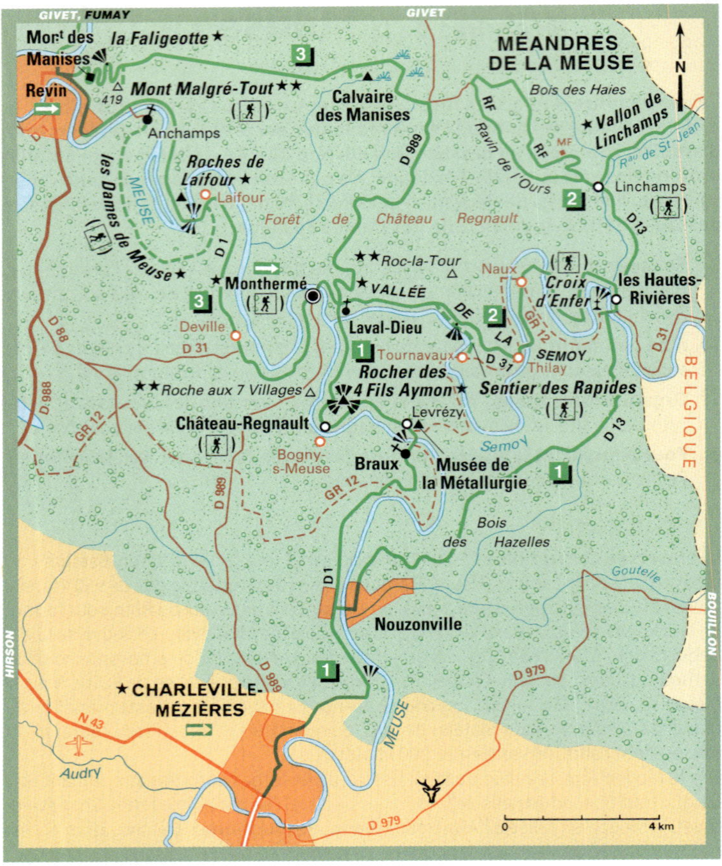

Braux

La **collégiale Saint-Pierre-ès-Liens**, fondée à l'époque carolingienne, a conservé certaines caractéristiques romanes : plan en croix de basilique, abside, chœur et transept. Observez la cuve baptismale du 12e s. en pierre bleue de Givet, ornée de grotesques. La partie occidentale est beaucoup plus récente : nef et bas-côtés sont du 17e et du 18e s. avec de riches autels de marbre et des bas-reliefs sculptés du 17e s. Sur la gauche, une châsse contient des reliques de saint Vincent (fin 18e s.).

Franchir la Meuse pour rejoindre Levrézy.

Du pont, perspective à gauche sur le **rocher des Quatre-Fils-Aymon★** qui culmine à 260 m d'altitude *(voir ci-contre)*. Sa silhouette, formée de cinq dents de quartzite, évoque le légendaire cheval Bayart emportant les quatre fils Aymon.

1,2 km - 1h. Départ indiqué à droite après le pont. Prévoir des chaussures adaptées (fortes pentes). Document disponible à l'office du tourisme de Bogny-sur-Meuse situé à la sortie de Levrézy. L'**arboretum** d'essences feuillues de « la Pipe qui fume » est aménagé dans la forêt domaniale des Hazelles.

Levrézy

Dans cette vallée, la forge est une longue histoire qui débuta avec les Celtes. Le **musée de la Métallurgie**, installé dans une ancienne usine ou « boutique », évoque le travail des boulonniers. L'après-midi, démonstration de machines : forge animant le soufflet, raboteuse, fraiseuse, machines à écrous, machine à forger les boulons… Notez le système d'entraînement des machines par poulies. Un atelier de cloutier est reconstitué, avec sa forge mue par un « moteur à puces » : une roue de bois à l'intérieur de laquelle trottait un chien. *03 24 35 06 71 - - juil.-août : 10h-12h, 14h-18h ; de mi-mai à fin juin et de déb. sept. à mi-sept. : 14h-18h - 3 € (enf. 1,50 €).*

De la D 1, suivre « Château Marcadet » et continuer à monter jusqu'au départ. Dans la forêt domaniale de Château-Regnault, le **sentier Nature et Patrimoine du Pierroy**

(*2 km*) permet de découvrir des affleurements géologiques (schistes et blocs de poudingue – conglomérat de galets cimentés), les vestiges d'anciennes carrières de quartzite, et des panoramas sur la vallée de la Meuse.

Château-Regnault

Le **centre d'exposition des Minéraux et Fossiles des Ardennes** présente des roches et des pièces minéralogiques (quartz, fluorine, dolomie, pyrite, calcite…) ainsi que des fossiles comme les phacops, pami les plus anciens découverts dans la région. À l'étage : minéraux et fossiles de France et du monde entier. *✆ 03 24 32 05 02 - juin-août : tlj sf lun. 14h-18h ; sept. : w.-end 14h-18h - 2 € (-12 ans gratuit).*

Monument des Quatre-Fils-Aymon – *Remonter la rue Léon-Bosquet, puis la rue du Château jusqu'au parking.* Un sentier (300 m) conduit à un replat artificiel : il marque la limite de l'ancien château Regnault (12e s.) – dont rien ne subsiste. Une volée de marches mène au monument : **vue** sur les méandres de la Meuse et le paysage typique des vallées industrielles (usines, cités ouvrières du début du 20e s. et maisons de l'encadrement).

La D 1 passe sous la voie ferrée, avant de franchir la Semoy qui se jette dans la Meuse à Laval-Dieu.

Laval-Dieu *(voir Monthermé)*

Prendre à droite la D 31 jusqu'à Thilay.

La route longe la vallée de la Semoy *(voir ci-dessous).*

Revenir à Charleville par la D 13 qui traverse le bois des Hazelles.

VALLÉE DE LA SEMOY★ 2

27 km de Monthermé (voir ce nom) à Linchamps – environ 1h30.

De la Meuse à la frontière belge, cette rivière (appelée Semois en Belgique) dévide ses méandres tapissés de prairies entre de rudes pentes schisteuses : revêtues de bois de chênes, de sapins et de bouleaux, elles sont le refuge des chevreuils et des sangliers. La vallée, asile de verdure et de calme, charme les amateurs de solitude.
À l'entrée de certaines localités, des sculptures, créées par **Jean Morette** et installées par le paysagiste **Marc Soucat**, évoquent la nature ou le travail des métaux : ce fut l'activité traditionnelle de la vallée qui se spécialise aujourd'hui dans les machines agricoles et les produits liés à l'automobile. Mais les artisans cloutiers ou « boulonniers » ont disparu, et l'on n'y rencontre plus guère que quelques pêcheurs de truites.

Sortir de Monthermé par la D 31 vers les Hautes-Rivières et la Belgique.

La route passe au pied du **Roc-la-Tour** *(voir Monthermé).*

Prendre ensuite la route forestière sur 4 km.

Sentier des Rapides

1h AR. À partir du camping de Phades *(possibilité de parking)*, l'ancien tracé du petit train permet de longer la Semoy dans son parcours le plus chaotique, jusqu'à Tournavaux.

Revenir sur la D 31.

S.-Sauvignier/MICHELIN

Le site de Roc-la-Tour.

Monthermé se situe dans un méandre de la Meuse.

La route gravit la falaise où l'on découvre, depuis la roche aux Corpias, une **vue★** plongeante sur Tournavaux, niché dans un élargissement de la vallée. Elle coupe le début du promontoire que contourne le sentier des Rapides. Dans la descente, vues sur Thilay où l'on franchit la Semoy. Après Naux, l'itinéraire traverse de nouveau la rivière.

Les Hautes-Rivières

Ce bourg frontalier, le plus important du cours français de la Semoy, s'allonge sur 2 km jusqu'à Sorendal. La clouterie s'y développa dès la fin du 18e s.

En prenant la D 13 au sud vers Nouzonville, monter sur 1,5 km jusqu'à l'embranchement du chemin qui conduit à la Croix d'Enfer.

Croix d'Enfer

30mn AR. Le sentier mène à un point de **vue★** sur la vallée, le bourg des Hautes-Rivières et, en face, le vallon de Linchamps.

Revenir aux Hautes-Rivières et poursuivre sur la D 13.

Vallon de Linchamps★

Dans ce beau vallon sauvage se niche le village isolé du même nom.

C'est le point de départ de randonnées dans le **ravin de l'Ours** et le **bois des Haies**, massif accidenté à plus de 500 m d'altitude (*renseignements, carte et topoguide à l'office du tourisme de Monthermé*).

MONT MALGRÉ-TOUT 3

40 km – environ 1h15. Aux lisières de Revin (voir ce nom) se détache de la D 1 la route en lacets des Hauts-Buttés, qui s'élève de 300 m. En bordure apparaît le monument des Manises.

Monument des Manises

De nombreux jeunes Ardennais, pour la plupart originaires de Revin et ses environs, rejoignirent le maquis sur les hauteurs de la ville, certains encouragés par le débarquement américain. Dénoncés, 106 d'entre eux furent massacrés par les SS, le 13 juin 1944. Du monument, **vue** plongeante sur Revin.

Point de vue de la Faligeotte★

De la plate-forme d'observation, **vue** sur le site de Revin et les méandres de la Meuse, de part et d'autre de la cité.

La route atteint le rebord du plateau.

Mont Malgré-Tout★★

Un panneau « Point de vue à 190 m » signale le départ du chemin. Se garer en face.

1h AR. Vue sur Revin, les méandres de rivière jusqu'aux Dames de Meuse (*voir plus loin*), et la vallée de Misère qui monte en direction de Rocroi. Le chemin en forte montée mène à un poste de relais TV. De là, on gagne à travers le taillis de bouleaux et de chênes un second belvédère plus élevé (alt. 450 m).

Poursuivre la route des Hauts-Buttés sur 6 km jusqu'au panneau « Calvaire des Manises » où on laisse la voiture.

Calvaire des Manises

15mn. Un sentier conduit à la clairière, au lieu-dit Le Père des Chênes, où furent abattus les membres du maquis des Manises : calvaire et monument aux morts leur rendent hommage.

Continuer la route jusqu'à l'intersection avec la D 989 que l'on prend à droite.

La route traverse la forêt de Château-Regnault.

Roger la Honte

Entre Monthermé et Deville, le gué de Roger la Honte subsiste sous les eaux de la Meuse. Un jour, alors qu'il chassait, il vit son gibier se transformer en une jeune fille. Roger voulut s'en emparer, mais elle le repoussa, et il la tua. Le seigneur alla griller en enfer, et son château s'écroula dans la rivière. Dans la forêt coule une fontaine appelée la Minérale : on dit qu'elle jaillit sur les lieux même du crime, et que son eau est rouge sang.

Monthermé★ *(voir ce nom)*

La D 1 repasse sur la rive gauche, côtoyant la colline qui porte la **roche aux Sept Villages** *(voir Monthermé).*

Continuer sur la D 1 qui traverse Deville avant d'atteindre Laifour.

Du pont, **vue★★** impressionnante sur les roches de Laifour et les Dames de Meuse.

Roches de Laifour★

Laisser sa voiture au parking et continuer à pied. À 270 m au-dessus de la Meuse, ces roches dessinent un promontoire aigu dont les pentes de schistes tombent à pic vers le fleuve.

Dames de Meuse★

Non accessible en voiture.

Cette ligne de crêtes aux pentes abruptes et boisées forme une masse noire et déchiquetée, s'infléchissant en une courbe parallèle au fleuve. Elle atteint 393 m d'altitude et domine le cours de la Meuse de près de 250 m.

Dans les plissements des schistes, on devine les formes des Dames de Meuse, femmes infidèles de trois chevaliers partis à la croisade. On dit qu'elles furent pétrifiées pour l'éternité, en punition de leur trahison. En réalité, l'expression « Dames ! », ici ou là sur la rivière, avertissait les bateliers de dangers particuliers : avant sa canalisation, la rivière était difficile à franchir.

2h AR : départ indiqué à l'entrée du village de Laifour. Le **chemin** se détache de la D 1 au sud de Laifour, monte au refuge des Dames de Meuse et atteint le rebord de la crête : la promenade procure une belle **vue★** sur la vallée et le village, juste à l'aplomb du barrage.

De là, un sentier continue sur la crête et aboutit à **Anchamps**, avec son église de 1766 en pierre de pays *(compter 2h30).*

En voiture, continuer sur la D 1 qui franchit la Meuse. De cette route, vues sur les Dames de Meuse. On rejoint ensuite Revin.

Méandres de la Meuse pratique

Voir aussi les encadrés pratiques de Charleville-Mézières, Givet, Monthermé et Revin.

Adresse utile

Office du tourisme de Bogny-sur-Meuse – *Pl. de l'Hôtel-de-Ville - 08120 - 03 24 53 94 20 - se renseigner pour les horaires.*

Sports & Loisirs

Mini-croisières Linda Boukerroui – *6 rte de Warnecourt - 08000 Prix-lès-Mézières - 03 24 33 77 70.* Des promenades en bateau sont organisées sur la Meuse (1h30 à 2h30) au départ de Monthermé, sur demande préalable.

Base de loisirs – *08800 Haulmé - 03 24 32 81 61 - juil.-août : 8h-12h, 14h-19h ; reste de l'année : 9h-12h, 14h-17h.* Située à Haulmé, cette base dotée d'un camping permet la pratique du canoë-kayak, du tennis et du VTT.

Canoë-kayak – *Voir p. 31.*

Événement

Festival des Trois Vallées – *Se renseigner à l'office du tourisme de Bogny-sur-Meuse.* En juillet. Lors de ce festival, des conteurs évoquent les légendes locales.

Parc naturel régional de la Montagne de Reims★★

CARTE GÉNÉRALE B2 – CARTE MICHELIN LOCAL 306 F7/8-G7/8 – MARNE (51)

Ce plateau ondulant, couronné de bois et de vignobles, offre un paysage bien ordonné, jalloné de bourgs entretenus avec un soin méticuleux... tout comme les rangées de vignes ! La « montagne », qui peut s'enorgueillir de ses grands crus, est entièrement tournée vers le travail du champagne. Au milieu de cette mer végétale se dresse la silhouette insolite du phare de Verzenay, qui abrite le musée de la vigne.

Se repérer – Entre Reims et Épernay, ce parc est sillonné par de nombreuses départementales qui en facilitent le tour (D 26, D 9 et D 22). La Montagne de Reims est le nom géographique d'un promontoire qui culmine à 288 m au sud de Verzy. Le massif dessine une avancée vers la plaine champenoise, et s'étire sur 27 km de longueur entre la Vesle et la Marne. Il comprend la Grande Montagne à l'est de la N 51 et, à l'ouest de celle-ci, le Tardenois.

À ne pas manquer – Le musée du phare de Verzenay pour comprendre le paysage du Parc et la vie de ses habitants ; un arrêt chez un producteur de l'un des charmants « villages de champagne ».

Organiser son temps – Le circuit vous occupera une bonne journée. Il vous faudra davantage évidemment pour explorer les lieux à travers les nombreux sentiers de randonnée. Le Parc peut donc constituer un but d'excursion pour ceux qui séjournent dans les villes des environs, ou à l'inverse, une base pour découvrir la région. Le paysage s'anime pendant les vendanges en septembre-octobre.

Avec les enfants – La Maison du bûcheron à Germaine ; la mare pédagogique de la Maison du parc à Pourcy ; le sentier des Faux à Verzy.

Pour poursuivre la visite – Voir aussi Châlons-en-Champagne, routes du Champagne, Château-Thierry, Épernay, Dormans, Fismes, Reims, Orbais-l'Abbaye.

Comprendre

Le Parc naturel régional – Créé en 1976, il s'étend sur 50 000 ha : 35 500 personnes habitent la zone rurale du parc qui compte 68 communes. Le massif forestier (20 000 ha) est composé principalement de feuillus, parmi lesquels prédominent les chênes, les hêtres et les châtaigniers. La **forêt de Verzy**, classée en réserve biologique domaniale, possède une curiosité naturelle unique en Europe : les faux.

Parc naturel régional de la Montagne de Reims

Grands crus – Le massif ne présente pas de sommets bien distincts, à l'exception du mont Sinaï (alt. 283 m) et du mont Joli (alt. 274 m). Il s'agit plutôt d'un plateau calcaire accidenté, couvert de sables ou de marnes, qui se creuse par endroits en étangs, en « fosses » et en gouffres donnant naissance à des rivières souterraines. Sur les versants nord, est et sud du massif, la roche disparaît sous le vignoble (9 000 ha), dont les crus figurent parmi les meilleurs de Champagne.

Circuit de découverte

LE CHAMPAGNE ROI 1

100 km – une journée. Au départ de Reims par la N 51 jusqu'à Montchenot, puis prendre la D 26 vers Villers-Allerand.

La D 26 suit la côte nord de la Montagne de Reims et serpente parmi les vignes et les villages de Champagne.

Rilly-la-Montagne

Producteurs et négociants en champagne sont installés dans ce bourg cossu.

2,5 km. Accès indiqué depuis le village. La boucle de la **Croix-Nicaise** parcourt les pentes du mont Joli, sous lequel passe le tunnel de la voie ferrée Paris-Reims.

Mailly-Champagne

1,5 km. Départ de la salle des fêtes de Mailly-Champagne (panneau d'information) - accès libre au sentier : il est conseillé de se procurer le Guide géologique de la Montagne de Reims *(7 €) - visites guidées (5,50 €) organisées selon une programmation annuelle -*

R. Mattes/MICHELIN

Le moulin de Verzenay.

renseignements et guide en vente à la Maison du parc (voir l'encadré pratique). Le sentier de découverte des richesses géologiques permet de remonter plus de 70 millions d'années : il mène à une **carrière géologique** qui présente une coupe complète des terrains tertiaires de l'est du Bassin parisien (craies, sables, argiles, marnes et calcaires, fossiles marins…).

Depuis la D 26, on aperçoit, à droite au sommet de la colline, une **sculpture** contemporaine de Bernard Pagès célébrant la Terre, en hommage à l'œuvre de Bachelard : *La Terre et les rêveries de la volonté.*

Verzenay

Ce bourg vigneron au coteau renommé est dominé par un **moulin à vent** à l'ouest et un **phare**, bâti en 1909 et transformé en musée de la Vigne. Sa vocation initiale était de vanter la marque de champagne Joseph Goulet. À sa base, le bâtiment servait de guinguette, avec des balançoires et un jeu de croquet. En 1940, les Allemands y installèrent une mitrailleuse antiaérienne.

Musée de la Vigne★ – *✆ 03 26 07 87 87 - www.lepharedeverzenay.com - ♿ - mars-déc. : mar.-vend. 10h-18h, w.-end et j. fériés 10h-18h30 (dernière entrée 1h av. fermeture) ; janv.-fév. : sur RV - possibilité de visite guidée sur demande (1h30) - fermé de déb. janv. à mi-fév., 25 déc. - 6 € (enf. 3 € sf merc. gratuit).* Une passerelle de bois mène au phare restauré sous lequel s'enroule un bâtiment contemporain de forme elliptique. Une exposition très bien conçue, faisant largement appel aux techniques audiovisuelles, présente le vignoble de Champagne. Grâce à un écran d'images et à une maquette ponctuée de zones d'éclairage, on perçoit l'étendue de son terroir et la variété de ses cépages. Dans le belvédère de bois offrant des fenêtres panoramiques sur le vignoble, des panneaux et des bornes auditives instruisent sur l'histoire et l'économie du champagne. Une salle ronde évoque le cycle saisonnier de la vigne, les outils utilisés pour les tailles qui varient selon les cépages, les travaux des vignerons, les retrouvailles collectives et la fête de la Saint-Vincent.

Verzy

Ce village vigneron *(voir l'encadré pratique : initiation, dégustation et vente de champagne)* très ancien se développa sous la protection de l'abbaye bénédictine Saint-Basle. Fondée au 7e s. par saint Nivard, archevêque de Reims, celle-ci fut détruite en 1792.

Dans Verzy, prendre la D 34 vers Louvois. En arrivant sur le plateau, prendre la 2e route à gauche vers le parking des Pins.

Faux de Verzy★

Accès libre au circuit de découverte (1h), au départ du parking - le Parc naturel régional de la Montagne de Reims organise des visites commentées selon une programmation annuelle - 5,50 €.

La forêt de Verzy (1 050 ha) est peuplée d'un millier d'arbres d'une espèce très rare : les **faux** (du latin *fagus*, « hêtre », qui a donné aussi « faou »). Il s'agit de hêtres tortillards au tronc noueux et difforme, à la cime en parasol, dont les branchages forment un

Malédiction ou maladie ?

On a souvent attribué l'étrange silhouette des **faux** à une malédiction, à la mutation génétique de l'espèce ou encore, à l'action d'une bactérie ou d'un virus... En réalité, leur extension pourrait avoir été favorisée par le marcottage : leurs branches pleureuses s'enfoncent dans le sol et y prennent racine, donnant naissance à des troncs multiples et enlacés. Ces arbres se reproduisent aussi au moyen de graines, mais leur survie est menacée par le piétinement des visiteurs. C'est pourquoi le site est désormais protégé : un itinéraire de découverte menant à une zone de vision évite de les endommager.

S. Sauvignier/MICHELIN

étonnant entrelacs de feuillage. Il existe deux autres peuplements en Europe (Allemagne et Suède) de moindre importance.

Observatoire du mont Sinaï

Parking de l'autre côté de la D 34.

10mn AR. Sur le bord de la crête, une casemate situe l'observatoire créé après la libération de Reims en 1914, d'où le **général Gouraud** observait les positions allemandes. Le site avait été dénommé ainsi par les militaires en langage conventionnel. Vue étendue en direction de Reims et des monts de Champagne (table d'information).

Reprendre la D 34 vers Louvois.

Château de Louvois

Ne se visite pas. Édifié par Mansart à l'intention du ministre de Louis XIV, il appartint à Mesdames, filles de Louis XV. Entouré d'un parc conçu par Le Nôtre, il fut en grande partie démoli de 1805 à 1812. Le château actuel est un vestige d'un pavillon partiellement reconstruit au 19e s.

Reprendre la D 9 au nord jusqu'à La Neuville-en-Chaillois, puis prendre à gauche la D 71 à travers la forêt.

À quelques kilomètres au sud-est de Louvois se trouvent les réputés « coteaux champenois rouges d'**Ambonnay** » *(voir l'encadré pratique : initiation, dégustation et vente de champagne).*

Germaine

Créée par le Parc naturel, la **Maison du Bûcheron** est un petit musée qui évoque l'exploitation de la forêt (débroussaillage, coupe de taillis, abattage, débardage...) et ses différents métiers : bûcheron, fendeur de lattes, scieur de long... Tous les objets présentés proviennent de la Montagne de Reims. Des expositions thématiques annuelles sont également organisées. *03 26 59 44 44 - www.parc-montagnedereims.fr - de Pâques à mi-nov. : dim. et j. fériés 14h30-18h30 - 2 € (-12 ans 0,50 €).*

Maison forestière, voir p. 32.

Prendre la D 271 vers Avenay-Val-d'Or.

Avenay-Val-d'Or

L'**église Saint-Trésain** (13e et 16e s.) conserve une belle façade flamboyante. Admirez les orgues du 16e s. *(bras droit du transept)* et les tableaux provenant de l'abbaye bénédictine du Breuil, détruite à la Révolution. *Visite guidée sur RV - 03 26 52 33 87.*

Face à la gare d'Avenay, prendre la D 201 et, après la voie ferrée, la route qui grimpe à Mutigny.

Mutigny

Entre vignes et forêt, ce village est implanté sur un promontoire, à 240 m d'altitude. Près de l'église rurale, **vue** sur Ay et la côte des Blancs à droite, et sur la plaine vers Châlons en face.

2,2 km. Le **sentier du Vigneron** forme une boucle au départ du village, et comporte 12 panneaux d'interprétation qui invitent le promeneur à découvrir le vignoble champenois et les différents travaux de la vigne au fil des saisons.

Accès libre - renseignements 1 pl. de la Mairie - ✆ 03 26 52 31 37 - www.mutigny-en-champagne.com - visite guidée avec dégustation (2h) de déb. mars à fin nov. : sur réserv. 1 j. av. - 7,50 €.

En descendant sur Ay, points de vue vers Épernay et la côte des Blancs.

Ay

Dans un site abrité au pied du coteau, la cité des Agéens se trouve au cœur d'un vignoble célèbre, déjà connu à l'époque gallo-romaine et très apprécié de nombreux rois. Henri IV se disait « sire d'Ay et de Gonesse », c'est-à-dire du bon vin et du bon pain (Gonesse, en Île-de-France, était réputée pour ses boulangers).
Au nº 69 de la rue Jules-Blondeau, la **maison Gosset**, dont le fondateur fut cité comme vigneron dans les registres d'Ay en 1584, s'enorgueillit d'être la plus ancienne de Champagne. L'**église Saint-Brice** comporte un portail de style gothique flamboyant. Rue Saint-Vincent, une maison à pans de bois porte le nom de **pressoir Henri IV**. « Les vins d'Ay tiennent le premier rang en bonté et perfection… Ils sont clairets et fauvelets, subtils et délicats… et souhaités pour la bouche des rois, princes et grands seigneurs », disait un contemporain.

Institut international des vins de Champagne – Créé à l'initiative de la communauté de communes de la Grande Vallée de la Marne, il est logé dans un ancien hôtel particulier du 19e s. Doté d'un centre de documentation, l'institut se consacre à la recherche sur le champagne (histoire, évocations artistiques, images publicitaires, etc.), et forme des étudiants au monde du vin (droit, économie…) grâce à une convention avec l'université de Reims. Il propose aux visiteurs la découverte des vins de Champagne : présentation du vignoble et dégustation commentée *(voir l'encadré pratique)*.

Départ de la place de la Libération (panneau d'information) - dépliant disponible à la Maison du Parc. Le parcours des **musardises agéennes**, jalonné de 19 panneaux d'interprétation sur le champagne, se faufile parmi les maisons de champagne jusqu'à un point de vue dans les vignes. Il se décline en 2 versions : un itinéraire « de jour » (3 km) et un itinéraire « éclairé » (2 km).

À Ay, prendre à gauche la D 1 jusqu'à Mareuil-sur-Ay.

Mareuil-sur-Ay

Le **château** a été élevé au 18e s. pour J.-B. de Domangeville dont la fille fut aimée du poète André Chénier. Le domaine fut acquis en 1830 par le duc de Montebello, fils du maréchal Lannes, qui y créa la marque de champagne portant son nom.

Revenir à Ay et poursuivre vers Dizy, puis tourner sur la N 2051 vers Champillon.

Entre Dizy et Champillon, la route gravit la côte. D'une terrasse aménagée au bord de la route, **vue**★ sur le vignoble, la vallée de la Marne et Épernay.

Hautvillers★

Ce charmant village, perché à 250 m d'altitude, est classé 1er cru et fait partie des « trois bons coteaux vineux d'Ay, Hautvillers et Avenay ». Les trois cépages champenois y sont cultivés sur 275 ha.
À l'entrée se trouve un ancien **pressoir** d'une contenance de 2 000 kg. Au fil des ruelles bien fleuries, une centaine d'**enseignes** en fer forgé sont peintes à la main comme autrefois. Elles illustrent l'activité pratiquée dans la maison à laquelle chacune est accrochée : travaux de la vigne et du vin, corps de métier, portraits d'hommes ou de femmes, etc. La forme des porches, bordés de briques rouges, rappelle les anses des paniers en osier que l'on utilisait autrefois pour cueillir le raisin.

Les trouvailles de dom Pérignon

Dom Pérignon (1639-1715) fut, pendant 47 ans, le procureur et le cellérier de l'abbaye Saint-Pierre à Hautvillers. S'il n'a pas « découvert » le champagne, il a beaucoup contribué à faire de ce vin gris ou rouge, non mousseux à l'origine, un vin « saute bouchon ». Dom Pérignon fit des trouvailles essentielles : l'assemblage de raisins issus de différents terroirs pour former des « cuvées », le pressurage rapide et fractionné des raisins noirs pour extraire un jus blanc d'une limpidité parfaite, l'utilisation des premières bouteilles en verre épais et de bouchons en liège pour contenir la mousse, et le creusement des caves en pleine craie pour assurer le vieillissement des vins à température constante.

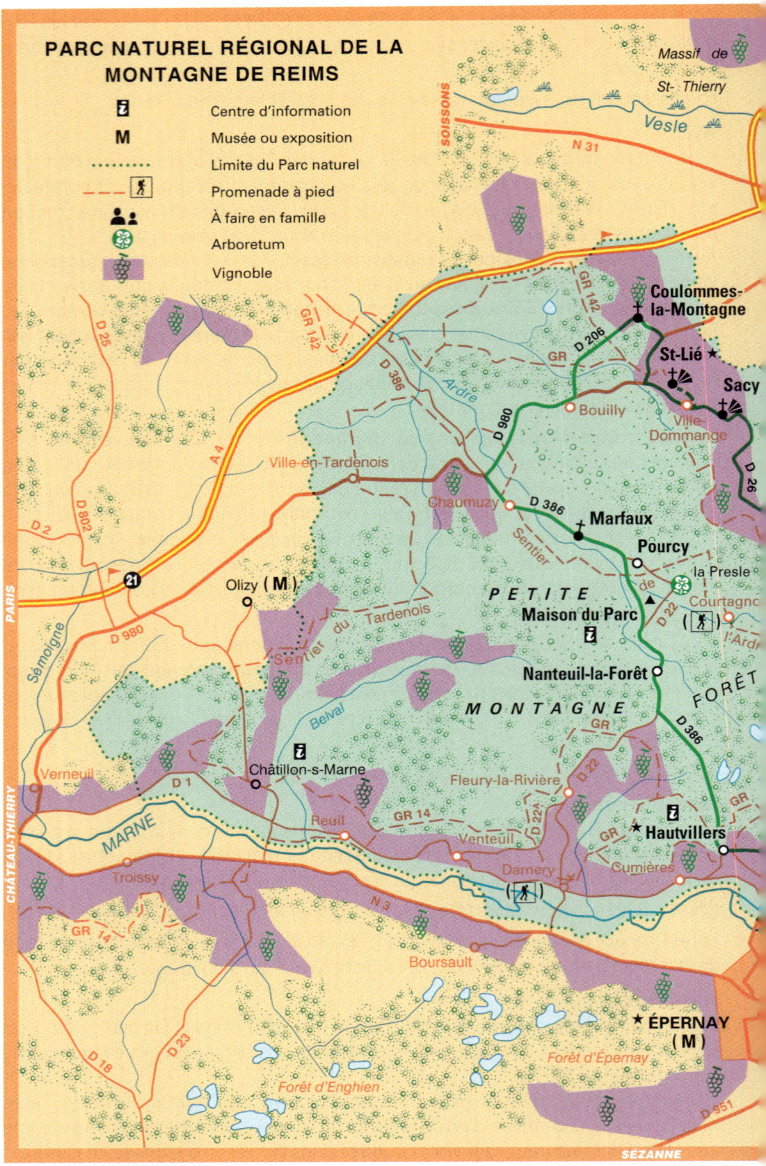

Dom Pérignon repose depuis 1715 dans l'**église abbatiale Saint-Sindulphe** : sa dalle funéraire de marbre noir se trouve au pied du maître-autel, à gauche. Un grand lustre (1950) formé de quatre roues de pressoir devance le maître-autel. Remarquez aussi les stalles de la fin du 17e s. *(voir l'ABC d'architecture p. 72)* provenant probablement de Signy-l'Abbaye, les boiseries du chœur (18e s.), et sept grands tableaux religieux (Simon Boullard, Jean Langlois, Claude Charles…), parmi lesquels deux œuvres de l'école de Philippe de Champaigne : *Saint Nivard reçoit les plans de l'abbaye* et *Saint Benoît converse avec sa sœur.*

Ancienne abbaye Saint-Pierre – *✆ 03 26 57 06 35 - été : 9h-18h ; hiver : 9h-17h - possibilité de visite guidée combinée avec la visite du village.* Fondée en 650 par saint Nivard, neveu du « bon roi Dagobert », l'abbaye obéissait à la règle de saint Maur, qui prolongeait la règle bénédictine. Incendiée, puis reconstruite au 17e s., elle est aujourd'hui la propriété de Moët et Chandon. À travers les grilles donnant sur le parc

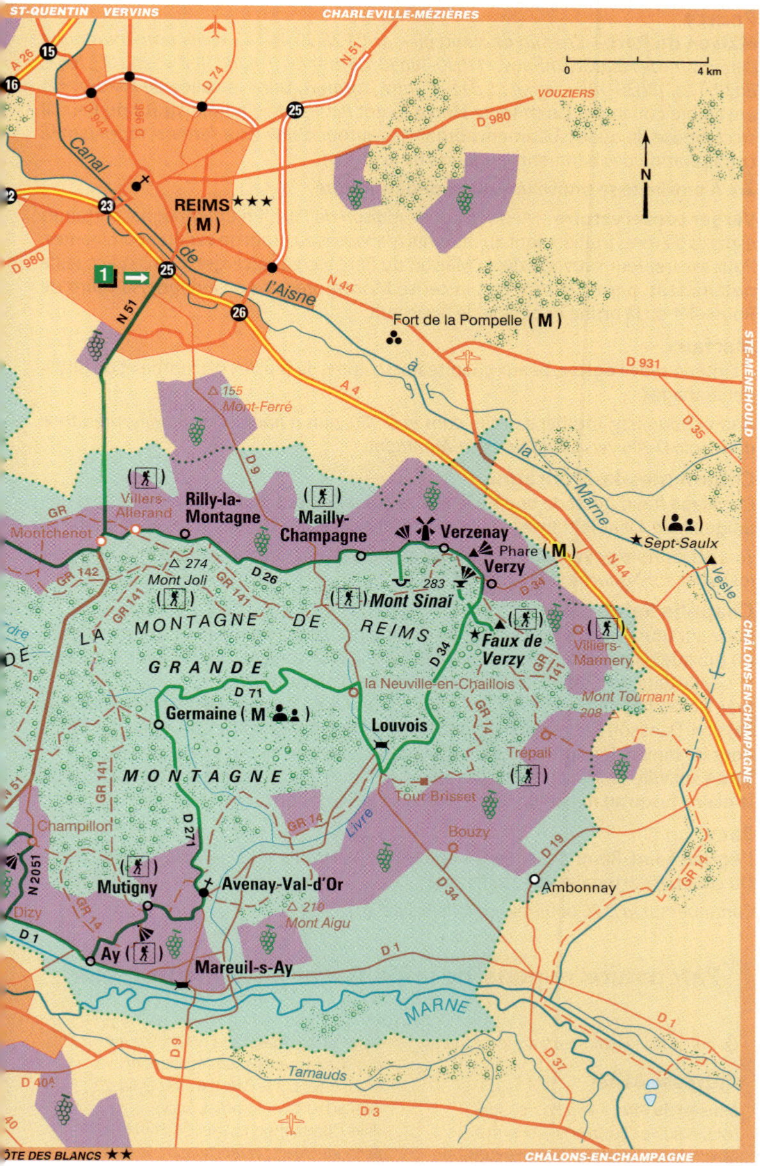

de l'abbaye, on aperçoit le **pavillon des Dames de France**, habitation des filles de Louis XV lorsqu'elles venaient ici en pèlerinage.

Par la D 386, on rejoint Nanteuil-la-Forêt plus au nord.

Nanteuil-la-Forêt

Dans un site bucolique, au creux d'un vallon étroit que cerne la forêt, ce village eut jadis un prieuré de templiers.

Centre botanique de la Presle – *Carrefour de la Presle - ☎ 03 26 59 43 39 - 14h-18h, sam. 9h-12h, 14h-18h, certains dim. apr.-midi (se renseigner) - possibilité de visite guidée (1h30) - fermé j. fériés, 25 déc.-1er janv. - 4 € (enf. gratuit).* Des expositions sont organisées par un couple de pépiniéristes dans ce jardin qui rassemble une collection de spirées et de saules, ainsi qu'une dizaine d'espèces de roses, dont la rose de la Marne.

Continuer sur la D 386 vers le nord.

Pourcy

Maison du Parc – *Chemin de Nanteuil - ✆ 03 26 59 44 44 - www.parc-montagnedereims.fr - de Pâques à mi-nov. : 14h30-18h30 ; de mi-nov. à mars : tlj sf w.-end et j. fériés 8h30-12h, 13h30-18h - fermé 25 déc.-1er janv. - gratuit.* Dans la vallée de l'Ardre, cet ensemble conçu par l'architecte Hervé Bagot est le siège administratif du Parc. Il se compose de quatre bâtiments organisés autour d'une cour fermée, rappelant la configuration des bâtiments agricoles de la région.

À proximité se trouve une **mare pédagogique**.

Verger conservatoire – *Accès depuis la Maison du Parc.* En Champagne, certaines espèces d'arbres fruitiers sont aujourd'hui menacées au profit de variétés dominantes. Pour assurer leur sauvegarde, la Maison du Parc a créé ce verger. Celui-ci accueille notamment, parmi 26 espèces, la cerise Montmorency de Sauvigny, la poire de Rousselet ou la prune impériale de Boursault.

Marfaux

À l'intérieur de l'**église**, beaux chapiteaux sculptés de feuilles d'acanthe et de petits personnages.

Après Chaumuzy, tourner à droite dans la D 980, puis à hauteur de Bouilly, prendre à gauche la D 206 vers Coulommes-la-Montagne.

Coulommes-la-Montagne

Ce village fleuri possède une belle **église** romane dont le clocher est éclairé d'une unique baie. Dans le transept et le chœur, chapiteaux à feuilles lisses et palmettes.

Tourner à droite pour rejoindre la D 980 en passant par Pargny-lès-Reims : 1,5 km plus loin, prendre à gauche vers Saint-Lié.

Chapelle Saint-Lié★

Bâtie sur une « motte » près de Ville-Dommange, cette chapelle se dissimule dans un bosquet (sans doute un ancien bois sacré gallo-romain). Dédiée à un ermite du 5e s., elle date des 12e, 13e et 16e s. et s'entoure d'un cimetière.

Près de la chapelle se dresse une croix en fer forgé portant les instruments de la Passion. Dans son axe, le clocher trapu de Ville-Dommange coiffe une église (12e-16e s.) dont les dimensions prévues étaient si grandes qu'elle ne put être achevée.

Vue★ sur Ville-Dommange, la côte d'Île-de-France, Reims dominé par sa cathédrale, la plaine jusqu'au massif de Saint-Thierry et le Tardenois.

Sacy

L'**église** Saint-Remi possède un chevet de la fin du 11e s. et une tour du 12e s. Du cimetière attenant, vue sur Reims.

Continuer sur la D 26 pour revenir à Reims par la N 51.

Parc naturel régional de la Montagne de Reims pratique

Voir aussi l'encadré pratique de Reims.

Adresse utile

Maison du Parc – *Voir Pourcy dans le « Circuit de découverte ».* D'avril à novembre, elle accueille une exposition thématique.

D'autres points d'information touristique sur le parc existent à Hautvillers, Châtillon-sur-Marne et à Verzy.

Visites

Hoppy – *Sur demande à la Maison du Parc - 12 € la journée.* Cet **audioguide** (dont le nom signifie « sauterelle » en anglais) est doté d'un système GPS d'utilisation très simple. Il accompagne le promeneur dans sa découverte du Parc naturel, en diffusant des informations sonores sur les lieux traversés.

Églises romanes – Une brochure comprenant une fiche pour chacune des 33 églises romanes de la région (signalées par un panneau d'information) permet leur visite autoguidée. Des conférences et des visites guidées sont également organisées par le Parc naturel : églises de Marfaux, Coulommes, Sacy, Ville-Dommange, chapelle Saint-Lié, etc. *Renseignements et brochure (11,50 €) à la Maison du Parc.*

Se loger

La Famille Guy Charbaut – *12 r. du Pont - 51160 Mareuil-sur-Ay - 8 km à l'E d'Épernay par D 1 - ✆ 03 26 52 60 59 - www.champagne-guy-charbaut.com - fermé 1er janv. et 25 déc. - 6 ch. 68 € - repas 45 €.* Vignerons de père en fils depuis 1930, les Charbaut se mettent en quatre pour vous accueillir dans leur jolie maison du 19e s., vous faire visiter ses caveaux taillés dans la craie et déguster leurs meilleures cuvées de champagne. Chambres garnies de meubles anciens. Repas servis dans un magnifique cellier.

Chambre d'hôte Delong – *24 r. des Tilleuls - 51390 St-Euphraise-et-Clairizet -*

16 km au SO de Reims par D 980 et D 206 - ☎ 03 26 49 74 90 - jdscom@wanadoo.fr - 4 ch. 58 € ☕. Sur une exploitation viticole, ancienne étable joliment ramenée à la vie : beaux murs de pierre et charpente apparente dans les chambres nanties en outre d'agréables salles de bains. Visite de la cave et du pressoir et dégustations du champagne de la propriété.

⊖⊖⊖ Hôtel Du Cheval Blanc – *51400 Sept-Saulx - 18 km au SE de Reims par N 44 puis D 37 - ☎ 03 26 03 90 27 - www.chevalblanc-sept-saulx.com - fermé fév., mar. et merc. d'oct. à mars - P - 20 ch. 78/118 € - ☕ 11 € - restaurant 29/86 €.* Vous serez au calme dans cet ancien relais de poste situé à l'écart des grands axes. Agréables chambres ouvertes sur un joli jardin longé par un bras de la Vesle. Salle de restaurant au cadre cossu et courette fleurie aménagée en terrasse l'été. Tennis et minigolf.

Se restaurer

⊖⊖ Au Chant des Galipes – *2 r. Chanzy - 51380 Verzy - ☎ 03 26 97 91 40 - 14,50 € déj. - 24/37 €.* Cette maison vigneronne convertie en auberge abrite deux salles à manger contemporaines complétées par une agréable cour-terrasse. La cuisine au goût du jour, où pointe l'accent du terroir, réserve d'excellentes surprises, grâce notamment à une utilisation subtile du champagne, dans l'assiette comme dans le verre.

S. Sauvignier/MICHELIN

Enseigne à Hautvillers.

Que rapporter

CHAMPAGNE

Institut international des vins de Champagne – *Villa Bissinger - 15 r. Jeanson - 51160 Ay - ☎ 03 26 55 78 78 - www.villabissinger.com - avr.-oct. : 1er sam. du mois à 14h30, dégustation commentée de 4 champagnes - fermé 25 déc.-1er janv., w.-end et j. fériés sur RV - 23 €.* Plusieurs sessions d'initiation sont proposées tout au long de l'année : de quelques heures jusqu'au parcours-découverte de deux jours (dégustation, gastronomie, visite et découverte du vignoble).

Soutiran-Pelletier – *12 r. St-Vincent - 6,5 km au SE de Louvois par D 34 et D 19 - 51150 Ambonnay - ☎ 03 26 57 07 87 - www.soutiran.com - dégustation : tlj sf dim. 9h-12h, 14h-18h, sam. de Pâques à fin déc. 9h-12h.* Héritier du savoir-faire de 5 générations de vignerons, Alain Soutiran est un assembleur expérimenté, réputé pour ses crus AOC champagne et « coteaux champenois rouge d'Ambonnay ». Dégustations.

Étienne Lefevre – *30 r. de Villers - 51380 Verzy - ☎ 03 26 97 96 99 - www.champagne-etienne-lefevre.com - tlj sf dim. 9h-12h, 14h-19h - fermé 2 sem. en août, Pâques et 25 déc.* Sous les bâtiments de la propriété érigés au 19e s. se trouvent d'étonnantes caves à voûtes ogivales, creusées à plus de 15 m de profondeur. On y expose une collection d'outils de vigneron et des pressoirs dont le plus ancien date du 18e s. Dégustation et vente à l'issue de la visite.

Serge Pierlot – *10 r. St-Vincent - 6,5 km au SE de Louvois par D 34 et D 19. - 51150 Ambonnay - ☎ 03 26 57 01 11 - 9h-12h, 14h30-18h30, sam. 9h-12h, 14h30-18h, dim. 9h-12h - fermé janv., de fin août à déb. sept.* La côte d'Ambonnay-Bouzy, favorisée par son exposition au sud et au sud-est, est réputée pour ses crus AOC champagne et « coteaux champenois rouge d'Ambonnay ». Vous pourrez les déguster chez Agnès et Serge Pierlot qui font aussi visiter leur musée exposant un pressoir du 18e s. et des outils de la vigne et du vin.

Sports et Loisirs

Randonnée pédestre – Le sentier **GR 14** et ses variantes 141 et 142 permettent de faire le tour du Parc, qui comporte également de nombreuses boucles et sentiers de pays. Des promenades-découvertes sont aménagées le long du canal latéral à la Marne : 41 panneaux d'information jalonnant le parcours entre Condé-sur-Marne et Damery sensibilisent le promeneur au patrimoine : faune, flore, savoir-faire local, etc. Aires de pique-nique et sites panoramiques à Ville-Dommange, Hautvillers, Dizy, Verzy et Châtillon-sur-Marne.

Vélo – Des fiches et cartes sont en vente à la Maison du Parc.

Événements

À AY

Fêtes Henri IV – Le 1er week-end de juillet, les années paires, viticulteurs et particuliers ouvrent leurs portes (artisans d'art et professionnels des métiers de bouche proposent des spécialités liées à la dégustation de vin), animation musicale, feu d'artifice, défilé avec 2 000 figurants costumés, chevaux et chars.

Musiques en Champagne – 2e quinzaine d'août.

Monthermé★

2 791 BARAQUINS
CARTE GÉNÉRALE B1 – CARTE MICHELIN LOCAL 306 K3 – SCHÉMA P. 202 – ARDENNES (08)

Avis aux randonneurs ! Monthermé, gros bourg aux maisons anciennes, est le point de départ idéal pour découvrir les Ardennes à pied. Depuis Roc-la-Tour, les sentiers balisés sont si nombreux qu'ils donnent envie de partir à l'assaut des éperons rocheux, sur les traces des chevreuils ou des sangliers…

- **Se repérer** – Monthermé se trouve à 19 km au nord de Charleville-Mézières par la D 989. En aval du confluent de la Meuse et de la Semoy, l'agglomération s'étire sur près de 2 km sur les rives droite (Ville Neuve) et gauche (Vieille Ville) de la Meuse. Du pont qui mène à la rive gauche, on bénéficie d'une jolie vue.
- **À ne pas manquer** – Le relief alentour offre de superbes belvédères auxquels on accède en voiture ou à pied, par des balades de durée et de niveau variables.
- **Pour poursuivre la visite** – Voir aussi Charleville-Mézières, Givet, Méandres de la Meuse, Revin, Rocroi, Thiérache ardennaise.

Se promener

Les Baraquins, habitants de Monthermé, doivent leur nom aux « baraques » autrefois situées en bord de Meuse.

Vieille ville

Une rue bordée de maisons anciennes épouse le méandre de la Meuse et mène à l'**église Saint-Léger★** : en belle pierre de Meuse, elle fut reconstruite au 15e s. et fortifiée au 16e s. À l'intérieur, le mur nord de la nef, la croisée du transept et le croisillon Nord sont du 12e s. À voir : une cuve baptismale romane, et un décor peint très dense du 16e s. *✆ 03 24 53 08 74 - juil.-août : mar.-jeu. 16h-18h, reste de l'année : clés sur demande à Mme Lardenais.*

Laval-Dieu

Ce faubourg industriel de Monthermé doit sa naissance à l'**église abbatiale Saint-Rémy,** fondée vers 1128 par le comte de Rethel, et où s'installa une communauté de prémontrés. La grosse tour carrée (12e s.) en pierre de schiste apparente contraste, par sa rudesse, avec l'élégance de la façade en brique à encadrements de pierre (fin du 18e s.). Le chœur à chevet plat est orné d'arcatures lombardes : un exemple unique dans la région. En 1999, au cours de travaux, une fresque murale de la fin du 18e s représentant un décor théâtral a été découverte. *✆ 03 24 32 02 12 - juil.-août : mar.-jeu. 16h-18h - reste de l'année clés sur demande à M. Dupuis.*

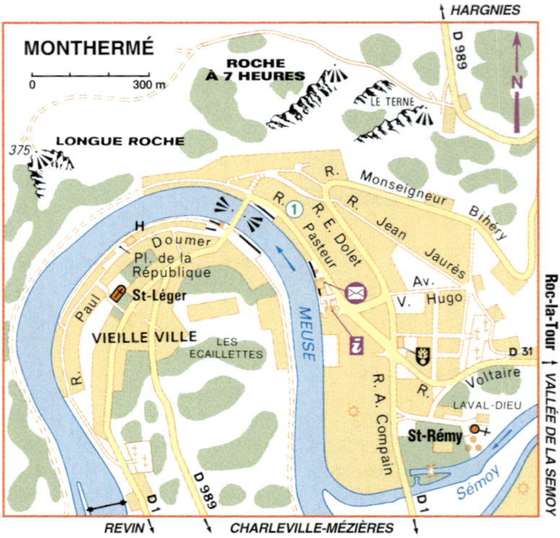

SE LOGER
Hôtel Le Franco-Belge.................................. 1

Les maisons de Monthermé épousent le méandre de la Meuse.

Aux alentours

Roche à Sept Heures★

2 km par la D 989 vers Hargnies, puis au sommet à gauche, jusqu'au parking.
15mn AR. De cet éperon rocheux, **vue★** plongeante sur Monthermé et le méandre de la Meuse, avec en amont Laval-Dieu, puis Château-Regnault et le rocher des Quatre-Fils-Aymon *(voir Méandres de la Meuse).*

Roche aux Sept Villages★★

3 km au sud par la D 989. Dans la montée, vue sur la vallée. Voir le schéma p. 203.
Un escalier conduit au sommet de ce piton émergeant de la forêt, d'où l'on jouit d'une **vue★★** remarquable sur les sinuosités de la Meuse, jalonnée de sept villages, entre Braux au sud et Deville au nord. On reconnaît, à côté de Château-Regnault, la silhouette du rocher des Quatre-Fils-Aymon.

Roche de Roma★

Après la roche aux Sept Villages, au terme de la côte, un chemin mène au belvédère.
Alt. 333 m. **Vue★** sur le méandre de la Meuse, entre Deville et Monthermé.

Randonnées

Longue Roche★★

Depuis la Roche à Sept Heures (voir ci-dessus) - une route forestière permet de se rapprocher du point de vue.
1h AR. La Longue Roche (alt. 375 m) forme un éperon dominant la Meuse de 140 m : **panorama★★** superbe et « sauvage ».

Roc-la-Tour★★

À 3,5 km à l'est, voir le schéma p. 203. La route forestière de la Lyre se détache de la D 31 à la sortie de Laval-Dieu, à gauche ; elle monte à travers bois le long du vallon formé par le torrent de la Lyre : parking à 3 km.
20mn AR. Entourés par des bouleaux, de gigantesques blocs de quartzite fracturés occupent un site impressionnant, dominant à 407 m d'altitude l'étroite vallée de la Semoy. L'empilement des rochers évoque les ruines d'un château, dont la construction, inachevée, est attribuée au diable. **Vue★★** étendue sur les croupes boisées de l'Ardenne. Sur les blocs, de nombreuses voies d'**escalade** sont tracées par le Club alpin français.
Panneaux d'information sur le parking du site - renseignements à l'office de tourisme.
Au départ de Roc-la-Tour, il existe plusieurs itinéraires en boucle (35 km de sentiers au total) vers la vallée de la Semoy et la vallée de la Meuse.

Circuit de découverte

VALLÉE DE LA SEMOY★

27 km de Monthermé à Linchamps – 1h30. Voir le circuit 2 des méandres de la Meuse.

Monthermé pratique

Adresse utile

Office du tourisme de Monthermé – *Pl. Jean-Baptiste Clément - 08800 - ✆ 03 24 54 46 73 - se rensigner pour les horaires.*

Se loger et se restaurer

Hôtel Le Franco-Belge – *2 r. Pasteur - ✆ 03 24 53 01 20 - http://perso.wanadoo.fr/francobelge - P - 15 ch. 44/55 € - 6,50 € - restaurant 23/32 €.* Escalader rocs et rochers alentour vous a ouvert l'appétit ? Cette modeste auberge familiale concocte de revigorants petits plats que vous dégusterez dans un intérieur rétro ou, mieux encore, sous la treille ombrageant délicieusement la terrasse. Chambres très propres.

Sports & Loisirs

Randonnées – Différents guides de randonnées sont disponibles à l'office de tourisme. Les sentiers du Fer, du Schiste et de la Forêt longent toute la vallée de la Semoy (75 km au total), les sentiers des Carriers et des Ardoisiers (parcours allant de 7 à 15 km) permettent de découvrir les points de vue de Monthermé et de sa région, les sentiers de Labeur et de Légendes comprennent des randonnées autour de Bogny-sur-Meuse et des Quatre Fils Aymon.

VTT – Au départ de Monthermé, 4 parcours de 12 à 43 km (dénivelé de 45 à 650 m). Possibilité de location de VTT au Relais *(avr.-sept.)*. Carte disponible à l'office de tourisme.

Montier-en-Der

2 019 DERVOIS
CARTE GÉNÉRALE C3 – CARTE MICHELIN LOCAL 313 I3 – HAUTE-MARNE (52)

Entourée de bois, d'étangs et de prairies où paissent chevaux et bovins, la capitale du pays du Der, branche humide de la Champagne, conserve ses maisons à colombages. Elle est également l'un des points de départ de la route des Églises à pans de bois, qui constituent un patrimoine unique en France.

- **Se repérer** – Au sud du lac du Der, sur la Voire, la ville est située au croisement de la D 400 avec la D 12 et la D 13.
- **À ne pas manquer** – Le circuit des Églises à pans de bois qui constituent un patrimoine unique.
- **Organiser son temps** – Prévoir une demi-journée pour découvrir cette petite ville et ses environs, but possible d'excursion pour ceux qui séjournent au bord du lac.
- **Avec les enfants** – Le haras national intéressera tous les amateurs de chevaux, les petits comme les grands.
- **Pour poursuivre la visite** – Voir aussi Bar-sur-Aube, Brienne-le-Château, vallée de la Blaise, lac du Der, Joinville, Saint-Dizier, Wassy.

Visiter

Église Notre-Dame

Visite audioguidée.

En 672, des moines s'installèrent sur les rives de la Voire. Dirigés par saint Berchaire, fondateur d'Hautvillers et ancien moine de Luxeuil, ils fondèrent un monastère qui adopta la règle de Colomban – moine irlandais fondateur de l'abbaye de Luxeuil. Il ne reste rien de l'église du 7e s. ni de celle du 9e s. Subsiste en revanche la nef de l'édifice élevé par l'abbé Adson. Les bâtiments abbatiaux ont connu une histoire mouvementée : détruits par un incendie en 1735, ils ont été reconstruits en 1775, transformés en

Le saviez-vous ?

Montier provient de *Monasterium* et *Dervos*, en langue celtique, signifie « chêne ». Jadis en effet, cette plaine de sable et d'argile était recouverte de chênes. Au Moyen Âge, la forêt fut défrichée par les moines qui s'établirent ici.

La présence d'un **haras** à Montier-en-Der est due à **Napoléon** qui, en 1811, signa un décret pour l'installer dans les bâtiments de l'ancienne abbaye.

Le chœur de Notre-Dame.

haras en 1811, rasés en 1850 puis rebâtis dix ans plus tard ! L'église a brûlé en juin 1940 à la suite d'un bombardement allemand, mais elle a été remarquablement restaurée : la nef et le clocher ont été restitués dans leur état primitif.

Intérieur – La **nef** se présente sous l'aspect d'un vaisseau sobre et sévère de 36 m de long. Huit grandes arcades en plein cintre reposent sur des piles rectangulaires assez basses. La voûte de bois reproduit celle qui existait au 16e s. Le **chœur**★ (12e-13e s.) relève du plus beau style gothique primaire champenois. Remarquez la tribune à arcatures géminées que surmonte un oculus, ainsi que le triforium à triples arcatures trilobées et les fenêtres hautes, délimitées par des colonnettes. Les grandes arcades reposent sur des colonnes jumelées, que décorent de curieux masques grotesques. Le déambulatoire est séparé des chapelles rayonnantes par des colonnes détachées, selon la formule champenoise. La chapelle absidale, très profonde, présente une belle voûte gothique.

Haras national

✆ 03 25 04 69 17 - 14h30-17h - fermé 1er janv. et 25 déc.- gratuit.

Situé à l'emplacement de l'ancienne abbaye, à gauche de l'église Notre-Dame, il accueille une quarantaine d'étalons de races différentes dont le cheval de trait ardennais *(voir l'encadré p. 57)*. Les vastes cours abritent les écuries, la forge, les selleries, les remises à voiture, un manège et un centre spécialisé dans les techniques de pointe pour la reproduction des étalons.

Circuit de découverte

ÉGLISES À PANS DE BOIS★

Dans ce pays pauvre en pierre, le bois de chêne fut utilisé pour construire les édifices à colombages, parmi lesquels de nombreuses églises. La plupart d'entre elles sont éclairées par des vitraux de l'école de Troyes.

59 km – 2 à 3h. Quitter Montier-en-Der au sud en direction de Brienne.

Ceffonds

Jacques d'Arc, le père de la célèbre Jeanne, serait né dans ce village, donnant son nom à la rue principale qui présente une façade presque ininterrompue de maisons, pour la plupart en pans de bois.

L'**église Saint-Remi**, reconstruite au début du 16e s. autour de son clocher roman, s'élève dans le cimetière désaffecté qui a gardé sa croix de pierre du 16e s. Un portail Renaissance fut plaqué sur la façade en 1562. Au revers de cette façade, une peinture murale du 16e s. représente Saint Christophe. Dans la 1re chapelle à droite, voir les curieux fonts baptismaux en pierre et, dans la chapelle du Sépulcre, à gauche, la Mise au tombeau du 16e s. comprenant un ensemble de dix statues de pierre polychrome. Le transept et le chœur sont ornés d'intéressants **vitraux**★ du 16e s., œuvres des ateliers troyens : dans le chœur, de gauche à droite, la *Légende de saint Remi*, la *Passion* et la *Résurrection du Christ*, la *Création* ; dans le transept, à gauche du chœur, la *Légende des saints Crépin et Crépinien*, patrons des tanneurs et des cordonniers qui ont offert la verrière ; dans le transept, à droite du chœur, un Arbre de Jessé.

Revenir vers Montier-en-Der et prendre à gauche la D 173 vers Puellemontier.

Puellemontier

Ses maisons à pans de bois se dispersent dans les prairies. Un clocher effilé signale l'**église**, qui présente une nef du 12e s. et un chœur du 16e s. : à l'intérieur, dans le bras droit du transept, deux statues (16e s.) représentant sainte Syre et sainte Flora encadrent un Arbre de Jessé (vitrail de 1531). Ce vitrail fait partie d'un bel ensemble provenant des ateliers troyens du 16e s.

Reprendre la D 173, puis la D 62, vers Lentilles.

On longe l'**étang de la Horre** (250 ha).

Lentilles★

Ce village est typique du Der, avec ses rues bien tracées et ses maisons basses à colombages. L'**église** est une belle construction de bois (16e s.) dont le colombage est raidi au rez-de-chaussée par des traverses, et à l'étage par des « écharpes » (obliques) et des croix de Saint-André. Elle est dominée par une flèche octogonale, recouverte de bardeaux. Très élancée, celle-ci est précédée d'un curieux porche en charpente que surmonte une statue de saint Jacques. *Visite audioguidée.*

Prendre la D 2 vers Chavanges.

Chavanges

L'**église Saint-Georges** (15e-16e s.) conserve un portail remontant au 12e s. et un bel ensemble de vitraux du 16e s. (certains d'après des estampes de Dürer) ainsi que des statues du 14e au 16e s. *Visite audioguidée.*
En face de l'église s'élève une belle maison à pans de bois du 18e s. Elle est agrémentée d'une tourelle carrée.

La D 56, à l'est, mène à Bailly-le-Franc.

Bailly-le-Franc

Très peu restaurée au cours des siècles, la petite **église** (fin 17e s.) de ce hameau est la plus simple et la plus authentique parmi toutes celles du Der.

Suivre la D 127 à l'ouest vers Joncreuil.

Joncreuil

L'**église**, qui n'est pas en pans de bois, est dominée par un imposant clocher en charpente. À l'intérieur, nef romane et chœur du 13e s.

Continuer la D 127 puis tourner à droite (D 6) pour rejoindre Arrembécourt.

Arrembécourt

Remarquez le portail sculpté de l'**église** et, à l'intérieur, le vitrail de la Crucifixion.

Poursuivre par la D 6 puis la D 58.

Drosnay

Ce village a gardé quelques maisons à pans de bois. Dans l'**église**, remarquez le retable en bois sculpté du maître-autel.

Prendre la D 55 vers Outines.

Outines

Le village témoigne de l'habitat traditionnel du Der avec ses maisons en torchis et son **église** surmontée d'un clocher pointu. *Visite audioguidée.*

Continuer sur la D 55 vers Châtillon-sur-Broué.

Châtillon-sur-Broué

Remarquez les dimensions de la haute nef de l'**église** et son clocher carré.

Prendre la D 55 vers Droyes.

Droyes

Construite en pierre, l'église est composée d'une nef romane et d'un chœur du 16e s.

Vous pouvez clore votre parcours sur une note gourmande à la ferme *(voir l'encadré pratique).*

Revenir à Montier-en-Der par la D 13.

S. Sauvignier/MICHELIN

Église de Châtillon.

Montier-en-Der pratique

Adresse utile

Office du tourisme de Montier-en-Der – *18 r. de l'Isle - 52220 - ✆ 03 25 04 69 97 - juil.-août : 9h30-13h, 14h-18h30, dim. 10h-12h ; reste de l'année : tlj sf dim. 9h-12h30, 13h30-18h, sam. 9h-13h - fermé vac. de Noël.*

Se loger

⊖⊖ **Domaine de Boulancourt** – *Hameau Boulancourt - 52220 Longeville-sur-la-Laines - ✆ 03 25 04 60 18 - dom. boulancourt@ wanadoo.fr - fermé déc.-fév. - 5 ch. 65/75 € ☕ - repas 25 €.* Dans la famille depuis 6 générations, cette maison de maître vous accueille dans le calme de son parc arboré et fleuri. On pourra flâner autour de l'étang, ou se détendre dans le salon doté d'un piano. Chambres confortables, toutes aux étages. Table d'hôte familiale.

Se restaurer

⊖ **Auberge de Puisie** – *22 pl. de l'Hôtel-de-Ville - ✆ 03 25 94 22 94 - 10/22 € - 6 ch. 32/45 € - ☕ 5 €.* Cette auberge proche du centre-ville abrite une salle à manger plutôt gaie avec ses tons bleu et jaune, et ses rideaux et nappes Souleïado. Plats traditionnels et belle carte de crêpes. Également, chambres fonctionnelles et bien tenues à disposition.

Que rapporter

La Ferme du Bocage – *15 r. de La Haye - 52220 Droyes - ✆ 03 25 04 23 28 - www.lafermedubocage.fr - tlj sf lun. 10h-18h - fermé 14 juil. et 15 août.* À Droyes, la Ferme du Bocage vend des produits fermiers à base de canard : rillettes, magrets, foie gras. Visite de l'exploitation, dégustation sur réservation. Ferme auberge et gîte (54 lits).

Événement

Les Jeudis du haras – *✆ 03 26 72 62 80.* De septembre à novembre, le 3e jeudi du mois à 15h *(gratuit)*, défilé-spectacle en musique et présentation publique d'étalons et d'attelages.

Illuminations – Les églises sont illuminées tous les soirs de mai à septembre, et le week-end le reste de l'année. D'autres édifices, autour du lac du Der, sont également éclairés : Éclaron, Giffaumont, Arrigny et le village-musée de Sainte-Marie-du-Lac-Nuisement.

Festival de la photo animalière et de nature – *✆ 03 25 55 72 84.* Le 3e week-end de novembre, c'est l'événement de la région pour les passionnés de photo, en pleine période de migration des grues, comprenant plusieurs sites d'exposition et un concours.

Montmirail

3 783 MONTMIRAILLAIS
CARTE GÉNÉRALE B3 – CARTE MICHELIN LOCAL 306 D 9 – MARNE (51)

Un village ancien aux maisons basses et crépies, dominant la pittoresque vallée du Petit Morin, tel apparaît Montmirail. S'il respire aujourd'hui la tranquillité, les passionnés d'histoire se souviendront que Napoléon y gagna une victoire éclatante contre les Prussiens et les Russes en 1814, et qu'un siècle plus tard exactement, les armées françaises y chassèrent les soldats allemands.

- **Se repérer** – Montmirail se trouve sur la D 933 qui relie Paris à Châlons-en-Champagne en passant par Meaux.
- **Organiser son temps** – Montmirall peut faire l'objet d'une agréable halte sur la route, ou d'une petite excursion depuis les environs.
- **Avec les enfants** – Possibilités de balades familiales à Reuves dans le marais de Saint-Gond.
- **Pour poursuivre la visite** – Voir aussi Routes du Champagne, Château-Thierry, Dormans, Épernay, Montagne de Reims, Orbais-l'Abbaye, Sézanne.

Statues

Les ruelles empruntant le tracé des anciennes fortifications, en grande partie détruites à la Révolution, permettent de découvrir quelques-unes des nombreuses statues qui jalonnent les rues de Montmirail. En 1618, **saint Vincent de Paul** fit notamment placer une statue de la Vierge sur les 4 portes de la ville : 3 d'entre elles sont encore visibles, intégrées aux murs de maisons situées à proximité des anciennes portes.

Visiter

Château

03 26 81 70 02 - visite guidée juil.-août : lun-jeu. 14h30, 15h30.
Cet édifice de style Louis XIII en brique et pierre fut bâti au 16e s. sur les assises d'un ancien château fort et profondément remanié au 17e s.
Le futur cardinal de Retz y grandit et **Vincent de Paul**, précepteur de la famille de Gondi, vécut là pendant 16 ans.
En 1685, le sévère **Louvois,** ministre de la Guerre de Louis XIV, acheta le domaine : il fit redessiner les jardins à la française par **Le Nôtre** et y accueillit le Roi-Soleil. Son arrière-petite-fille épousa le duc François de La Rochefoucauld : le château devint ainsi propriété de la famille jusqu'en 1991, à la mort de sa dernière occupante, Edmée de La Rochefoucauld.
Les « **avenues** » plantées d'ormes et de tilleuls qui prolongent la grande allée du château jusqu'à la forêt de Rouges Fossés furent commandées par le fils aîné de Louvois à la fin du 17e s.

Aux alentours

Colonne commémorative de Montmirail-Marchais à Champaubert

18 km au nord-ouest sur la D 933.
Surmontée d'une aigle dorée (1867), elle évoque le souvenir des dernières batailles remportées par **Napoléon** lors de sa campagne de France en février 1814 sur les troupes russes et prussiennes : Champaubert le 10 et Montmirail le lendemain.
6 km au nord-ouest de Montmirail sur la D 933. À **Vauchamps**, une autre colonne, plus modeste, célèbre la victoire napoléonnienne du 14 février 1814 contre les armées de Silésie commandées par von Blücher.

Jardins de Vieils-Maisons

12 km à l'ouest par la D 933.
03 23 82 62 53 - www.jardins-vielsmaison.fr - du 1er w.-end de mai au 2e w.-end de sept. : tlj sf merc.-jeu. 14h-18h - possibilité de visite guidée sur demande (8 €) - 6 € (-16 ans gratuit).
À l'emplacement d'une forteresse ruinée à la Révolution, le baron de Ladoucette fit construire en 1804 une demeure de style Empire, donnant sur un grand parc. Le domaine est toujours habité par la même famille.
Le parc, adossé à une église romane remaniée au 17e s., a retrouvé son aspect initial. Réaménagé sur 5 ha, il comprend 2000 espèces différentes : jardin à la française (roses et plantes officinales), jardin à l'anglaise (arbustes et plantes vivaces), jardins symboliques composés de bruyères, d'hortensias, de graminées… Dans le jardin de curé, 32 parcelles symétriques sont bordées de thym et de santoline.

Circuit de découverte

MARAIS DE SAINT-GOND ET VALLÉE DU PETIT MORIN

56 km - environ 2h. Voir Sézanne.

Montmirail pratique

Adresse utile

Point d'information multiservice – *5 r. de Châlons - 51210 Montmirail - 03 26 81 40 05.*

Se loger

Domaine des Patrus – *La Haute Épine - 02540 L'Épine-aux-Bois - 8 km à l'O de Montmirail par D 933, dir. Meaux - 03 23 69 85 85 - www.domainedespatrus.com - fermé déc.-fév. - réserv. obligatoire - 5 ch. 70/95 € - repas 30 €.* Cette belle ferme briarde mérite qu'on s'y arrête : outre le confort des lieux, on y savoure le plaisir de se réveiller face à la sereine campagne. Grandes chambres dotées de meubles anciens. Potager voué à la culture biologique.
Ne partez pas sans visiter la riche galerie dédiée aux fables de La Fontaine.

Mouzon★

2 616 MOUZONNAIS
CARTE GÉNÉRALE C1 – CARTE MICHELIN LOCAL 306 M5 – ARDENNES (08)

Ce gros bourg, très harmonieux, resserre ses vieilles maisons de calcaire jaune sur les rives de la Meuse. Baladez-vous depuis la porte de Bourgogne jusqu'à l'abbatiale gothique : ici et là, de petites fenêtres semblent épier votre passage. Ce sont des beuquettes, étroites ouvertures dans l'épaisseur des murs d'où l'on pouvait « beuquer », c'est-à-dire observer furtivement les passants…

- **Se repérer** – La ville se trouve à 17 km au sud-est de Sedan, sur une île formée par la Meuse et le canal de l'est.
- **À ne pas manquer** – L'abbatiale Notre-Dame.
- **Organiser son temps** – Une petite heure permet d'avoir un aperçu des lieux.
- **Avec les enfants** – Le musée du Feutre, qui intègre des activités ludiques ; le Pavillon d'accueil du territoire du sanglier, aux alentours.
- **Pour poursuivre le voyage** – Voir aussi Charleville-Mézières, Forêt d'Élan, Sedan, Vouziers, Villy-la-Ferté.

Comprendre

Dès 843, Mouzon devient une ville frontière entre la Francie occidentale et la Lotharingie. Elle conservera longtemps cette position stratégique : plus à l'est, la principauté de Sedan ne sera française qu'au milieu du 17e s. En 1379, Mouzon, française, devient le lieu de séjour des archevêques de Reims. Pour la protéger des troupes germaniques, puis espagnoles, les rois de France incitent les habitants à construire des fortifications : la ville est assiégée en 1521 par les armées de l'empereur **Charles Quint**, puis en 1653 par les troupes françaises, sous le commandement de Turenne. En 1659, par le traité des Pyrénées, Louis XIV repousse la frontière d'environ 20 km à l'est jusqu'à l'actuel Carignan. Treize ans plus tard, il autorise la démolition des murailles. Mais en 1674, la ville est à nouveau attaquée par les Luxembourgeois.

Se promener

Un **circuit des Fortifications** fait le tour de Mouzon depuis l'emplacement de la porte de France, au sud. Il permet d'imaginer la petite ville de jadis, corsetée dans ses murailles et protégée par son château : celui-ci était situé à l'emplacement des usines Sommer. *Visite guidée (1h30) - 2 € - réservation et brochure à l'office de tourisme.*

Porte de Bourgogne

Cette porte (du 12e au 17e s.) est le dernier vestige des fortifications de la ville. Elle menait aux terres relevant du duc de Bourgogne, d'où son nom. En 1641, sur l'ordre du cardinal de Richelieu, elle fut renforcée par trois fossés et trois pont-levis, dont il ne subsiste rien aujourd'hui.

Visiter

Abbatiale Notre-Dame★

9h-19h - possibilité de visite guidée sur demande auprès des Amis du patrimoine de Mouzon - Paul Motte - 13 rte Royale - 08210 Mouzon.

Voir l'ABC d'architecture p. 70. La vie religieuse se développa avec la fondation, en 971, d'une abbaye bénédictine par Adalbéron, évêque de Reims. Après la construction d'une première église, l'abbatiale fut bâtie vers 1190 et achevée en 1231, sauf la tour nord (15e s.) et la tour sud (16e s.). L'abbatiale fut vendue à la Révolution et devint un hôpital. Des restaurations très visibles ont été effectuées à la fin du 19e s.

Les 46 contreforts, d'une grande sobriété, contrastent avec le **tympan** richement sculpté. En haut : *Couronnement*, peut-être celui de la Vierge. Au milieu : *Annonciation et Visitation*. En dessous : à gauche, *Dormition de la Vierge* ; à droite, *Martyr de sainte Suzanne et saint Victor*, des saints locaux (on crève les yeux à la jeune fille, tandis que son frère est poignardé).

Le chœur (fin 12e s.) et la nef (13e s.) reposent sur de gros piliers ronds, comme à Laon dont Mouzon reproduit le plan primitif. De chaque côté du **chœur** et des bras du transept, jolie perspective sur les galeries qui surmontent le déambulatoire et les **chapelles** rayonnantes. À droite, l'une d'elles conserve des fragments de peintures

médiévales sur le thème de l'Assomption. À gauche se trouve la cellule d'une recluse qui consacra la fin de sa vie à prier Dieu dans ce logis minuscule.
Le mobilier du 18e s. est intéressant : orgue et buffet d'orgue en bois sculpté (1725), seul témoignage de l'œuvre de **Christophe Moucherel** dans le Nord de la France. À gauche de l'église, on remarque la belle ordonnance des anciens bâtiments abbatiaux (1660) qui abritent aujourd'hui une maison de retraite. Les **jardins** à la française offrent une jolie promenade.

Musée du Feutre

Pl. du Colombier - ✆ 03 24 26 91 12 - juin-août : 14h-19h ; mai et sept. : 14h-18h ; avr. et oct. : w.-end et j. fériés 14h-18h - 3,90 € (enf. 1,50 €), 1er dim. du mois gratuit.
Ce musée a été créé pour mettre en valeur un savoir-faire développé à Mouzon et lié à l'usine fondée en 1880 par **Alfred Sommer** : la fabrication du feutre, l'un des plus anciens textiles du monde.
L'origine du feutre remonte à 8 000 ans, en Asie centrale. Il est obtenu à partir de laines animales comme celle du mouton, mais aussi de toutes sortes de poils : lama, chèvre, lapin... Leurs fibres s'enchevêtrent lorsqu'on les soumet à l'action combinée de la chaleur, de l'humidité et du frottement. Des manteaux de bergers, des bonnets, des chaussons et des tapis dont les motifs évoquent certaines croyances (arbre de vie, oreilles d'ours...) retracent cette longue **tradition artisanale du feutre** chez les Afghans et les Turcs nomades. Exposition d'une yourte anatolienne. Aujourd'hui, le feutre industriel se prête à toutes sortes d'usages : filtre d'aspirateur, dessous de meuble, feutrine décorative, revêtement automobile, stylos-feutres...
La reconstitution au quart d'une chaîne de fabrication permet d'assister à l'élaboration de ce textile, du cardage de la laine jusqu'au foulage. Un **atelier d'art contemporain** expose les réalisations de créateurs internationaux sollicités par le musée pour inventer des accessoires de mode, des vêtements et des meubles étonnants. Des **animations** sont proposées aux enfants : déguisements, confection de petits objets...

S. Sauvignier/MICHELIN

Reconstitution d'une yourte au musée du Feutre.

Aux alentours

Site gallo-romain du Flavier

4 km par la D 964 vers Stenay.
L'ancienne *Mosomagum* (Mouzon) fut une cité frontalière entre les peuplades celtes et trévires, comme en témoigne ce lieu de culte gallo-romain, découvert en 1966 et surplombé par une passerelle. On y voit encore les fondations de trois temples (*fana*) superposés, datant de 50 av. J.-C. à 350 de notre ère. Outre des poteries et des céramiques, quelque 850 objets votifs ont été mis à jour sur le site : petits glaives, boucliers, lances... Certains sont exposés au musée de l'Ardenne, à Charleville-Mézières *(voir ce nom)*.

Pavillon d'accueil du territoire du sanglier

12 km par la D 19 jusqu'à Carignan, puis prendre la D 981 et tourner à droite vers Mogues.

03 24 29 79 91 - www.3cantons.com - ♿ - juil.-août : 10h-19h ; juin et sept. : 10h-18h ; mai : lun.-jeu. 14h-18h, vend.-dim. 10h-18h ; avr. et oct. : 14h-18h ; mars et nov.-déc. : vend.-dim. 14h-18h - possibilité de visite guidée (1h30) - fermé 25 déc. et janv.-fév. - 4 € (enf. 2 €).

Conçue comme un parcours animé et interactif, l'exposition (500 m^2) offre une présentation pédagogique et humoristique de cet animal emblématique des Ardennes (histoire et mythologie locales…). On y suit le sanglier à la trace depuis l'apparition d'Arduinna, déesse de la chasse, jusqu'à nos jours où l'animal est la mascotte de l'équipe de football de Sedan. Pour tout savoir sur la **bête noire** sous toutes ses formes !

Ce vaste bâtiment situé en lisière de forêt accueille également l'office du tourisme des Trois Cantons. Une rotonde d'exposition est consacrée aux Ardennes : l'arbre et la forêt, la métallurgie et le textile, les légendes, la vie quotidienne… (*accès libre*).

Fort de Villy-la-Ferté *(voir ce nom)*

15 km au sud-est de Mouzon par la D 19 jusqu'à Carignan, puis la N 43 vers le sud et, après Blagny, la D 52.

Mouzon pratique

Voir aussi l'encadré pratique de Sedan.

Adresses utiles

Office du tourisme des Trois Cantons – *Le Paquis de Frappant - 08110 Mogues - 03 24 29 79 91 - horaires : voir Pavillon d'accueil du territoire du sanglier.*

Point d'information touristique à Mouzon – *Pl. du Colombier - 08210 Mouzon - 03 24 26 10 63.*

Se loger

Le Relais de l'Épinette – *Villemontry - 2 km au S de Mouzon par D 19 - 03 24 26 12 73 - - 4 ch. 45 €* . Cette maison de bourg du 19e s. vous accueille dans la quiétude d'un village à l'écart de la circulation. Les 4 chambres, aménagées dans une aile indépendante, disposent chacune d'une salle d'eau avec WC et d'une literie confortable. Poutres et pierres apparentes apportent un charme rustique aux différentes pièces.

Se restaurer

Les Échevins – *33 r. Charles-de-Gaulle - 03 24 26 10 90 - fermé 1er-24 août, 26 déc.-11 janv., sam. midi, dim. soir et lun. - 25/37 €.* Accueillante salle de restaurant au décor rustique, aménagée à l'étage d'une maison à colombages du 17e s. Ambiance décontractée et cuisine au goût du jour.

Sports & Loisirs

Randonnées – Avec Raucourt à l'ouest et Carignan à l'est, Mouzon forme le pays des Trois Cantons : un paysage de collines où 330 km de sentiers sont tracés de vallées en belvédères. Demandez le topoguide à l'office de tourisme.

Nogent

4 343 NOGENTAIS
CARTE GÉNÉRALE C4 – CARTE MICHELIN LOCAL 313 M6 – HAUTE-MARNE (52)

Observez bien la lame de vos objets tranchants et vous y lirez peut-être le nom de Nogent. Dans cette ancienne ville royale, pas de second couteau mais des stars internationales : couteaux de table, ciseaux, canifs, scalpels, sécateurs… Laissez-vous tenter, vous n'y couperez pas. Mais devant ce choix si grand, vous aurez du mal à trancher !

Couteau à fruit du 19e s. : lame et virole en argent, manche en nacre.

- **Se repérer** – Entre Chaumont (24 km) et Langres (26 km), Nogent est située dans le Bassigny, sur un site rocheux dominant la vallée de la Traire, affluent de la Marne. Elle comprend Nogent-le-Haut et Nogent-le-Bas, en bord de rivière.
- **À ne pas manquer** – Le musée de la Coutellerie, pour tout savoir de cet art de la précision qui détermina l'histoire du Nogentais.
- **Organiser son temps** – Quelques heures permettent de voir la ville et son musée. N'oubliez pas de prendre rendez-vous si vous désirez visiter les ateliers situés dans les villages des environs.
- **Pour poursuivre la visite** – Voir aussi Auberive, Bourbonne-les-Bains, Chaumont, Langres, Vignory.

Comprendre

C'est pour fuir un impôt jugé abusif que les couteliers de **Langres** vinrent s'installer à Nogent au milieu du 17e s. Au 18e s., la ville gagna sa réputation en Europe par sa coutellerie de luxe. Dès 1860, des **forges industrielles** voient le jour à côté des ateliers artisanaux. Aujourd'hui, le secteur s'est diversifié, mais les anciens ateliers ont fermé un à un : seules substistent quelques façades dans les rues du centre-ville.

Se promener

L'**office de tourisme**, situé dans les anciennes halles, abrite une **exposition** permanente : coutellerie, cisellerie, outils professionnels…

Le saviez-vous ?

Le seigneur René de Nogent apparaît au 11e s. La ville s'appellera successivement Nogent-le-Roi, Nogent-Haute-Marne, Nogent-en-Bassigny puis Nogent tout court, une exception parmi les 17 Nogent de France !

Illustre citoyen mais encore méconnu, **Bernard Dimey** (1931-1981) fut à la fois poète, chansonnier, comédien, peintre et auteur de chansons célèbres telles *Mon truc en plumes*, *Syracuse*…

De l'ancien château médiéval ne reste qu'une **porte** intérieure nommée « Justice de Paix » : réaménagée en geôle, elle accueillit ensuite une instance judiciaire qui fonctionna jusqu'en 1958. Les pierres du château furent utilisées pour construire certains ateliers à flanc de colline.

À Nogent-le-Bas, l'**église Saint-Germain** (12e s.) fut rebaptisée « le sabre et le goupillon » : pendant la Révolution, les ciseliers furent réquisitionnés et l'église transformée en manufacture de sabres et de baïonnettes. Elle comporte une Pietà du 14e s., des statues en pierre polychrome et des vitraux contemporains, œuvre du maître verrier **Christine Bicquet**. *Mai-sept. : 14h-18h (la porte latérale est fermée mais pas à clé).*

La cloche des souvenirs

Dans *Terre natale* (1938), l'académicien **Marcel Arland** évoque ses souvenirs d'enfance associés à la cloche que l'on peut encore apercevoir au-dessus de l'office de tourisme : elle signalait le début et la fin du marché, où ses parents, agriculteurs à Varennes-sur-Amance, se rendaient pour vendre le fruit de leur labeur.

Visiter

Musée de la Coutellerie

Espace Pelletier - pl. Charles-de-Gaulle - ✆ 03 25 31 89 21 - www.villedenogent52.com - ♿ - juin-sept. : 10h-12h, 14h-18h ; mars-mai et oct.-nov. : tlj sf mar. 10h-12h, 14h-18h - possibilité de visite guidée (1h15) - fermé déc.-fév. et 1er Mai - 2 € (enf. 1 €).

Ce musée est logé dans un espace qui porte le nom de Nicolas Pierre Pelletier, un grand ciselier du 19e s. Il présente divers exemples de la production du 18e au 21e s. : canifs, couteaux de chasse, superbes couteaux de table et ciseaux, tous plus ou moins ciselés, avec manche en bois, corne, ébène, ivoire... Des **ateliers** ont été reconstitués, l'un d'eux est à l'image d'une planche de l'*Encyclopédie* de Diderot (dont le père était coutelier à Langres). Dans une vitrine sphérique, les instruments chirurgicaux sont placés sur des plateaux mobiles. Aujourd'hui, Nogent est spécialisé dans les instruments destinés à la chirurgie de haute précision et dans la coutellerie d'art. Le musée propose également une **exposition temporaire** annuelle.

Aux alentours

Cascade de Rolampont

À 13 km au sud-ouest de Nogent. Voir « Aux alentours » à Langres.

LES VALLÉES COUTELIÈRES

Bon à savoir – Une carte avec les coordonnées des ateliers est disponible à l'office du tourisme de Nogent.

La visite (*sur rendez-vous*) des **ateliers de coutellerie** disséminés dans le Nogentais est l'occasion de découvrir les villages typiques des vallées du Rognon, de la Marne et de la Traire.

Poulangy

9 km à l'est par la D 107.

Ce joli village aux rues sinueuses abrita une **abbaye royale** fondée en 640, dont subsistent le porche derrière l'église et quelques bâtiments habités par des particuliers.

Autrefois spécialisé dans la coutellerie à usage professionnel, il accueille un atelier de **coutellerie d'art**.

Biesles

9,5 km au nord-ouest par la D 1 puis la D 417.

Ce village, qui n'est pas situé dans la vallée, est actuellement le plus gros producteur, avec une spécialisation dans les **couteaux de table**, de chasse et les couteaux fermants : pas moins de 6 ateliers sont visitables (*sur rendez-vous auprès de l'office du tourisme de Nogent*).

La **tour de l'ancien château** fort (16e s.) accueille une collection de plus de 900 objets liés à la **coutellerie**, à la ganterie et à la saboterie. *✆ 03 25 31 93 20 (en semaine) - juin-sept. : dim. et j. fériés 15h30-18h30.*

Nogent pratique

Adresse utile

Office du tourisme de Nogent – *Pl. du Gén.-de-Gaulle - BP 59 - 52800 - ✆ 03 25 03 69 18 - www.villedenogent52.com - juil.-août : tlj sf lun. 10h-12h, 14h-18h, dim. 14h-17h ; sept.-juin : tlj sf dim. et lun. 10h-12h, 14h-18h - fermé j. fériés, fév., 1 sem. en oct. ou nov. et pdt vac. de Noël.*

Se loger

Chambre d'hôte Relais de la Côte – *6 r. de Normandie - 52800 Mandres-la-Côte - 6 km au N de Nogent par D 1 et D 417 - ✆ 03 25 01 94 03 - 5 ch. 27/36 € - repas 14 €.* Restaurée, cette ferme de 1820 a vraiment belle allure. Le rapport qualité-prix, l'accueil et la table d'hôte vous donneront satisfaction.

Camping municipal Le Château – *52140 Montigny-le-Roi - 13 km à l'E de Nogent par D 107 - ✆ 03 25 87 38 93 - 15 avr.-15 oct. - 55 empl. 14 €.* Situé dans le cadre agréable de la vallée de la Meuse. Tennis, jeux pour enfants.

Se restaurer

Le Commerce – *Pl. du Gén.-de-Gaulle - ✆ 03 25 31 81 14 - 17/25 € - 19 ch. 69 € - 8 € -* Bonne étape face à la mairie et près du musée de la Coutellerie. La cuisine régionale se déguste dans deux ambiances : un brin bourgeoise au restaurant, plus décontractée à la brasserie. Chambres récemment rénovées et meublées en style Louis Philippe.

Que rapporter

Eaux-de-vie Georges Decorse – *21 r. de l'École - 52240 Millières - ✆ 03 25 01 21 46 - 10h-17h.* Profitant de l'expérience de plusieurs générations de bouilleurs de cru, cette entreprise familiale créée en 1991 travaille avec des fruits achetés chez les producteurs pour réaliser ses eaux-de-vie et ses liqueurs. Une qualité reconnue, qui lui vaut une bonne place au Concours général agricole. Vente et dégustation.

Nogent-sur-Seine

5 963 NOGENTAIS
CARTE GÉNÉRALE B3 – CARTE MICHELIN LOCAL 313 B3 – AUBE (10)

La silhouette des silos, des moulins et des cheminées de la centrale nucléaire, un peu plus au nord, n'entame en rien le charme bucolique de cette petite ville qui inspira « L'Éducation sentimentale » de Flaubert. Amateur de dimanches à la campagne, l'écrivain fut sensible à ses ruelles bordées de maisons anciennes et aux berges de la Seine mangée par les nénuphars.

Se repérer – Nogent-sur-Seine est la première ville de l'Aube lorsqu'on vient de Paris par la N 19. C'est la route la plus courte, mais non la plus rapide : il est souvent préférable de prendre l'A 5 jusqu'à Marolles-sur-Seine, puis la D 41.

À ne pas manquer – Le château de La Motte-Tilly.

Organiser son temps – La visite de la ville est relativement rapide, mais ses environs offrent plusieurs possibilités d'excursion.

Avec les enfants – L'île Olive et son arboretum ; le jardin botanique de Marnay-sur-Seine qui propose un parcours ludique et pédagogique ; le parc du Moulin-Rouge à Marigny-le-Châtel.

Pour poursuivre la visite – Voir aussi Provins, Sézanne, Troyes.

Se promener

Vieille ville

Elle comprend d'anciennes demeures à pans de bois. En bord de Seine s'élève un immense **moulin** de brique, lié à l'exploitation céréalière de la Brie voisine et, en contrebas, le **pavillon Henri IV** (16e s.) qui accueille une exposition annuelle.

Église Saint-Laurent

Visite guidée (1h30) sur demande à l'office de tourisme - 5 € (-12 ans gratuit). Cette église du 16e s. associe les styles gothique flamboyant et Renaissance, époque où fut créée l'ornementation de la tour, à gauche du portail principal. Les collatéraux Renaissance sont percés de larges baies. Les contreforts portent des chapiteaux ouvragés et des gargouilles originales. Le portail sud comprend un beau fronton.
L'église est surmontée d'une lanterne qui a la forme d'une cage d'écureuil. Dessus, la statue de saint Laurent porte le gril, instrument de son martyre.

Le saviez-vous ?

Peintre et sculpteur originaire de Nogent-sur-Seine, **Alfred Boucher** fut le premier maître de Camille Claudel. C'était un humaniste, soucieux de faire école. En 1902, à Paris, il fonda la Ruche, un lieu d'accueil pour les artistes les plus démunis. Des centaines d'entre eux y passèrent, parmi lesquels des noms aujourd'hui prestigieux : Chagall, Soutine, Zadkine, Léger…

Dès l'enfance, **Gustave Flaubert** effectue de fréquents séjours dans la ville d'origine de son père où il conserve des attaches familiales. Elle servira notamment de cadre à *l'Éducation sentimentale* : on peut encore admirer l'hôtel du Cygne de la Croix ou, dans le vieux quartier de la Pêcherie, la vieille maison à colombages, dite « de la Turque », qui fascinait le héros *(voir l'ABC d'architecture p. 73)*. Ses descriptions constituent aujourd'hui un précieux témoignage, de nombreux autres édifices ayant disparu.

L'agréable **île Olive**, sur la Seine, accueille un vaste arboretum et invite à la promenade. On y accède par une passerelle au ras des eaux.

Visiter

Musée Paul-Dubois-Alfred-Boucher

R. Alfred-Boucher - 03 25 39 71 79 - www.ville-nogent-sur-seine.fr - mai-oct. : tlj sf mar. 14h30-18h30 ; fév.-avr. et nov. : w.-end et j. fériés 14h-18h - fermé 1er et 8 Mai - 3 € (-12 ans gratuit).

Les pièces d'**archéologie** proviennent des fouilles effectuées dans le Nogentais : poteries gallo-romaines découvertes à La Villeneuve-au-Châtelot, monnaies…

Le musée accueille aussi des **peintures** du 17e et 19e s. : œuvres de Raffaelli, Maximilien Luce, paysages d'Alfred Boucher et portraits d'Émile Boeswillwald. *Le Livon* est un paysage de Nogent peint en 1764 par Joseph Vernet : considérée comme perdue, la toile fut retrouvée en Angleterre et achetée en 1996. Elle fait partie d'une paire dont le pendant se trouve au musée des Beaux-Arts, à Berlin.

La galerie de **sculptures**, qui reconstitue l'atmosphère d'un atelier, rassemble des plâtres, des moulages et des originaux créés par des artistes de la région, parmi lesquels les sculpteurs qui ont donné leur nom au musée.

Aux alentours

Château de La Motte-Tilly★

6 km au sud-ouest par la D 951.

03 25 39 99 67 - www.chateau-mottetilly.com - visite guidée (1h) - de mi-mai à fin sept. : 10h-12h, 14h-18h ; de déb. oct. à mi-mai : 14h-17h (dernière entrée 30mn av. fermeture) - visite libre du parc - fermé lun. et mar., 25 déc. et 1er janv. - 6,50 € (enf. gratuit).

Le château, d'architecture simple mais noble, est bâti en grès et maçonnerie de crépi. Il fut élevé à partir de 1754 sur la terrasse naturelle dominant la Seine, pour l'abbé Terray (1715-1778), qui fut contrôleur des Finances sous Louis XV.

Lantages/Même pas cap

Vue aérienne du château de La Motte-Tilly.

L'architecte du château est **François Nicolas Lancret**, neveu du célèbre peintre Nicolas Lancret, qui construisit également les hôtels de ville de Chaumont et de Châteauvillain.

Intérieur – Archéologue et historienne d'art, passionnée de mobilier, la marquise de Maillé (1895-1972) fut la dernière propriétaire du château, œuvre de sa vie qu'elle décora de son goût très sûr. Faute d'héritier, elle le céda aux Monuments historiques, avec l'exigence qu'il ne soit jamais habité mais que l'on puisse y sentir une présence comme s'il le fut… d'où une discrète et subtile mise en scène. Dans les salons du rez-de-chaussée, l'éclat des **ensembles mobiliers★★** et décoratifs s'allie aux boiseries peintes, très lumineuses. Un bel escalier à rampe en fer forgé conduit au 1er étage, où deux pièces rappellent le souvenir de la marquise de Maillé : sa chambre à coucher tendue de vert; la chambre Empire du comte de Rohan-Chabot, son père. Dans l'aile est se trouve la chambre de sa fille Claire, la princesse de Polignac, qui séjourna rarement au château pourtant doté d'un confort exceptionnel.
Dans le **parc, l**a perspective principale, au nord du château, est marquée par le bassin du Miroir, bordé de chaque côté d'une allée de tilleuls.

Mégalithes

L'Aube, et en particulier le Nogentais, est riche en monuments mégalithiques : ils témoignent de la présence très ancienne d'un habitat groupé et socialement organisé entre le pays d'Othe et Villenauxe-la-Grande, dans le cadre de la civilisation « Seine-Oise-Marne » de la fin du néolithique (–2500 à –2000). Les premières populations sédentarisées se fixent près des sources, des marais et des forêts. 34 polissoirs, dolmens, menhirs… sont encore visibles dans l'Aube, notamment aux alentours de Nogent-sur-Seine.

Un circuit vélo ou automobile de 60 km permet d'en voir certains. Renseignements à l'office du tourisme de Nogent.

Marnay-sur-Seine

10 km à l'ouest par la N 19, puis la D 68 à gauche.

Refuge des moines fondateurs de l'abbaye de Saint-Denis qui fuyaient les persécutions au 9e s., ce joli village des bords de Seine fut régulièrement fréquenté par les artistes, notamment ceux de Montparnasse vers 1930. Le peintre surréaliste **Claude Domec** (1902-1983) s'inspira de ses souverirs d'enfance chez sa grand-mère à Marnay.

Jardin botanique – *03 25 21 94 18 - de mi-avr. à mi-oct. : 9h-12h, 14h-18h, w.-end et j. fériés 15h-19h - possibilité de visite guidée (1h30) - 4 € (enf. 2 €).* Créé en 1999, ce jardin très harmonieux abrite près de 3 000 espèces, assurant grâce à son **conservatoire** la protection de nombreuses plantes menacées, parmi lesquelles des espèces régionales et exotiques. C'est à la fois un jardin d'agrément et un jardin scientifique : chemin de l'Évolution pour comprendre l'origine des végétaux, carrés de plantes médicinales ou condimentaires, potager, roseraie… Le public est invité à se familiariser plus intimement avec le monde végétal à travers des expositions, des conférences et des excursions botaniques.

Centre d'art contemporain – *03 25 39 20 61 - www.camac.org.- mar.-dim. : 14h-18h - gratuit.* Installé dans un ancien prieuré du 17e s., il accueille chaque année en résidence une trentaine d'artistes et organise autour de leur travail plusieurs expositions : peinture, installations, photo, vidéo, son, performances…

Ancienne abbaye du Paraclet

6 km au sud-est par la D 442.

Visite guidée (30mn) de mi-juil. à fin août : tlj sf dim. 10h-12h, 14h-18h - 2 € (-12 ans gratuit).

Originaire de la région nantaise, **Pierre Abélard** (1079-1142) s'y installa avec un seul clerc. Il commença par construire un oratoire, fait de roseaux et de chaume, puis fut rapidement rejoint par une foule de disciples qui campèrent autour de l'oratoire. Ce dernier fut alors édifié en pierre. **Héloïse** (1101-1164) devint abbesse des lieux en 1129.

De l'abbaye, il ne reste qu'un cellier sous les bâtiments d'une ferme briarde. Derrière la chapelle, un obélisque marque l'emplacement de la crypte où se trouvaient les cercueils d'Héloïse et d'Abélard.

Héloïse et Abélard

Pierre Abélard se destine très tôt aux études et devient un maître réputé. Son enseignement, qui touche à toutes les disciplines, attire des auditeurs venus de l'Europe entière. En 1118, une idylle naît avec **Héloïse**, la nièce de Fulbert, un chanoine de Notre-Dame de Paris. Les deux amants ont un enfant. Pour échapper à la colère de la famille, la jeune mère se réfugie dans un couvent; les parents se vengent sur Abélard en lui tranchant « les parties du corps avec lesquelles il a commis ce dont ils se plaignent ». Il entre alors à l'abbaye royale de Saint-Denis, puis c'est la retraite dans un lieu désert, près de Nogent-sur-Seine : le Paraclet. Héloïse devient prieure d'Argenteuil, qu'elle quitte en 1129. Après dix ans de séparation, Héloïse et Abelard finissent par se revoir... Mais cette flamme est sans issue et le maître se consacre entièrement à son enseignement. À sa mort, Héloïse accueille sa dépouille. Elle s'éteint elle-même une vingtaine d'années plus tard. Les deux amants ont été inhumés en 1164 dans la grande église du Paraclet, enfin réunis. Leur tombeau a été transporté ensuite au cimetière du Père-Lachaise, à Paris.

Parc du Moulin-Rouge

À Marigny-le-Châtel, 17 km au sud-est par la D 442.
03 25 21 24 00 ou 06 81 95 99 51 - ♿ - avr.-oct. : 10h-19h ; nov. et fév.-mars : 10h-18h - 3 € (-10 ans 2 €).
Situé en pleine nature sur 2 ha, ce parc ombragé abrite des chiens de prairie, des daims et quelques espèces exotiques : autruches, émeus, nandous, wallabies...

Pont-sur-Seine

9 km à l'est par la N 19.
La capitale du Morvois était jadis le siège d'une seigneurie que détinrent les Bouthillier, protégés de Richelieu. Défendue par une enceinte, la ville a gardé son cachet avec ses rues sinueuses et ses hôtels à haut portail.
L'**église Saint-Martin** a été construite aux 12e et 16e s. : sous les Bouthillier, l'intérieur a été entièrement peint de scènes et de motifs ornementaux assez curieux. À voir : les peintures d'Eustache Lesueur et les retables. À droite du chœur, la **chapelle du Rosaire** constitue un rare ensemble décoratif, typique du style Louis XIII.

Nogent-sur-Seine pratique

Voir aussi l'encadré pratique de Provins.

Adresse utile

Office du tourisme du Nogentais et de la vallée de la Seine – *53 r. des Fossés - 10401 Nogent-sur-Seine - 03 25 39 42 07 - www.tourisme-nogentais.fr - de mi-mai à fin oct. : lun.-vend. 9h-12h, 14h-18h, sam. 9h-18h, dim. 10h-12h ; de déb. nov. à mi-mai : lun. 14h-17h30, mar.-sam. 9h-12h30, 14h-17h30, fermé dim.*

Visites

Visites guidées à thème – *Renseignements à l'office de tourisme - 5 € (-12 ans gratuit).* Centre-ville, parcours Flaubert, Camille Claudel et Alfred Boucher ou Napoléon, Nogent médiéval, la Seine nogentaise (1h30).

Le **parcours Flaubert**, jalonné de panneaux d'interprétation, permet de découvrir la ville librement. Document disponible à l'office de tourisme.

Se loger

Chambre d'hôte Rondeau – *12 r. du Chêne - 10400 La Motte-Tilly - 4 km au SO de Nogent-sur-Seine par D 951 dir. Fontainebleau - 03 25 39 83 85/75 22 - 5 ch. 30/44 € - 4 €.* Le temps s'écoule paisiblement dans cette propriété nichée au cœur d'un tout petit village de la vallée de la Seine. Décor sans fioriture dans les chambres, qui occupent un pavillon moderne donnant sur une cour fermée. Accueil sans pareil.

Se restaurer

Beau Rivage – *R. Villiers-aux-Choux - 03 25 39 84 22 - fermé 18 fév.-4 mars, 16-31 août, dim. soir et lun. - 22/40 €.* Près du château de La Motte-Tilly, cette petite maison moderne et fraîche à la façade blanche cache une terrasse en bord de Seine qui donnera un charme bucolique à votre escale. Cuisine simple et chambres fonctionnelles.

Sports & loisirs

Randonnée – 3 circuits de 8 à 20 km composés chacun d'une grande et d'une petite boucle. Topoguide en vente à l'office de tourisme.

Vélo – *Renseignements auprès de l'office de tourisme.* 7 circuits sur route.

Événements

La Motte-Tilly – *Renseignements au château et sur le site Internet.* Expositions, concerts et spectacles se succèdent toute l'année mais surtout à la belle saison.

Orbais-l'Abbaye

567 ORBACIENS
CARTE GÉNÉRALE B2 – CARTE MICHELIN LOCAL 306 E9 – MARNE (51)

Entouré de collines boisées, ce charmant village aux étroites ruelles bordées de maisons anciennes doit sa renommée à son église abbatiale. Fondée au 7e s., c'est l'un des plus remarquables édifices gothiques de Champagne. Sa construction fut dirigée, selon toute vraisemblance, par Jean d'Orbais, l'un des maîtres d'œuvre de la cathédrale de Reims.

- **Se repérer** – Orbais est situé entre Épernay (à 23 km) et Montmirail (à 16 km), sur la D 11.
- **Organiser son temps** – Comptez environ 3 heures pour un tour du village suivi du circuit de découverte des alentours.
- **Pour poursuivre la visite** – Voir aussi Routes du Champagne, Château-Thierry, Dormans, Épernay, Montagne de Reims, Montmirail, Sézanne.

Visiter

Église★

Construite aux 12e et 13e s., elle conserve le chœur et le transept de l'abbatiale ainsi que deux des travées primitives de la nef (l'une servant de porche, l'autre à l'intérieur). Les autres travées et la façade à deux tours furent détruites en 1803. Observez la disposition originale des arcs-boutants du transept et de l'abside : ils se rejoignent sur la même culée de contrefort. La flèche légère, qui surmonte la croisée du transept, date du 14e s.

Intérieur – Le **chœur★**, avec son déambulatoire et ses chapelles rayonnantes, est considéré comme le prototype de celui de la cathédrale de Reims ; le rond-point est remarquable par l'équilibre de ses lignes : des arcades aiguës supportent un triforium élancé et des fenêtres hautes que surmontent des oculi.
La chapelle absidiale abrite un vitrail du 13e s. représentant des scènes de l'Ancien Testament. Les fenêtres hautes conservent quelques fragments de vitraux en grisaille.
L'entrée du transept, qui sert de nef, est garnie de **stalles** réalisées au début du 16e s. : les parcloses portent des effigies d'apôtres, à l'exception des deux premières ornées de sculptures représentant à droite l'Arbre de Jessé, à gauche la Vierge. Miséricordes et jouées présentent des figures de fantaisie.

Bâtiments conventuels – On peut y voir une salle du 13e s. à double travée couverte de croisées d'ogives, qui sert de chapelle d'hiver.

Départ de l'église - panneau d'information. Il existe plusieurs possibilités de promenades (*entre 1,3 et 4 km*) dans le village et alentour.

Le saviez-vous ?

Orbais doit son existence au monastère créé par saint Réol ou Rieul, archevêque de Reims. Les premiers occupants furent des moines venus du moutier de Rebais, d'où l'étymologie « hors rebais » parfois donnée au nom d'Orbais.
Jean d'Orbais, architecte supposé de l'église abbatiale, aurait ensuite été appelé par l'archevêque de Reims pour reconstruire la cathédrale.

Circuit de découverte

ÉGLISES ET CHÂTEAUX

35 km – environ 1h. Emprunter la D 42, puis la D 242 pour rejoindre Fromentières.

Église de Fromentières

Derrière le maître-autel se trouve un monumental **retable★★** flamand (fin 15e- début 16e s.). Peint et sculpté, il fut acquis en 1715 à Châlons par un curé de Fromentières pour 12 pistoles, faible somme en regard de sa valeur actuelle. Ce chef-d'œuvre est signé d'une « main coupée », emblème légendaire d'Anvers, et relève de l'école allemande de Nuremberg.

Retable flamand de l'église de Fromentières.

Des volets peints relatent des épisodes du Nouveau Testament et, derrière, apparaissent trois étages de scènes aux délicates figurines : à l'origine, ces dernières étaient peintes de couleurs vives et se détachaient sur des fonds dorés. Les 150 personnages évoquent la Vie et la Passion du Christ avec un sens du détail familier et une intensité d'expression exceptionnelle.

Rejoindre Étoges par la D 933.

Étoges

Ce fut jadis une seigneurie importante appartenant à la maison de Conflans, l'une des plus anciennes de Champagne.

Construit par les barons d'Anglure, l'harmonieux **château** du 17e s. fut sous l'Empire la propriété du comte de Guéhéneuc, sénateur, régent de la Banque de France et beau-père du maréchal Lannes. Il abrite un hôte qu'entoure un parc de 18 ha *(pas de visite, mais on peut y jeter un coup d'œil)*. Sur les douves en eau s'élance un pont : la vue embrasse les bâtiments de briques roses à chaînages et parements de pierre blanche, et les hauts toits à la française coiffés d'ardoises mauves.

Construite au 12e s., l'**église** a été remaniée aux 15e et 16e s., comme en témoignent sa rose gothique et son portail Renaissance. Elle comporte plusieurs gisants du 16e s. : René d'Anglure et sa femme Catherine de Bouzey, leur fils François d'Anglure, et la seconde femme de celui-ci. *Juin-sept. : 9h-18h.*

Emprunter la D 18 sur 8 km.

Montmort-Lucy

Château – *✆ 03 26 59 10 04 - visite guidée (1h) juil.-sept. : tlj sf lun. 14h30 et 16h30, dim. et 15 août 14h30, 15h30, 17h, 17h30 ; dim. et lun. de Pentecôte 14h-18h - 6,50 €.* Ce château, élevé sur une éminence, commandait le passage du Surmelin. Il conserve certaines parties du 12e s., mais fut rebâti à la fin du 16e s. En brique avec des parements de pierre blanche, il garde un aspect féodal : ses douves atteignent 14 m de profondeur. On découvre un four à pain bien conservé, un portail Renaissance (1577), la salle des gardes et la cuisine. On redescend vers la partie basse du château par une rampe à chevaux rappelant celle d'Amboise.

Église – *Mai-oct. : 9h-17h.* Entourée d'un cimetière, elle retient l'attention avec son porche, sa nef romane et son premier transept du 13e s. Le chœur et le second transept datent du début du 16e s. (vitraux de la même époque). À voir dans la nef : la chaire du 18e s.

Info pratique

Voir aussi l'encadré pratique d'Épernay.

Se loger et se restaurer

Le Château d'Étoges – *4 r. Richebourg - 51270 Étoges - ✆ 03 26 59 30 08 - www.etoges.com - P - 30 ch. 80/260 € - ☕ 12 € - restaurant 32/82 €.* Jouez aux châtelains pour une soirée. Appréciez les salons d'apparat, les chambres de caractère au mobilier ancien et le nouveau restaurant dans l'orangerie. Une étape raffinée.

Pays d'Othe

CARTE GÉNÉRALE B3/4 – CARTE MICHELIN LOCAL 313 A/D 4/6 – AUBE (10)

On garde un bon souvenir de ce petit pays vallonné et verdoyant, surnommé « la petite Normandie » en raison de ses pommiers et de son fameux cidre. Quel bonheur de se promener à travers les bois et les champs jalonnés de paisibles villages de brique !

Se repérer – Entre Yonne et Seine, le pays d'Othe qui s'étend au sud-ouest de Troyes présente un curieux contraste avec la plaine de la Champagne crayeuse qu'il domine.

À ne pas manquer – Une dégustation de cidre bien sûr !

Organiser son temps – Le circuit vous occupera une petite demi-journée, à moins que vous ne le prolongiez à pied en suivant les chemins de randonnée... Le marché d'Aix-en-Othe qui se tient les mercredis et samedis matin dans la belle halle de style Baltard fait partie des « Cent marchés d'exception » de France.

Le saviez-vous ?

Les Othéens fabriquent un **cidre fermier** dont la tradition remonte au 16e s. Ni pasteurisé, ni stérilisé, il est obtenu par le pressurage de variétés anciennes. Ici, dans les vergers, on veille jalousement sur 40 espèces de pommes : nez de chat, cul d'oison, avrolles, vérollot, glénon... Rendez-vous au **musée du Cidre** à Eaux-Puiseaux *(voir Ervy-le-Châtel)*.

Avec les enfants – Le coin offre de vastes espaces de jeu et de balades familiales, notamment à Sommeval, Villemaur-sur-Vanne...

Pour poursuivre le voyage – Voir aussi Chaource, Ervy-le-Châtel, Parc naturel régional de la Forêt d'Orient, Troyes.

Circuit de découverte

53 km – environ 2h.

Aix-en-Othe

« Capitale » du pays d'Othe, ce bourg bâti sur la rive droite de la Nosle doit son nom à deux sources qui jaillissent dans un parc. On y reconnaît les bâtiments liés à son ancienne activité textile des 19e et 20e s. : locaux d'usine et maisons des riches patrons bonnetiers. Son église (16e-18e s.) comporte des peintures, des statues et des tapisseries des 16e et 17e s. *Visites commentées et clés en mairie, en face - 03 25 46 75 00.*

Prendre la D 374 vers Villemoiron-en-Othe.

Villemoiron-en-Othe

L'**église** (16e-17e s.) est éclairée par de belles verrières du 16e s., et son chœur par des vitraux contemporains de **Vincent Larcher.** *Avr.-sept. ; reste de l'année : clés chez M. Benoit, 24 Grand-Rue.*

À la sortie du village, remarquez le **lavoir** tout en briques.

Après le village, prendre à gauche la D 121. Dans la forêt de la Vente de l'Avocat, tourner à gauche puis tout de suite à droite vers Champcharme.

Le hameau de **Champcharme** offre l'occasion de satisfaire votre curiosité et vos papilles par une halte à la ferme *(voir l'encadré pratique).*

Poursuivre jusqu'au lieu-dit **Les Boulins**, où un petit plan d'eau a été aménagé devant l'ancien lavoir.

Prendre la D 72 vers Maraye-en-Othe puis la D 374 jusqu'à Saint-Mards-en-Othe et la D 22 en direction de Nogent-en-Othe.

Chemin de la Mémoire à Nogent-en-Othe

4,5 km. Itinéraire balisé (voir panneau au départ, sur votre gauche). Déconseillé en période de chasse. Ce parcours boisé accompagné de panneaux d'interprétation vous mènera sur les traces de la résistance auboise.

Retourner à Saint-Mards-en Othe. Prendre la D 15 (vers Bœurs-en-Othe) et, en arrivant au Champion, tourner dans la 1re à droite (vers Les Chevreaux). Poursuivre vers Berluvier (D 77), puis Bérulle (D 54).

Bérulle

Ce fut le fief de la famille du même nom : le **cardinal Pierre de Bérulle** (1575-1629) eut une influence politique considérable dans son opposition aux protestants. Il contribua à la réforme catholique du 17e s. afin de restaurer la rigueur de la religion, et fut le fondateur en France de la congrégation de l'Oratoire en 1609.
L'**église**, de style Renaissance, date du 16e s. Ses fonts baptismaux, les beaux vitraux du chœur et les statues, dont une *Vierge Mère*, sont de la même époque.

Sentier du Fer – *6 km. Itinéraire balisé au départ du lavoir (voir panneau devant l'église - plaquette explicative à l'office du tourisme d'Aix-en-Othe ou sur www.tourisme-paysdothe.fr).* Ce circuit d'interprétation retrace l'exploitation du minerai de fer en pays d'Othe, de l'époque gallo-romaine au Moyen Âge.

Continuer sur la D 54 vers Rigny-le-Ferron.

Rigny-le-Ferron

Dans ce gros village bordé de jolies façades régulières, la **mairie** surmontée d'une horloge dorée est, elle aussi, entièrement de brique. L'**église** possède un riche ensemble de verrières du 16e s. ainsi qu'un très beau groupe de la *Vierge de pitié* en pierre polychrome. *32 Grande-Rue - ✆ 03 25 46 69 38 - sur demande préalable à la mairie : tlj sf vend. et dim. 9h-11h.*

Continuer la D 54, puis prendre la N 60 (direction Troyes) jusqu'à Villemaur-sur-Vanne.

Villemaur-sur-Vanne

Érigé au 17e s. en duché-pairie pour le chancelier Séguier, le village possède un **église** (12e-16e s.) au curieux clocher (1552), quasi unique en France. Sa charpente de chêne est recouverte de bardeaux de châtaignier. Son très beau **jubé★** en bois (1521), entièrement sculpté, représente une scène de la Passion et de la Vie de la Vierge *(voir*

Ph. Gajic/MICHELIN

Jubé de l'église de Villemaur-sur-Vanne.

l'ABC d'architecture p. 72). Le lutrin (16e s.) et les boiseries du chœur (17e s.) proviennent de l'ancienne abbaye Saint-Loup de Troyes. *☏ 03 25 40 55 22 - visite guidée w.-end 15h sur demande à Mme Velut - 7 Grande-Rue - 10190 Villemaur-sur-Vanne.*

En contrebas, le **marais de la Vanne**, zone écologique protégée de 22 ha, offre une halte agréable. Un chemin permet de faire le **tour du grand étang.** Aire de pique-nique aménagée.

Rejoindre Aix-en-Othe par la D 374.

Aux alentours

Sentier du Loup à Sommeval

23 km au sud-est d'Aix-en-Othe par la D 121, la D 11, puis la D 72.

5, 10 ou 15 km. Itinéraire balisé - panneau au départ (prendre la dir. Chamoy, puis à gauche la route de l'Avenir). Déconseillé en période de chasse. Trois parcours, dont celui de la « pelouse aux orchidées », permettent de traverser ce **site naturel protégé**.

Bouilly

27 km au sud-est d'Aix-en-Othe, 4 km après Sommeval.

Ce village est situé au pied du versant est de la forêt d'Othe. L'**église Saint-Laurent** (16e s.) a été restaurée au 18e s. Au-dessus du maître-autel, un remarquable retable en pierre, de style Renaissance, représente des scènes de la Passion. Sous ce retable, un bas-relief d'une grande finesse a pour thème la Légende de saint Laurent. Parmi les statues du 16e s., voir un curieux saint Sébastien décoré d'un collier en coquilles Saint-Jacques et une belle sainte Marguerite. *t 03 25 40 20 09 - visite sur demande préalable au secrétariat de la mairie.*

Pays d'Othe pratique

Voir aussi l'encadré pratique de Troyes.

Adresse utile

Office du tourisme du Pays d'Othe et de la vallée de la Vanne – *21 r. des Vannes- 10160 Aix-en-Othe - ☏ 03 25 80 81 71 - www.tourisme-paysdothe.fr - 15 juin-15 août : lun.-mar. 15h-18h, merc.-sam. 9h30-12h30, 15h-18h, dim. 9h30-12h30 ; reste de l'année : mar.-sam 10h-12h30, 15h30-17h30 (fermé le jeu. apr.-midi).*

Se loger

Chambre d'hôte La Ferme des Ardents – *16 r. du Moulin - 10160 Rigny-le-Ferron - ☏ 03 25 46 79 82 - ⊭ - 5 ch. 35 €* ☕. Qu'il fait bon séjourner dans cette ferme fortifiée du 17e s. ! Ses tours, ses pigeonniers, sa cour fleurie, son calme, ses chambres simples et mansardées vous enchanteront. Prix très doux.

Auberge de la Scierie – *3 rte de Druisy - La Vove - 10160 Aix-en-Othe - ☏ 03 25 46 71 26 - www.auberge delascierie.com - 12 ch. 58 € - ☕ 7 € - rest. 27,50/31,50 €.* Ancien moulin devenu scierie au début du 20e s., cet hôtel bénéficie d'un cadre agréable, avec son parc traversé par une petite rivière. Les produits frais du terroir local se marient avec les recettes de poissons ou de fruits de mer. Les 12 chambres, toutes très confortables, donnent sur la piscine. Une belle étape.

Se restaurer

La Marmite – *Pl. de la Halle - 10190 Estissac - ☏ 03 25 40 40 19 - www.la-marmite.com - 12,50 € déj. - 16/25 €.* Sur la place de la halle, cet hôtel-restaurant présente un agréable mélange de styles, formant un cadre chaleureux. Une salle typée brasserie et une autre plus cossue, un rien kitsch, mais toujours la même cuisine gourmande, élaborée à partir de produits régionaux. Une adresse gastronomique à prix doux.

Que rapporter

Distillerie artisanale du pays d'Othe – *13 r. de la Croix - 10160 St-Mards-en-Othe - ☏ 03 25 70 14 89.* Cette famille de brandeviniers fabrique, depuis 4 générations, différentes sortes d'eaux-de-vie et de ratafias, mais aussi un whisky pur malt et une vodka. Dans un alambic qui date de 1920, on distille les fruits récoltés l'année précédente, suivant la tradition des bouilleurs de cru d'autrefois. Boutique décorée.

Ferme des Charmes – *Champcharme - ☏ 03 25 70 12 80 - tlj sf merc. 15h-18h.* Après la visite de l'exploitation et du petit musée de l'Histoire paysanne, vous dégusterez les produits fermiers. Vous ferez ensuite provision de cidre bien sûr, mais aussi de fromages, confitures…

Provins★★

11 667 PROVINOIS
CARTE GÉNÉRALE A3 – CARTE MICHELIN LOCAL 312 I4 – SEINE-ET-MARNE (77)

De loin, les silhouettes de la tour César et du dôme de Saint-Quiriace annoncent la cité médiévale, ceinte de remparts. Au pied du promontoire s'étend la ville basse, vivante et commerçante. C'est peu dire que Provins est réputée pour son atmosphère médiévale : en 2001, tout l'ensemble urbain – et non seulement un quartier – a été inscrit au Patrimoine mondial de l'Unesco. Provins ne compte pas moins de 58 monuments classés !

Se repérer – À 80 km au sud-est de Paris par l'autoroute A 4, la ville s'étend le long de la Voulzie et du Durteint.

Se garer – Laissez votre voiture à l'extérieur des remparts, sur le parking à côté de l'office de tourisme.

À ne pas manquer – Les remparts et la tour César ; les spectacles médiévaux.

Organiser son temps – Venez à Provins en juin : vous y verrez les roses en fleurs et vous pourrez participer aux Médiévales de Provins. Il y a beaucoup de choses à voir à Provins, pensez à acheter le **Pass' Provins** *(voir l'encadré pratique).*

Avec les enfants – Les trois spectacles (Les Aigles des remparts, La Bataille des remparts, La Légende des chevaliers) – *voir l'encadré pratique.*

Pour poursuivre la visite – Voir aussi Nogent-sur-Seine, Sézanne, Villenauxe-la-Grande.

Comprendre

Le temps des foires – Dès le 10e s., Provins devient l'une des capitales économiques de la Champagne grâce à ses deux foires annuelles qui, avec celles de Troyes, comptent parmi les plus importantes de la région. Hommes du Nord et de la Méditerranée s'y rassemblent pour échanger draps, soieries, épices d'Orient et vins, drainant tout un monde d'affaires : agents de change et commerçants auxquels se mêle la bourgeoisie industrieuse de Champagne. Ces foires demeurent prospères jusqu'au début du 14e s. Par la suite, le poids politique et économique de Paris éclipse la Champagne *(voir l'encadré p. 61).*

La rose de Provins – Selon la tradition, **Thibault IV** le Chansonnier, comte de Brie et de Champagne, rapporta et fit prospérer à Provins des plants de roses provenant de Syrie. Edmond de Lancastre (1245-1296), frère du roi d'Angleterre, ayant épousé Blanche d'Artois, fut durant quelques années suzerain de Provins et introduisit dans ses armes la rose rouge. La rose de Provins *(Rosa gallica officinalis)* est l'ancêtre de toutes les variétés cultivées en France. Connue grâce aux foires de Provins, elle était recherchée pour son parfum, mais également pour ses vertus officinales : elle apaise les maux de digestion, adoucit la gorge, assainit et purifie la peau.

S. Sauvignier/MICHELIN

La tour César est l'emblème de la ville.

Se promener

LA VILLE HAUTE★★

Porte Saint-Jean A1

Édifiée au 13e s., cette porte trapue est flanquée de deux tours en éperon, partiellement masquées par les contreforts qui furent ajoutés au 14e s. pour étayer un pont-levis.

Suivre l'allée des Remparts dominant les fossés.

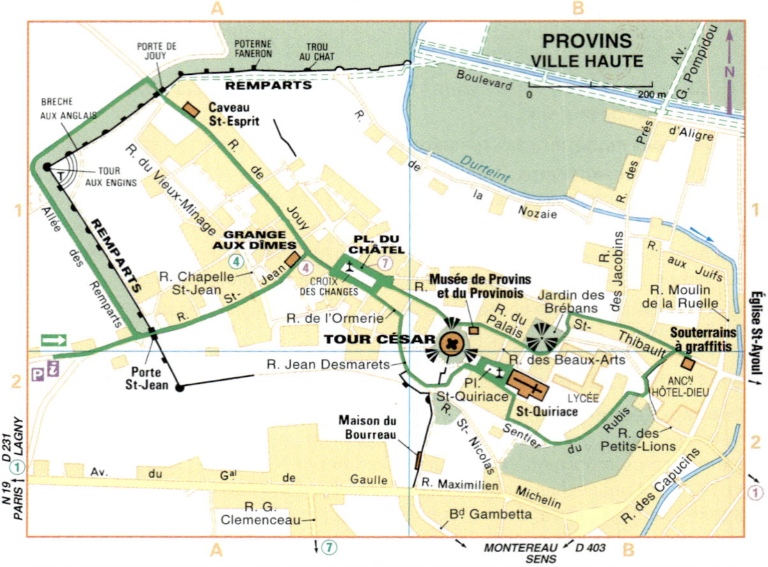

SE LOGER		SE RESTAURER	
Chambre d'hôte Christine et Jean-Claude Dormion	1	La Patache	1
Chambre d'hôte Ferme du Châtel	4	La Table de St-Jean	4
Chambre d'hôte La Ferme de Toussacq	7	Le Petit Écu	7

Remparts★★ A1

Construits aux 12e et 13e s. sur une ligne de défense préexistante, puis remaniés à maintes reprises, ils constituent un très bel exemple d'architecture militaire médiévale. La partie la plus intéressante s'étend entre la porte Saint-Jean et la porte de Jouy. La tour aux Engins, tour d'angle, relie les deux courtines et tire son nom d'une grange où étaient emmagasinées les machines de guerre.

Derrière celle-ci, et dans un espace situé à l'intérieur des remparts, les fauconniers des **Aigles des remparts** assurent en saison un spectacle de rapaces en vol libre *(voir l'encadré pratique)*. Ceux-ci sont également présentés à l'attache dans des abris.

À cheval sur la courtine, une maison hébergeait les bourreaux du bailliage criminel de Provins. Son dernier occupant fut Charles Henri Sanson qui, avec son frère, bourreau de Paris, exécuta Louis XVI.

Passant la porte de Jouy (13e s.), on parcourt la rue de Jouy, bordée de maisons basses à long toit de tuiles ou à étage en avancée. Le **caveau Saint-Esprit** *(ne se visite pas)* appartenait à un ancien hôpital ravagé par un incendie au 17e s.

Place du Châtel★ A1

Cette vaste place rectangulaire est bordée de charmantes demeures anciennes : la maison des Quatre-Pignons du 15e s. *(angle sud-ouest)*, la maison des Petits-Plaids du 13e s. *(angle nord-ouest)*, l'hôtel de la Coquille, au nord. Les vestiges de l'église Saint-Thibault, du 12e s., occupent l'angle nord-est. Au centre, à côté d'un vieux puits à cage de fer forgé, se dresse la croix des Changes, sur laquelle étaient affichés les édits des comtes de Champagne.

On passe devant le **musée de Provins et du Provinois**, aménagé dans l'une des plus anciennes maisons de Provins, la « maison romane » *(voir « Visiter »)*.

Église Saint-Quiriace B2

Sa construction fut entreprise au 12e s. à l'initiative d'Henri le Libéral. Le transept et la nef sont du 13e s., le dôme date du 17e s. Sur la place, une croix marque l'emplacement du portail royal.

Tour César★★ B1

☎ 01 64 60 26 26 - avr.-oct. : 10h-18h ; janv.-mars et nov.-déc. : 14h-17h - fermé 1er janv. et 25 déc. - possibilité de visite guidée (30mn) - 3,40 € (-12 ans 1,90 €).

Ce superbe donjon du 12e s. était autrefois rattaché au reste de l'enceinte de la ville haute. La « chemise » qui enserre sa base fut ajoutée par les Anglais pendant la guerre de Cent Ans pour y installer l'artillerie, d'où son surnom de « Pâté aux Anglais ».

Au 1er étage, la salle des gardes, de plan octogonal et d'une hauteur de 11 m, est couverte par une voûte formée de quatre arcades ogivales se terminant en coupole et percée d'un orifice par lequel on ravitaillait les soldats occupant l'étage supérieur.

De la galerie couverte qui ceinture le donjon à hauteur des tourelles, la **vue**★ s'étend sur la cité et la campagne briarde. Par un escalier très étroit, on atteint l'étage supérieur. Sous la belle charpente du 17e s. sont installées les cloches de Saint-Quiriace, rassemblées ici depuis que l'église a perdu son clocher.

Regagner la porte Saint-Jean par la place du Châtel et à gauche la rue Saint-Jean.

Visiter

Grange aux Dîmes★ A1

R. St-Jean - ☎ 01 64 60 26 26 - www.provins.net - avr.-oct. : 14h-18h, w.-end et j. fériés 10h-18h ; nov.-mars : w.-end, j. fériés et vac. scol. 14h-17h - fermé 1er janv. et 25 déc. - 3,40 € (-12 ans 1,90 €).

Cette construction massive du 13e s. appartenait aux chanoines de Saint-Quiriace qui la louaient aux marchands lors des foires de Champagne. Lorsque celles-ci connurent leur déclin, elle servit d'entrepôt pour les dîmes prélevées sur les récoltes des paysans, d'où son nom. Au rez-de-chaussée s'étend une grande halle. La visite audioguidée évoque les foires de Champagne. Scènes et mannequins se réfèrent aux principaux métiers et marchands de l'époque.

Musée de Provins et du Provinois B1

7 r. du Palais - ☎ 01 64 01 40 19 - de fin juin à mi-sept. : 11h-18h30 (dernière entrée 30mn av. fermeture) ; de déb. janv. à fin mars et de mi-nov. à fin déc. : w.-end., j. fériés et tlj sf lun. pendant les vac. scol. 12h-17h30 ; de déb. avr.à mi-juin et de mi-sept. à fin oct. : 12h-17h30 - fermé 24 déc.-5 janv., 10-11 juin et 27 août - 3 € (enf. 1,50 €).

Au rez-de-chaussée sont rassemblées les **collections de sculptures et de céramiques**★, précieux témoignages sur l'art médiéval et Renaissance provinois. L'exploitation des carrières souterraines d'argile, les « glaisières », a permis le développement d'une production de céramiques, remarquable par sa variété et sa pérennité.

Église Saint-Ayoul

En 1048, Thibault Ier, comte de Troyes et de Meaux, également comte de Blois sous le nom de Thibault III et grand protecteur des abbayes, installa les moines de Montier-la-Celle dans le quartier Saint-Ayoul de la ville basse.

Les trois portails forment une haute avancée par rapport au pignon de la façade. Pour remplacer les parties disparues du **portail central**★, on a confié au sculpteur Georges Jeanclos le soin de réaliser différentes statues en bronze patiné, qui viennent s'inscrire avec naturel parmi les reliefs médiévaux.

À l'intérieur, dans le bas-côté gauche, des **statues**★★ en marbre rehaussé d'or (16e s.) retiennent l'attention : une **Vierge** à la grâce un peu précieuse et deux **anges musiciens** aux vêtements magnifiquement drapés.

Souterrains à graffitis B2

Entrée r. St-Thibault, à gauche du portail de l'ancien hôtel-Dieu - ☎ 01 64 60 26 26 - www.provins.net - visite guidée (45mn) juil.-août et nov.-déc. : 13h45-18h ; janv.-mars : w.-end, j. fériés et vac. scol. 14h, 15h et 16h ; avr.-juin et sept.-oct. : lun.-vend. 15h et 16h, w.-end et j. fériés 10h30-18h - fermé 1er janv. et 25 déc. - 3,70 € (-12 ans 2,20 €).

Provins possède un réseau de souterrains d'une densité exceptionnelle. La partie ouverte à la visite correspond à une couche de tuf affleurant à la base de l'éperon qui porte la ville haute. L'accès se fait par une salle basse voûtée d'arêtes de l'ancien hôtel-Dieu.

Aux alentours

Voulton

7 km au nord par la D 71.

Après un parcours jalonné de noms d'origine monastique – les Filles-Dieu, Saint-Martin-aux-Champs –, on atteint cette **église** gothique au fort clocher coiffé en bâtière. Dans la nef, les grosses piles à colonnes alternent avec les colonnes rondes qui reçoivent la retombée des arcades. Remarquez la structure de la voûte octopartite couvrant la travée qui précède le chœur.

Beton-Bazoches

18 km au nord par la D 55.

Ce village possède un grand **pressoir à cidre** construit en 1850. Il se compose d'une meule de grès de 2 m de diamètre qui était actionnée par un cheval et de deux pressoirs en chêne et orme dont le système de pressage était entraîné par une roue à écureuil. *℘ 01 64 01 06 96 - ♿ - visite guidée (30-45mn) sur demande 10h-19h - 2,20 €, gratuit Fête du cidre ; 4,40 € billet combiné pressoir, lavoir et visite de la ville par vidéo-guide portatif.*

Saint-Loup-de-Naud★

9 km au sud-ouest par la D 106.

Ce village autrefois fortifié est perché sur un éperon. Il faut en apprécier la silhouette en arrivant du sud-ouest par la D 106.

Commencée au début du 11e s., l'**église★** faisait partie d'un prieuré bénédictin. Le porche et les deux travées de la nef qui s'y rattachent furent bâtis au 12e s.

Sous le porche, le **portail★★**, très bien conservé, présente par sa disposition une analogie avec le portail Royal de Chartres : Christ en majesté entouré des symboles des Évangélistes au tympan, apôtres abrités sous des arcatures au linteau, statues-colonnes dans les ébrasements, personnages dans les voussures. Les sculptures de Saint-Loup marquent la transition qui aboutira au réalisme gothique.

À l'intérieur, les progrès de l'architecture aux 11e et 12e s. sont très nets. On passe du roman primitif du chœur au début de la technique gothique à l'entrée de la nef. Celle-ci comprend tout d'abord deux travées du 12e s. sur lesquelles ouvre la tribune du porche. Ces travées, qui se divisent chacune en deux arcades jumelles, sont voûtées sur croisée d'ogives. Les deux travées suivantes, plus anciennes, sont voûtées l'une en berceau et l'autre d'arêtes. Le carré du transept est couvert par une coupole, les bras du transept non saillant (début 12e s.) par un berceau. Le chœur, datant de la fin du 11e s., offre un berceau et son abside est voûtée en cul-de-four.

Provins pratique

Adresse utile

Office du tourisme de Provins – *Chemin de Villecran - 77160 - ℘ 01 64 60 26 26 - www.provins.net - de déb. avr. au 4 nov. : 9h-18h30 ; du 5 nov. à fin mars : 9h-17h, w.-end et j. fériés 9h30-17h - fermé 1er janv. et 25 déc.*

Visites

Pass'Provins – *Valable 1 an - 9,20 € (enf. 6,10 € ; famille 2 adultes + enf. 26 €).* Il inclut une entrée à la tour César, aux souterrains, à la grange aux Dîmes et au musée, et offre des réductions sur le prix des spectacles et du petit train.

Visite guidée de la ville – *Renseignements à l'office de tourisme - avr.-sept. : w.-end et j. fériés sf 2e w.-end de juin et dernier dim. d'août - dép. de l'office de tourisme 15h - 6,10 € (3,10 €).* Provins, inscrit au Patrimoine mondial de l'humanité par l'Unesco propose des visites-découvertes (2h) animées par des guides-conférenciers agréés par le ministère de la Culture et de la Communication.

Les Lueurs du temps – *1er sam. de juil. et d'août - dép. de l'office du tourisme de Provins à 20h30 (2h env.) - 4,50 € (enf. 2 €).* Visite guidée en nocturne.

Petit train – *Dép. de l'office de tourisme - horaires et tarifs : se renseigner sur place.* Promenade commentée à travers la ville haute (« le châtel ») et descente dans la ville basse (« le val »).

Se loger

Chambre d'hôte Christine et Jean-Claude Dormion – *2 r. des Glycines - 77650 Lizines - 15 km au SO de Provins par N 19 et D 209 - ℘ 01 60 67 32 56 - ⊭ - 5 ch. 38/45 €* ☕. Cette ferme vieille de trois siècles, toujours en activité, abrite des chambres rustiques impeccables, possédant toutes un coin-cuisine. La salle des petits-déjeuners, éclairée d'une large baie vitrée, est très agréable. Le jardin et son verger invitent à s'attarder.

Chambre d'hôte La Ferme de Toussacq – *Au hameau de Toussacq, en bordure de Seine - 77480 Grisy-sur-Seine - 20 km au S de Provins par N 19, rte de Nogent-sur-Seine par D 78 et D 411 - 01 64 01 82 90 - www.hameau-de-toussacq.com - 5 ch. 48 € - repas 15 €.* Dans un cadre champêtre, au bord de la Seine, découvrez cet ensemble de bâtiments des 17e, 18e et 19e s. Les chambres, aménagées dans les anciens communs du château, sont simples. À la table d'hôte, recettes traditionnelles mitonnées à partir des produits de la ferme et, parfois, plats végétariens.

Chambre d'hôte Ferme du Châtel – *5 r. de la Chapelle-St-Jean - 01 64 00 10 73 - fermeduchatel@wanadoo.fr - - 5 ch. 60 €.* Cette ferme, dont la construction s'est échelonnée du 12e au 18e s., jouit d'un atout majeur : sa situation au cœur de la cité médiévale. Ses chambres, sous charpente apparente, sont calmes et impeccablement tenues. Vaste jardin planté d'arbres fruitiers.

Se restaurer

Le Petit Écu – *3 r. Couverte (ville haute) - 01 64 08 94 00 - fermé de fin déc. à mi-janv. - 12,50/27 €.* Au cœur du vieux Provins, sur la charmante place du Châtel, jolie maison à colombages proposant tous les jours une carte et un éventail de 5 menus.

La Patache – *6 pl. Honoré-de-Balzac - 01 64 00 01 19 - fermé 2 sem. en oct., jeu. soir, dim. soir et lun. - 12,90/24,90 €.* L'accueil aimable et la cuisine traditionnelle mâtinée de saveurs provençales vous donneront envie de revenir vous attabler dans cette salle de restaurant aux tons bleu, blanc et jaune. La terrasse, qui donne sur une paisible place, est appréciable en été.

La Table de St-Jean – *3 r. St-Jean (ville haute) - 01 64 08 96 77 - fermé vac. de fév., de Toussaint, dim. soir en hiver, mar. soir et merc. - 15,50 € déj. - 17,50/29 €.* Dans la ville haute, face à la grange aux Dîmes, restaurant aménagé dans une maison à colombages datant sans doute du 13e s. Au gré des saisons, vous prendrez votre repas dans le cadre rustique affirmé de la salle à manger, agrémentée de cheminées, ou sur la terrasse sise dans une jolie courette fleurie.

Que rapporter

Gaufillier – *2 av. Victor-Garnier - 01 64 00 03 71 - tlj sf lun. 8h-12h30, 14h30-19h15 ; dim. 8h-12h30.* Voilà plus de dix ans que ce chocolatier-pâtissier-confiseur de la ville basse régale ses clients de friandises à la rose : confiture, glace, bonbon, pâte de fruits, nougats, thé, limonade, sirop et depuis peu caramels.

La Ronde des Abeilles – *3 r. des Beaux-Arts (ville-haute) - 01 60 67 65 97 - tlj sf mar. 14h-19h.* La spécialité de cette jolie confiserie, c'est le miel à la rose de Provins. Mais vous trouverez aussi les produits de la ruche (gelée royale, pollen, cire…) et maintes douceurs comme les fruits et légumes cuits ou confits dans le miel, le pain d'épice, l'hydromel, etc.

Boutique de la chèvrerie des Marêts – *77560 les Marêts - 06 85 54 60 57 - www.chevreriedesmarets.com - tlj sf lun. 15h-17h.* Les frères Favreau proposent de bons produits du terroir dans leur boutique attenante à la chèvrerie ; signalons le crottin, la pyramide, la tomme de chèvre, la faisselle de chèvre et les œufs extra-frais.

Événements

Bon à savoir – Provins accueille de nombreuses manifestations tout au long de l'année : les Musicales de Provins en mai (concerts les samedis soir), la Fête de la moisson fin août, le marché de la Saint-Nicolas et le village de Noël début décembre…

Les Médiévales – Cette manifestation (l'une des plus grandes fêtes du genre en France) se déroule le **2e ou 3e week-end de juin**. Elle comprend diverses animations de rue, un son et lumière et des spectacles médiévaux *(horaires et billetterie à l'office de tourisme)*.

SPECTACLES MÉDIÉVAUX

Les Aigles des remparts – *Théâtre des Remparts - porte de Jouy - 01 60 58 80 32 ou 01 64 60 17 90 - 1er avr.-5 nov. - 8,50 € (enf. 5,50 €).* Découvrez l'univers fascinant de la fauconnerie équestre à travers cet extraordinaire ballet associant rapaces en vol libre, cavaliers (kazakhs, touaregs…) et loups. Après le spectacle, une visite de la volière et de l'enclos des loups s'impose.

La Légende des chevaliers – *1er avr.-5 nov. - 10 € (5-12 ans 7 €).* Nous sommes au milieu du 13e s. et Thibault de Champagne rentre de croisade ; pour sauver la belle Blanche, il doit affronter le terrible Morvark. Dans le fossé des remparts, vous assisterez à un spectacle de chevalerie avec combats à cheval et à pied.

La Bataille des remparts – *1 Vieux-Chemin-de-Paris - 24 avr.-5 juil. - 6,10 € (enf. 4,50 €).* Près de la porte Saint-Jean et au fond des douves, plongez au cœur d'un spectacle médiéval au réalisme impeccable. Vous découvrirez le fonctionnement des machines de guerre et des armes de combat.

Reims★★★

184 400 RÉMOIS
CARTE GÉNÉRALE B2 – CARTE MICHELIN LOCAL 306 G7 – MARNE (51)

L'Ange au sourire veille sur la cathédrale, l'une des plus vastes et des plus belles de France. Il faut la contempler de préférence en fin d'après-midi, quand le soleil effleure sa grande rosace et ses milliers de sculptures… Malgré une histoire mouvementée, Reims conserve d'autres chefs-d'œuvre classés au Patrimoine mondial, comme le palais du Tau ou l'abbaye et la basilique Saint-Remi… et de somptueuses caves de champagne !

S. Sauvignier/MICHELIN

La place Royale.

- **Se repérer** – Ceinturée par des boulevards tracés au 18e s., la ville se prolonge par de grands ensembles, certains à la limite du vignoble. L'A 4 permet de gagner le centre-ville en longeant le **Centre des congrès**, conçu en 1994 par l'architecte Claude Vasconi. L'office de tourisme est logé dans l'ancienne maison du trésorier du chapitre des chanoines.
- **Se garer** – Parkings derrière la cathédrale. Une autre possibilité est de laisser votre voiture sur les Basses Promenades, à proximité du centre.
- **À ne pas manquer** – Parmi le très riche patrimoine rémois, courez voir en priorité la cathédrale, le palais du Tau, et les célèbres caves.
- **Organiser son temps** – Une journée bien remplie permet de faire un tour de ville et de ses principaux monuments (2 à 3h sans compter les visites guidées), et de voir une maison de champagne (1h). Il vous faudra plusieurs jours pour explorer ses musées, comparer ses caves et découvrir les environs. Les Fêtes johanniques le 2e week-end de juin et les Flâneries musicales d'été (juin-août) animent Reims avec une programmation de qualité.
- **Avec les enfants** – Il existe des visites de la ville pour le jeune public *(voir l'encadré pratique)*. Passionnés de tout âge rêveront devant les collections du musée de l'Automobile, tandis que le planétarium intéressera les astronomes en herbe ; le parc nature de Sept-Saulx, aux alentours, offre des activités pour tous.
- **Pour poursuivre la visite** – Voir aussi Châlons-en-Champagne, routes du Champagne, Dormans, Épernay, Fismes, Montagne de Reims, Rethel.

Comprendre

Reims antique – L'origine de Reims est très ancienne. Après la conquête romaine, elle devient capitale de la province de Belgique. La ville se développe à partir de la fin du 1er s. et prend sa véritable forme de ville romaine, dont ne subsistent aujourd'hui que la porte de Mars et le cryptoportique du forum. Dès le 3e s., comme partout en Gaule, les invasions provoquent un rétrécissement de l'espace urbain. La fonction militaire de la cité, placée au carrefour de routes stratégiques, ne cesse de prendre de l'ampleur.

En 407, tout le nord-est de la Gaule est dévasté et Reims n'est pas épargné : **saint Nicaise** est massacré devant sa cathédrale, il devient le premier martyr de la cité.
Voulant élargir ses frontières, **Clovis**, roi des Francs, bat le Romain Syagrius à Soissons en 486. Quelques années plus tard, il fait le vœu de se convertir à la religion chrétienne qui est celle de sa femme, s'il gagne la bataille sur les Alamans. La victoire de Tolbiac lui permet d'étendre son territoire jusqu'au Rhin.

Légende

Une colombe, symbole de l'Esprit-Saint, aurait apporté à **Remi** la sainte ampoule contenant le chrême, huile sainte destinée à la consécration du roi. En effet, Remi était incapable de se mouvoir au milieu d'une foule immense. Tel est le récit que la tradition a conservé et qui place les premiers jours de la monarchie française sous le signe de la volonté divine. En souvenir de cette onction, et plus tard du sacre de Louis le Pieux, les rois de France vinrent régulièrement se faire sacrer à Reims à partir du 11e s.

Le baptême de Clovis – On le situe peu avant l'an 500. Évêque depuis l'âge de 22 ans, **Remi** (440-533) baptise Clovis le jour de Noël, scellant l'union des Francs et du christianisme. L'événement est narré par Grégoire de Tours dans son *Histoire des Francs*. La ville pavoise : une procession se déroule de l'ancien palais impérial jusqu'au baptistère situé près de la cathédrale. Lorsqu'il entre pour le baptême, Remi interpelle Clovis d'une voix éloquente : « Courbe doucement la tête, fier Sicambre ; adore ce que tu as brûlé, brûle ce que tu as adoré. »

Reims médiévale – Sous l'épiscopat de Remi, la vocation religieuse de Reims prend une importance décisive. L'événement le plus marquant est le sacre impérial de Louis le Pieux, en octobre 816, dans la vieille cathédrale. Sous les épiscopats d'Ebbon et d'Hincmar (9e s.), le rayonnement artistique de l'**école de Reims** atteint son apogée, tandis qu'une nouvelle cathédrale s'élève. Du 11e au 13e s., la ville se développe et s'embellit de prestigieux édifices, comme l'abbatiale Saint-Remi et la cathédrale Notre-Dame. De 1160 à 1210, la superficie bâtie a presque doublé et la ville atteint les limites de son extension médiévale. Reims confirme définitivement sa vocation de ville du sacre. Celui de Charles VII, le 17 juillet 1429, est le plus émouvant. Jeanne d'Arc assiste à la cérémonie, son étendard à la main : « Il a été à la peine, il était juste qu'il fût à l'honneur. »

Le cérémonial du sacre – Réglé dès le 12e s., il sera observé pour les 25 sacres, de Louis VIII à Charles X (1223 à 1825). Le jour du couronnement, un dimanche matin, deux évêques vont en procession chercher le roi au palais archiépiscopal, qu'une galerie de bois ornée de tapisseries relie à la cathédrale. Lorsque le cortège parvient à la porte du roi, un chantre frappe et le dialogue suivant se poursuit, par trois fois : « Le grand chambellan : que demandez-vous ? – Un des évêques : le roi. »
L'évêque dit enfin : « Nous demandons Louis que Dieu nous a donné pour roi. » La porte s'ouvre alors et la compagnie est conduite au lit de parade du roi. Les évêques mènent ensuite le roi à la cathédrale : celui-ci prend d'abord place dans le chœur, puis s'agenouille au pied de l'autel et s'assied enfin sous le dais. La sainte ampoule, apportée de Saint-Remi, est placée sur l'autel près de la couronne de Charlemagne et d'autres objets sacrés : son épée Joyeuse, le sceptre, la main de justice, les éperons,

L'ascension des Colbert

Les Colbert sont issus d'une vieille famille de marchands rémois qui se sont peu à peu intéressés aux offices, des charges royales gratifiantes très recherchées par la bourgeoisie. Le père, Nicolas Colbert (1590-1661), est banquier négociant. Il quitte Reims où les affaires dépérissent et s'installe à Paris. Après une période difficile, la fortune lui sourit : il noue de solides relations et en profite pour établir ses enfants. Né à Reims en 1619, Jean-Baptiste, aîné de la famille, devient commis de Le Tellier, puis il est nommé contrôleur général des Finances à la chute de Fouquet, en 1661.
Jean-Baptiste Colbert joue un rôle capital dans l'organisation administrative de la monarchie, mais plus encore dans l'orientation de la vie économique. Le colbertisme entreprend de stimuler le travail productif en créant de grandes manufactures comme les Gobelins. La Champagne profite de ces initiatives en faveur du commerce : une manufacture d'armes royale est créée en 1688 à Charleville ; le textile se redresse, du moins pour un temps. Cependant, une rivalité permanente oppose le clan Colbert à celui de Michel Le Tellier et de son fils Louvois, dont la suprématie s'affirmera à la mort de Colbert, en 1683.

le livre des Cérémonies, une camisole de satin rouge garni d'or, une tunique et le manteau royal de velours violet à fleurs de lys.
Ayant prêté serment, le roi monte à l'autel où les dignitaires le ceignent de son épée et lui fixent ses éperons. Avec une aiguille d'or, l'archevêque prend dans la sainte ampoule une goutte du saint chrême qu'il mélange avec les huiles consacrées sur la patène de saint Remi ; il procède ensuite à l'onction sur la tête, le ventre, les épaules, le dos et les jointures des bras. Le roi revêt alors le manteau, reçoit l'anneau, le sceptre et la main. Avec l'assistance des pairs, l'archevêque le couronne, le mène au trône, sous le jubé, l'embrasse et crie : « *Vivat Rex æternum.* »
Après l'acclamation des assistants, le lâcher de colombes et la salve de mousqueterie, on entonne le *Te Deum*. Enfin, le roi regagne l'archevêché et la cérémonie se conclut par un banquet. Le lendemain, il se rend à l'abbaye de Corbeny pour vénérer les reliques de saint Marcoul qui donnent le pouvoir de guérir les écrouelles.

Découvrir

CATHÉDRALE NOTRE-DAME★★★ B2

Voir l'ABC d'architecture p. 70. Classée au Patrimoine mondial, elle est l'une des plus grandes cathédrales du monde chrétien par son unité de style, sa statuaire et les souvenirs qui la lient à l'histoire des rois de France. Sa longueur totale atteint 138 m ; la hauteur sous voûte est de 38 m.
Une première cathédrale avait été élevée en 401 par saint Nicaise. Elle fut remplacée au 9e s. par un édifice plus vaste, détruit lors d'un incendie en 1210. L'archevêque Aubry de Humbert décida alors la construction d'une cathédrale gothique à l'image de celles qui étaient en chantier depuis la fin du 12e s. à Paris, Soissons et Chartres. L'élaboration des plans fut confiée au **maître Jean d'Orbais** et la première pierre posée en 1211. En 1285, l'intérieur de la cathédrale était achevé ; les tours s'élevèrent au cours du 15e s. Le projet était de construire quatre autres tours et sept clochers, mais en 1481 un incendie ravagea les combles.
La cathédrale souffrit de quelques modifications au 18e s. : suppression du jubé, de vitraux et du labyrinthe. Mais elle passa la Révolution sans grands dommages. Au 19e s. fut menée une campagne de consolidation et de restauration. Elle s'achevait à peine lorsque la guerre de 1914-1918 frappa la cathédrale de plein fouet.

Extérieur

De nombreuses **statues** sont nichées dans chaque recoin. On en a dénombré plus de 2 300, mais certaines, trop abîmées par la guerre et les intempéries, sont désormais exposées au palais du Tau. La plupart ont été remplacées par des copies, taillées par Georges Saupique et Louis Leygue.

Façade – C'est l'une des plus belles qui soient en France. Son système d'élévation est semblable à celui de Notre-Dame de Paris, mais ses lignes sont magnifiées par le mouvement vertical que créent les tympans, les gâbles et les pinacles aigus, les colonnettes élancées et les gigantesques effigies de la galerie des rois.
Les trois **portails** correspondent aux trois nefs. Ils sont surmontés d'un gâble qui sert de support au groupe de **sculptures** habituellement situé sur le tympan – mais celui de Reims est ajouré. Celles-ci sont caractéristiques du style champenois au 13e s. : variété des attitudes, simplicité des vêtements, imitation de la nature. Au portail central, consacré à Marie, la *Vierge au trumeau* sourit. Dans les ébrasements de droite : groupes de la *Visitation* et de l'*Annonciation* ; dans ceux de gauche : la *Présentation de Jésus au Temple* avec la Vierge près du vieillard Siméon, et saint Joseph au visage malicieux, portant des colombes ; dans le gâble : *Couronnement de la Vierge par le*

Sauvé des bombes

Au cours de la Première Guerre mondiale, Reims fut détruit à 80 % par les bombardements allemands. Le 19 septembre 1914, un bombardement mit le feu à la charpente de la cathédrale : l'énorme brasier fit fondre les cloches et les plombs des verrières, et éclater la pierre. Des obus atteignirent l'édifice tout au long des affrontements… Cependant, les murs tinrent bon et, à la fin de la guerre, une nouvelle restauration, financée en grande partie par la donation Rockefeller, fut entreprise. L'architecte Henri Deneux conçut alors une charpente en béton ininflammable. En 1937, la cathédrale fut à nouveau consacrée. La Seconde Guerre mondiale épargna la ville, hormis le quartier situé autour de la gare. C'est à Reims que fut signée la capitulation des forces allemandes, le 7 mai 1945, dans le collège technique où le général Eisenhower avait établi son quartier général.

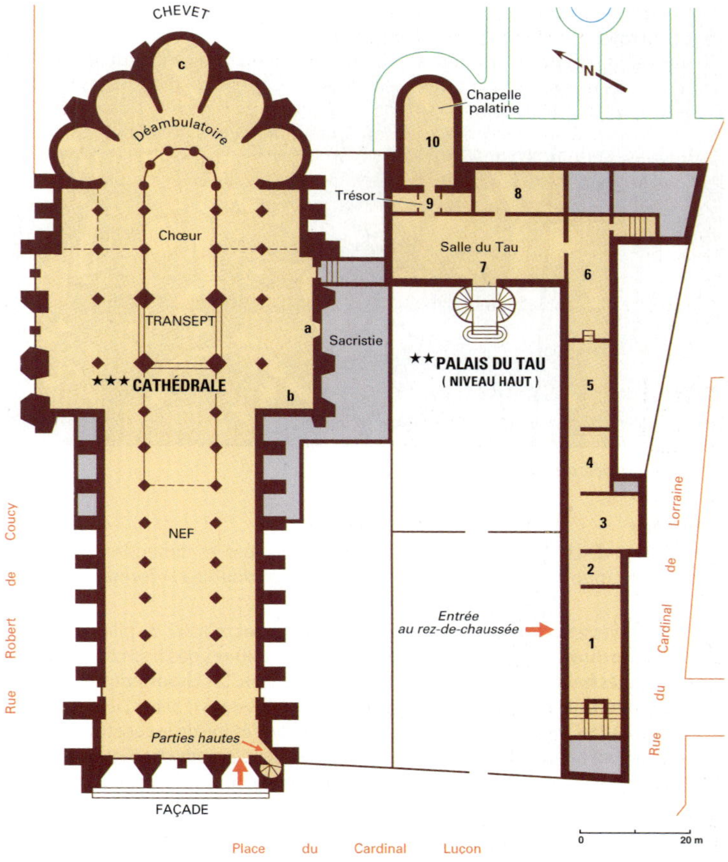

Christ (l'original se trouve au palais du Tau). Au-dessus de la rosace et de la scène décrivant le combat de David et Goliath, la **galerie des Rois** compte 56 statues dont chacune mesure 4,50 m de haut et pèse 6 à 7 tonnes. Au centre, on découvre le *Baptême de Clovis*.

Longer la cathédrale par la gauche.

Contreforts – L'aspect latéral de la nef, avec ses contreforts et arcs-boutants, a conservé son allure d'origine, aucune chapelle n'ayant été construite ultérieurement. On surnomme Notre-Dame de Reims la « Cathédrale des anges », car les contreforts sont surmontés de niches dont chacune abrite un grand ange aux ailes déployées, parmi lesquels le célèbre **Ange au sourire** *(portail de gauche, le 1er à gauche de la porte).*

Façade du transept nord – Elle est dotée de trois **portails** dont la statuaire est plus ancienne que celle de la façade occidentale. Celui de droite provient de l'ancienne cathédrale romane : son tympan, orné d'une Vierge en majesté sous une arcade en plein cintre, est encadré de beaux entrelacs de feuillages. Le portail du milieu figure, au trumeau, *Saint Calixte pape*. Celui de gauche montre, dans les ébrasements, six belles statues d'apôtres encadrant le *Beau Dieu*, qui a retrouvé sa belle tête. Le **tympan** présente des scènes du Jugement dernier aux détails pittoresques. Parmi les damnés du premier registre, on reconnaît un roi, un évêque, un moine et un juge. Au-dessus, les morts se contorsionnent pour sortir de leurs tombes.

Chevet – Du cours Anatole-France s'offre une belle **vue★** sur le chevet de la cathédrale. La multiplicité des chapelles rayonnantes, avec leurs toits surmontés de galeries à arcatures, et les deux séries superposées d'arcs-boutants, créent une harmonieuse association de volumes.

À l'heure – La cathédrale a conservé une **horloge astronomique** du 15e s. Chaque heure déclenche deux cortèges de figurines : L'Adoration des Mages et La Fuite en Égypte.

Vitrail de la cathédrale Notre-Dame.

Intérieur

L'impression de clarté et d'élancement est accentuée par les dimensions de la nef, étroite par rapport à sa longueur, et par le tracé des doubleaux formant des arcs très aigus.

Nef – Elle s'élève sur trois étages. Au-dessus des **arcades** étayées de piliers cylindriques, le **triforium** aveugle correspond à l'appui des toitures des bas-côtés : il court sous les hautes **baies**, divisées en lancettes par un meneau. Les **chapiteaux** englobent dans leur pourtour les quatre demi-colonnes engagées dans le pilier : ils sont ornés d'une décoration florale plus ou moins élaborée selon l'étape de la construction. Les plus anciens (en partant du chœur) dessinent des feuilles d'acanthe traitées en crochet, des monstres et même deux vignerons portant un panier de raisin *(6e pilier de la nef à droite)*. Les plus récents illustrent avec fidélité et délicatesse la flore locale.

Chœur – Il ne comporte que deux travées, mais la partie réservée au culte déborde très largement sur la nef qui possède trois travées : le déroulement des sacres et l'importance du chapitre exigeaient un vaste espace. Autrefois, un jubé clôturait le chœur, qui servait d'élévation pour le trône royal. Les **piliers** diminuent de section et se resserrent à chaque travée, accentuant l'effet d'élévation. Les **chapelles rayonnantes**, qui s'ouvrent sur le déambulatoire, sont reliées entre elles par un passage à la base des ouvertures, typique de l'architecture champenoise.
Le **revers de la façade★★**, œuvre de Gaucher de Reims, est unique dans l'histoire de l'architecture gothique. Le mur est creusé de niches dans lesquelles ont été sculptées des statues. Les différents registres sont séparés par une luxuriante décoration florale, évoquant celle des chapiteaux de la nef.
Au-dessus, la grande rose (12 m de diamètre) surmonte le triforium qui découpe ses arcatures sur des verrières de même forme. Au-dessous, dans le revers du portail dont le tympan est ajouré, s'inscrit une rose plus petite.
Le **revers du portail central** est le mieux conservé. À gauche se déroule la *Vie de la Vierge*. Deuxième registre : l'archange Gabriel annonce à Anne et Joachim la naissance de Marie ; 3e registre : Joseph et Marie se rencontrent à la Porte Dorée ; 4e registre : un prophète (sans doute Isaïe annonçant la venue d'un enfant sauveur) présente la crèche ; 5e et 6e registres : massacre des Innocents ; dernier registre : fuite en Égypte. À droite est représentée la *Vie de saint Jean Baptiste*. En bas, la *Communion du chevalier* (en habits du 13e s.) montre Melchisédech offrant le pain et le vin à Abraham.

Vitraux★★ – Créés au 13e s., ils ont beaucoup souffert. Certains ont été remplacés par du verre blanc au 18e s. D'autres ont été détruits pendant la guerre de 1914-1918. Il subsiste ceux de l'**abside** représentant, au centre, Henri de Braine le donateur *(partie inférieure de la lancette de droite)* et, de part et d'autre, les évêques suffragants dépendant de l'archevêque de Reims avec leur église : Soissons, Beauvais, Noyon, Laon, Tournai, Châlons, Senlis, Amiens et Thérouanne.
La **grande rosace** de la façade, chef-d'œuvre du 13e s., est dédiée à la Vierge : au centre, la *Dormition*, et dans les corolles qui l'entourent, les apôtres puis des anges musiciens.

Les maîtres verriers **Simon** travaillent depuis plusieurs générations à la restauration des verrières. Jacques Simon a refait, entre autres, les vitraux des *Vignerons* **(a)**. Sa fille Brigitte Simon-Marcq a exécuté une série de verrières abstraites, dont les *Eaux du Jourdain*, à droite des fonts baptismaux **(b)** dans le transept sud. Depuis 1974, la chapelle absidale **(c)** est ornée de **vitraux de Chagall** qui frappent par leur dominante bleue et par leur luminosité : dessinés par l'artiste, ils furent réalisés par les ateliers Simon. Au vitrail central, le *Sacrifice d'Abraham (à gauche)* fait pendant au *Sacrifice de la Croix (à droite)*. La fenêtre de gauche figure L'Arbre de Jessé et celle de droite, les grands moments de la cathédrale : baptême de Clovis, sacre de Saint Louis.

CAVES DE CHAMPAGNE★★

Profondes et étendues (250 km de galeries), les caves de Reims où s'élabore le précieux vin des fêtes sont de réputation mondiale. Les grands établissements se groupent dans le quartier du Champ de Mars et sur les pentes crayeuses de la butte Saint-Nicaise, trouée de galeries dites « crayères », souvent gallo-romaines.

Pommery C3

5 pl. du Gén.-Gouraud - ✆ 03 26 61 62 56 - www.pommery.com - visite guidée (1h) de fin mars à mi-nov. 2007 : lun.-vend. 9h30-19h, w.-end 10h-19h ; reste de l'année : lun.-vend. 9h30-18h, w.-end 10h-18h - fermé 25 déc.-1er janv. - 8 € (-12 ans gratuit).

En 1836, Narcisse Greno fonde une maison de champagne et s'associe à Louis-Alexandre Pommery. À la mort de ce dernier, sa veuve manifeste de grandes qualités de chef d'entreprise. Elle lance le champagne brut, fait construire les bâtiments actuels dans le style élisabéthain (1878) et fait relier 120 anciennes crayères gallo-romaines par 18 km de galeries. Elle acquiert également de nombreux vignobles, créant l'un des plus beaux domaines de la Champagne viticole (300 ha). La visite permet de découvrir l'élaboration du champagne à travers les crayères, ornées de sculptures du 19e s. À voir : un foudre de 75 000 l, œuvre d'**Émile Gallé**.

Taittinger C3

9 pl. St-Nicaise - ✆ 03 26 85 84 33 - www.taittinger.fr - visite guidée (1h) de mi-mars à mi-nov. : 9h30-12h, 14h-16h30 ; reste de l'année : tlj sf w.-end et j. fériés 9h30-12h, 14h-16h30 - fermé 1er janv., 25 déc. - 7 € (-12 ans gratuit).

Négociants en vin rémois, les Fourneaux se lancent dès 1734 dans la commercialisation des vins mousseux. En 1932, Pierre Taittinger arrive à la tête de la maison qui prend alors son nom. Propriétaire de 250 ha de vignobles, de 6 vendangeoirs sur la Montagne de Reims, du château de la Marquetterie à Pierry et de l'hôtel des Comtes de Champagne à Reims, la maison Taittinger possède en outre de superbes caves. Leur visite permet de découvrir 15 millions de bouteilles dont le contenu vieillit dans la fraîcheur des crayères gallo-romaines creusées en pyramide, et dans les cryptes de l'ancienne abbaye Saint-Nicaise (13e s.) détruite à la Révolution.

Lire l'étiquette

Sur les bouteilles de champagne, les lettres ont une signification très précise :
R.M. : récoltant manipulant, qui élabore lui-même le vin de sa propriété.
N.M. : négociant manipulant, qui élève et commercialise le vin.
M.A. : marque d'acheteur.

Veuve Clicquot-Ponsardin C3

1 pl. des Droits-de-l'Homme - ✆ 03 26 89 53 90 - www.veuve-clicquot.fr - visite guidée (1h30) avr.-oct. : tlj sf dim. 10h-18h ; nov.-mars : tlj sf w.-end. 10h-18h - fermé 1er Mai, 23 déc.-20 janv. - 7,50 € (enf. gratuit).

La maison fut fondée en 1772 par Philippe Clicquot, mais c'est son fils qui la développa et la veuve de ce dernier, née Ponsardin, qui créa la société sous son nom actuel. « La Grande Dame du champagne » – son surnom a été donné à la cuvée spéciale – eut de remarquables initiatives, dont celle du remuage dès 1816. Aujourd'hui, avec 265 ha de vignes, la maison exporte les 3/4 de sa production. Ses caves sont aménagées dans des crayères gallo-romaines. Au cours de leur visite, tout est expliqué des vendanges à la mise en bouteilles : fermentation, assemblage, remuage, dégorgement... Il est possible de suivre des cours de dégustation pour mieux apprécier le parfum, la robe, les saveurs d'un champagne et la finesse de ses bulles.

Mumm B1

34 r. du Champ-de-Mars - ✆ 03 26 49 69 67 - www.mumm.com - mars-oct. : 9h-11h, 14h-17h ; nov.-déc. : tlj sf dim. 9h30-11h, 14h-17h - fermé 1er janv., 25 déc. - 7,50 € (-16 ans gratuit).

Créée en 1827 par une famille de négociants en vin allemands, cette maison connut de grandes heures au 19e s. en Europe et en Amérique. Aujourd'hui, elle possède 218 ha de vignes et 25 km de caves. Le Cordon Rouge, né en 1875 et devenu l'emblème de la marque, tire son origine du ruban dont la maison honorait les bouteilles de ses meilleurs clients, en hommage à la Légion d'honneur. La visite des caves,

précédée par un film, permet de voir les cuveries anciennes conservées en l'état, et se termine par une exposition d'outils liés à la profession.

Ruinart C3

4 r. des Crayères - ✆ 03 26 77 51 21 - www.ruinart.com - visite guidée (1h30) sur demande au service visites et réceptions - à partir de 12 €/pers. selon les prestations.

Créée en 1729 par le neveu du moine dom Thierry Ruinart, grand ami de dom Pérignon, cette maison prit son essor pendant la Restauration. Très affectée par les guerres mondiales, elle a retrouvé un nouvel élan à partir de 1949. Aujourd'hui, dans le cadre du groupe Moët-Hennessy, le champagne Ruinart représente le haut de

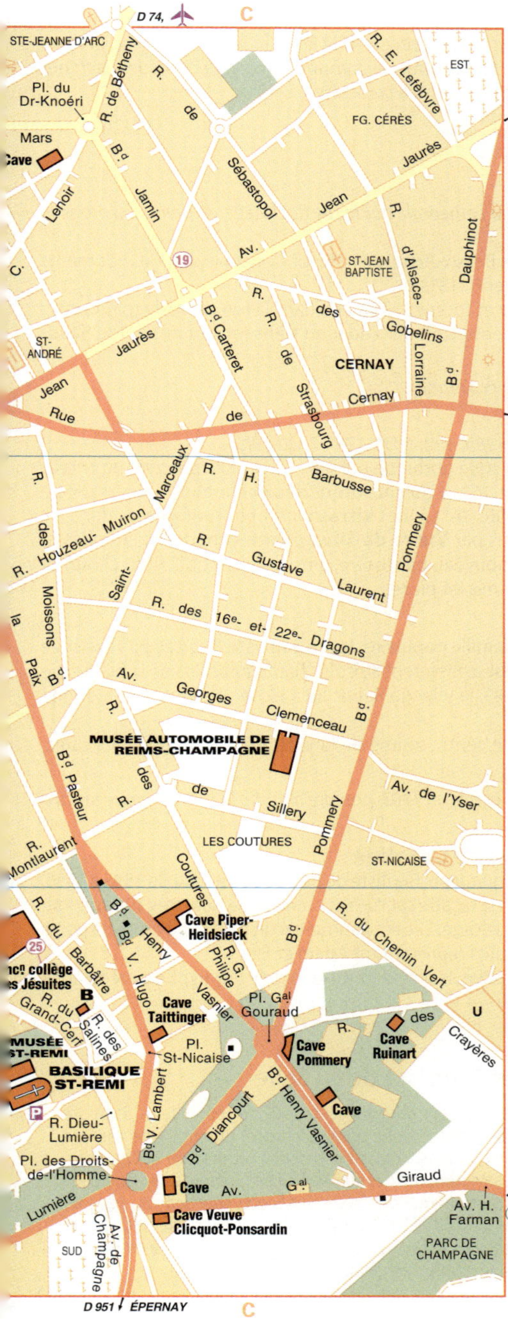

REIMS

SE LOGER

SE RESTAURER

INDEX DES RUES

gamme. Ses caves occupent 3 niveaux d'un ensemble exceptionnel de crayères gallo-romaines.

Piper-Heidsieck C3

51 bd Henry-Vasnier - ✆ 03 26 84 43 44 - www.piper-heidsieck.com - visite guidée (20mn) 9h30-12h30, 14h-17h - fermé janv.-fév. (sf boutique), 25 déc. - 7,50 € (12-17 ans 4,50 €, sans dégustation).

La maison fut fondée en 1785 par Florens-Louis Heidsieck. Les différentes opérations de l'élaboration du champagne sont expliquées par un audiovisuel. La visite des caves, qui s'étendent sur 16 km à 20 m sous terre, se fait en nacelle.

Champagne G.-H. Martel & Cie C3

17 r. des Créneaux - ✆ 03 26 82 70 67 - ♿ - visite guidée (1h) 10h-19h (dernière entrée 1h av. femeture) - fermé 1er janv. et 25 déc. - 6 € (-12 ans gratuit).

La maison ouvre ses crayères creusées entre le 4e et le 15e s. : visite des caves, présentation d'un film, dégustation. Son écomusée comporte une collection de machines et d'outils utilisés de la plantation jusqu'à la récolte.

Se promener

CENTRE-VILLE

Visite : 2h. Quitter le parvis de la cathédrale par la rue Rockefeller et prendre à droite la rue Chanzy.

On passe devant le musée des Beaux-Arts *(voir « Visiter »)*, installé dans les bâtiments de l'ancienne abbaye Saint-Denis (18e s.).

Continuez dans la rue Chanzy et tournez à gauche dans la rue de Vesle (piétonne) : on distingue un portail qui permettait d'accéder au transept sud de l'église Saint-Jacques.

Tourner à droite dans la rue Marx-Dormoy.

Église Saint-Jacques A/B2

✆ 03 26 47 55 34 - 9h-12h, 14h-18h, dim. 8h30-12h, 17h30-19h.

Sa nef à triforium relève d'un style gothique pur (13e-14e s.). Elle précède un chœur gothique flamboyant (début 16e s.) qu'encadrent deux chapelles Renaissance à colonnes corinthiennes (milieu 16e s.). Les **vitraux** non figuratifs, créés dans les ateliers Simon, ont été conçus par **Vieira da Silva** pour les chapelles latérales et par **Sima** pour le chœur. Un nouveau baptistère, ainsi que le mobilier du chœur et de l'autel ont été récemment mis en place.

Place Drouet-d'Erlon A2

Né à Reims en 1765 dans une famille populaire, **Jean-Baptiste Drouet** est l'exemple type de ces soldats de l'an II qui se hissèrent aux plus hauts sommets de la hiérarchie militaire sous l'Empire. En 1849, la ville de Reims lui a élevé une statue et a donné son nom à une place.

Piétonne, celle-ci constitue le centre animé de la ville, où se sont installés cafés, restaurants et cinémas.

Au niveau de la fontaine Subé, érigée en 1903, prendre à droite la rue de l'Étape jusqu'à la rue de l'Arbalète.

Hôtel Saint-Jean-Baptiste de La Salle★ B2

Cet édifice Renaissance, où naquit Jean-Baptiste de La Salle, a été bâti de 1545 à 1556. Harmonieusement équilibrée, la façade sur rue est scandée de pilastres, doriques au rez-de-chaussée et ioniques à l'étage. Elle est flanquée d'un pavillon d'entrée à porte cochère qu'encadrent des figures représentant Adam et Ève.

Une frise sculptée, très décorative, traverse toute la façade : triglyphes, médaillons et bustes y alternent.

Jean-Baptiste de La Salle

Né en 1651 à Reims, chanoine de la cathédrale en 1667, le jeune Jean-Baptiste appartient à une riche famille aristocratique qui le destine à une brillante carrière ecclésiastique. Mais il décide de se consacrer entièrement à l'éducation des pauvres. Il commence par organiser la communauté des sœurs du Saint Enfant Jésus. Quelques années plus tard, il fonde sa communauté des frères des Écoles chrétiennes, appelée à prendre une immense extension. En 1695, il publie un ouvrage intitulé *La Conduite des écoles*. Jean-Baptiste de La Salle s'éteint à Rouen en 1719, laissant à l'état d'ébauche une œuvre considérable dont le laboratoire avait été la région rémoise.

Hôtel de ville B1

Il fut incendié en 1917, mais sa majestueuse façade du début du 17e s. a pu être sauvée. Beau fronton sculpté d'un bas-relief équestre représentant Louis XIII.

Prendre à gauche la rue du Gén.-Sarrail.

Basses et Hautes Promenades A1-2

Ces vastes cours ombragés ont été réalisés au 18e s. à l'emplacement des fossés et des glacis de l'ancienne enceinte. Les travées latérales permettent le stationnement près du centre-ville. À l'extrémité des Basses Promenades a été placée une superbe grille en fer forgé, érigée en 1774 à l'occasion du sacre de Louis XVI.
Non loin de là, sur le boulevard du Général-Leclerc, s'élèvent le **Cirque** (1 100 places) et le **Manège** (600 places), deux bâtiments du 19e s. réhabilités, qui accueillent diverses manifestations.

Porte Mars★ B1

Cet arc de triomphe d'ordre corinthien a été érigé en l'honneur d'Auguste, mais il est postérieur au 3e s. Au Moyen Âge, il servit de porte aux remparts qui ont été supprimés au 18e s. Haute de 13,50 m, la porte Mars est percée de trois arches décorées intérieurement de bas-reliefs sculptés, où l'on reconnaît difficilement Jupiter et Léda, Romulus et Rémus.

Prendre la rue de Mars.

Ph. Gajic/MICHELIN

Mosaïque illustrant les étapes de l'élaboration du champagne.

Rue de Mars B1

Au no 6, la façade est décorée de panneaux de mosaïque illustrant l'élaboration du champagne.

Hôtel des Comtes de Champagne B1 S

Cette demeure gothique appartient à la maison Taittinger.
À côté se trouvait la maison des Musiciens dont le 1er étage a été reconstitué au musée Saint-Remi *(voir « Visiter »).*

Atteindre la place du Forum, ancienne place des Marchés.

Cryptoportique gallo-romain B2 N

Pl. du Forum - ✆ 03 26 35 34 70 - www.ville-reims.fr- de déb. juin à mi-sept. : tlj sf lun. 14h-17h - gratuit.
Sur l'emplacement du forum de la Reims antique, ce grand monument gallo-romain à demi enterré remonte au 3e s. apr. J.-C. : c'est l'un des cinq cryptoportiques recensés au monde. Il était dédié au stockage des grains en sous-sol, et à la promenade en surface. On visite les deux galeries mises au jour, et un petit **musée** rappelant l'histoire des fouilles, avec divers objets trouvés sur place.

Par la rue Colbert, gagner la place Royale.

Place Royale★ B2

Établie en 1760 sur les plans de **Legendre**, elle montre les traits distinctifs de l'architecture Louis XVI : arcades, toits à balustres dont les lignes horizontales contrastent avec la silhouette de la cathédrale, à l'arrière-plan. L'ancien hôtel des Fermes, sur le côté sud, est occupé par la sous-préfecture. La statue de Louis XV par Pigalle, détruite à la Révolution, fut remplacée sous la Restauration par une statue de Cartellier. Le piédestal sur lequel fut fracassée la sainte ampoule en 1793 a conservé les allégories réalisées par Pigalle, où il s'est représenté lui-même en citoyen assis sur des ballots d'étoffe sous la protection du roi vêtu à la romaine.

Prendre à droite la rue Carnot.

Porte du Chapitre B2

Cette porte (16e s.), avec ses deux tourelles en encorbellement, constituait l'entrée principale de l'enclos canonial.

Un passage sous la porte rejoint la cathédrale.

H. Champollion / MICHELIN

Le palais du Tau.

Visiter

Palais du Tau★★ B2

2 pl. du Cardinal-Luçon - ✆ 03 26 47 81 79 - 6 mai-8 sept. : 9h30-18h30 (dernière entrée 30mn av. fermeture) ; reste de l'année : 9h30-12h30, 14h-17h30 - possibilité de visite guidée (1h) - fermé 1er janv., 1er Mai, 1er et 11 Nov., 25 déc. - 6,50 € (-17 ans gratuit).

Le palais des archevêques de Reims existe à cet emplacement depuis 1138. Dès le Moyen Âge, époque où il était entouré de fortifications, il fut aménagé pour accueillir le roi et sa suite à l'occasion du sacre. Deux phases de cette cérémonie s'y déroulaient : le lever du roi, et le festin qui suivait le sacre.

Le palais reçut le curieux nom de Tau en raison de son plan en forme de T, évoquant les premières crosses épiscopales. Plus tard, le même nom fut donné à la grande salle édifiée à la fin du 15e s. Le bâtiment fut remanié au 15e s. dans le style gothique flamboyant, puis vers 1670 dans le style classique par Robert de Cotte. À l'occasion du dernier sacre, celui de Charles X en 1825, des transformations reconstituèrent une partie de son décor médiéval. Très abîmé par l'incendie du 19 septembre 1914, le palais a été longuement restauré. Classé au Patrimoine mondial de l'Unesco, il abrite aujourd'hui le trésor de la cathédrale, et une partie de sa statuaire originale.

La **salle basse**, voûtée sur croisée d'ogives, est située à gauche de l'entrée. Une exposition présente l'évolution du site de la cathédrale et du quartier canonial disparu : carreaux de pavement, arcades du cloître du chapitre et chapiteaux. De cette salle, on découvre le dépôt lapidaire dans la chapelle basse (éléments du jubé).

À droite de l'entrée, emprunter les escaliers pour gagner le premier étage.

La **galerie du Couronnement de la Vierge (1)** comporte certaines des dix-sept tapisseries en laine et soie offertes en 1530 à la cathédrale par l'archevêque Robert de Lenoncourt. On y découvre aussi de grandes statues, représentations allusives de rois (13e s.), provenant des bras nord et sud du transept.

La **salle du Roi de Juda (2)** abrite une statue de ce souverain (14e s.), dont les proportions sont étonnantes puisqu'elle était conçue pour être vue du sol. À voir aussi :

trois tapisseries de l'histoire de la Vie de la Vierge et la partie supérieure d'un ange, issu d'une série composée de sept anges aux ailes déployées.
Le **salon carré (3)** est orné de tapisseries de lisses (Flandres, 15e s.) et de tapisseries du 17e s., tissées à Reims, représentant des scènes de la Vie du Christ. Remarquez aussi les végétaux délicatement sculptés (13e s.) ainsi que deux grandes statues de Madeleine et de saint Pierre provenant de la façade occidentale.
Dans la **salle du Cantique des Cantiques (4)** sont exposées quatre précieuses tentures de laine et de soie, brodées à l'aiguille (17e s).
La **salle des petites sculptures (5)** abrite des masques et des gargouilles qui étaient situés aux retombées des fenêtres hautes et aux contreforts des arcs-boutants, ainsi que les statues d'Abraham et d'Aaron (provenant du portail sud).
La **salle du Goliath (6)**, dominée par la statue monumentale (5,40 m) de ce géant en cotte de mailles, accueille également les statues de saint Paul, saint Jacques, Adam et Ève, celle de la Synagogue aux yeux bandés et celle de l'Église, très endommagée par un obus. Remarquez aussi des éléments de l'ancien jubé gothique, détruit en 1744.
La **salle du Tau (7)** servait de cadre au festin qui suivait le sacre. Toute tendue d'étoffes fleurdelisées, en partie dissimulées par deux immenses tapisseries d'Arras (15e s.) qui célèbrent l'histoire de Clovis, elle est couverte d'une belle voûte en carène. L'histoire et les fonctions du palais y sont évoquées, ainsi que les cérémonies des sacres des rois de France.
La **salle Charles X (8)** rassemble les vêtements et ornements que ce roi portait pour son sacre en 1825, notamment son immense manteau bleu orné de fleurs de lys. Également un tableau de *Charles X en habit royal* par Gérard.
Le **trésor (9)** est disposé dans deux chambres : celle de gauche renferme des présents royaux très rares, préservés à la Révolution : le talisman de Charlemagne (9e s.) contenant un fragment de la Vraie Croix ; le calice du sacre (12e s.) ; le reliquaire de la sainte épine, taillé dans un cristal du 11e s. ; le reliquaire de la Résurrection (15e s.) et le reliquaire de sainte Ursule, délicat vaisseau de cornaline décoré de statuettes émaillées (1505).
La chambre de droite abrite les ornements du sacre de Charles X : le reliquaire de la sainte ampoule ; un grand vase d'offrande et deux pains d'or et d'argent ; le collier de l'ordre du Saint-Esprit porté par Louis-Philippe ; une copie de la couronne de Louis XV.
Le portail de la **chapelle palatine (10)** est surmonté d'une Adoration des Mages. Élevée de 1215 à 1235, celle-ci a reçu, en guise de garniture d'autel, la croix et les six chandeliers de vermeil réalisés pour le mariage de Napoléon avec Marie-Louise.

Basilique Saint-Remi★★ C3

En 533, saint Remi fut inhumé dans une petite chapelle dédiée à saint Christophe. Peu après, une basilique fut édifiée. Dans la seconde moitié du 8e s., une communauté bénédictine s'installa ici à la demande de l'archevêque Tilpin : l'abbaye Saint-Remi était née. En 852, une nouvelle église fut consacrée tandis que les reliques du saint étaient transférées dans une nouvelle châsse.
La construction de la basilique actuelle débuta vers 1007, mais le projet de l'abbé Airard, trop grandiose, fut abandonné par son successeur, l'abbé Thierry (1035-1044). Ce dernier entreprit la démolition de l'église carolingienne, fit élever les murs et construire le chœur au-dessus de la tombe de saint Remi. C'est sous l'abbé Hérimar que les travaux s'achevèrent par le transept et la couverture charpentée. Les 1er et 2 octobre 1049, l'église fut consacrée solennellement par le pape Léon IX.
Une nouvelle campagne intervint de 1162 à 1181 sous la direction de l'abbé Pierre de Celles. Le porche fut abattu, remplacé par une façade et une double travée gothique, et un nouveau chœur gothique à déambulatoire fut créé. La façade du croisillon droit du transept fut refaite de 1490 à 1515 à l'initiative de Robert de Lenoncourt, qui fut abbé de Saint-Remi avant d'être titulaire de l'archevêché : une statue de saint Michel surmonte le pignon. Enfin, la nef fut couverte par une voûte d'ogives. Quelques transformations minimes eurent lieu aux 16e et 17e s.
Transformée en magasin de fourrage sous la Révolution, la basilique fut restaurée au 19e s. puis après la guerre de 1914-1918 qui la laissa gravement endommagée. De nombreux archevêques de Reims et les premiers rois de France y furent inhumés ; la sainte ampoule y était conservée.

Intérieur★★★ – Les dimensions de la basilique, longue de 122 m pour une largeur de 26 m seulement, créent une impression d'infini qui est renforcée par la pénombre. La sobre **nef** (11e s.) comporte onze travées à arcades en plein cintre que supportent des colonnes à chapiteaux, sculptés d'animaux ou de feuillages. La couronne de lumière,

percée de 96 jours symbolisant les 96 années de la vie de saint Remi, est une copie de celle qui fut détruite à la Révolution.
Entouré d'une clôture du 17e s., encore d'esprit Renaissance, le **chœur** gothique à quatre étages, d'une structure harmonieuse et légère, est éclairé par des baies qui conservent leurs vitraux du 12e s. : ils représentent la Crucifixion, des apôtres, des prophètes et les archevêques de Reims.
Derrière l'autel, le **tombeau de saint Remi** a été réédifié en 1847. Cependant, les statues des niches proviennent du tombeau antérieur et sont du 17e s. : elles figurent saint Remi, Clovis et les douze pairs qui participèrent au sacre.
Au pourtour du chœur flanqué d'un double collatéral, d'élégantes colonnades séparent le déambulatoire des **chapelles rayonnantes**, selon une disposition qui a fait école en Champagne. Les chapelles présentent des chapiteaux ayant partiellement conservé leur polychromie d'origine et des statues des 13e et 18e s.
Dans la 1re travée du bas-côté gauche, 45 dalles à incrustations de plomb dessinant des scènes bibliques (13e s.) viennent de l'ancienne abbaye Saint-Nicaise.
Dans le transept sud : une Mise au tombeau (1530) provenant de l'ancienne commanderie du Temple, et le retable des Trois Baptêmes (1610) représentant le Christ, entouré de Constantin et de Clovis.

H. Champollion/MICHELIN

Salle capitulaire de la basilique Saint-Remi.

Musée-abbaye Saint-Remi★★ C3

53 r. Simon - ✆ 03 26 85 23 36 - www.reims.fr - 14h-18h30, w.-end 14h-19h - fermé 1er janv., 1er Mai, 14 Juil., 1er et 11 Nov., 25 déc. - 3 € (enf. gratuit) ; Pass' découverte valable 1 mois donnant accès au musée des Beaux-Arts, au musée de la Reddition, au planétarium et à la chapelle Foujita.
L'ancienne abbaye royale Saint-Remi (17e et 18e s.), qui jouxte la basilique, constitue un très bel ensemble de bâtiments. Elle conserve certaines parties médiévales, comme le parloir du 13e s. et la salle capitulaire ornée de petits chapiteaux romans. Elle abrite un musée, consacré à l'**art rémois** des origines à la fin du Moyen Âge, avec deux exceptions : la section d'histoire militaire et les tapisseries de Saint-Remi.
La cour d'honneur donne accès à un bâtiment à la majestueuse façade Louis XVI. Le cloître, élevé en 1709 sur les plans de Jean Bonhomme, est adossé à la basilique dont les arcs-boutants s'imbriquent dans l'une des galeries.

Collections gallo-romaines – *Dans les anciens réfectoires et la cuisine du 17e s.* Elles font revivre la ville antique de Reims, *Durocortorum*. On y remarque de belles mosaïques dont celle du gladiateur Thrace, un grand plan-relief au 1/2 000 et le **tombeau de Jovin★**, magnifique sarcophage romain des 3e et 4e s.

Histoire de l'abbaye – Le superbe escalier d'honneur datant de 1778 mène à la galerie où se trouve la série des **dix tapisseries de Saint-Remi★★**. Commandées par l'archevêque Robert de Lenoncourt pour la basilique Saint-Remi, elles furent exécutées de 1523 à 1531. Chaque tapisserie se décompose en plusieurs tableaux évoquant la vie du saint patron et les miracles qui la jalonnent.
On y découvre également des éléments de sculptures du tombeau de l'archevêque Hincmar, une exceptionnelle tête en pierre polychrome du roi Lothaire (vers 1140),

un pied du candélabre en bronze de saint Remi (12e s.) et de beaux émaux limousins (17e s.) représentant la vie des saints Timothée, Apollinaire et Maur.

Archéologie régionale – Du **paléolithique** au **néolithique** : important outillage, mobilier funéraire des hypogées des marais de Saint-Gond près de Sézanne, et nombreuses maquettes.
La **protohistoire** est représentée par de nombreuses pièces découvertes dans de riches tombes du département de la Marne, depuis l'âge du bronze jusqu'à La Tène finale et la conquête romaine.
Pour l'**artisanat gallo-romain** : voir la fresque de *La Mort d'Adonis*, un enduit peint du 3e s. de Boult-sur-Suippe, et les vestiges lapidaires d'un cénotaphe élevé par les Rèmes à la mémoire de Caïus et Lucius, fils adoptifs d'Auguste morts prématurément.
La **période mérovingienne** est évoquée par du mobilier de nécropoles du royaume de Reims (6e et 7e s.) ainsi que des bijoux, poteries, armes, verreries...
Parmi les **sculptures médiévales** champenoises du 11e au 16e s., admirez le tympan sculpté de personnages pleins de grâce, et la console en bois représentant Samson et le lion.
La salle consacrée au **Reims gothique** présente les vestiges de monuments civils et religieux disparus : éléments sculptés de l'église Saint-Nicaise détruite au 18e s., et reconstruction du 1er étage de la façade de la maison des Musiciens, ornée de cinq statues (13e s.).

Section d'histoire militaire – Dans une grande salle, de nombreux uniformes, équipements, armes blanches et à feu, documents, rappellent les faits marquants de l'histoire militaire de la cité, de la guerre des Gaules à la reddition allemande du 7 mai 1945. Parmi les tableaux figurent des œuvres célèbres d'**Édouard Detaille** : *La Charge du 9e cuirassier à Morsbronn* et un fragment du *Panorama de la bataille de Rezonville*.

Musée des Beaux-Arts★ B2

8 r. Chanzy - . ✆ 03 26 47 28 44 - www.reims.fr - tlj sf mar. 10h-12h, 14h-18h - fermé 1er janv., 1er Mai, 14 Juil., 1er et 11 Nov., 25 déc. - 3 €, 1er dim. du mois gratuit ; Pass' découverte valable 1 mois donnant accès au musée-abbaye Saint-Remi, au musée de la Reddition, au planétarium et à la chapelle Foujita.
Il occupe les bâtiments de l'ancienne **abbaye Saint-Denis** (18e s.) dont l'église a disparu au temps de la Révolution, et présente des collections depuis la Renaissance jusqu'à l'époque contemporaine.

Rez-de-chaussée – On y découvre, présentés par roulement, 13 portraits (16e s.) de princes allemands, dessins rehaussés de gouache et d'huile d'un extraordinaire réalisme, par **Cranach l'Ancien** et son fils **Cranach le Jeune** ; une série de 27 paysages par **Corot** (1796-1875) ainsi qu'une étude de jeune italien assis exécutée à Rome en 1826. À voir aussi : des œuvres des écoles flamande, hollandaise et française, des céramiques des plus importantes fabriques françaises et étrangères, et quelques sculptures de l'artiste rémois René de Saint-Marceaux (1845-1915).

Premier étage – Dans la première salle figurent de curieuses toiles peintes en grisaille rehaussée de couleurs, dont l'exécution s'échelonne sur les 15e et 16e s. et qui comprennent quatre séries de scènes fourmillant de détails pittoresques : *Les Apôtres, La Vengeance de Jésus-Christ* et *La Passion de Jésus-Christ*. Elles servaient peut-être de décor pour les mystères, ou pour le passage du roi se rendant de Saint-Remi à la cathédrale lors du sacre.
Les salles suivantes, présentées chronologiquement, sont consacrées principalement à la peinture française du 17e s. à nos jours.

Musée-hôtel Le Vergeur★ B1

36 pl. du Forum - ✆ 03 26 47 20 75 - www.museelevergeur.com - visite guidée (1h20) tlj sf lun. 14h-18h - fermé 1er janv., 1er Mai, 14 Juil., 1er nov., 25 déc. - 4 € (enf. 1 €).
Cet hôtel (13e, 15e et 17e s.) fut construit près de l'ancienne place où se tenaient les marchés aux draps et au blé, dans le quartier de la bourgeoisie d'affaires. Il appartenait à **Nicolas Le Vergeur**, grainetier, dont la richesse permit d'accéder au rang de la noblesse.
Il présente une façade à soubassements de pierre, à bâti de pans de bois et pignons débordants. Une aile en retour, donnant sur le jardin, a été ajoutée à la Renaissance : intéressante frise sculptée de scènes guerrières.
La grande salle gothique du 13e s. et son étage supérieur abritent des peintures, des gravures et des plans concernant l'histoire de Reims et les fastes des sacres.

Les appartements sont ornés de boiseries et de meubles anciens. Leur décor raffiné évoque la vie quotidienne du baron rémois **Hugues Krafft**, mécène qui vécut ici jusqu'à sa mort en 1935 et fit don de cet hôtel et ses biens aux Amis du vieux Reims.
Une collection de 15 **gravures de Dürer★** est exposée dans un des salons, parmi lesquelles les séries de l'Apocalypse de saint Jean et de la Grande Passion.

Ancien collège des Jésuites C3

1 pl. Museux - fermé pour travaux jusqu'en 2008.
En 1606, Henri IV donna aux jésuites l'autorisation de fonder un collège à Reims : ils firent édifier la chapelle donnant sur la place Museux (1617-1678) et les bâtiments qui entourent la cour. À la dissolution de l'ordre (1762), ceux-ci abritèrent un hôpital.

> **Silence, on tourne !**
> Le riche décor sculpté de la bibliothèque, aux teintes sombres et chaudes, a servi pour le film de Patrice Chéreau, *La Reine Margot* (interprétée par Isabelle Adjani).

Sur l'un des murs, un pied de vigne tricentenaire, ramené de Palestine par les pères jésuites, fournit toujours sa récolte annuelle. Le grand **réfectoire** est orné de boiseries du 17e s. et de peintures de Jean Hélart retraçant les vies de saint Ignace de Loyola et de saint François Xavier. Au milieu de la salle, le plateau de la table, taillé dans une unique planche de chêne, porte le rébus de Jean Godart (JGO et un « dard ») ; une branche du même arbre a servi à fabriquer la table du bureau du procureur, à l'étage.
Un escalier d'honneur d'inspiration Renaissance mène à la **bibliothèque★**, avec ses superbes boiseries baroques de style Louis XIV. Elle abrita jusqu'à 18 000 volumes et a été évacuée à Paris durant la Première Guerre mondiale.
La visite des souterrains comprend un cellier du 17e s., une galerie du 12e et une galerie gallo-romaine.
Une aile de l'ancien collège abrite le planétarium *(voir ci-dessous)*. L'autre aile reçoit les expositions du **Fonds régional d'art contemporain**.

Planétarium et horloge astronomique B3

1 pl. Museux - ✆ 03 26 35 34 70 - ♿ - vac. scol. (zone B) et w.-end : séances à 14h45, 15h30 et 16h45 - 3 € (enf. gratuit) ; Pass' découverte valable 1 mois donnant accès au musée des Beaux-Arts, au musée de la Reddition, au musée-abbaye Saint-Remi et à la chapelle Foujita.
Sur un écran en forme de coupole, la voûte céleste peut être reconstituée à n'importe quelle date et sous n'importe quelle latitude : les planètes, le Soleil, la Lune et 6 000 étoiles sont visibles à l'œil nu.
L'horloge astronomique est l'œuvre du Rémois **Jean Legros** qui travailla de 1930 à 1952 à la mise au point de ce « rêve mécanique ».
Les séances d'initiation vont de la simple découverte du ciel étoilé jusqu'à l'explication détaillée des lois qui régissent notre univers.

Chapelle Foujita★ B1

33 r. du Champ-de-Mars - ✆ 03 26 40 06 96 - www.reims.fr - mai-oct. : tlj sf merc. 14h-18h - fermé 1er janv., 1er Mai, 14 Juil., 1er et 11 Nov., 25 déc. - 3 €, 1er dim. du mois gratuit ; Pass' découverte valable 1 mois donnant accès au musée des Beaux-Arts, au musée de la Reddition, au musée-abbaye Saint-Remi et au planétarium..
Due au mécénat de la maison Mumm, cette chapelle a été entièrement conçue et décorée dans la tradition de l'art chrétien primitif par **Léonard Foujita** (1886-1968), peintre japonais de l'école de Paris, alors âgé de 80 ans. Inaugurée en 1966, elle commémore l'illumination mystique ressentie en la basilique Saint-Remi par ce peintre qui se convertit au catholicisme et fut baptisé dans la cathédrale.

S. Sauvignier/MICHELIN
La chapelle Foujita.

L'intérieur est orné de vitraux et de fresques stylisées dans les tons bleus, or, jaunes et verts, représentant des scènes de l'Ancien et du Nouveau Testament. Au revers de la façade, dans la *Crucifixion*, le peintre a confronté la Vierge jeune mère et la Vierge de douleurs, tout en noir. Foujita s'est représenté à droite, dans la foule massée au pied de la Croix.

Musée de la Reddition A1

12 r. Franklin-Roosevelt - ✆ 03 26 82 23 36 - www.reims.fr - j - tlj sf mar. 10h-12h, 14h-18h - fermé 1er janv., 1er Mai, 14 Juil., 1er et 11 Nov., 25 déc. - 3 € (enf. gratuit), Pass' découverte valable 1 mois donnant accès au musée des Beaux-Arts, au musée-abbaye Saint-Remi, au planétarium et à la chapelle Foujita).

Eisenhower avait choisi ce collège technique et moderne comme Q.G., à la fin de la Seconde Guerre mondiale. La capitulation allemande y fut signée le 7 mai 1945 à 2h41, dans la salle de la Signature qui a conservé son aspect d'alors, avec ses cartes. Autour de cette salle, le musée rappelle le déroulement de la guerre, notamment depuis le débarquement des Alliés en Sicile, en 1943.

Musée automobile de Reims-Champagne C2

84 av. Georges-Clemenceau - ✆ 03 26 82 83 84 - www.musee-automobile-reims-champagne.com - ♿ - de mi-mars à fin oct. : tlj sf mar. 10h-12h, 14h-18h (reste de l'année 17h) - fermé 25 déc.-25 janv. - 6 € (enf. 2,50 €).

Créé en 1985 par Philippe Charbonneaux, styliste en automobile à qui l'on doit notamment les lignes des R 8 et R 16, ce musée situé dans une ancienne usine abrite près de 200 véhicules. Parmi les collections, dont une partie a été récemment renouvelée, figurent de grandes marques comme Delahaye, Salmson, Porsche, Jaguar ou encore une limousine Sizaire-Berwick 1919 et un coupé Messier 1929. Des vitrines d'autos miniatures et des voitures à pédales complètent la collection. À voir aussi : des affiches et des plaques émaillées du début du 20e s.

Aux alentours

Fort de la Pompelle

9 km au sud-est par la N 44, direction Châlons-en-Champagne.

✆ 03 26 49 11 85 - ♿ - avr.-oct. : 10h-18h, w.-end et j. fériés 10h-19h ; nov.-mars : 10h-17h - fermé mar. et 24 déc.-6 janv. (inclus) - 3,50 €.

La masse informe et blanchâtre du fort couronne une butte s'élevant à 120 m d'altitude. Cet ouvrage fut construit de 1880 à 1883, renforçant la ceinture des huit forts élevés en 1875 pour la défense de Reims. On peut faire le tour des fortifications d'où sont visibles les tranchées et les casemates, côté sud.

Le fort fut l'objectif constant des Allemands qui l'occupèrent du 4 au 23 septembre 1914. Chassés, ils l'attaquèrent maintes fois au cours de la bataille de Champagne. La résistance de la Pompelle permit les deux victoires de la Marne.

Musée de la Guerre de 1914-1918 – Au moyen de documents d'époque, d'objets de la vie quotidienne dans les tranchées, d'armes et d'uniformes, il évoque les combats pour la défense de Reims durant la Première Guerre mondiale. On remarque l'étonnante collection de **560 casques allemands★** : casques à pointe à boule (artilleur), coiffures coloniales des troupes d'Empire, colbacks fourrés des hussards ; certains arborent le lion des Reiters (cavaliers) saxons ou l'aigle des cuirassiers de la garde impériale.

Parc nature de Sept-Saulx★

22 km au sud-est par la N 44, direction Châlons-en-Champagne.

✆ 03 26 03 24 91 - www.parcnature.fr - ♿ - juin-août : 11h-18h30, dim. et j. fériés 10h-22h ; avr. et sept.-oct. : w.-end et merc. 11h-18h30 ; mai-juin : merc., vend. et w.-end 11h-18h30 - possibilité de visite guidée (1h) - 8 € (enf. 5 €).

Situé à l'est du Parc naturel régional de la Montagne de Reims, cet espace nature, agréablement aménagé à deux pas de la Vesle, a pour fil d'Ariane… l'eau. Vous aurez la surprise de pénétrer au cœur d'une **tourbière** grâce à une succession de pontons en bois qui serpentent au ras de l'eau. Ces sentiers insolites, bordés de saules et de roseaux, sont jalonnés de panneaux explicatifs, de jeux visuels et tactiles – la visite commentée permet une plus ample découverte de cet écosystème.

Le parc comporte des **îlots** thématiques : l'île aux Bambous pour rester zen, l'île aux Fleurs pour réveiller le sens olfactif et l'île aux Canards pour la connaissance de la faune.

Bon à savoir – Des **barques** sont à votre disposition pour sillonner les canaux (1 km). Après la balade dans la tourbière accompagnée d'un animateur, vous pourrez

La maison du Père Noël

Le Père Noël a quitté la région ardennaise pour prendre ses quartiers dans le parc nature de Sept-Saulx. Chaque fin d'année, vous pourrez venir frapper à sa porte pour visiter sa maison. En compagnie de lutins facétieux, vous passerez de la bibliothèque à la cuisine, puis traverserez les chambres des lutins avant de pénétrer dans les appartements du Père Noël. *De fin nov. à fin déc., spectacle 1h15 : 10h, 11h15, 13h45, 15h, 16h30, 17h45, 19h - réserv. obligatoire - ✆ 03 26 03 24 91 - lamaisonduperenoel.fr - 12,80 €.*
Bon à savoir – Les gourmands de passage pourront s'arrêter à la taverne pour goûter de drôle de recettes *(ouverte dès 9h).*

reprendre des forces en pique-niquant. Aire de jeux pour enfants et guinguette pour les adultes *(les w.-ends d'été).*

Circuit de découverte

MASSIF DE SAINT-THIERRY

56 km – 1h30. Quitter Reims par l'avenue de Laon, puis la N 44. Après La Neuvillette, prendre la 1re route à gauche (D 26).

La D 26 gravit les pentes du massif de Saint-Thierry, avancée de la falaise de l'Île-de-France qui ressemble à la Montagne de Reims mais comporte moins de vignes et davantage de bois. Cette région est riche en modestes églises romanes, précédées d'un porche.

Saint-Thierry

Ce village, sur les hauteurs dominant la plaine de Reims, s'est formé autour du monastère fondé en l'an 500 par saint Thierry, disciple de saint Remi.
Monseigneur de Talleyrand, archevêque de Reims et oncle du célèbre ministre, fit construire sous Louis XVI un château à l'emplacement de l'abbaye qui fut rasée à la veille de la Révolution : ne subsistent que les cinq piliers romans de l'ancienne salle capitulaire (12e s.). Celle-ci a été transformée en **chapelle** par les bénédictines qui, depuis 1968, font revivre ce lieu.
L'**église Saint-Hilaire** (12e s.), dotée d'un porche champenois, s'ouvre par une galerie couverte d'un toit et adossée à la façade. Des colonnettes, ornées de chapiteaux sculptés de feuillages, portent de chaque côté quatre arcades romanes. Derrière le porche s'élève une tour à trois étages, percée de plusieurs baies.

Rejoindre Chenay par la D 26.

Chenay

Au pied du monument de la Résistance s'étend un **panorama** sur Reims, sa cathédrale et la Montagne de Reims.

Continuer la D 26 vers Trigny.

Trigny

Ce village de caractère était le point de départ de la route empruntée par les rois jusqu'à Reims, sur le chemin du sacre. Un **point de vue** aménagé dévoile la beauté du site.

Prendre la D 530 vers Hermonville.

On traverse une région sablonneuse, productrice d'asperges et de fraises.

Hermonville

Bourg important au Moyen Âge, ce village a gardé sa belle **église Saint-Sauveur** (fin 12e s.) dont le porche imposant, à arcatures, occupe toute la largeur de la façade. On entre par un beau portail (imposte de bois, niche) abritant une Vierge du 18e s. L'intérieur est d'un style gothique primitif très homogène que fait ressortir un autel à baldaquin du 18e s.
Les maisons d'Hermonville s'animent de statues, de bas-reliefs et de porches anciens.

Par la D 530 au nord, vous pouvez faire un détour à Cauroy-lès-Hermonville.

Cauroy-lès-Hermonville

L'**église** (début du 12e s.) mérite une halte pour sa nef lambrissée de style roman et son porche champenois, le plus ancien de la région.

Revenir à Hermonville et prendre la D 30 qui franchit le faîte du massif. À Bouvancourt, tourner à gauche dans la D 375.

Peu avant d'arriver à Pévy, charmante **vue** plongeante sur le village et, au-delà, sur la vallée de la Vesle.

Pévy

Ce village, niché au creux d'un vallon, abrite des fontaines et des lavoirs. Il possède une **église** intéressante. Sa nef romane contraste avec le haut chœur gothique que coiffe un clocher en bâtière. À l'intérieur, fonts baptismaux romans et retable en pierre (15e s.) relatif à saint Jean Baptiste.

Descendre par la D 675 jusqu'au niveau de la Vesle que l'on franchit à Jonchery ; revenir à Reims par la N 31.

Reims pratique

Adresse utile

Office du tourisme de Reims – *2 r. Guillaume-de-Machault - 51100 - ✆ 03 26 77 45 00 - www.reims-tourisme - de Pâques à mi-oct. : 9h-19h, dim. et j. fériés 10h-18h ; de mi-oct. à Pâques : 9h-18h, dim. et j. fériés 11h-16h - fermé 1er janv. et 25 déc.*

Visites

Bon à savoir – Le **Pass'citadine** inclut un pass'musées *(valable 1 mois)*, une visite de cave, une étape gourmande et un ticket-journée de bus. *Renseignements à l'office du tourisme - 12 €.*

Visites guidées –*Se renseigner à l'office de tourisme ou sur www.reims-tourisme.com.* Reims, qui porte le label **Ville d'art et d'histoire**, propose des visites-découvertes animées par des guides-conférenciers agréés par le ministère de la Culture et de la Communication. Des visites spéciales et des ateliers sont proposés aux enfants *(merc., sam. et vac. scol.)*.

Visites à thème – *Renseignements à l'office de tourisme* - En saison, l'office de tourisme offre des **visites guidées** à thème hebdomadaires : basilique Saint-Remi, Reims au fil de la nuit, parcs et jardins, Reims et l'Art déco, Reims et son vignoble.

Visites audioguidées – 4 visites : les principaux monuments de la ville (2h), un parcours Art déco (2h), la cathédrale (1h) ou le palais du Tau (1h).

Se loger

Ardenn'Hôtel – *6 r. Caqué - ✆ 03 26 47 42 38 - ardennhotel@wanadoo.fr - 14 ch. 37/47 € - ☕ 5,50 €.* Cet établissement abrité derrière une avenante façade en briques ne manque pas d'atouts : sa situation dans une petite rue calme du centre-ville, la propreté irréprochable de ses chambres décorées avec goût et son accueil toujours souriant vous séduiront.

Chambre d'hôte Lapie – *1 r. Jeanne-d'Arc - 51360 Val-de-Vesle - 21 km au SE de Reims par N 44 et D 326 à gauche - ✆ 03 26 03 92 88 - joyhello@free.fr - fermé 15 déc.-15 janv. - ⊠ - 5 ch. 49 € ☕.* Cinq belles chambres aux teintes pastel ont été aménagées dans ce noble corps de ferme niché au cœur du village. Agréable décor mêlant l'ancien au moderne. La grande salle du rez-de-chaussée est très agréable pour le petit-déjeuner.

Hôtel Crystal – *86 pl. Drouet-d'Erlon - ✆ 03 26 88 44 44 - www.hotel-crystal.fr - 31 ch. 57/68 € - ☕ 9 €.* Un étonnant îlot de verdure et de calme en plein centre-ville : voilà ce que propose cette maison des années 1920 préservée de l'agitation urbaine. Les chambres, rajeunies, sont garnies d'excellentes literies. L'été, on sert les petits-déjeuners dans la charmante courette-jardin fleurie et arborée.

Hôtel de la Cathédrale – *20 r. Libergier - ✆ 03 26 47 28 46 - hoteldelacathedrale@wanadoo.fr - 17 ch. 58/64 € - ☕ 7 €.* Au bout de la rue où se trouve cet hôtel coquet apparaît, majestueuse, la cathédrale Notre-Dame. Les petites chambres aux lits capitonnés sont gaies, lumineuses et confortables. De jolies gravures anciennes décorent la salle des petits-déjeuners. Accueil chaleureux, tenue sans défaut.

Grand Hôtel du Nord – *75 pl. Drouet-d'Erlon - ✆ 03 26 47 39 03 - www.grandhoteldunord.com - fermé vac. de Noël - 50 ch. 59/73 € - ☕ 9,50 €.* La fière façade de cet immeuble construit au début des Années folles donne sur une place piétonne animée. La majorité des chambres ont été rénovées ; pour une meilleure tranquillité, choisissez-en une qui ouvre sur l'arrière du bâtiment. Nombreux restaurants et animations à proximité.

Hôtel Continental – *93 pl. Drouet-d'Erlon - ✆ 03 26 40 39 35 - www.grandhotelcontinental.com - fermé 21 déc.-7 janv. - 50 ch. 70/180 € - ☕ 11,50 €.* La jolie façade fin 19e s. de cet hôtel borde une place piétonne, principal centre animé de la ville. Chambres rénovées de divers styles, desservies par un magnifique escalier (pour davantage de calme, évitez le côté donnant sur le boulevard du Général-Leclerc). Élégants salons Belle Époque.

Hôtel Porte Mars – *2 pl. de la République - ✆ 03 26 40 28 35 - www.hotelportemars.com - 24 ch. 77/110 € - ☕ 10 €.* Hôtel où il fait bon prendre un thé près de la cheminée du salon cosy, ou un verre dans le cadre raffiné du bar. Les chambres, confortables et personnalisées, sont parfaitement insonorisées. Petit-déjeuner gourmand servi sous une verrière joliment agrémentée de photos et de miroirs anciens.

Se restaurer

Brasserie Le Boulingrin – *48 r. de Mars - ✆ 03 26 40 96 22 - www.boulingrin.fr - fermé dim. - 18/24 €.* Depuis 1925, c'est un des lieux de rendez-vous préférés des Rémois qui évoluent à leur aise dans son cadre Art déco égayé de fresques bachiques. Vous y dégusterez de bons petits plats façon brasserie, à moins que vous ne soyiez tenté par le riche banc d'écailler.

Le Jamin – *18 bd Jamin - ✆ 03 26 07 37 30 - www.surf-en-ville.com/le-jamin - fermé 15-29 janv., 14-31 août, dim. soir et lun. - 20/29 €.* Monsieur Milon, cuisinier de métier, dirige avec passion ce petit restaurant de quartier. Dans le sage décor rustique de sa salle à manger, il sert à ses hôtes une cuisine traditionnelle parfaitement maîtrisée. Consultez les suggestions du jour affichées sur l'ardoise qui offrent un bon rapport qualité-prix.

La Vigneraie – *14 r. de Thillois - ✆ 03 26 88 67 27 - www.vigneraie.com - 23 € déj. - 30/62 €.* Discothèque, théâtre, cinéma… La place Drouet-d'Erlon est le centre animé de la ville. La Vigneraie, dont la salle à manger s'agrémente d'une remarquable collection de carafes, se trouve juste à côté. Vous y dégusterez une goûteuse cuisine classique escortée d'une belle carte des vins. Excellent rapport qualité-prix.

La Table Anna – *6 r. Gambetta - ✆ 03 26 89 12 12 - www.latableanna.com - 23/37 €.* La vitrine de ce restaurant jouxtant le conservatoire de musique met joliment en scène le champagne. Certains des tableaux ornant les deux belles salles à manger sont l'œuvre du patron, artiste dans l'âme. Un coup de patte que l'on retrouve à table, avec de bons petits plats traditionnels renouvelés au fil des saisons.

Les Charmes – *11 r. Brûlart - ✆ 03 26 85 37 63 - fermé vac. de printemps, 23 juil.-23 août, sam. midi, lun. soir et dim. - 29/37 €.* Proches des grandes caves de champagne et de la basilique St-Remi, sympathique salle de restaurant familiale (non-fumeurs) agrémentée de peintures sur bois. Bon choix de whiskies.

Le Millénaire – *4 r. Bertin - ✆ 03 26 08 26 62 - www.lemillenaire.com - 27/68 €.* À deux pas de la place Royale, vaste salle à manger au cadre moderne agrémentée d'expositions de tableaux et complétée par une mezzanine formant deux petits salons indépendants. Les recettes au goût du jour du chef, riches d'astucieuses trouvailles, ont de quoi mettre l'eau à la bouche des gourmets.

Café du Palais – *14 pl. Myron-Herrick - ✆ 03 26 47 52 54 - www.cafedupalais.fr - fermé 1er-21 août, dim. et j. fériés - 30 €.* L'ambiance est animée dans ce café fondé en 1930, situé près du palais de justice. Les Rémois apprécient sa cuisine simple servie sous la verrière d'origine, dans un décor de tentures rouges : copieuses salades, assiettes composées, plat du jour et pâtisseries maison. On peut aussi y boire un verre de champagne à prix raisonnable.

Da Nello – *39 r. Cérès - ✆ 03 26 47 33 25 - www.francegourmande.fr - fermé août - 30/40 €.* Ce chaleureux restaurant italien n'a rien à cacher ! Toutes ses tables ont vue sur les cuisines et le four à pizza est placé au milieu de la salle. Pâtes fraîches, grillades et plats du jour élaborés selon le marché. Le tout servi avec l'accent !

Au Petit Comptoir – *17 r. de Mars - ✆ 03 26 40 58 58 - aupetitcomptoir@wanadoo.fr - fermé 24 déc.-2 janv., sam. midi, lun. midi et dim. - 33 €.* Les Rémois apprécient ce bistrot « branché » où, dans un cadre résolument contemporain, ils viennent déguster une cuisine revue et corrigée par Patrice Maillot. Les fourneaux étant visibles de la salle, vous pourrez suivre la préparation des plats. Vinothèque riche de 170 références.

En soirée

Place Drouet-d'Erlon – Cette place constitue une « case départ » privilégiée pour tous ceux qui souhaitent sortir et vivre la ville. Il y en a pour tous les goûts : bars, pubs, restaurants, salons de thé, brasseries, etc., autant d'endroits sympas où se distraire.

Bar de l'Hôtel de la Paix – *9 r. Buirette - ✆ 03 26 40 04 08 - www.bestwestern-lapaix-reims.com - 16h-2h.* Le bar de cet hôtel est l'un des lieux favoris des Rémois, à commencer par nombre de viticulteurs et de restaurateurs qui viennent s'y retrouver. Cadre rénové, convivial et cosy, et terrasse donnant sur le jardin privé. Spécialités : cocktails et champagnes.

La Chaise au Plafond – *190 av. d'Épernay - ✆ 03 26 06 09 61 - tlj sf dim. 7h-20h ; j. fériés : ouv. le mat - fermé dernière sem. de fév., 1re sem. de mars et 3 sem. en août.* Fondé en 1910, ce bar-tabac est célèbre pour sa chaise restée figée au plafond depuis le 12 septembre 1914, date à laquelle un obus termina sa course dans l'établissement. Terrasse en été. Cave à cigares comprenant 250 vitoles.

Degermann-bar – *35 r. Buirette - ✆ 03 26 47 02 27 - degermann.fr - tlj sf dim. et lun. 18h-3h - fermé 1er-15 août.* Pour boire un verre en toute tranquillité avant ou après le dîner, optez pour ce bar américain de standing. Demandez à jeter un coup d'œil aux somptueux salons de réception Degermann. Spécialités : cocktails et champagnes.

S. Sauvignier/MICHELIN

Bouteille de champagne.

Que rapporter

Biscuits Fossier – *25 cours Jean-Baptiste-Langlet - fermé dim. - ✆ 03 26 47 59 84.* Fondée en 1756, cette biscuiterie est une véritable institution rémoise, et la dernière maison à produire les fameux **biscuits roses** à la texture mi-dure, mi-friable. Autant dire qu'une visite s'impose, usine comprise, pour apprendre à « piouler » votre flûte de champagne dans les règles de l'art!

Deleans – *20 r. Cérés - ✆ 03 26 47 56 35 - tlj sf dim. et lun. mat. 9h-12h, 14h-19h - fermé août, 8 Mai et 14 Juil.* Cette maison, fondée en 1874, fabrique avec passion et de façon artisanale des spécialités à base de cacao. Goûtez, entre autres, le pavé de Reims (un centre praliné enveloppé de 2 couches de nougatine) ou les petits bouchons de champagne.

La Petite Friande – *15 cours Jean-Baptiste-Langlet - ✆ 03 26 47 50 44 - tlj sf dim. 10h-12h, 14h-19h.* Depuis plus de 173 ans, la maison s'enorgueillit d'être la créatrice des authentiques bouchons de champagne, à base de marc de champagne. Autre création pour les amateurs de plaisirs gourmands : les bulles à la vieille fine de la Marne.

Sports & Loisirs

Parc de Champagne – *10 av. du Gén.-Giraud - au SE de Reims, dans le quartier des caves - ✆ 03 26 35 52 14 - www.reims.fr - juin-août : 10h-20h ; avr.-mai : 13h30-19h, merc. et w.-end 10h-19h ; 1er sept.-5 nov. : 13h-19h, merc. et w.-end : 10h-19h ; 6 nov.-31 déc. : w.-end 13h-16h30 - fermé 1er janv. et 25 déc. - 2 € (enf. 1 €).* Sur 22 ha, ce parc arboré reçoit des événements culturels (dont les Flâneries musicales) et accueille des manifestations sportives. Il comprend des jeux d'enfants et des terrains de sport. Le lieutenant de vaisseau Hébert (1875-1957) y expérimenta sa méthode d'éducation physique de plein air, dite « naturelle ».

Événements

Fêtes johanniques – 2e week-end de juin. 2 000 figurants en costumes d'époque accompagnent Jeanne d'Arc et Charles VII ; Sacres du Folklore : pendant 6 jours, les meilleurs ensembles folkloriques du monde.

Flâneries musicales d'été – *✆ 03 26 77 45 12.* Juin-août : plus de 150 concerts à travers toute la ville. Les grands noms de la musique internationale sont au rendez-vous dans les lieux les plus prestigieux et inattendus.

Rethel

8 052 RETHELOIS
CARTE GÉNÉRALE B2 – CARTE MICHELIN LOCAL 306 I5 – ARDENNES (08)

Dans cette petite ville à l'histoire tourmentée, posée sur les bords de l'Aisne et du canal des Ardennes, on relira avec plaisir quelques vers de Verlaine qui fut ici professeur, et l'on goûtera à un boudin blanc de grande renommée.

- **Se repérer** – À mi-chemin entre Reims (29 km) et Charleville-Mézières (24 km), Rethel marque la fin de la plaine champenoise au sud, et le début des Crêtes préardennaises qui s'étendent vers le nord.
- **À ne pas manquer** – La ville s'enorgueillit d'être la capitale du boudin blanc, qu'elle célèbre le dernier week-end d'avril.
- **Avec les enfants** – Le musée Guerre et Paix à Novion-Porcien est accessible à partir de 8 ans.
- **Organiser son temps** – Comptez une petite heure pour un tour de ville, et une demi-journée si vous poursuivez par la visite des alentours ou le circuit (prévoir 2 heures pour le musée de Novion-Porcien).
- **Pour poursuivre le voyage** – Voir aussi Charleville-Mézières, Parc national de la Montagne de Reims, Reims, Sedan, Thiérache ardennaise, Vouziers.

Se promener

Sur le **pont de l'Aisne**, lieu stratégique maintes fois détruit, une plaque énumère les invasions successives qui l'ont emprunté depuis le 15e s. ! Rethel a été incendiée à 85 % en 1914. L'**hôtel de ville** fut reconstruit dans un style Renaissance. La ville n'a pas été épargnée en 1940 : une partie des quartiers rebâtis ont à nouveau disparu.

Église Saint-Nicolas

Juil.-août : 14h30-17h30.

Très endommagée en 1940, l'église occupe une position dominante, face à une autre colline qui portait autrefois le château. L'église de gauche (12e-13e s.), qui était affectée aux moines d'un prieuré bénédictin dépendant de l'abbaye Saint-Remi de Reims, a été revoûtée au début du 16e s. L'église de droite (15e-16e s.) servait à la paroisse. L'exubérance du gothique flamboyant s'exprime sur un portail achevé en 1512 : au trumeau, on remarque la statue de saint Nicolas et, au pignon, une Assomption qui semble inspirée du célèbre *Couronnement de la Vierge* de la cathédrale de Reims. L'imposante tour-clocher date de 1614.

Sentier nature

Circuit balisé de 6 ou 11 km au départ du chalet du tourisme (dépliant disponible sur place). Agrémenté de panneaux d'interprétation sur la végétation, il chemine le long du **canal des Ardennes**. Une première boucle (6 km) mène à l'écluse de Biermes et une seconde jusqu'à celle de Thugny-Trugny.

Le boudin blanc du cardinal

Rethel consacre le dernier week-end d'avril à la célébration du boudin blanc. La recette fut concoctée, dit-on, par un cuisinier du **cardinal de Mazarin,** auquel appartenait jadis le comté de Rethel. Elle est gardée secrète par les membres de la confrérie... Réalisé à partir de viande fraîche de porc de premier choix et sans conservateur, le boudin de Rethel a reçu le label « Ardennes de France », qui garantit la qualité du produit.

Aux alentours

Musée de la Libération à Sault-lès-Rethel

2 km en direction de Vouziers. R. de la Glaire - ✆ 03 24 38 05 09 ou 06 07 31 12 66 - visite libre toute l'année le 2e w.-end du mois ou sur rendez-vous - gratuit.

Ce petit musée, dédié à la libération de Rethel le 31 août 1944, présente une collection de véhicules, uniformes, décorations, armes et équipements des troupes allemandes et américaines, ainsi que des photographies anciennes de la ville.

Asfeld

22 km au sud-ouest par la D 18, puis la D 926.

Sur la rive gauche de l'Aisne, ce village est l'ancien fief des comtes d'Avaux. En 1683, Jean-Jacques de Mesmes, président du Parlement de Paris, y fit bâtir l'**église Saint-Didier★**, en complément d'un château aujourd'hui disparu. Ses plans ont été conçus par le frère François Romain, auteur du pont Royal à Paris. Tout en briques, l'édifice est un hymne au baroque italien : il a la forme d'une viole et ses murs ne présentent pas une seule ligne droite !

Son vestibule mène à une rotonde couverte d'une coupole aplatie et cantonnée de quatre chapelles. À l'extérieur, une colonnade de briques raccorde le péristyle ovale à la rotonde. À l'intérieur, de grosses colonnes soutiennent le dôme de la coupole, tandis qu'à l'étage de petites colonnes ornent les tribunes et courent autour de l'édifice. Des passages, appelés tournelles, permettent de faire le tour de l'église sans la traverser.

J.-M. Lecomte/MICHELIN

L'église Saint-Didier à Asfeld.

Juniville

15 km au sud par la D 985.

Après avoir été professeur d'histoire-géographie à Rethel où il se prit d'affection pour Lucien Létinois, l'un de ses élèves, **Paul Verlaine** s'installa dans ce village de 1880 à 1882. Il souhaitait y cultiver le seigle, mais récolta surtout l'opprobre de son voisinage qui le traitait de « garçonnard » ou de « pisseur d'encre ». Ici, Verlaine acheva *Sagesse*.

Musée Verlaine – *1 r. du Pont-Paquis - ✆ 03 24 72 72 16 - tlj sf lun. 10h-12h, 14h-18h - possibilité de visite guidée (1h) - 4 € (-12 ans gratuit).* À un coin de rue, le modeste café Au Lion d'Or, que le poète avait l'habitude de fréquenter, a été reconstitué avec des meubles d'époque et des documents évoquant sa vie et son œuvre.

Écordal

37 km à l'est par la D 30.

Au fond d'un vallon où coule le Foivre, le dernier **moulin à couleurs** de France a cessé d'utiliser sa roue à aubes, mais on y fabrique encore des pigments naturels à partir de neuf terres de base dont certaines proviennent des Ardennes : on les sèche, on les broie, on les calcine dans des fours puis on les mélange… Avec pour résultat 85 teintes destinées à des professionnels de tous horizons : bâtiment, appâts de pêche ou cosmétiques, y compris ceux de grandes maisons de couture. *4 hameau Bonne-Fontaine - ✆ 03 24 71 22 75 - visite guidée (1h30) sur RV - gratuit.*

Hagnicourt

27 km au nord-est par la N 51.

Hagnicourt se cache au plus profond des Crêtes préardennaises, région accidentée à vocation pastorale qui sépare la vallée de la Meuse de celle de l'Aisne. Le bourg occupe un vallon étroit, dont les pentes tapissées de prairies sont coiffées de bois.

L'**église** (15e s.) est posée sur une éminence boisée. Un parc touffu entoure le **château d'Harzillemont,** des 16e-18e s. *(terrain militaire).*

Paysage du Porcien, vers Sery.

Circuit de découverte

LE PORCIEN

54 km – environ 2h.

Le Porcien fut, durant un millénaire, l'une des grandes divisions féodales de la Champagne, qui couvrait environ un tiers de l'actuel département des Ardennes. Ses paysages sont tantôt vallonnés, évoquant les Crêtes préardennaises, tantôt immenses et plats, annonçant la Champagne. Son charme tient à son habitat rural, encore traditionnel.

Quitter Rethel au nord-est par la N 2051 puis la N 51.

Novy-Chevrières

Ancienne église du prieuré bénédictin fondé en 1097 par le comte de Rethel, l'**église Notre-Dame** (fin 17e s.) est imposante par son architecture où les éléments gothiques s'allient au style classique. Elle fut construite dans le prolongement d'un monastère détruit à la Révolution. Voûtée sur croisée d'ogives, elle possède l'un des plus beaux buffets d'orgue de la région. *Juil.-août : 14h-17h.*

Poursuivre sur la N 51.

Bardages et « nez de cochon »

De nombreuses **maisons à pans de bois** subsistent dans le Porcien. Leur structure repose sur un soubassement de pierres et de briques, surmonté d'une ossature de bois que comble un torchis – mélange de terre argileuse et de paille – d'une belle couleur ocre. L'étanchéité des murs est assurée par un enduit à base de chaux.
Les façades les plus exposées sont recouvertes d'un bardage de bois, souvent du peuplier ou de l'aulne. La toiture se caractérise par une pente importante et une demi-croupe en pignon (ou « nez de cochon »). Sans doute héritée des couvertures en chaume, elle permet de mieux résister au vent.

Saulces-Monclin

Dans le cimetière repose le romancier **Jean-Paul Vaillant**, auteur de *Majacotte*, histoire d'un cloutier ardennais. La chapelle du 13e s. est précédée d'un porche dont la charpente est en bois.

Prendre la D 8.

De la D 8, les curieux emprunteront la D 108 vers **Margy** *(direction Viel-Saint-Remy)* pour voir un ancien **pressoir** (supposé du 17e s.) avec manège à cheval, dans un état de conservation remarquable. *Visite sur demande au 03 24 38 56 37.*

Novion-Porcien

L'ancienne capitale du Porcien, dans le vallon verdoyant du Plumion, fut le passage de la voie romaine Reims-Cologne.

Musée Guerre et Paix★ – *Route de Sery (D 3). ✆ 03 24 72 69 50 - juin-sept. : 10h-19h ; oct.-mai : tlj sf lun. 10h-12h, 14h-18h - fermé janv., 1er Mai et 25 déc. - 5 € (enf. 3 €).* Cet important musée consacré aux trois guerres qui opposèrent la France et l'Allemagne entre 1870 et 1945 abrite une très riche collection de véhicules, uniformes, armes et objets divers. Au rez-de-chaussée, dix scènes reconstituées à l'aide de matériels d'époque et de mannequins replacent, avec des documents audiovisuels, les événements locaux dans l'histoire globale de ces conflits.

Au 1er étage, vitrines et bornes multimédias montrent l'évolution des équipements militaires du 19e s. à nos jours et évoquent la vie quotidienne des civils. Expositions temporaires.

Un parcours adapté est proposé aux enfants (*livret en vente à l'accueil*).

Continuer la D 8 vers Wasigny.

Wasigny

À l'entrée du village, une **maison forte** (16e-17e s.) occupe un site plaisant auprès de la rivière, avec son petit pont de pierre et son pavillon d'entrée surmonté d'un dôme d'ardoise à clocheton. Au centre du village, **halle** aux fruits du 15e s.

Prendre au sud de Wasigny la D 10 vers Sery.

Sery

Les vestiges d'un camp romain y sont conservés : il fut construit sur des levées de terre dénommées « monts de Sery », formant un paysage vallonné. Deux tables d'orientation (alt. 179 m et 172 m) offrent des **vues** sur plus de 30 km à la ronde.

1,7 km. Un **sentier botanique** permet de découvrir la flore locale : orchidées, plantes et arbustes typiques des savarts (sites où paissaient les moutons).

Prendre la D 3 vers Château-Porcien.

Château-Porcien

Cet antique port sur la rivière de l'Aisne donna son nom à la région. Sur la tour à encorbellement de la **maison forte de Wignacourt** (15e s), tout en briques, un cadran solaire est toujours visible. L'**église Saint-Thibault** date du 15e s.

Regagner Rethel par la D 926.

Rethel pratique

Adresse utile

Office du tourisme du pays rethélois – *3 quai d'Orfeuil - 08300 Rethel - ✆ 03 24 38 54 56 - de déb. juin à mi-sept. : 9h-12h, 14h-18h, dim. 9h-12h ; reste de l'année : tlj sf w.-end 9h15-12h30, 13h30-17h.*

Se loger

⊖⊖ **Le Moderne** – *2 pl. Victor-Hugo - ✆ 03 24 38 44 54 - lemoderne@wanadoo.fr - P - 21 ch. 43/53 € - 6,50 € - rest. 12 €.* Si vous n'avez pas peur d'essuyer les plâtres, vous goûterez avec joie au grand confort des chambres de cet hôtel, une belle réussite en matière de rénovation. Les anciennes demeurent fort convenables, mais correspondent moins au nom de l'établissement. Restauration en deux parties : de type gastronomique ou brasserie.

Se restaurer

⊖ **Au Sanglier des Ardennes** – *1 r. Pierre-Curie - ✆ 03 24 38 45 19 - fermé 1er janv. et 25 déc. - formule déj. et dîner 9 € - 12,50/35 € - 12 ch. 44/48 € - 8,50 €.* Longtemps considéré comme une institution locale, ce restaurant n'a plus son aura d'autrefois mais conserve une bonne réputation. Outre le menu gastronomique, on appréciera les spécialités de la région, présentes sur la carte, et à savourer de préférence dans la salle à manger, plus chaleureuse que la partie brasserie.

Que rapporter

Marché – Le jeudi matin dans la halle et sur la place qui lui fait face.

Charcuterie Yves Duhem – *9 r. Colbert - ✆ 03 24 38 46 19 - tlj sf lun. 8h30-12h30, 14h30-19h ; dim. 9h-12h.* Depuis 1798, cette charcuterie fait la joie des amateurs de boudin blanc et autres cochonnailles. Courez donc visiter les ateliers de fabrication mais n'espérez pas repartir avec les secrets de la recette originale, transmis aux seuls descendants !

Événements

Festival de viole de gambe – *✆ 03 24 72 96 99.* Concerts, promenade musicale, exposition de luthiers et archetiers - tous les 2 ans (prochaine manifestation en 2008) à Asfeld.

Foire au boudin blanc – *✆ 03 24 39 51 40 - www.pays-rethelois.com.* En avril à Rethel.

Revin

8 963 REVINOIS
CARTE GÉNÉRALE B1 – CARTE MICHELIN LOCAL 306 J3 – ARDENNES (08)

Revin se niche au creux d'un site grandiose, formé par deux méandres de la Meuse, presque fermés, qui entaillent le massif des Ardennes. George Sand, de passage en 1869, fut charmée : « J'ai souvent comparé le cours de ma vie à celui de cette Meuse qui coule, rapide et silencieuse à mes pieds. » Le titre d'un de ses romans lui fut inspiré par le mont Malgré-Tout qui domine la ville et la forêt.

Se repérer – À 23 km au nord de Charleville-Mézières, Revin est séparé de la frontière belge par quelques kilomètres de profondes forêts. Le méandre nord de la Meuse porte la ville ancienne, très circonscrite.

Se garer – Descendez dans le vieux Revin et laissez votre voiture sur les quais face à l'office de tourisme *(gratuit)*.

À ne pas manquer – Quelques pas dans le vieux Revin et sur les bords de Meuse ; la montée au mont Malgré-Tout, pour le point de vue ou pour une randonnée.

Organiser son temps – Il vous faudra 30mn au plus pour faire le tour de la vieille ville, mais les environs offrent de nombreuses possibilités de balade.

Avec les enfants – Une halte au parc Rocheteau ; le lac des Vieilles-Forges et ses activités « nature » ou nautiques ; le musée de la Forêt à Renwez.

Pour poursuivre la visite – Voir aussi Charleville-Mézières, Givet, Méandres de la Meuse, Monthermé, Rocroi, Thiérache ardennaise.

Se promener

Le vieux Revin

Sur le quai des bateliers, quelques maisons à pans de bois (16e s.) témoignent du temps où Revin était une ville tampon entre les Pays-Bas espagnols et la France (sa neutralité fut maintes fois violée, tant par les troupes du roi de France que par celles de l'Empire). Le **« château des Hirondelles »** fut, de 1685 à 1688, le refuge des protestants français contraints d'émigrer après la révocation de l'édit de Nantes.

Rue Galilée, l'**église des Dominicains** étonne par l'élégance de sa façade de brique, influencée par l'architecture flamande (18e s.). À droite, se trouve l'**ancien couvent des Dominicains**.

Prenez le temps de flâner dans les voyettes (ruelles) où s'alignent des maisons basses, de brique et de pierre, et où l'on joue tranquillement aux échecs, dans le café du coin. Rue Étienne-Dolet, remarquez la **pompe Lavoye**, une fontaine publique du 18e s.

Le saviez-vous ?

En 1854, **Théodore Faure** s'implanta à Revin pour fabriquer poêles, marmites et cuisinières. La même année, **Arthur Martin** créait une fonderie en Belgique. Son descendant, Nestor, s'installa en 1875 à Revin où furent bientôt montées cinq usines. En 1964, la marque avala Faure, sa concurrente… Aujourd'hui, le méandre sud de la Meuse reste le fief de la fabrication d'appareils ménagers.

Le **calvaire** et le **monument des Manises** sur le mont Malgré-Tout commémorent le massacre de 106 jeunes résistants, le 13 juin 1944 (*voir Méandres de la Meuse*).

Au fil de la Meuse

On peut flâner dans le parc municipal **Maurice-Rocheteau**, situé en bord de Meuse, en contrebas de la galerie *(voir « Visiter »)* : halte fluviale, tennis, aires de jeux. *03 24 40 10 72 - www.ville-revin.net - - avr.-oct. : 10h-12h, 13h-20h ; nov.-mars : 13h30-17h30 - fermé 1er janv. et 25 déc. - gratuit.*

Depuis l'office de tourisme, suivre à droite les quais, traverser le pont de Fumay et emprunter le sentier à gauche. Le **chemin pédestre George Sand** borde la rive externe d'un méandre de la Meuse entre les ponts de Fumay et de Saint-Nicolas.

Passer en-dessous du pont de Fumay pour rejoindre le chemin des Manises. Une **voie verte** (pédestre et cyclable) longe la Meuse jusqu'à Fumay (10 km).

Visiter

Musée du Vieux-Revin

Quai Edgar-Quinet, à l'angle de la r. Victor-Hugo - ☏ 03 24 40 19 59 - www.ville-revin.net - de mi-mai à mi-sept. : 10h-12h, 14h-18h30 (dim. 18h), j. fériés 14h-18h - fermé 1er Mai - 2 € (-12 ans gratuit).

La **Maison espagnole** (première moitié du 16e s.), qui accueille l'office de tourisme, abrite un musée évoquant la vie quotidienne d'antan. Le rez-de-chaussée est réservé aux expositions temporaires. Le 1er étage reconstitue un intérieur des années 1920-1930. Au 2e étage, la riche collection de poêles en fonte (Martin, Faure, Biard…) évoque l'apogée de la fonderie : Revin comptait 23 industries au début du 20e s.

Ph. Gajic/MICHELIN

La Maison espagnole.

Galerie d'art contemporain

46, av. J.-B. Clément - ☏ 03 24 56 20 53 - ♿ - merc., w.-end et j. fériés 14h-18h (dernière entrée 30mn av. fermeture) - fermé 1er janv., 1er Mai, 14 Juil., 25 déc. - gratuit.

La galerie accueille notamment la collection **Georges Cesari** (1923-1982).

Aux alentours

L'EDF a créé 4 itinéraires balisés en forêt autour de l'**aménagement hydroélectrique** de Revin-Saint-Nicolas-Les Mazures, qui comprend une usine souterraine et 3 bassins (Marquisades, Whitaker, lac des Vieilles-Forges).

Panneaux d'information aux départs, renseignements et dépliant à l'office du tourisme de Revin.

Accès par la D 988 vers Renwez. Circuits bleu (2h) et rouge (3h) au large du bassin supérieur : départ juste avant le **belvédère** des Marquisades.

Depuis la D 1 vers Rocroi, après l'usine de Saint-Nicolas, prendre à gauche une petite route qui descend au bassin du Whitaker et le longer jusqu'au parking. Circuits jaune (1h), entre les 2 bassins, et vert (*1h30 à 3h selon accessibilité en voiture*) près du bassin inférieur.

Lac des Vieilles-Forges

12 km par la D 988. Voir Charleville-Mézières.

Musée de la Forêt à Renwez

14 km par la D 988. Voir Charleville-Mézières.

Circuit de découverte

Mont Malgré-Tout

40 km au départ de Revin. Voir le circuit 3 des Méandres de la Meuse.

Revin pratique

Voir aussi l'encadré pratique de Charleville-Mézières.

Adresse utile

Office du tourisme de Revin – *2 r. Victor-Hugo - 08500 - ✆ 03 24 40 19 59 - mai-sept. : 10h-12h, 13h30-18h30, dim. 10h-12h, 13h30-18h, j. fériés 14h-18h ; reste de l'année : tlj sf lun. et dim. 13h30-17h30 - fermé j. fériés.*

Visites

Bon à savoir – L'office de tourisme propose des **visites guidées** du vieux Revin *(tte l'année sur réserv.).*

Il organise aussi des **randonnées guidées**, hebdomadaires ou bi-hebdomadaires en saison *(hors période de chasse - sur inscription 3 j. av. - 2 €).*

Se loger

François Ier – *44 quai Camille-Desmoulins - ✆ 03 24 40 15 88 - www.francois1.fr - 11,50/41 € - 20 ch. 38/60 € - 5,70 €.* Cette imposante bâtisse jouit d'une belle situation au bord de la Meuse. Chambres nettes et de bon confort : les plus petites possèdent un balcon donnant sur le fleuve ; les autres, spacieuses, ouvrent sur la cour intérieure. Salle à manger où domine le bleu.

Chambre d'hôte Mme Blondeau « La Roche Noire » – *42 r. St-Louis - 08170 Haybes - ✆ 03 24 41 61 93 - - 4 ch. 47 €.* Entourée de forêts et accédant directement au chemin de halage qui borde la Meuse, cette maison de maître datant de 1927 bénéficie d'un cadre agréable. Ses 4 chambres, toutes au rez-de-chaussée, disposent de tout le confort. L'une d'entre elles offre une jolie vue sur la rivière. Petits-déjeuners classiques.

Chambre d'hôte Mme Lorent – *3 r. du Dr-Bourgeois - 08170 Fumay - ✆ 03 24 41 29 66 - f08170@aol.com - - 3 ch. 48 €.* Ancienne propriété du docteur Bourgeois (qui a donné son nom à la rue), cette demeure compte 3 chambres lumineuses et bien équipées. Le mobilier, volontairement hétéroclite, navigue entre les styles de façon surprenante mais plutôt réussie. Petit salon à disposition, avec TV et ordinateur connecté à Internet.

Se restaurer

Hostellerie de la Vallée – *146 pl. Aristide-Briand - 08170 Fumay - ✆ 03 24 41 15 61 - fermé merc. soir, dim. soir et lun. - formule déj. et dîner 10 € – 12,50/26,50 €.* Vous ne pourrez pas manquer ce restaurant du centre-ville, avec sa façade en pierre apparente et ses bacs de fleurs. À l'intérieur, que l'on opte pour la salle au décor typiquement ardennais ou celle avec vue sur la Meuse, on savourera avec le même plaisir les spécialités régionales conçues par la maîtresse des lieux.

Sport & Loisirs

Balades – *Topoguide en vente à l'office du tourisme de Revin.* 5 circuits de randonnées, entièrement balisés (de 7,5 à 24 km et 4 de VTT (7 à 18 km).

Événements

Fête du pain – Week-end de Pentecôte (années paires).

Fête de la bière – 1er samedi de juillet.

Festival Contrebande – *✆ 03 24 40 20 91.* Festival des arts de la rue en mai.

Les Riceys

1 376 RICETONS
CARTE GÉNÉRALE B4 – CARTE MICHELIN LOCAL 313 G6 – AUBE (10)

Aux confins de la Bourgogne, ce village singulier est formé de trois bourgs qui ponctuent le cours de la rivière Laignes. On y compte trois églises classées, deux châteaux, six chapelles et sept lavoirs ! Mais on y vient surtout pour son délicieux rosé, considéré comme l'un des meilleurs de France.

Se repérer – À l'extrême sud de la Champagne (50 km de Troyes), le village comprend Ricey-Bas, Ricey-Haute-Rive et Ricey-Haut, nommés ainsi selon leur position sur la rivière.

À ne pas manquer – Une dégustation du fameux rosé.

Organiser son temps – Le village, dont on fait le tour rapidement, peut constituer une base agréable pour explorer la côte des Bar. Le jeudi précédant Pâques, Ricey-Haut accueille un grand rassemblement autour du vin.

Pour poursuivre la visite – Voir aussi Bar-sur-Seine, Chaource, Ervy-le-Châtel, Parc naturel régional de la Forêt d'Orient, Troyes.

L'église de Ricey-Bas pointe derrière le vignoble.

Comprendre

Une situation privilégiée – Les trois bourgs ont été tiraillés jusqu'à la Révolution entre le comté de Champagne et le duché de Bourgogne. Les habitants, dont la plupart étaient vignerons, en profitaient pour payer moins d'impôts : il suffisait pour cela d'avoir une maison à deux entrées, l'une en Champagne, l'autre en Bourgogne ! Selon le niveau de la fiscalité, on murait l'une d'elles pour bénéficier de l'autre, plus favorable... De nos jours, les vignerons ont le privilège de posséder le plus grand terroir de Champagne (866 ha). Ils sont également les seuls de France à bénéficier de **trois Appellations** d'origine contrôlée : champagne, coteaux champenois et le fameux rosé des Riceys.

Le rosé des Riceys – Boire ce vin est peu commun ! La situation géographique du vignoble et la réglementation particulièrement sévère qui s'y attache ne permettent pas aux vignerons d'en produire chaque année. C'est aussi l'un des vins les plus contrôlés de France. Il est élaboré exclusivement à partir de raisins de pinot noir, provenant des coteaux les plus pentus et les plus ensoleillés. La vendange se fait par temps sec, et seules les plus belles grappes sont cueillies.
La vinification est difficile : après une macération courte, la fermentation est rapide, accélérée par le foulage léger d'une partie des raisins. C'est la phase la plus délicate que le vigneron surveille avec le plus grand soin. Il s'agit de guetter le moment précis (à une heure près !) où apparaît le goût qui fait la particularité du rosé des Riceys : un délicat bouquet de fleurs sauvages, de violettes et de noisettes.

Un peu de rosé, Majesté ?

On dit que Louis XIV fit connaissance avec le rosé des Riceys lorsqu'il fit construire Versailles. Ce vin était parvenu dans les bagages des maçons et terrassiers champenois qui travaillaient à la construction du château.

Les cadoles – Les cadoles ou « loges » sont des abris en pierre calcaire, construits par les vignerons il y a deux siècles. Ils s'y protégeaient des intempéries et y prenaient leurs repas lors des travaux dans les vignes. De forme circulaire, ces cabanes ont été construites avec les pierres plates trouvées sur place et posées simplement les unes sur les autres. Situées principalement au bord des vignes ou dans les bois, elles sont plus ou moins envahies par la végétation.

Voir les rubriques « Sports & Loisirs » et « Événements » dans l'encadré pratique.

Se promener

L'espace est structuré par de nombreux murets en pierre qui délimitent les propriétés et closent les jardins.

Ricey-Bas

C'est là qu'on rencontre le plus d'anciennes **maisons de vigneron**, en pierre de pays, autrefois couvertes d'une toiture en lave qui a le plus souvent été remplacée par de la tuile.

Le **château** comprend deux corps de logis : l'un correspondant à l'ancien manoir féodal (11e-15e s.) et l'autre construit au 18e s.

Église Saint-Pierre-ès-Liens – *✆ 03 25 29 15 38 - sur demande à l'office de tourisme.* Ce bel édifice du 16e s. possède une riche façade à triple portail. Sa partie la plus ancienne remonte au 13e s. À l'intérieur, dans les chapelles de la Passion des bas-côtés nord et sud, on peut voir deux retables en bois sculpté. L'orgue provient de l'abbaye de Molesmes. Deux vitraux du 16e s. évoquent la Création et la Légende de l'hostie miraculeuse.

Ricey-Haut

L'**église Saint-Vincent** présente la particularité d'être composée de deux églises combinées, une seconde nef ayant été aménagée en allongeant le transept.
Sur la place, remarquer la **halle au vin**, à la charpente imposante (18e s.), où se tient chaque année la foire du Grand Jeudi *(voir l'encadré pratique).*

Les Riceys pratique

Adresse utile

Office du tourisme de Riceys – *14 pl. des Héros-de-la-Résistance - 10340 - ✆ 03 25 29 15 38 - juin-sept. : 9h-12h, 14h-17h, sam. 10h-13h, 14h-17h, dim. 10h-13h ; sept.-mai : tlj sf merc. 9h-12h, 14h-17h - fermé de mi-déc. à déb. janv., 1er et 8 Mai et 1er nov.*

Se loger

⊖⊖ **Les Voyageurs** – *6 r. de la Nation - 10250 Gyé-sur-Seine - 8 km au NE des Riceys par D 70 - ✆ 03 25 38 20 09 - hotel-voyageurs-gye@wanadoo.fr - fermé 16-24 août et vac. de fév. - 7 ch. 48 € - ☕ 8 € - rest. 15/36 €.* Des petites chambres fraîches et colorées vous attendent dans ce relais de poste bâti à la fin du 19e s. et doté d'une avenante façade en pierre.

Se restaurer

⊖ **Le Magny** – *38 r. du Gén.-Leclerc - ✆ 03 25 29 38 39 - www.le-magny.com - fermé sept.-mars, dim. soir, mar. soir hors sais. et merc. - 14/40 € - 12 ch. 70 € - ☕ 8 €.* Cette auberge campagnarde entourée d'un jardin a bénéficié d'une belle restauration. Vous y dégusterez, dans une confortable salle à manger et autour de bons petits plats traditionnels, les excellents vins AOC du terroir : rosé des Riceys, coteaux champenois et champagne. Chambres calmes. Piscine.

Que rapporter

CHAMPAGNE

Champagne Morel Père et Fils – *93 r. du Gén.-de-Gaulle - ✆ 03 25 29 10 88 - www.champagnemorelpereetfils.com - tlj sur RV - fermé de mi-août à fin août, pdt les vendanges et dim.* Un magnifique bâtiment de style régional s'élève au cœur de ce domaine géré par la même famille depuis cinq générations. Dans ses belles caves voûtées, vous assisterez à quelques démonstrations et serez convié à l'incontournable dégustation de rosé des Riceys, de champagne rosé ou de champagne tout court.

Champagne Morize Père et Fils – *122 r. du Gén.-de-Gaulle - ✆ 03 25 29 30 02 - www.champagnemorize.com - tlj sf dim. 9h-11h, 14h30-18h - fermé j. fériés.* Ces caves datant du 12e s. sont aussi charmantes qu'accueillantes. Après le rituel petit tour du propriétaire, vous vous accouderez un moment au comptoir en pierre, ou prendrez place autour d'une table… Impossible de ne pas trouver son bonheur parmi ces 100 000 flacons remplis de bulles !

S. Sauvignier/MICHELIN

Cadole.

Sports & Loisirs

Randonnées – *Plaquette à l'office du tourisme des Riceys.* 3 circuits balisés (7, 14,5 et 23 km) à travers bois et vignes permettent de découvrir les cadoles des environs des Riceys.

Événements

Cadole – Chaque année, le 1er Mai, une « randonnée cadoles » (20 km environ) est organisée aux Riceys, avec repas sous la halle du village. *15 € - s'inscrire à l'office de tourisme (à partir du 1er avr.).*

La foire du Grand Jeudi – Elle a lieu le jeudi avant Pâques. Elle réunit, autour de la halle de Ricey-Haut, tout ce qui se rapporte au travail de la vigne et de la culture.

Rocroi★

2 420 ROCROYENS
CARTE GÉNÉRALE B1 – CARTE MICHELIN LOCAL 306 J3 – ARDENNES (08)

Vue du ciel, cette petite ville du 16e s. est au cœur d'une étoile à dix branches. Vue d'en bas, Rocroi s'ordonne autour d'une grande place d'armes entourée d'une enceinte fortifiée. Du solide ! Siège d'une célèbre bataille contre les Espagnols en 1643, Rocroi fut renforcée par Vauban quelques années plus tard. Baptisée Roc Libre sous la Révolution, elle résista un mois aux alliés en 1815.

OT Rocroi

Vue aérienne de la citadelle.

Se repérer – Située sur le plateau ardennais, la ville se trouve à 6 km de la frontière belge et à 28 km au nord de Charleville-Mézières.

À ne pas manquer – Le tour de la place forte et de ses remparts ; pour les férus d'histoire, le musée de la Bataille de Rocroi.

Organiser son temps – Il faut une bonne heure pour arpenter les principales rues de la ville et ses fortifications.

Pour poursuivre la visite – Voir aussi Charleville-Mézières, Givet, Méandres de la Meuse, Monthermé, Revin, Thiérache ardennaise.

Comprendre

Une bataille « éclair » – En pleine **guerre de Trente Ans**, l'armée espagnole des Flandres nourrit le projet de se diriger vers Paris par la Champagne, en prenant Rocroi. Le 19 mai 1643, quelques jours après la mort de Louis XIII, les troupes de dom Francisco de Mello rencontrent les armées royales, commandées par le **duc d'Enghien**. La bataille a lieu à 2 km au sud-ouest de Rocroi, en bordure d'une zone marécageuse : les « rièzes ». Le 19 au petit jour, Condé attaque l'aile droite du dispositif adverse. Cependant, à l'aile gauche française, le maréchal de L'Hôpital et La Ferté-Senneterre sont encerclés par l'ennemi. Par une manœuvre hardie, le duc d'Enghien leur prête la réserve de son aile droite qu'il lance sur les piques de l'infanterie espagnole. Voyant la bataille perdue, le comte de Fontaines fait former le carré aux troupes espagnoles qui lui restent. Trois fois, les Français chargent ; trois fois, ils reculent... Ayant pénétré dans le carré, ils font un massacre où périt Fontaine, et mettent en fuite De Mello. La bataille a duré 6 heures, engagé 50 000 hommes et fait 10 000 morts.

Le saviez-vous ?

Le duc d'Enghien, futur **prince de Condé**, n'avait que 21 ans lorsqu'il remporta la **bataille de Rocroi**, le 19 mai 1643. Plus tard, durant la « Fronde des princes », Condé s'allia... aux forces espagnoles et assiégea la ville. Pendant huit ans, Rocroi vécut sous la domination espagnole, et redevint français en 1659, après le traité des Pyrénées.

Se promener

La place forte

Voir l'ABC d'architecture p. 74. Édifiée en 1555 par Henri II pour contrer la menace du fort de Charlemont à Givet, alors sous domination espagnole, elle fut renforcée en 1675 par **Vauban**, qui conserva son plan en étoile et y fit construire des bâtiments militaires. Cet urbanisme permettait aux troupes d'intervenir rapidement sur les bastions et courtines en partant de la place centrale, où convergent dix rues.
Depuis la porte de France, au sud-ouest, le « sentier touristique » parcourt l'ensemble des fortifications et permet d'apprécier la complexité des **remparts**.

Visiter

Musée de la Bataille de Rocroi

Pl. du Luxembourg - ✆ 03 24 54 20 06 - mai-oct. : 13h30-18h30 - 4 €.
Dans un ancien corps de garde du 17e s., un spectacle audiovisuel présente avec efficacité le déroulement de la bataille de 1643. Au 1er étage, le combat est reconstitué au moyen de 2 500 soldats en plomb. Des mannequins en costumes représentent les principaux protagonistes, parmi lesquels le Grand Condé.
À voir aussi : des armes (14e-16e s.) de provenances diverses, des gravures de Jacques Callot (17e s.), des documents se rapportant à l'histoire de la place forte, et un plan-relief de Rocroi en 1889 – date du déclassement militaire de la place forte.

Aux alentours

Circuit de la Bataille

13,5 km. Au départ du musée, un sentier balisé rejoint le site de la bataille. On traverse les **rièzes**, landes humides où s'épanouissent des plantes d'une rare diversité : droséras, gentianes, orchidées sauvages...

Rocroi pratique

Voir aussi l'encadré pratique de Revin.

Adresse utile

Office du tourisme de Rocroi – *Pl. d'Armes - 08230 - ✆ 03 24 54 20 06 - www.otrocroi.com - se renseigner pour les horaires.*

Se loger

Chambre d'hôte Dumonceau – *5 r. d'Hersigny - ✆ 03 24 53 86 37 - 3 ch. 42 € - repas 20 €.* Construite à l'extérieur des remparts, mais proche du centre-ville, cette maison du début du 19e s. compte 3 chambres d'hôte de bon confort, misant sur un mobilier contemporain. Table d'hôte traditionnelle, enrichie de quelques recettes belges. La terrasse donne sur un vaste espace verdoyant.

Se restaurer

Le Vauban – *2 pl. d'Armes - ✆ 03 24 54 18 69 - fermé merc., le soir sf w.-end et j. fériés - formule déj. 7,50 € - 12/35 €.* Cette vénérable maison et sa jolie terrasse pavée donnent sur l'immense place d'armes. À l'intérieur, décor tout en gaieté avec murs roses, meubles clairs et nappes fleuries. Côté table, cuisine traditionnelle et quelques plats typiques du terroir.

Sports & Loisirs

Randonnées – À l'office de tourisme, un topoguide est en vente. Il décrit 38 circuits sur le plateau du Rocroi et en Thiérache ardennaise : lac des Vieilles-Forges, Renwez et sa forêt, au pays des Ardoisières, le plateau de Rocroi, les sources de la Sormonne, Signy-le-petit et ses étangs, les côtes de l'Audry et de la Sormonne, Liart et son pays, Rumigny et sa maison forte.

Saint-Dizier

30 900 BRAGARDS
CARTE GÉNÉRALE C3 – CARTE MICHELIN LOCAL 313 J2 – HAUTE-MARNE (52)

Fonderies, forges et aciéries ont fait de Saint-Dizier un important centre métallurgique entouré de belles forêts. Les amateurs d'Art nouveau ne manqueront pas le circuit des fontes ornementales dont la ville constitue une véritable vitrine : balcons, appuis de croisées, panneaux de porte, rampes et soupiraux… Fidèle à sa vocation défensive, cette ancienne place forte héberge également les célèbres avions Rafale.

- **Se repérer** – Autour du centre-ville s'étendent plusieurs quartiers à l'identité marquée. À l'ouest, la Noue est l'ancien faubourg des mariniers ou brelleurs. À l'est, le faubourg de Gigny fut un village de vignerons. Plus au sud s'étend la banlieue ouvrière de Marnaval, avec son église en briques de laitier.
- **Se garer** – Parking gratuit au pied des remparts, face à l'office de tourisme.
- **À ne pas manquer** – Une promenade dans le centre-ville, le nez en l'air à l'affût des éléments de fer forgé dont la ville regorge.
- **Organiser son temps** – Comptez deux heures pour un bon tour de ville.
- **Avec les enfants** – Le lac du Der est tout proche, avec ses nombreuses activités « nature » et nautiques.
- **Pour poursuivre la visite** – Voir aussi Joinville, Montier-en-Der, Vitry-le-François, Wassy.

Se promener

Des fortifications qui défendaient la ville subsistent les **remparts** entourant l'ancien château (13e s.), devenu préfecture, ainsi que trois tours.

L'**église** Notre-Dame-de-l'Assomption détruite par un incendie au 18e s. conserve son portail d'origine (12e s.).

Sur la place Aristide Briand encadrée par l'hôtel de ville, le théâtre (ancienne halle aux blés) et les terrasses des cafés, le **monument aux morts de 1544** commémore la date qui fait encore la fierté de la ville.

Quelques vieilles demeures à colombages subsistent sur la place Émile-Mauguet, comme la **maison Parcollet** (16e s.). Sur les bords du canal entre Champagne et Bourgogne, l'ancienne **usine Miko** a été récemment reconvertie en cinéma multiplexe. Sa **tour**, qui a été conservée, et un petit musée, perpétuent la mémoire du lieu qui est intimement liée à celle de la ville.

Le saviez-vous ?

On appelle les habitants de Saint-Dizier « Bragards ». Ce serait la contraction de « Ah ! les braves gars ! » lâché par François Ier en hommage à leur résistance face à l'armée de Charles Quint qui, en 1544, assiégea la ville pendant 43 jours. Autre hypothèse : ce nom viendrait de la « brague », sorte de mât disposé sur les bateaux marnois ou les trains de bois assemblés dans la ville…

CIRCUIT DES FONTES ORNEMENTALES

En 1900, **Hector Guimard** choisit les fonderies de Saint-Dizier pour créer des fontes ornementales de style Art nouveau. De nombreuses maisons sont décorées dans ce style, à l'extérieur comme à l'intérieur. Aujourd'hui, une ligne de mobilier urbain spécialement dessinée pour la ville perpétue la tradition.

Partir de la place de la Liberté (office de tourisme).

À l'entrée de la rue de la Commune-de-Paris, au **n° 29**, on découvre un panneau de porte aux tulipes 1900.

Prendre la rue de l'Arquebuse.

Rue de l'Arquebuse

Au **n° 1**, observez la grille, la rampe d'escalier et les appuis de croisée 1900 ; aux **nos 1 bis** et **1 ter**, les appuis de croisée Guimard ; au **n° 31**, les appuis de croisée, panneaux de portes et soupirail Guimard ; au **n° 33**, les appuis de croisée 1900.

Tourner à gauche dans la rue du Colonel-Raynal.

Rue du Colonel-Raynal

Au **n° 4**, on peut voir des appuis de croisée ; au **n° 6**, des appuis de croisée et un panneau de porte Guimard ; au **n° 8**, des appuis de croisée.

Avant de prendre à gauche la rue du Général-Maistre, remarquez à droite, au **n° 39**, d'autres appuis de croisée.

Rue du Général-Maistre

À l'angle de la rue, au **n° 24**, des appuis de croisée ; au **n° 15**, des panneaux de porte Guimard ; au **n° 13**, des panneaux de porte Guimard et des appuis de croisée 1900.

Revenir à la place par la rue Robert-Dehault.

QUARTIER DE LA NOUE

Ce faubourg était jadis animé par les bateliers ou brelleurs qui livraient à Paris, par flottage sur la Marne, des trains de bois (les brelles) dans des barques à fond plat appelées marnois. Le retour s'effectuait à pied. Ils vivaient dans des maisons basses en torchis, s'ouvrant sur une cour derrière laquelle s'étendaient jardins et champs.

Le quartier est percé de 80 minuscules voies ou voyottes, situées perpendiculairement à l'avenue de la République. Ses maisons ne sont accessibles qu'à pied, et demeurent en permanence dans la pénombre.

Sur les bords de la Marne en contrebas, une promenade a été aménagée.

R. Mattes/MICHELIN

Balcon en fer forgé.

Visiter

Musée municipal

Allée Jean-François-Lescuyer - ✆ 03 25 07 31 50 - www.saint-dizier.fr - mar., jeu.-vend. 14h-18h, merc. et sam. 10h-12h, 14h-18h - fermé lun., dim. et j. fériés - gratuit.

Dominant le square Winston-Churchill, il abrite d'intéressantes collections d'**histoire naturelle** et en particulier de paléontologie, avec des fossiles découverts dans la région, ainsi que d'ornithologie : les oiseaux regroupés par habitat sont présentés dans les vitrines d'origine (19e s.). Vous verrez notamment les restes du plus gros iguanodon de France : 11 m de long dont 2 m de colonne vertébrale.

Une salle consacrée à la **fonte d'art** abrite quelques belles pièces de Guimard.

Haut-fourneau

✆ 06 15 38 48 90 - juin-août - 3,50 € (enf. 2,50 €).

Dans cette construction du 19e s., l'Association pour la sauvegarde du patrimoine métallurgique haut-marnais présente 25 siècles de métallurgie sous forme d'un diaporama et d'une visite commentée. En été, des animations sont proposées sur le thème de la fonte d'art.

Aux alentours

Abbaye de Trois-Fontaines

11 km au nord. Sortir de Saint-Dizier par la D 157 et la D 16.

✆ 03 26 73 03 94/16 27 - juil.-août : dim. 14h-19h - 2 € (enf. 1 €) ; parc : tte l'année 8h-21h - gratuit.

Au cœur de la forêt, l'ancienne abbaye cistercienne, fille de Clairvaux, fut fondée en 1118, reconstruite au milieu du 18e s. et en grande partie détruite pendant la Révolution. Par un portail monumental du 18e s., on accède à la cour d'honneur, puis au parc de 3 ha agrémenté de statues.

La visite inclut celle du **musée du Vélo**, installé sur le site, qui retrace l'histoire de la petite reine de la draisienne à aujourd'hui.

Lac du Der★★

11 km au sud par la D 384. Voir ce nom.

Vallée de la Blaise

Circuit de découverte - 85 km de Saint-Dizier à Chaumont – 3h. Voir ce nom.

Saint-Dizier pratique

Adresse utile

Office du tourisme de Saint-Dizier – *4 av. de Belle-Forêt-sur-Marne - 52100 - ☏ 03 25 05 31 84 - www.ville-saintdizier.fr - tlj sf dim. 9h-12h, 13h30-18h (oct.-mars 17h), sam. 10h-16h - fermé 23 déc.-8 janv.*

Visite

Bon à savoir – Plutôt que de jalonner votre visite de petits cailloux, demandez à l'office de tourisme le plan des circuits qu'il a conçus : l'un concerne le centre-ville et son histoire, l'autre l'architecture Art nouveau.
Il propose aussi des **visites guidées** de la ville *(1h30/1,50 €)*.

Circuit des Fontes d'art en Haute-Marne – *Voir p. 15.*

Se loger

Chambre d'hôte M. et Mme Marsal – *4 rte d'Eurville - 52410 Chamouilley - 9 km au SE de St-Dizier par N 67 - ☏ 03 25 55 02 26 - - 4 ch. 45/50 € - 5 €.* En bordure d'une petite départementale, devancée par une cour et son jardinet, une jolie maison en pierre du pays. L'accueil sympathique, le bon confort et les prix attrayants compensent le léger manque de caractère des chambres rénovées.

Hôtel Picardy – *15 av. de Verdun - ☏ 03 25 05 09 12 - P - 12 ch. 41/47,50 € - 5,30 €.* À proximité du centre-ville et de la gare, ce petit hôtel compte 12 chambres (dont une familiale) décorées de façon simple et sobre. Soirées étapes avec service dans la petite salle à manger ou en terrasse sur demande. Une adresse très convenable, des prix accessibles et un accueil souriant. Réservation obligatoire.

Chambre d'hôte Le Moulin – *52410 Chamouilley - ☏ 03 25 55 81 93 - P - 5 ch. 53/57 €* . La qualité de l'accueil, le confort des chambres (décorées avec goût) et la tranquillité constituent les atouts principaux de cet ancien moulin restauré. Table d'hôte sur réservation.

Se restaurer

La Grillad'hier – *56 r. du Dr-Desprès - ☏ 03 25 56 47 83 - fermé merc.-sam. soir, dim. et le midi - 14,50/28,50 €.* On remarque forcément cette grande bâtisse à la façade jaune, à côté du bowling. On apprécie ensuite son intérieur, décoré avec goût dans le choix des couleurs. Buffet d'entrées et grillades préparées à la commande. Une cuisine traditionnelle mise en valeur par une jolie présentation et un service impeccable.

La Gentilhommière – *29 r. Jean-Jaurès - ☏ 03 25 56 32 97 - fermé 25 fév.-4 mars, 31 juil.-23 août, sam. midi, dim. soir et lun. - 20/40 €.* Maisonnette dont l'originale façade montre deux mannequins en costumes dans un petit balcon-vitrine. Salle coquette prolongée par une mini-véranda très lumineuse. Cuisine traditionnelle.

Sports & Loisirs

Bon à savoir – Une piste cyclable a été aménagée le long du canal, reliant Saint-Dizier au lac du Der.

Centre nautique – *36 av. de Verdun - ☏ 03 25 55 04 04.* Installé dans un bâtiment d'architecture moderne, ce centre nautique propose depuis 2004 un éventail complet d'activités ludiques et sportives. Pataugeoire pour les plus petits, bassin d'apprentissage, fosse de plongée et toboggan aquatique. À essayer aussi, le pôle fitness avec aquagym, sauna et hammam.

Événement

Festival Musical été – En juillet, la ville de Saint-Dizier organise des concerts gratuits sur les places publiques et dans le parc du Jard.

Sainte-Menehould

4 979 MENEHILDIENS
CARTE GÉNÉRALE C2 – CARTE MICHELIN LOCAL 306 L8 – MARNE (51)

Traversé par l'Aisne, le bourg, situé au début du défilé des Islettes, s'ouvre sur les grandes forêts de l'Argonne. En 1791, Louis XVI et sa famille, en fuite vers l'étranger, y furent reconnus. Mais Sainte-Menehould est aussi une étape gastronomique, où l'on savoure notamment de succulents pieds de porcs !

Se repérer – À l'ouest de la forêt d'Argonne, dominée par une butte appelée « le château », la ville est traversée par la N 3 et se trouve à proximité de l'A 4.

À ne pas manquer – Une promenade entre ville haute et ville basse, et un réconfort gourmand avec la dégustation d'un « plat à la Sainte-Menehould ».

Organiser son temps – On peut passer une demi-journée entre la ville et ses environs, si l'on s'attarde comme Louis XVI devant un plat de pieds de porc.

Pour poursuivre la visite – Voir aussi Argonne, Châlons-en-Champagne, Vouziers.

Le saviez-vous ?

Selon la tradition, c'est à **dom Pérignon**, enfant du pays qui étudia l'assemblage de différents crus, que l'on doit le champagne *(voir p. 85)*. Une statue a été érigée en son honneur dans le jardin public.

Comprendre

Histoire sainte – Manehould était l'une des filles de Sigmar, comte de Perthes et gouverneur d'Astenay au 5e s. Elle se distinguait par sa bonté et sa piété, et aurait fait jaillir une source en frappant le sol de sa quenouille. La ville était appelée tantôt Astenay, tantôt Sainte-Manehould, qui devint Sainte-Menehould.

Dernier relais avant Varennes – À la suite des difficultés causées par la question religieuse, **Louis XVI** se résolut à quitter secrètement Paris pour rejoindre le marquis de Bouillé à Metz. Il pensait revenir sur Paris à la tête des troupes concentrées par ce dernier, en s'appuyant au besoin sur une armée autrichienne. Dans la nuit du 20 au 21 juin 1791, accompagné de la reine, de ses deux enfants et de Madame Élisabeth, sa sœur, le roi quitta les Tuileries. La fuite avait été soigneusement préparée. Mais à Sainte-Menehould, au moment où la berline relayait, J.-B. Drouet, fils du maître de poste, reconnut le roi. Ardent patriote, il soupçonna une fuite vers la frontière. Il devança la lourde voiture par un chemin de traverse, et galopa jusqu'à Varennes où il donna l'alarme. Aujourd'hui, une plaque commémorative est apposée sur la gendarmerie, à l'emplacement de la maison de poste où Louis XVI fut reconnu.

Spécialité culinaire – On raconte que c'est en prenant le temps de déguster des **pieds de porc** que Louis XVI se fit reconnaître… C'est un plat riche et savoureux, dont chaque restaurant a ses secrets de fabrication. Flambés et nettoyés, les pieds sont cuits à feu très doux dans un bouillon (jusqu'à 40h lorsque le pied reste entier) où se retrouvent oignons, carottes, vin blanc, épices, herbes aromatiques. Cette longue cuisson rend les os friables, permettant de les croquer et d'en déguster la moelle. Refroidis dans le bouillon, les pieds sont passés dans le beurre fondu et la chapelure, mais ils peuvent aussi être préparés en sauce. Ils sont ensuite grillés et réchauffés au four. On les déguste accompagnés d'une purée de pommes de terre ou de pois cassés. Autre invention champenoise, la **sauce Sainte-Menehould** est une fondue d'oignons déglacée au vin blanc, renforcée de moutarde et de cornichons.

Se promener

La ville basse a été reconstruite au 18e s. après un incendie. Elle entoure la butte du château, qui a conservé un caractère médiéval.

Place du Général-Leclerc

Coupée par la route nationale, cette place où se dresse l'**hôtel de ville** (1730) est due à Philippe de La Force qui reconstruisit la cité après l'incendie de 1719. Elle présente une architecture en briques roses à chaînes de pierre et toitures d'ardoises bleutées.

Butte du château

Accès en voiture par une rampe, ou à pied par un chemin et des escaliers. La ville haute conserve l'aspect d'un village champenois avec de vieilles maisons basses à pans de bois, fleuries de géraniums.
D'en haut, belle **vue★** sur la ville basse avec ses toits couverts de tuiles romaines, et sur l'église Saint-Charles (19e s.).
L'**église Notre-Dame**, ou église du château (13e et 15e s.), est entourée d'un cimetière. Ses murs ont été rebâtis au 18e s. avec des alignements de brique et de « gaize », la pierre blanche du pays.

Visiter

Musée

Fermé pour travaux.
Cet hôtel particulier du 18e s. abrite des collections régionales variées : géologie, histoire, art sacré, artisanat et métiers d'autrefois. Une vaste maquette (plus de 2000 sujets) représente la bataille de Montfaucon qui, le 28 juin 888, opposa les troupes du roi carolingien Eudes aux Normands remontant la Meuse.

Aux alentours

Château de Braux-Sainte-Cohière★

5,5 km à l'ouest par la N 3 et la D 384.
☎ 01 44 41 44 33 - mi-juin-mi-sept. : w.-end 14h-18h - 8 €.
Les bâtiments ont été édifiés aux 16e et 17e s. par Philippe de Thomassin, gouverneur de Châlons sous Henri IV. Ils abritaient une unité d'élite de soldats appelés « chevaux légers », dont le roi de France portait l'uniforme sur le champ de bataille. Dumouriez et son état-major s'y installèrent pour organiser la bataille de Valmy (*voir ci-dessous*).
On découvre les bâtiments ordonnés autour de la cour d'honneur : les anciennes écuries dont la charpente est couverte d'éclatés de chêne supportant les tuiles, le logis des officiers et son toit à la Mansart, le colombier où se trouve le **musée régional d'Orientation** (géologie, histoire locale, arts populaires).
Une agréable promenade mène à travers plusieurs **jardins** ou « chambres » : séparés par des haies d'espèces variées, ils créent l'illusion de perspective. Une des allées d'entraînement est longée d'un fossé pour le dressage des chevaux.

Valmy

12 km à l'ouest par la N 3 puis la D 931.
Aux abords de ce petit village, un affrontement eut lieu le 20 septembre 1792 entre les armées françaises (environ 50000 hommes) stationnées près d'un moulin, et les troupes ennemies (42000 Prussiens, 49000 Autrichiens, 6000 Hessois et 15000 émigrés) postées sur la côte de la Lune, à environ 2 km. Les Français étaient dirigés par **François Christophe Kellermann**, général en chef de l'armée du centre. La bataille – qui se limita à un duel d'artillerie – se solda par une victoire française.

Le **moulin de Valmy** occupe l'un des deux sites stratégiques de la bataille. Détruit le jour même sur les ordres de Kellermann, parce qu'il servait de point de mire à l'artillerie ennemie, il fut reconstitué à l'identique en 1947. À nouveau mis à mal par la tempête de décembre 1999, il a depuis été complètement restauré.
Autour, quatre **tables d'orientation** indiquent la position des troupes le 20 septembre 1792. Une **chapelle** abrite la sépulture de la princesse Henriette Ginetti, arrière-petite-fille de Kellermann, qui contribua par ses dons à l'aménagement du site. De la butte, **vue** étendue sur la Champagne et la forêt d'Argonne.

Une victoire pour les sans-culottes

Les Prussiens, attaquant en direction de l'est, avaient réussi à franchir les défilés de l'Argonne à Grandpré et à déborder l'armée de Dumouriez. Derrière eux se trouvait le pays qu'ils avaient pour mission d'envahir, tandis que Dumouriez faisait face à la France qu'il était chargé de défendre !
Après une violente canonnade, les Prussiens tentèrent de gravir le **plateau de Valmy**. Mais les Français, jeunes volontaires dont l'ardent patriotisme suppléait à l'inexpérience, firent bonne contenance, encouragés par Kellermann. Aux cris de « Vive la Nation », ils tinrent en échec les Prussiens. Le soir, Brunswick donnait l'ordre de retraite… En fait, la **bataille de Valmy** ne fut qu'un modeste engagement : sur une masse de 90000 hommes, on dénombra 184 Prussiens et 300 Français blessés ou tués. Mais ses conséquences psychologiques furent importantes, car elle contribua à affermir la Révolution. Deux jours plus tard, la République était proclamée…

Sainte-Menehould pratique

Adresse utile

Office du tourisme de Sainte-Menehould – *5 pl. du Gén.-Leclerc - 51800 - ℘ 03 26 60 85 83 - de juin à mi-août : 9h-12h, 13h30-18h30, dim. 10h-12h, 14h-17h ; reste de l'année : tlj sf dim.9h-12h, 14h-18h -juin, 1er et 8 Mai, 1er nov.-25 déc.*

Se loger

L'Argonnais – *2 r. Florion - ℘ 03 26 60 70 84 - 7 ch. 35/40 € - ☕ 5,50 €.* Proche du centre-ville, petit hôtel de conception moderne où toutes les chambres, bien insonorisées et protégées par un digicode, profitent de la vue sur l'Aisne. Accueil amène et intéressant rapport qualité-prix.

Se restaurer

Aux Berges de la Biesme – *RN 3, la Vignette - 8 km à l'E de Ste-Menehould par N 3 dir. Verdun - ℘ 03 26 60 09 22 - fermé lun. soir et merc. - 10,50/16,50 €.* Cette maison blanche à la façade fleurie constitue une étape bien pratique sur la N 3. Le décor de la salle à manger est simple mais néanmoins agréable. Carte traditionnelle soigneusement composée.

Que rapporter

La bière champenoise – *℘ 03 26 60 45 60.* La société brassicole de Valmy produit une bière que l'on trouve dans la plupart des commerces locaux, notamment à Sainte-Menehould.

Sedan★

20 548 SEDANAIS
CARTE GÉNÉRALE C1 – CARTE MICHELIN LOCAL 306 L4 – ARDENNES (08)

Bataille, siège, défaite, capitulation... Pour les armées françaises, Sedan est synonyme de désastres militaires. Aucune ville d'Europe, pourtant, ne possède de château fort plus vaste ! Comme par revanche, Sedan s'est fait connaître jusqu'en Amérique pour ses textiles, réputés increvables, et pour ses tapis, appréciés dans les palais officiels : le duc de Windsor, Charles de Gaulle et le président Kennedy ont tous foulé un tapis de Sedan.

Se repérer – Au sud de la forêt des Ardennes et à une quinzaine de kilomètres de la frontière belge, Sedan est relié à Charleville-Mézières (à 23 km au nord-ouest) par l'A 203.

Se garer – Laissez votre voiture sur le parking au pied du château.

À ne pas manquer – La visite du château fort ; un passage par quelques-uns des lieux de mémoire liés aux conflits successifs dont la région a été le théâtre.

Organiser son temps – Prévoyez une journée complète pour le circuit, assez étendu, surtout si vous souhaitez visiter les sites. Les fêtes médiévales du château, le 3e week-end de mai, offrent l'occasion de découvrir les lieux différemment.

Avec les enfants – Le château-fort, qui propose une visite audioguidée et des animations pour le jeune public tout au long de l'année ; les visites de la ville pour les enfants *(voir l'encadré pratique)* ; le domaine de Vendresse ; le lac de Bairon et sa base nautique ; un tour avec le train touristique du sud des Ardennes.

Pour poursuivre la visite – Voir aussi Charleville-Mézières, Forêt d'Élan, Méandres de la Meuse, Monthermé, Mouzon, Thiérache ardennaise, Villy-la-Ferté.

Le saviez-vous ?

L'ancien champion de tennis, entraîneur et artiste **Yannick Noah** est né à Sedan le 18 mai 1960, d'un père footballeur professionnel dans la fameuse équipe des Ardents Ardennais.

Comprendre

La ville de Turenne – Jusqu'au 15e s., la ville appartient aux moines de Mouzon, puis aux évêques de Liège. Les puissants La Marck, ducs de Bouillon, font de Sedan une principauté indépendante de 1549 à 1642, date à laquelle elle est rattachée à la France. **Henri-Robert de La Marck** s'étant converti au calvinisme en 1562, de nombreux protestants trouvent ici refuge jusqu'à la révocation de l'édit de Nantes. Ce furent les grands artisans du développement économique de Sedan : métallurgie, draperie... *(voir p. 81)*.

Le berceau de Turenne

Après le décès de sa première épouse, Charlotte de La Marck, Henri de La Tour d'Auvergne se remaria avec Élisabeth de Nassau. Leur fils, Turenne, naquit au château le 11 septembre 1611. On présume que la chambre où il vit le jour est la salle à la colonne qui faisait partie des appartements de la princesse.
Après sa mort, Turenne sera inhumé à Saint-Denis, près de Paris. En 1800, Napoléon fait transférer sa dépouille aux Invalides.

La ville passe ensuite à la lignée de La Tour d'Auvergne (1594), dont Turenne est issu. **Henri de La Tour d'Auvergne** est le petit-fils de Guillaume le Taciturne. Élevé dans le protestantisme, il entre au service de la France en 1630. Il participe à la guerre de Trente Ans, combat les Espagnols et s'empare de Turin (1640). Fait maréchal de France en 1643, il commande l'armée d'Allemagne et remporte la bataille de Nördlingen (1645).

Les guerres de Louis XIV – Prenant le parti de la Fronde, **Turenne** se retrouve aux côtés des Espagnols à Rethel, en 1650. Mais il se réconcilie avec la Cour, bat Condé à Bléneau et Paris en 1652, et ouvre les portes de la capitale au jeune Louis XIV. Il continue la guerre contre les Espagnols et Condé, et gagne les batailles d'Arras (1654), puis des Dunes (1658), qui obligent l'ennemi à signer le **traité des Pyrénées**. Nommé maréchal général en 1660, Turenne reconquiert l'Alsace. En 1668, converti par Bossuet, Turenne abjure la foi protestante. Il trouve la mort à la bataille de Sasbach, le 27 juillet 1675.

Le désastre de Sedan – Le 30 août 1870, lorsque l'armée de Mac-Mahon vient s'y enfermer, Sedan est dépourvue d'artillerie et d'approvisionnement. La bataille commence le 1er septembre à Bazeilles, mais se joue, pour l'essentiel, au plateau d'Illy. Malgré plusieurs charges des généraux Margueritte et Galliffet, les troupes françaises refluent vers le glacis de Sedan, fuyant l'artillerie prussienne.
Pour éviter un massacre, Napoléon III rencontre Guillaume Ier. Le **2 septembre 1870**, Sedan capitule… À la nouvelle du désastre, Paris accomplit une nouvelle révolution : le 4 septembre, la foule envahit le Corps législatif et la République est proclamée.
En **mai 1940,** c'est également à Sedan que la IIIe République joue son destin, à l'issue d'une bataille qui aboutira à la percée allemande en direction de la mer.

Découvrir

CHÂTEAU FORT★★ B1

Pl. du Château - ✆ 03 24 27 73 73 - www.sedan-bouillon.com - juil.-août : 10h-18h ; sept.-mars : tlj sf lun. 13h30-18h (dernière entrée 1h30 av. fermeture), w.-end et j. fériés 10h-12h, 13h30-18h ; avr.-juin et vac. scol. : 10h-12h, 13h30-18h (dernière entrée 1h av. fermeture) - 6,90 € (-16 ans 4,60 €).

Ce puissant château (35 000 m² sur 7 niveaux) est bâti sur un éperon rocheux encadré par deux ruisseaux, le Bièvre et le Vra. C'est l'un des premiers exemples d'architecture bastionnée en France, qui pouvait abriter 4 000 hommes de troupe. Pendant cinq siècles, ce château fut situé à une position stratégique, entre France et Empire germanique : on ne cessa donc de renforcer ses défenses, en épaississant ses murailles sans jamais rien détruire des constructions préexistantes.

Un peu d'histoire – En 1424, Évrard d'Arenberg, comte de La Marck, acheta la seigneurie et fit commencer les travaux : il intégra en partie au château l'église Saint-Martin (11e s.) et un prieuré bénédictin (13e s.). De cette époque datent le plan triangulaire et les **tours jumelles**, aujourd'hui découronnées. Hauts de

Info pratique

UN CHÂTEAU TRÈS ANIMÉ

Le **Pass' Muraille** *(10 €)* valable un an donne accès gratuitement au château et à l'ensemble des manifestations *(sf week-end aventure)*.

Chaque année, le 3e week-end de mai, le château accueille un grand **festival médiéval**, mettant en scène plus de 1 000 acteurs et figurants : marché et échoppes, jeux anciens, cortèges, spectacles et ateliers…

Le **Week-end aventure**, le 2e week-end de juin, attire petits et grands amateurs de sensations fortes.

Des **visites à thèmes** tout public sont organisées pour Halloween, Noël, Mardi gras, Pâques…

En saison : visites nocturnes au flambeau *(vend. et sam. : 21h30 - 5,35 €)*, promenades commentées en calèche *(tlj sf lun. 13h30-18h - 3 €, enf. 2 €)*, tournois de chevalerie, ripailles dans la cour…

30 m et ceints de fossés, les **remparts** furent complétés au 16e s. par 4 **bastions** qui transformèrent le château en place forte : bastions du Roy, des Dames, du Gouverneur et bastion Fourchu. Les princes de Sedan, descendants d'Évrard d'Arenberg, eurent leurs appartements dans cette enceinte dont les murs atteignent jusqu'à 7,20 m d'épaisseur.
Au début du 17e s., la principauté fut apportée en dot à Henri de La Tour d'Auvergne qui fit édifier une nouvelle résidence, en dehors de l'enceinte : le **château bas** *(visible de l'extérieur uniquement)*. Celui-ci fut sans doute construit par **Salomon de Brosse**, architecte du palais du Luxembourg à Paris. Le **logis princier** fut en partie détruit au 18e s. par la création d'une rampe d'accès aux terrasses : la **galerie sud**. Le château devint un domaine militaire pendant plus de trois siècles, de 1642 à 1962, date à laquelle il revint à la ville de Sedan.

S. Sauvignier/MICHELIN

Le château fort lors de la fête médiévale.

Historium – Ce circuit de visite, dans un dédale complexe de couloirs et de salles, est jalonné de **reconstitutions**, évoquant à l'aide de mannequins la vie des princes, soldats ou domestiques sous la principauté de Sedan : mariage de Charlotte de La Marck avec Henri de La Tour d'Auvergne en 1591, salles des veilleurs, de la cuisinière, du tir au canon… La visite comprend le **musée du Château fort**, à l'intérieur des tours jumelles, dont les collections archéologiques proviennent des fouilles effectuées dans les sous-sols (poteries médiévales, céramiques…). À voir aussi : documents sur l'histoire de Sedan, étains du 16e au 19e s., tapisseries du 16e au 18e s., ainsi que des objets fabriqués à Sedan (dentelle, argenterie, armes). Une salle est consacrée à la **guerre de 1870** : panorama de la bataille par Louis Braun, casques à pointe… Vue sur la ville et ses toits d'ardoise. Dans la **grosse tour**, on admirera la remarquable charpente rayonnante du 15e s.

Se promener

LE TEMPS DES DRAPIERS B1

Sedan ne fut pas qu'une ville forteresse : réputée dès le 16e s. pour ses textiles, elle fit la fortune des drapiers. En 1685, la révocation de l'édit de Nantes porta un coup sensible à cette activité, mais le textile reprit son essor au 18e s. Installées en centre-ville, les manufactures comprenaient une maison de maître sur la rue, des ateliers dans les ailes et un corps arrière fermant la cour intérieure. L'évolution des techniques au 19e s. entraîna l'abandon des fabriques.

Au pied du château, le cœur ancien de Sedan fait aujourd'hui l'objet d'une rénovation soigneuse : nombre d'hôtels particuliers sont l'héritage de la prospérité drapière.

Place de la Halle

L'hôtel (18e s.) au **n° 33** ouvre sur la place et le Promenoir des Prêtres. Propriété des Poupart-Neuflize, il servait sans doute de logis entrepôt. Le corps principal se prolonge par des ailes en quart de cercle, puis droites comme au Dijonval (*voir « Visiter »*).

Rue du Mesnil

L'édifice situé au **n° 1** abrita l'Académie des exercices, créée en 1607 par Henri de La Tour d'Auvergne. Quelque 80 huguenots venaient s'y entraîner au maniement des armes : elle fut fermée en 1685 par Louis XIV. En 1629, l'hôtel de Lambermont vint se greffer aux bâtiments. En 1726, l'ensemble devint une fabrique royale de drap, appelée les **Gros Chiens**. La première cour est ornée de têtes, placées au-dessus des fenêtres : elles représenteraient Élisabeth de Nassau et sa famille, et quelques personnes de son entourage.
En face, la maison des **Petits Chiens** (1747) appartenait à un fabricant de draps.

Rue Berchet

Au **n° 3** se trouve une ancienne teinturerie qui fut acquise en 1823 par Rousseau, propriétaire de la manufacture des Gros Chiens.

Rue de Bayle

L'hôtel particulier situé au **n° 8** fut la fabrique de Laurent Cunin-Gridaine, ministre de l'Industrie et du Commerce de 1840 à 1848. La façade est ornée, à chaque extrémité, d'un pilastre d'ordre colossal et d'une corniche saillante. Au rez-de-chaussée, remarquez les appuis en forme de banc.

Église Saint-Charles

À la fin du 16e s., Henri de La Tour d'Auvergne déplorait le fait que catholiques et protestants partagent la même église, et fit donc construire un temple (1593). À la révocation de l'édit de Nantes, le bâtiment fut rendu aux catholiques qui le transformèrent en église sous la direction de Robert de Cotte : celui-ci lui adjoint un vaste chœur en rotonde (1688).

Ancien hôtel de ville

Il fut construit en 1613 d'après les dessins de Salomon de Brosse. Remarquez les motifs de sa façade à bossages.

Rue des Francs-Bourgeois

L'immeuble (18e s.) au **n° 1**, probablement une ancienne draperie appartenant à la famille Béchet, est décoré de baies à linteaux en segment d'arc, de balconnets curvilignes et d'un escalier à rampe en fer forgé.

SE LOGER		SE RESTAURER	
Auberge du Port	1	Au Bon Vieux Temps	1
Château du Faucon	4	Le Médiéval	3
Hôtel Marmotte	7		

Place Turenne
Au **nº 1**, l'ancienne fabrique Jean Labauche possède un portail sur cour davantage décoré que celui donnant sur la rue. Dans la cour subsiste également le système qui permettait de monter les ballots.

Rampe des Capucins
Au **nº 1** se trouve une ancienne manufacture de draps fins qui conserve, au fond de la cour à droite, un escalier à noyau central et des balustres en bois.

Jardin botanique
Au sud du cœur historique, ce grand parc fleuri, agrémenté d'un plan d'eau et de jeux d'enfants, invite à une halte au cours de la visite de la ville.

Dijonval
Av. du Gén.-Margueritte. Ne se visite pas.
Cette manufacture royale de draps fut fondée en 1646 par Nicolas Cadeau. L'activité industrielle s'y poursuivit pendant trois siècles, jusqu'en 1958. Ses bâtiments évoquent plus un palais qu'une usine : l'imposante façade du 18e s. est dominée par un pavillon central à fronton, surmonté d'un campanile. Sur la cour, la façade possède des ailes en quart de cercle prolongées par de longues ailes droites.

S. Sauvignier/MICHELIN

Travail à la manufacture du Tapis Point de Sedan.

Visiter

Manufacture du Tapis Point de Sedan
13 bd Gambetta - ✆ 03 24 29 04 60 - tlj sf merc. et dim. 8h-12h, 14h-18h - possibilité de visite guidée (45mn) - 3 € (enf. gratuit).
L'une des dernières manufactures de tapis en France fut créée en 1878 par M. Grosselin, fabricant de métiers à tisser qui, lors d'un voyage en Orient, fut très impressionné par la technique du tapis au point, noué à la main. Persuadé que l'on pouvait utiliser mécaniquement cette technique autorisant une infinie variété de motifs, il mit au point avec M. Duquêne, un ingénieur parisien, des métiers en bois de type Jacquard. Plus tard, ceux-ci furent remplacés par des bâtis de fonte.
En 1945, la manufacture employait une quarantaine d'ouvriers. Les effectifs se sont réduits, mais elle continue à fabriquer des tapis pour des particuliers, des souverains, des ambassades, ou encore pour les Jeux olympiques de 1992 à Albertville. Aujourd'hui, dans le grand bâtiment de briques, les méthodes de fabrication restent traditionnelles : les métiers de 1878, permettant de produire des tapis en laine de Nouvelle-Zélande et d'Australie, sur canevas en lin, sont toujours à l'ouvrage. Plus de 3 kg de laine et 600 g de lin sont nécessaires à la fabrication d'un m^2 de tapis. Des milliers de bobines sont installées dans les différentes couleurs. Le dessin est réalisé grandeur nature, sur du papier millimétré. Il est traduit sur des plaques de carton dont les perforations correspondent chacune à un point du tapis, selon le coloris choisi. La patience reste de règle : il faut trois mois aux cinq ouvriers pour réaliser un tapis de 6 m^2.

Les belles américaines

Jadis, certains modèles d'automobiles américaines ajoutaient à leur nom le qualificatif de « Sedan » : une allusion à l'époque où de nombreuses voitures étaient capitonnées avec des tissus fabriqués dans la ville, et d'une solidité à toute épreuve.

Aux alentours

Glaire

Sur la rive ouest de la Meuse, face à Sedan : rejoindre le carrefour de Bellevue vers Charleville.

Au passage, on aperçoit le **château de Bellevue** où Napoléon III signa la capitulation de son armée, le 2 septembre 1870 *(visible de l'extérieur uniquement).*

Château et jardins de Villette – *✆ 06 98 76 97 96 - www.chateaux-france.com/villette - visite guidée (1h15) sur demande - avr.-sept. : 14h-19h ; reste de l'année : 14h-16h30 - fermé 1er janv., Pâques, 15 août et 25 déc. - 4,50 € (enf. 2,50 €).* Cette maison forte est bâtie sur la **presqu'île d'Iges**, dans la verdure. Un édifice antérieur (15e s.) fut incendié en 1552 par les troupes de Charles Quint, et un nouveau château fut reconstruit en 1580. Le cardinal Mazarin, l'un de ses propriétaires successifs, y séjourna durant la Fronde. Nicolas Philbert, évêque constitutionnel des Ardennes et ami de l'abbé Grégoire, s'y réfugia pendant la Terreur et repose dans le petit cimetière du château.

L'ensemble fut remanié au 18e s. par Jean-François de Maucomble, secrétaire du roi. On visite les parties restaurées, les charpentes et les caves romanes du château ainsi que ses jardins à la française, qui s'étagent sur quatre terrasses vers la Meuse : buis, tilleuls, bassins plantés de nénuphars et d'iris...

Floing

4 km au nord-ouest par la D 5.

La guerre de 1870, puis celle de 1940, ont durement marqué cette localité. Le 1er septembre 1870, les chasseurs d'Afrique de la division Margueritte y tentèrent une charge héroïque qui, comme le rappelle un **monument** commémoratif, provoqua l'exclamation du roi de Prusse : « Ah, les braves gens ! » Dans le **cimetière militaire** français, des stèles portent les noms des régiments de lanciers qui furent massacrés sur le site. Le monument du **Chêne brisé** rappelle le souvenir de 3 000 combattants ensevelis dans une fosse commune.

C'est également ici, le 13 mai 1940, que les chars allemands de Guderian franchirent la Meuse...

Musée du Souvenir – *✆ 03 24 29 22 35 - visite guidée sur demande auprès de M. Allard : 15h-18h - gratuit.* Le 31 août 1940, dix résistants furent tués dans la grotte de Graulier par les miliciens de Joseph Darnand, en retraite vers l'Allemagne. Ce musée, face à la grotte, évoque les guerres de 1870 à 1945 et les épisodes dramatiques qu'elles suscitèrent à Floing.

Point de vue de la Marfée

À Noyers Pont-Maugis, 7 km au sud-ouest par la D 6 jusqu'à Noyers, puis la D 229.

Utilisé par les armées de 1870, le bois de la Marfée fut à nouveau un site stratégique lors des deux dernières guerres. Un **cimetière militaire** en surplomb y rassemble les corps de près de 30 000 soldats français et allemands. Vue sur Sedan et la Meuse.

Bazeilles

3 km au sud-est par la N 43.

Un épisode très émouvant de la **bataille de Sedan** s'est déroulé à Bazeilles. Le 31 août et le 1er septembre 1870, quelque 200 « marsouins » résistèrent pied à pied aux troupes du 1er corps bavarois. Ayant épuisé leurs dernières munitions, les défenseurs acceptèrent de se rendre. Le lendemain, Sedan capitulait.

Maison de la Dernière Cartouche – *12 r. de la Dernière-Cartouche - ✆ 03 24 27 15 86 - avr.-sept. : 13h30-18h ; reste de l'année : 13h30-17h - fermé lun.-mar., 20 déc.-5 janv. - 3 € (enf. 1,50 €).* Le musée présente de nombreux objets français et allemands recueillis sur le champ de bataille, ainsi que des documents trouvés dans les décombres des maisons incendiées. Des photocopies des lettres envoyées par Gallieni à sa famille relatent les détails du combat. Au 1er étage, la chambre où s'est déroulé l'ultime assaut a conservé son ameublement et sa disposition.

À proximité, dans un ossuaire, reposent environ 3 000 soldats français et allemands.

Château – *✆ 03 24 27 09 68 - visite extérieure libre du parc et des jardins.* Construit vers 1740 pour Louis Labauche, un riche manufacturier en drap, il marie l'équilibre classique et l'élégance du style Régence, avec son corps de bâtiment que prolongent deux pavillons en saillie *(l'aile droite fut détruite par un incendie en mars 1989)*. L'avant-corps central est couronné d'un fronton décoré avec les initiales du constructeur, insérées dans un encadrement rocaille. Observez les masques sculptés qui surmontent les fenêtres à petits carreaux : leurs visages expressifs, souvent espiègles, sont bien dans l'esprit du 18e s. Aujourd'hui, le château accueille un hôtel.

Dans le **parc** dessiné à la française, on découvre deux charmants pavillons, une curieuse orangerie de forme ovale abritant un restaurant et un colombier, ainsi que les anciennes écuries.

Aérodrome de Sedan-Douzy : musée des Débuts de l'aviation

10 km à l'est par la N 43. ☎ 03 24 26 38 70 - ♿ - juin-août : tlj sf lun. 10h-12h, 14h-18h ; mai et sept. : tlj sf lun. 14h-18h ; avr. et oct. : w.-end et j. fériés 14h-18h - 2 € (enf. 1 €).

Ce musée est consacré au pionnier de l'aviation **Roger Sommer** (1877-1965). Pilote et constructeur de 1908 à 1912, il décrocha en 1909 le record du monde de durée de vol (2h27). Autour d'une réplique du biplan 1910 ayant servi à la première liaison aérienne aux Indes (1911) sont exposées trois maquettes (1908-1912). Une importante collection de cartes postales évoque des pilotes célèbres, tels Blériot et Farman. L'aviation moderne est illustrée par une centaine de maquettes d'appareils.

Le temps des abbayes

Dans le **vallon de la Bar**, les moines ont modelé le paysage, exploité la forêt et lancé des activités économiques dès le 12e s. : chartreux au Mont-Dieu, cordeliers à La Cassine... La plupart des abbayes ont été reconstruites ou rénovées au 17e et au 18e s. avant que la Révolution ne chasse les moines. Le seul monastère « ardennais » qui accueille encore une communauté se trouve en Belgique proche, à Orval *(voir p. 18)*.

Circuit de découverte

LE VALLON DE LA BAR

150 km – Une journée en voiture. Départ : à l'ouest de Sedan, rejoindre Pont-à-Bar par la D 764.

Aux confins de l'Argonne *(voir ce nom)*, dans la région des **Crêtes préardennaises**, la Bar trace discrètement sa voie dans un paysage de courbes et de prairies. Cette petite rivière naît du côté de Boult-aux-Bois et se jette dans la Meuse à Pont-à-Bar. Le canal des Ardennes, ponctué de nombreuses écluses, suit le même chemin. Dans ce joli vallon, les moines ont modelé le paysage et lancé des activités économiques dès le Moyen Âge. Tout incite à un parcours nonchalant, d'un château de pierre jaune à une ancienne abbaye, dans cette campagne où l'on croise le souvenir de Rimbaud et de Verlaine.

Pont-à-Bar

Ici débute le **canal des Ardennes**, qui relie la Meuse à l'Aisne ainsi qu'aux voies navigables du bassin de la Seine. Creusé sous Louis-Philippe, il fait 106 km et comporte 46 écluses, de Pont-à-Bar jusqu'à Berry-au-Bac, au sud-ouest.

Rejoindre Cheveuges par Villers-sur-Bar.

Cheveuges

Ce village fleuri (« trois fleurs » au concours national) possède une **église** romane dont le portail occidental est flanqué de contreforts. Sa tour carrée, de style gothique, surmonte un chœur voûté d'ogives.

Au fond du vallon, le canal des Ardennes suit le cours de la Bar et se faufile dans un passage souterrain, sous la voûte de Saint-Aignan.

5 km. Départ entre l'école et l'église. Topoguide en vente à l'office du tourisme de Sedan. Un sentier balisé fait le tour de Cheveuges et mène à la **Croix-Piot** (alt. 325 m), qui offre un point de vue imprenable sur le val de Bar et la vallée de la Meuse.

Rejoindre la D 977 menant à Chéhéry.

Chéhéry

À la sortie du bourg, sur la gauche, un petit chemin mène au **château du Rocan**, construit en 1555 par Raoul II de Coucy-Vervins. Avec ses tours et son donjon carré, il a gardé une allure féodale malgré quelques modifications effectuées au 19e s. (portes, verrière...). Il appartient aujourd'hui à des propriétaires privés *(ne se visite pas)*.

Continuer sur la D 977 vers le sud.

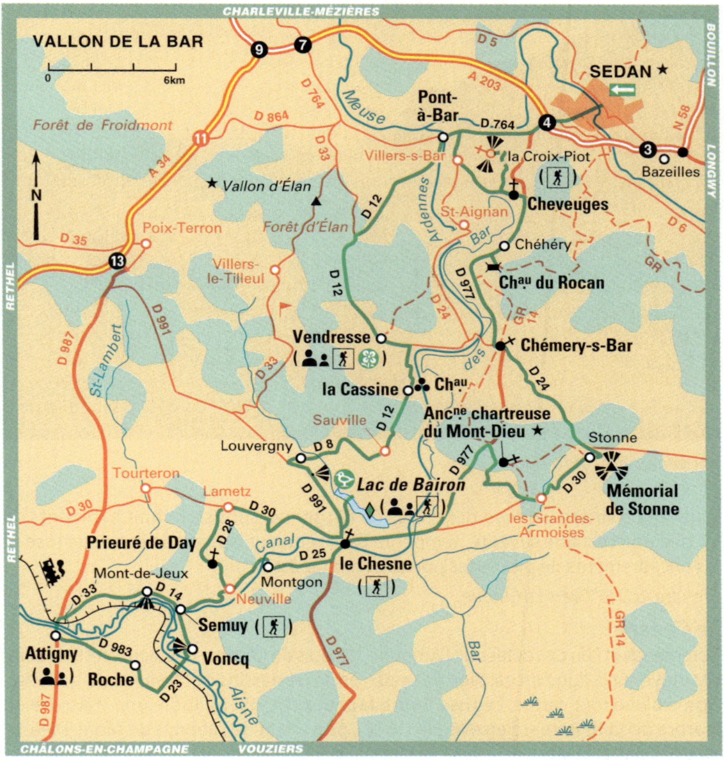

Chémery-sur-Bar

Surplombant la vieille halle et le village où subsistent des maisons (16e et 18e s.) typiquement ardennaises, l'**église Saint-Sulpice** (12e s.) est caractéristique de l'architecture romane de la région, avec son plan basilical et la couverture en charpente de sa nef. Les bas-côtés, le chœur et le transept voûtés sur croisées d'ogives sont du 13e s. Son autel du 16e s. provient de la chartreuse du Mont-Dieu.

Prendre la D 24 au sud vers Stonne.

Mémorial de Stonne

En mai 1940, ce village fut le théâtre de très violents combats. Pris et repris sept fois en quatre jours, il fut entièrement détruit ; 5 000 soldats français tombèrent en ces lieux. Un **char B 1**, utilisé lors de la première bataille de chars de la dernière guerre, est figé à côté d'un **monument** de granit où sont gravés le nom de toutes les unités ayant combattu dans la région. Un **char AMX 13** rend hommage à l'armée blindée : il se trouve au bas de la **butte de Stonne**, dite « Pain de Sucre ». Depuis cet ancien tumulus gallo-romain, situé sur la voie romaine de Reims à Trèves, la vue s'étend sur les alentours.

Pour mémoire

À Stonne, sur un mur évoquant des ruines, deux plaques rappellent le déroulement de la bataille de mai-juin 1940. Les villages marqués par ces combats forment un **circuit historique** de 50 km balisé par 15 totems accompagnés de panneaux explicatifs *(voir p. 16)*.

Prendre la D 30 vers Les Grandes-Armoises et juste après le village, tourner à droite dans la forêt du Mont-Dieu.

Ancienne chartreuse du Mont-Dieu★

Propriété privée : ne se visite pas.

Fondée en 1132 par **Odon**, abbé de Saint-Remi de Reims, après sa visite de la Grande-Chartreuse dans le Dauphiné, ce fut la première chartreuse bâtie en France. Elle occupait plus de 12 ha à l'abri d'une triple enceinte, et accueillit des hôtes illustres : saint Bernard, le pape Eugène III, Thomas Becket… Proche du fief protestant de Sedan, elle souffrit des guerres de Religion, devint prison sous la Terreur, puis fut partiellement démolie.

S. Sauvignier/MICHELIN

Ancienne chartreuse du Mont-Dieu.

Dans une clairière, au pied des crêtes de l'Argonne, subsistent huit bâtiments du 17e s. d'une certaine sévérité, tempérée par la couleur chaude de la brique rose et les encadrements de pierre des portes et des fenêtres.

Prendre la D 977 vers Le Chesne.

Le Chesne

Commandant l'un des défilés de l'Argonne, dit jadis du Chesne-Populeux, cette localité se trouve sur la ligne de partage des eaux, entre les bassins de l'Aisne et de la Meuse. Dotée d'une tour carrée, l'**église Saint-Jacques** (13e-15e s.) abrite une statuette en marbre de saint Bernard en évêque (16e s.), provenant de l'abbaye du Mont-Dieu.
9 km. Du Chesne à Semuy, le chemin de halage offre un parcours pédestre, longeant 26 écluses.

Par la D 25, on rejoint **Montgon**, qui compte trois écluses.

Continuer sur la même route, qui longe le canal des Ardennes, jusqu'à Semuy.

Semuy

Ce petit bourg est situé au carrefour d'un ruisseau, d'une rivière et de deux canaux. Il fut un haut lieu des combats qui suivirent l'invasion allemande, du 13 mai au 12 juin 1940. Le **musée de la Bataille de mai-juin 1940**, situé dans l'ancien moulin de Waroux, expose des photographies, des uniformes et des armes utilisées par les belligérants (motos, DCA allemande, mannequins, etc.). *℘ 03 24 71 41 09 - mai-sept. : 10h-19h (dernière entrée 1h av. fermeture) - 4 € (enf. 2 €).*

Prendre la D 14 vers Mont-de-Jeux.

Dans le hameau de **Mont-de-Jeux**, André Dhôtel, infatigable « promeneux » qui parcourut la région en tout sens, possédait une maison où il écrivit plusieurs de ses romans *(voir p. 78)*. Beau point de vue sur la vallée de l'Aisne.

Prendre la D 33 jusqu'à Attigny.

Attigny

L'été, le **train touristique** du sud des Ardennes, venu d'Amagne, s'arrête en gare d'Attigny. Le voyage se poursuit jusqu'à Voncq, Vouziers et Challerange. Dans cet autorail « Picasso » des années 1950, les commentaires sont adaptés aux enfants. *℘ 03 24 71 47 60 - de mi-juin à déb. sept. : dim. 9h30-18h (réserv. 1 sem. au préalable).*

Rejoindre Roche par la D 983.

Roche

La mère d'**Arthur Rimbaud** possédait une maison héritée de ses ancêtres (la famille Cuif) dans ce hameau où elle mourut. Son fils vint y passer des vacances et y revint à 25 ans, atteint de la typhoïde. De la ferme, rasée durant la dernière guerre, ne subsiste qu'un pan de mur. Une modeste exposition entretient le souvenir de Rimbaud dans une maison du village : photos anciennes, sculpture représentant le poète, ouvrages… *℘ 03 24 71 22 21 (Mme Aubry) - visite guidée sur demande.*

Continuer sur la D 983 et tourner à gauche sur la D 23.

Voncq

Au croisement de la vallée de l'Aisne et de l'ancienne voie romaine Reims-Trèves, ce village perché a été longtemps le théâtre d'affrontements militaires. L'ancienne gare, qui vit passer Rimbaud, a été rachetée par des particuliers et transformée en maison de campagne.
Belle **vue** sur les méandres de l'Aisne, aux côtés d'une table d'orientation.

Rimbaud, encore…

Sur le quai désaffecté de l'ancienne gare de **Voncq**, un jour d'août 1891, Rimbaud repartit vers l'hôpital de Marseille où il avait été amputé quelques semaines auparavant, et où il mourut le 10 novembre.

Emprunter la D 14 jusqu'à Semuy, puis tourner à droite vers Neuville et prendre la D 128 vers Day.

Prieuré de Day

✆ 03 24 71 42 37 - visite guidée sur demande à M. Warin - 15h-18h.
Acquis en 1622 par dom Étienne d'Auvergne, grand prieur à la chartreuse du Mont-Dieu, il fut rebâti à la fin du 17e et au début du 18e s. Ses impressionnantes caves médiévales, sur trois étages, furent le cellier des chartreux de 1622 à 1792.
Non loin, l'ancien **donjon** du 13e s. se visite. *✆ 03 24 71 45 41 - visite guidée sur RV (1h30) - mai-oct. : tlj sf lun. à partir de 14h30, dim. 16h.*

Continuer sur la D 128 jusqu'à Lametz et prendre la D 30 à droite.

Lac de Bairon

Dans un paysage de collines, ce lac (120 ha) comprend deux étangs, séparés par une digue.
Dans l'**étang Vieux**, les moines du Mont-Dieu pêchaient brochets et sandres. Cette zone du lac est aujourd'hui une **réserve naturelle** pour les oiseaux. Au rythme des migrations, des canards sauvages s'y nichent ainsi que des rousserolles, poules d'eau et rapaces, parmi quelque 180 espèces recensées. Des observatoires en rondins facilitent l'observation. Des **visites-découvertes** du site sont organisées par le centre d'initiation à la nature de Boult-aux-Bois *(voir Vouziers)*.
L'**étang Neuf** est un réservoir creusé en 1840 pour alimenter en eau le canal des Ardennes, où les péniches touchaient parfois le fond.
Depuis la base nautique *(voir l'encadré pratique)*, une balade paisible (*environ 1h*) longe le lac par la ferme des Margots à l'est, la côte du Petit-Moulin au sud et la digue, tout au bout.

Lac de Bairon.

La D 991, où l'on découvre une vue sur le plan d'eau, mène à **Louvergny**. En été s'y déroulent des Rencontres musicales *(mi-août - ✆ 03 24 71 98 98)*.

Rejoindre Sauville par la D 8, puis La Cassine par la D 12.

La Cassine

À l'orée du bois, en pleine nature, émergent les **ruines du château** bâti en 1571 par Henriette de Clèves et Louis de Gonzague, duc de Rethel et père de Charles de Gonzague qui fondera Charleville. Malgré son nom modeste (*cassina* signifie « maison de campagne » en italien), cette vaste demeure (20 000 m²) s'étendait jusqu'au canal.
Rebâti en 1850 après un incendie, le château fut à nouveau en proie aux flammes au 20e s. L'association culturelle du Château de La Cassine fait vivre les lieux. Des **spectacles son et lumière** y sont donnés en été *(voir l'encadré pratique). Visite lors des spectacles.*
Également bâti à l'initiative du duc, l'**ancien couvent de La Cassine** (1579) fut confié à l'ordre mendiant des Cordeliers, et sécularisé à la Révolution. Seuls le cloître et l'ancien dortoir ont été préservés. La charpente de la chapelle et du grenier présente une remarquable facture en coque de vaisseau retourné. *✆ 03 24 35 44 84 - www.la-cassine.com - de mi-mai à fin août : 14h-18h ; reste de l'année : sur demande.*

Continuer sur la D 12 jusqu'à Vendresse.

Vendresse

Dans une région où abondent le bois et l'eau, Vendresse fut le berceau de la métallurgie ardennaise. Le minerai de fer était extrait à Villers-le-Tilleul, un village situé à 8 km au nord-ouest. Reconstruit en 1816, le **haut-fourneau** produisait un millier de tonnes de fonte par an. Après la guerre de 1870, la concurrence lorraine entraîna le déclin du site, qui fonctionna néanmoins jusqu'en 1966.

Domaine – *03 24 35 57 73 - juil.-août : 10h-20h ; avr.-juin et sept. : mar.-dim. 10h-20h ; oct.-mars : lun.-vend. 14h-17h, w.-end 10h-18h - 6 € (enf. 3,50 €) - parc : accès libre.*

L'ancien **haut-fourneau**, l'un des seuls subsistant en l'état en France, est remis en fonction virtuellement à travers un parcours **son et lumière** qui reconstitue la naissance d'une coulée de fonte. Dans l'ancienne halle à charbon, une projection retrace l'histoire de la fonderie dans les Ardennes à partir du 15e s., et des vitrines interactives permettent d'utiliser les techniques évoquées.

Des aquariums ont été installés au rez-de-chaussée. En effet, une pisciculture prit place dans le domaine lorsque la fonderie cessa son activité. Dans le parc (6 ha) subsistent 2 bassins, où l'on peut s'adonner à la pêche (*location de cannes sur place*). Deux rivières pédagogiques, avec panneaux d'interprétation, ont également été aménagées.

2,4 km AR. Indiqué depuis le village. L'**arboretum** de Vendresse est accessible par le chemin du Bois de la Vierge. Il présente des espèces locales et dévoile une jolie vue sur le vallon de la Bar.

Rejoindre Pont-à-Bar par la D 12.

Sedan pratique

Adresse utile

Office du tourisme du Pays sedanais – *Promenoir des Prêtres - BP 10322 - 08202 Sedan Cedex - 03 24 27 73 73 - www.sedan-bouillon.com - juil.-août : 10h-18h ; de mi-sept. à mars : tlj sf lun. 13h30-18h, w.-end 10h-12h, 13h30-18h ; avr.-juin : 10h-12h, 13h30-18h - fermé 25 déc.-1er janv.*

Visites

Visites guidées – *Renseignements à l'office de tourisme ou sur www.vpah.culture.fr.* Sedan, qui porte le label **Ville d'art et d'histoire**, propose des visites-découvertes animées par des guides-conférenciers agréés par le ministère de la Culture et de la Communication.
Des visites spéciales et des ateliers sont proposés aux enfants : merc., sam. et vac. scol.

Se loger

Hôtel Marmotte – *89 av. de la Marne - 03 24 29 44 44 - P - 38 ch. 38,50 € - 5,30 € - rest. 12,50/15,50 €.* Appartenant à une petite chaîne d'hôtels économiques, cet établissement proche du centre-ville compte 38 chambres au mobilier contemporain et fonctionnel. Chacune dispose d'une salle de bains complète. Petits-déjeuners servis sous forme de buffet, restaurant simple misant sur une cuisine traditionnelle. Connexion Wi-Fi.

Château du Faucon – *Rte de Vrigne - 08350 Donchery - 4 km à l'O de Sedan par A 203 sortie Donchery puis dir. Vrigne-aux-Bois par D 334 - 03 24 52 10 01 - www.faucon.fr - P - 31 ch. 40/145 € - 11 € - rest. 28 €.* Ce vaste et beau domaine propose plusieurs types d'hébergement (grandes chambres de caractère dans le château du 17e s. ou dortoirs aménagés dans des dépendances), un restaurant et de nombreuses activités de loisirs : parc, tennis, billard, minigolf, tir à l'arc, etc.

Auberge du Port – *Rte de Remilly - 08450 Bazeilles - 3 km à l'E de Sedan par N 58 - 03 24 27 13 89 - www.auberge-du-port.fr - fermé 11 août-1er sept. et 21 déc.-6 janv. - P - 20 ch. 58 € - 7,50 € - restaurant 16/43 €.* Un jardin bordé par la Meuse, des bois et des prairies alentour… Cette paisible auberge immaculée, cernée par la campagne, est un havre de paix. Chambres confortables égayées de tissus fleuris et salons assez cossus. Salle à manger agrandie d'une véranda et terrasse ombragée côté rivière.

Se restaurer

Le Médiéval – *31 r. de l'Horloge - 03 24 29 16 95 - fermé 26 juil.-23 août, dim. soir et lun. - 14,94/33,23 €.* Dans les vieilles rues de Sedan, au pied du château fort, vous apprécierez la cuisine classique et régionale de ce petit restaurant dirigé par un cuisinier professionnel. Décor de pierres et de poutres. Tables agréablement espacées.

Au Bon Vieux Temps – *3 pl. de la Halle - 03 24 29 03 70 - www.restaurant-aubonvieuxtemps.com - fermé 15 fév.-8 mars, 26 août-4 sept., 26-31 déc., dim. soir, merc. soir et lun. - 22/47 €.* De jolies fresques naïves (vues de Sedan et des Ardennes) ornent les murs de ce confortable restaurant proche du château. Carte classique.

Faire une pause

Patisserie Jouannet – *28 pl. de la Halle - ✆ 03 24 29 09 26 - tlj sf lun. 9h-12h, 14h30-19h ; j. fériés : 8h-12h - fermé août.* Ce chocolatier, bien situé sur l'une des places les plus animées de la ville, propose des spécialités maison comme le palet des Princes (chocolat et pâte d'amande), les écailles d'Ardoises (nougatines enrobées de chocolat), ainsi que des glaces. Salon de thé et agréable petite terrasse.

Que rapporter

Brasserie artisanale du Château Fort – *45 prom. des Prêtres - ✆ 03 24 53 13 52 - fermé vac. scol. de fév., dim. soir et lun - 13,50/20 €.* Pour vous faire découvrir la fabrication de ses bières et déguster la Sedane, bière blonde, blanche et ambrée, M. Gonin vous accueille, face au château. Possibilité de savourer, midi et soir, une flammekueche dans la première salle ornée de boiseries et, au fond, sous la partie voûtée au caractère plus rustique.

Le Maître d'Orge – *1 bis r. Carnot - ✆ 03 24 26 89 35 - tlj sf dim. 10h-12h, 14h-19h30, sam. 9h-12h15, 14h-19h30 - fermé dernière sem. de sept. et déb. oct. sf sam.* Ce magasin offre une dernière chance aux malheureux aficionados de la bière qui n'auront pas eu le temps de se rendre en Belgique toute proche. Il propose en effet un grand choix de cervoises, y compris la verrerie adaptée.

Pantoufles ardennaises - Éts Husson – *22 r. Émile-Zola - ✆ 03 24 29 58 51 - visite et vente : tlj sf dim. 9h-12h, 14h30-18h - fermé de mi-juil. à mi-août.* C'est l'une des dernières entreprises artisanales du nord-est de la France à fabriquer ces pantoufles de laine à semelles de caoutchouc ou de feutre que l'on appelle les ardennaises.

Sports & Loisirs

À pied ou à VTT – *Topoguides et informations à l'office de tourisme.*
5 réseaux de sentiers pédestres parcourent la région : celui des Deux Châteaux relie Sedan à Bouillon (39 km, 10h de marche).
À VTT : 16 circuits balisés de tous niveaux (de 5 à 43 km).

Base de loisirs – *08390 Le Chesne - ✆ 03 24 30 13 18.* Une partie du lac est réservée aux activités nautiques : camping, plage aménagée, baignade surveillée en été, pêche, canoë-kayak, promenade autour des deux étangs.

Ardennes Nautisme – *Voir p. 33.* Location bateau habitables.

Événements

Grande foire de Sedan – *Renseignements à l'office de tourisme.* Le 2e week-end de septembre. C'est la plus importante foire du nord-est de la France : nombreux concours d'élevage dont le Concours départemental de chevaux de trait ardennais.

Château de La Cassine – *✆ 03 24 35 44 84 - www.la-cassine.com - 14 € (enf. 7 €).* Spectacle son et lumière.

Fête du rail – *✆ 03 24 38 26 79.* À Attigny le 15 août.

Sézanne

5 585 SÉZANNAIS
CARTE GÉNÉRALE B3 – CARTE MICHELIN LOCAL 306 E10 – MARNE (51)

Ancienne cité médiévale aux rues tortueuses, Sézanne est située au pied des contreforts de la Brie, au flanc d'une colline truffée de souterrains et de caves. Les coteaux avoisinants produisent un agréable vin blanc… et du champagne!

Se repérer – Sézanne est à 45 km au sud d'Épernay par la D 951, qui offre un **point de vue** sur la ville. Au sud-ouest s'étend la forêt de la Traconne et au nord-est le marais de Saint-Gond. Une ceinture de mails, à l'emplacement des anciens fossés, délimite le noyau ancien.

Se garer – Laissez votre voiture derrière l'office de tourisme *(gratuit)*.

À ne pas manquer – Une promenade dans le vieux Sézanne, un passage chez un producteur.

Organiser son temps – Comptez une heure pour un tour de ville. En septembre-octobre, les vignobles s'animent avec les vendanges.

Avec les enfants – Sentier de découverte du marais de Saint-Gond à Reuves, balades familiales dans la forêt de la Traconne.

Pour poursuivre la visite – Voir aussi Routes du Champagne, Montmirail, Nogent-sur-Seine, Orbais-l'Abbaye, Provins, Villenauxe-la-Grande.

Le saviez-vous ?

Nombreux furent, à des époques diverses, les hôtes de passage en route pour le front de l'Est : Philippe le Bel, Charles le Bel, Condé pendant le siège de la ville par les protestants, Henri IV, Richelieu, Louis XIV, Marie-Thérèse d'Autriche, Marie Leszczynska, Napoléon et bien d'autres…

C'est un jeu pratiqué sur l'espace dégagé par les anciens fossés remblayés à la Révolution qui donna leur nom aux allées ombragées de la ville : le jeu du **mail** ou du maillet.

Se promener

Pour circuler plus facilement en ville, n'hésitez pas à demander un plan à l'office de tourisme.

Église Saint-Denis

Reconstruite au 16e s. et progressivement restaurée, elle s'élève en lisière de la place de la République. Au pied de l'imposante tour carrée de style Renaissance, haute de 42 m, sont collées de minuscules habitations. Sur la tour, remarquez l'horloge encadrée par deux frises sculptées.

On pénètre dans l'église par un escalier à double volée, montant à un petit portail aux vantaux de bois sculptés Renaissance. L'intérieur, de style gothique flamboyant, est d'une rare unité. Admirez les voûtes compartimentées, en étoile.

En quittant l'église, prendre à droite.

Derrière le **puits Doré** (16e s.), orné d'un couronnement en fer forgé, tournez à gauche dans l'étroite **rue Cogne-Fort** bordée de maisons à pans de bois, où résidait probablement jadis un forgeron ou un maréchal-ferrant.

Prendre à gauche dans la rue de l'Hôtel-de-Ville : au bout, tourner à droite.

Une femme sans tête ?

Par un soir de grand vent, une femme (ou une statue féminine transportée dans une charette ?) fut décapitée par l'enseigne de l'auberge… Ou bien était-ce la serveuse qui, n'apportant jamais ce qui lui avait été commandé, avait gagné cette réputation d'étourdie ? Fort injustement car, en ces temps difficiles (c'était la Grande Guerre), il lui fallait déployer des trésors d'inventivité pour composer un plat… souvent inattendu !

Le **mail des Cordeliers**, bordé de marronniers, longe les anciens remparts. À droite, signalé par une statue, le **Prétoire** fut l'ancienne demeure des comtes de Champagne et du duc d'Orléans, avant de devenir, à la Révolution, une cour de justice.

Au bout du mail, remontez sur la droite. En contrebas se trouve l'**auberge de la Femme sans tête** et le **cimetière** qui comporte un carré militaire français et britannique.

Remonter la rue de la Halle qui conduit à la place du Marché.

À gauche de la **halle** de style Baltard (fin 19e s.), entrez dans le passage du **Cour Bichot** avec ses maisons anciennes. Au bout, tournez à gauche pour admirer le grand **cadran solaire** (18e s.) sur le mur d'une maison bourgeoise.
Prenez à droite la rue des Infirmes, puis à gauche, et encore à gauche dans la rue de l'Ancien-Hôpital : au bout, tournez à droite et remontez le **mail de Marseille,** puis le **mail de Provence**.

Tourner à droite dans la rue du Capitaine-Faucon qui vous ramène face au puits Doré.

0,5 km. Départ à 1 km au-dessus du camping (accès en voiture : suivre « camping », puis « parcours santé »). Un **sentier botanique** a été aménagé dans un site protégé des pâtis, paysage de lande et de mares (aire de pique-nique).

Aux alentours

Corroy

18 km à l'est par la N 4, puis la D 305 à partir de Connantre.
L'**église** possède un porche champenois (13e s.) plaqué sur la façade. Couvert d'une savante charpente carénée du 15e s., celui-ci s'ouvre par une arcature de baies géminées. À l'intérieur de l'église, la longue nef charpentée du 12e s. donne sur le chœur, l'abside et deux chapelles construits à la fin du 16e s. *✆ 03 26 81 09 38 - juil.-août : w.-end 10h-18h ; reste de l'année, la clé est disponible sur demande.*

Circuits de découverte

FORÊT DE LA TRACONNE

60 km – environ 2h.

Couvrant près de 3 000 ha, cette forêt, remarquable par la profondeur de ses sous-bois, est principalement exploitée en taillis de charmes sous futaie de chênes. L'itinéraire mène également sur la route du Champagne, à travers des paysages de vignoble méconnus par rapport à ceux situés plus au nord, mais pleins de charme.

Quitter Sézanne au sud-ouest par la D 239. À Launat, tourner à gauche vers Le Meix-Saint-Époing et 500 m plus loin, à droite vers Bricot-la-Ville.

Bricot-la-Ville

À l'entrée de ce ravissant hameau, perdu dans une clairière de la forêt, on passe devant son étang tapissé de nénuphars. Ensuite, on admire la petite église et le manoir de ce site *(privé)* qui accueillit du 12e au 16e s. une abbaye de moniales bénédictines, transféré à Sézanne au 17e s.

Poursuivre jusqu'à Châtillon-sur-Morin.

La route suit la **vallée du Grand Morin** : clairières et bosquets se succèdent, harmonieusement disposés comme dans un jardin anglais.

Châtillon-sur-Morin

En arrivant, on passe devant la **fontaine** Saint-Léger.
Tournez à gauche dans le village (D 86) et remarquez l'**église fortifiée** (16e s.).

Prendre à gauche la D 48. Aux Essarts-le-Vicomte, prendre à gauche la D 49.

L'Étoile

En pleine forêt, en bordure de ce vaste rond-point herbeux où est érigée une **colonne** de grès surmontée d'une croix en fer forgé (18e s.), on aperçoit un faux (hêtre tortillard) provenant de Verzy *(voir Parc naturel régional de la Montagne de Reims).*

1,8 km. Panneau d'information au départ devant la Maison forestière. Hors période de chasse. Le **sentier botanique** de l'Étoile permet de découvrir les essences de la forêt de la Traconne. Également de nombreuses possibilités de promenade sur les routes forestières.

Continuer la D 49 vers Barbonne-Fayel.

Au sortir du bois, beau **panorama** : devant s'étend Barbonne-Fayel et, sur les côtés, le vignoble à perte de vue.

À l'entrée de Barbonne-Fayel, prendre à droite vers Villenauxe. Tourner ensuite à gauche pour entrer dans Bethon.

Bethon

Encadrée de vignes et d'un petit parc boisé, l'**église** Saint-Serein (16e s.) possède 3 nefs de hauteur pratiquement égale. *Juil.-août ; reste de l'année sur RDV au ✆ 03 26 80 49 55.*

Dominant le village, elle offre un beau **point de vue** sur les environs. Au loin, on aperçoit les 2 cheminées de la centrale de Nogent-sur-Seine.

Quitter le village en direction de Chantemerle et continuer sur la D 350 qui sillonne le vignoble.

À Celle-sur-Chantemerle, la route tourne devant un ancien **pressoir**.

Fontaine-Denis-Nuisy

Dans le transept gauche de l'**église**, une fresque du *Jugement dernier* du 13e s. représente les damnés rôtissant dans un vaste chaudron.

Les curieux feront un détour par le **dolmen** qui s'élève juste après le hameau de Nuisy, sur la D 350, à droite.

Prendre la D 50 jusqu'à Barbonne-Fayel, puis la D 951 vers Saudoy. Bifurquer vers les jolis villages du Plessis et de Vindey, avant de regagner Sézanne par la D 45.

MARAIS DE SAINT-GOND ET VALLÉE DU PETIT MORIN

56 km - environ 2h.

Au pied de la falaise de l'Île-de-France qui forme le rebord du plateau briard, les eaux des **marais de Saint-Gond** alimentent avec parcimonie le cours supérieur du Petit Morin. Ces marais s'étendent sur 15 km, entre la côte des Blancs et les coteaux du Sézannais : les pentes sud des buttes calcaires qui les bordent sont plantées de vignes produisant un « blanc nature » apprécié. Leur superficie s'est considérablement réduite, une partie ayant été drainée et transformée en prairies ou en cultures de maïs. Durant la Première Guerre mondiale, le marais fut l'enfer des soldats. Aujourd'hui, c'est le paradis des grenouilles…

Le saviez-vous ?

Le marais doit son nom à un ermite, neveu de saint Wandrille, qui se retira en ces lieux au 7e s. (*voir Oyes ci-après*). Dans un registre plus rabelaisien, la verve populaire attribua au site l'origine suivante : un géant confortablement posté, un pied sur le mont Aimé et l'autre sur le mont Août, soulagea une envie bien naturelle… Les marais de Saint-Gond étaient nés.

Quitter Sézanne au nord par la D 39 (direction Vertus). La route traverse un paysage vallonné où alternent vignes, champs et bois.

Allemant

Ce petit village accroché au bord de la colline aurait été colonisé aux 4e ou 5e s. par le peuple germanique des Alamans. Au 12e s., il appartenait aux puissants seigneurs de Broyes, qui y fondèrent un prieuré dépendant de l'abbaye de Saint-Gond.
L'importante **église** gothique flamboyante, en grande partie reconstruite à partir de 1500, est dotée d'une haute tour de croisée et d'un double transept.
Du cimetière attenant, la **vue** embrasse la falaise de l'Île-de-France à gauche, les marais de Saint-Gond et la plaine de Fère-Champenoise à droite.

Continuer sur la D 39, et au niveau d'un silo, tourner à gauche (D 44) vers Broussy-le-Petit, puis Reuves.

Reuves

À la sortie du village à droite en direction de Villevenard. Un sentier balisé chemine à travers la « réserve naturelle volontaire » (65 ha) façonnée par la nature et les hommes : tourbières, prairies parfois marécageuses, peupliers et bosquets.

Une petite boucle (*30 à 45mn*) entre mares et pâturages, accessible même en période humide, est jalonnée de panneaux d'interprétation sur la faune et la flore. La grande boucle (*1h*) qui la prolonge traverse le marais : se munir de bottes. *Fermé en période de chasse, de sept. à mars.*

Villevenard

Dans ce village vigneron, l'**église** du 12e s. attire les regards par ses belles proportions et sa nef romane à petites baies en plein cintre. Son clocher octogonal est percé de baies géminées. À l'intérieur, le décor du chœur (18e s.) forme un ensemble homogène.

Prendre à droite, puis la première à gauche.

Congy

Ce village fleuri, avec sa halle (19e s.) et ses maisons typiques, aux murs crépis et parements de brique, compte une vingtaine de producteurs de champagne.

Prendre la D 343 en direction de Baye, puis une petite route à gauche vers Andecy.

La bataille de la Marne

En septembre 1914, les marais de Saint-Gond et les hauteurs avoisinantes furent témoins des combats acharnés entre la 2e armée allemande de von Bülow et la IXe armée française sous les ordres du **général Foch**. L'enlisement de la garde prussienne dans les marais a été raconté par ce dernier : « Le 6, elle avait traversé les marais et s'était emparée de Bannes, qui est à l'une de leurs extrémités. Mais quand elle en voulut déboucher et pousser sur Fère, elle fut prise par l'artillerie du colonel Besse… Quatre fois la Garde, avec un courage, un entêtement auxquels il faut rendre hommage, essaya de déboucher de Bannes : quatre fois ses colonnes oscillèrent, tourbillonnèrent. La Garde, ou du moins la fraction de ce corps qui s'était glissée dans Bannes, eut vraiment là son tombeau. » Foch réussit à contenir l'ennemi, puis, à partir du 10, à le refouler en direction de la Marne.

Andecy

L'**abbaye** bénédictine Notre-Dame, fondée dans le vallon d'Andecy au 12e s., fut reconstruite du 17e au 19e s. Vendue comme bien national à la Révolution, elle redevint à la fin du 19e s. un couvent qui est toujours en activité. *Ne se visite pas.*

Continuer à descendre : au croisement après l'abbaye, prendre à droite.

Baye

Le **château**, reconstruit au 17e s., a conservé une chapelle du 13e s. attribuée à Jean d'Orbais. Il vit naître la belle **Marion de Lorme** (1611-1650), courtisane célèbre sous Louis XIII par ses aventures galantes, et qui compta pami sa cour Ninon de Lenclos. Victor Hugo en tira un drame en cinq actes et en vers, *Marion Delorme* (1831). Les bâtiments accueillent un foyer de charité depuis les années 1950. *Ne se visite pas.*

Dans l'**église** du 13e s. fut inhumé **saint Alpin**, évêque de Châlons au 5e s. et natif de Baye. La galerie-porche, qui abritait des marchands les jours de marché, fut sérieusement endommagée en 1883 « par un cheval rétif et son conducteur maladroit ». *Fermé pour travaux.*

Repartir par la D 951 en direction de Sézanne, puis tourner à droite sur la D 143.

Abbaye du Reclus à Talus-Saint-Prix

Un saint ermite, Hugues le Reclus, se retira dans ce vallon vers 1123, et lui donna son nom. En 1142, saint Bernard y fonda une abbaye, dont le plan suit celui des premières abbayes cisterciennes. Partiellement démolie pendant les guerres de Religion, l'abbaye fut reconstruite par les abbés commendataires. Sous l'actuel bâtiment des moines, on visite des éléments importants de l'abbaye du 12e s. : galerie est du cloître, salle capitulaire, sacristie, prison monastique… De l'ancienne église médiévale subsiste le chœur, la nef ayant été transformée en logis abbatial. Gîte sur place. *℘ 03 26 42 61 67 - juin-sept. : tlj sf mar. 10h-12h, 14h-16h ; reste de l'année sur rendez-vous - 3 € (enf. 1, 50 €):*

A. de Valroger/MICHELIN

Monument commémoratif de la butte de Mondement.

En descendant quelques centaines de mètres, vous arrivez au domaine des Forges, site aménagé pour la pêche sur le Petit Morin.

Repartir en sens inverse et poursuivre sur la D 43 : la route domine la vallée du Petit Morin, avec une belle vue sur les marais. Dans Villevenard, prendre à droite vers Reuves et, après le pont sur le Petit Morin, la route à droite vers Oyes.

Oyes

À l'entrée du village, la route contourne l'ancienne **abbaye** de Saint-Gond, fondée au 11e s. à l'emplacement de son ermitage. Abandonné au 17e s., vendu comme bien national à la Révolution, cet ancien monastère bénédictin accueille un gîte rural. L'église Saint-Genest (12e-13e s.) abrite les **reliques** de saint Gond.

Mondement

Clé du dispositif militaire français couvrant les approches de la Seine, la **butte de Mondement** (alt. 223 m) domine les marais. Elle fut disputée avec acharnement du 7 au 9 septembre 1914. Le parc du château connut des combats d'une extrême violence entre la division marocaine du général Humbert et les troupes allemandes qui furent obligées de se retirer, laissant 3 000 cadavres sur place.

Impossible de manquer le **monument commémoratif**, monolithe en ciment teinté de rouge, haut de 32 m. Une victoire ailée le surmonte. La vue s'étend sur les marais de Saint-Gond jusqu'au mont Aimé et aux coteaux champenois. Tables d'orientation.

En contrebas, l'ancienne école accueille le **musée d'histoire de Mondement**, consacré à la première bataille de la Marne : fresques pédagogiques, lettres originales (Liautey, Foch, Poincaré…) et objets d'époque. *✆ 03 26 81 84 38 (M. Domenichini, président de l'association Mondement 1914) - juin-sept. : dim. 15h-18h - gratuit.*

Regagner Sézanne par la D 45 puis la D 39.

Sézanne pratique

Adresse utile

Office du tourisme de Sézanne – *Pl. de la République - 51120 - ✆ 03 26 80 51 43 - www.sezanne-tourisme.fr - de déb. juin à mi-sept. : lun.-sam. 9h-12h, 14h-18h30 ; de mi-sept. à fin mai : lun.-sam. 9h-12h, 14h-17h30.*

Visites

Bon à savoir – Document disponible pour un parcours libre dans Sézanne sur le thème de l'hydraulique et des moulins.

Visites guidées – *Sur réserv. - gratuit.* L'office de tourisme propose 2 **visites guidées** : visite de la ville, l'hydraulique et les moulins.

Chemin de fer touristique de la Traconne – *✆ 03 26 42 67 01 - www.traconne.org - juil.-sept. : dim. apr.-midi.* il circule du plateau de Brie à la plaine de Champagne et traverse les coteaux plantés de vignes du Sézannais.

Se loger

Hôtel Domaine Montgivroux – *51120 Mondement-Montgivroux - 8 km au NE de Sézanne par D 39 et D 45 - ✆ 03 26 42 06 93 - www.audomainedemontgivroux.com - P - 19 ch. 80/180 € - ☕ 11 €.* Cette grande ferme champenoise des 17e et 19e s. vous accueille au cœur d'une campagne vallonnée. Les chambres y ont été récemment réaménagées et redécorées.

Se restaurer

Hôtel de la Croix d'Or – *53 r. Notre-Dame - ✆ 03 26 80 61 10 - fermé 2-12 janv., dim. soir et merc. - 12/45 €.* Maison de pays à l'atmosphère agréablement provinciale. Les chambres, d'ampleur variée, ont bénéficié d'un rajeunissement. Plaisante salle des petits-déjeuners. Au restaurant, décor judicieusement rafraîchi et cuisine traditionnelle.

Le Relais Champenois – *157 r. Notre-Dame - ✆ 03 26 80 58 03 - www.lerelaischampenois.com - fermé 15-30 août, 26 déc.-5 janv. et dim. soir - 20/45 €.* Façade champenoise rénovée, joliment fleurie, abritant des chambres fraîches et bien meublées, plus calmes à l'annexe (deux sont climatisées). Salles à manger champêtres agrémentées de boiseries et de poutres apparentes. Bon choix de menus traditionnels.

Que rapporter

Entre Cour et Jardin – *24 r. Léon-Jolly - ✆ 03 26 42 86 06 - mar.-sam. 10h-12h, 14h-19h, dim. 10h-13h - fermé en août.* Une agence de décoration est installée dans cet hôtel particulier du 18e s. Visite libre des jardins à la française. Boutique de fleurs. Expositions pour Noël et au printemps (décoration).

La Thiérache ardennaise★

CARTE GÉNÉRALE B1 – CARTE MICHELIN LOCAL 306 E/F/G 3/4 – ARDENNES (08)

Sans cesse envahie, du Moyen Âge jusqu'aux luttes franco-espagnoles sous Louis XIV, la Thiérache est un pays à part : c'est la région qui concentre le plus d'édifices fortifiés en France. Ici, les fermes ressemblent à des forteresses, les églises aux murs épais sont bardées de tours et percées de meurtrières... Bienvenue dans cette région attachante, avec ses collines ondulantes et ses beaux villages de pierre jaune, de torchis ou de brique.

Se repérer – La Thiérache s'étend sur trois départements : les Ardennes, mais aussi l'Aisne et le Nord. Cette région ne correspond pas à une ancienne division territoriale : elle tient son unité de son paysage bocager et de son sol argileux. Dans les Ardennes, elle est encadrée par le plateau de Rocroi, le Porcien et les Crêtes préardennaises.
Point de départ de notre circuit, **Signy-l'Abbaye** se situe à 30 km au nord de Rethel par la D 985 ou 31 km au sud-ouest de Charleville-Mézières par la D 3 puis la D 27.

À ne pas manquer – Si vous ne souhaitez pas suivre le circuit en entier, voir en particulier les églises de Liart, Aouste, Signy-le-Petit et Servion.

Organiser son temps – Afin de profiter pleinement du circuit, prévoyez la journée. Comptez 3h pour le centre Oméga.

Avec les enfants – La ferme pédagogique de Liart ; le centre Oméga à Rumigny ; la base de loisirs de Signy-le-Petit *(voir l'encadré pratique)*.

Pour poursuivre la visite – Voir aussi Charleville-Mézières, forêt d'Élan, méandres de la Meuse, Monthermé, Revin, Rethel, Rocroi, Sedan.

Comprendre

Se protéger des convoitises – Frontière naturelle du royaume de France, la Thiérache fut le terrain d'invasions incessantes : guerre de Cent Ans, conflits entre François Ier et les Impériaux de Charles Quint, guerres de religion, guerre de Trente Ans sous Louis XIV... Ce furent quatre siècles d'insécurité où des hordes de soudards, des bandes de mercenaires en rupture de solde, des « routards » de tout poil, y compris français, s'infiltrèrent en Thiérache.
Pour les villageois, la menace était d'autant plus grande que l'habitat était dispersé : un château seigneurial ne suffisait pas à la protection de tous. C'est pourquoi la plupart des églises médiévales (mais aussi les maisons, les fermes...) se virent nanties d'un système de défense : donjons carrés, tours d'angle, échauguettes... Cette frénésie de fortifications vit son apogée aux 16e et 17e s. Il ne s'agissait pas de soutenir un siège, mais de défendre sa famille, ses troupeaux et ses biens : plutôt que de canonnières, les murs épais sont donc percés de meurtrières pour les arquebuses.
De cette histoire tourmentée subsistent 25 bâtiments fortifiés qui constituent, avec ceux de la Thiérache dans son entier (dont 66 églises fortifiées en Thiérache de l'Aisne) un ensemble unique en France.

Circuit de découverte

LES ÉGLISES FORTIFIÉES

116 km – Une journée. Au départ de Signy-l'Abbaye.

Signy-l'Abbaye

Dans un site accidenté, au fond du vallon de la Vaux, une abbaye cistercienne fut fondée en 1135 par douze moines cisterciens venus d'Igny-en-Champagne. Elle s'agrandit beaucoup entre le 13e et le 16e s. où elle entra en commende, et fut démantelée en 1793.
Sept **filatures de laine** s'installèrent sur le site au 19e s., utilisant la force de la rivière aménagée par les moines. De ce domaine ne subsistent que des vestiges : enclos conventuel, moulins, étangs... L'église paroissiale a été construite en 1900 à l'emplacement d'un ancien sanctuaire du 16e s.

Le saviez-vous ?

L'écrivain voyageur **André Velter** est né à Signy-l'Abbaye en 1945. Poète, essayiste et chroniqueur, il a reçu le Goncourt Poésie en1996.

Dans la **salle Guillaume-de-Saint-Thierry**, qui porte le nom du biographe de saint Bernard, une **exposition** est consacrée à l'ancienne abbaye et à son terroir : plans, photos, panneaux explicatifs. *℘ 03 24 52 87 26 - visite (30 à 45mn) de déb. juil. à mi-sept. : w.-end et j. fériés 15h-19h, en sem. sur demande à l'Association des amis de l'abbaye - gratuit.*

Forêt de Signy

Cette forêt domaniale (3 535 ha) comprend deux massifs séparés par le vallon de la Vaux : la Petite Forêt au sud-est (chênes et hêtres) et la Grande Forêt, plus humide au nord-ouest (chênes, frênes et érables). La forêt est aménagée en futaie régulière en vue de la production de bois d'œuvre de qualité.

Départ de la Fontaine rouge et du parking vers la clairière du Gros Frêne. Renseignements à l'office du tourisme des Crêtes préardennaises à Launois (voir l'encadré pratique). Plusieurs **sentiers pédestres** sillonnent la forêt de Signy.

Fiches descriptives et location de vélos : Centre VTT - ℘ 03 24 53 10 10. Les amateurs de **vélo** peuvent emprunter 13 circuits (230 km au total).

Par la route forestière, on peut faire un détour par **Saint-Jean-aux-Bois**, au nord-est, pour sa belle halle du 18e s.

Rejoindre Liart au nord-est de Signy par la D 27.

Liart

À l'origine du village, un oratoire aurait été élevé à Notre-Dame-du-Lierre pour abriter la statue d'une vierge enlacée de lierre, d'où son nom. Sur la façade médiévale de l'**église Notre-Dame★**, un puissant donjon rectangulaire a été dressé au 17e s. avec créneaux, lucarnes, meurtrières et bretèches (petites guérites qui abritaient le serveur de mâchicoulis). Dans l'entrée, un bas-relief représente le Bien et le Mal, en tête-bêche. Au chevet, la tour octogonale renferme un escalier donnant accès à un comble, refuge surélevé aménagé au-dessus du chœur.

Ferme pédagogique de Liart – *Informations à la Maison de la Thiérache - ℘ 03 24 54 48 33 - www.ardennesmaisonsnature.com - sur réserv. juil.-août et vacances de printemps : 14h30-17h30 - 7 € - 3,50 €.* Elle propose des « après-midi à la ferme en famille » (multiples animations : fabrication du pain et du fromage de chèvre, apiculture, découverte des animaux, des fruits du verger…), se terminant par un goûter.

Continuer sur la D 27.

Aouste

L'**église Saint-Rémi★** fut construite au 17e s. sur des vestiges du 15e s. Le portail occidental, de style gothique flamboyant, est surmonté d'une large bretèche à trois mâchicoulis auxquels est accotée une tourelle à pans coupés. La tour carrée, percée de meurtrières et de canonnières, est consolidée par des contreforts en pierre : les villageois accédaient à ce refuge par un escalier à vis. La **tour** communique avec un comble surélevé. Cette église, dont les murs atteignent 1 m d'épaisseur, comportait un four à pain, situé dans le bas de la nef, et un puits intérieur pour le ravitaillement en eau *(muré). ℘ 03 24 54 40 32 - mars-nov. : 9h-19h ; déc.-fév. : w.-end et vac. scol. 9h-19h - visite de la tour sur demande préalable à Mme Deglaire.*

S. Sauvignier/MICHELIN

Église d'Aouste.

Prendre à gauche la D 36 et, à La Férée, la D 236 à droite.

Notre-Dame-de-Bonnefontaine

Propriété privée, site visible de l'extérieur. Cette ancienne abbaye est établie dans un site dégagé, à l'extrémité d'immenses prairies formant terrasse au-dessus de la dépression Charleville-Hirson. Elle fut fondée en 1152 par Nicolas II de Rumigny qui y installa les cisterciens de l'abbaye de Signy. Après les guerres (16e-17e s.) qui ravagèrent la région, le palais abbatial fut reconstruit dans le style classique au début du 18e s.

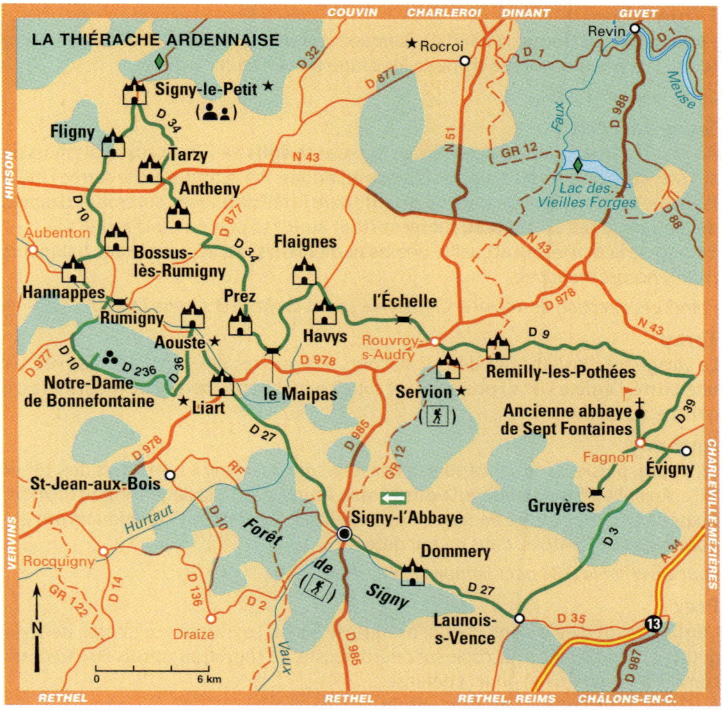

On découvre le majestueux bâtiment de briques roses avec son toit d'ardoise, et les ruines de l'église gothique, détruite à la Révolution.

À Blanchefosse, prendre à droite la D 10, puis la D 977, encore à droite, au mont Saint-Jean.

Rumigny

À l'entrée du village, admirez à droite la façade sur jardin du **château de la Cour des Prés** (1546), sur les bords de l'Aube. Il fut fortifié alors que François Ier incitait les habitants de la région à se protéger des Impériaux de Charles Quint. Cette demeure, souvent transmise par les femmes, est toujours restée dans la même famille. Au rez-de-chaussée : deux salles aux vastes cheminées et des salons aux boiseries du 18e s. ; à l'étage : les chambres donnent sur la galerie de tableaux de famille. L'édifice accueille des chambres d'hôte, et des concerts estivaux *(voir l'encadré pratique). ☎ 03 24 35 52 66 - visite guidée (1h) juil.-août : tlj sf mar. 15h-19h, sam. 15h-17h30 ; juin et sept. : dim. et j. fériés 15h-19h ; avr.-mai et oct. : se renseigner - 5 € (enf. 2,50 €).*
Dans le village, on découvre une belle **église** du 16e s.

Centre Oméga – *Sur la D 877 vers Champlin - ☎ 03 24 59 86 70 - www.omega-sciences.fr - tlj sf lun. : 14h-18h - 5 € (enf. 3 €).* Installé en pleine campagne dans la ferme de Broises Basses, ce vaste centre initié par une équipe de passionnés fait découvrir au public les sciences de manière attractive et ludique : nombreuses expériences interactives, planétarium, etc. Vous pourrez aussi voir une réplique du pendule de Foucault et un cadran solaire provenant de l'abbaye de Mouzon. Expositions temporaires (sciences de la vie et de la terre). Soirées d'observation du ciel *(vend.-sam. sur réserv. - gratuit).*

Reprendre la D 27.

Hannappes

Bien qu'elle ne soit pas fortifiée, l'**église Saint-Jean-Baptiste** permettait aux villageois de se réfugier lors des invasions.

Prendre la D 31 à droite après l'église.

Bossus-lès-Rumigny

L'**église** (16e s.) possède encore deux tourelles crénelées dont l'une est percée de meurtrières, tout comme la salle qui surmonte le chœur.

Prendre la D 10 vers Fligny.

Fligny

L'**église Saint-Étienne** (16e-17e s.), flanquée d'une tour ronde d'accès fortifiée, renferme un chœur surmonté d'une salle-refuge percée de canardières.

Continuer sur la D 10.

Signy-le-Petit

Au milieu d'une grande place s'élève l'imposante **église★** (17e s.) aux épais murs de schiste, qui possède des tourelles d'angle en brique. Par la tour-porche carrée (1680) flanquée de deux échauguettes, on pénètre dans la nef de briques, sur croisée d'ogives de pierres jaunes. Le **château** fut reconstruit au 18e s., puis remanié au 19e s.

L'étang de la Motte, qui accueille une **base de loisirs**, est accessible aux baigneurs *(voir l'encadré pratique).*

Prendre la direction de Rocroi et Charleville, puis à droite la D 34 vers Tarzy.

Tarzy

Le village fut plusieurs fois détruit au cours des guerres des 16e et 17e s. Élevée sur une butte, l'**église** (17e s.) possède une tour à pans coupés percée de meurtrières, à gauche du clocher.

Antheny

Le bourg, plusieurs fois incendié, a conservé des maisons à bretèches des 16e et 17e s. Au milieu d'un cimetière, l'**église Saint-Remy**, qui fut assiégée durant un mois, possède une tour carrée flanquée de contreforts. Ses fenêtres supérieures ont été bouchées aux 15e-16e s. dans un but défensif.

Poursuivre sur la D 34 par Champlin et Estrebay.

Prez

L'**église** est dédiée à saint Martin, évêque de Tours. Le portail occidental, de style gothique flamboyant, a été copié sur celui d'Aouste. Au chevet, au-dessus du chœur, un comble a été aménagé pour la défense.

Au 16e s. fut ajoutée une tour ronde percée de meurtrières. Le pourtour du chœur est revêtu de panneaux de stuc (18e s.) illustrant la vie du Christ.

S. Sauvignier/MICHELIN

Église fortifiée de Prez.

Poursuivre sur la D 34.

On passe devant **Le Maipas**, ferme fortifiée construite par un seigneur écossais après la bataille de Crécy, en 1346. Le bâtiment rectangulaire, avec sa toiture immense, est un modèle de robustesse et de simplicité : construit par un maître de forges au début du 17e s., il est flanqué de quatre tours d'angle en éperon, percées de meurtrières.

Prendre la D 32, 1 km plus loin environ à gauche vers La Cerleau, puis la D 36 à droite vers Flaignes.

Flaignes-Havys

Clovis donna Flaignes à saint Remi lors de son baptême à Reims. L'**église Saint-Laurent,** fortifiée aux 16e et 17e s., étonne par la masse imposante de son chœur et la tour ronde qui le flanque. Sa petite nef est appuyée sur de puissants contreforts. *✆ 03 24 35 85 90 - 14h-17h.*

Havys

L'**église Saint-Gery** possède une tour ronde percée de meurtrières sur tout le pourtour, destinées aussi bien à éclairer l'escalier intérieur qu'à surveiller les alentours. *Mêmes conditions de visite que pour l'église Saint-Laurent de Flaignes-Havys.*

Poursuivre sur la D 20, puis prendre à gauche vers L'Échelle.

L'Échelle

Face à l'église, le **château** a fière allure : la façade principale est encadrée de deux tours rondes du 15e s. Le portail à fronton brisé est surmonté d'une large bretèche. À l'angle nord-ouest, l'échauguette est appelée tour du Massacre en souvenir de la bataille de Rocroi, en 1643 : des boulets sont inclus dans un mur.

L'**hôtel Beury**, un ancien relais de voyageurs du 18e s., dresse sa façade de pierre ocre face au château. Depuis 1996, il accueille un **Centre d'art et de littérature** : exposition d'art contemporain, café littéraire, résidence d'artistes, jardin de sculptures. Le Centre organise aussi de nombreuses soirées-lectures avec des poètes de renom *(de mi-mars à fin oct.)* et propose 2 balades littéraires *(juil.-août). Grande Rue - ✆ 03 24 35 45 80 - mars-mai et sept.-oct. : vend. et w.-end 14h-19h ; juin-août : merc.-dim. 14h-19h - possibilité de visite guidée sur demande préalable - 2 € (-18 ans gratuit).*

Dans le village, remarquez aussi le vieux **lavoir** typique.

Après Rouvroy-sur-Audry, on gagne Servion.

Servion

L'**église Saint-Étienne★** (16e s.) est entourée d'un charmant petit jardin. Sa remarquable tour-porche, construite sur un plan carré et fortifiée au 16e s., a été remaniée au 19e s. Elle est encadrée par deux tours rondes coiffées d'ardoises. La tour nord comporte deux casemates superposées. Dans la tour sud, un escalier à vis donne accès aux deux étages de la tour-porche. La nef unique, autrefois couverte d'un plafond, comporte trois piscines et des meurtrières. Aujourd'hui désaffectée, l'église accueille des **expositions**, régulièrement organisées par l'association Les Compagnons de Saint-Étienne. *✆ 06 82 20 55 00 - visite guidée sur demande.*

3,5 km. Au départ de l'église de Servion. Le **sentier botanique de la Boulette** offre un beau point de vue sur L'Échelle et la vallée du Sonru.

S. Sauvignier/MICHELIN

Église de Servion.

Continuer sur la D 9.

Remilly-les-Pothées

Remarquez l'impressionnant clocher-porche de l'**église**, édifiée dans le style gothique campagnard, et l'ancienne **maison forte** (1577) avec ses meurtrières horizontales et sa bretèche : ses murs atteignent plus de 1,20 m d'épaisseur *(propriété privée).*

Poursuivre sur la D 9 et prendre la D 39 sur la droite, vers Fagnon.

Ancienne abbaye de Sept-Fontaines

Fondée en 1129 par les prémontrés et reconstruite en 1698, cette ancienne abbaye doit son nom à sept sources, aujourd'hui captées. Des tours ont été adjointes en 1908 au bâtiment que Guillaume II aménagea en casino durant la Première Guerre mondiale.

Au fond d'un vallon que l'on rejoint par la D 34 se niche **Gruyères**, où se détache un château des 14e et 19e s. *(ne se visite pas).*

Depuis Fagnon, prendre la D 34 vers Évigny.

Évigny

Deux maisons de pays témoignent de la vie d'autrefois. La première reconstitue un **intérieur paysan** : cuisine ancienne, atelier de sabotier, exposition de poteries, chambre du 19e s. La seconde abrite un **fournil** où pain à l'ancienne et galettes au sucre sont vendus aux visiteurs. *✆ 03 24 58 21 41 - de mi-juin à fin août : visite guidée sur RV (1h) dim. 14h30-18h30 - 2 €.*

Reprendre la D 34 en sens inverse, puis la D 3 à gauche vers Launois-sur-Vence.

Launois-sur-Vence

L'ancien **relais de postes et de messageries** (17e s.) facilita les communications entre Amsterdam et Marseille, notamment lors de la fondation de Charleville-Mézières. L'ensemble, bien conservé, forme un quadrilatère autour d'une grande cour intérieure. Il comprend le logis du maître des postes, la halle aux diligences avec sa belle charpente, les écuries, la bergerie et la cave à cidre voûtée. L'édifice abrite aujourd'hui l'office de tourisme *(voir l'encadré pratique)* et le Centre rural d'animation culturelle (Crac) qui y organise de nombreux manifestations culturelles et des animations. Chaque 2e dimanche de chaque mois s'y tient un marché des antiquaires-brocanteurs et des collectionneurs, combiné avec un marché paysan de produits du terroir.

Prendre la D 27 vers Dommery.

Dommery

Dans ce village ancien aux maisons de torchis, remarquez la tour imposante de l'**église**, dont les fenêtres du chevet furent bouchées suite aux invasions.

Rejoindre Signy-l'Abbaye par la D 27.

La Thiérache ardennaise pratique

Adresse utile

Office du tourisme des Crêtes pré-ardennaises – *08430 Launois-sur-Vence - 03 24 35 02 69 - se renseigner pour les horaires.*

Se loger

Hôtel Au Lion d'Or – *Pl. de l'Église - 08380 Signy-le-Petit - 03 24 53 51 76 - fermé 30 juin-5 juil., 25 août-3 sept., 22 déc.-14 janv., mar. midi, merc. midi et dim. sf le midi d'avr. à sept. - - 10 ch. 62/64 € - 8 € - rest. 20/59 €.* Hôtel-restaurant non-fumeurs mettant à profit une maison de pays voisine d'une église fortifiée. Chambres aux décors divers ; salon réservé aux tabacomaniaques incorrigibles. Carte au goût du jour.

Chambre d'hôte La Cour des Prés – *Rte de Champlin - 08290 Rumigny - 03 24 35 52 66 - la-cour-des-pres@laposte.net - fermé nov.-mars et mar. en juil.-août - - 2 ch. 60/70 €.* Cette maison forte, construite en 1546 par le prévôt de Rumigny, vous réserve un accueil délicieux. Ses deux chambres ont le charme des vieilles demeures privées. Visite du château et, en été, concerts et dîners aux chandelles.

Se restaurer

Ferme-auberge de Gironval – *Gironval - 08460 Thin-le-Moutier - 10 km au NE de Signy-l'Abbaye par D 2 - 03 24 54 74 40 - fermé 16-30 août - réserv. obligatoire - 11,50/17,50 € - 5 ch. 45/50 €.* Cette auberge aménagée dans un ancien moulin à farine attire nombre d'habitués, et ce n'est pas surprenant. Sa salle à manger au décor de pierre et de bois offre une jolie vue sur le mécanisme de la roue à aubes. Sa cuisine riche en produits fermiers est un régal.

Auberge de l'Abbaye – *2 pl. Aristide-Briand - 08460 Signy-l'Abbaye - 03 24 52 81 27 - fermé 10 janv.-5 mars et merc. midi - 13,50/36 €.* Cette auberge du 17e s. à la jolie façade de pierre (ancien relais de poste) est située dans un bourg pittoresque de la Thiérache. Cuisine simple et régionale, petites chambres bien tenues et accueil chaleureux en font une sympathique étape campagnarde.

Que rapporter

Cidrerie Capitaine de Lalobbe – *08460 Lalobbe - 03 24 52 80 82 - 10h-12h, 15h-20h.* Un estaminet à l'enseigne « Au cidre de Lalobbe » existait à Paris vers 1880, c'est dire la renommée ancienne de ce cru ! Si, dans les années 1990, seuls deux pressoirs familiaux fonctionnaient encore, il est aujourd'hui en pleine renaissance. Vente et dégustation de cidre, poiré, jus de pomme, rubis d'Ardenne, vinaigre de cidre et de poiré, gelée de pomme, poire, confit de cidre…

Jean-Michel Devresse – *Sur N 43, l'Enclos - 6 km au S de Signy-le-Petit par D 10 - 08380 Auge - 03 24 54 34 05 - tlj sf dim. 8h-12h ou RV.* Ce producteur s'est spécialisé dans l'élevage de la **dinde rouge** des Ardennes, relancé depuis quelques années dans la région. Découvrez également les plats cuisinés, terrines et autres recettes locales élaborées avec ces savoureuses volailles.

Sports & Loisirs

Randonnées – Les Crêtes préardennaises forment un pays de monts et de coteaux boisés où 760 km de sentiers (pédestres, VTT) sont balisés. Le topoguide *Plateau du Rocroi et Thiérache ardennaise* propose 38 circuits dans ce secteur.

Base de loisirs – *08380 Signy-le-Petit - 03 24 53 54 73 - www.sygny-le-petit.com - juil.-août : tlj sf dim. mat. 10h-13h, 15h-20h ; hors sais. : tlj sf dim. mat. 9h-12h, 14h-18h.* Nombreuses activités : randonnées, piscine avec Jacuzzi, ping-pong, minigolf, billard, étang de pêche, promenade à cheval ou en calèche, etc. Baignade surveillée et pédalo en été sur l'étang de la Motte situé à proximité de la base de loisirs. Location de chalets, restaurant-bar.

Événement

Château de la Cour des Prés – *Réserv. pour soirées 24h av. maxi. au 03 24 35 52 66.* Des soirées de **musique baroque** sont organisées en été, à partir de 20h. Elles se poursuivent par un souper aux chandelles dans une salle Renaissance.

Troyes★★★

60 700 TROYENS
CARTE GÉNÉRALE B3 – CARTE MICHELIN LOCAL 313 E4 – AUBE (10)

Dans le centre historique, les maisons à colombages sont souvent de guingois, et certaines ruelles médiévales si étroites que l'on peut se passer des objets d'une maison à l'autre, de part et d'autre de la rue… Troyes est aussi une ville d'art, avec ses hôtels particuliers, ses musées et ses dix églises classées regorgeant de vitraux du 12e au 20e s. De sa tradition bonnetière, la ville a également hérité de célèbres magasins d'usine.

M.-O. Bernard/MICHELIN

Maisons à pans de bois (rue Molé) caractéristiques de Troyes.

Se repérer – Desservi par l'A 5, Troyes possède un centre-ville en forme de bouchon de champagne, délimité par une ceinture de boulevards : on s'y repère par rapport au « corps » et à la « tête ». La ville est entourée de faubourgs et de zones industrielles.

Se garer – Laissez votre voiture derrière l'hôtel de ville.

À ne pas manquer – La visite du centre historique, de la cathédrale Saint-Pierre-et-Saint-Paul, et du musée d'Art moderne. Les gourmets s'attableront devant une andouillette.

Organiser son temps – Comptez une demi-jounée pour la visite du vieux Troyes, 2 jours avec celle des musées. Les magasins d'usine sont particulièrement courus pendant les soldes, qui sont l'occasion de très bonnes affaires.

Avec les enfants – Des visites ludiques de la ville sont destinées spécialement au jeune public. Aux alentours, le Parc naturel régional de la Forêt d'Orient, avec ses lacs, offre des espaces et des activités pour tous.

Pour poursuivre la visite – Voir aussi Arcis-sur-Aube, Bar-sur-Aube, Bar-sur-Seine, Brienne-le-Château, Chaource, Ervy-le-Châtel, Forêt d'Orient, Pays d'Othe.

Comprendre

Saint Loup et Attila – Bâtie à l'emplacement d'une forteresse gauloise, la cité des Tricasses est évangélisée au 3e s. Le plus illustre de ses évêques, **saint Loup**, occupe le siège épiscopal durant 53 ans. En 451, Attila et les Huns envahissent la Gaule, pillant et détruisant tout sur leur passage *(voir p. 60)*. Lorsque l'ennemi atteint Troyes, saint Loup se rend au camp d'Attila et s'offre en otage pour le salut de sa ville. Sa vertu impressionne le chef des Huns qui accepte de se détourner de Troyes.

Les comtes de Champagne – Sous la dépendance des évêques jusqu'au 10e s., la cité passe ensuite aux mains des comtes de Champagne. Certains vont embellir et enrichir leur capitale : **Henri Ier** fonde 13 églises et 13 hôpitaux (dont l'hôtel-Dieu de Troyes). Il agrandit la ville et mérite le beau surnom de « libéral ».

Son petit-fils, **Thibaud II**, poète et chevalier, partage la renommée du poète local Chrestien de Troyes. **Thibaud IV** crée les foires de Troyes qui deviendront bientôt célèbres *(voir p. 61)*. Lorsque la dernière héritière des comtes de Champagne, Jeanne, épouse le roi de France Philippe le Bel, en 1284, elle apporte la province dans sa corbeille de mariage.

Le honteux traité de Troyes – Dans la lutte qui oppose les Armagnacs aux Bourguignons, **Isabeau de Bavière**, épouse du roi Charles VI, fait le jeu des Bourguignons et des Anglais. Abandonnant Paris, favorable aux Armagnacs, la reine fait à Troyes le piètre honneur de la choisir pour capitale. Le 21 mai 1420, Isabeau signe avec les Anglais le traité de Troyes qui déshérite le dauphin et livre la France aux envahisseurs. Le pacte est scellé par le mariage d'Henri V, roi d'Angleterre, avec Catherine de France. Le prince anglais est proclamé régent du royaume en attendant de devenir roi, à la mort de Charles VI. Anglais et Bourguignons s'installent en maîtres à Troyes. La ville est délivrée par Jeanne d'Arc, en 1429.

Sculpteurs et maîtres verriers – À Troyes, les ateliers sont nombreux dès le 13e s., mais le mouvement artistique devient intense à partir de la Renaissance. Les artistes troyens se caractérisent par un style très original : au moment où la vague de l'italianisme déferle sur la France, ils continuent à travailler dans la grande tradition médiévale. Ce foyer artistique rayonne sur toute la Champagne et ses influences se manifestent en Bourgogne. Une pléiade de sculpteurs – parmi lesquels **Jean Gailde** et **Jacques Julyot** – exécutent quantité d'œuvres charmantes.
Les **vitraux** que les ateliers produisent du 14e au 17e s. peuvent être admirés dans les églises de la ville. Parmi les grands maîtres verriers, citons **Jehan Soudain** et **Linard Gontier**. Cette tradition artistique se perpétue au 17e s. avec le peintre **Mignard** et le sculpteur Girardon, nés à Troyes.

Le « pays des bonnets de coton » – C'est ainsi que l'on désigne la ville jusqu'à ce que le bonnet soit relégué au magasin des accessoires de vaudeville. C'est en 1505 qu'apparaissent les premiers bonnetiers troyens, fabricants de bonnets et de bas tricotés à la main. En 1745, les administrateurs des hôpitaux font venir à l'hôpital de La Trinité, dans l'hôtel de Mauroy, des métiers à fabriquer les bas, afin de procurer du travail aux enfants pauvres qu'ils hébergent. Cette initiative est couronnée de succès. La manufacture de La Trinité est imitée, et la communauté des bonnetiers compte 40 membres en 1774. Le rôle de Troyes s'accroît au 19e s. grâce aux constructeurs de métiers à bonneterie locaux, qui placent les bonnetiers troyens dans une situation privilégiée. Aujourd'hui, la bonneterie reste l'industrie dominante de Troyes et du département *(voir p. 79)*.

Les magasins d'usine

Tout commence dans les années 1950, lorsque Petit Bateau décide de vendre à ses employés les articles présentant de légers défauts, impossibles à commercialiser. Aujourd'hui, Troyes est la capitale des magasins d'usine avec plus de 150 enseignes regroupées dans trois zones. Le site de **Pont-Sainte-Marie** (Marques City et McArthur Glen) se trouve au nord-ouest, vers Châlons-Reims. Celui de **Saint-Julien-les-Villas** (Marques Avenue) est situé au sud-est, vers Chaumont-Dijon.
Voir la rubrique « Que rapporter » dans l'encadré pratique.

Se promener

CŒUR HISTORIQUE★★ C2

Compter 2 à 3h. Au Moyen Âge, Troyes comptait deux quartiers distincts. La cité, dans la tête du « bouchon », était le centre aristocratique et ecclésiastique, autour de la cathédrale. Le bourg, dans le corps du « bouchon », était le quartier bourgeois où se tenaient les foires de Champagne.

Place Alexandre-Israël

Cette grande place, bordée de cafés, est dominée par la façade Louis XIII de l'**hôtel de ville**. Au-dessus du porche d'entrée, la devise révolutionnaire est demeurée sous sa forme initiale : « Liberté, Égalité, Fraternité ou la Mort. »

Prendre la rue Champeaux.

Rue Champeaux

Spécialement large pour une rue du 16e s., c'était la principale artère du quartier.
À l'angle de la rue Paillot-de-Montabert, la **maison du Boulanger** (**E**) abrite le centre culturel Thibaud-de-Champagne. En face, la **tourelle de l'Orfèvre** (**N**) doit

Architecture troyenne

En 1524, le Grand Incendie ravage le corps du « bouchon ». Ses habitants, qui profitent d'un plein essor économique, reconstruisent des demeures plus luxueuses que l'on découvre en parcourant le cœur historique. Les maisons à colombages Renaissance (16e s.) se composent d'une charpente en poutres de chêne entre lesquelles est intercalé le torchis, mélange de terre et de paille. Les étages en encorbellement reposent souvent sur des consoles sculptées. Ils sont surmontés par des pignons pointus à auvent et un toit en tuiles plates. Certaines demeures adoptent l'appareil champenois, damier de briques et de moellons de craie. Les plus élégantes sont construites en pierre, matériau alors fort onéreux de fait de l'éloignement des carrières.
En 1964, Troyes devient ville pilote pour la mise en place d'un secteur sauvegardé (loi Malraux), qui fait depuis l'objet d'une formidable mise en valeur. À côté de cette architecture traditionnelle, Troyes possède un important patrimoine industriel (19e-20e s.) hérité de sa longue histoire bonnetière : usines, maisons patronales, quartiers ouvriers...

son nom à la profession de son premier propriétaire. Recouverte en partie d'un damier d'ardoises, elle est soutenue par des cariatides et comporte un atlante aux pieds de chèvre. L'encorbellement, au 1er étage, permettait de gagner de la place et surtout, de payer moins d'impôts ! À l'époque en effet, l'impôt était calculé sur la surface bâtie.
En se dirigeant vers l'église Saint-Jean et en se retournant, on découvre un point de vue sur cet ensemble typiquement troyen du 16e s.

Longer l'église Saint-Jean, puis prendre la rue Mignard qui ramène rue Champeaux.

En face se trouve l'**hôtel Juvénal-des-Ursins** (**B**) datant de 1526. Il tire son nom d'une famille champenoise à laquelle appartenait Jean Ier, magistrat du roi Charles VII, né à Troyes. Prévôt des marchands de Paris, il contribua à faire attribuer la régence du royaume à Isabeau de Bavière, en 1408.

Ruelle des Chats★

Ces maisons à pignons sont tellement rapprochées, de part et d'autre de la ruelle, qu'un chat peut aisément sauter d'un toit à l'autre. Les bornes, à l'entrée, empêchaient les roues des chariots de heurter les murs. La nuit, comme la plupart des autres rues, une herse la fermait.
La ruelle s'élargit et devient la rue des Chats. Sur la gauche, un passage donne accès à la **cour du Mortier-d'Or** dont la très belle architecture a été reconstituée à partir d'éléments anciens.

Reprendre la ruelle des Chats et tourner à gauche dans la rue Charbonnet.

Hôtel de Marizy

Édifié en 1531, ce bel hôtel de pierre est orné d'une ravissante tourelle d'angle de style Renaissance, décorée de figures et de blasons.

Prendre à gauche la rue des Quinze-Vingts, puis à droite la rue de la Monnaie.

Amateurs d'andouillette

À la fin du 16e s., Troyes était aux mains des Ligueurs. Une armée royaliste ayant mis le siège devant la ville, le gouverneur se réfugia dans la tour de la cathédrale tandis que les assaillants se répandaient dans les faubourgs. Or, c'est dans le quartier Saint-Denis que l'on fabriquait les andouillettes. Les soldats du roi ne résistèrent pas à la tentation. Surpris en pleine euphorie, les amateurs d'andouillettes furent massacrés par centaines, et la ville resta aux mains des Ligueurs.

Rue de la Monnaie

Elle est bordée de belles maisons à pans de bois. Au **no 34**, l'hôtel de l'Élection (16e s.) est couvert d'essentes. Aux **nos 32** à **36**, l'hôtel de la Croix d'Or (début 16e s.), en pierre et à damier, fut la demeure de Nicolas Riglet, maire de Troyes au milieu du 16e s.

Prendre à gauche la rue des Ursins et gagner la place Audiffred.

Sur cette place, l'ancien **hôtel particulier** (18e s.) de Nicolas Camusat, maire de Troyes en 1759, abrite la chambre de commerce et d'industrie.

Revenir sur ses pas et continuer la rue de la Monnaie. Tourner à gauche dans la rue Colbert et encore à gauche rue de la Bonneterie.

SE LOGER	Hôtel de Troyes .... ⑩	Au Jardin Gourmand .... ①
Chambre d'hôte Domaine de la Creuse ... ①	Hôtel Ibis .... ⑬	Auberge de la Cray'Othe .... ④
Chambre d'hôte Moulin d'Eguebaude .... ④	Hôtel Les Comtes de Champagne .... ⑯	Aux Crieurs de Vin .... ⑦
Citôtel La Bonne Fermière .... ⑦		Bistrot DuPont .... ⑩
	SE RESTAURER	Le Bistroquet .... ⑬

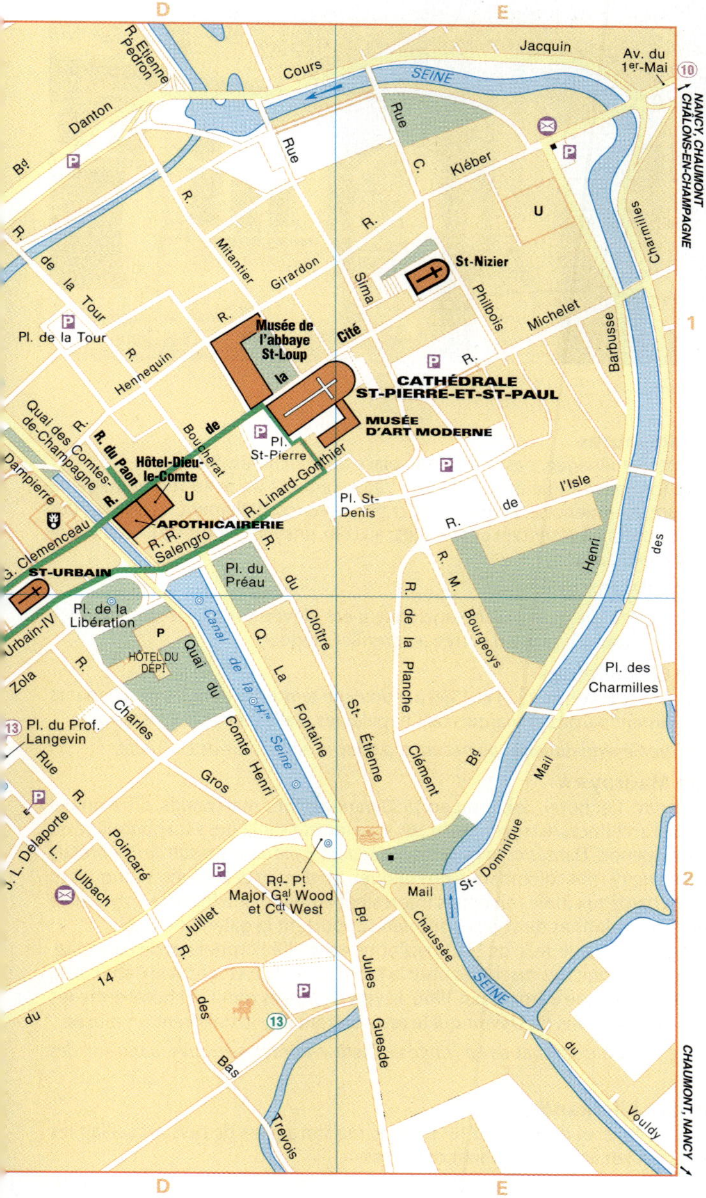

INDEX DES RUES

S. Sauvignier/MICHELIN

Hôtel de Mauroy.

Place Jean-Jaurès
Récemment réaménagée, c'est l'ancienne place du Marché-au-Blé.
La maison formant l'angle avec la rue de Vauluisant est un beau témoignage de l'architecture champenoise, en brique et craie. Son encorbellement repose sur des consoles sculptées représentant des visages ; au coin, une jolie Vierge de l'Apocalypse sur son croissant de lune.

Prendre à droite la rue de Turenne.

À l'angle de cette rue, une maison ancienne a été élevée sur un rez-de-chaussée moderne (remarquez la porte d'entrée au premier étage).

Hôtel de Chapelaines
N° 55. Il fut construit entre 1524 et 1536 par un riche teinturier dont les descendants anoblis devinrent barons et marquis de Chapelaines. Belle façade Renaissance.

Prendre la rue Général-Saussier, puis tourner à gauche dans la rue de La Trinité.

Hôtel de Mauroy★★
7 r. de La Trinité. Cet hôtel, construit en 1550 par de riches marchands, offre un bel exemple de l'architecture troyenne du 16e s. Sa façade sur la rue est appareillée en damier champenois. Dans la cour *(accessible lors de la visite de la maison de l'Outil et de la Pensée ouvrière)* : des colombages, des briques, un damier champenois (briques et craie) et des bardeaux (tuiles en bois) s'intercalent autour d'une tourelle polygonale Remarquez les colonnes de style corinthien supportant la galerie de bois.
Grâce à la générosité de Jean de Mauroy, l'hôtel accueillit l'orphelinat de La Trinité. En 1745, on y introduit des machines pour la fabrication de bas : ce fut le début de la bonneterie mécanique à Troyes. En 1966, la ville de Troyes remit cet hôtel entre les mains des compagnons du Devoir qui le restaurèrent et y installèrent un musée.

Juste à côté, à l'angle des rues de La Trinité et Thérèse-Bordet, se trouve la maison des Allemands.

Maison des Allemands (D)
Construite au 16e s. et décorée au 18e s., cette maison à pans de bois accueillait les marchands d'Allemagne au moment des foires.

Tourner à droite dans la rue Thérèse-Bordet. Par la rue Larivey, rejoindre la rue Général-Saussier.

Rue Général-Saussier
L'ancienne rue du Temple – une commanderie de templiers était située au niveau des **nos 1** et **3** – présente un bel alignement de maisons anciennes : au **n° 11**, l'hôtel de pierre (18e s.) où Napoléon résida pendant la campagne de France ; au **n° 3**, belle maison de pierre et brique au toit couvert de tuiles vernissées en écaille. Elle fut construite sous Louis XIII et appartenait au commandeur de l'ordre de Malte.
Dans un angle, au **n° 26**, remarquez l'hôtel des Angoiselles agrémenté d'une tour à clocheton.

Revenir sur ses pas et prendre à droite la rue de la Montée-des-Changes, longeant l'hôtel des Angoiselles. Traverser la rue Émile-Zola : la rue de la Montée-des-Changes devient un passage, puis on atteint la place du Marché-au-Pain.

Place du Marché-au-Pain

L'ancienne place aux Changes était un lieu où les changeurs installaient leurs tables au cours des foires. Elle offre une vue sur la tour d'horloge de l'église Saint-Jean aux allures de minaret.

Suivre la rue Urbain-IV jusqu'à la place de la Libération. Traverser le canal. Prendre la rue Roger-Salengro, puis la rue Linard-Gontier, célèbre maître verrier du 16ᵉ s.

Au **nº 22**, l'hôtel du Petit Louvre (14ᵉ s.) est l'ancienne demeure de l'évêque et fut utilisé comme relais de poste en 1821.

Tourner à gauche pour rejoindre la place Saint-Pierre.

On passe devant le musée d'Art moderne, installé dans l'ancien évêché, et devant la cathédrale dont les portails sont surmontés de gâbles ouvragés *(voir « Visiter »)*.

Rue de la Cité

C'est l'ancienne voie romaine (Lyon-Boulogne) qui croisait à angle droit la route de Paris à Troyes.
Un détour s'impose dans la rue du Paon, bordée de maisons à colombages et en damier. On longe l'ancien **hôtel-Dieu**, édifice du 18ᵉ s. qui abrite aujourd'hui une antenne de l'université de Reims.

Retraverser le canal, longer le côté nord de la basilique Saint-Urbain et rejoindre la place Alexandre-Israël.

Visiter

LES ÉGLISES

Cathédrale Saint-Pierre-et-Saint-Paul★★ D/E1

Mars-nov. : mar.-sam. 9h-12h, 13h-17h, dim. et j. fériés 10h-12h, 14h-17h, fermé lun. ; reste de l'année : se renseigner à l'office de tourisme.
Construite du 13ᵉ au 17ᵉ s., c'est un édifice remarquable par ses dimensions, la richesse de sa décoration et la beauté de sa nef.
Très ouvragée, la **façade** (début 16ᵉ s.) est due en partie à Martin Chambiges, constructeur du transept de la cathédrale de Beauvais, qui travailla également à la cathédrale de Sens. Elle est ornée d'une belle rose flamboyante. Les trois portails sont surmontés de gâbles ouvragés. Sculptures et statues ont été détruites à la Révolution. Deux tours étaient prévues, mais seule celle de gauche, haute de 66 m, a été achevée au 17ᵉ s. À sa base, une plaque rappelle le passage de **Jeanne d'Arc** à Troyes, le 10 juillet 1429.
Contourner la cathédrale par la gauche pour admirer le portail du **transept nord** (13ᵉ s.) dont la statuaire (disparue à la Révolution) lui valut le nom de Beau Portail. La partie supérieure est remarquable : une immense rose, qui inscrit ses 12 rayons en ogives dans un carré, est accompagnée de quatre rosaces.

Intérieur – Une impression de puissance et de légèreté s'en dégage. L'élégance de l'architecture, l'harmonie des proportions et l'éclat des vitraux soulignent l'admirable perspective de la nef et du chœur.

S. Sauvignier/MICHELIN

Détail du « Pressoir mystique », vitrail exécuté par Linard Gontier (1625).

Les **verrières★★** permettent de comparer la technique du vitrail à des époques différentes. Ceux du **chœur** et du **déambulatoire** datent du 13e s. D'un dessin primitif qui se soucie peu de la perspective, ils charment par la chaleur et l'intensité de leurs coloris : ils représentent surtout de grands personnages isolés (papes et empereurs) et des scènes de la Vie de la Vierge. Les verrières de la **nef** (début du 16e s.) sont d'une autre facture : la pureté des tons, où dominent les rouges, et la souplesse de la composition forment de véritables tableaux peints sur verre. On remarque, au nord, l'*Histoire de la Vraie Croix*, la *Légende de saint Sébastien*, l'*Histoire de Job* et l'*Histoire de Tobie* ; au sud, l'*Histoire de Daniel*, celle de *Joseph*, la *Parabole de l'Enfant prodigue* et un magnifique *Arbre de Jessé*.
La **rose de la façade**, œuvre de Martin Chambiges, a été terminée en 1546 et décorée d'une verrière exécutée par Jehan Soudain : *Les Patriarches entourent Dieu le Père*. Elle est partiellement masquée par le buffet d'orgue du 18e s. provenant de l'abbaye de Clairvaux.
Le célèbre vitrail du *Pressoir mystique* (4e chapelle du bas-côté gauche) fut exécuté en 1625 par **Linard Gontier**. On y voit le Christ étendu sous les montants du pressoir, le sang qui s'échappe de la plaie de son flanc, remplissant un calice. De sa poitrine s'élance un cep de vigne dont les rameaux supportent les douze apôtres (détail).

Trésor★ – *☎ 03 25 82 62 70 - juil.-août : pour les horaires, se renseigner à l'office de tourisme - gratuit.* Dans une salle voûtée du 13e s. sont exposés : un coffret d'ivoire teinté de pourpre (11e s.) ; quatre émaux cloisonnés (11e s.) de forme semi-circulaire qui présentent les symboles des quatre évangélistes ; un psautier dit du comte Henri, manuscrit aux lettres d'or du 9e s. ; deux couvertures de missel ornées de pierres précieuses ; la châsse de saint Bernard (12e s.) ; des émaux mosans du 12e s.

Basilique Saint-Urbain★ D1-2

9h30-12h30, 14h-17h30 - fermé dim. matin ; en saison : se renseigner à l'office de tourisme.
Elle fut construite de 1262 à 1286, par ordre du pape **Urbain IV** (1185-1264) qui était originaire de Troyes, sur l'emplacement de l'échoppe de savetier de son père. C'est un témoignage de l'art gothique champenois du 13e s.
La **façade ouest** date du 19e s. Sous le porche, observez le portail du 13e s. dont le tympan représente le Jugement dernier. Longez l'édifice jusqu'au chevet pour admirer la légèreté des arcs-boutants, l'élégance des fenêtres, la grâce des pinacles, des gargouilles et des autres éléments décoratifs. Les portails latéraux s'abritent sous des porches du 14e s.

Quel caractère !

Les religieuses de Notre-Dame-aux-Nonnains, à qui appartenait le terrain sur lequel on commençait à édifier l'église, décidèrent d'employer la manière forte pour reprendre leur bien : elles saccagèrent les chantiers. L'abbesse porta le scandale à son comble en souffletant l'archevêque de Tyr qui venait bénir le cimetière de Saint-Urbain.

Intérieur – Tout l'intérêt se concentre sur le chœur, construit d'un seul jet. Exemple rare pour le début du gothique, les verrières occupent une surface considérable, réduisant les murs à une simple ossature de pierre. Les **verrières** du 13e s. occupent les médaillons des fenêtres basses du sanctuaire, les fenêtres hautes du sanctuaire et du chœur, et les médaillons de la chapelle Saint-Joseph, à gauche du chœur. Dans la chapelle à droite du chœur, sur l'autel, se trouve la souriante **Vierge au raisin★**.

Église Sainte-Madeleine★ C2

9h30-12h30, 14h-17h30 - fermé dim. matin ; en sais. : se rens. à l'office de tourisme.
C'est la plus ancienne église de Troyes. L'église primitive (milieu du 12e s.) a été très remaniée au 16e s. : elle reçut une nouvelle abside (de 1498 à 1501) ainsi que la tour Renaissance de la façade ouest. Dans la nef gothique, reconstruite dans la seconde moitié du 19e s., un triforium aveugle est surmonté de fenêtres géminées, mais toute l'attention est attirée par le remarquable jubé de pierre. De style flamboyant, ce **jubé★★** fut exécuté de 1508 à 1517 par Jean Gailde, sculpteur et architecte troyen. Une balustrade fleurdelisée le surmonte. Côté chœur, un escalier atteint la galerie : sa rampe repose sur une corniche ornée de figures grotesques et de choux frisés. Sur la face collatérale nord, on peut voir un groupe de bois peint, doré et délicatement sculpté (œuvre flamande).
Le chevet est orné de grandes **verrières★** Renaissance aux coloris éclatants : de gauche à droite, la *Vie de Saint Louis* (1507), la *Création du Monde* (1500) dont les premières scènes en bas à gauche (évoquant la séparation des eaux, la lumière…)

sont presque abstraites, la *Légende de saint Éloi* (1506), l'*Arbre de Jessé* (1510), la *Passion* (1494) – en bas sont représentés les donateurs et leur saint patron –, la *Vie de sainte Madeleine* (1506) et le *Triomphe de la Croix*.

Admirez aussi les **statues★** : dans le bas-côté droit contre un pilier de la nef, la belle **sainte Marthe★**, œuvre du maître de Chaource, est représentative de l'école troyenne du 16e s. En face, dans le bas-côté gauche, remarquez la statue en bois de saint Robert (15e s.) portant dans chaque main les abbayes de Molesmes et de Cîteaux, qu'il a fondées. Devant le vitrail de la Passion s'élève une très belle statue de saint Sébastien (16e s.).

En sortant de l'église à gauche : porte flamboyante de l'ancien charnier (1525) décorée de la salamandre, emblème de François Ier, et de son monogramme « F ».

S. Sauvignier/MICHELIN

Jubé de l'église Sainte-Madeleine.

Église Saint-Pantaléon★ C2

9h30-12h30, 14h-17h30 - fermé dim. matin ; en sais. : se rens. à l'office de tourisme.

Cette église du 16e s. a été voûtée de bois au 17e s. Éclairée de hautes verrières Renaissance, la plupart en grisaille, elle présente un surprenant balcon sinueux et une importante collection de **statues★** : placées principalement sur les piliers de la nef, elles proviennent d'églises et de couvents détruits à la Révolution. Au premier pilier, à droite, la statue de saint Jacques par **Dominique Florentin** serait un autoportrait de l'artiste. Face à la chaire, la belle *Vierge de douleur* est d'esprit gothique, tandis qu'aux piliers du chœur, *La Charité* et *la Foi*, œuvres de Dominique Florentin, sont teintées d'italianisme.

Église Saint-Jean C2

Fermé pour travaux, réouverture prévue été 2007.

En 1420 fut célébré, dans cette église, le mariage de Catherine de France, fille de Charles VI et d'Isabeau de Bavière, avec Henri V d'Angleterre. La tourelle d'horloge est du 14e s. La nef, assez basse, est de style gothique ; le chœur, réédifié au début du 16e s., est beaucoup plus élevé. Au-dessus de l'autel, on peut voir deux tableaux de Mignard. Le tabernacle de marbre et bronze a été exécuté d'après les dessins de Girardon (1692).

Église Saint-Nicolas B2

Se renseigner auprès de l'office de tourisme.

Cette église fut reconstruite après l'incendie de 1524. Son portail sud flanqué de pilastres est orné de statues de **François Gentil**. À l'intérieur, la tribune très ouvragée est occupée par la chapelle du Calvaire, avec une loggia et une balustrade. Prendre l'escalier dans le bas-côté pour admirer la voûte à clés pendantes.

Église Saint-Nizier E1

Juil.-août : sur demande auprès de l'office de tourisme.

Cette église du 16e s. se remarque de loin, avec sa toiture recouverte de tuiles vernissées multicolores. Elle abrite une belle Mise au tombeau, une Pietà du 16e s. et un Christ aux outrages de l'école troyenne du 16e s.

LES MUSÉES

Musée d'Art moderne★★ E1

Pl. Saint-Pierre - ✆ 03 25 76 26 80 - ♿ - tlj sf lun. 10h-13h, 14h-18h - fermé j. fériés - 5 € (-18 ans gratuit).

En 1976, Pierre et Denise Lévy, industriels troyens, firent don à l'État de l'importante collection d'art français (2 000 œuvres) qu'ils avaient rassemblée depuis 1939. Pour l'accueillir, la ville de Troyes fit aménager les bâtiments de l'ancien palais épiscopal.

Le bâtiment – Encadrant une cour sur un flanc de la cathédrale, l'évêché comprend une partie Renaissance où l'on retrouve le damier champenois (brique et pierre), et une aile du 17e s. dont le fronton est orné des armes de l'évêque qui la fit construire.

Depuis 1905, le bâtiment avait perdu sa fonction d'origine au bénéfice de bureaux. Sa restauration a remis en valeur les vastes pièces aux plafonds à poutres ou à caissons, les cheminées monumentales et le très bel escalier Renaissance sculpté.

La collection – Elle comprend 388 peintures (fin du 19e s. et début du 20e s.) ainsi que 1 277 dessins, 104 sculptures, des verreries, des pièces d'art africain et océanien. Elle est particulièrement riche en **œuvres des peintres fauves★★**. Les toiles de Derain, grand ami de Pierre Lévy, explosent de couleurs dans les représentations de Londres *(Hyde Park, Big Ben)* et de Collioure, ainsi que celles de Vlaminck *(Paysage à Chatou)*, de Braque *(Paysage à l'Estaque)*, et de Van Dongen qui utilise le même procédé « fauve » : la couleur pure est étendue en larges aplats dans ses portraits mondains.

Les fauves

Le surnom de « fauve » fut donné, au Salon de 1905, à quelques peintres qui « faisaient rugir la couleur ». Les formes étranges et l'absence de perspective leur valurent aussi le surnom d'« invertébrés ».

Pour la période antérieure aux fauves, on remarquera dans les premières salles, deux petits Courbet, un beau double portrait de Degas, une saisissante esquisse de Seurat, un attachant Vallotton et les insolites représentations d'usines de Vuillard.

Les œuvres plus récentes comptent des tableaux de Robert Delaunay avant sa période abstraite, de Roger de La Fresnaye, Seurat, Modigliani, Soutine, Buffet, Nicolas de Staël, Balthus et de nombreuses toiles d'**André Derain**, postérieures à sa période fauve.

Pierre Lévy a également rassemblé un important fonds de Maurice Marinot, peintre troyen qui devint verrier, et dont on admire les créations de style Art déco.

Les dessins, en nombre important, sont présentés par roulement dans une vaste salle d'exposition aménagée dans les combles, sous une belle charpente.

La collection d'**art africain**, exposée comme dans un écrin, comprend des statues, des reliquaires, des cuillers, une statue en bronze du Bénin représentant un suivant de l'Oba et des cimiers – coiffes bambaras figurant des antilopes stylisées qui inspirèrent de nombreux peintres au début du 20e s.

Maison de l'Outil et de la Pensée ouvrière★★ C2

7 r. de La Trinité - ✆ 03 25 73 28 26 - www.maison-de-l-outil.com - 10h-18h - fermé 25 déc. et 1er janv. - 6,50 € (enf. gratuit).

L'hôtel de Mauroy a été restauré par les **compagnons du Devoir** qui y ont installé un musée original, présentant une superbe collection d'outils dits de façonnage à main. Un itinéraire de visite *(notice d'explication détaillée)* permet d'admirer 8 000 outils du 17e au 19e s., groupés par catégories (haches, varlopes, compas, bigornes…) ou par métiers (charron, vannier, menuisier, maréchal-ferrant, couvreurs…). Un grand nombre de métiers du bois, du fer, du cuir et de la pierre sont ainsi évoqués, témoignant d'une époque où l'habileté manuelle était à l'honneur. Dans la cour à gauche sont exposés, dans une grande salle, des chefs-d'œuvre de compagnons : charpentes d'églises, escalier, porte… Attenante au musée, la bibliothèque comprend 32 000 ouvrages dont les deux tiers consacrés aux métiers manuels : ouvrages techniques, encyclopédiques et historiques.

Berceau des compagnons

De nombreuses corporations (maîtres verriers, charpentiers, tailleurs de pierre…) se développent à Troyes, lieu d'intense activité économique et artistique au Moyen Âge et à la Renaissance. Le compagnonnage y naît en 1419 par une ordonnance de Charles VI concernant les cordonniers de la ville.

Musée de Vauluisant★ C2

4 r. du Vauluisant - ☎ 03 25 73 05 85 - juin-sept. : tlj sf mar. 10h-13h, 14h-18h ; oct.-mai : tlj sf lun. et mar. 10h-12h, 14h-18h - fermé j. fériés - 3 € (-25 ans gratuit), gratuit 1er dim. du mois (sf pdt expositions).

Construit au 16e s. à l'emplacement d'un édifice appartenant aux abbés de Vauluisant, l'hôtel de Vauluisant présente une belle façade Renaissance à tourelles, dont les toits sont surmontés d'épis représentant le soleil et la lune. Il a conservé sa salle d'apparat, avec son plafond à la française et sa splendide cheminée de pierre. Deux musées s'y côtoient.

Musée d'Art troyen★ – Une première section présente un panorama de l'**art** en Champagne méridionale, de l'époque romane à la fin du 16e s., par la fameuse école troyenne : sculptures (*Christ en croix* attribué au maître de Chaource, *Vierge à l'Enfant* en pierre polychrome de Villenauxe, *Mise au tombeau* de Montier-la-Celle), peintures *(Le Songe de saint Joseph, L'Assomption de la Vierge)* et quelques objets d'art.

Une salle évoque l'**architecture** troyenne au 16e s. avec des éléments de pans de bois sculptés (abouts de poutre), des tableaux et des documents graphiques. La salle du **Vitrail** présente un panorama de l'école troyenne de peinture sur verre de la fin du 15e au début du 17e s.

Dans les caves voûtées, collection de carreaux de pavement en terre cuite du 13e au 17e s.

Musée de la Bonneterie – Troyes fut la capitale française de la bonneterie. Plusieurs salles illustrent son histoire et ses procédés de fabrication. Une belle collection de bas à décor brodé, perlé ou incrusté au tricotage est exposée par roulement. On découvre un ensemble de machines et de métiers dont les plus anciens datent du 18e s. (métiers rectilignes, circulaires, exceptionnelle tricoteuse dite « Jacquard à ficelles ») et la reconstitution d'un atelier artisanal de bonnetier au 19e s.

Musées de l'abbaye Saint-Loup D1

1 r. Chrestien-de-Troyes - ☎ 03 25 76 21 68 - juin-sept. : 10h-13h, 14h-18h ; oct.-mai : 10h-12h, 14h-18h - fermé mar. et j. fériés - 4 € (-25 ans gratuit), gratuit 1er dim. du mois (sf pdt expositions).

Les bâtiments de l'ancienne abbaye Saint-Loup (17e et 18e s.) ont été agrandis aux 19e et 20e s. Ils abritent aujourd'hui deux musées.

Musée d'Histoire naturelle – Une partie du rez-de-chaussée est consacrée à la belle collection de mammifères et d'oiseaux du monde entier. Dans le cloître sont rassemblés une collection de squelettes (ostéologie) ainsi que des minéraux et des météorites.

Musée d'archéologie★ – Situées dans les vastes caves de l'ancienne abbaye, les collections d'**archéologie régionale★** vont de la préhistoire aux Mérovingiens. Parmi les pièces maîtresses : l'Apollon de Vaupoisson, bronze gallo-romain de 1,10 m de haut, et le trésor de Pouan, ensemble exceptionnel d'armes et d'objets de parure en orfèvrerie cloisonnée et en or massif, provenant d'une tombe princière de la période mérovingienne (5e s.).

La galerie des **sculptures médiévales** donne une idée de l'activité qui régna sur les chantiers de la Champagne méridionale du 13e au 15e s. : chapiteaux, gargouilles, très beau Christ en croix du 13e s.

À l'entresol, les dessins et miniatures du 16e au 18e s. sont présentés par roulement.

Musée des Beaux-Arts – Au 1er étage de l'ancienne abbaye, on peut voir des œuvres de toutes les écoles du 15e au 19e s. Le 17e s. est très bien représenté avec des œuvres de Rubens, Van Dyck, Philippe de Champaigne, Jacques de Létin, Le Brun, Mignard… Pour le 18e s., on retient deux petits tableaux de Watteau *(L'Enchanteur* et *L'Aventurier)*, ainsi que des toiles de Natoire, Boucher, Fragonard, Lépicié, Greuze, David et Mme Vigée-Lebrun. Dans ces galeries sont également présentés des sculptures (œuvres de Girardon), des émaux du 16e s. et des meubles.

Hôtel-Dieu-le-Comte D1

Quai des Comtes-de-Champagne - ☎ 03 25 80 98 97 - ♿ - juin-sept. : tlj sf mar. 10h-13h, 14h-18h ; oct.-mai : lun., merc. et w.-end 10h-12h, 14h-18h - fermé j. fériés - 2 € (-25 ans gratuit), 1er dim. du mois gratuit (sf pdt expositions).

L'ancienne **apothicairerie★** possède une riche collection de 240 bocaux en faïence (18e s.) et une exceptionnelle série de 320 boîtes de bois peint, décorées de motifs souvent végétaux représentant les différentes variétés médicinales. À voir aussi : des mortiers de bronze des 16e et 17e s. L'ancien laboratoire est aménagé en musée : bustes reliquaires du 16e s., pichets en étain.

Apothicairerie dans l'hôtel-Dieu-le-Comte.

Médiathèque C1

Bd Gambetta, au niveau de la pl. Jean-Moulin - ✆ 03 25 43 56 20 - juil.-août : mar.-vend. 13h-19h, sam. 10h-19h, reste de l'année : lun. 12h-19h, mar.-sam. 10h-19h - visite guidée de la médiathèque ou de l'exposition (1h30) - sur demande.

Dans un édifice de verre et de métal, elle accueille une exposition permanente multimédia : « Mille ans de livres à Troyes ». Autour de la Grande Salle qui abrite l'impressionnant **magasin** de livres anciens, un parcours chronologique inversé présente les collections patrimoniales exceptionnelles d'une des plus anciennes bibliothèques de France. Outre de précieux manuscrits, elle regroupe les fonds de l'abbaye de Clairvaux (*voir ce nom*), un fonds unique de littérature de colportage (la « Bibliothèque bleue » est née à Troyes vers 1620), et une très riche série de reliures romanes.

Aux alentours

Non loin de Troyes, de nombreuses localités possèdent une église digne d'intérêt. Le détour sera souvent l'occasion d'une belle découverte.

Pont-Sainte-Marie

3 km au nord.

Au bord de la Bâtarde, l'**église de l'Assomption** a été construite au 16e s. Elle présente une belle façade ornée de trois portails monumentaux : celui du centre est de style flamboyant (niches, archivolte à crochets), tandis que les deux autres sont de pur style Renaissance (guirlandes, rinceaux). Au-dessus des fonts baptismaux, un vitrail de 1590 représente une allégorie du chrétien livrant le « bon combat ». *✆ 03 25 81 20 54 - dim. 14h-17h (possibilité d'emprunter la clé à la mairie).*

Saint-André-les-Vergers

4 km au sud-ouest. Prendre le bd Victor-Hugo, le bd de Belgique, puis la N 77 et tourner à droite dans la rue de la Croix-Blanche.

L'**église** (16e s.) s'ouvre à l'ouest par le portail dit « des Maraîchers », décoré de guirlandes de fleurs, de fruits et de légumes. À l'intérieur : très belles statues en bois polychrome (16e s.) de la Vierge et de saint Jean. *✆ 03 25 79 21 42 ou 03 25 71 91 11 - visite sur demande auprès de l'office de tourisme.*

Saint-Parres-aux-Tertres

5 km à l'est.

Construite à l'emplacement où aurait été enseveli saint Parres, martyr troyen du 3e s., l'**église** date du 16e s. et le portail méridional a conservé son ornementation Renaissance. À l'intérieur, de beaux vitraux du 16e s., qui avaient été déposés en 1939, ont retrouvé leur place. L'église renferme aussi de nombreuses œuvres d'art : statue de Saint Parres *tenant sa tête* dans la chapelle nord, et une ravissante Vierge à l'Enfant dans la chapelle sud. *Tlj sf dim. 8h30-12h, 14h-18h.*

Nécropole paléochrétienne – Une vitrine d'exposition permet de voir 7 sarcophages gallo-romains et différents objets découverts dans les sépultures, suite aux fouilles effectuées à proximité de l'église.

Sainte-Maure

7 km au nord par la D 78.

L'**église** date du 15e s. et renferme le tombeau de sainte Maure (sarcophage du 9e s.). *✆ 03 25 76 90 93 - visite sur demande à la mairie.*

Isle-Aumont

13 km au sud-est par la N 71.

Sur l'axe de la Seine, qui fut un axe de passage privilégié, la butte d'Isle-Aumont témoigne d'un passé particulièrement riche. Sur ce promontoire se sont succédé des habitats néolithiques puis celtiques, des sanctuaires païens et chrétiens, un camp viking, des nécropoles, des monastères et des châteaux. Maints vestiges en subsistent, qui ont été révélés par les fouilles. De superbes sarcophages mérovingiens (5e au 8e s.), provenant d'un établissement monastique (5e au 9e s.) détruit par les Normands, indiquent que ce sanctuaire était très fréquenté.

L'**église Saint-Pierre** fut reconstruite au 10e s. : de cette phase datent l'abside de forme semi-circulaire, dégagée sous le chœur, ainsi que la table d'autel. En 1097, Robert de Molesme fonda un prieuré bénédictin, mais c'est au 12e s. que commença la construction de l'église actuelle. Plus vaste que la précédente, elle comportait une nef avec deux collatéraux et se terminait par un chœur surélevé, l'ancien ayant été remblayé. Les collatéraux furent démolis au 15e s. et au 19e s., et une seconde nef ajoutée aux 15e et 16e s. *Visite guidée sur demande préalable à Mme Jacotin - ✆ 03 25 41 82 33 - M. Revol - ✆ 03 25 41 81 87 ou Mme Guichard - ✆ 03 25 41 81 94.*

Fontaine-les-Grès

19 km au nord-ouest par la N 19.

L'**église** moderne (1966) possède un vitrail et un bénitier du 16e s. provenant de l'ancienne église. Sur le maître-autel, la lumière tombe d'une baie dissimulée dans le clocher, éclairant un Christ en bois de l'école espagnole (13e s.). À l'intérieur, des lambris de bois aux teintes chaudes recouvrent une ossature métallique. Les angles sont coupés par un autel, tempérant ainsi la sécheresse du triangle. *Visite guidée sur demande au presbytère - 20 r. du Stade - 10280 Fontaine-les-Grès - ✆ 03 25 70 23 56.*

Parc naturel régional de la Forêt d'Orient★★

À une dizaine de kilomètres de Troyes. Voir ce nom.

Troyes pratique

Adresse utile

Office du tourisme de Troyes – *16 bd Carnot (bureau gare) - 10000 - ✆ 03 25 82 62 70 - r. Mignard (bureau centre-ville) - ✆ 03 25 73 36 88 - www.tourisme-troyes.com - de déb. juil. à mi-sept. : 9h-12h30, 14h-18h30, dim. 10h-19h ; reste de l'année : 9h-12h30, 14h-18h30, dim. 10h-13h sf bureau centre-ville 10h-19h.*

Visites

Pass'Troyes – *Renseignements à l'office de tourisme - valable un an - 12 €.* Il inclut une visite guidée ou audioguidée, l'entrée dans les musées de la ville, des réductions dans les magasins d'usine, une dégustation de champagne, etc.

Circuit touristique – *Dépliant disponible à l'office de tourisme.* Deux circuits d'environ 1h permettent de découvrir les sites les plus remarquables grâce à une signalétique en centre-ville.

Balades en calèche – *En saison - renseignements à l'office de tourisme.*

Visites guidées – *De déb. juil. à mi-sept., se renseigner à l'office de tourisme ou sur www.tourisme-troyes.com.* Troyes, qui porte le label **Ville d'art et d'histoire**, propose des visites-découvertes (1h30) animées par des guides-conférenciers agréés par le ministère de la Culture et de la Communication.

Visites thématiques – *Se renseigner à l'office de tourisme - toute l'année à dates programmées.*

Visites audioguidée – *Se renseigner à l'office de tourisme - 5,50 €.* Pour un parcours libre de 2h dans le centre historique.

Visites ludiques et familiales – *Itinéraires libres (3h) - livret (3 €) en vente à l'office de tourisme.* Troyes propose une gamme de « rallyes-découvertes » adaptés à tous : « À kid'jouer 4-7 ans », « À kid'jouer 8-12 ans », et « En quête de la Magnifique ».

Se loger

Hôtel Les Comtes de Champagne – *56 r. de la Monnaie - ✆ 03 25 73 11 70 - www.comptesdechampagne.com - P - 36 ch. 30/78 € - 6 €.* Les comtes de Champagne auraient jadis battu monnaie dans les quatre maisons du 12e s. qui composent cet hôtel. Chambres rénovées ; celles avec kitchenette conviennent aux séjours familiaux. La cheminée monumentale de la salle des petits déjeuners témoigne de l'ancienneté du lieu.

Hôtel de Troyes – *168 av. du Gén.-de-Gaulle - 03 25 71 23 45 - www.hoteldetroyes.com - P - 23 ch. 50/52,50 € - 7,40 €.* Situé à deux pas de la ville touristique, cet hôtel compte 23 chambres sur deux bâtiments, reliés par une véranda lumineuse et pleine de verdure. On appréciera les coloris tendance, harmonieusement associés au mobilier contemporain. Soirées étapes en partenariat avec le restaurant Le Sarrail, à 400 m.

Hôtel Ibis – *R. Camille-Claudel - 03 25 75 99 99 - h5546@accor.com - 77 ch. 58/64 € - 7 €.* Récent établissement bénéficiant des dernières normes Ibis en matière de confort : chambres climatisées, salles de bains new look, plaisante salle des petits-déjeuners.

Citôtel La Bonne Fermière – *Pl. de l'Église - 10450 Bréviandes - 5 km au S de Troyes, dir. Dijon - 03 25 82 45 65 - www.hotel-troyes.net - P - 13 ch. 45 € - 6,50 €.* Ce paisible petit hôtel propose des chambres refaites à neuf, confortables et agrémentées de jolies couleurs. L'accueil y est très sympathique et le rapport qualité-prix excellent. Wi Fi gratuit. Partenariat avec deux magasins d'usine.

Chambre d'hôte Moulin d'Eguebaude – *10190 Estissac - 03 25 40 42 18 - eguebaude@aol.com - fermé 1er janv. et 25 déc. - - 8 ch. 49/70 €.* Sur un vaste domaine piscicole, moulin à blé champenois (1789) dont les chambres, simples et fraîches, sont plus agréables à l'annexe. Boutique de produits du terroir aubois.

Chambre d'hôte Domaine de la Creuse – *10800 Moussey - 03 25 41 74 01 - www.domainedelacreuse.com - fermé 22 déc.-3 janv. - P - 3 ch. 85 €.* Cette demeure champenoise traditionnelle (18e s.) s'articule autour d'une jolie cour centrale aménagée en jardin. Chambres de plain-pied, vastes et réellement délicieuses.

Se restaurer

Aux Crieurs de Vin – *4-6 pl. Jean-Jaurès - 03 25 40 01 01 - fermé dim. et lun. - 10,90/30 €.* Amateurs de bonnes bouteilles, cette maison saura vous séduire. D'un côté, la boutique de vins et spiritueux, de l'autre, le chaleureux bistrot à l'atmosphère « rétro ». Côté cuisine, les plats du marché et les recettes du terroir raviront les connaisseurs.

Au Jardin Gourmand – *31 r. Paillot-de-Montabert - 03 25 73 36 13 - fermé 6-19 mars, 4-24 sept., lun. midi et dim. - 17 €.* L'andouillette, « la » spécialité locale, règne sur la carte de ce restaurant du vieux Troyes. Cadre rustico-bourgeois

S. Sauvignier/MICHELIN

Cours du Mortier-d'Or.

agrémenté de boiseries en chêne. Paisible cour-terrasse.

Bistrot DuPont – *5 pl. Charles-de-Gaulle - 10150 Pont-Ste-Marie - 3 km au NE de Troyes par N 77 - 03 25 80 90 99 - fermé dim. soir et lun. - réserv. obligatoire - 17/28 €.* Monsieur vous accueille dans son bistrot avec le sourire, tandis que Madame, fleuriste de métier, égaie plaisamment la salle à manger avec de nombreux bouquets. Cadre simple où l'on sert des plats « canailles » soignés, bien adaptés au style de la maison.

Auberge de la Cray'Othe – *31 Grande-Rue - 10190 Messon - 12 km à l'O de Troyes par N 60 dir. Sens et D 83 à gauche - 03 25 70 31 12 - www.auberge-crayothe.fr - ouv. du jeu. au dim. midi - réserv. obligatoire - 20/35 € - 4 ch. 35/45 €.* Ce beau corps de ferme abrite un plaisant restaurant décoré de peintures représentant le village et ses environs. Les gourmets s'y régaleront d'authentiques recettes du terroir comme le coq au cidre du pays d'Othe ou les goûteuses terrines fermières.

Le Bistroquet – *Pl. Langevin - 03 25 73 65 65 - fermé dim. sf le midi de sept. à juin - 30 €.* Ce restaurant situé au centre-ville possède les caractéristiques des brasseries parisiennes de la Belle Époque : grande salle à manger éclairée par une verrière, banquettes de cuir, lustres rétro, plantes vertes, etc. Cuisine concoctée exclusivement à base de produits frais. Agréable terrasse.

En soirée

Le Bougnat des Pouilles – *29 r. Paillot-de-Montabert - 03 25 73 59 85 - 18h-3h.* C'est le jeune patron de l'établissement qui déniche lui-même les crus de son bar à vins chez les petits propriétaires de la région. Il prête régulièrement les cimaises de ses murs à des expositions de peinture et de photographie. L'ambiance est des plus tranquilles et la musique oscille entre jazz, blues et world music. Concert deux fois par mois.

Le Tricasse – *16 r. Paillot-de-Montabert - 03 25 73 14 80 - tlj sf dim. 15h-3h.* Le pub le plus renommé des nuits troyennes s'est installé dans un cadre de standing et affectionne un joyeux éclectisme musical qui va du jazz à la salsa, en passant par la house (un DJ anime les soirées tous les samedis). Spécialités : rhum, champagne, cocktails et vins.

Théâtre de Champagne – *R. Louis-Mony - ☏ 03 25 76 27 60/61 - location : tlj sf dim. 10h-12h30, 14h-18h, sam. 10h-12h30, 14h-17h - fermé juil.-août.* Spectacle lyrique, comédie, théâtre d'auteur, variétés.

Théâtre de la Madeleine – *R. Jules-Lebocey - ☏ 03 25 43 32 10 - tlj sf w.-end 9h-12h, 14h-18h - fermé août - 3/19 €.* Beau théâtre à l'italienne datant du 18e s., restauré et remanié au 19e s. puis dans les années 1970. Programmation assez variée : théâtre, danse… Jeune public.

Que rapporter

Bon à savoir – Nombreuses animations commerciales toute l'année dans le centre-ville. Shopping dans les zones de magasins d'usine *(voir plus loin)*.

SPÉCIALITÉS

Les fameuses **andouillettes** se mangent grillées, nature ou arrosées d'huile dans laquelle on a fait rissoler des fines herbes et une gousse d'ail hachée. Elles se dégustent avec de la moutarde au vin de Champagne ou de la moutarde de Meaux. Une purée de pommes de terre, de haricots rouges ou des rondelles d'oignon frites, préalablement passées dans du lait ou de la bière, puis dans de la farine, les accompagnent.

La Boucherie Moderne – *Halles de l'Hôtel de ville - ☏ 03 25 73 32 64 - mar.-jeu. 7h30-12h45, 15h30-19h, vend.-sam. 7h30-19h, dim. 9h-12h30 - fermé 2 sem. en fév. et 3 sem. en août.* On fera ici provision des véritables andouillettes de Troyes élaborées par Gilbert Lemelle, le plus grand fabricant français.

Patrick Maury – *28 r. du Gén.-de-Gaulle - ☏ 03 25 73 06 84 - tlj sf dim. et lun. 8h30-12h45, 14h45-19h, sam. 7h30-20h - fermé fin août-déb. sept.* Face aux halles, minuscule boutique jalousée pour ses grandes spécialités. L'andouillette de Troyes y tient évidemment le haut de l'affiche. Elle doit toutefois partager la vedette avec le boudin (blanc et noir, honoré d'une médaille d'or) et autres charcuteries maison.

Charcuterie Audry-Chantal – *Halles de l'Hôtel de Ville, case 37 - ☏ 03 25 73 27 74 - lun. 8h-12h45, mar.-jeu. 8h-12h45, 15h30-19h, vend.-sam. 7h30-19h, dim. 9h-12h30 - fermé 2 sem. en fév. et 3 sem. en juil.* Voici une autre adresse de qualité pour l'andouillette de Troyes maison.

AUTRES PRODUITS DE BOUCHE

Les Halles de l'Hôtel de Ville – *R. Charles-Huez - ☏ 03 25 73 59 80 - 8h-12h45, 15h30-19h, vend.-sam. 7h-19h, dim. 9h-12h30.* Ce vaste bâtiment de style Baltard, avec parkings en sous-sol, abrite une trentaine de professionnels qui tiennent

S. Sauvignier/MICHELIN

Andouillettes, vin des Riceys et Chaource.

comptoir ici à l'année. Une foire aux jambons est organisée chaque année le 17 avril.

Marchés – Le marché a lieu chaque jour, aux halles, pl. Saint-Remy. Le grand marché se tient le samedi. Un autre a lieu dans le quartier des Chartreux le mercredi et le dimanche matin. Un « marché de terroir » se tient le 3e mercredi du mois sur les allées du bd Jules-Guesde.

Jean-Pierre Ozérée – *Halles de l'Hôtel-de-Ville - ☏ 03 25 73 72 25 - ozeree@club-internet.fr - mar.-jeu. 7h30-12h45, 15h30-19h, vend.-sam. 7h30-19h.* Affinage de fromages, entre autres le chaource, mais aussi le mussy et le langres. Pour qui n'a pas le temps de se rendre sur les lieux de production, adresse intéressante.

Le Palais du Chocolat – *2 r. de la Monnaie - ☏ 03 25 73 35 73 - www.pascal-caffet.com - tlj sf lun. 9h-12h15, 14h-19h15, sam. 9h-19h15, dim. et j. fériés 9h-13h - fermé 1er janv.* Le palais du chocolat…, mais aussi de la glace, des sorbets et des pâtisseries. Parmi les spécialités : tuiles chocolatées et aux amandes, cristallines de Troyes et croc'télé. Tout cela se savoure intensément dans un cadre magnifique.

Domaine du Moulin d'Eguebaude – *Voir « Se loger ».* Visite de l'élevage piscicole *(9h-12h, 14h-19h)*.

MAGASINS D'USINE

Marques City – *Pont-Ste-Marie - lun. 14h-19h, mar.-vend. 10h-19h, sam. 9h30-19h.* Rassemblant près de 200 marques sur 15 000 m², ce site se distingue par les opérations commerciales pratiquées dans ses 30 magasins tout au long de l'année. L'univers des vêtements de sport ou de ville, des chaussures et de la maroquinerie à prix bas. Sur place, 3 restaurants snack.

Marques Avenue – *Av. de la Maille - 10800 St-Julien-les-Villas - ☏ 03 25 82 80 80 - www.marquesavenue.com - tlj sf dim. à partir de 10h, sam. à partir de 9h30, lun. 14h-19h.* Avec 120 boutiques, Marques Avenue est le plus grand centre de magasins de destockage en Europe. Vous y trouverez toute l'année les plus grandes marques de la mode et de la maison à prix réduits.

McArthur Glen – *Voie du Bois, ZI des magasins d'usine Nord - 10150 Pont-Ste-Marie - ✆ 03 25 70 47 10 - www.mcarthurglen.fr - tlj sf dim. 10h-19h, sam. 9h30-19h, lun. 14h-19h - fermé 1er Mai.* Ce centre regroupe 84 boutiques (environ 200 grandes marques) proposant des articles de fin de série ou surplus de stock de la saison précédente, à prix réduits.

Événements

Foire de Champagne – *✆ 03 25 82 65 82.* Parc des expositions de Troyes, en mai-juin.

Ville en musiques – *✆ 03 25 43 55 00 - www.maisonduboulanger.com.* De mi-juin à mi-août : concerts classiques, jazz, musiques actuelles.

Vignory

307 VANGIONNAIS
CARTE GÉNÉRALE C3 – CARTE MICHELIN LOCAL 313 K4 – HAUTE-MARNE (52)

Prenez le temps de faire une halte dans ce village niché au creux d'un vallon et encadré de forêts. Vignory est connu pour sa belle église romane, sur laquelle veillent les ruines d'un château féodal, perché sur la colline.

- **Se repérer** – Le village est situé exactement entre Chaumont (à 23 km) et Joinville (à 23 km), au carrefour de la D 40 avec la N 67.
- **À ne pas manquer** – L'église Saint-Étienne est une étape incontournable des amateurs d'architecture religieuse.
- **Organiser son temps** – Comptez une petite heure pour Vignory et la journée pour poursuivre avec le circuit (attention aux horaires des visites).
- **Avec les enfants** – Le zoo de bois à Prez-sous-Lafauche.
- **Pour poursuivre la visite** – Voir aussi Bar-sur-Aube, vallée de la Blaise, Chaumont, Colombey-les-Deux-Églises, Joinville.

Se promener

Église Saint-Étienne★

Bâtie vers l'an 1000 par Guy Ier, seigneur de Vignory, l'église est un précieux témoignage de l'architecture romane du milieu du 11e s.

La tour du clocher, de plan rectangulaire, montre sur chacune des faces des deux étages supérieurs, deux couples de baies géminées et, au-dessous, un étage de baies murées assez profondes. Elle est coiffée d'un cône de pierre que recouvre un toit octogonal.

Intérieur★ – Bien que remaniée, l'église a conservé son aspect primitif avec sa charpente apparente, sa nef de 9 travées séparée des collatéraux par un mur qui s'élève sur trois étages : grandes arcades, claire-voie et fenêtres hautes. À l'étage inférieur, les grandes arcades reposent sur des piles rectangulaires ; au-dessus, chaque baie géminée est séparée par une colonne à fût trapu dont le chapiteau montre des influences celtes et orientales : chevrons, triangles, feuillages et animaux stylisés.

Le chœur, réuni à la nef par un arc triomphal très élevé, se divise en deux parties : un avant-chœur à deux étages et une abside en cul-de-four séparée du déambulatoire par sept colonnes, alternativement rondes et trapézoïdales. Certaines présentent des chapiteaux ouvragés (lions, gazelles).

L'église est riche en **sculptures** des 14e, 15e et 16e s. provenant d'ateliers provinciaux. Dans la chapelle axiale, remarquez la grande statue de la *Vierge portant l'Enfant Jésus*, un oiseau à la main (14e s.). Dans la première chapelle du bas-côté, on découvre un retable ainsi qu'un devant d'autel : il représente le Couronnement de la Vierge, entre saint Pierre et saint Paul. Dans la quatrième chapelle : une série de petites scènes de la Nativité (fin du 14e s., 15e s.).

Lavoir

Dans la Grande-Rue, le remarquable lavoir (1832) adopte la forme d'un temple à péristyle roman. Des mannequins recomposent une scène de la vie villageoise.

Ruines du château fort

Accès en voiture par une petite route à la sortie de la ville. Le château fut édifié au 10e s. par un chevalier normand. Il en subsiste aujourd'hui le donjon rectangulaire du 12e s., quelques segments de courtine et une tour d'artillerie dominant la vallée. De l'esplanade aménagée en aire de pique-nique, belle **vue** sur la ville.

Ph. Gajic/MICHELIN

Le surprenant lavoir de Vignory.

Circuit de découverte

LE BASSIGNY

Le nord du Bassigny, situé entre le plateau de Langres et les collines de Lorraine, fut une zone stratégique que se disputèrent la Champagne et la Lorraine du Moyen Âge jusqu'au 18e s. Son paysage en conserve de nombreuses traces.

118 km - environ 4h. Quitter Vignory par la D 166 jusqu'à Froncles : traverser la Marne et le canal puis continuer vers Doulaincourt par la D 253 puis la D 194 qui grimpent à travers les bois. Prendre à droite la D 67A qui longe la vallée du Rognon. À Vignes-la-Côte, suivre la D 147 puis la D 25 vers Reynel.

Reynel

Fondé au 7e s., érigé en comté par Pépin le Bref (757) puis en marquisat par François Ier (1560), Reynel fut ruiné par les guerres de religion à la fin du 16e s. Des anciennes fortifications subsiste une belle **porte** flanquée de 2 tours.

L'**église** de l'Assomption-de-la-Vierge (18e s.) arbore une façade classique.

Château de Reynel – *✆ 03 25 01 34 84 - visite guidée (35mn) de mi-juin à mi-sept. : tlj sf mar. 14h-18h - fermé reste de l'année - 4 € (enf. 2,50 €).* Bâti sur un éperon, il a appartenu à de puissantes familles féodales, les Joinville et les Amboise. Au Moyen Âge, ce fut un poste de défense avancé face à la Lorraine, partie intégrante du Saint Empire romain germanique. L'ancien château médiéval fut reconstruit au 18e s. et remanié au 19e s. Il ne manque pas d'élégance avec son long corps de logis flanqué, du côté de la cour d'honneur, de deux pavillons rectangulaires. Son propriétaire actuel, Walter Leempoels, expose une collection de toiles dont la plupart sont de **Jef Leempoels** (1867-1935), peintre de la famille royale belge.

Depuis la terrasse, belle **vue** sur le plan d'eau et la vallée.

Continuer la D 25 jusqu'à Busson ; prendre la D 225 vers Leurville puis touner à droite dans la D 16.

Le Cul du Cerf à Orquevaux

Ce précipice en forme d'amphithéâtre (65 m de profondeur, 200 m de largeur), où s'amorce la vallée de la Manoise, résulte d'un processus d'érosion chimique et mécanique de l'eau en milieu calcaire.

6 km AR. Renseignements au syndicat d'initiative des Trois Vallées à Andelot - ✆ 03 25 03 78 60. Au départ du village d'Orquevaux, il est possible de remonter le cours de la Manoise jusqu'à sa source, au fond du précipice, en longeant deux étangs.

Suivre la D 148 pour rejoindre Prez-sous-Lafauche.

Prez-sous-Lafauche

Château de Lafauche – *À 1,5 km par la D 110 - ✆ 03 25 31 57 83 - accès libre - visite guidée sur RDV.* Les vestiges de cette forteresse du 12e s. surplombent la plaine de Prez à 400 m d'altitude. Sa superficie (5 ha) témoigne de son importance stratégique au Moyen Âge : elle était le dernier bastion du royaume dans le comté de Champagne.

Au-delà du village de Liffol-le-Petit, à 2 km, on entrait en Lorraine. Siège d'une baronnie, le château fut au 16e s. aux mains de la maison d'Amboise, puis de Lorraine. Ruiné après la Révolution où il fut exploité comme carrière de pierres, il en subsiste essentiellement la porte flanquée de 2 tours, parmi les 18 originelles.

Zoo de bois ou musée aux Branches – *℘ 03 25 31 57 83 - ♿ - juil.-août : tlj sf lun. 14h-18h ; sur RV reste de l'année - 2 € (enf. 1 €).* Des branches d'arbres, ramassées dans la nature, sont judicieusement et artistiquement assemblées pour composer des « sculptures » évoquant des animaux ou des personnages, des scènes de la vie courante, poétiques ou humoristiques…

Info pratique

Voir aussi l'encadré pratique de Joinville et de Langres.

Se restaurer

La Source Bleue – *52320 Villiers-sur-Marne - ℘ 03 25 94 70 35 - fermé du 23 déc. à fin janv., dim. soir, lun. et mar. - 16 € déj. - 22/45 €.* Agréable étape que ce moulin à eau du 18e s. inscrit dans un cadre bucolique à souhait. La salle à manger se compose de quatre salons d'où l'on peut admirer la Source Bleue et l'imposante roue à aubes. Cuisine axée sur le poisson (truites pêchées dans l'étang voisin).

Poursuivre sur la D 148 jusqu'à Goncourt, village d'origine des frères du même nom, et prendre la D 74 puis la D 16 jusqu'à Bourmont.

Bourmont

Aux mains des comtes de Champagne dès le 12e s., Bourmont devient chef-lieu du Bassigny en 1353, puis passe à la Lorraine un siècle plus tard. Cité-sœur de **Lamothe** que Mazarin détruit en 1645 en entraînant le déclin de Bourmont, elle ne sera française qu'en 1766, à la mort du dernier duc de Lorraine.

Ce beau village perché et autrefois fortifié conserve quelques vestiges des anciens remparts, et des maisons anciennes du 16e au 18e s.

Depuis le parvis de l'**église** Notre-Dame (18e s.), à 478 m d'altitude : **point de vue panoramique** sur les environs. L'agréable **promenade du Côna**, bordée de tilleuls bicentenaires, mène à un calvaire (17e s.) édifié avec des pierres des anciennes fortifications. En contrebas, le **parc** des Roches, aménagé dans les pentes boisées, est agrémenté de ruines du 18e s.

Sur la place H.-Mutel, un monument rend hommage aux tirailleurs sénégalais tombés à la **bataille de Bourmont**, durant laquelle ils résistèrent pendant 3 jours aux Allemands (18-20 juin 1 940).

Les ruines de l'ancienne cité de Lamothe sont visibles dans la commune voisine de **Soulaucourt-sur-Mouzon** (*14 km au nord-est*).

Repartir par la D 16 jusqu'à Saint-Blin, puis prendre la N 74 vers Andelot.

Andelot

Le **traité d'Andelot**, signé en 587 entre Gontran de Bourgogne et Childebert d'Austrasie, est le plus ancien document diplomatique de l'Histoire de France.

À l'entrée de la ville, vous passez devant le char Édith, obusier de la 2e division blindée du général Leclerc.

L'hôtel de ville est du 16e s. L'**église** Saint-Louvent du 13e s., remaniée au 16e s., possède un porche des 13e et 18e s. Elle abrite un Christ en Croix de Bouchardon provenant de l'abbaye de la Crête. *Si fermée, clés en mairie ou à la cure, sur la gauche de l'église.*

Quitter Andelot par la D 44 jusqu'à Bologne : à l'entrée de la ville, prendre à droite la D 167 puis la D 258, qui longent la Marne, jusqu'à Vouécourt, et tourner à gauche pour regagner Vignory.

Villenauxe-la-Grande

2 666 VILLENAUXIERS
CARTE GÉNÉRALE B3 – CARTE MICHELIN LOCAL 313 B2 – AUBE (10)

Porte d'entrée de la côte des Blancs, Villenauxe se blottit dans les vallonnements de la falaise d'Île-de-France où affleurent çà et là des taches crayeuses. La ville fut réputée pour son bassin d'argile qui permettait de produire trois familles de céramique : le grès, la porcelaine et la faïence. Des artisans entretiennent toujours la tradition.

Se repérer – Entre la Brie et la Champagne, la ville est située sur la D 951, à 15 km au nord de Nogent-sur-Seine et en bordure sud de la **forêt de la Traconne** *(voir Sézanne)*. Elle est traversée par la Noxe, qu'enjambent de vieux ponts.

À ne pas manquer – Les amateurs ne passeront pas à côté des vitraux contemporains de l'église.

Organiser son temps – Prévoyez une heure si vous souhaitez faire la visite guidée de la ville et de l'église.

Pour poursuivre la visite – Voir aussi routes du Champagne, Montmirail, Nogent-sur-Seine, Provins, Sézanne, Troyes.

Le saviez-vous ?

Appelés « glaisiers », les Villenauxiers exploitèrent durant un siècle les argiles réfractaires, aujourd'hui extraites à ciel ouvert. Ils cultivèrent aussi longtemps la vigne... avant que le phylloxéra ne décimât les plantations. Celle-ci est timidement réintroduite aujourd'hui.

Visiter

Église Saint-Pierre-et-Saint-Paul

03 25 21 30 62 - Possibilité de visite guidée sur demande.

La construction de cette église, récemment restaurée, fut entreprise au 13e s. par les moines augustins qui possédaient un prieuré à Villenauxe. Les carrières de grès ont fourni le matériau, ce qui explique sa fruste décoration extérieure. La tour du 16e s. s'élève sur les premières travées du bas-côté nord. Le portail flamboyant porte les effigies de saint Pierre et saint Paul.

À l'intérieur, on est frappé par l'ordonnance du chœur gothique. Sa voûte lambrissée est soutenue par de hautes arcades en tiers-point qui retombent sur des piliers ronds : la meilleure perspective s'offre à hauteur de l'autel, depuis le **déambulatoire★** (13e s.). Celui-ci est entièrement recouvert de nervures en amande.

La nef Renaissance, aux arcades plus spacieuses et moins décorées que celles du chœur, est couverte de voûtes d'ogives ramifiées plus élevées. Le bas-côté sud possède de belles clés pendantes.

Suite à la destruction des vitraux pendant la Deuxième Guerre mondiale, l'église a été dotée de **vitraux contemporains★**, inaugurés fin 2005. Les 24 baies, soit une surface de 200 m², sont l'œuvre de l'artiste **David Tremlett** et des maîtres verriers

S. Sauvignier/MICHELIN

Déambulatoire de l'église Saint-Pierre-et-Saint-Paul.

Benoît et **Stéphanie Marq** (ateliers Simon-Marq à Reims). Ces vitraux abstraits, qui recourent aux formes géométriques (chœur) et symboliques (bas-côtés), cherchent à établir un dialogue entre architecture, spiritualité, et les deux traditions de Villenauxe : la céramique et la vigne. Couleurs vives, avec une prédominance des tons bleutés, en référence à la Vierge.

Aux alentours

Nesle-la-Reposte

6 km au nord. Quitter Villenauxe par la D 52 et, avant la voie ferrée, prendre à gauche la D 197 qui remonte un frais vallon.

Nesle-la-Reposte est né d'une importante abbaye bénédictine dont les vestiges encore visibles dans le village datent du 11e s. Ravagée par les guerres de Religion, l'abbaye fut transférée en 1674 à Villenauxe-la-Grande. Une partie des bâtiments, vendus comme bien national à la Révolution et transformés en ferme, ont été restaurés (*privé*). Dans l'**église** (15e s.) se trouve un tombeau d'abbé (début 13e s.) provenant du cloître de l'abbaye. *Se visite uniquement aux Journées du patrimoine.*

Villenauxe-la-Grande pratique

Voir aussi les encadrés pratiques de Nogent-sur-Seine, Sézanne et Provins.

Adresse utile

Office du tourisme de Villenauxe-la-Grande – *23 pl. Georges-Clemenceau - 10370 - 03 25 21 38 94 - mai-sept. : 14h30-18h - fermé 14 Juil. et 15 août.*

Que rapporter

Jean-Pierre Giberot – *60 r. du Perrey - 03 25 21 30 92 - tlj sf dim. et lun.* L'atelier Giberot est spécialisé dans les porcelaines et faïences peintes à la main, qui reproduisent des décors anciens : Strasbourg, Moustiers, Rouen…

L'atelier du Cep – *56 pl. du Château - 03 25 21 34 67 - w.-end 15h-19h, sur RV la sem.* L'atelier du Cep produit 200 modèles en grès (arts de la table, objets décoratifs, luminaires, etc.). Exposition de reliefs monumentaux en grès.

Sports & loisirs

Balades en Val de Noxe – *Topoguide en vente à l'office du tourisme de Villenauxe ou de Nogent-sur-Seine - 3 €.* 3 circuits de randonnée balisés (8 à 20 km) au départ de Villenauxe-la-Grande.

Fort de Villy-la-Ferté

CARTE GÉNÉRALE C1 – CARTE MICHELIN LOCAL 306 N 5 – ARDENNES (08)

Dernier ouvrage de la ligne Maginot, Villy devait en être le « pilier Ouest » gardant la vallée de la Chiers… Le 18 mai 1940, les Allemands y donnèrent l'assaut. Ils firent sauter les créneaux de tir des cloches blindées, et culbutèrent la tourelle pour y lancer des charges : 104 soldats français périrent au cours de l'attaque, pour la plupart asphyxiés dans la galerie souterraine où ils s'étaient réfugiés.

- **Se repérer** – À 29 km au sud-est de Sedan par la N 43 puis la D 52, le fort se trouve à la frontière du département de la Meuse, à cheval sur les deux communes dont il porte le nom : Villy et La Ferté-sur-Chiers.
- **Pour poursuivre la visite** – Voir aussi Mouzon, Sedan.

Visiter

Fort

03 24 22 61 49 - juil.-août : visite guidée (1h30) tlj sf lun. 14h-17h ; du dimanche des Rameaux à fin juin et sept.-oct. : dim. et j. fériés 14h-17h - 4 € (enf. 2 €).

Il est l'un des ouvrages de défense « Nouveaux Fronts » construits à partir de 1935 avec des améliorations techniques. Il se réduisit à deux blocs d'infanterie, réunis par une galerie et flanqués de deux casemates d'artillerie : l'une d'elles borde la route, face au chemin d'accès.

La visite permet de découvrir l'entrée en chicane, les créneaux de tir à rotule, les cloches d'« armes mixtes » associant des mitrailleuses et un canon antichars très

précis, et l'impressionnante **galerie** creusée à 35 m de profondeur pour relier les deux blocs d'infanterie.
À l'extérieur, adossé au champ de rails antichars, un **monument** rappelle le sacrifice des soldats. Sur les « dessus », les dégâts subis par les cloches et la tourelle basculée par une charge explosive témoignent de la violence des combats.

S. Sauvignier/MICHELIN

Cloches d'« armes mixtes ».

Vitry-le-François

16 737 VITRYATS
CARTE GÉNÉRALE B3 – CARTE MICHELIN LOCAL 306 J10 – MARNE (51)

Ville carrefour en étoile, la capitale du Perthois étale les rues en damier de son petit centre entre les multiples voies d'eau qui l'entourent. Son cœur bat du côté de la place d'Armes, mais les bras de canaux et quelques vestiges rappellent que son destin fut largement déterminé par l'histoire de la navigation.

- **Se repérer** – À 29 km au nord-ouest de Saint-Dizier par la N 4, la ville occupe une situation géographique exceptionnelle dans une vaste plaine fertile, au pied de la falaise crayeuse de Champagne. Située sur la rive droite de la Marne, en amont du confluent de la Saulx, elle se trouve à la jonction des canaux de la Marne au Rhin et de la Marne à la Saône.
- **Se garer** – Grand parking gratuit sur la droite de l'église Notre-Dame.
- **À ne pas manquer** – Une escapade à Saint-Amand-sur-Fion.
- **Organiser son temps** – Comptez une petite heure pour un tour du centre.
- **Pour poursuivre la visite** – Voir aussi Vallée de la Blaise, Châlons-en-Champagne, Lac du Der, Montier-en Der, Saint-Dizier.

Comprendre

Naissance d'une ville – L'origine de Vitry-le-François est relativement récente, puisque c'est **François Ier** qui la fit construire en remplacement de Vitry-en-Perthois, ville située à 4 km de là et brûlée en 1544 par les troupes de **Charles Quint**. Il choisit le site de Maucourt, carrefour fluvial déjà fréquenté par les mariniers du petit port du Bas Village. À la nouvelle ville forte, le roi chevalier François Ier donna son nom et ses armes « d'azur à la salamandre d'or… chargées de trois fleurs de lis d'or… ». Un ingénieur bolonais, **Jérôme Marini**, conçut le plan en damier avec une grande place d'armes pourvue d'un pilori, des fortifications bastionnées et, à l'est, une citadelle détruite au 17e s.
Le rôle stratégique de Vitry ne se révéla guère avant 1814 : **Napoléon**, qui mena un raid hardi sur les arrières ennemis, manqua d'y capturer l'empereur Alexandre de Russie, le roi de Prusse et le généralissime autrichien Schwartzenberg. Détruite à 90 % lors de la dernière guerre, elle a été reconstruite d'après son plan primitif.

Se promener

Collégiale Notre-Dame-de-l'Assomption

Pl. d'Armes. Cette église des 17e et 18e s. constitue un bel exemple de style classique par ses lignes équilibrées et les proportions rigoureuses de sa façade : ses tours jumelles sont cantonnées de volutes et surmontées de pots à feu.
À l'intérieur, on apprécie la majesté de la nef et du transept que prolonge une abside datant de la fin du 19e s. Au niveau des 3e piliers de chaque côté, remarquez les larges arcs en anse de panier. Sur le maître-autel à baldaquin, les chandeliers et la croix furent réalisés pour le sacre de Charles X à Reims (1825). Les grandes orgues et leur buffet (18e s.) proviennent de l'abbaye de Trois-Fontaines *(voir Saint-Dizier)*. Le mobilier comprend également des boiseries du 18e s. (chaire, banc d'œuvre). Ne manquez pas la Crucifixion peinte par Jean Restout en 1737 *(derrière la chapelle du bas-côté gauche)*.

Au milieu de la place d'Armes trône la **statue** de la rivière Marne (1840), surnommée « la Déesse ».

Hôtel de ville

De la place d'Armes, longer l'église sur son flanc gauche.
Il occupe l'emplacement d'un ancien couvent de Récollets fondé au 17e s. par l'évêque de Châlons-en-Champagne. En grande partie détruit au cours de la Seconde Guerre mondiale, l'édifice a été reconstruit selon les plans du 19e s.
Ses agréables **jardins** abritent l'ancienne **porte** des Récollets.

Porte du Pont

De la place d'Armes, prendre la Grande-Rue-de-Vaux.
Ce bel arc de triomphe (1748) faisait partie de l'ancienne enceinte fortifiée. Couronné d'acrotères portant des trophées, il fut élevé en 1748 à la sortie ouest vers Paris. Démonté en 1939, il n'a été réinstallé qu'en 1985 à l'entrée nord de la ville.

Aux alentours

Saint-Amand-sur-Fion★

10 km au nord par la N 44, puis à droite.
Ce village s'étire le long des deux rives du Fion, petit affluent de la Marne qui attire les pêcheurs de truites. Parcourez les ruelles et les sentes de ce bourg qui compte cinq moulins, une centaine de maisons à pans de bois et quelques lavoirs – modestes constructions de torchis bâties entre le pont de l'église et le pont Mathieu.

Église★ – Au 12e s., le comte de Champagne avait fait don du village de Saint-Amand aux chanoines de la cathédrale de Châlons. Ceux-ci édifièrent une église romane (12e s.) en craie blanche dont subsistent le portail central avec ses voussures en plein cintre, certaines parties de la nef et une tour renfermant un escalier à vis.
L'**intérieur** frappe par son élancement et sa grâce, accentuée par les tons doux de la pierre rose. Le chœur et la nef furent reconstruits au 13e s. dans le pur style ogival champenois. L'abside à pans est ajourée de 3 rangées de fenêtres dont l'intermédiaire

Ph. Gajic/MICHELIN

L'église de Saint-Amand-sur-Fion.

est un triforium qui se prolonge autour des croisillons. Le transept du 13e s. fut remanié au 15e s. et présente des caractéristiques du style flamboyant. Le beau porche à arcades date du 15e s. ainsi qu'une partie des chapiteaux au décor plein de fantaisie.
Devant l'abside se détache une poutre de gloire du 17e s.

Vitry-en-Perthois

4 km au nord-est par la D 982.
Reconstruit à l'emplacement de la localité de Vitry (plusieurs fois détruite, incendiée en 1544 puis finalement « déplacée » à Vitry-le-François), le village reçut le nom de Vitry-le-Brûlé. Son **église** Renaissance, en grande partie rebâtie après l'incendie, possède des fonts baptismaux du 15e s.
Du **pont** sur la Saulx, jolie vue sur la rivière et un moulin.
Sur les hauteurs, les vestiges de la **chapelle** Sainte-Geneviève (13e s.), perdue au milieu des champs, constituent l'un des rares témoins de l'ancien Vitry. *Accès fléché en voiture ou par un sentier piétonnier (5mn).*
Le **mont de Fourche**, point culminant du Perthois (208 m) auquel on accède par une petite route entre champs et vignobles, offre un panorama sur Vitry-le-François et la campagne environnante.

Ponthion

10 km au nord-est par la D 982, puis la D 14.
Entre le canal de la Marne au Rhin et la Saulx, Ponthion possède une **église** des 11e et 15e s. précédée d'un joli porche en appentis du 12e s.
Dans ce village eut lieu, en 754, l'entrevue entre le pape Étienne II et Pépin le Bref, dont l'une des conséquences fut la naissance des États pontificaux.

Vitry-le-François pratique

Voir aussi l'encadré pratique de Saint-Dizier.

Adresse utile

Office du tourisme de Vitry-le-François – *Pl. Giraud - 51300 - 03 26 74 45 30 - avr.-sept. : lun.-vend. 9h-12h30, 14h-18h30, sam. 10h30-17h30 ; oct.-mars : 9h-12h, 14h-17h, sam. 10h30-16h30 - fermé dim. et j. fériés.*

Se loger

Hôtel de la Poste – *Pl. Royer-Collard - 03 26 74 02 65 - www.hotellaposte.com - fermé 23 déc.-3 janv. et dim. - P - 29 ch. 74/95 € - 8 € - rest. 24/75 €.* Chambres lumineuses et pratiques, régulièrement rénovées, idéalement situées pour entreprendre la découverte de la ville reconstruite par François Ier. Élégante salle à manger néoclassique où l'on propose une cuisine au goût du jour.

Se restaurer

Le Gourmet des Halles – *11 r. des Sœurs - 03 26 74 48 88 - fermé mar. soir - 13/22 €.* Halte sympathique à deux pas des halles. Une jolie fresque murale égaye l'une des trois salles. En été, vous pourrez prendre votre repas sur la « terrasse-trottoir ».

La Cloche – *34 r. Aristide-Briand - 03 26 74 03 84 - www.hotel-de-la-cloche.fr - fermé 20 déc.-2 janv., dim. soir d'oct. à mai et sam. midi - 23/50 €.* Une cuisine généreuse à base de bons produits… Voilà qui mérite vraiment une halte dans ce restaurant du centre-ville. Les plus pressés opteront peut-être pour le décor sans chichi, la convivialité et les petits plats de la partie brasserie. Chambres simples et claires, refaites progressivement.

Vouziers

4 742 VOUZINOIS
CARTE GÉNÉRALE B2 – CARTE MICHELIN LOCAL 306 K6 – ARDENNES (08)

Cette petite ville baignée par l'Aisne est le centre de l'Argonne ardennaise. Au 16e s., elle devait sa prospérité à une importante foire créée par François Ier. Son église, avec son imposant portail Renaissance, est dédiée à saint Maurille, archevêque de Reims né en Italie en 336, que l'on invoquait pour les maladies des enfants. Des milliers de guérisons lui furent attribuées et, au 12e s., naquit un pèlerinage qui se prolongea jusqu'en 1967.

Se repérer – Desservie par un bras du canal des Ardennes, Vouziers est situé à 22 km à l'est de Rethel par la D 946.

Organiser son temps – Une excursion d'une demi-journée permet de combiner un tour de ville et la visite d'un site alentour.

Avec les enfants – Le parc Nocturnia s'adresse spécifiquement au jeune public, et la Maison du cheval ardennais aux passionnés de tous âges. Le centre d'initiation à la nature de Boult-aux-Bois propose des activités adaptées aux familles, en forêt et au lac du Bairon qui possède aussi une base nautique.

Pour poursuivre la visite – Voir aussi Argonne, Forêt d'Élan, Mouzon, Reims, Rethel, Sedan.

Visiter

Église Saint-Maurille

Elle s'ouvre par un triple **portail★** Renaissance richement décoré. Réalisé au milieu du 16e s. par le Champenois Jean Laurens, il devait être l'amorce d'une église nouvelle dont la construction fut interrompue par les guerres de Religion. Pendant plus de deux siècles, le portail resta isolé en avant de l'église. En 1764, on le réunit à l'édifice par la construction de deux travées intermédiaires auxquelles on ajouta, sur la façade, un campanile d'un style regrettable.
Les statues des quatre Évangélistes occupent des niches séparant les trois porches. Le tympan du porche de gauche montre un squelette, celui du porche de droite le Christ ressuscité. À la première voussure du porche du portail central, dont le tympan évoque l'Annonciation, de curieux pendentifs figurent le Bon Pasteur et six apôtres.

Aux alentours

Nocturnia à Olizy

11 km par la D 946.
✆ 03 24 71 07 38 - juil.-août : 10h-19h30 ; avr.-juin et des vac. de Toussaint à fin fév. : mar.-dim. 10h-18h ; mars, sept.- oct. : merc., w.-end 14h-18h - 8,5 € (enf 6 €, - 5 ans gratuit) - accès libre espaces ext. et expo. temporaire.

S. Sauvignier/MICHELIN

Le portail Renaissance de l'église Saint-Maurille.

Le saviez-vous ?

L'aviateur **Roland Garros**, qui traversa la Méditerranée en 1913, repose au cimetière de Vouziers. Il fut abattu en combat aérien sur le territoire de Saint-Morel en octobre 1918. Vouziers est également la patrie de **Taine** (1828-1893), philosophe et historien, du poète **Paul Drouot** (1886-1915) et d'**Albert Caquot** (1881-1976), l'un des plus grands ingénieurs du 20e s.

Le monument du chasseur tchécoslovaque rend hommage aux combattants volontaires de Tchécoslovaquie qui, en octobre 1918, assurèrent avec l'armée Gouraud la libération du Vouzinois.

Cet espace ouvert en 2006 est consacré à la nature la nuit : rapaces nocturnes, chauves-souris, insectes… Dans la salle sombre, un parcours-spectacle ludique et interactif recrée un monde fantastique : jeux sur écran géant, séquences vidéo humoristiques… Une dizaine d'espèces de rongeurs sont présentées dans des terrariums qui recréent des conditions proches de leur habitat naturel. Expositions temporaires avec projection sur la faune et la flore. Des animations-nature sont régulièrement organisées (conférences, sorties d'observation).

1,5 km. Dans le parc, un **sentier d'interprétation** dans les bois est animé de jeux et de panneaux sur les animaux. Aire de pique-nique.

Maison du cheval ardennais à Buzancy

22 km à l'est par la D 946 puis la D 947.

03 24 30 68 99 - mai-sept. : merc.-dim. 14h-18h - 2 €.

Installé dans les superbes bouveries du château Aujeard (fin 18e s.), ce musée associatif présente une collection d'objets (selles, fers, colliers…), photos anciennes et scènes reconstituées, liés à la race ardennaise *(voir p. 57)*.

De mai à juillet, les écuries, en hémicycle, accueillent les **haras nationaux**.

Boult-aux-Bois

6 km à l'est par la D 946.

Centre d'initiation à la nature – *R. des Friches - 03 24 30 08 74.* Logé dans une ancienne ferme, il offre une halte instructive avant une balade en forêt. Ses animateurs, qui dispensent conseils et documentation, organisent des animations à thème : observation des champignons, des cerfs, ou des oiseaux migrateurs au **lac Bairon** *(voir le circuit « Vallon de la Bar » à Sedan)*.

Forêt de Croix-aux-Bois – *5,5 km.* Le **sentier du Bois de Ham** chemine parmi les châtaigniers, les hêtres et les chênes jusqu'à l'étang de la Demoiselle : panneaux explicatifs sur le biotope de la forêt.

Vouziers pratique

Voir aussi l'encadré pratique de Rethel.

Adresse utile

Office du tourisme de l'Argonne ardennaise – *58 r. Chanzy - 08400 Vouziers - 03 24 71 97 57 - www.ville-vouziers.fr - se renseigner pour les horaires.*

Visite

Chemin de fer touristique du sud des Ardennes - Cet autorail des années 1950 qui circule entre Amagne et Challerange passe par Vouziers *(voir Attigny dans le circuit du « Vallon de la Bar » à Sedan)*.

Se loger

Chambre d'hôte Auberge du Pied des Monts – *08400 Grivy-Loisy - 7 km au NO de Vouziers par D 946 et D 21 - 03 24 71 92 38 - auberge-du-pied-des-monts@wanadoo.fr - fermé janv. - 5 ch. 51 € - 6 € - repas 21/28 €.* Confort simple et campagnard dans cette auberge au cœur de ce petit village bien calme. Les écuries de cette ancienne ferme ont été aménagées en chambre d'hôte, quatre d'entre elles sont vastes et en mezzanine.

Se restaurer

Au Cheval Blanc – *Rte de Juniville - 08310 Pauvres - 16 km au SE de Vouziers par D 946 - 03 24 30 38 95 - fermé première sem. de janv. et dernière sem. d'août - 10/27 €.* Ancien relais de poste abritant une salle à manger dont le décor rustique s'agrémente de briques rouges. Le patron mitonne une cuisine traditionnelle enrichie de quelques spécialités maison, dont la tourte au boudin blanc.

Wassy

3 294 WASSEYENS
CARTE GÉNÉRALE C3 – CARTE MICHELIN LOCAL 313 J3 – HAUTE-MARNE (52)

Entre les forêts du Val et du Der, Wassy se trouve au cœur d'une région dont la tradition métallurgique remonte au Moyen Âge et qui accueillit le premier site de forge du pays. Cette petite ville tranquille fut le théâtre d'un massacre qui marqua le déclenchement des guerres de Religion en 1562. Aujourd'hui, les rives de la Blaise et le lac des Leschères, situé à deux pas, s'offrent aux pêcheurs ou aux baigneurs.

Se repérer – À 19 km de Saint-Dizier par la D 2, Wassy est situé dans la vallée de la Blaise et appartient au Vallage, pays de la Champagne humide, entre Marne et Voire.

À ne pas manquer – Le musée protestant pour se remémorer l'histoire des guerres de Religion qui déchirèrent le pays pendant près d'un demi-siècle.

Organiser son temps – Une heure permet un tour des lieux et du musée.

Avec les enfants – Le lac des Leschères ; une balade avec le train touristique.

Pour poursuivre la visite – Voir aussi Vallée de la Blaise, Lac du Der, Joinville, Montier-en-Der, Saint-Dizier, Vignory.

Le saviez-vous ?

Paul Claudel et sa sœur **Camille**, dont le père était conservateur des Hypothèques, habitèrent l'ancien immeuble situé en face du temple de 1879 à 1881. Paul fut élève au collège de Wassy pendant un an.

Comprendre

Le massacre de Wassy – Revenant de Joinville où il était allé visiter sa mère, **François de Guise** (1519-1563) entra en son fief de Wassy le dimanche 1er mars 1562, à l'heure du prêche. Dans ce bourg partiellement gagné à la Réforme, des protestants assistaient à leur assemblée dans une vaste grange. Une querelle éclata… Les arquebusiers du duc pénétrèrent dans la grange et tuèrent les « parpaillots » qui leur tombaient sous la main.
Bien qu'il y ait assisté, François de Guise désavoua ce massacre qui causa une profonde émotion dans toute la France protestante. Ce fut le commencement des guerres de Religion qui ensanglantèrent le royaume jusqu'en 1598, année où fut proclamé l'édit de Nantes.

Se promener

Église Notre-Dame

C'est, pour l'essentiel, un édifice de la seconde moitié du 12e s. offrant des éléments romans et gothiques : à l'extérieur, remarquez la tour romane et le portail gothique. À l'intérieur, les chapiteaux romans sont décorés de motifs particulièrement riches. Voir aussi les voûtes gothiques.

Hôtel de ville

03 25 07 64 47 - tlj sf dim. 8h30-12h, 14h-17h, sam. 9h-11h30 - possibilité de visite guidée (15mn).

Dans cet édifice de 1775, le bureau du maire renferme une intéressante horloge astronomique du début du 19e s., réalisée par l'artisan serrurier François Pernot.

De la place Notre-Dame, on accède à la rue du Temple.

Musée protestant

Construit à l'emplacement de la grange où fut commis le massacre des protestants, le temple abrite aujourd'hui une exposition et un montage audiovisuel sur l'histoire de l'église reformée de Wassy aux 15e et 17e s., et sur la révocation de l'édit de Nantes.
03 25 07 64 47 - de mi-juin à mi-sept. : tlj sf lun. 14h-18h ; reste de l'année : sur RV - possibilité de visite guidée (30mn) - fermé j. fériés - gratuit.

Lac-réservoir des Leschères

1 km au sud.

Dans un cadre verdoyant, cette retenue alimente le canal de la Blaise. Baignade, pêche et sentier pédestre vous y attendent !

Wassy pratique

Voir aussi l'encadré pratique de Saint-Dizier.

Adresse utile

Office du tourisme de Wassy – *Square Eppingen - 52130 - ✆ 03 25 07 64 47 - tlj sf w.-end 9h-12h30, 13h30-17h - fermé j. fériés.*

Que rapporter

Pâtisserie Carmaux – *20 r. du Lt-Col.-Dubois - ✆ 03 25 55 32 10 - tlj sf lun. 6h30-13h, 15h-19h - fermé j. fériés apr.-midi.* Les caisses sont de petites meringues allongées, à base d'amandes. Leur recette fut, dit-on, élaborée par Marie Stuart, qui vint passer les mois d'été à Wassy.

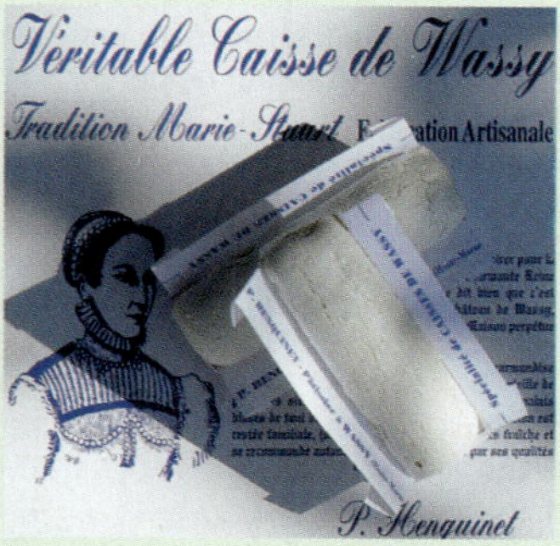

S. Sauvignier/MICHELIN

Caisses de Wassy.

Nous indiquons par son numéro, entre parenthèses, le département auquel appartient chaque ville ou site. Pour rappel :

02 : Aisne
08 : Ardennes
10 : Aube
51 : Marne
52 : Haute-Marne
55 : Meuse
77 : Seine-et-Marne

A

B

C

D

N

O

P

Q - R

S

T

U - V

W

CARTES ET PLANS

PLANS DE VILLES

PLANS DE MONUMENTS

CARTES THÉMATIQUES

CARTES DES CIRCUITS

LES CARTES ROUTIÈRES QU'IL VOUS FAUT

Vous trouverez la liste complète des cartes Michelin qu'il vous faut pour voyager sur cette destination en p. 22.

Changement de numérotation routière !

Sur de nombreux tronçons, les routes nationales passent sous la direction des départements. Leur numérotation est en cours de modification. La mise en place sur le terrain a commencé en 2006 mais devrait se poursuivre sur plusieurs années. De plus, certaines routes n'ont pas encore définivement trouvé leur statut au moment où nous bouclons la rédaction de ce guide. Nous n'avons donc pas pu reporter systématiquement les changements de numéros sur l'ensemble de nos cartes et de nos textes.

Bon à savoir – Dans la majorité des cas, on retrouve le n° de la nationale dans les derniers chiffres du n° de la départementale qui la remplace.
Exemple : N 16 devient D 1016 ou N 51 devient D 951.

Manufacture française des pneumatiques Michelin
Société en commandite par actions au capital de 304 000 000 EUR
Place des Carmes-Déchaux - 63000 Clermont-Ferrand (France)
R.C.S. Clermont-Fd B 855 200 507

Compograveur : Nord Compo, Villeneuve-d'Ascq
Imprimeur : IME, Baume-les-Dames
Imprimé en France : 02 2008
Dépot légal : 03 2007

QUESTIONNAIRE
LE GUIDE VERT

VOTRE AVIS NOUS INTÉRESSE...
TOUTES VOS REMARQUES NOUS AIDERONT À ENRICHIR NOS GUIDES.

Merci de renvoyer ce questionnaire à l'adresse suivante :
MICHELIN
Questionnaire Le Guide Vert
46, avenue de Breteuil
75324 PARIS CEDEX 07

En remerciement,
les 100 premières réponses recevront en cadeau
la carte Local Michelin de leur choix !

VOTRE GUIDE VERT

Titre acheté : ....

Date d'achat : ....

Lieu d'achat *(point de vente et ville)* : ....

VOS HABITUDES D'ACHAT DE GUIDES

1) Aviez-vous déjà acheté un Guide Vert Michelin ?

O oui O non

2) Achetez-vous régulièrement des Guides Verts Michelin ?

O tous les ans O tous les 2 ans
O tous les 3 ans O plus

3) Si oui, quel type de Guides Verts ?

– des Guides Verts sur les régions françaises : lesquelles ? ....

....

– des Guides Verts sur les pays étrangers : lesquels ? ....

....

– Guides Verts Thématiques : lesquels ? ....

....

4) Quelles autres collections de guides touristiques achetez-vous ?

....

5) Quelles autres sources d'information touristique utilisez-vous ?

O Internet : quels sites ? ....

....

O Presse : quels titres ? ....

....

O Brochures des offices de tourisme

Les informations recueillies font l'objet d'un traitement informatique destiné à actualiser notre base de données clients et permettre l'élaboration de statistiques.
Ces données personnelles sont réservées à un usage strictement interne au groupe Michelin et ne feront l'objet d'aucune exploitation commerciale ni de transmission ou cession à quiconque pour des fins commerciales ou de prospection. Elles ne seront pas conservées au-delà du temps nécessaire pour traiter ce questionnaire et au maximum 6 mois, mais seulement utilisées pour y répondre.
Conformément à la loi « Informatique et libertés » du 6 janvier 1978, applicable sur le territoire français, vous bénéficiez d'un droit d'accès, de modification, de rectification ou suppression des données vous concernant. Si vous souhaitez exercer ce droit, veuillez vous adresser à MICHELIN, Guide Vert, 46 avenue de Breteuil, 75324 Paris Cedex 07

VOTRE APPRÉCIATION DU GUIDE

1) Notez votre guide sur 20 : ....

2) Quelles parties avez-vous utilisées ? ....

....

3) Qu'avez-vous aimé dans ce guide ? ....

....

4) Qu'est-ce que vous n'avez pas aimé ? ....

....

5) Avez-vous apprécié ?

	Pas du tout	Peu	Beaucoup	Énormément	Sans réponse
a. La présentation du guide (maquette intérieure, couleurs, photos...)	O	O	O	O	O
b. Les conseils du guide (sites et itinéraires)	O	O	O	O	O
c. L'intérêt des explications sur les sites	O	O	O	O	O
d. Les adresses d'hôtels, de restaurants	O	O	O	O	O
e. Les plans, les cartes	O	O	O	O	O
f. Le détail des informations pratiques (transport, horaires, prix…)	O	O	O	O	O
g. La couverture	O	O	O	O	O

Vos commentaires ....

....

6) Rachèterez-vous un Guide Vert lors de votre prochain voyage ?

O oui O non

VOUS ÊTES

O Homme O Femme Âge : ....

Profession :

O Agriculteur, Exploitant
O Artisan, commerçant, chef d'entreprise
O Cadre ou profession libérale
O Employé
O Enseignant
O Étudiant
O Ouvrier
O Retraité
O Sans activité professionnelle

Nom ....

Prénom ....

Adresse ....

....

....

....

Acceptez-vous d'être contacté dans le cadre d'études sur nos ouvrages ?

O oui O non

Quelle carte Local Michelin souhaitez-vous recevoir ?
Indiquez le département : ....

Offre proposée aux 100 premières personnes ayant renvoyé un questionnaire complet.
Une seule carte offerte par foyer, dans la limite des stocks disponibles.